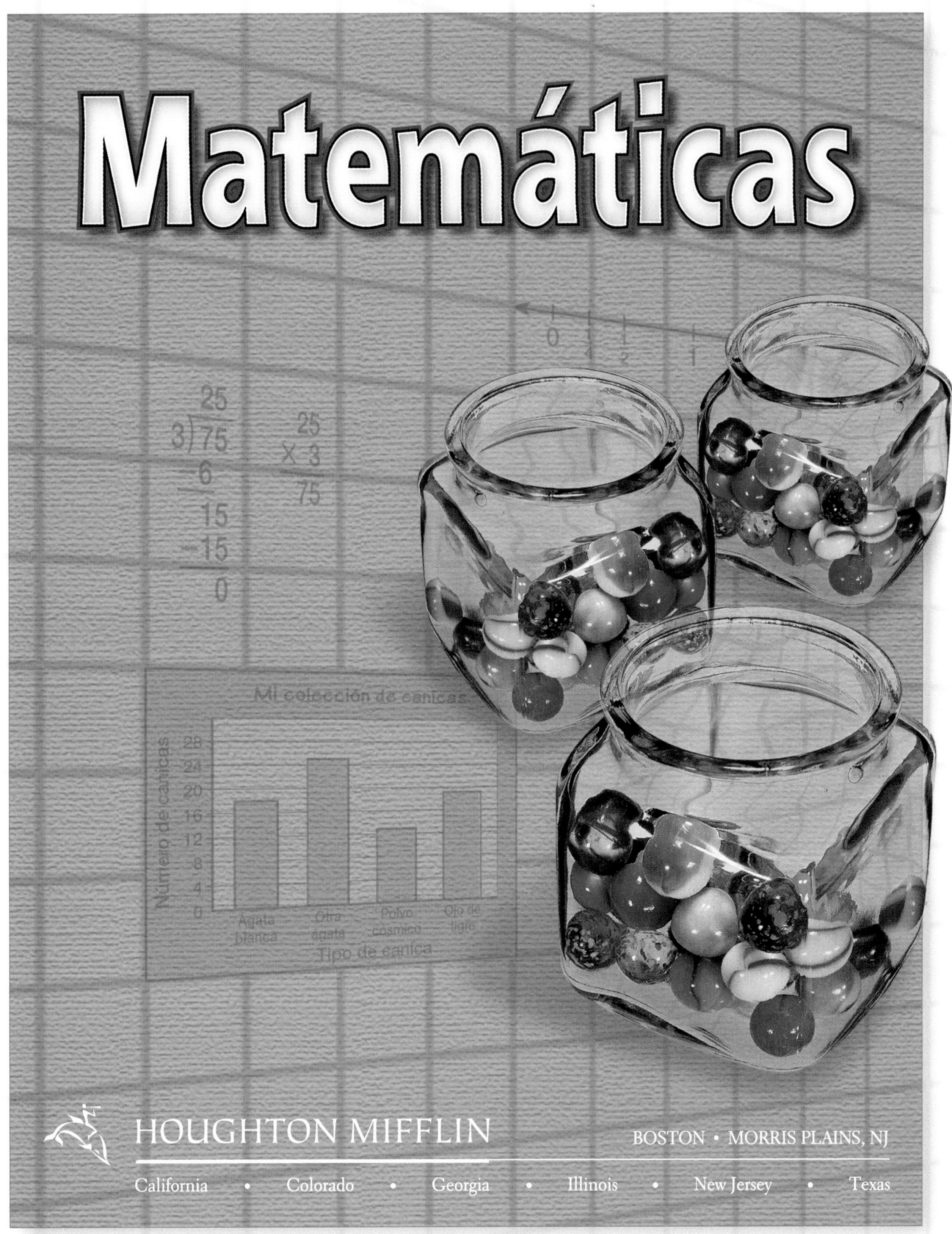

ISBN 0-618-10566-2

1 2 3 4 5 6 7 8 9-B-09 08 07 06 05 04 03 02 01

Autores

Autores principales

Dr. Carole Greenes
Professor of Mathematics Education
Boston University
Boston, MA

Dr. Miriam A. Leiva
Distinguished Professor of Mathematics, Emerita
University of North Carolina
Charlotte, NC

Dr. Bruce R. Vogeli
Clifford Brewster Upton Professor of Mathematics
Teachers College, Columbia University
New York, NY

Autores del programa

Dr. Matt Larson
Curriculum Specialist for Mathematics
Lincoln Public Schools
Lincoln, NE

Dr. Jean M. Shaw
Professor of Mathematics Education
University of Mississippi
Oxford, MS

Dr. Lee Stiff
Professor of Mathematics Education
North Carolina State University
Raleigh, NC

Lectores de contenido

Lawrence Braden (Grades 5–6)
Mathematics Teacher
St. Paul's School
Concord, NH

Dr. Don Chakerian (Grades 3–4)
Emeritus Professor of Mathematics
University of California
Davis, CA

Dr. Kurt Kreith (Grades 3–4)
Emeritus Professor of Mathematics
University of California
Davis, CA

Dr. Liping Ma (Grades K–2)
Visiting Scholar
Carnegie Foundation for the Advancement of Teaching
Menlo Park, CA

Dr. David Wright (Grades 5–6)
Professor of Mathematics
Brigham Young University
Provo, UT

Lectores

Grado K

Lee Arsenian
Hoover Street Elementary School
Los Angeles, CA

Kathy Dyer
Alice Birney Elementary School
Fresno, CA

Paula Ferrett
Hyatt Elementary School
Riverside, CA

Linda Hill
Crestline Elementary School
Barstow, CA

Rene Jimenez
Ralph J. Bunche Elementary School
Compton, CA

Christina Kruse-Pennes
Cesar Chavez Elementary School
Richmond, CA

Mary L. Paredes
Cahuenga Elementary School
Los Angeles, CA

Grado 1

Michelle Enriquez
Crestline Elementary School
Barstow, CA

Terri Ortiz
Sunny Brae Ave. Elementary School
Winnetka, CA

Shelia Patterson
Cypress School
Tulare, CA

Maria Tarabotto
Hazeltine Elementary School
Van Nuys, CA

Grado 2

Nancy Burgei
Blossom Hill School
Los Gatos, CA

Tracy Green
Figarden School
Fresno, CA

Barbara Page
Elihu Beard Elementary School
Modesto, CA

Barbara Park
Sunny Brae Ave. Elementary School
Winnetka, CA

Kim Seto
Sierra Madre School
Sierra Madre, CA

Judy Trette
Gregory Gardens Elementary School
Pleasant Hill, CA

Grado 3

Rita Bennett
Santa Susana Elementary School
Simi Valley, CA

Karen Choi
Pasadena Unified Education Center
Pasadena, CA

Karen Ciraulo
Kingswood Elementary School
Citrus Heights, CA

Cheryl Dultz
Kingswood Elementary School
Citrus Heights, CA

Doug Hedin
Park Oaks Elementary School
Thousand Oaks, CA

Vicky Holman
Mount Pleasant Elementary School
San Jose, CA

Jennifer Rader
Desert Trails Elementary School
Adelanto, CA

Fran Range-Long
Alice Birney Elementary School
Fresno, CA

Sylvia Kyle
Chester Nimitz Elementary School
Cupertino, CA

Karlene Seitz
Citrus Glen Elementary School
Ventura, CA

Grado 4

Beth Holguin
Graystone Elementary School
San Jose, CA

Marilyn Higbie
Jane Addams Elementary School
Long Beach, CA

Tarie Lewis
Melrose Elementary School
Oakland, CA

Sandra Jo McIntee
Haynes Street School
West Hills, CA

Mike Tokmakoff
Hoover Street Elementary School
Los Angeles, CA

Nancy Yee
Valhalla Elementary School
Pleasant Hill, CA

Grado 5

Patty Jernigan
Santa Susana
Simi Valley, CA

Joe Koski
Nu-View Elementary School
Nuevo, CA

Bill Laraway
Silver Oak Elementary
San Jose, CA

Steve Monson
Castro Elementary School
El Cerrito, CA

Sherri Qualls
Weibel Elementary School.
Fremont, CA

Arlene Sackman
Earlimart Middle School
Earlimart, CA

Robyn Suskin
Sierra Madre School
Sierra Madre, CA

Grado 6

Herb Brown
Lake Gregory Elementary School
Crestline, CA

German Palabyab
Harding Elementary School
El Cerrito, CA

Carole Patty
West Riverside Elementary School
Riverside,CA

Maureen Smith
Patterson Elementary School
Fremont, CA

Jeff Varn
Sierra Madre Elementary School
Sierra Madre, CA

Carta a la familia

Estimada familia:

Todos los padres esperan que su niño tenga confianza y éxito en la escuela. Houghton Mifflin Matemáticas está diseñado para proporcionar a los niños fundamentos sólidos en matemáticas que los ayudarán a alcanzar ese éxito.

Este programa se basa en los Estándares de Matemáticas que se utilizan a nivel nacional y específicamente en el estado de California. Las metas de este programa son:

- Proporcionar un programa de estudio que combine las destrezas esenciales, la comprensión conceptual y la resolución de problemas
- Proporcionar instrucción y práctica para ayudar a los niños a desarrollar destrezas de computación
- Ayudar a los niños a tener éxito resolviendo problemas matemáticos
- Hacer posible que los niños usen términos correctos para comunicar su comprensión de conceptos matemáticos

Mientras consulta este libro, fíjese en el cuadro de los estándares que se encuentra en cada lección.

Estándares
NS **3.0**

La notación de este cuadro representa el siguiente estándar.

Sentido numérico 3.0 **Los estudiantes resuelven problemas de suma, resta, multiplicación y división de números enteros, y comprenden las relaciones entre las operaciones.**

En las páginas vi–ix encontrará una lista completa de los Estándares de Matemáticas para el Grado 4.

Mientras trabaja con su niño durante el año, la lista de estos estándares lo ayudará a comprender qué es lo que su niño está aprendiendo en cada lección.

¡Confiamos en que su niño tenga un año exitoso!

Atentamente
La compañía Houghton Mifflin

Estándares de matemáticas

Al finalizar el grado 4, los estudiantes habrán comprendido los números grandes (números mayores), así como la suma, la resta, la multiplicación y la división de números enteros. Describirán y compararán fracciones sencillas y decimales. Comprenderán las propiedades de las figuras geométricas planas y las relaciones entre ellas. Reunirán, representarán y analizarán datos para contestar preguntas.

Sentido numérico (NS)

1.0 Los estudiantes comprenden el valor posicional de los números enteros y decimales que ocupan dos posiciones, y cómo los números enteros y decimales se relacionan con las fracciones sencillas. Los estudiantes usan el concepto de números negativos:

1.1 Leen y escriben números enteros en los millones.

1.2 Ordenan y comparan números enteros y decimales que ocupan dos posiciones.

1.3 Redondean números enteros de hasta millones a la decena, centena, millar, decena de millar o centena de millar más cercana.

1.4 Deciden cuándo se requiere una solución redondeada y explican por qué tal solución es apropiada.

1.5 Explican diversas interpretaciones de fracciones, por ejemplo, partes de un entero, partes de un conjunto y la división de números enteros entre números enteros; explican las fracciones equivalentes (consultar Estándar 4.0).

1.6 Escriben décimas y centésimas en notaciones decimales y fraccionarias; saben los equivalentes fraccionarios y decimales de las mitades y los cuartos. (p.ej., 1/2 = 0.5 ó .50; 7/4 = 1 3/4 = 1.75).

1.7 Escriben la fracción representada por el dibujo de las partes de una figura; representan una fracción dada usando dibujos y relacionan una fracción con decimales sencillos o con una recta numérica.

1.8 Usan los conceptos de los números negativos (p.ej., en una recta numérica, cuando cuentan, cuando miden la temperatura, cuando se "adeuda").

1.9 Identifican en una recta numérica la posición relativa de las fracciones positivas, los números mixtos positivos y los decimales positivos que ocupan dos posiciones.

2.0 Los estudiantes amplían el uso y comprensión de los números enteros para la suma y resta de decimales sencillos:

2.1 Estiman y calculan la suma o diferencia de los números enteros y los decimales positivos de hasta dos posiciones.

2.2 Redondean los decimales de dos posiciones a una sóla posición o al número entero más cercano, y juzgan lo razonable del resultado redondeado.

3.0 Los estudiantes resuelven problemas de suma, resta, multiplicación y división de números enteros, y comprenden las relaciones entre las operaciones:

3.1 Demuestran comprender y tener la capacidad de usar algoritmos estándar para la suma y resta de números de varios dígitos.

3.2 Demuestran comprender y tener la capacidad de usar algoritmos estándar para multiplicar un número de varios dígitos por un número de dos dígitos y para dividir un número de un dígito; usan relaciones entre ellos para simplificar los cálculos y verificar los resultados.

3.3 Resuelven problemas de multiplicación de números de varios dígitos por números de dos dígitos.

3.4 Resuelven problemas de división de números de varios dígitos entre números de un sólo dígito.

4.0 Los estudiantes saben cómo factorizar números enteros pequeños (números enteros menores):

4.1 Comprenden que muchos números enteros se dividen de maneras diferentes (p.ej., $12 = 4 \times 3 = 2 \times 6 = 2 \times 2 \times 3$).

4.2 Saben que números tales como 2, 3, 5, 7 y 11 no tienen factores excepto 1 y ellos mismos, y que tales números se llaman números primos.

Álgebra y funciones (AF)

1.0 Los estudiantes usan e interpretan variables, símbolos matemáticos y propiedades para escribir y simplificar expresiones y enunciados:

1.1 Usan letras, casillas u otros símbolos para representar cualquier número en expresiones o ecuaciones sencillas (p.ej., demuestran comprender y usar el concepto de una variable).

1.2 Interpretan y evalúan expresiones matemáticas que ahora usan paréntesis.

1.3 Usan paréntesis para indicar cuál operación realizarán de primera cuando escriben expresiones que contienen más de dos términos y diferentes operaciones.

1.4 Usan e interpretan fórmulas (p.ej., área = largo × ancho o $A = la$) para contestar preguntas sobre cantidades y sus relaciones.

1.5 Comprenden que una ecuación como $y = 3x + 5$ es una prescripción para determinar un segundo número cuando se da un primer número.

2.0 Los estudiantes saben cómo manipular ecuaciones:

2.1 Saben y comprenden que los iguales sumados a iguales son iguales.

2.2 Saben y comprenden que los iguales multiplicados por iguales son iguales.

Medición, medidas y geometría (MG)

1.0 Los estudiantes comprenden el perímetro y el área:

1.1 Miden el área de las figuras rectangulares usando las unidades apropiadas, como centímetros cuadrados (cm^2), metros cuadrados (m^2), kilómetros cuadrados (km^2), pulgadas cuadradas ($pulg^2$), yardas cuadradas (yd^2) o millas cuadradas (mi^2).

1.2 Reconocen que los rectángulos que tienen la misma área pueden tener diferentes perímetros.

1.3 Comprenden que los rectángulos que tienen el mismo perímetro pueden tener diferentes áreas.

1.4 Comprenden y usan fórmulas para resolver problemas de perímetros y áreas de rectángulos y cuadrados. Usan esas fórmulas para hallar las áreas de figuras más complejas, dividiendo las figuras en formas básicas.

2.0 Los estudiantes usan cuadrículas bidimensionales de coordenadas para representar puntos, rectas gráficas y figuras sencillas:

2.1 Dibujan los puntos correspondientes a relaciones lineales sobre papel cuadriculado (p.ej., dibujan 10 puntos en la gráfica de la ecuación $y = 3x$ y los conectan usando una recta).

2.2 Comprenden que la longitud de un segmento de recta horizontal es igual a la diferencia de las coordenadas de las *x*.

2.3 Comprenden que la longitud de un segmento de recta vertical es igual a la diferencia de las coordenadas de las *y*.

3.0 Los estudiantes demuestran comprender objetos geométricos planos y sólidos, y usan este conocimiento para mostrar relaciones y resolver problemas:

3.1 Identifican rectas que son paralelas y perpendiculares.

3.2 Identifican el radio y diámetro de un círculo.

3.3 Identifican figuras congruentes.

3.4 Identifican figuras que tienen simetría bilateral y rotacional.

3.5 Saben las definiciones de ángulo recto, ángulo agudo y ángulo obtuso. Comprenden que 90°, 180°, 270° y 360° están relacionados con giros de 1/4, 1/3, 3/4 y completos, respectivamente.

3.6 Visualizan, describen y hacen modelos de cuerpos geométricos (p.ej., prismas, pirámides) de acuerdo al número y forma de las caras, aristas y vértices; interpretan representaciones bidimensionales de objetos tridimensionales; dibujan patrones (de caras) para que, cuando se les corte y doble, representen el modelo de un cuerpo.

3.7 Saben las definiciones de varios triángulos (p.ej, equilátero, escaleno, isósceles) e identifican sus atributos.

3.8 Saben la definición de varios cuadriláteros (p.ej., rombo, cuadrado, rectángulo, paralelogramo, trapecio).

Estadística, análisis de datos y probabilidad (SDP)

1.0 Los estudiantes organizan, representan e interpretan datos numéricos y categóricos, y comunican sus hallazgos con claridad:

1.1 Formulan preguntas para encuestas; colectan y representan datos sistemáticamente en una recta numérica y coordinan gráficas, tablas y diagramas.

1.2 Identifican las modas de conjuntos de datos categóricos, y las modas, medianas y cualquier valor extremo aparente de conjuntos de datos numéricos.

1.3 Interpretan gráficas con datos de una y dos variables para contestar preguntas sobre una situación.

2.0 Los estudiantes hacen predicciones sobre situaciones de probabilidad sencillas:

2.1 Representan todos los posibles resultados de una situación de probabilidad sencilla en una manera organizada (p.ej., tablas, cuadrículas, diagramas en árbol).

2.2 Expresan los resultados de situaciones de probabilidad experimental verbal y numéricamente (p.ej., 3 de 4, 3/4).

Razonamiento matemático (MR)

1.0 Los estudiantes toman decisiones sobre cómo resolver los problemas:

1.1 Analizan problemas identificando relaciones de varias maneras: distinguir la información relevante de la irrelevante; ordenar y priorizar información; observar patrones.

1.2 Determinan cuándo y cómo dividir un problema en partes más sencillas.

2.0 Los estudiantes usan estrategias, destrezas y conceptos para hallar soluciones:

2.1 Usan estimaciones para calcular lo razonable de los resultados calculados.

2.2 Aplican estrategias y resultados de problemas más sencillos a problemas más complejos.

2.3 Usan una variedad de métodos como palabras, números, símbolos, cuadros, gráficas, tablas, diagramas y modelos para explicar el razonamiento matemático.

2.4 Expresan la solución clara y lógicamente usando la notación matemática apropiada, así como unos términos y un lenguaje claros; apoyan las soluciones con evidencia de trabajo verbal y simbólico.

2.5 Indican las ventajas relativas de las soluciones de problemas exactas y aproximadas, y dan respuestas con un grado específico de exactitud.

2.6 Hacen cálculos precisos y verifican la validez de los resultados en el contexto del problema.

3.0 Los estudiantes van más allá de un problema en particular generalizando con otras situaciones:

3.1 Evalúan lo razonable de las soluciones en el contexto de la solución original.

3.2 Notan el método de derivar una solución y demuestran una comprensión conceptual de la derivación resolviendo problemas semejantes.

3.3 Desarrollan generalizaciones a partir de los resultados obtenidos y las aplican en otras situaciones.

Contenido

Recordar las operaciones

CAPÍTULO 1 El valor posicional y el dinero

CAPÍTULO 2

Sumar y restar

Relacionar la multiplicación y la división

Multiplicar números enteros

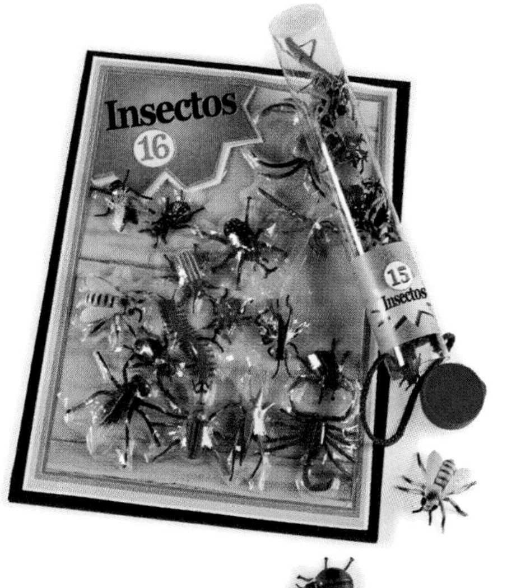

CAPÍTULO 5 La división con un divisor de un dígito

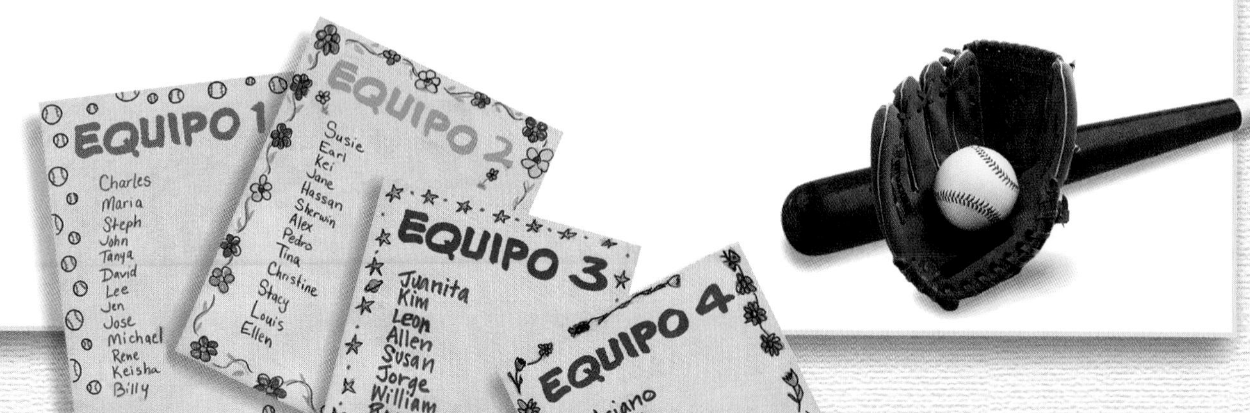

Medición, medidas y números negativos

Fracciones y números mixtos

Números decimales

CAPÍTULO 9 Estadística y probabilidad

Geometría, medición y medidas

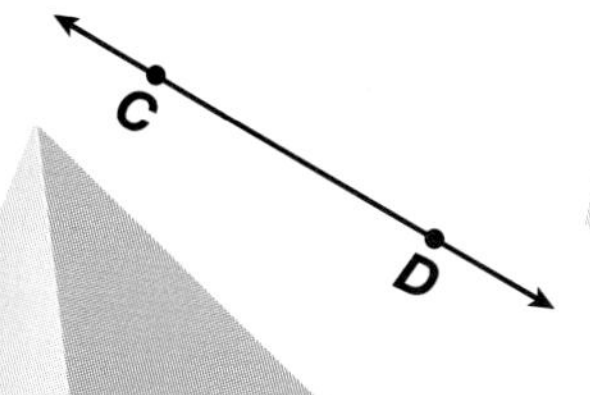

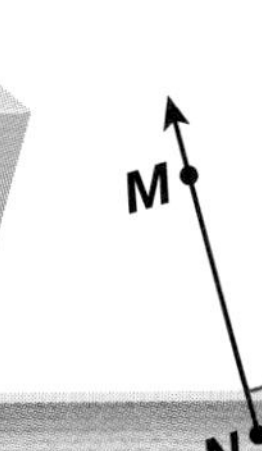

Las gráficas y el álgebra

CAPÍTULO 12 La división con divisores de dos dígitos

Recursos

Operaciones de suma

Suma.

1. 2 + 2	**2.** 2 + 7	**3.** 3 + 5	**4.** 4 + 4	**5.** 4 + 8
6. 3 + 7	**7.** 7 + 7	**8.** 9 + 5	**9.** 2 + 5	**10.** 5 + 9
11. 5 + 5	**12.** 6 + 9	**13.** 9 + 8	**14.** 2 + 6	**15.** 3 + 4
16. 4 + 6	**17.** 5 + 6	**18.** 7 + 8	**19.** 8 + 8	**20.** 2 + 8
21. 3 + 6	**22.** 4 + 5	**23.** 5 + 7	**24.** 6 + 7	**25.** 8 + 9
26. 9 + 9	**27.** 2 + 3	**28.** 2 + 9	**29.** 3 + 8	**30.** 2 + 4
31. 5 + 8	**32.** 6 + 6	**33.** 7 + 9	**34.** 9 + 6	**35.** 4 + 7
36. 3 + 3	**37.** 3 + 9	**38.** 6 + 8	**39.** 9 + 7	**40.** 4 + 9

Operaciones de resta

Resta.

1. 4 − 2	**2.** 14 − 7	**3.** 17 − 9	**4.** 16 − 8	**5.** 17 − 8
6. 11 − 4	**7.** 13 − 6	**8.** 15 − 7	**9.** 15 − 6	**10.** 14 − 5
11. 10 − 5	**12.** 15 − 9	**13.** 12 − 5	**14.** 11 − 3	**15.** 6 − 2
16. 12 − 4	**17.** 11 − 5	**18.** 11 − 2	**19.** 9 − 4	**20.** 10 − 4
21. 9 − 3	**22.** 5 − 2	**23.** 16 − 7	**24.** 16 − 9	**25.** 14 − 6
26. 12 − 6	**27.** 18 − 9	**28.** 13 − 5	**29.** 12 − 3	**30.** 6 − 3
31. 13 − 4	**32.** 8 − 4	**33.** 10 − 3	**34.** 7 − 3	**35.** 8 − 3
36. 7 − 2	**37.** 9 − 2	**38.** 14 − 9	**39.** 8 − 2	**40.** 10 − 2

Operaciones de multiplicación

Multiplica.

1. 8 × 4	**2.** 7 × 9	**3.** 8 × 6	**4.** 9 × 3	**5.** 3 × 3
6. 4 × 2	**7.** 6 × 9	**8.** 9 × 7	**9.** 6 × 6	**10.** 8 × 5
11. 7 × 4	**12.** 8 × 3	**13.** 9 × 2	**14.** 3 × 2	**15.** 9 × 9
16. 9 × 8	**17.** 7 × 6	**18.** 7 × 5	**19.** 5 × 4	**20.** 6 × 3
21. 8 × 2	**22.** 8 × 8	**23.** 8 × 7	**24.** 6 × 5	**25.** 6 × 4
26. 4 × 3	**27.** 6 × 2	**28.** 8 × 9	**29.** 9 × 6	**30.** 5 × 5
31. 7 × 3	**32.** 5 × 2	**33.** 5 × 9	**34.** 7 × 7	**35.** 9 × 5
36. 9 × 4	**37.** 4 × 4	**38.** 5 × 3	**39.** 7 × 2	**40.** 2 × 2

Operaciones de división

Divide.

1. 25 ÷ 5	**2.** 54 ÷ 9	**3.** 35 ÷ 5	**4.** 24 ÷ 3	**5.** 8 ÷ 2
6. 32 ÷ 4	**7.** 30 ÷ 5	**8.** 18 ÷ 2	**9.** 20 ÷ 4	**10.** 24 ÷ 4
11. 18 ÷ 3	**12.** 6 ÷ 2	**13.** 63 ÷ 7	**14.** 63 ÷ 9	**15.** 48 ÷ 6
16. 36 ÷ 6	**17.** 81 ÷ 9	**18.** 40 ÷ 5	**19.** 27 ÷ 3	**20.** 9 ÷ 3
21. 36 ÷ 4	**22.** 16 ÷ 4	**23.** 21 ÷ 3	**24.** 12 ÷ 3	**25.** 10 ÷ 2
26. 15 ÷ 3	**27.** 14 ÷ 2	**28.** 45 ÷ 9	**29.** 12 ÷ 2	**30.** 16 ÷ 2
31. 72 ÷ 8	**32.** 64 ÷ 8	**33.** 72 ÷ 9	**34.** 49 ÷ 7	**35.** 4 ÷ 2
36. 45 ÷ 5	**37.** 54 ÷ 6	**38.** 56 ÷ 7	**39.** 42 ÷ 6	**40.** 28 ÷ 4

CAPÍTULO

1

El valor posicional y el dinero

¿Por qué aprender sobre el valor posicional y el dinero?

El valor posicional se usa para ayudarte a entender lo grande o pequeño que es un número. Tu familia usa dinero para comprar alimento y ropa.

Al contar cosas que has coleccionado, como canicas o estampillas, estás usando el valor posicional. Cuando compras almuerzo o un boleto de cine, estás usando dinero.

Puedes contar el número de niños que está construyendo el castillo de arena, pero te resultaría difícil contar cuántos granos de arena hay en el castillo.

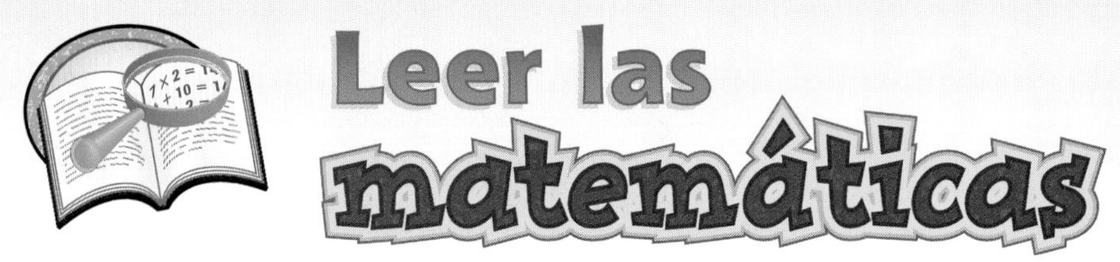

Repasar el vocabulario

Entender el lenguage matemático te ayudará a resolver problemas con más facilidad. Éstas son algunas palabras de vocabulario matemático que deberías saber.

valor posicional	El valor de un dígito determinado por su posición en un número
dígito	Uno de los símbolos usados para escribir números
forma usual	Un número escrito con comas separando grupos de tres dígitos
forma desarrollada	Un número escrito mostrando el valor de cada dígito
forma verbal	Un número escrito con palabras

Leer palabras y símbolos

Cuando lees matemáticas, a veces lees solamente palabras, a veces lees palabras y símbolos, y a veces lees solamente símbolos.

Mira las diferentes maneras en que puedes representar el mismo número.

- ▶ **forma usual:** 45,620
- ▶ **forma verbal:** cuarenta y cinco mil seiscientos veinte
- ▶ **forma desarrollada:** 40,000 + 5,000 + 600 + 20

Inténtalo

1. Escribe la forma usual de cada número.

a. trescientos ocho

b. mil cuatrocientos sesenta y tres

c. 80,000 + 1,000 + 400 + 50 + 2

d. 60,000 + 500 + 4

2. Señala si el 4 está en la posición de las *centenas,* los *millares* o las *decenas de millar.*

a. 2,476 **b.** 46,880 **c.** 4,711

d. 94,752 **e.** 46,308 **f.** 405

3. Escribe los números en orden de menor a mayor.

a. 65 73 45 **b.** 175 204 192 **c.** 1,973 1,745 1,945

4. Escribe *verdadero* o *falso.*

a. Puedes escribir cuarenta y cinco centavos como $0.45 ó 45¢.

b. Puedes usar dos monedas diferentes para dar 31¢ a alguien.

c. El valor de dos monedas de 25¢ y una moneda de 5¢ es menor que el valor de cinco monedas de 10¢.

d. El valor de un billete de $5 es igual al valor de cinco billetes de $1.

Vocabulario adicional

Escríbelo Aquí hay otras palabras del vocabulario que aprenderás en este capítulo. Fíjate en estas palabras. Escribe sus definiciones en tu diario.

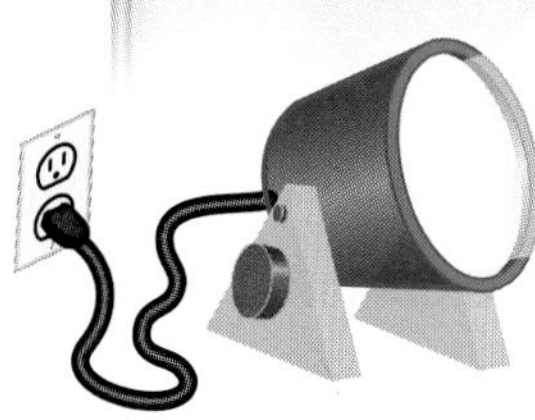

período de unidades
período de millares
período de millones
estimar
redondear

Valor posicional hasta centenas de millar

Aprenderás cómo leer y escribir números hasta centenas de millar.

Vocabulario
nuevo
período

Apréndelo

El Estadio de Michigan, en Ann Arbor, es el estadio más grande de los Estados Unidos. ¡Tiene 107,501 asientos!

Una tabla de valor posicional puede ayudarte a explicar lo que ese número representa.

MILLARES				UNIDADES		
centenas de millar	decenas de millar	millares		centenas	decenas	unidades
1	0	7	,	5	0	1

El valor del 1 es 100,000. El valor del 7 es 7,000. El valor del 5 es 500. El valor del 1 es 1.

A cada grupo de 3 dígitos separados por una coma en un número se le llama **período.**

Hay diferentes maneras de escribir 107,501.

Diferentes maneras de escribir un número

Puedes usar la forma usual.	107,501
Puedes usar la forma desarrollada.	100,000 + 7,000 + 500 + 1
Puedes usar la forma descriptiva.	107 mil 501
Puedes usar la forma verbal.	ciento siete mil quinientos uno

Usa una coma para separar los períodos en la forma usual y la forma desarrollada.

Explícalo

- ¿Por qué es importante el cero en la posición de las decenas de millar y las decenas en 107,501?
- En 444,444, ¿qué 4 tiene el valor más grande? ¿Cómo lo sabes?

Práctica guiada

Para los Ejercicios 1–3, escribe cada número de tres formas diferentes.

1. 104,002 **2.** 104,020 **3.** 104 mil 200

4. ¿Cuál es el valor del 5 en 405,044?

Asegúrate
- ¿Cuál es el valor de cada dígito?
- ¿Necesito una coma?

Estándares NS **1.0** MR **2.4**

Práctica independiente

Escribe cada número en forma usual.

5. 700,000 + 30,000 + 800 + 90

6. 405 mil 603

7. 900,000 + 10,000 + 6,000 + 500 + 3

8. veinte mil ochocientos

9. 8 centenas de millar 9 decenas de millar 7 millares 5 decenas 6 unidades

Escribe cada número en forma descriptiva y en forma verbal.

10. 201

11. 8,973

12. 89,001

13. 99,909

14. 320,000

15. 300,200

16. 302,000

17. 332,332

18. 500,000 + 20,000 + 1,000 + 600 + 30

19. 70,000 + 4,000 + 100 + 3

Escribe cada número en forma desarrollada.
Luego escribe el valor del dígito subrayado.

20. $7\underline{0}1$

21. $5{,}\underline{2}60$

22. $63\underline{9}{,}572$

23. $\underline{7}07{,}321$

24. $89{,}2\underline{2}5$

Resolver problemas • Razonamiento

Usar datos Usa la tabla para los Problemas 25–27.

25. ¿Cuántos asientos hay en el Estadio Memorial? Escribe ese número de dos formas.

26. **Estímalo** ¿Qué estadio tiene más de ochenta mil asientos?

27. **Escríbelo** Mira el número de asientos del Estadio Memorial y del Estadio Dodd. ¿En cuál de ellos tiene mayor valor el dígito 6? Explica.

Asientos de estadio

Estadio	Número de asientos
Estadio Roberts	33,000
Estadio Memorial	75,662
Estadio Stanford	85,500
Estadio Dodd	46,000

Repaso mixto • Preparación para pruebas

Cuenta en serie. Halla el próximo número.

28. 2, 4, 6, 8, ____

29. 10, 20, 30, 40, ____

30. 3, 6, 9, 12, ____

31 ¿Qué enunciado numérico pertenece a la misma familia de operaciones que 12 − 9 = 3?

A 3 + 9 = 12

B 12 + 3 = 15

C 9 − 3 = 6

D 3 + 6 = 9

Práctica adicional Consultar el Conjunto A, página 40.

Comparar y ordenar números

Aprenderás cómo comparar y ordenar números hasta el 999,999.

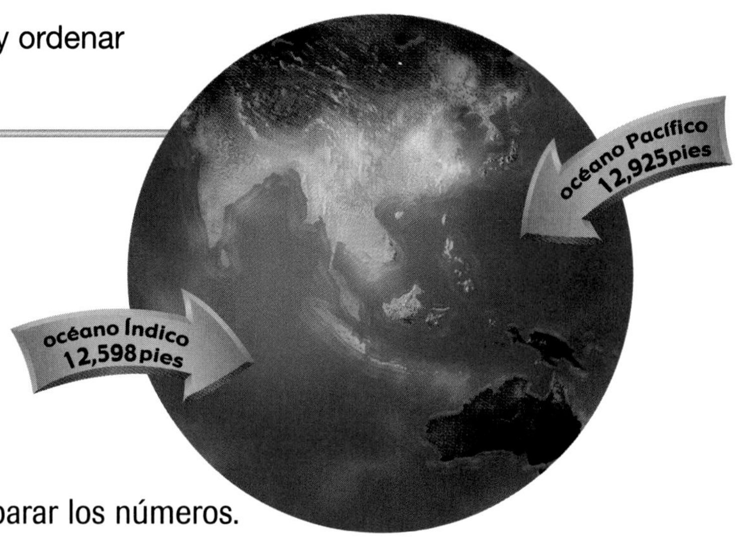

Apréndelo

Las profundidades oceánicas varían de lugar en lugar. ¿Cuál es más grande, la profundidad que se muestra en el océano Pacífico o en el océano Índico?

Puedes usar el valor posicional para comparar los números.

Paso 1 Alinea los dígitos de los números. Comienza con el valor posicional mayor. Halla la posición en que los dígitos sean diferentes.

1 2, 9 2 5
1 2, 5 9 8

↑ iguales ↑ diferentes

Paso 2 Compara los dígitos que sean diferentes. Escribe > o <.

1 2, **9** 2 5
1 2, **5** 9 8

9 centenas > 5 centenas

< es menor que
> es mayor que

Como 900 > 500, 12,925 > 12,598 y 12,598 < 12,925.

Solución: La profundidad del océano Pacífico es mayor.

Ordena de mayor a menor 150,031; 83,901 y 83,445.

Puedes usar el valor posicional para ordenar los números.

Paso 1 Alinea los dígitos de los números. Comienza con el valor posicional mayor. Halla la primera posición en que los dígitos sean diferentes.

1 5 0, 0 3 1
8 3, 9 0 1
8 3, 4 4 5

150,031 es el número mayor. Es el único número con centenas de millar.

Paso 2 Compara los demás números. Halla la primera posición en que los dígitos sean diferentes. Escribe > o <.

1 5 0, 0 3 1
8 3, 9 0 1
8 3, 4 4 5

9 centenas > 4 centenas así que 83,901 > 83,445

Solución: Los números en orden de mayor a menor son 150,031 > 83,901 > 83,445.

Explícalo

- ► Cuando comparaste 83,901 y 83,445, ¿necesitaste comparar los dígitos en la posición de las decenas? ¿Y en la posición de las unidades? ¿Por qué?
- ► Al comparar y ordenar números, explica por qué alineas los dígitos de los números según el valor posicional.

Práctica guiada

Compara. Escribe >, < o = para cada ●.

1. 1,001 ● 999 **2.** 19,009 ● 19,009

3. 102,309 ● 102,409 **4.** 303,113 ● 330,113

Ordena los números de menor a mayor.

5. 1,209 12,909 9,999 **6.** 69,541 689,541 68,541

7. 999 1,009 199 19,009 **8.** 441,876 421,876 42,876

Asegúrate

- ¿Qué dígitos comparo primero?
- ¿Qué hago cuando los dígitos de la misma posición tienen igual valor?
- ¿Cuál número es el menor? ¿Y el mayor?

Práctica independiente

Compara. Escribe >, < o = para cada ●.

9. 909 ● 990 **10.** 1,207 ● 1,207 **11.** 1,009 ● 999

12. 4,901 ● 14,901 **13.** 75,704 ● 75,074 **14.** 2,347 ● 2,487

15. 92,876 ● 101,001 **16.** 54,932 ● 54,932 **17.** 89,621 ● 73,991

18. 135,734 ● 55,724 **19.** 879,566 ● 869,566 **20.** 101,902 ● 671,110

Ordena los números de mayor a menor.

21. 101 99 80 **22.** 98 999 908

23. 404 440 400 **24.** 1,021 1,008 1,111

25. 10,912 9,980 11,001 **26.** 890 12,908 1,299

Ordena los números de menor a mayor.

27. 234 879 87 **28.** 110 237 908

29. 5,773 5,785 5,783 **30.** 3,199 2,233 887

31. 190,909 180,909 170,909 **32.** 102,000 12,000 100,200

Resolver problemas • Razonamiento

Usar datos **Usa la tabla para los Problemas 33–35.**

33. ¿Cuál es más profundo, el océano Atlántico o el Índico?

34. ¿Qué océano mide entre 11,000 y 12,000 pies de profundidad?

35. **Analízalo** El lago Baykal de Asia es el lago más profundo del mundo. Mide 5,315 pies de profundidad. ¿Cuál es más profundo, el lago Baykal o el océano Ártico? ¿Necesitaste comparar los dígitos en la posición de las centenas? Explica.

36. **La medición** Sarah y Tina están usando fieltro azul para hacer dibujos de océanos. El trozo de fieltro de Tina es 2 pulgadas más largo que el trozo de Sarah. El trozo de Sarah mide 34 pulgadas de longitud. ¿Cuánto mide el trozo de fieltro de Tina?

Profundidades promedio de océanos

Océano	Pies
Atlántico	11,730
Ártico	3,407
Pacífico	12,925
Índico	12,598

Repaso mixto • Preparación para pruebas

Multiplica o divide. *(páginas xxiv–xxv)*

37. 35 ÷ 5 **38.** 32 ÷ 4 **39.** 2 × 6 **40.** 49 ÷ 7 **41.** 4 × 9 **42.** 3 × 4

43 ¿Qué expresión es igual a cinco? *(páginas xxii–xxiii)*

A 6 − 2 **B** 2 + 3 **C** 4 − 1 **D** 4 × 3

Usa las pistas para hallar cada número misterioso de 4 dígitos.

1. ¿Cuál es el número misterioso?

- Su dígito de las decenas es el 2.
- Su dígito de los millares es el 4.
- Su dígito de las centenas es la suma de su dígito de las unidades y su dígito de las decenas.
- Su dígito de las unidades es dos veces su dígito de las decenas.

2. ¿Cuál es el número misterioso?

- Su dígito de los millares es tres veces su dígito de las unidades.
- Su dígito de las centenas es dos veces su dígito de las unidades.
- Su dígito de las decenas es cuatro menos que su dígito de las centenas.
- Su dígito de las unidades es el 2.

3. ¿Cuál de los números misteriosos es mayor?

Práctica adicional Consultar el Conjunto B, página 40.

¿Cuándo es un número grande?

100,000 es grande si estás esperando el barco durante ese tiempo.

100,000 es pequeño si estás llenando una cubeta con esa cantidad de granos de arena.

Inténtalo

Escoge el mejor número para cada situación.

1. El tiempo que demora ver un programa de TV.

100,000 minutos 10,000 minutos 100 minutos

2. El número de personas que viven en un pueblo.

10,000 personas 100 personas 10 personas

3. El tiempo que demoras en cepillarte los dientes.

1,000 minutos 100 minutos 1 minuto

4. El número de días escolares en dos semanas.

100 días 10 días 1 día

5. La altura de un edificio de 10 pisos.

10,000 pies 100 pies 1 pie

6. El número de personas que cabrían en un elevador.

1,000 personas 100 personas 10 personas

Redondear números

Aprenderás cómo redondear números.

Vocabulario
nuevo
estimar
redondear

Apréndelo

Esta jirafa pesa 2,868 libras. Stephen quiere **estimar** ese peso redondeando a la centena de libra más cercana. Puedes **redondear** un número para estimar.

Diferentes maneras de redondear

Puedes usar una recta numérica.

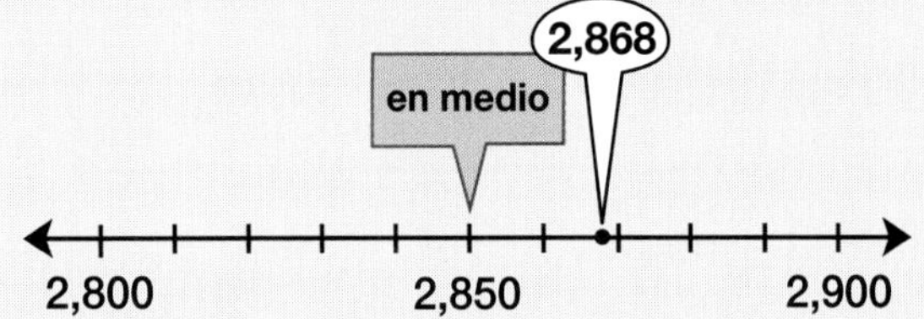

2,868 está más cerca de 2,900.
Así que redondea 2,868 a 2,900.

Puedes seguir estos pasos.

Paso 1 Rodea con un círculo el dígito en la posición que quieras redondear.

2,868

posición de las centenas

Paso 2 Subraya el dígito a la derecha del dígito rodeado con un círculo.

2,868

dígito a la derecha

Paso 3
- Si el dígito subrayado es 5 o mayor, aumenta el dígito rodeado con un círculo.
- Si el dígito subrayado es menor que 5, no cambies el dígito rodeado con un círculo.
- Luego cambia por ceros todos los dígitos a la derecha del dígito rodeado con un círculo.

2,868

$6 > 5$
Cambia el 8 a 9.
Escribe ceros a la derecha.

2,868 **se redondea a** 2,900

Solución: Al redondear a las 100 libras más cercanas, la jirafa pesa 2,900 libras.

Explícalo

▸ ¿Puede redondearse un número de 3 dígitos a 1,000?

Usa un ejemplo para explicar por qué.

Estándares	NS **1.0, 1.3** MR **2.3, 2.4**

Práctica guiada

Redondea cada número a la posición del dígito subrayado.

1. $\underline{7}53,812$ **2.** $7\underline{5}3,812$ **3.** $75\underline{3},812$

Asegúrate

- ¿Cuál es el dígito a la derecha de la posición de redondeo?
- ¿Es ese dígito 5, o mayor o menor que 5?

Práctica independiente

Usa la recta numérica para redondear cada número a la decena más cercana.

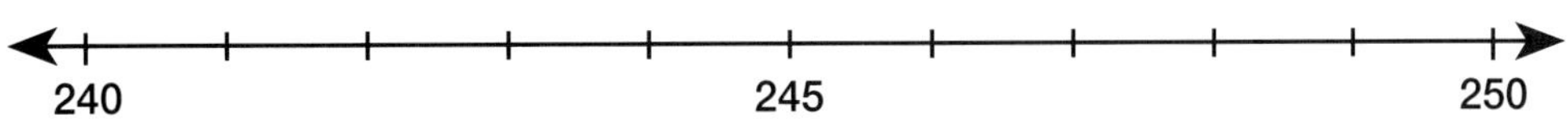

4. 241 **5.** 247 **6.** 243 **7.** 245 **8.** 242 **9.** 249

Redondea cada número a la posición del dígito subrayado.

10. $\underline{6}6$ **11.** $\underline{1}42$ **12.** $4\underline{1}7$ **13.** $7,\underline{8}93$ **14.** $2,\underline{3}66$ **15.** $5,9\underline{9}8$

16. $9,8\underline{8}1$ **17.** $6,\underline{0}54$ **18.** $33,\underline{5}01$ **19.** $12,4\underline{0}3$ **20.** $114,\underline{7}72$ **21.** $19\underline{6},972$

Resolver problemas • Razonamiento

22. **Estímalo** Una cría de jirafa pesó 113 libras al nacer. ¿Cuánto pesó a la decena de libra más cercana?

23. **Analízalo** Cada día el corazón de una jirafa bombea aproximadamente 23,000 galones de sangre. ¿Cuál es el número entero mayor que se redondea a 23,000? ¿Y el menor?

24. Imagina que una jirafa comió 8 libras de hojas por hora durante 6 horas. ¿Comió la jirafa más o menos de 40 libras de hojas durante ese tiempo? Explica cómo obtuviste el resultado.

Mundo matemático
ESTUDIOS SOCIALES
El área del Parque Nacional Serengeti de Tanzania, África, mide 5,702 millas cuadradas. Es una de las reservas de vida salvaje más grandes del mundo.
¿Es el tamaño del Serengeti más cercano a 5,000 o a 6,000 millas cuadradas? Explica.

Repaso mixto • Preparación para pruebas

Suma o resta. *(páginas xxiv–xxv)*

25. $7 + 8$ **26.** $18 - 9$ **27.** $15 - 6$

28 ¿Cuál es la altura más probable para un edificio?

A 50 pulgadas **C** 50 millas

B 50 pies **D** 50 libras

Práctica adicional Consultar el Conjunto C, página 41.

Destreza: Cantidades estimadas o exactas

Aprenderás cómo decidir si un número se usa para representar una estimación o una cantidad exacta.

Al leer números en un periódico o revista, debes decidir si los números se usan para representar una estimación o una cantidad exacta.

Lee el siguiente artículo periodístico.

Alrededor del mundo

Brian Jones y Bertrand Piccard acaban de volar alrededor del mundo en un globo aerostático. Demoraron 19 días en recorrer 29,054 millas. Su globo alcanzó alturas de casi 40,000 pies. En ocasiones, viajaron a más de 100 millas por hora. Sobrevolaron 23 países diferentes. Antes de su vuelo, la mayor distancia alguna vez recorrida en un globo fue de aproximadamente 14,000 millas.

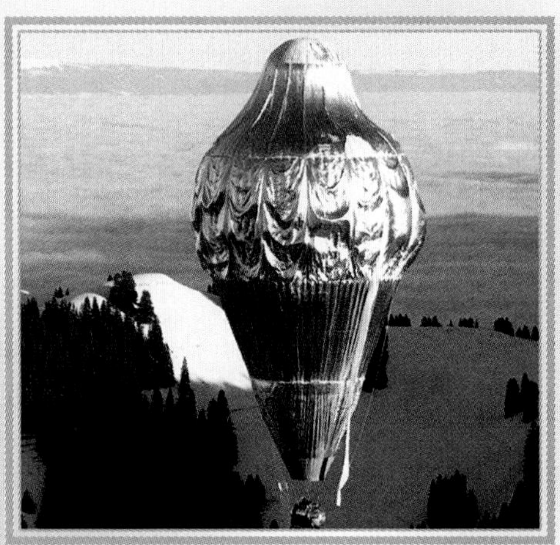

A veces los números se usan para representar estimaciones.

Palabras como *aproximadamente* o *casi* indican que un número se usa para representar una estimación.

¿Sabes la altura exacta que alcanzó el globo?

- No, el artículo dice que el globo alcanzó alturas de *casi* 40,000 pies.
- La palabra *casi* te dice que 40,000 pies es una estimación.

A veces los números se usan para representar cantidades exactas.

Un número se usa para representar una cantidad exacta si es claro que la cantidad ha sido contada.

¿Sabes exactamente cuántos países sobrevolaron los dos hombres?

- Sí, el artículo dice que sobrevolaron 23 países diferentes.
- Se contó el número de países. Así que 23 se usa para representar una cantidad exacta.

Verifícalo ¿Por qué el pensar en cómo se usa un número te ayuda a decidir si ese número muestra una estimación o una cantidad exacta?

Estándares	MR **1.0, 2.0**

Bertrand Piccard de Suiza y Brian Jones de Gran Bretaña volaron 19 días en un globo aerostático mientras viajaban alrededor del mundo.

Práctica guiada

Usa el artículo periodístico de la página 12 para ayudarte a resolver cada problema. Da una razón para tu respuesta.

1. ¿Cuál fue la mayor distancia alguna vez recorrida en globo antes del vuelo de Jones y Piccard? ¿Es una cantidad exacta o una estimación?

   Piénsalo: ¿Hay alguna pista que diga si el número fue redondeado?

2. Un sitio de Internet muestra 14 fotografías del globo de Jones y Piccard que fueron tomadas durante el vuelo. ¿Es una cantidad exacta o una estimación?

   ¿Es una cantidad que fue contada?

Escoge una estrategia

Resuelve.

Estrategias para resolver problemas

- **Usa el razonamiento lógico**
- **Escribe una ecuación**
- **Halla un patrón**
- **Haz un dibujo**

3. Durante los primeros 4 vuelos en globo aerostático, Carrie voló 8 millas, 11 millas, 14 millas y 17 millas. Si continúa este patrón, ¿cuántas millas probablemente volará en su décimo viaje?

4. Un globo aerostático desinflado pesa aproximadamente 500 libras. ¿Aproximadamente cuánto pesarían 3 globos aerostáticos desinflados? ¿Es tu resultado una cantidad exacta o una estimación? Explica.

5. Tres personas compartirán el costo de una travesía en globo aerostático. Cada una pagará la misma cantidad. El costo de la travesía es $600. ¿Puedes determinar la cantidad exacta que debería pagar cada uno? ¿Por qué? ¿Cuánto pagará cada uno?

6. Gary, Ruel, Micala y Beth están esperando en una fila para realizar una travesía en globo. Ruel no ocupa el primer lugar. Gary está detrás de Micala. Gary no ocupa el último lugar. Beth ocupa el primer lugar. ¿En qué orden esperan en la fila?

7. Mira los números del aviso de la derecha. ¿Qué números se usan para indicar estimaciones? ¿Y cantidades exactas? Explica cómo lo sabes.

Liquidación: Disponemos de más de 100 globos aerostáticos. Cada globo mide 55 pies de ancho. Más de 20 diseños para escoger. ¡Sólo a $8,750 cada uno!

Verificación rápida

Verifica los conceptos de las Lecciones 1–4

Escribe cada número en forma desarrollada. Luego escribe el valor del dígito subrayado.

1. $5\underline{2},489$ **2.** $2\underline{7}5,672$ **3.** $\underline{5}47,463$

Escribe los números en orden de menor a mayor.

4. 53,862 3,674 5,674 **5.** 187,412 378,527 278,527

Redondea cada número a la posición del dígito subrayado.

6. $2,5\underline{7}8$ **7.** $4\underline{2},327$ **8.** $\underline{5}61,691$

Resuelve.

9. Un moderno avión de pasajeros puede viajar a velocidades de aproximadamente 600 millas por hora. ¿Es una cantidad estimada o una cantidad exacta? ¿Cómo lo sabes?

10. Un tipo de avión 747 puede cargar 374 pasajeros. ¿Es un número estimado o un número exacto? ¿Cómo lo sabes?

¿Cómo te fue?

Si tuviste dificultades en cualquiera de las partes de Verificación rápida, puedes usar las siguientes páginas para repasar y practicar más.

Estándares	Ejercicios	Repasar estas páginas	Hacer estos ejercicios de práctica adicional
Sentido numérico: **1.1, 4.1**	1–3	páginas 4–5	Conjunto A, página 40
Sentido numérico: **1.1, 1.2**	4–5	páginas 6–8	Conjunto B, página 40
Sentido numérico: **1.1, 1.3**	6–8	páginas 10–11	Conjunto C, página 41
Sentido numérico: **1.4** Razonamiento matemático: **1.4, 2.4, 3.1**	9–10	páginas 12–13	1–4, página 43

Preparación para pruebas • Repaso acumulativo

Mantener los estándares

Marca la letra de la respuesta correcta.

1. ¿Cómo se escribe trescientos sesenta mil cuatrocientos en forma usual?

   A 3,604 **C** 364
   B 36,400 **D** 360,400

Usa la tabla para contestar las Preguntas 2–3.

Ciudades de California	
Ciudad	**Población**
Fresno	354,091
Laguna Beach	23,170
Oakland	372,242
Riverside	226,546

2. ¿Qué ciudad tiene la mayor población?

   F Fresno **H** Laguna Beach
   G Oakland **J** Riverside

3. Si la población de Fresno se redondea a la decena de millar más cercana, ¿cuál sería el número redondeado?

   A 300,000 **C** 354,000
   B 350,000 **D** 400,000

4. ¿Qué dato sería probablemente una estimación?

   F la población de tu estado
   G el número de estudiantes de tu clase
   H un saldo de cuenta corriente
   J el sueldo de tu maestro

5. ¿Qué secuencia enumera los números en orden de menor a mayor?

   A 762 7,420 7,416
   B 7,420 7,416 762
   C 7,416 7,420 762
   D 762 7,416 7,420

6. ¿Qué dato sería probablemente exacto?

   F el número de jugadores de un equipo
   G la distancia a la Luna
   H la población del mundo
   J la distancia al Sol

7. Un periódico tiene una circulación de 100,000. ¿Qué expresión representa 100,000?

   A cien
   B diez mil
   C mil
   D cien mil

8. La población de Bassville es de 389,946. ¿Qué número es 389,946 redondeado al millar más cercano?

   Explícalo ¿Cómo hallaste el resultado?

Página segura

Preparación para pruebas
Visita **www.eduplace.com/kids/mhm** para más *Preparación para pruebas.*

¿Cuánto es 1 millón?

Aprenderás cuánto es 1 millón.

Apréndelo

Usa un periódico para hallar cuánto es 1 millón.

Mira una página de periódico. Si leyeras un periódico de principio a fin, ¿crees que podrías haber leído 1 millón de palabras? ¿Cuánto es 1 millón?

Divide la clase en 10 equipos para hallarlo.

Materiales

Para cada grupo:
10 páginas de un periódico

Paso 1 Cuenta y rodea con un círculo 100 palabras de un artículo. Escribe "100 palabras" sobre el círculo. Continúa rodeando con un círculo grupos de 100 palabras hasta completar 1,000 palabras rodeadas con un círculo.

- ¿Cuántos grupos de 100 palabras rodearon con un círculo?

Paso 2 Usa una estimación para rodear con un círculo 1,000 palabras de cada una de las nueve páginas restantes.

- ¿Aproximadamente cuántas palabras rodeaste con un círculo en total? Haz una tabla como la de arriba. Completa la primera fila.

Clase entera

Número de equipos	Páginas en total	Palabras en total
1	10	10,000
2		
3		
10		

Paso 3 Junta tus 10 páginas con las 10 páginas del otro equipo. Completa la segunda fila de la tabla.

- ¿Aproximadamente cuántas palabras rodearon con un círculo los dos equipos en total? Ahora junta todas las páginas de periódico con los otros 8 equipos de tu clase. Completa la tabla.

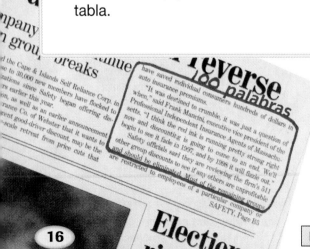

Estándares NS **1.0, 1.1** MR **1.0, 1.2**

Paso 4 Imagina que la clase combina las páginas con otras 9 clases. Usa una tabla como la de abajo para contestar las siguientes preguntas.

- ¿Cuántas páginas habría en total?
- ¿Cuántas palabras habría en total?

Diez clases		
Número de clases	Páginas en total	Palabras en total
1	100	100,000
2	200	200,000
3		
10		

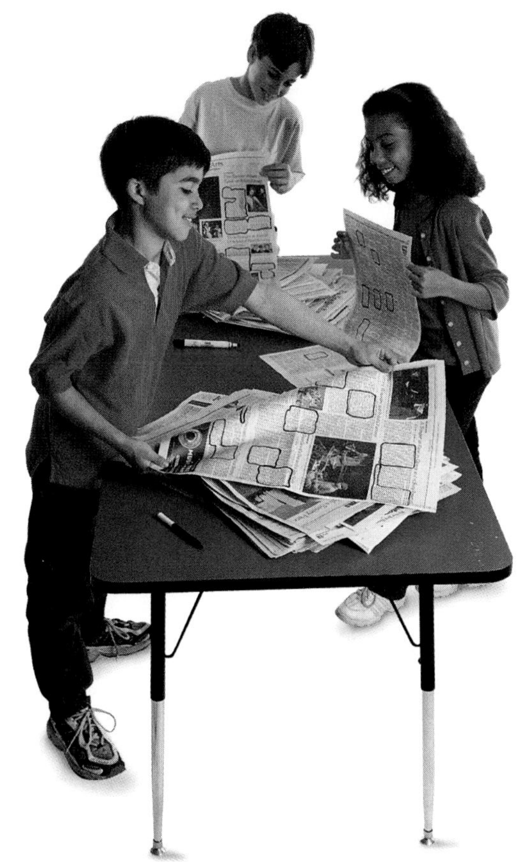

Inténtalo

Usa tus tablas para contestar cada pregunta.

1. ¿Cuántos millares hay en 10,000?
2. ¿Cuántos millares hay en 100,000?
3. ¿Cuántos millares hay en 1,000,000?
4. ¿Cuántas centenas hay en 1,000,000?
5. Describe los patrones que ves en las tablas.

¡Escríbelo! ¡Coméntalo!

Usa lo que has aprendido para escribir acerca de estas preguntas.

6. **Estímalo** Se necesitan aproximadamente 1,000,000 de cubos de una pulgada para llenar un minibús. ¿Cuántos minibuses podrían llenarse usando 1,000,000 de cubos de dos pulgadas? Explica.

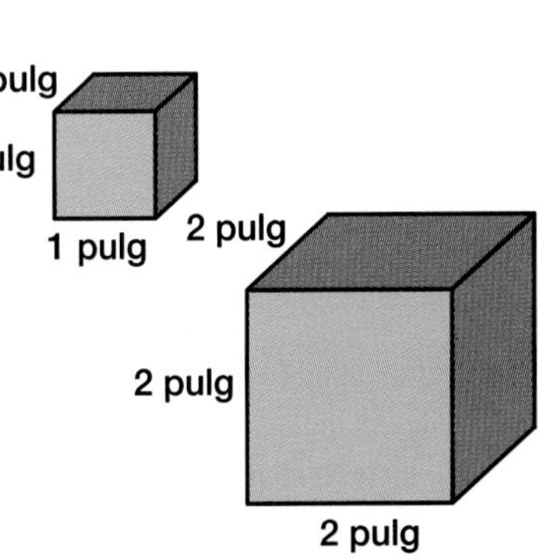

7. ¿Podrías usar millones para contar las siguientes cosas? Explica tu razonamiento para cada una.
   a. la población de un estado
   b. los estudiantes de tu escuela
   c. los granos de arena de una playa

Valor posicional hasta centenas de millón

Aprenderás cómo leer y escribir números hasta el 999,999,999.

Apréndelo

A la trayectoria de la Tierra alrededor del Sol se le llama órbita. La longitud de la órbita de la Tierra es de aproximadamente ¡603,765,000 millas!

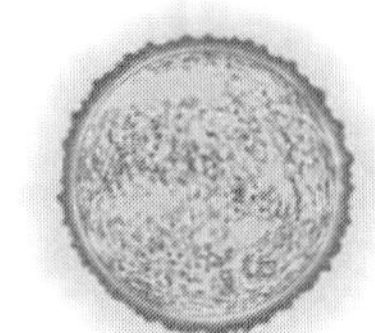

Una tabla de valor posicional puede ayudar a explicar qué significa ese número.

MILLONES			MILLARES			UNIDADES		
centenas de millón	decenas de millón	millones	centenas de millar	decenas de millar	millares	centenas	decenas	unidades
6	0	3,	7	6	5,	0	0	0

El valor del 6 es 600,000,000.

El valor del 3 es 3,000,000.

Hay diferentes maneras de escribir 603,765,000.

Recuerda: Escribe una coma entre los períodos en la forma usual y la forma desarrollada.

Diferentes maneras de escribir un número

Puedes usar la forma usual.	603,765,000
Puedes usar la forma desarrollada.	600,000,000 + 3,000,000 + 700,000 + 60,000 +5,000
Puedes usar la forma descriptiva.	603 millones 765 mil
Puedes usar la forma verbal.	seiscientos tres millones setecientos sesenta y cinco mil

Explícalo

► ¿Qué patrón ves en los nombres de valor posicional?

Práctica guiada

Asegúrate
- ¿Cuál es el valor de cada dígito?
- ¿Necesito una coma?

Para los Ejercicios 1–3, escribe cada número de tres maneras distintas.

1. 560,790,341 **2.** 506,709,341 **3.** 500,000 + 200

4. Escribe 2<u>3</u>0,207,090 en forma desarrollada. Luego escribe el valor del dígito subrayado.

 Estándares NS **1.0, 1.1**

Práctica independiente

Escribe cada número de tres maneras distintas.

5. 6,007,002 **6.** 6,070,020 **7.** 60,070,200 **8.** 606,707,202

9. 900,000 + 1,000 + 800 + 50 + 3 **10.** 80,000 + 400 + 80 + 9

11. 16 millones 201 mil 856 **12.** veinticinco mil trescientos sesenta

13. 8 centenas de millón, 7 decenas de millón, 4 millones, 9 centenas de millar, 4 decenas, 9 unidades

14. sesenta y tres millones setecientos veinticinco mil novecientos cuarenta y tres

Escribe la posición del 7 en cada número. Luego escribe su valor.

15. 708,993,040 **16.** 37,990,841 **17.** 16,007,845 **18.** 122,799

19. 20,895,227 **20.** 78,901 **21.** 107,912 **22.** 19,870,001

Resolver problemas • Razonamiento

Usar datos Usa la tabla para los Problemas 23–25.

Distancia Planetas – Sol	
Planeta	**Millas**
Mercurio	35,973,894
Venus	67,207,043
Tierra	92,955,800

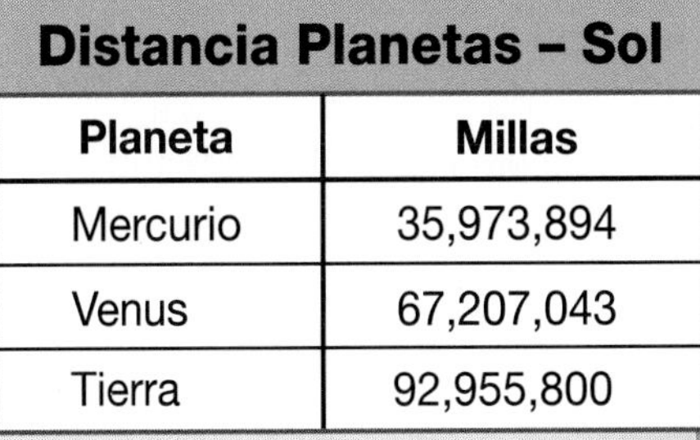

23. ¿A qué distancia está la Tierra del Sol? Escribe ese número de dos maneras diferentes.

24. ¿A qué distancia está Mercurio del Sol? En ese número, ¿qué dígito tiene mayor valor, el 5 o el 7? Explica.

25. Estímalo Marte está aproximadamente 100,000,000 de millas más distante del Sol que Mercurio. ¿Aproximadamente a qué distancia está Marte del Sol?

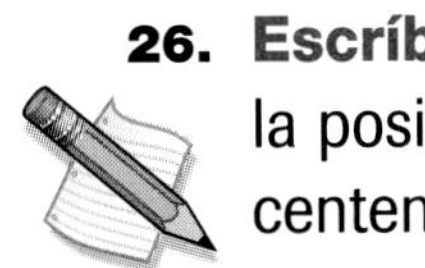

26. Escríbelo Escribe un número de 9 dígitos que tenga un 3 en la posición de las decenas de millón, un 5 en la posición de las centenas de millar y un 2 en la posición de las unidades.

Repaso mixto • Preparación para pruebas

Halla el número que es probable que siga en cada patrón.

27. 0 5 10 15 ____ **28.** 94 90 86 82 ____ **29.** 987 876 765 654 ____

30 ¿Qué expresión debería ir en el ■ para hacer verdadero el enunciado numérico? 8 + 5 = ■ *(página xxii)*

A 8 + 13 **B** 5 × 8 **C** 13 + 8 **D** 5 + 8

Práctica adicional Consultar el Conjunto D, página 41.

Comparar y ordenar números mayores

Aprenderás cómo comparar y ordenar números hasta millones.

Apréndelo

¿Qué crees que tiene más población, una ciudad o un estado? En el último año, 1,201,134 personas vivían en New Hampshire y 1,220,665 personas vivían en San Diego, California. ¿Cuál tenía más población?

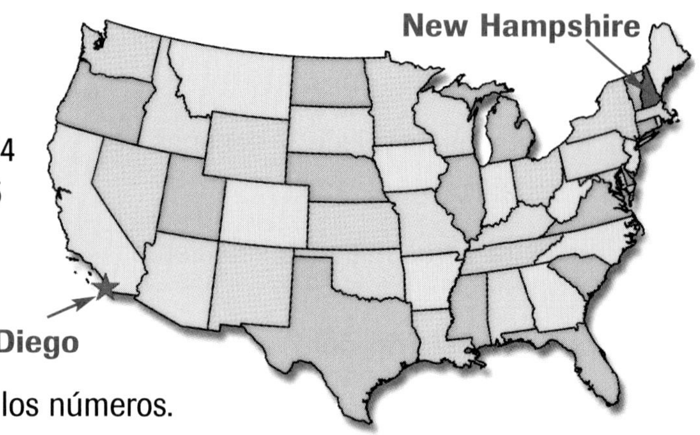

Puedes usar el valor posicional para comparar los números.

Paso 1 Alinea los dígitos de los números. Comienza con el valor posicional mayor. Halla la posición en que los dígitos sean diferentes.

New Hampshire: **1, 2 0** 1, 1 3 4
San Diego: **1, 2 2** 0, 6 6 5

↑ iguales ↑ diferentes

Paso 2 Compara los dígitos que sean diferentes. Escribe > o <.

1, 2 0 1, 1 3 4
1, 2 2 0, 6 6 5

2 decenas de millar > 0 decenas de millar

Así que 1,220,665 > 1,201,134 y 1,201,134 < 1,220,665.

Solución: Durante ese año vivieron más personas en San Diego que en New Hampshire.

Puedes usar el valor posicional para ordenar números mayores.

Ordena 4,688,239, 6,715,039 y 4,593,712 de mayor a menor.

Paso 1 Alinea los dígitos. Comienza por comparar el valor posicional mayor.

4, 6 8 8, 2 3 9
6, 7 1 5, 0 3 9
4, 5 9 3, 7 1 2

6 millones > 4 millones

Así que 6,715,039 es el número mayor.

Paso 2 Continúa comparando. Luego ordena los números.

4, 6 8 8, 2 3 9
6, 7 1 5, 0 3 9
4, 5 9 3, 7 1 2

iguales
6 > 5

Así que 4,688,239 > 4,593,712

Solución: 6,715,039 > 4,688,239 > 4,593,712

Estándares	NS **1.0, 1.1, 1.2** MR **1.1, 2.0**

Explícalo

▶ ¿De qué manera mirar el número de dígitos de cada número te ayuda a ordenar los números? Explica.

Práctica guiada

Compara. Escribe >, < o = para cada ●.

1. 7,968,305 ● 7,968,305
2. 2,300,062 ● 2,030,062
3. 38,472,152 ● 384,721,520

Asegúrate

- ¿Cómo alineo los dígitos?
- ¿Qué dígitos comparo primero?
- ¿Qué puedo hacer cuando los dígitos de la misma posición tienen el mismo valor?

Escribe los números en orden de menor a mayor.

4. 123,908 111,908 133,998
5. 9,999,999 101,200,011 874,987
6. 134,908,784 13,493,093 101,999,908
7. 1,202,334 1,220,334 12,233,000

Práctica independiente

Compara. Escribe >, < o = en el ●.

8. 45,679,043 ● 9,987,483
9. 2,301,934 ● 2,301,934
10. 99,902,234 ● 112,311,011
11. 98,760,032 ● 98,790,032
12. 404,004,004 ● 444,440,004
13. 190,098,181 ● 99,090,870

Escribe los números en orden de mayor a menor.

14. 85,407,363 8,407,363 85,073,630
15. 225,522,145 25,522,145 252,522,145
16. 112,110 190,911 222,345
17. 993,457,601 994,574,601 993,574,601

Álgebra • Patrones Halla el número que es probable que siga en cada patrón.

18. 444,010 444,020 444,030 ________
19. 32,000 32,200 32,400 ________
20. 1,234 2,345 3,456 ________

Resolver problemas • Razonamiento

Usar datos Resuelve. Escoge un método. Usa la tabla para los Problemas 21–26.

Métodos de computación

• Estimación • Papel y lápiz • Cálculo mental

21. ¿Qué ciudad tiene mayor población, Nueva York o Los Ángeles?

22. ¿ Qué ciudad tiene menor población, Jacksonville o San José?

23. Compáralo Usa sólo el número de dígitos de las poblaciones. ¿Qué ciudad tiene menos población, San José o Phoenix? Explica cómo lo sabes.

24. Aproximadamente 1,000,000 de personas más viven en Houston que en Jacksonville. ¿Aproximadamente cuántas personas viven en Houston?

25. Analízalo Uno de los números de la tabla está entre 1,000,000 y 4,000,000 y tiene un 6 en la posición de las decenas. ¿Cuál es?

26. Escríbelo Usa la tabla para escribir un problema sobre comparar y ordenar números.

Poblaciones de ciudades

Ciudad	Población
Nueva York, NY	7,420,166
Los Ángeles, CA	3,597,556
San José, CA	861,284
Phoenix, AZ	1,198,064
Jacksonville, FL	693,630

Repaso mixto • Preparación para pruebas

Suma o resta. *(páginas xxiv–xxv)*

27. 6 + 9 **28.** 7 − 2 **29.** 9 + 4 **30.** 13 − 5

31. 15 − 7 **32.** 12 − 8 **33.** 7 + 8 **34.** 7 + 5

35 Las flechas alrededor de esta caja muestran que se ha puesto al revés. ¿Qué alternativa muestra la caja después de haberse puesto al revés?

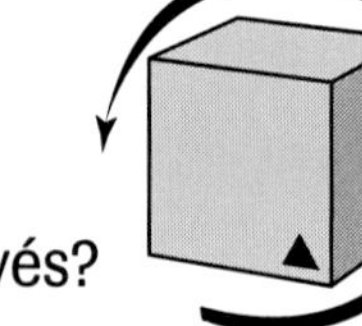

A 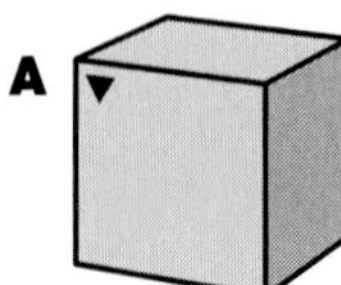 **B** 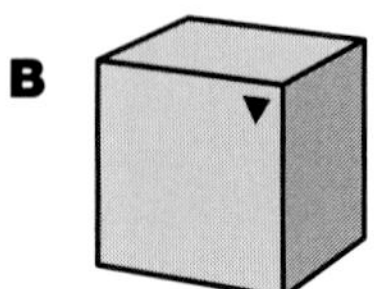 **C** 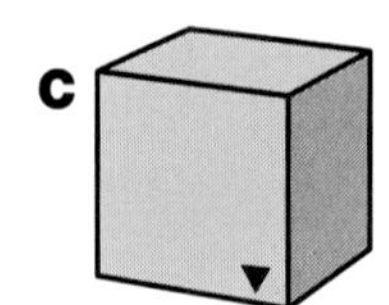 **D** 

 Práctica adicional Consultar el Conjunto E, página 41.

Muestra lo que sabes

Nombres para números

Completa cada enunciado escribiendo el número correcto de unidades o decenas.

1. 35 = 2 decenas y ___ unidades
2. 215 = ___ decenas y 5 unidades
3. 200 = ___ decenas
4. 75 = 5 decenas y ___ unidades
5. 150 = 1 centena y ___ unidades
6. 290 = 28 decenas y ___ unidades

Comparar y ordenar

En cada ejercicio, usa los dígitos dados para formar todos los números de 3 dígitos que puedas. Luego coloca los números que formaste en orden de menor a mayor.

1. 3 4 1
2. 6 9 5
3. 5 7 6
4. 0 2 9
5. 9 4 1
6. 0 4 8

Emparejar números

Usa cada número una vez para completar los siguientes enunciados de manera que tengan sentido.

2	20	200
2,000	20,000	

1. Ayer, practiqué piano por ____ minutos.
2. Más de ____ vinieron al estadio para ver el juego de béisbol.
3. Nuestra nueva computadora costó aproximadamente ____ dólares.
4. Tengo ____ hermanas.
5. Estoy leyendo un libro que tiene casi ____ páginas.

Redondear números mayores

Aprenderás a redondear números mayores.

Apréndelo

Ty juega al fútbol. Él halló que 12,369,321 niños menores de 18 años jugaron al fútbol este año. Ty quiere redondear ese número al millón más cercano.

¿Cuánto es 12,369,321 redondeado al millón más cercano?

Redondea 12,369,321 al millón más cercano.

Paso 1 Halla la posición que quieres redondear.

1 2̲, 3 6 9, 3 2 1
↑
posición de los millones

Paso 2 Mira el dígito que está a su derecha.

1 2̲, **3** 6 9, 3 2 1
↑
dígito a la derecha

Paso 3 Redondea.

1 2̲, **3** 6 9, 3 2 1
↑
3 < 5
No cambies el 2.
Escribe ceros a la derecha.

12,369,321 **se redondea a** 12,000,000

Solución: Redondeado al millón más cercano, 12,369,321 es 12,000,000.

Otro ejemplo

Redondear a la centena de millar más cercana

9,9̲**6**2,940
↑
posición de las centenas de millar

6 > 5.
Cambia el 9 al 10.
Escribe los ceros.

9,962,940 **se redondea a** 10,000,000

Explícalo

► ¿Cómo podrías cambiar un dígito de 7,856,041, de manera que se redondeara a 7,800,000?

► ¿Puede un número de 6 dígitos redondearse al millón más cercano? ¿Por qué?

Práctica guiada

Redondea cada número al millón más cercano.

1. 5,472,361 **2.** 38,510,219

3. 72,604,299 **4.** 8,299,675

5. 102,334,989 **6.** 99,980,221

Asegúrate

- ¿Qué dígito está en la posición redondeada?
- ¿Cuál es el dígito a su derecha?
- ¿Puedo cambiar el dígito de la posición redondeada?

Estándares NS **1.0, 1.3** AF **1.0** MR **2.4**

Práctica independiente

Redondea cada número a la posición del dígito subrayado.

7. $\underline{2}9{,}300$ **8.** $5\underline{0}5{,}113$ **9.** $4\underline{7}3{,}264$ **10.** $3\underline{0}3{,}449$

11. $9{,}\underline{5}77{,}211$ **12.** $\underline{2}{,}554{,}319$ **13.** $\underline{1}{,}020{,}890$ **14.** $7{,}\underline{4}25{,}333$

15. $19\underline{3}{,}704{,}119$ **16.** $209{,}\underline{1}21{,}456$ **17.** $7\underline{8}{,}901{,}223$ **18.** $\underline{5}7{,}304{,}600$

Cálculo mental **¿A qué posición se redondeó cada número?**
Escribe *decenas de millar, centenas de millar* o *millones*.

19. 36,768,401 → 37,000,000 **20.** 879,463 → 1,000,000

21. 403,285 → 400,000 **22.** 52,023,864 → 52,000,000

23. 9,345,099 → 9,000,000 **24.** 135,877,980 → 136,000,000

Resolver problemas • Razonamiento

25. **Estímalo** Imagina que una tienda vende 398,111 pelotas al año. Redondeando a la centena de millar más cercana, ¿cuántas pelotas serían?

26. Se ha estimado que aproximadamente 18,000,000 de personas juegan tenis en un año. ¿A qué posición fue probablemente redondeado ese número? Explica.

27. **Escríbelo** Una fábrica de pelotas de fútbol produce noventa y nueve mil seiscientas tres pelotas al año. Redondea 99,603 a la decena de millar más cercana. Luego redondéalo al millar más cercano. ¿Qué observas en tus resultados? Explica.

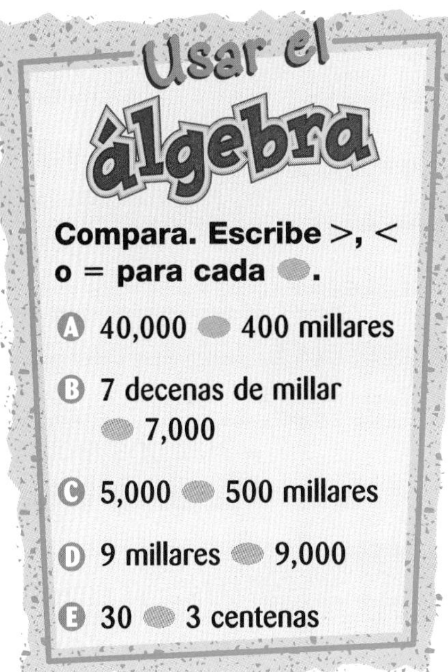

Usar el
álgebra
Compara. Escribe >, < o = para cada ●.
A 40,000 ● 400 millares
B 7 decenas de millar ● 7,000
C 5,000 ● 500 millares
D 9 millares ● 9,000
E 30 ● 3 centenas

Repaso mixto • Preparación para pruebas

Compara. Escribe >, < o = para cada ●.

28. 4 + 4 ● 0 + 8 **29.** 9 × 10 ● 9 × 7

30. 8 centenas ● 12 decenas **31.** 8 × 7 ● 9 × 6

32 ¿Qué signo debería ir en el ● para hacer verdadero el enunciado numérico? *(página xxv)*

24 ● 8 = 3

A + **C** ×

B − **D** ÷

Práctica adicional Consultar el Conjunto F, página 42.

Estrategia: Usa el razonamiento lógico

Aprenderás cómo resolver un problema usando el razonamiento lógico.

A veces puedes usar el razonamiento lógico para resolver un problema.

Problema Alberto, Ron, Jonás y Diego viven en casas diferentes. Cada casa tiene un color diferente. La casa de Diego es blanca. La casa de Alberto no es azul. La casa de Ron no es verde. La casa de Jonás no es amarilla ni azul. ¿De qué color es la casa de cada persona?

¿Cuál es la pregunta?

¿De qué color es la casa de cada persona?

¿Qué datos sabes?

- Cada casa tiene un color diferente.
- La casa de Diego es blanca.
- La casa de Alberto no es azul.
- La casa de Ron no es verde.
- La casa de Jonás no es amarilla ni azul.

Planéalo

¿Cómo puedes resolver el problema?

Haz una tabla y usa el razonamiento lógico para completarla.

Resuélvelo

Usa el razonamiento lógico para completar una tabla.

Escribe *sí* o *no* para los datos que sabes. Al escribir sí en una fila o columna, puedes escribir no en el resto de la fila o columna.

- La casa de Diego es blanca, de manera que no es azul, verde ni amarilla.
- La casa de Jonás es verde, porque no es blanca, azul ni amarilla.
- La casa de Alberto es amarilla, porque no es blanca, azul ni verde.
- La casa de Ron es del color restante, azul.

	Blanca	Azul	Amarilla	Verde
Di	sí	no	no	no
Jo	no	no	no	sí
Al	no	no	sí	no
Ron	no	sí	no	no

Verifícalo

Verifica el problema.

¿Coinciden las respuestas con los datos del problema?

Estándares	MR 1.0, 1.1, 2.0, 2.3, 3.0, 3.2

Recuerda:
- ► Compréndelo
- ► Planéalo
- ► Resuélvelo
- ► Verifícalo

Práctica guiada

Resuelve.

1. Rita, Vera, Nora y Ana tienen bicicletas de diferente color. Las bicicletas son de color rojo, azul, verde y negro. Ninguna tiene una bicicleta de un color que comience con la primera letra de su nombre. La de Ana no es roja. La de Rita no es azul. ¿De qué color es la bicicleta de cada persona?

   Piénsalo: ¿Cuál es el título de cada columna y fila de mi tabla?

2. Cuatro personas bajan de un ascensor en diferentes pisos. Cuando el ascensor sube, se detiene en el 3.er, 4.º, 6.º y 10.º pisos. Mila se despide de Earl al bajarse. Susana es la última en bajarse. Ray se baja un piso después de Mila. ¿En qué piso se baja cada persona?

   Piénsalo: ¿Qué par de pisos están separados sólo por un piso?

Escoge una estrategia

Resuelve. Usa éstas u otras estrategias.

Estrategias para resolver problemas

- **Halla un patrón**
- **Usa el razonamiento lógico**
- **Haz un dibujo**
- **Haz una tabla**

3. Joni llama a dos amigos para reunirse en el parque de la ciudad. Cada uno de los amigos llama a otros dos amigos para reunirse, y cada uno de esos amigos llama a dos amigos más. Si Joni y todos sus amigos van al parque, ¿cuántas personas llegarán?

4. Cuatro carros están estacionados en una calle. Son de color azul, verde, plateado y blanco. El carro blanco está entre el azul y el verde. El carro azul está detrás del carro plateado, pero no del carro blanco. ¿Cuál es el orden de los cuatro carros?

5. Anita, Roberto, Vilma y Martín tienen gafas de agua de diferentes colores. Sus gafas son de color morado, anaranjado, verde y rosa. Ninguno tiene gafas de un color que comience con la misma letra de su nombre. Las gafas de Martín y Vilma no son anaranjadas ni color rosa. ¿De qué color son las gafas de cada persona?

6. Ian, Choi y Ann están jugando al lanzamiento de aros. Todos han lanzado tres veces, excepto Ann. Ella lleva 60 y 70 puntos. Ian anotó 50, 40 y 80 puntos. Choi anotó 60, 30 y 50 puntos. ¿Cuántos puntos necesita Ann para alcanzar el primer lugar?

Práctica adicional Consultar 5–8, página 43.

Verificación rápida

Verifica los conceptos de las Lecciones 5–9

Escribe la posición del 4 en cada número. Luego escribe su valor.

1. 104,371 **2.** 403,879,673 **3.** 14,659,702

Usa >, < o = para comparar cada par de números.

4. 76,570,046 ⬤ 76,590,040 **5.** 530,078,960 ⬤ 503,078,960

Redondea cada número a la posición del dígito subrayado.

6. 27<u>4</u>,605,119 **7.** 5<u>0</u>3,978 **8.** <u>5</u>5,192,370

Resuelve.

9. Mark, Emma, Bob y Carol tienen bicicletas de diferentes colores. Los colores de sus bicicletas son rojo, azul, amarillo y verde. La bicicleta de Mark no es azul ni amarilla. La de Emma no es roja ni azul. La bicicleta de Bob no es amarilla ni roja. La bicicleta de Carol es verde. ¿De qué color es la bicicleta de cada persona?

10. Cuatro amigos toman el autobús de regreso a casa. El autobús se detiene en las calles Oak, Elm, Hickory y Pine, en ese mismo orden. Al bajarse, Dan se despide de Meg. Nari es la última persona que se baja. Ben se baja una parada antes que Dan. ¿En qué parada se baja cada uno de los amigos? Explica como obtuviste la respuesta.

¿Cómo te fue?

Si tuviste dificultades en cualquiera de las partes de Verificación rápida, puedes usar las siguientes páginas para repasar y practicar más.

Estándares	Ejercicios	Repasar estas páginas	Hacer estos ejercicios de práctica adicional
Sentido numérico: **1.1, 4.1**	1–3	páginas 16–19	Conjunto D, página 41
Sentido numérico: **1.1, 1.2**	4–5	páginas 20–22	Conjunto E, página 41
Sentido numérico: **1.1, 1.3**	6–8	páginas 24–25	Conjunto F, página 42
Razonamiento matemático: **1.1, 1.2, 2.3, 3.1, 3.2**	9–10	páginas 26–27	5-8, página 43

Preparación para pruebas • Repaso acumulativo

Mantener los estándares

Marca la letra de la respuesta correcta.

1. ¿Qué enunciado es verdadero?

   A 6,851 > 6,861

   B 499 < 4,500

   C 420,016 < 1,216

   D 17,548 <1,754

2. ¿Cómo se escribe dieciséis millones quinientos dos en forma usual?

   F 16,502

   G 160,502

   H 1,652

   J 16,000,502

3. Una empresa de computadoras donó \$1,520,625 a una institución de beneficencia nacional. ¿Cuánto es \$1,520,625 redondeado a la centena de millar más cercana?

   A \$1,000,000

   B \$1,500,000

   C \$1,521,000

   D \$2,000,000

4. ¿Qué dato sería probablemente una estimación?

   F el número de millas desde la Tierra a la Luna

   G el número de maestros de tu escuela

   H el número de personas de tu familia

   J el número de días en una semana

5. Las termitas pueden poner hasta 30,000 huevos al día. ¿Qué palabras representan 30,000?

   A tres mil

   B treinta mil

   C treinta

   D treinta millones

Usa la tabla para contestar las Preguntas 6–7.

Fábricas de muñecas	
Fábricas	**Número de muñecas hechas**
Fábrica A	10,522,305
Fábrica B	10,498,612
Fábrica C	9,875,402
Fábrica D	10,502,345

6. ¿Qué fábrica hizo la mayor cantidad de muñecas?

   F Fábrica A

   G Fábrica B

   H Fábrica C

   J Fábrica D

7. Si el número de muñecas hechas por la Fábrica C se redondea al millar más cercano, ¿cuál es el número redondeado?

   A 9,000,000

   B 9,875,000

   C 9,876,000

   D 9,880,000

8. Escribe un problema en que sea necesario un resultado exacto y un problema en que sea adecuada una estimación.

   Explícalo Di cómo resolviste cada problema.

Preparación para pruebas
Visita **www.eduplace.com/kids/mhm** para más *Preparación para pruebas.*

Comparar cantidades de dinero

Aprenderás cómo contar y comparar cantidades de dinero.

Apréndelo

Eliza quiere comprar este caballo en miniatura. Ella tiene 1 billete de veinte dólares, 1 billete de diez dólares, 2 billetes de cinco dólares y 2 billetes de 1 dólar. También tiene 1 moneda de 25¢, 2 de 10¢, 1 de 5¢ y 1 de 1¢. ¿Tiene suficiente dinero?

Para hallar la respuesta, primero cuenta el dinero que tiene Eliza.

Halla el valor total de los billetes contando hacia delante. Comienza con el billete de mayor valor.

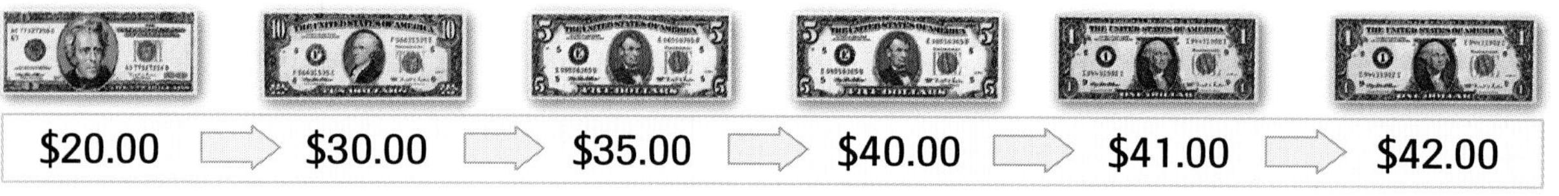

$20.00 → $30.00 → $35.00 → $40.00 → $41.00 → $42.00

Halla el valor total de las monedas contando hacia delante. Comienza con la moneda de mayor valor.

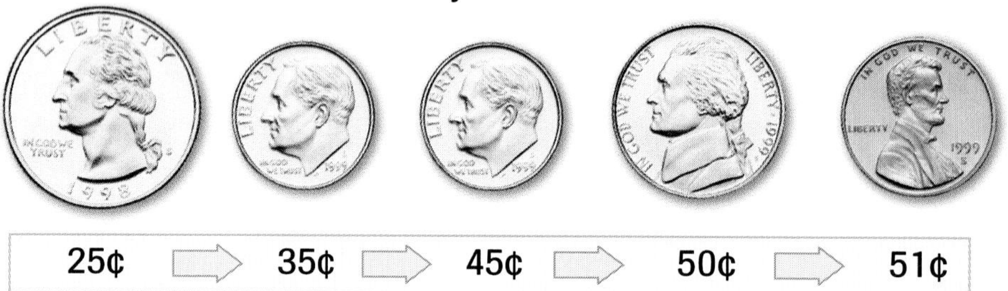

25¢ → 35¢ → 45¢ → 50¢ → 51¢

Escribe la cantidad total como $42.51.

Luego compara $42.51 con $40.00.

Solución: Sí, Eliza tiene suficiente dinero, porque $40.00 es menor que $42.51.

Otro ejemplo

Otros billetes y monedas

$100.00 → $105.00 → $105.50 → $105.65

Total: $105.65

Estándares	NS **1.2**	MR **2.4**

Explícalo

► ¿Por qué generalmente es más fácil contar primero los billetes y las monedas de mayor valor?

Asegúrate

- ¿En qué orden contaré los billetes?
- ¿En qué orden contaré las monedas?

Práctica guiada

Escribe cada cantidad.

1.   

2.   

3.  

4.   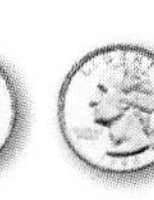

5.   

6.  

7. Mira los Ejercicios 1–6. Escribe la cantidad mayor. Luego escribe la cantidad menor.

Práctica independiente

Escribe cada cantidad. Luego escribe cuál es la mayor.

8.     **o**  

9.    **o**  

10. 6 monedas de 10¢, 2 de 25¢, 4 de 5¢ **o** 7 monedas de 5¢, 2 de medio dólar

11. 1 billete de $100, 2 billetes de $50 **o** 2 billetes de $100, 1 billete de $10.

Resolver problemas • Razonamiento

Usa los precios y artículos que aparecen a la derecha para los Problemas 12–15.

12. ¿Qué artículo cuesta más?

13. Ordena los precios de mayor a menor.

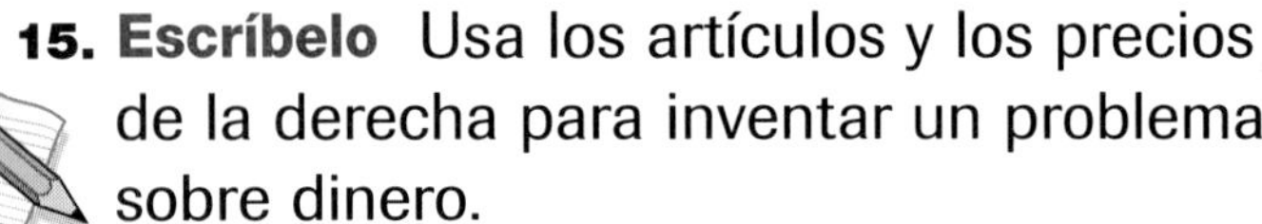

14. Eliza tiene un billete de diez dólares. Ella quiere comprar 2 artículos. ¿Qué artículos puede comprar? Explica.

15. **Escríbelo** Usa los artículos y los precios de la derecha para inventar un problema sobre dinero.

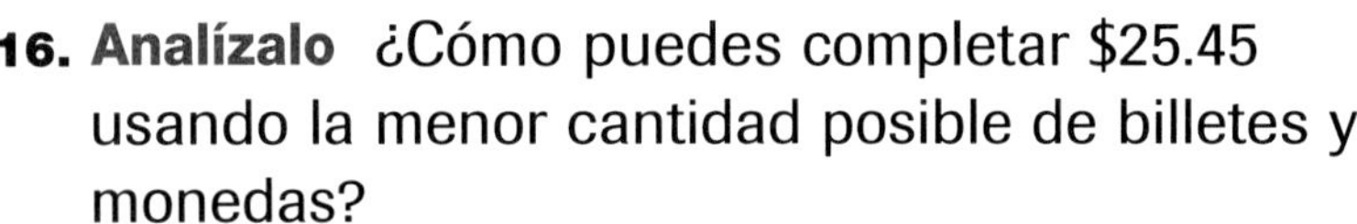

16. **Analízalo** ¿Cómo puedes completar $25.45 usando la menor cantidad posible de billetes y monedas?

$40.00 $5.94 $2.99 $5.45 $1.89 $5.45

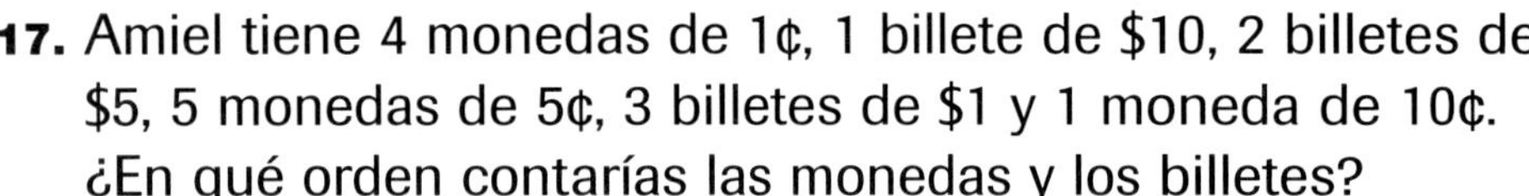

17. Amiel tiene 4 monedas de 1¢, 1 billete de $10, 2 billetes de $5, 5 monedas de 5¢, 3 billetes de $1 y 1 moneda de 10¢. ¿En qué orden contarías las monedas y los billetes?

Repaso mixto • Preparación para pruebas

¿Qué hora es en cada reloj?

18. 

19. 

20. 

21. 

22. 

23. 

Marca la letra de la respuesta correcta. *(páginas 10–11)*

24 Redondeado a la centena más cercana, ¿qué número se redondea a 700?

A 988 **C** 760

B 772 **D** 688

25 Redondeado al millar más cercano, ¿qué número se redondea a 2,000?

F 989 **H** 2,989

G 1,989 **J** 3,989

Práctica adicional Consultar el Conjunto G, página 42.

Juego de Práctica

¡Tengo 1 dólar!

Practica el uso del dinero jugando el siguiente juego con un grupo pequeño. ¡Intenta ser el primero en deshacerte de todas tus cartas!

Lo que necesitas

- *40 tarjetas o*
- *Recurso de enseñanza 1*

Jugadores
2 – 4

Lo que debes hacer

1. Forma una baraja de cartas similar a la de esta página.
2. Baraja y reparte 5 cartas a cada jugador. Amontona el resto de las cartas boca abajo.
3. El objetivo es deshacerse de las cartas completando $1.00 con algunas o con todas las cartas. Un jugador le pide a otro una carta. Si ese jugador tiene la carta, se la da al primer jugador. De lo contrario, el jugador "cae" en la baraja y debe tomar la carta de arriba.
4. Cada vez que los jugadores completan $1.00, las cartas se colocan boca arriba frente a los demás.
5. Repite los Pasos 3 y 4. El primer jugador sin cartas es el ganador.

10 cartas

10 cartas

8 cartas

8 cartas

4 cartas

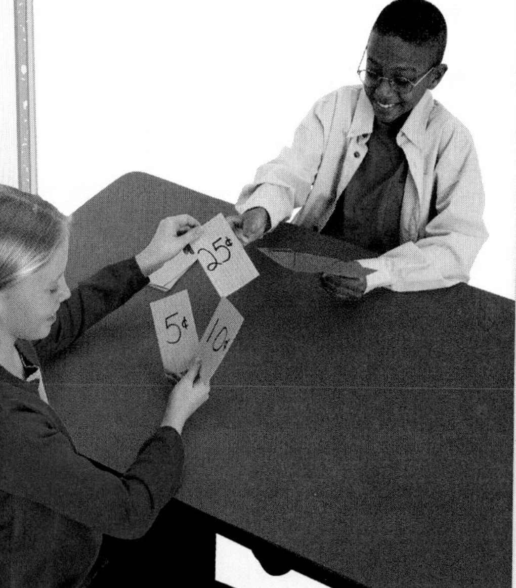

Compártelo ¿Qué cartas te conviene tener en la mano? Explica por qué.

Dar cambio

Aprenderás cómo dar cambio.

Apréndelo

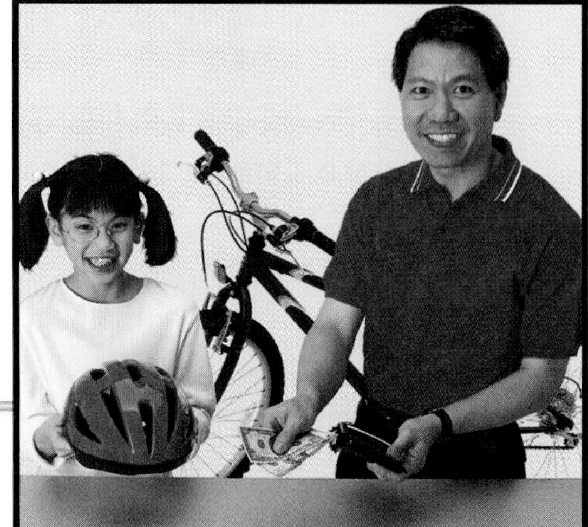

Kim y su padre están comprando un casco para andar en bicicleta que cuesta $24.93. Le dan $30.00 al vendedor. ¿Cuál es la menor cantidad de monedas y billetes que el vendedor debería darles de cambio?

Una manera de hallar el cambio de ellos es seguir contando a partir del precio del casco.

- Comienza con el precio del casco.
- Cuenta las monedas y los billetes hasta alcanzar la cantidad que ellos pagaron.

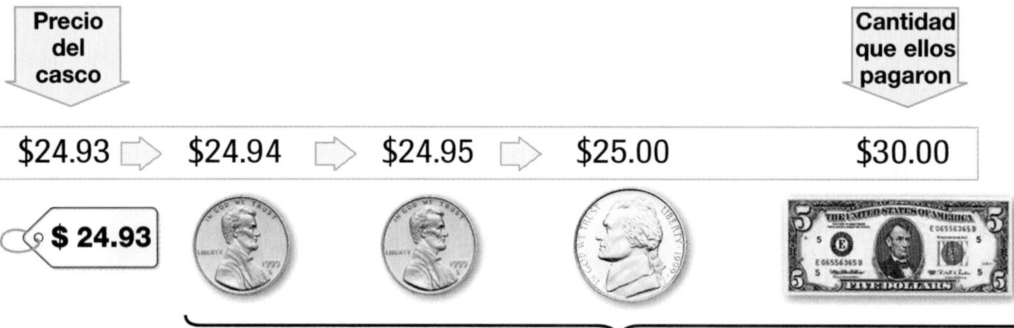

- Por último, cuenta los billetes y las monedas que se usaron para dar cambio.

Solución: Ellos deberían obtener $5.07 de cambio.

Explícalo

► Imagina que para pagar el casco se usan 2 billetes de veinte dólares. Si el cambio se da en la menor cantidad de billetes y monedas, ¿qué billetes y monedas se usan? Explica.

Práctica guiada

Para comprar cada uno de los artículos siguientes se usó un billete de $10.00. Haz una lista de las monedas y billetes que usarías para dar cambio.

1. **2.** **3.**

Asegúrate

- ¿Con qué cantidad comienzo?
- ¿Qué monedas y billetes necesito?

Estándares Amplia los Estándares del Grado 4

Práctica independiente

Para comprar cada uno de los artículos siguientes se usó un billete de $20. Haz una lista de las monedas y billetes que usarías para dar cambio.

4. 

5. 

6. 

7. precio: $6.89
8. precio: $1.05
9. precio: $4.44
10. precio: $10.19
11. precio: $13.99
12. precio: $18.70

Escribe los nombres de las monedas y billetes que usarías para dar cambio en cada una de las siguientes situaciones.

13. Compraste un artículo que vale $1.93. Pagaste con 2 billetes de un dólar.

14. Compraste un artículo que vale $7.74. Pagaste con 2 billetes de cinco dólares.

15. Compraste un artículo que vale $2.03. Pagaste con 3 billetes de un dólar.

16. Compraste un artículo que vale 79¢. Pagaste con 2 monedas de 50¢.

Resolver problemas • Razonamiento

17. Un candado cuesta $8.69. Daniel le da $20 al vendedor. ¿Qué monedas y billetes debería recibir de cambio?

18. **Analízalo** Simón le da al vendedor un billete de 10 dólares y una moneda de 10¢ para pagar una revista de ciclismo que cuesta $5.05. ¿Qué monedas y billetes debería dar de cambio el vendedor a Simón?

19. **Patrones** Las tarjetas de ciclismo cuestan 50¢ cada una o 3 por $1. ¿Cuál es la menor cantidad que Tina puede pagar por 12 tarjetas? Usa patrones para decidir.

Usar el vocabulario
Copia y completa.
A Tres ___ valen 30¢.
B Dos ___ valen 50¢.
C Veinticinco monedas de 1¢ son iguales a 2 ___ y 1 ___.
D Un dólar es igual a 4 ___ o 10 ___.

Repaso mixto • Preparación para pruebas

Redondea cada número a la decena más cercana.
(páginas 10–11)

20. 78
21. 111
22. 179
23. 235
24. 874
25. 895

26 ¿Qué número tiene un 8 en la posición de las centenas de millar? *(páginas 4–5)*

A 81,990
B 819,900
C 8,990
D 899

Aplicación: Usa dinero

Aprenderás cómo resolver problemas relacionados con dinero.

A veces necesitas usar dinero para resolver problemas.

Problema Michelle acaba de comprar un cachorro. Ella tiene $15.00 para comprar un collar y un tazón para el agua. Si compra un tazón grande y un collar de tela, ¿cuánto recibirá de cambio?

Artículos para mascotas

Tazones pequeños	$4.49
Tazones grandes	$6.99
Collar de tela	$5.49
Collar de cuero	$7.49
Placa de identificación	$3.89
Champú para perros	$4.49
Cepillo	$5.09
Peine	$3.29

Compréndelo

¿Cuál es la pregunta?

¿Cuánto cambio recibirá Michelle?

¿Qué sabes?

- Michelle tiene $15.00.
- El tazón grande cuesta $6.99.
- El collar de tela cuesta $5.49.

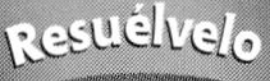

¿Qué puedes hacer para hallar la respuesta?

Suma el precio del tazón grande más el precio del collar de tela.

Luego sigue contando para hallar el cambio.

Resuélvelo

Suma el precio de los artículos.

$$\begin{array}{r} \$6.99 \\ +\ \$5.49 \\ \hline \$12.48 \end{array}$$

$6.99 ← tazón grande
$5.49 ← collar de tela
$12.48 ← costo total

Luego halla el cambio de $15.00.

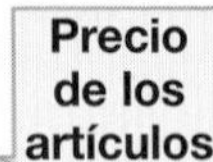

$12.48 → $12.49 → $12.50 → $12.75 → $13.00 → $14.00 → $15.00

El cambio es $2.52.

Verifícalo

Verifica al problema.

¿Es razonable la respuesta? Explica.

Estándares MR **1.0, 1.1, 1.2, 2.0, 3.0, 3.2**

Práctica guiada

Resuelve. Usa el cartel de la página 36.

1. Michelle compró un cepillo para su nuevo cachorro. Recibió de cambio 1 moneda de 1¢, 1 de 5¢, 1 de 10¢ y 1 de 25¢. ¿Cuánto dinero le dio al vendedor?

   Piénsalo: ¿Cómo debería comenzar a contar la cantidad total de dinero?

2. Rosa compra una botella de champú para perros. Ella paga con dos billetes de $1, siete monedas de 25¢ y ocho monedas de 10¢. ¿Cuánto cambio debería recibir?

   Piénsalo: ¿Cómo puedo hallar la cantidad que le dio Rosa al vendedor?

Escoge una estrategia

Usa el cartel de la página 36 para los Problemas 3, 4, 5 y 6.
Usa éstas u otras estrategias.

Estrategias para resolver problemas

- **Usa el razonamiento lógico**
- **Escribe una ecuación**
- **Halla un patrón**
- **Represéntalo**

3. Nahim tiene cupones de descuento por $2.00 para un collar de cuero, $1.00 para un cepillo y $1.00 para un collar de tela. ¿Qué collar cuesta menos con un cupón?

4. Ryan quiere comprar un cepillo, un peine y una botella de champú para perros. ¿Podrá Ryan comprar todos los artículos si sólo tiene un billete de $10? Explica tu respuesta.

5. Una bolsa de alimento para perros cuesta $5.35, 2 bolsas cuestan $10.00, 3 bolsas cuestan $15.35, 4 bolsas cuestan $20.00, 5 bolsas cuestan $25.35. ¿Cuál será probablemente el precio de 7 bolsas de alimento para perros?

6. Eilene compra una placa de identificación para su nuevo gatito. Ella paga con un billete de $5. El vendedor le da la menor cantidad posible de billetes y monedas. ¿Qué billetes y monedas recibirá de cambio?

7. Daniel gana $2, $3, $2.50 y $3.50 por sacar a pasear perros después de la escuela. Los nombres de los perros son Bo, Spot, Pup y Red. El dueño de Red paga $1 más que el dueño de Pup. El dueño de Bo paga la menor cantidad. ¿Cuánto paga el dueño de cada perro?

8. Jane y Tom están ahorrando para comprar una casa de perros. Jane tiene ahora $15 en el banco. Cada 3 meses ahorra $8 en su cuenta. Tom tiene ahora $20 en el banco. Cada 3 meses ahorra $9 en su cuenta. ¿La cuenta de qué niño tendrá más dinero en un año? Explica.

Práctica adicional Consultar 9–11, página 43.

Verificación rápida

Verifica los conceptos de las Lecciones 10–12

Escribe cada cantidad. Luego escribe cuál es la cantidad mayor.

1. 3 billetes de \$1, 2 monedas de 10¢, 3 monedas de 1¢ **o** 1 billete de \$5, 2 monedas de 5¢

2. 5 monedas de 10¢, 2 de 5¢, 2 billetes de \$1 **o** 2 monedas de 25¢, 1 de 10¢, 1 de 5¢

Escribe los nombres de las monedas y billetes que usarías para dar cambio en cada una de las siguientes situaciones.

3. Compraste artículos que valen \$2.84. Pagaste con 3 billetes de un dólar.

4. Compraste un artículo que vale \$6.74. Pagaste con 1 billete de diez dólares.

5. Compraste un artículo que vale 89¢. Pagaste con 4 monedas de 25¢.

6. Compraste artículos que valen \$13.98. Pagaste con 2 billetes de diez dólares.

Resuelve.

7. Kelly compró 1 bolsa de tierra para maceta y 1 bolsa de pajote. Pagó con un billete de \$5, tres billetes de \$1 y 2 monedas de 25¢. ¿Cuánto cambio debería recibir?

8. Lito tenía algo de dinero. Después ganó \$10 más cortando pasto. Usó parte del dinero para comprar un azadón y una pala. Le quedaron \$5.25. ¿Cuánto dinero tenía al principio?

Artículos para jardinería	
azadón	\$7.99
rastrillo	\$8.79
pala	\$3.79
pajote	\$2.68
tierra para maceta	\$5.49

¿Cómo te fue?

Si tuviste dificultades en cualquiera de las partes de Verificación rápida, puedes usar las siguientes páginas para repasar y practicar más.

Estándares	Ejercicios	Repasar estas páginas	Hacer estos ejercicios de práctica adicional
Sentido numérico: **1.2**	1–2	páginas 30-32	Conjunto G, página 42
Razonamiento matemático: **1.1, 2.2, 2.6**	3–6	páginas 34-35	Conjunto H, página 42
Razonamiento matemático: **1.1, 1.2, 2.2, 2.4, 2.6, 3.1**	7–8	páginas 36-37	9–11, página 43

Preparación para pruebas • Repaso acumulativo

Mantener los estándares

Marca la letra de la respuesta correcta.

1. ¿Cómo se escribe cincuenta millones tres mil en forma usual?

   A 50,003 **C** 50,300
   B 50,003,000 **D** 503,000

2. ¿Qué alternativa muestra los precios de estos artículos ordenados de menor a mayor?

   F $3.98 $3.76 $3.70 $5.00
   G $3.76 $3.70 $3.98 $5.00
   H $5.00 $3.98 $3.76 $3.70
   J $3.70 $3.76 $3.98 $5.00

3. ¿Cuánto es 2,159 redondeado a la centena más cercana?

   A 2,000 **C** 2,200
   B 2,100 **D** 2,259

4. ¿Qué dato sería probablemente una estimación?

   F el número de niñas de tu clase
   G el número de pulgadas en una yarda
   H la cuenta del supermercado
   J la cantidad de agua en un lago

5. ¿Cuánto es 5,461,305 redondeado a la centena de millar más cercana?

   A 5,000,000 **C** 5,500,000
   B 5,461,000 **D** 5,550,000

6. ¿Qué alternativa muestra la cantidad mayor de dinero?

   F 

   G 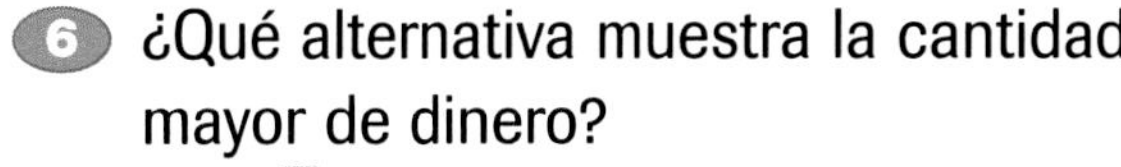

   H 

   J 

   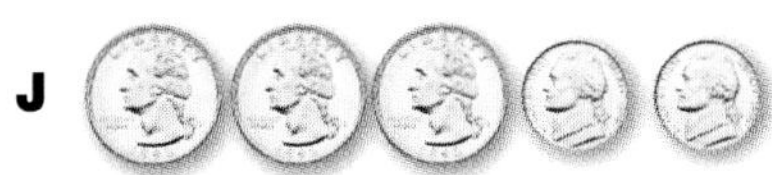

7. ¿Qué dato sería probablemente exacto?

   A la distancia alrededor del mundo
   B el número de pisos de un edificio
   C la población de California
   D el número de peces en el océano

8. El titular decía: "25,000 personas vieron el juego". El anunciador dijo: "Aproximadamente 20,000 personas presenciaron el juego". Ambos están correctos.

   Explícalo ¿Cómo puede tanto el titular como el anunciador estar en lo correcto?

Preparación para pruebas
Visita **www.eduplace.com/kids/mhm** para más *Preparación para pruebas.*

Práctica adicional

Conjunto A

Escribe cada número en forma usual. *(Lección 1, páginas 4–5)*

1. 800,000 + 50,000 + 400 + 70 **2.** 604 mil 309

3. 500,000 + 20,000 + 3,000 + 800 + 6 **4.** treinta mil novecientos

5. 3 centenas de millar, 2 decenas de millar, 5 millares, 6 decenas, 4 unidades

Escribe cada número en forma descriptiva y en forma verbal.

6. 230,000 **7.** 400,300 **8.** 403,000 **9.** 554,554

10. 600,000 + 30,000 + 2,000 +700 + 40 **11.** 80,000 + 5,000 + 100 + 3

Escribe cada número en forma desarrollada.
Luego escribe el valor del dígito subrayado.

12. $72\underline{8},683$ **13.** $6,\underline{1}70$ **14.** $5\underline{0},862$ **15.** $\underline{5}05,432$ **16.** $78,3\underline{3}7$

Conjunto B

Compara. Escribe >, < o = para cada ●. *(Lección 2, páginas 6–9)*

1. 808 ● 880 **2.** 1,409 ● 1,409 **3.** 5,802 ● 15,802

4. 64,805 ● 64,850 **5.** 147,689 ● 47,689 **6.** 88,961 ● 88,651

Escribe los números en orden de mayor a menor.

7. 108 98 82 **8.** 97 989 907 **9.** 505 550 500

10. 1,032 1,003 1,322 **11.** 11,653 9,879 12,002 **12.** 980 11,807 1,197

Escribe los números en orden de menor a mayor.

13. 354 978 89 **14.** 5,399 4,522 978 **15.** 150,808 152,008 150,088

16. 120 249 807 **17.** 4,879 4,891 4,886 **18.** 645,704 645,804 6,580

Práctica adicional

Conjunto C

Usa la recta numérica para redondear cada número a la decena más cercana. *(Lección 3, páginas 10–11)*

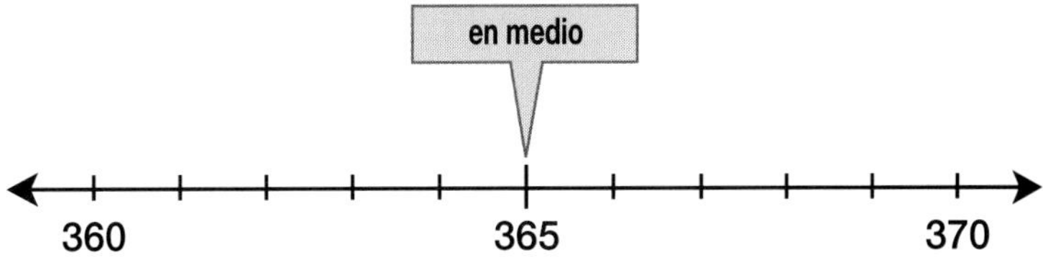

1. 366 **2.** 362 **3.** 368 **4.** 363 **5.** 361 **6.** 369

Redondea cada número a la posición del dígito subrayado.

7. $\underline{8}8$ **8.** $\underline{1}37$ **9.** $5\underline{1}6$ **10.** $9{,}\underline{8}73$ **11.** $3{,}\underline{4}75$ **12.** $7{,}8\underline{8}9$

13. $18{,}9\underline{7}2$ **14.** $34{,}\underline{0}53$ **15.** $44{,}\underline{5}07$ **16.** $13{,}7\underline{0}2$ **17.** $121{,}\underline{6}61$ **18.** $18\underline{7}{,}863$

Conjunto D

Escribe cada número de tres maneras diferentes. *(Lección 6, páginas 18–19)*

1. 4,005,000 **2.** cuarenta y seis mil doscientos setenta y dos

3. 15 millones 304 mil 794

4. 700,000 + 2,000 + 600 + 40 + 7

5. sesenta y seis millones doscientos cincuenta y siete mil cuatrocientos cuarenta y dos

Conjunto E

Compara. Escribe >, < o = para cada ●. *(Lección 7, páginas 20–23)*

1. 8,796,206 ● 8,769,432 **2.** 3,105,896 ● 3,105,896

3. 98,908,135 ● 111,422,033 **4.** 79,860,041 ● 79,890,041

Escribe los números en orden de mayor a menor.

5. 98,604,232 9,604,347 98,134,323 **6.** 6,012,009 8,652,913 10,276,411

7. 578,419,152 58,844,167 587,419,152 **8.** 7,462,198 76,462,198 76,624,198

Práctica adicional

Conjunto F

Redondea cada número a la posición del dígito subrayado. *(Lección 8, páginas 24–25)*

1. 74,320 **2.** 5,890,643 **3.** 185,279 **4.** 36,241,588

5. 197,264,335 **6.** 5,237,709 **7.** 1,205,890 **8.** 905,203

9. 404,557 **10.** 307,232,689 **11.** 87,109,322 **12.** 8,699,322

Conjunto G

Escribe cada cantidad. Luego escribe la cantidad mayor. *(Lección 10, páginas 30–33)*

1.

o

2.

o

3. 5 monedas de 5¢, 6 de 10¢, 3 billetes de $1 ó 2 billetes de $1, 5 monedas de 25¢, 5 de $10¢

4. 2 billetes de $10, 1 de $5, 2 monedas de 25¢ ó 1 billete de $10, 3 de $5, 1 moneda de 25¢, 2 de 10¢

Conjunto H

Para comprar cada uno de los artículos siguientes se usó un billete de $20.00. Haz una lista de las monedas y billetes que usarías para dar cambio. *(Lección 11, páginas 34–35)*

1.

2.

3.

4. Precio del artículo: $8.96

5. Precio del artículo: $12.77

6. Precio del artículo: $3.48

Práctica adicional • Resolver problemas

Resuelve. Da una razón para tus respuestas. *(Lección 4, páginas 12–13)*

1. Abraham Lincoln obtuvo 2,216,067 votos para Presidente. ¿Es esa cantidad una estimación o una cantidad exacta?

2. El monte Everest es la montaña más alta del mundo. Está aproximadamente a 29,000 pies sobre el nivel del mar. ¿Es esa cantidad una estimación o una cantidad exacta?

3. Un estadio de béisbol tiene asientos para más de 48,000 espectadores. ¿Es esa cantidad una estimación o una cantidad exacta?

4. Un jugador de béisbol hizo 53 jonrones durante una temporada. ¿Es esa cantidad una estimación o una cantidad exacta?

Resuelve. *(Lección 9, páginas 26–27)*

5. Tina, Ron, Lucy y Jeff tienen diferentes mascotas. La mascota de Jeff no es gato. La mascota de Ron no es gato ni jerbo. La mascota de Lucy no es canario. La mascota de Tina es un perro. ¿Qué mascota tiene cada persona?

6. Cuatro amigos van en autobús a diferentes partes. Carlos se baja después de Elaine. Sue se baja al final. Greg se baja después de Carlos. ¿En qué orden se bajan los amigos del autobús?

7. Joe, Tom, Hal y Bob están esperando en fila. Tom es el primero. Hal no es el último. Joe está detrás de Tom y Hal. Bob está delante de Hal. ¿En qué orden están los niños en la fila?

8. Tres niñas tienen 20, 25 y 30 cuentas. Mai no tiene la cantidad mayor. Lu tiene más cuentas que Jo. Jo no tiene la cantidad menor. ¿Cuántas cuentas tiene cada niña?

Resuelve. Usa la tabla. *(Lección 12, páginas 36–37)*

9. La Srta. Ruiz compró un par de zapatos de tenis. Los pagó con cinco billetes de $10. ¿Cuánto cambio debería recibir?

10. Jo compró un cintillo y una botella de agua. Le quedaron 55¢. ¿Cuánto dinero tenía al principio?

11. El Sr. Gray compró tres pares de calcetines deportivos y un cintillo. Su cambio fue de $4.55. ¿Cuánto dinero le dio al vendedor?

Equipo deportivo	
Zapatos de tenis	$42.50 par
Calcetines deportivos	3 pares por $7.95
Cintillo	$2.50 cada uno
Botellas de agua	$1.95 cada uno

Repaso del capítulo

Repasar el vocabulario

1. ¿En qué período están los dígitos 456 en el número 123,456,789?
2. En el número 7,523,548, ¿qué dígitos están en el período de las unidades?
3. ¿Cuál es la diferencia entre una cantidad exacta y una estimación?
4. En el número 98,125,467, ¿en qué período están los dígitos 98?

Repasar conceptos y destrezas

Escribe los Ejercicios 5 y 6 en forma usual. Luego escribe los Ejercicios 7–10 en forma desarrollada. *(Lección 1, páginas 4–5)*

5. 600,000 + 20,000 + 900 + 50 **6.** dos millones doscientos siete

7. 3,270 **8.** 43,872 **9.** 523,837 **10.** 87,137

Compara. Escribe >, < o = para cada ●. *(Lecciones 2, 7, páginas 6–7, 20–22)*

11. 908 ● 980 **12.** 2,409 ● 2,409 **13.** 9,798,206 ● 9,789,206

14. 48,605 ● 48,650 **15.** 8,502 ● 15,802 **16.** 4,125,896 ● 4,125,897

Escribe los números en orden de menor a mayor.

17. 654 578 87 **18.** 2,302,424 2,203,424 22,342,424

19. 132 259 817 **20.** 7,777,777 801,300,002 981,342

Redondea cada número a la posición del dígito subrayado. *(Lecciones 3, 6, 8, páginas 10–11, 18–19, 24–25)*

21. $\underline{4}37$ **22.** $7\underline{3}6$ **23.** $9{,}\underline{5}83$ **24.** $5{,}\underline{6}75$ **25.** $9{,}2\underline{8}9$

26. $18\underline{6}{,}264{,}335$ **27.** $\underline{4}{,}837{,}709$ **28.** $\underline{1}{,}605{,}890$ **29.** $3\underline{1}5{,}203$

Escribe cada número de tres maneras diferentes. *(Lección 6, páginas 18–19)*

30. 800,000 + 3,000 + 500 + 40 + 7 **31.** treinta y seis mil setenta y cinco

Escribe cada cantidad. Luego escribe la cantidad mayor. *(Lección 10, páginas 30–33)*

32.  o 

33.  o 

Halla el cambio correcto usando la menor cantidad de monedas y billetes. Haz una lista de las monedas y billetes usados. *(Lección 11, páginas 34–35)*

34. Compraste un libro por $6.39. Pagaste con un billete de $10.

35. Compraste un juguete por $3.15. Pagaste con un billete de $5.

Resuelve.

36. En 1980, el pueblo de Caspar, Wyoming, tenía una población de 51,016 habitantes. ¿Es una cantidad exacta o una estimación?

37. Júpiter está a más de 500,000,000 de millas del Sol. ¿Es una cantidad exacta o una estimación?

38. Ali, Jim, Sue y Pam practican diferentes deportes. Ali no juega fútbol ni béisbol. Jim no practica fútbol ni natación. Sue no practica hóckey ni natación. Pam practica natación. ¿Qué deporte practica cada persona?

39. El papá de Jim tenía dos billetes de $10 y un billete de $5. Le compró a Jim una camiseta en $7.95 y un par de vaqueros en $14.98. El papá de Jim le dio los tres billetes al vendedor. ¿Cuánto dinero de cambio recibió?

Acertijos Razonamiento matemático

DÍGITOS

Un número está entre el 100 y el 1,000. La suma de sus dígitos es 11. El dígito de las decenas es 2 menos que el dígito de las centenas. ¿Cuál podría ser el número? Haz una lista con todas las respuestas posibles.

¿QUÉ DIJISTE?

Incluye las palabras “dos mil” y la palabra “quince” cuando leas este número de 4 dígitos. ¿Cuál podría ser el número? Haz una lista con todas las respuestas.

Acertijos
Visita **www.eduplace.com/kids/mhm** para más *Acertijos.*

Prueba del capítulo

Escribe cada número en forma usual.

1. 500,000 + 20,000 + 600 + 90 **2.** 315 mil 278

Escribe cada número en forma descriptiva y en forma verbal.

3. 715,730 **4.** 75,302 **5.** 2,311,618 **6.** 93,002,850

Compara. Escribe >, < o = para cada ●.

7. 47,689 ● 47,651 **8.** 2,123,816 ● 2,123,816 **9.** 8,765,664 ● 80,755,664

Escribe los números en orden de mayor a menor.

10. 10,898,824 1,089,884 1,809,824 **11.** 97,989 907,888 9,879

Escribe los números en orden de menor a mayor.

12. 3,679 31,691 3,886 **13.** 7,399,123 75,223 6,978

Redondea cada número a la posición del dígito subrayado.

14. <u>1</u>8 **15.** 14,<u>3</u>87 **16.** <u>1</u>6,899 **17.** 9,<u>0</u>83 **18.** 1,<u>4</u>85

19. 2<u>8</u>,782 **20.** 6,2<u>5</u>9 **21.** <u>5</u>0,123 **22.** 24,<u>9</u>97 **23.** 32,0<u>4</u>6

Escribe la posición del 5 en cada número. Luego escribe su valor.

24. 607,574,020 **25.** 35,790,643 **26.** 19,405,293 **27.** 261,568

Escribe cada cantidad. Luego escribe la cantidad mayor.

28. 1 billete de $50, 2 de $20, 2 monedas de 25¢ **ó** 7 billetes de $10, 5 billetes de $5, 4 monedas de 10¢

29. 3 billetes de $10, 4 billetes de $5, 8 monedas de 25¢ **ó** 1 billete de $20, 2 billetes de $10, 12 monedas de 25¢

Escribe los nombres de las monedas y billetes que usarías para dar cambio en cada una de las siguientes situaciones.

30. Compraste un artículo que vale $1.92. Pagaste con un billete de cinco dólares.

31. Compraste un artículo que vale $8.49. Pagaste con un billete de diez dólares.

Resuelve.

32. Hay 435 miembros en la Cámara de Representantes del Congreso de los Estados Unidos. ¿Es una cantidad exacta o una estimación?

33. Hay 4 peceras en una repisa de una tienda de mascotas. Cada pecera tiene un tipo diferente de pez. No hay betas en la segunda pecera. No hay peces ni tetras en la primera pecera. No hay peces dorados en la tercera pecera. Los neones están en la cuarta pecera. ¿Qué tipo de pez hay en cada pecera?

Escríbelo

Resuelve cada problema. Usa vocabulario matemático correcto para explicar tu razonamiento.

1. Tino escribe el número seiscientos ocho millones cuatrocientos doce mil nueve de esta manera:

a. ¿Qué error cometió Tino? ¿Por qué crees que cometió ese error?

b. Escribe el número de manera correcta en forma usual. Luego señala el valor del dígito 9.

c. Escribe el número en forma desarrollada.

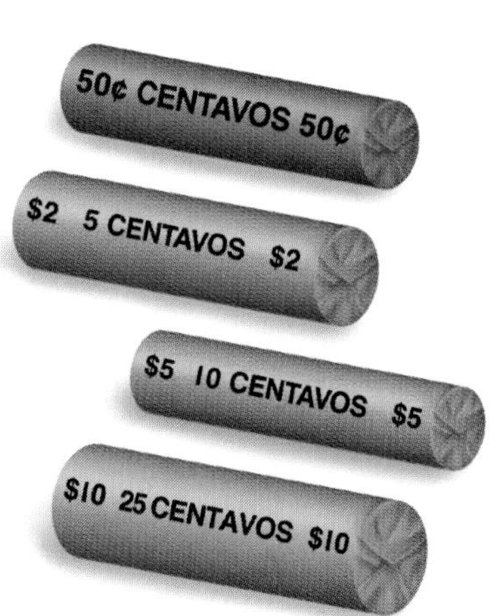

2. Un rollo de monedas de 1¢ contiene $0.50. Un rollo de monedas de 5¢ contiene $2.00. Un rollo de monedas de 10¢ contiene $5.00. Un rollo de monedas de 25¢ contiene $10.00.

a. Deseas saber cuántas monedas hay en cada tipo de rollo. Explica cómo podrías hallar las respuestas.

b. Tienes dos rollos de cada tipo de moneda. Ahora quieres cambiar las monedas por billetes. Si deseas sólo billetes de $20, $10, $5 y $1, ¿cuál es la menor cantidad de cada billete que puedes obtener?

Una vez más

Usa el mapa para resolver los problemas. Puedes usar lo que ya sabes sobre el valor posicional, cómo redondear y cómo comparar números.

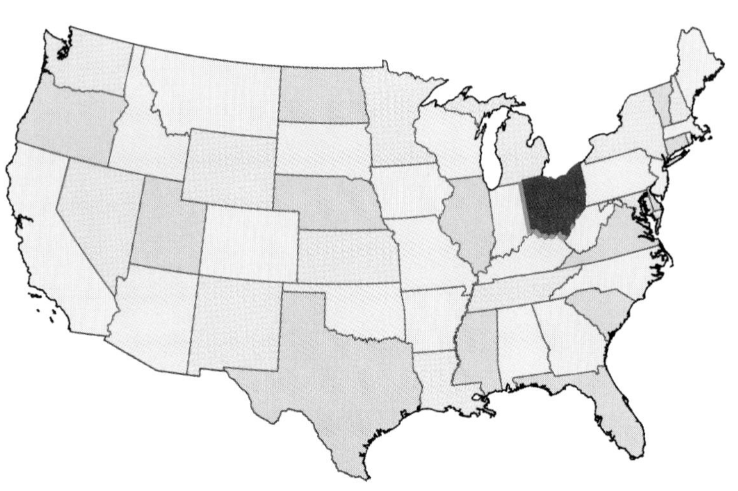

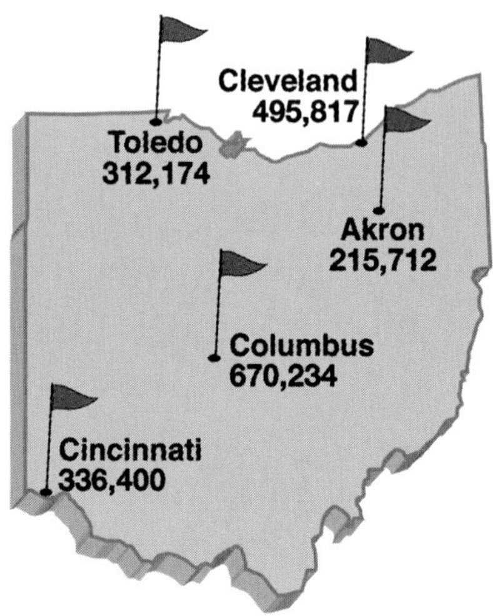

1. Haz una lista de las ciudades y sus poblaciones en orden de mayor a menor. Redondea la población de cada ciudad a la centena de millar más cercana. Haz una lista de las ciudades y sus poblaciones redondeadas.

2. Halla la ciudad usando las siguientes pistas de su población: Tiene un 5 en la posición de los millares, un 7 en la posición de las centenas y el doble del número de la posición de las centenas de millar en la posición de las decenas de millar.

3. **Verifícalo** Compara las poblaciones redondeadas de Cincinnati y Toledo. ¿Puedes saber qué ciudad es más grande a partir de las cantidades redondeadas? ¿Qué podrías hacer para hallar las poblaciones redondeadas que representarían cuál de esas dos ciudades es más grande?

4. **Analízalo** Escribe el número mayor que puedes formar usando cada dígito de la población de Columbus una sola vez.

Estándares	NS **1.2, 1.3, 1.4** MR **1.1**

Ampliación

Los relojes y los números romanos

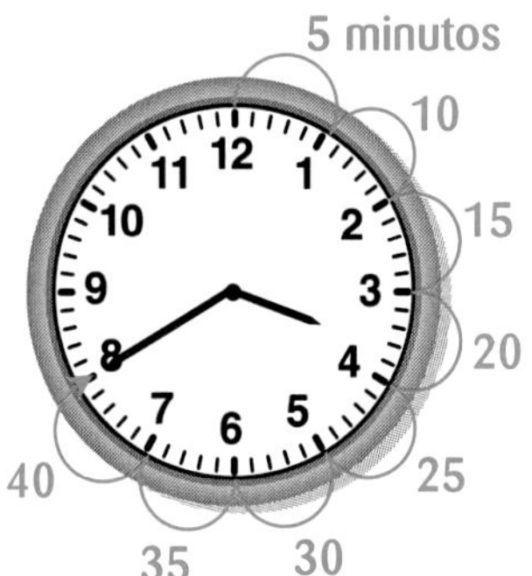

La manecilla corta de un reloj es la manecilla de la hora. La manecilla larga es el minutero. El minutero demora 5 minutos en moverse de un número al siguiente.

Este reloj muestra las 3:40

o las 3 con 40 minutos

o 20 minutos para las 4.

Algunos relojes tienen números romanos.

- Los números romanos usan diferentes letras para diferentes números.

  I = 1 V = 5 X = 10

- En la mayoría de los números romanos se *suma* el valor de las letras para hallar el valor del número.

  III = 1 + 1 + 1 = 3 VI = 5 + 1 = 6

- Cuando la I aparece antes de la V o de la X, se *resta* el valor de I del valor de la V o de la X.

  IV = 5 − 1 = 4 IX = 10 − 1 = 9

Escribe el número usual para cada número romano.

1. II **2.** IX **3.** XI **4.** VIII **5.** IV **6.** VII

Escribe de dos maneras la hora de cada reloj.

7.

8.

9.

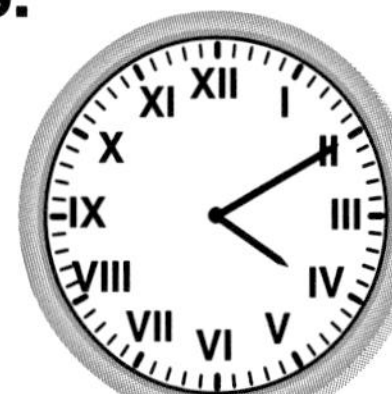

10.

Explícalo

¿En qué se diferencian los números romanos de los números usuales? Explica.

Estándares	MR **1.1, 2.3**

Sumar y restar

¿Por qué aprender a sumar y restar?

Se usa la suma para hallar cuántos hay en total y se usa la resta para hallar una parte del entero o para comparar cantidades.

Cuando juegas a un juego en que se ganan y pierden puntos, se usa la suma y la resta para llevar el puntaje.

Estas niñas y niños están comprando diversos artículos. El empleado sumará el precio de cada artículo para obtener el total. Los niños pueden usar la resta para revisar que su cambio sea correcto.

Repasar el vocabulario

Entender el lenguage matemático te ayudará a resolver problemas con más facilidad. Éstas son algunas palabras de vocabulario matemático que deberías saber.

sumando	Un número que se suma a otro número
suma	El resultado de una operación de suma
diferencia	El resultado de una operación de resta
estimar	Hallar un resultado aproximado en lugar de un resultado exacto
reagrupar	Usar 1 decena para 10 unidades, 1 centena para 10 decenas, 15 unidades para 1 decena 5 unidades, y así sucesivamente
enunciado numérico	Una oración que usa símbolos para representar cómo se relacionan los números

Leer palabras y símbolos

Cuando lees matemáticas, a veces lees solamente palabras, a veces lees palabras y símbolos, y a veces lees sólo símbolos.

Hay diferentes maneras de leer una suma.

$$\begin{array}{r} 368 \\ +\ 57 \\ \hline 425 \end{array} \qquad \underset{\text{sumando}}{368} + \underset{\text{sumando}}{57} = \underset{\text{suma}}{425}$$

- Trescientos sesenta y ocho más cincuenta y siete es igual a cuatrocientos veinticinco.
- La suma de trescientos sesenta y ocho más cincuenta y siete es cuatrocientos veinticinco.

Hay diferentes maneras de leer una resta.

$$\begin{array}{r} 221 \\ -\ \ 5 \\ \hline 216 \end{array} \qquad 221 - 5 = \underset{\text{diferencia}}{216}$$

- Doscientos veintiuno menos cinco son doscientos dieciséis.
- La diferencia entre doscientos veintiuno y cinco es doscientos dieciséis.

Inténtalo

1. Escribe *verdadero* o *falso* para cada oración acerca de la aritmética.

   a. Puedes usar la suma para verificar una resta.

   b. Cuando el número de decenas de una suma es mayor que 10, se reagrupan las 10 decenas en 1 centena.

   c. Cuando a un número se le resta cero, la diferencia es siempre cero.

2. Señala si cada 9 es *sumando, suma* o *diferencia.*

   a. $4 + 5 = 9$ b. $17 - 8 = 9$ c. $9 + 2 = 11$ d. $12 - 3 = 9$

   e. $\begin{array}{r} 7 \\ +\ 9 \\ \hline 16 \end{array}$ f. $\begin{array}{r} 13 \\ -\ 4 \\ \hline 9 \end{array}$ g. $\begin{array}{r} 6 \\ +\ 3 \\ \hline 9 \end{array}$ h. $\begin{array}{r} 9 \\ +\ 1 \\ \hline 10 \end{array}$

3. Escribe un enunciado numérico para cada ejercicio.

   a. Ochocientos veinticuatro menos trescientos diecinueve es igual a quinientos cinco.

   b. Treinta y nueve más cuarenta y cinco más setenta y dos es igual a ciento cincuenta y seis.

   c. La diferencia entre cuarenta y tres y dieciocho es veinticinco.

Vocabulario adicional

Escríbelo Aquí hay otras palabras del vocabulario que aprenderás en este capítulo. Fíjate en estas palabras. Escribe sus definiciones en tu diario.

expresión

expresión algebraica

evaluar

ecuación

desigualdad

variable

ecuación de dos variables

Propiedad del cero

Propiedad conmutativa

Propiedad asociativa

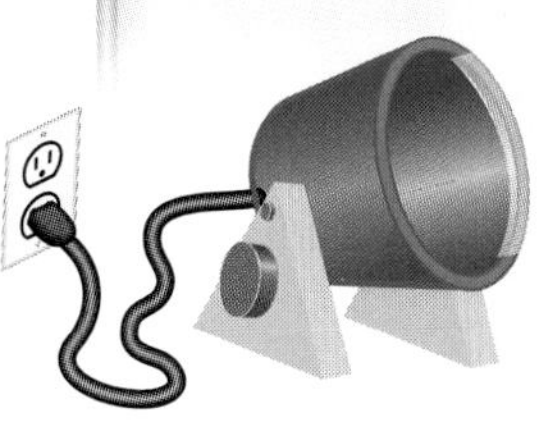

LECCIÓN 1

Propiedades de la suma

Aprenderás acerca de las propiedades de la suma.

Vocabulario
nuevo
Propiedad del cero
Propiedad conmutativa
Propiedad asociativa

Apréndelo

Las siguientes son tres propiedades que puedes usar cuando sumas.

Propiedades de la suma

Propiedad del cero

Cuando a un número le sumas cero, la suma es ese número.

6 + 0 = 6

Propiedad conmutativa

Cuando cambias el orden de los sumandos, la suma queda igual.

5 + 7 = 12

7 + 5 = 12

Propiedad asociativa

Cuando cambias la manera de agrupar los sumandos, la suma queda igual.

Los paréntesis indican cuáles sumandos debes sumar primero.

(387 + 950) + **50** = **387** + (950 + 50)

1,337 + 50 = 387 + 1,000

1,387 1,387

Explícalo

► ¿Cuál de las agrupaciones de 387 + 950 + 50 crees que es la más fácil de sumar? ¿Por qué?

Práctica guiada

Copia y completa cada enunciado numérico. Señala qué propiedad de la suma usaste.

1. 11 + 0 = ■

2. 45 + 34 = ■ + 45

3. (4 + 6) + 8 = ■ + (6 + 8)

4. ■ + 0 = 0 + 18

5. 20 + (■ + 5) = (20 + 30) + 5

6. 0 + ■ = 55

Asegúrate

- ¿Es el cero uno de los sumandos?
- Si hay paréntesis, ¿qué sumandos sumo primero?

Estándares NS **3.0** AF **1.0, 1.1, 1.2, 1.3** MR **2.3, 2.4, 3.2**

Práctica independiente

Halla cada suma.

7. 0 + 789 **8.** (5 + 5) + 15 **9.** 45 + 32 **10.** 32 + 45

Copia y completa cada enunciado numérico. Señala qué propiedad de la suma usaste.

11. 34 + 99 = ■ + 34 **12.** 342 + 0 = ■ **13.** (14 + 9) + 5 = 14 + (■ + 5)

Agrupa los sumandos de manera que puedas sumar mentalmente. Luego halla cada suma.

14. 648 + 392 + 8 **15.** 995 + 421 + 5 **16.** 75 + 25 + 67

Resolver problemas • Razonamiento

Usar datos **Usa la tabla para los Problemas 17 y 18.**

17. Compáralo ¿Es mayor el número total de niños matriculados en las lecciones para principiantes que el número total matriculado en las lecciones avanzadas? ¿Cómo puedes usar una de las propiedades de la suma para ayudarte a decidir?

Lecciones de natación

Clase	Niños	Niñas
Principiante	65	49
Intermedio	83	72
Avanzado	49	65

18. Escríbelo ¿Hay más niños que niñas matriculados en las lecciones de natación? ¿Puedes contestar la pregunta sin sumar?

19. Analízalo ¿Crees que existe una Propiedad del cero para la resta? ¿Por qué?

20. Analízalo ¿Piensas que existe una Propiedad conmutativa para la resta? ¿Por qué?

Repaso mixto • Preparación para pruebas

Escribe el número. *(páginas 18–19)*

21. Cuatrocientos siete mil sesenta y seis

22. Veintiocho millones trescientos uno

23. Nueve millones trescientos cinco mil novecientos diez

24 Redondea 34,567 a la centena más cercana. *(páginas 24–25)*

A 34,000 **B** 34,500 **C** 34,600 **D** 35,000

LECCIÓN 2

Sumar números enteros

Aprenderás cómo sumar números reagrupando.

Repaso del vocabulario
reagrupar

Apréndelo

Los navajo usan la lana de las ovejas para muchas artesanías diferentes. Imagina que una familia tenía un rebaño de 129 ovejas y otro rebaño de 97 ovejas. ¿Cuántas ovejas tenía en total?

Suma. **129 + 97 = ■**

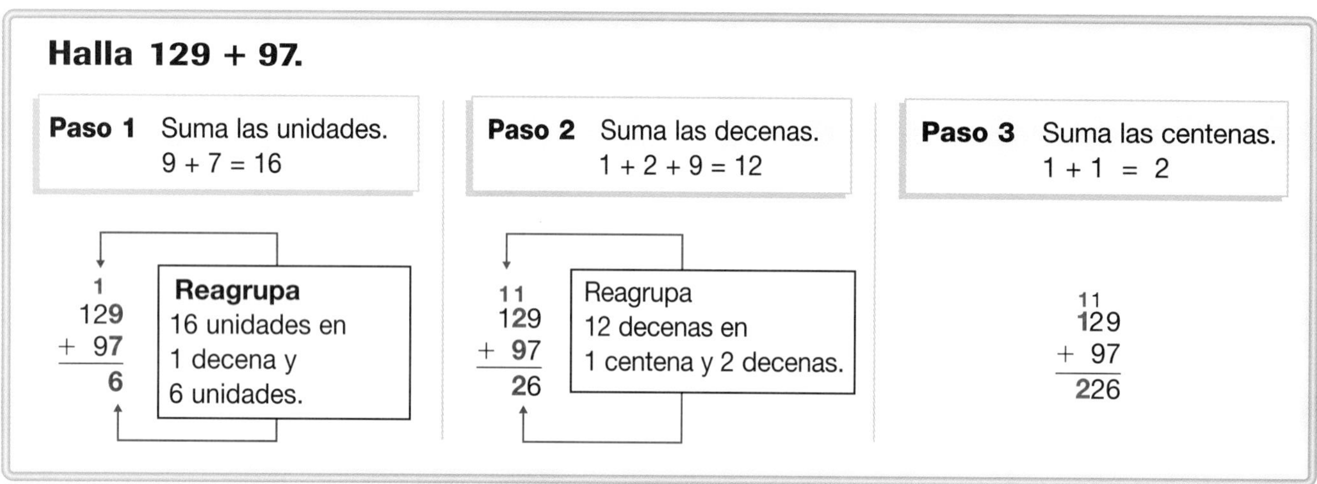

Halla 129 + 97.

Paso 1 Suma las unidades.
9 + 7 = 16

$$\begin{array}{r} {}^{1} \\ 129 \\ +\ 97 \\ \hline 6 \end{array}$$

Reagrupa
16 unidades en 1 decena y 6 unidades.

Paso 2 Suma las decenas.
1 + 2 + 9 = 12

$$\begin{array}{r} {}^{1\,1} \\ 129 \\ +\ 97 \\ \hline 26 \end{array}$$

Reagrupa
12 decenas en 1 centena y 2 decenas.

Paso 3 Suma las centenas.
1 + 1 = 2

$$\begin{array}{r} {}^{1\,1} \\ 129 \\ +\ 97 \\ \hline 226 \end{array}$$

Solución: Tenía 226 ovejas en total.

Otros ejemplos

A. Sumar números grandes

$$\begin{array}{r} {}^{1\,1} \\ 5,293 \\ +\ 2,048 \\ \hline 7,341 \end{array}$$

B. Sumar más de dos sumandos

$$\begin{array}{r} {}^{11} \\ 3,642 \\ 1,903 \\ +\ \ 305 \\ \hline 5,850 \end{array}$$

Explícalo

► ¿Por qué es importante alinear correctamente los dígitos al sumar?

► ¿Cómo puede el sumar los números en diferente orden ayudarte a verificar que tu resultado sea correcto?

Estándares NS **3.0, 3.1** AF **1.0, 1.4** MR **1.1, 2.4**

Práctica guiada

Suma.

1. $362 + 517$

2. $283 + 55$

3. $6{,}562 + 298$

4. 625 + 248

5. 319 + 1,270

6. 34,621 + 3,195

Asegúrate

- ¿Están correctamente alineados los dígitos?
- ¿Necesito reagrupar?
- ¿Cómo puedo verificar si el resultado es razonable?

Práctica independiente

Suma.

7. $652 + 145$

8. $345 + 172$

9. $732 + 88$

10. $5{,}195 + 3{,}261$

11. $6{,}714 + 8{,}600$

12. $3{,}431 + 768$

13. $5{,}182 + 3{,}957$

14. $9{,}832 + 761$

15. $894 + 4{,}717$

16. $52{,}391 + 17{,}402$

17. $81{,}295 + 15{,}848$

18. $67{,}218 + 6{,}326$

19. $3{,}621 + 1{,}893$

20. $14{,}231 + 5{,}628$

21. $28{,}547 + 6{,}348$

22. $8{,}132 + 1{,}659$

23. $21{,}296 + 17{,}542$

24. $13{,}984 + 56{,}688$

25. $72{,}576 + 9{,}785$

26. $43{,}157 + 16{,}921$

27. 482 + 553

28. 1,765 + 440

29. 36,373 + 2,605

30. 15,862 + 53,021

31. 54,186 + 1,983

32. 13,421 + 7,899

Usa la Propiedad asociativa y/o conmutativa para ayudarte a hallar cada suma.

33. 75 + 25 + 46

34. 78 + 53 + 47

35. 179 + 345 + 1

36. 2,990 + 654 + 10

37. 8,354 + 291 + 9

38. 1,820 + 178 + 80

n **Álgebra • Funciones** **Copia y completa cada tabla de función o halla la regla.**

Regla: Suma 50

	Entrada	Salida
39.	360	■
40.	■	490
41.	2,000	■
42.	■	3,100

Regla: Suma 100

	Entrada	Salida
43.	46	■
44.	■	375
45.	105	■
46.	328	■

47. Regla: ■

Entrada	Salida
30	105
194	269
75	150
22	97

Resolver problemas • Razonamiento

Usar datos **Usa la lista de precios para los Problemas 48–51.**

48. Analízalo ¿Son $200 suficientes para comprar 1 pieza de cerámica y 2 collares? ¿Por qué?

49. ¿Cuántos palitos de lluvia compró Julie si recibió $2 de cambio al pagar con un billete de $20?

50. ¿Cuál es el precio de 1 alfombra, 2 piezas de cerámica y 1 collar?

51. Escríbelo Usa la información de la lista de precios para escribir un problema. Pide a un compañero que resuelva tu problema.

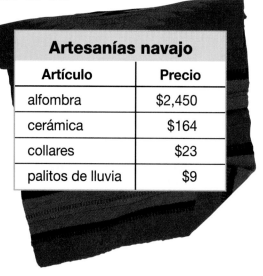

Artesanías navajo

Artículo	Precio
alfombra	$2,450
cerámica	$164
collares	$23
palitos de lluvia	$9

Repaso mixto • Preparación para pruebas

Halla los valores de estos grupos de monedas y billetes. *(páginas 30–31)*

52.

53.

54.

55.

56 ¿Qué número es mayor que 8,994? *(páginas 26–27)*

A 8,239 **B** 8,608 **C** 8,949 **D** 9,002

Práctica adicional Consultar el Conjunto B, página 92.

Sumar números enteros consecutivos

Los números enteros consecutivos son números enteros que aumentan de 1 en 1 a cada paso. Por ejemplo, 7, 8, 9 y 10 son números enteros consecutivos.

Cuando sumas un número par de números enteros consecutivos, hay un patrón interesante. Mira estos ejemplos.

Halla 7 + 8 + 9 + 10.

7 + 8 + 9 + 10

8 + 9 → 17

7 + 10 → 17

17 + 17 = 34

La suma es 34.

Halla 10 + 11 + 12 + 13 + 14 + 15.

10 + 11 + 12 + 13 + 14 + 15

12 + 13 → 25

11 + 14 → 25

10 + 15 → 25

25 + 25 + 25 = 75

La suma es 75.

Inténtalo

1. 16 + 17 + 18 + 19

2. 4 + 5 + 6 + 7 + 8 + 9

3. 30 + 31 + 32 + 33

4. 97 + 98 + 99 + 100

5. 4 + 5 + 6 + 7 + 8 + 9 + 10 + 11

6. 3,105 + 3,106 + 3,107 + 3,108

7. ¿Cuál es la suma de los diez primeros números al contar (1, 2, 3,..., 10)?

Explícalo

► ¿Cuáles son los cuatro números enteros consecutivos que suman 90? Explica cómo hallaste tu resultado.

Restar números enteros

Aprenderás cómo restar números enteros.

Apréndelo

En Estados Unidos, algunas razas de gato son más populares que otras. La tabla muestra cuántos gatos de determinadas razas fueron registrados en un año.

¿Cuántos gatos siameses más que ocicats se registraron?

Razas de gato populares en los Estados Unidos

Raza	Número de gatos registrados
Persa	42,578
Siamés	2,865
Americano	1,032
Ocicat	868

Resta. **2,865 − 868 = ■**

Halla 2,865 − 868.

Paso 1 Resta las unidades.

$$\begin{array}{r} 2{,}8\overset{5}{\cancel{6}}\overset{15}{\cancel{5}} \\ -\ 868 \\ \hline 7 \end{array}$$

Reagrupa 1 decena en 10 unidades.

Paso 2 Resta las decenas.

$$\begin{array}{r} 2{,}\overset{7}{\cancel{8}}\overset{\overset{15}{\cancel{5}}}{\cancel{6}}\overset{15}{\cancel{5}} \\ -\ 868 \\ \hline 97 \end{array}$$

Reagrupa 1 centena en 10 decenas.

Paso 3 Resta las centenas.

$$\begin{array}{r} \overset{1}{\cancel{2}},\overset{\overset{17}{\cancel{7}}}{\cancel{8}}\overset{\overset{15}{\cancel{5}}}{\cancel{6}}\overset{15}{\cancel{5}} \\ -\ 868 \\ \hline 997 \end{array}$$

Reagrupa 1 millar en 10 centenas.

Paso 4 Resta los millares.

$$\begin{array}{r} \overset{1}{\cancel{2}},\overset{\overset{17}{\cancel{7}}}{\cancel{8}}\overset{\overset{15}{\cancel{5}}}{\cancel{6}}\overset{15}{\cancel{5}} \\ -\ 868 \\ \hline 1{,}997 \end{array}$$

Solución: Se registraron 1,997 gatos siameses más que ocicats.

Puedes usar la suma para verificar la resta.

$$\begin{array}{r} \scriptstyle 1\ \ 1\ 1 \\ 1{,}997 \\ +\ 868 \\ \hline 2{,}865 \end{array}$$

Suma la diferencia con el número que restaste. Si la suma coincide con el número del que restaste, tu resultado es correcto.

Estándares NS **2.1, 3.0, 3.1** SDP **1.0** MR **2.4**

Otros ejemplos

A. Restar sin reagrupar

```
  864
- 302
-----
  562
```

B. Restar con números de 5 dígitos

```
   1 13
  82,396
- 21,584
--------
  60,812
```

Explícalo

► Vuelve al Ejemplo B. ¿Cómo puedes usar la suma para verificar si el resultado es correcto?

Práctica guiada

Resta.

1. 483 − 262

2. 4,674 − 1,833

3. 86,724 − 70,862

4. 839 − 45

5. 75,359 − 5,248

Asegúrate

- ¿Están correctamente alineados los dígitos?
- ¿Necesito reagrupar antes de restar?
- ¿Cómo puedo verificar si el resultado es correcto?

Práctica independiente

Resta. Usa la suma para verificar si tu resultado es correcto.

6. 967 − 815

7. 757 − 486

8. 324 − 77

9. 8,397 − 5,067

10. 5,188 − 1,434

11. 8,452 − 1,826

12. 7,927 − 2,639

13. 7,829 − 3,487

14. 5,381 − 2,173

15. 9,634 − 4,976

16. 6,325 − 2,776

17. 5,584 − 492

18. 97,488 − 46,273

19. 35,295 − 17,489

20. 75,849 − 6,406

21. 47,283 − 32,657

22. 24,522 − 7,165

23. 42,176 − 11,348

24. 28,137 − 9,241

25. 14,621 − 5,835

26. 583 − 291

27. 875 − 782

28. 1,376 − 429

29. 8,522 − 5,046

30. 58,361 − 36,175

31. 88,526 − 9,410

32. 6,432 − 3,829

33. 11,768 − 4,382

34. 39,221 − 14,823

Resolver problemas • Razonamiento

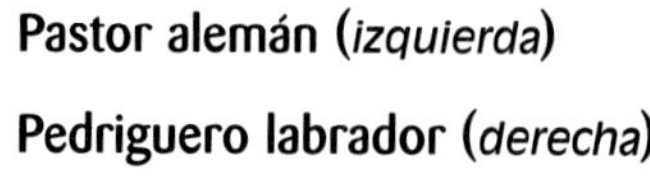

Pastor alemán (*izquierda*)

Pedriguero labrador (*derecha*)

Usar datos Usa la tabla para los Problemas 35–39.

Razas de perro populares en Estados Unidos	
Raza	**Número de perros registrados**
Perdiguero labrador	149,505
Pastor alemán	79,076
Perro sabueso	56,946
Poodle	56,803

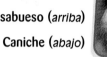

Perro sabueso (*arriba*)

Caniche (*abajo*)

35. ¿Cuántos perdigueros labradores más que caniches están registrados?

36. ¿Cuántos perros sabuesos más que caniches se han registrado?

37. El número de rottweilers registrados es 10,784 más que el número de pastores alemanes registrados. ¿Cuántos rottweilers se han registrado?

38. **Escríbelo** Escribe un problema usando los datos de la tabla. Pide a un compañero que lo resuelva.

39. **Analízalo** Si los números de la tabla se redondearan al millar más cercano, ¿podrías decir si se registraron más perros sabuesos que caniches? Explica por qué.

Repaso mixto • Preparación para pruebas

Contesta cada pregunta. *(páginas 34–35)*

Cuando la vendedora le dio a Mark su cambio, dijo: "Aquí tienes tu cambio: $2.79, $2.80, $2.90, $3.00, $4.00, $5.00".

40. ¿Cuál fue el precio de la compra de Mark?

41. ¿Cuánto dinero le dio Mark a la vendedora?

42. ¿Qué billetes y monedas recibió Mark de cambio?

43. ¿Cuánto dinero recibió Mark de cambio?

Marca la letra de la respuesta correcta. *(página 49)*

44 ¿Hacia dónde debería apuntar el minutero para marcar las 10:30?

A 12
B 9
C 6
D 3

45 ¿Qué hora marca el reloj que aparece debajo?

F 1:40
G 1:20
H 2:40
J 2:20

Práctica adicional Consultar el Conjunto C, página 92.

Juego de Práctica

¡El menor gana!

Practica la resta de números enteros jugando este juego.
¡Intenta obtener la menor diferencia!

Lo que necesitas

- *tablero de juego para cada jugador (Recurso de enseñanza 2)*
- *un dado numerado de 1 a 6*

Jugadores
2 o más

Lo que debes hacer

Los jugadores se turnan.

1. En cada turno, un jugador lanza el dado y después escribe el dígito que obtuvo en una de las casillas del tablero de juego. Una vez escrito un dígito en una casilla, no puede cambiarse.
2. Después de que se han llenado los tableros de juego, los jugadores hallan la diferencia entre sus dos números.

   El jugador que tenga la diferencia menor es el ganador.

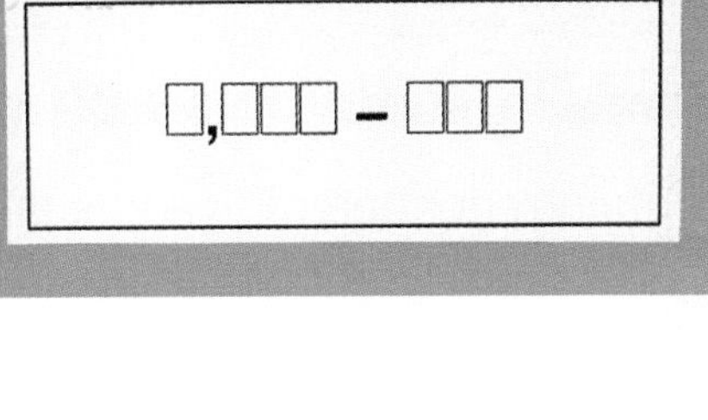

Compártelo Describe la estrategia que usaste para intentar obtener la diferencia menor.

Estimar sumas y diferencias

Aprenderás cómo usar números redondeados para estimar sumas y diferencias.

Repaso del vocabulario
estimar

Apréndelo

Amanda quiere comprar una pizza de $3.89 y un refresco grande de $1.59. Tiene exactamente $5.75. ¿Tiene Amanda suficiente dinero?

No necesitas saber el precio exacto. Sólo necesitas saber si el total es menor que $5.75. Así que puedes **estimar** la suma.

Estima el precio total.

Estima la suma de $3.89 y $1.59.

Inténtalo redondeando cada sumando al dólar más cercano. Luego suma los números redondeados.

$3.89	se redondea a	$4.00
+ $1.59	se redondea a	+ $2.00
		$6.00

Como ambos sumandos se redondearon *hacia arriba*, el precio verdadero será *menor que* $6.00. Pero, ¿será mayor o menor que $5.75?

Inténtalo redondeando a los diez centavos más cercanos. Luego suma.

$3.89	se redondea a	$3.90
+ $1.59	se redondea a	+ $1.60
		$5.50

Como ambos sumandos fueron redondeados *hacia arriba* y la suma de esos números es *menor que* $5.75, entonces sabes que la cantidad exacta también es *menor que* $5.75.

Solución: Amanda tiene suficiente dinero.

Otros ejemplos

A. Redondear a la centena más cercana

5,629	se redondea a	5,600
+ 448	se redondea a	+ 400
		6,000

Así que 5,629 + 448 es *aproximadamente* 6,000.

B. Estimar una diferencia

478	se redondea a	500
− 318	se redondea a	− 300
		200

Así que 478 − 318 es *aproximadamente* 200.

Explícalo

► Si ambos sumandos se redondean hacia abajo, ¿será la suma de los números redondeados mayor o menor que la suma verdadera?

Estándares NS **1.3, 2.1, 2.2** MR **1.1, 2.4**

Práctica guiada

Redondea cada número a la decena más cercana. Luego estima.

1. 45 + 32 **2.** 586 − 98 **3.** 4,567 + 1,111

> **Asegúrate**
> - ¿A qué posición estoy redondeando?
> - ¿Estoy hallando una suma o una diferencia?

Redondea cada número a la centena o dólar más cercano. Luego estima.

4. \$4.67 + \$2.35 **5.** \$8.34 − \$3.97 **6.** 7,824 + 4,136 **7.** 8,432 − 356

Práctica independiente

Redondea cada número a la decena más cercana. Luego estima.

8. 347 + 128 **9.** 543 + 221 **10.** 187 + 362 **11.** 876 + 112

12. 587 + 321 **13.** 234 + 98 **14.** 4,876 + 678 **15.** 5,467 + 3,789

Redondea cada número a la centena o dólar más cercano. Luego estima.

16. 396 + 123 **17.** \$6.99 − \$2.34 **18.** 5,822 − 321 **19.** \$67.78 + \$19.88

20. \$5.38 + \$3.29 **21.** 987 − 432 **22.** \$45.89 − \$6.42 **23.** 34,564 + 1,089

Resolver problemas • Razonamiento

Usar datos **Usa el menú para los Problemas 24 y 25.**

24. Ramón compró un sándwich de pollo y una bebida pequeña. ¿Aproximadamente cuánto cambio debería recibir Ramón si pagó con un billete de \$10?

25. **Escríbelo** Emma estimó el precio de una ensalada y una bebida pequeña redondeando cada precio al dólar más cercano. ¿Fue mayor o menor su estimación que la cantidad verdadera? ¿En cuánto?

Menú

ALMUERZO

Sándwich de pollo	\$2.79
Pizza	\$3.89
Ensalada	\$1.39
Queso a la parrilla	\$2.49

BEBIDAS

Pequeña	\$1.29
Grande	\$1.59

Repaso mixto • Preparación para pruebas

Escribe el valor del dígito subrayado. *(páginas 4–5)*

26. 7<u>4</u>1 **27.** 3<u>2</u>,156 **28.** 5,<u>9</u>03 **29.** <u>4</u>7,302 **30.** 1,08<u>4</u>

31 ¿Qué número es sesenta mil novecientos cinco? *(páginas 4–5)*

A 6,905 **B** 6,950 **C** 60,905 **D** 60,950

Práctica adicional Consultar el Conjunto D, página 93.

Destreza: Resultados estimados o exactos

Aprenderás cómo decidir si se necesita un resultado exacto o una estimación para resolver un problema.

Antes de resolver un problema, debes decidir si necesitas una estimación o un resultado exacto.

Los estudiantes vendieron fruta para recaudar dinero para un viaje. La tabla señala cuánto de cada fruta vendieron los estudiantes cada semana.

Fruta vendida		
Semana	**Fruta**	**Cantidad vendida**
Semana 1	manzanas	123
Semana 2	peras	216
Semana 3	naranjas	236
Semana 4	mangos	105

A veces puedes estimar para resolver un problema.

¿Aproximadamente cuántas manzanas y peras se vendieron?

Como la pregunta te pide hallar *aproximadamente* cuánta fruta se vendió, puedes estimar la suma. Las estimaciones pueden hacerse rápida y fácilmente.

Redondea a la centena más cercana.

$$\begin{array}{r} 123 \\ +\ 216 \\ \hline \end{array} \quad \xrightarrow{\text{se redondea a}} \quad \begin{array}{r} 100 \\ +\ 200 \\ \hline 300 \end{array}$$

Vendieron *aproximadamente* 300 manzanas y peras.

A veces necesitas un resultado exacto para resolver un problema.

¿Cuántas naranjas más que mangos vendieron?

Como la pregunta te pide hallar cuántas más, necesitas hallar la diferencia exacta. Un resultado exacto te da información precisa.

Halla 236 − 105.

$$\begin{array}{r} 236 \\ -\ 105 \\ \hline 131 \end{array}$$

Vendieron 131 más naranjas que manzanas.

Verifícalo ¿Cuándo es mejor un resultado exacto que una estimación? ¿Cuándo es mejor una estimación que un resultado exacto?

Estándares	NS **1.3, 1.4** MR **1.0, 1.1, 2.0, 2.5, 3.0, 3.2**

Práctica guiada

Usa la tabla de la página 66. Decide si necesitas una estimación o un resultado exacto. Luego resuelve.

1. ¿Cuántas naranjas y mangos se vendieron en total?

¿Pide la pregunta una cantidad exacta?

2. ¿Vendieron los estudiantes más de 700 frutas durante la venta?

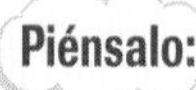

¿Puedes usar una estimación para resolver el problema?

Escoge una estrategia

Resuelve. Usa la tabla de la página 66 según sea necesario. Usa éstas u otras estrategias.

Estrategias para resolver problemas

- **Comienza con el final** • **Estima y verifica** • **Escribe una ecuación** • **Usa el razonamiento lógico**

3. Los estudiantes recaudaron $193 vendiendo manzanas y $212 vendiendo peras. ¿Aproximadamente cuánto dinero recaudaron los estudiantes en las primeras dos semanas de venta?

4. Una bolsa de manzanas McIntosh tiene 4 manzanas más que una bolsa de manzanas Empire. Hay 18 manzanas en total en ambas bolsas. ¿Cuántas manzanas hay en la bolsa de manzanas McIntosh?

5. Un mango se vendía a 5¢ más que una naranja y 5¢ menos que una pera. Las naranjas se vendían a 90¢ cada una. ¿Cuánto costaba una pera?

6. Irán 103 estudiantes al viaje. Cada estudiante pasó 2 horas trabajando en la venta de fruta. ¿Cuántas horas trabajaron los estudiantes en total?

7. Ed, Tasha, Katie y Jerry vendieron fruta durante semanas diferentes. Tasha vendió fruta antes que Ed, pero después que Jerry. Katie fue la primera en vender. ¿Durante qué semana vendió fruta cada estudiante?

8. Los estudiantes recaudaron $885 durante la venta de fruta. Antes de la venta, habían recaudado $217 para el viaje. Ahora necesitan recaudar sólo $105 más para el viaje. ¿Aproximadamente cuánto costará el viaje?

Práctica adicional Consultar 1–3, página 43.

Restar con ceros

Aprenderás cómo restar cuando algunos dígitos son cero.

Apréndelo

Mira el cartel del concurso anual de lectura de cuarto grado. ¿Cuántos libros más deben leer los estudiantes de cuarto grado para lograr su objetivo?

Resta. **700 − 317 = ■**

Halla 700 − 317.

Paso 1 7 > 0, así que necesitas reagrupar. No hay decenas que reagrupar. Así que reagrupa centenas. Reagrupa 1 centena en 10 decenas.

```
 6 10
 7̸ 0̸ 0
−3 1 7
```

Paso 2 Reagrupa 1 decena en 10 unidades.

```
    9
 6 1̸0̸ 10
 7̸ 0̸ 0̸
−3 1  7
```

Paso 3 Resta.

```
    9
 6 1̸0̸ 10
 7̸ 0̸ 0̸
−3 1  7
 3 8  3
```

Solución: Los estudiantes de cuarto grado deben leer 383 libros más.

Otro ejemplo

Halla 78,000 − 16,566.

```
       9  9
    7 1̸0̸ 1̸0̸ 10
  7 8̸, 0̸ 0̸ 0̸
− 1 6, 5 6 6
  6 1, 4 3 4
```

Explícalo

- ¿Cómo puedes verificar si un resultado es razonable?
- ¿Cómo puedes verificar si un resultado es correcto?

Práctica guiada

Resta. Estima para verificar si el resultado es razonable.

1. 802 − 488

2. 306 − 94

3. 4,055 − 1,572

4. 7,030 − 2,381

5. 500 − 156 **6.** 9,070 − 2,404 **7.** 67,046 − 22,315

Asegúrate

- ¿Necesito reagrupar?
- ¿Necesito reagrupar más de una vez antes de poder siquiera restar?

Estándares	NS **2.1, 3.1** MR **2.1**

Práctica independiente

Resta.

8. 306 − 159

9. 710 − 572

10. 900 − 748

11. 605 − 94

12. 7,038 − 3,251

13. 806 − 181

14. 304 − 234

15. 500 − 178

16. 350 − 98

17. 7,007 − 2,772

18. 2,004 − 1,413

19. 8,080 − 637

20. 7,000 − 5,294

21. 50,509 − 35,267

22. 29,000 − 17,007

23. 10,055 − 8,215

24. 66,000 − 44,120

25. 98,009 − 25,506

Resolver problemas • Razonamiento

26. Este año, el objetivo del concurso de lectura anual de la escuela es de 7,000 libros. Los estudiantes han leído 5,690 libros. ¿Cuántos libros más deben leer para lograr el objetivo?

27. **Compáralo** El año pasado, el objetivo fue de 6,500 libros. Si se leyeron 6,221 libros, ¿cuántos libros más faltó leer para que la escuela lograra su objetivo?

28. **Analízalo** La escuela aumenta su objetivo en 500 libros cada año. ¿Cuál será el objetivo de la escuela en 5 años si este año es de 7,000 libros?

29. Martha leyó 9 libros más que Jim. Juntos leyeron 43 libros. ¿Cuántos libros leyó Jim?

Mundo matemático
LECTURA La Semana Nacional del Libro Infantil es cada año la tercera semana de noviembre. Las bibliotecas a menudo celebran con concursos de lectura y cuentos.
La semana Nacional del Libro Infantil se celebró por primera vez en 1919. ¿Cuántas veces se ha celebrado hasta ahora?

Repaso mixto • Preparación para pruebas

Escribe > o < para cada ●. *(páginas 6–7)*

30. 2,591 ● 2,159

31. 58,439 ● 54,839

32. 361,005 ● 316,006

33 ¿Qué hora representa las dos y cuarto? *(página 49)*

A 1:45 **B** 2:45 **C** 2:15 **D** 2:30

Práctica adicional Consultar el Conjunto E, página 93.

Aplicación: Usa operaciones

Aprenderás cómo usar la suma y resta para resolver problemas.

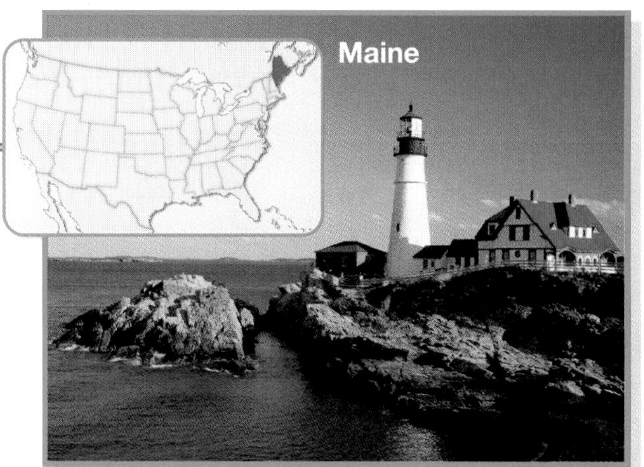

Después de comprender un problema, necesitas planear qué operación usar.

Problema Estados Unidos tiene 88,633 millas de litoral. ¡Maine tiene 3,478 millas de litoral! ¿Cuántas millas del litoral de Estados Unidos no están en Maine?

Compréndelo

¿Cuál es la pregunta?

¿Cuántas millas del litoral de Estados Unidos no están en Maine?

¿Qué sabes?

- Estados Unidos tiene 88,633 millas de litoral.
- Maine tiene 3,478 millas de litoral.

Planéalo

¿Cómo puedes hallar la respuesta?

Como quieres saber cuántas millas de litoral de Estados Unidos no están en Maine, necesitas restar.

Recuerda:
Suma para hallar cuántas hay en total.
Resta para hallar una parte del total o para comparar cantidades.

Resuélvelo

Halla 88,633 − 3,478.

$$\begin{array}{r} \scriptstyle 12 \\ \scriptstyle 5\ \not{2}\ 13 \\ 88,\not{6}\not{3}\not{3} \\ -\ 3,478 \\ \hline 85,155 \end{array}$$

85,155 millas de litoral de Estados Unidos no están en Maine.

Verifícalo

Verifica la solución.

Señala cómo puedes usar ya sea la estimación o la suma para verificar tu resultado.

Estándares	MR **1.0, 1.1, 2.0, 2.1, 3.0, 3.2**

El litoral a lo largo de la costa del Pacífico incluye el Cabo de Marin en el norte de California.

Práctica guiada

Resuelve. Usa la suma y la resta para resolver cada problema.

1. Hay 17,141 millas de litoral a lo largo de la costa del Golfo. Hay 40,298 millas de litoral a lo largo de la costa del Pacífico. ¿Cuál es el número total de millas a lo largo de esas costas?

   Piénsalo: ¿Necesito hallar la cantidad total o parte de la cantidad total?

2. Georgia tiene 2,344 millas de litoral. Los 15 estados sobre la costa del Atlántico tienen 28,673 millas de litoral. ¿Cuántas millas del litoral a lo largo de la costa del Atlántico no están en Georgia?

   Piénsalo: ¿Necesito hallar la cantidad total o parte de la cantidad total?

Escoge una estrategia

Resuelve. Escoge éstas u otras estrategias.

Estrategias para resolver problemas

- **Haz un dibujo**
- **Escribe una ecuación**
- **Resuelve un problema más sencillo**
- **Usa el razonamiento lógico**

3. Hay 261,914 millas cuadradas de tierra y 5,363 millas cuadradas de agua en el estado de Texas. ¿Cuánto mide el área total del estado de Texas en millas cuadradas?

4. La temperatura más alta registrada en Hawaii fue de 100°F en 1931. La temperatura más baja registrada fue de 12° F en 1979. ¿Cuál es la diferencia entre las dos temperaturas?

5. Maine era parte de Massachusetts hasta que en 1820 se convirtió en el vigésimo tercer estado. ¿En qué año cumplirá Maine 200 años como estado?

6. El río Mississippi es 898 millas más largo que el río Colorado. El río Colorado tiene 1,450 millas de longitud. ¿Cuánto mide el río Mississippi?

7. Rhode Island, el estado más pequeño, se independizó en 1790. Alaska, el estado más grande, lo hizo en 1959. ¿Cuántos años después que Rhode Island se convirtió Alaska en estado?

8. El área de California mide 158,869 millas cuadradas. Esta área incluye tanto agua como tierra. El área terrestre mide 155,973 millas cuadradas. ¿Cuánto mide el área cubierta de agua?

Práctica adicional Consultar 4–7, página 95.

Verificación rápida

Verifica los conceptos de las Lecciones 1–7

Suma.

1. $\begin{array}{r} 347 \\ +\ 569 \\ \hline \end{array}$

2. $\begin{array}{r} 4{,}208 \\ +\ 3{,}986 \\ \hline \end{array}$

3. $\begin{array}{r} 58{,}763 \\ +\ 3{,}409 \\ \hline \end{array}$

Resta.

4. $\begin{array}{r} 735 \\ -\ 369 \\ \hline \end{array}$

5. $\begin{array}{r} 5{,}602 \\ -\ 3{,}745 \\ \hline \end{array}$

6. $\begin{array}{r} 70{,}236 \\ -\ 9{,}537 \\ \hline \end{array}$

Redondea cada número a la centena más cercana. Luego estima.

7. 3,345 − 895

8. 6,672 + 3,215

Resuelve.

9. La clase de Tara está recolectando botellas para reciclaje. Durante la primera semana, la clase recolectó 245 botellas. Durante la segunda semana, recolectó 382 botellas. ¿Aproximadamente cuántas botellas recolectó la clase?

10. Hay 28,673 millas de litoral a lo largo de la costa del Atlántico. Hay 40,298 millas de litoral a lo largo de la costa del Pacífico. ¿Cuántas millas más de litoral hay a lo largo de la costa del Pacífico que a lo largo de la costa del Atlántico?

¿Cómo te fue?

Si tuviste dificultades en cualquiera de las partes de Verificación rápida, puedes usar las siguientes páginas para repasar y practicar más.

Estándares	Ejercicios	Repasar estas páginas	Hacer estos ejercicios de práctica adicional
Sentido numérico: **1.3, 3.1**	1–3	páginas 56–57	Conjuntos A y B, página 92
Sentido numérico: **3.1**	4–6	páginas 60–62	Conjunto C, página 92
Sentido numérico: **3.1**	7–8	páginas 64–65	Conjunto D, página 93
Sentido numérico: **1.4, 3.1** Razonamiento matemático: **1.1, 2.5**	9	páginas 66–67	1–3, página 95
Sentido numérico: **3.1** Razonamiento matemático: **1.1, 2.6**	10	páginas 70–71	4–7, página 95

Preparación para pruebas • Repaso acumulativo

Mantener los estándares

Marca la letra de la respuesta correcta.
Si la respuesta correcta no aparece, marca NA.

1. La Escuela Lincoln recolectó dinero. El grado 4 vendió 325 plantas y el grado 5 vendió 390 plantas. ¿Aproximadamente cuántas plantas se vendieron en total?

   A aproximadamente 300
   B aproximadamente 500
   C aproximadamente 700
   D aproximadamente 900

Usa la tabla para contestar las Preguntas 2–4.

Visitantes al zoológico	
Mes	**Número de visitantes**
junio	1,475
julio	2,507
agosto	3,709

2. Cuántas personas visitaron el zoológico desde junio hasta agosto?

   F 7,591 **H** 7,691
   G 7,592 **J** NA

3. ¿Cuántas personas más visitaron el zoológico en agosto que en junio?

   A 2,233 **C** 2,374
   B 2,234 **D** NA

4. ¿Cuántas personas visitaron el zoológico en junio y julio?

   F aproximadamente 3,000
   G aproximadamente 4,000
   H aproximadamente 5,000
   J aproximadamente 6,000

5. ¿Qué número debería ir en la casilla para hacer verdadero el enunciado numérico?

   $5{,}675 = 5{,}000 + \blacksquare + 70 + 5$

   A 6
   B 60
   C 600
   D 6,000

6. ¿Qué enunciado numérico es un ejemplo de la Propiedad asociativa de la suma?

   F $(3 + 5) + 6 = 3 + (5 + 6)$
   G $4 + 7 = 7 + 4$
   H $7 - 7 = 7 - 7$
   J $8 + 0 = 8 + 0$

7. ¿Cuál de los siguientes ejercicios es igual a 10?

   A $(15 - 3) + 2$ **C** $(15 - 2) + 3$
   B $15 - (2 + 3)$ **D** $(15 + 2) - 3$

8. ¿Cuál es la regla?

Entrada	Salida
125	75
350	300
575	525
700	650

Explica ¿Cómo hallaste tu resultado?

Preparación para pruebas
Visita **www.eduplace.com/kids/mhm** para más *Preparación para pruebas.*

Expresiones y ecuaciones

Aprenderás cómo escribir y simplificar expresiones y a escribir ecuaciones y desigualdades.

Vocabulario nuevo
expresión
ecuación
desigualdad

Apréndelo

Los siguientes son algunos ejemplos de **expresiones** en matemáticas.

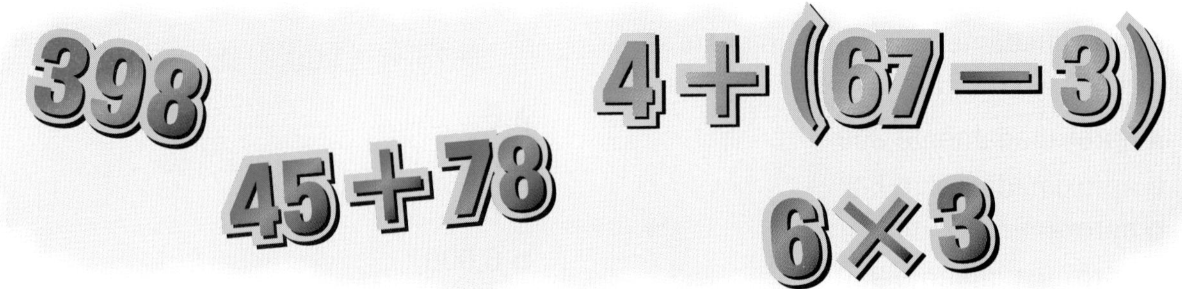

Una expresión puede ser sólo un número, o puede consistir en números y símbolos de operaciones. A veces una expresión contiene paréntesis.

Cuando simplificas una expresión, realizas todas las operaciones y escribes el resultado.

Simplifica la expresión (87 − 57) + (85 − 65) − 10.

- Primero, resuelve las operaciones que están entre paréntesis.
- Luego resuelve las demás operaciones de izquierda a derecha.

(87 − 57) + (85 − 65) − 10
30 + 20 − 10
50 − 10
40

Otros ejemplos

A. Paréntesis al final

15 + (27 − 7)
15 + 20
35

B. Poner paréntesis adentro

30 + (150 + 140) − 20
30 + 290 − 20
30 + 270
300

A veces, dos expresiones diferentes tienen el mismo valor.

Cuando simplificas **(10 + 20) − 5**, el resultado es **25**.

Cuando simplificas **18 + (2 + 5)**, el resultado es **25**.

En este caso, puedes escribir una **ecuación**.

$$(10 + 20) - 5 = 18 + (2 + 5)$$

o

$$18 + (2 + 5) = (10 + 20) - 5$$

Se llama ecuación a un enunciado numérico que dice que dos expresiones tienen el mismo valor.

A veces, al simplificar dos expresiones se obtienen resultados diferentes.

Cuando simplificas **(2 + 13) + 30**, el resultado es **45**.

Cuando simplificas **(10 + 4) − (3 + 1)**, el resultado es **10**.

En este caso, entre las dos expresiones puedes escribir un símbolo (≠) que significa "no es igual".

$$(2 + 13) + 30 \neq (10 + 4) - (3 + 1)$$

o

$$(10 + 4) - (3 + 1) \neq (2 + 13) + 30$$

También puedes escribir una **desigualdad**.
Para escribir una desigualdad, usa el símbolo (>) que significa "es mayor que" o el símbolo (<) que significa "es menor que".

$$(2 + 13) + 30 > (10 + 4) - (3 + 1)$$

o

$$(10 + 4) - (3 + 1) < (2 + 13) + 30$$

Se llama desigualdad a un enunciado numérico que dice que dos expresiones no tienen el mismo valor.

Explícalo

► ¿Es 48 − (16 − 6) igual a (48 − 16) − 6? ¿Por qué?

Práctica guiada

Asegúrate

- ¿Qué operación debo realizar primero?

Simplifica cada expresión.

1. $(18 - 7) + 3$

2. $(83 - 3) + (14 + 6)$

3. $(19 - 6) + 32$

4. $(64 - 37) + (29 - 17)$

Copia y completa usando = o ≠.

5. $(16 - 8) + 2$ ● 10

6. $(18 + 5) - 1$ ● $20 + 3$

7. $(7 - 3) + (8 - 2)$ ● 18

Copia y completa usando >, < o =.

8. 82 ● $48 + (39 - 1)$

9. $16 - (3 + 8)$ ● 42

10. $(50 + 15) + 1$ ● 66

Práctica independiente

Simplifica cada expresión.

11. $(15 + 3) + (20 - 10)$

12. $(52 - 2) - 15$

13. $(25 + 75) + (6 + 9)$

14. $(48 - 2) + 18$

15. $(16 - 1) - (13 + 2)$

16. $(14 + 10) - (8 - 3)$

Copia y completa usando = o ≠.

17. $78 + (15 - 10)$ ● $(15 - 10) + 78$

18. $38 + (24 + 9)$ ● $38 - (24 + 9)$

19. $(23 - 10) + 7$ ● $23 - (10 + 7)$

20. $(44 + 29) + 17$ ● $44 - (29 - 17)$

Copia y completa usando >, < o =.

21. $6 + (145 - 18)$ ● $(145 - 18) + 6$

22. $(17 - 10) + 3$ ● $(100 + 90) - 1$

23. $8 + (140 - 10)$ ● $100 + 24$

24. $6 + (86 + 9)$ ● $(6 + 86) + 9$

Escribe *verdadero* o *falso* para cada enunciado numérico.

25. $78 = 56 + (43 + 1)$

26. $65 < (50 + 10) + 5$

27. $68 - 1 \neq (67 + 1) - 1$

28. $85 > (80 + 10) - 5$

29. $13 + 13 < (25 + 1) + 0$

30. $16 - 1 \neq 14 + 1$

Copia y completa.

31. 24 = (20 + ___) − 6

32. 15 + 1 = (10 − ___) + 7

33. (3 + ___) + (6 − 4) = 5 + 1

34. 18 + ___ = 56 − (20 + 10)

Inserta paréntesis para hacer verdadera la ecuación.

35. 87 − 25 + 5 = 56 +1

36. 65 − 3 + 2 = 70 − 10

37. 18 = 16 − 13 +15

Resolver problemas • Razonamiento

38. Analízalo Alyssa compró dos libros, uno por $6 y otro por $8. Le dio al cajero un billete de $20. ¿Qué expresión representa la cantidad de cambio en dólares que debería recibir Alyssa?

a. (20 − 6) + 8   **b.** 20 − (6 + 8)

39. Vuelve al Problema 38. Simplifica la expresión que escogiste para hallar cuánto cambio debería recibir Alyssa.

40. Escríbelo Escribe un problema que pueda resolverse simplificando la expresión. (18 − 2) + 6.

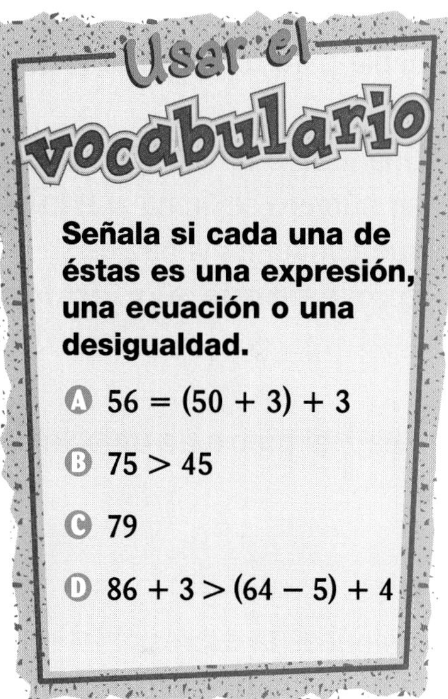

Señala si cada una de éstas es una expresión, una ecuación o una desigualdad.

A 56 = (50 + 3) + 3

B 75 > 45

C 79

D 86 + 3 > (64 − 5) + 4

Repaso mixto • Preparación para pruebas

Redondea cada número a la centena más cercana. Estima cada suma o diferencia. *(páginas 10–11)*

41. 548 − 325

42. 674 + 318

43. 563 − 341

44. 5,280 + 1,044

45. 6,535 + 270

Marca la letra de la respuesta correcta. *(página 49)*

46 ¿Qué hora marca el reloj?

A 2:10
B 2:50
C 3:10
D 3:50

47 ¿Qué hora marca el reloj?

F las 8 y cuarto
G las 9 y cuarto
H un cuarto para las 8
J un cuarto para las 9

Práctica adicional Consultar el Conjunto F, página 94.

Escribir y evaluar expresiones algebraicas

Aprenderás cómo escribir y evaluar expresiones de suma y resta que contienen variables.

Vocabulario
nuevo
variable
expresión algebraica

Apréndelo

Un boleto de niño para la montaña rusa el Mago cuesta \$2 menos que un boleto de adulto. No sabes el precio de un boleto de adulto, así que puedes usar una variable para representar el precio.

Una letra o un símbolo usado para representar un número se llama **variable**. Las expresiones que contienen variables se llaman **expresiones algebraicas**.

- Sea n el precio de un boleto de adulto en dólares.

- Entonces la expresión $n - 2$ puede representar el precio de un boleto de niño en dólares.

¿Cuánto cuesta un boleto de niño para la montaña rusa si un boleto de adulto cuesta \$3?

Para hallar el precio de un boleto de niño, puedes evaluar la expresión $n - 2$ si $n = 3$.

$3 - 2 = 1$

Solución: Si un boleto de adulto cuesta \$3, un boleto de niño cuesta \$1.

Estándares	AF **1.0, 1.1**

Escribe una expresión que represente el precio de un boleto de adulto si éste cuesta \$3 más que un boleto de niño.

- Sea s el precio de un boleto de niño.
- Entonces, el precio de un boleto de adulto es $s + 3$.

¿Cuánto cuesta un boleto de adulto si un boleto de niño cuesta \$2?

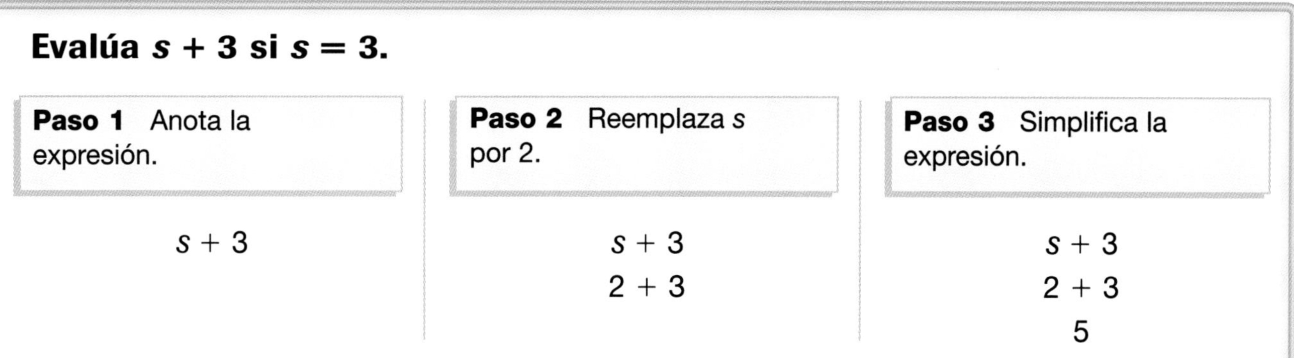

Evalúa $s + 3$ si $s = 3$.
Paso 1 Anota la expresión.
$s + 3$
Paso 2 Reemplaza s por 2.
$s + 3$
$2 + 3$
Paso 3 Simplifica la expresión.
$s + 3$
$2 + 3$
5

Solución: Un boleto de adulto cuesta \$5 si un boleto de niño cuesta \$2.

Explícalo

► Mira el problema anterior. ¿Cómo puedes hallar el precio de un boleto de niño si el precio de un boleto de adulto es de \$4?

Práctica guiada

Nombra la variable en cada expresión algebraica.

1. $w + 2$ **2.** $p - 3$ **3.** $4 + z$

Evalúa cada expresión si $x = 8$.

4. $x + 9$ **5.** $x - 2$ **6.** $x + x + 6$

Asegúrate

- ¿Cuál es el valor de la variable?
- ¿Debo sumar o restar para evaluar la expresión?

Práctica independiente

Evalúa cada expresión si $n = 7$.

7. $n + 3$ **8.** $n - 2$ **9.** $n + 10$ **10.** $15 + n$

11. $16 - n$ **12.** $62 - n$ **13.** $(n + n) - 1$ **14.** $n + (n + 2)$

Evalúa cada expresión si $p = 5$.

15. $p + 3$ **16.** $p - 4$ **17.** $56 + p$ **18.** $19 - p$

19. $8 - p$ **20.** $p + 12 + p$ **21.** $(p + 15) + 4$ **22.** $(15 - p) + 14$

Resolver problemas • Razonamiento

Resuelve. Escoge un método.

Métodos de computación

- Cálculo mental
- Estimación
- Papel y lápiz

23. Un boleto para la Rueda cuesta \$1 más que un boleto para el Laberinto. Escribe una expresión para el precio del boleto para la Rueda. Usa la expresión para hallar el precio de un boleto para la Rueda si un boleto para el Laberinto cuesta \$3.

24. **Compáralo** Imaginemos que n representa el número de asientos de la montaña rusa el Mago y que $n - 6$ representa el número de asientos de la montaña rusa el Laberinto. ¿Qué montaña rusa puede llevar más personas?

25. **La medición** El fin de semana, el parque está abierto todos los días entre las 11:00 a.m. y las 10:00 p.m. ¿Cuántas horas está abierto el fin de semana?

26. El sábado, 572 niños y 324 adultos se subieron a la montaña rusa el Mago. ¿Aproximadamente cuántas personas subieron el sábado?

Repaso mixto • Preparación para pruebas

Halla el valor de cada grupo de monedas. *(páginas 30–33)*

27. 2 de 25¢, 1 de 10¢

28. 1 de 25¢, 3 de 5¢

29. 4 de 10¢, 9 de 1¢

Marca la letra de la respuesta correcta. *(páginas 30–33)*

30 ¿Qué cantidad es mayor que 3 monedas de 10¢, 2 de 5¢ y 4 monedas de un centavo?

A \$0.36 **C** \$0.44

B \$0.39 **D** \$0.49

31 ¿Qué cantidad representa cuatro mil trescientos tres dólares?

F \$433 **H** \$4,303

G \$4,033 **J** \$4,330

Supongamos que *p* es mayor que 0. Señala si la expresión tendrá un valor mayor, menor o igual a *p*.

1. $p + 10$

2. $p + p$

3. $p - 0$

4. $(2 \times p) - p$

Práctica adicional Consultar el Conjunto G, página 94.

Muestra lo que sabes

Cambiar el orden

Usa la Propiedad conmutativa para emparejar las expresiones.

1. $x + 5$	**a.** $x + 3$
2. $3 + (x - 5)$	**b.** $5 + x$
3. $(x - 3) + 5$	**c.** $(x - 5) + 3$
4. $3 + x$	**d.** $5 + (x - 3)$

Usar el vocabulario

Empareja cada enunciado con la expresión algebraica correcta.

1. Si n es 6, el valor de esta expresión es 8.	**a.** $n - 4$
2. Si n es 6, el valor de esta expresión es 2.	**b.** $n + 2$
3. Si n es 2, el valor de esta expresión es 6.	**c.** $n - 2$
4. Si n es 8, el valor de esta expresión es 6.	**d.** $n + 4$

¿Siempre, a veces o nunca?

Usa *siempre*, *a veces* o *nunca* para contestar cada pregunta.

1. Escoge un número para n. ¿Cuándo es el valor de $n + 0$ igual al valor de $0 + n$?
2. Escoge un número para x. ¿Cuándo es el valor de $x + 1$ igual al valor de $x - 1$?
3. Escoge un número para r. ¿Cuándo es el valor de $r + 5$ igual al valor de $5 + r$?
4. Escoge un número para z. ¿Cuándo es el valor de z igual al valor de $2z$?

Escribir y resolver ecuaciones

Aprenderás cómo escribir y resolver ecuaciones algebraicas.

Apréndelo

En una marioneta grande hay 4 hilos más que en una marioneta pequeña. Una marioneta grande tiene 7 hilos. Puedes escribir dos expresiones diferentes para representar el número de hilos que tiene una marioneta grande.

Una expresión es una expresión algerbraica.

- Sea p el número de hilos de una marioneta pequeña.
- Entonces $\boldsymbol{p + 4}$ es el número de hilos de una marioneta grande.

La otra expresión es el número verdadero.

7 es el número de hilos de una marioneta grande.

Puedes usar las dos expresiones para escribir una ecuación.

$$\boldsymbol{p + 4 = 7}$$

¿Cuántos hilos tiene una marioneta pequeña?
Resuelve la ecuación $p + 4 = 7$.

Para hallar el número de hilos de una marioneta pequeña, necesitas hallar el valor de p. Cuando hallas el valor de una variable que hace verdadera una ecuación, resuelves la ecuación.

Diferentes maneras de resolver ecuaciones

Puedes usar un enunciado numérico.

$p + 4 = 7$

Piénsalo: $3 + 4 = 7$.
Entonces p debe ser 3.

$p = 3$

Puedes hallar el número que falta.

$p + 4 = 7$

Piénsalo: $p = 7 - 4$.
Entonces p debe ser 3.

$p = 3$

Solución: Hay 3 hilos en una marioneta pequeña.

Verifica la solución.

$p + 4 = 7$
$3 + 4 = 7$
$7 = 7$

Ambos lados del signo igual son iguales, así que la solución es correcta.

Estándares	AF **1.0, 1.1, 1.5** SDP **1.3** MR **1.1, 2.4**

Explícalo

► ¿Qué significa "resolver la ecuación"?

Práctica guiada

Relaciona cada ecuación con su solución.

1. $n + 6 = 10$ **2.** $9 = n - 3$ **3.** $8 + n = 14$

a. $n = 12$ **b.** $n = 6$ **c.** $n = 4$

Asegúrate

- ¿Puedo sumar para resolver la ecuación?
- ¿Puedo restar para resolver la ecuación?

Práctica independiente

Resuelve cada ecuación. Verifica la solución.

4. $m + 10 = 35$ **5.** $r + 7 = 43$ **6.** $5 = k - 5$ **7.** $c - 10 = 10$

8. $n + 7 = 19$ **9.** $15 = k + 8$ **10.** $m + m = 8$ **11.** $x + (x + 4) = 18$

Resolver problemas • Razonamiento

Usar datos **Usa la gráfica para los Problemas 12 y 13.**

12. Estímalo ¿Aproximadamente cuántas personas vieron los espectáculos de marionetas en el festival de primavera?

13. ¿Aproximadamente cuántas personas más fueron a ver *Tierra mágica* que *Isla misteriosa*?

14. Analízalo Hay 5 marionetas más en *Bosque divertido* que en *Mar feliz.* Hay 12 marionetas más en *Bosque divertido.* Escribe y resuelve una ecuación para hallar el número de marionetas de *Mar feliz.*

Repaso mixto • Preparación para pruebas

Suma o resta. *(páginas 56–63; 68–69)*

15. 8,943−416 **16.** 5,106+3,719 **17.** 10,355−4,092 **18.** 36, 274+16,372

19 Estima la suma redondeando al dólar más cercano: \$18.85 + \$4.89. *(páginas 64–65)*

A \$25 **B** \$24 **C** \$23 **D** \$22

Resolver ecuaciones de suma

Aprenderás que una misma cantidad sumada a expresiones iguales da expresiones iguales.

Apréndelo

Mira lo que ocurre al sumar el mismo número a cada lado de una ecuación.

Paso 1 Resuelve esta ecuación.

$x + 6 = 15$

Piénsalo: $9 + 6 = 15$. Así que $x = 9$.

Paso 2 Suma 4 a cada lado de la ecuación original. Luego resuelve la nueva ecuación.

$$x + 6 + 4 = 15 + 4$$
$$x + 10 = 19$$

Piénsalo: $9 + 10 = 19$. Así que $x = 9$.

- ¿Qué notas acerca de la solución de ambas ecuaciones?

Paso 3 Escoge cualquier número. Luego suma el número a cada lado de la ecuación original $x + 6 = 15$.

- ¿Qué notas acerca de las soluciones de todas las ecuaciones?

Mira lo que ocurre al restar el mismo número a cada lado de una ecuación.

Paso 1 Resuelve la ecuación.

$x + 7 = 19$

Piénsalo: $12 + 7 = 19$. Así que $x = 12$.

Paso 2 Resta 4 a cada lado de la ecuación original. Luego resuelve la nueva ecuación.

$$x + 7 - 4 = 19 - 4$$
$$x + 3 = 15$$

Piénsalo: $12 + 3 = 15$. Así que $x = 12$.

- ¿Qué notas acerca de la solución de ambas ecuaciones?

Paso 3 Escoge cualquier número menor o igual a 7. Después, resta el número a cada lado de la ecuación original $x + 7 = 19$.

- ¿Qué notas acerca de las soluciones de todas las ecuaciones?

Estándares	AF **1.0, 1.1, 2.0, 2.1** MR **2.3**

Inténtalo

1. **Resuelve la ecuación $x + 8 = 15$.**
Copia y completa las siguientes tablas.

Comienza con $x + 8 = 15$.

	Suma este número a cada lado de la ecuación.	Escribe la nueva ecuación.	Resuelve la nueva ecuación.	¿Es la solución igual a la solución de $x + 8 = 15$?
2.	4	$x + 8 + 4 = 15 + 4$ $x + 12 = 19$	$x = 7$	
3.	5			
4.	8			

Comienza con $x + 8 = 15$.

	Resta este número a ambos lados de la ecuación.	Escribe la nueva ecuación.	Resuelve la nueva ecuación.	¿Es la solución igual a la solución de $x + 8 = 15$?
5.	7	$x + 8 - 7 = 15 - 7$ $x + 1 = 8$	$x = 7$	
6.	3			
7.	8			

8. Comienza con la ecuación $x + 4 = 12$. ¿Qué número podrías restar a ambos lados de la ecuación para obtener la nueva ecuación $x + 0 = 8$?

¡Escríbelo! ¡Coméntalo!

Usa lo que has aprendido para contestar estas preguntas.

9. ¿Qué ocurre con la solución de una ecuación al sumar el mismo número a cada lado de la ecuación?

10. ¿Qué ocurre con la solución de una ecuación al restar el mismo número a cada lado de la ecuación?

11. ¿Existe una manera rápida de resolver la ecuación $x + 12 = 25$?

Ecuaciones de dos variables

Aprenderás cómo se relacionan las ecuaciones de dos variables con las tablas de función.

Vocabulario
nuevo
ecuación de dos variables

Apréndelo

Adam es 3 años menor que Ben. Si Ben tiene 10 años de edad, ¿qué edad tiene Adam?

Recuerda que una ecuación es un enunciado que señala que dos expresiones son iguales.

Puedes usar dos expresiones para escribir una ecuación de dos variables para la edad de Adam.

Sea n la edad de Ben en años. — Entonces $n - 3$ es una expresión para la edad de Adam en años.

Sea z la edad de Adam en años. — Entonces z es una expresión para la edad de Adam en años.

Usa las dos expresiones para escribir una ecuación. — $n - 3 = z$

Sabes el valor de n, así que puedes substituir para hallar el valor de z.

Substituye n por 10 en la ecuación.

$n - 3 = z$

$10 - 3 = z$

Edad de Adam ⟶ $7 = z$

Solución: Si Ben tiene 10 años de edad, entonces Adam tiene 7 años.

Una tabla de función es una tabla de pares ordenados que sigue una regla. La regla dice cómo hallar el valor de una variable si se sabe el valor de la otra.

Regla: $n - 3 = z$

n	z
9	6
10	7
11	8

Explícalo

▸ Mira esta ecuación: $y = x + 10$. Imaginemos que sabes que el valor de y es 15. ¿Cómo puedes hallar el valor de x?

Estándares	AF **1.0, 1.1, 1.5** MR **2.3**

Práctica guiada

Halla los valores de las variables y completa.

1. $y = x - 3$

x	*y*
6	■
9	■

Piénsalo: $6 = y + 3$
$9 = y + 3$

2. $m - 2 = n$

m	*n*
■	7
■	12

Piénsalo: $m - 2 = 7$
$m - 2 = 12$

3. $m = w - 13$

w	*m*
18	■
■	20

Piénsalo: $m + 13 = 18$
$20 + 13 = w$

Asegúrate

- ¿Qué valor sé?
- ¿Qué valor debo hallar?

Práctica independiente

Copia y completa cada tabla de función o la regla.

4. $b = a + 4$

a	*b*
6	■
3	■
2	■

5. $y = x - 5$

x	*y*
5	■
6	■
■	10

6. $m = 7 + n$

n	*m*
6	■
3	■
■	10

7. ■

x	*y*
10	5
16	11
13	8

8. ■

p	*q*
3	5
5	7
10	12

Resolver problemas • Razonamiento

9. La madre de Sean es 3 años mayor que su padre. Su madre tiene 39 años de edad. ¿Qué edad tiene el padre de Sean?

10. Analízalo Mina tiene 8 años más que Sue Ellen. Sea *x* la edad de Sue Ellen. Sea *y* la edad de Mina. Escribe una ecuación que represente esa relación usando *x* e *y*. Después, usa la ecuación para hallar la edad de Mina si Sue Ellen tiene 12 años.

11. Escríbelo Escribe una ecuación de dos variables en la que el valor de *x* sea menor que el valor de *y*.

Usar el vocabulario

Escribe una ecuación algebraica en la que:

A una expresión sea $j - 2$.

B una expresión sea $p + 3$.

C la solución sea 3.

D la variable sea *z*.

E la solución sea 8.

Repaso mixto • Preparación para pruebas

Suma o resta. *(páginas 56–57, 60–61)*

12. 3,416 + 255

13. 56,290 − 3,211

14. 10,004 + 8,203

15 Resuelve la ecuación $n + 8 = 24$. *(páginas 82–83)*

A 32 **B** 16 **C** 6 **D** 3

Práctica adicional Consultar el Conjunto I, página 94.

Estrategia: Estima y verifica

Aprenderás cómo resolver problemas usando la estrategia de Estima y verifica.

A veces, una buena manera de resolver un problema es estimar y verificar.

Problema Una fotógrafa de la naturaleza tomó algunas fotos de frailecillos y nutrias. Le contó a una amiga que fotografió 43 animales con 102 patas. ¿Cuántos frailecillos y nutrias fotografió?

¿Cuál es la pregunta?

¿Cuántos frailecillos y nutrias fotografió?

¿Qué sabes?

- Los 43 animales tienen 102 patas.
- Los frailecillos tienen 2 patas y las nutrias tienen 4 patas.

Planéalo

¿Cómo puedes resolver el problema?

Estima dos números. Verifica para ver si son correctos. Si no lo son, continúa hasta hallar los números que funcionan.

Primera estimación:	Segunda estimación:	Tercera estimación:
40 frailecillos → 80 patas	30 frailecillos → 60 patas	35 frailecillos → 70 patas
3 nutrias → 12 patas	13 nutrias → 52 patas	8 nutrias → 32 patas
Verifica: **92 patas**	Verifica: **112 patas**	Verifica: **102 patas**
Muy pocos. Estima de nuevo.	Demasiados. Estima de nuevo.	Ésta es la respuesta.

Ella fotografió 35 frailecillos y 8 nutrias.

Verifica el problema.

¿Cómo decides cuándo usar Estima y verifica para resolver un problema?

Estándares MR **1.0, 1.2, 2.0, 2.6, 3.0, 3.1, 3.2**

Recuerda:
- ▶ Compréndelo
- ▶ Planéalo
- ▶ Resuélvelo
- ▶ Verifícalo

Práctica guiada

Usa la estrategia de Estima y verifica para resolver cada problema.

1. El bote de turismo que viaja por las tres islas recaudó $250 en pasajes. El capitán tenía 24 billetes en total. Tenía sólo billetes de $20 y $10. ¿Cuántos billetes de cada tipo tenía el capitán?

   Piénsalo: ¿Qué números serían una primera estimación razonable?

2. Un marinero que visitó una de las islas dijo que los únicos animales que vio fueron tortugas y loros. Vio 35 animales que tenían 122 patas en total. ¿Cuántas tortugas y loros vio?

   Piénsalo: ¿Cuánto debería ser la suma de los dos números?

Escoge una estrategia

Resuelve. Usa éstas u otras estrategias.

Estrategias para resolver problemas

- **Haz una tabla**
- **Escribe una ecuación**
- **Estima y verifica**
- **Usa el razonamiento lógico**

3. Tim y Jared coleccionan tarjetas de aves exóticas. Tim tiene 8 tarjetas más que Jared. En total tienen 104 tarjetas. ¿Cuántas tarjetas tiene Tim?

4. El perico de Tina cuesta $4 más que el canario de Cory. Si el perico de Tina cuesta $18, ¿cuánto cuesta el canario de Cory?

5. El marinero dijo que en otra isla sólo vivían lagartos y pavos reales. Hay 66 animales con 220 patas en esa isla. ¿Cuántos son pavos reales?

6. Mike ha ahorrado $43 para comprar binoculares. Los 13 billetes que tiene son billetes de $1, de $5 y de $10. ¿Cuántos billetes de cada tipo tiene?

7. El promedio de vida del búho supera en 12 años al promedio de vida del tecolote enano. Si el promedio de vida del búho real es de 17 años, ¿cuál es el promedio de vida del tecolote enano? Explica tu razonamiento.

8. Lito, Ned, Joe y Kim vieron sólo una de estas 4 aves diferentes: un cardenal, un pato, un halcón y un búho. Joe no vio ni un cardenal ni un pato. Kim no vio ni un pato ni un búho. Ned no vio ni un búho ni un halcón, ni un pato. ¿Qué ave vio cada persona?

Práctica adicional Consultar 8–9, página 95.

Verificación rápida

Verifica los conceptos de las Lecciones 8–13

Evalúa cada expresión si $n = 8$.

1. $(n + 13) + 6$ **2.** $n + 32 + n$ **3.** $n + (n - 4)$

Resuelve cada ecuación. Verifica la solución.

4. $m + 6 = 24$ **5.** $x + (x + 7) = 25$ **6.** $p - 25 = 15$

Escribe la regla para cada tabla de función.

7.

x	*y*
3	7
9	13
15	19

8.

r	*s*
16	7
28	19
20	11

Resuelve.

9. Michael vende las pajareras en $4 más que los comederos de aves. Una pajarera y un comedero pueden comprarse en $20. ¿Cuánto cuesta cada artículo?

10. Michael vendió 17 pajareras. Vendió cinco pajareras más en abril que en marzo. ¿Cuántas pajareras vendió cada mes?

¿Cómo te fue?

Si tuviste dificultades en cualquiera de las partes de Verificación rápida, puedes usar las siguientes páginas para repasar y practicar más.

Estándares	Ejercicios	Repasar estas páginas	Hacer estos ejercicios de práctica adicional
Álgebra: **1.1, 4.1**	1–3	páginas 4–5	Conjunto G, página 94
Sentido numérico: **1.1, 1.2,**	4–5	páginas 6–8	Conjunto H, página 94
Sentido numérico: **1.1, 1.2, 1.5**	6–8	páginas 10–11	Conjunto I, página 94
Razonamiento matemático: **1.1, 2.2, 3.1, 3.3**	9–10	páginas 12–13	8–9, página 95

Preparación para pruebas • Repaso acumulativo

Mantener los estándares

Marca la letra de la respuesta correcta. Si la respuesta correcta no aparece, marca NA.

1. ¿Qué número debería ir en la casilla para hacer verdadero el enunciado numérico?

   $12{,}908 = 12{,}000 + 900 + ■$

   A 8 **C** 800
   B 80 **D** 8,000

2. ¿Qué expresión no es equivalente a $(28 - 10) - 8$?

   F $18 - 8$
   G $28 - (10 - 8)$
   H $(28 - 8) - 10$
   J $28 - 10 - 8$

3. ¿A qué ecuación corresponde la tabla?

x	*y*
1	3
2	4
3	5
4	6

   A $y = x + 2$
   B $y = x + 4$
   C $y = x - 2$
   D $y = x + 3$

4. ¿Cuál es el valor de *n*?

   $(2 + 9) - (6 + 3) = n$

   F 0 **H** 2
   G 1 **J** 3

Usa la tabla para contestar las Preguntas 5–6.

Millas de carretera entre ciudades	
De Los Ángeles a	**Número de millas**
Boston	2,979
Chicago	2,054
Dallas	1,387
Detroit	2,311

5. ¿Cuál es la diferencia entre la distancia que hay entre Los Ángeles y Boston y la distancia entre Los Ángeles y Chicago?

   A 25 millas **C** 935 millas
   B 924 millas **D** NA

6. El Sr. Richman viajó de Los Ángeles a Detroit y luego de regreso a Los Ángeles. ¿Cuántas millas recorrió en total?

   F 2,311
   G 4,611
   H 4,622
   J NA

7. ¿Qué número debería ir en la casilla para hacer verdadero el enunciado numérico?

   Explícalo ¿Cómo hallaste tu resultado?

   $(3 + 5) + 2 = 8 + ■$

Preparación para pruebas
Visita **www.eduplace.com/kids/mhm** para más *Preparación para pruebas.*

Práctica adicional

Conjunto A *(Lección 1, páginas 54–55)*

Halla cada suma.

1. 0 + 834 **2.** (4 + 4) + 10 **3.** 35 + 23 **4.** 42 + 34

5. 45 + (6 + 4) **6.** 62 + 36 **7.** 36 + 62 **8.** 356 + (0 + 10)

Copia y completa cada enunciado numérico. Señala qué propiedad de la suma usaste.

9. 27 + 88 = ■ + 27 **10.** 467 + 0 = ■ **11.** (11 + 7) + 6 = 11 + (■ + 6)

Agrupa los sumandos de manera que puedas sumar mentalmente. Luego halla cada suma.

12. 127 + 491 + 9 **13.** 693 + 283 + 7 **14.** 80 + 20 + 39

Conjunto B *(Lección 2, páginas 56–58)*

Suma.

1. 373 + 421 **2.** 294 + 74 **3.** 7,486 + 74 **4.** 2,447 + 5,598 **5.** 13,684 + 6,467

6. 567 + 348 **7.** 2,974 + 340 **8.** 7,236 + 6,482

9. 67,482 + 3,489 **10.** 13,953 + 44,031 **11.** 32,287 + 21,243

Conjunto C *(Lección 3, páginas 60–62)*

Resta. Usa la suma para verificar si tu resultado es correcto.

1. 875 − 723 **2.** 768 − 485 **3.** 435 − 87 **4.** 9,488 − 6,048 **5.** 4,297 − 2,745

6. 5,427 − 2,798 **7.** 7,675 − 592 **8.** 88,596 − 57,382 **9.** 54,386 − 37,579 **10.** 64,738 − 7,304

11. 464 − 182 **12.** 587 − 494 **13.** 1,265 − 838

14. 7,733 − 4,058 **15.** 69,472 − 25,187 **16.** 65,938 − 7,820

Práctica adicional

Conjunto D (*Lección 4, páginas 64–65*)

Redondea cada número o cantidad a la centena o dólar más cercano. Luego estima la suma o diferencia.

1. 285 + 219
2. \$8.79 − \$2.88
3. 876 − 433
4. 497 + 231
5. 6,418 − 307
6. 72,663 + 1,194
7. 83,462 + 2,076
8. 7,722 − 581
9. 5,325 + 631
10. 54,823 − 3,898
11. 27,215 − 5,085
12. 4,138 + 387

¿Es correcto cada resultado? Escribe *sí* o *no*. Usa la estimación para ayudarte a decidir.

13. 77 + 21 = 16
14. 521 − 382 = 139
15. 8,852 + 107 = 8,959
16. \$4.47 − 0.66 = \$4.53
17. \$4.17 + 7.20 = \$11.37
18. \$7.26 − 0.69 = \$6.57
19. 841 − 457 = 184
20. \$8.40 + 3.15 = \$11.55
21. 71 + 58 = 129
22. 4,561 + 203 = 4,358

Conjunto E (*Lección 6, páginas 68–69*)

Resta. Estima para verificar si el resultado es razonable.

1. 508 − 269
2. 610 − 434
3. 800 − 643
4. 807 − 93
5. 6,046 − 2,383
6. 4,008 − 1,527
7. 9,070 − 528
8. 9,000 − 4,393
9. 70,608 − 47,377
10. 39,000 − 16,004
11. 7,090 − 4,562
12. 8,002 − 3,497
13. 64,009 − 35,857
14. 50,038 − 19,754
15. 81,070 − 38,123
16. 600 − 460
17. 6,300 − 643
18. 5,004 − 4,702
19. 20,076 − 7,332
20. 44,000 − 22,350
21. 87,005 − 34,602
22. 30,702 − 6,488
23. 15,900 − 10,172
24. 78,060 − 23,587

Práctica adicional

Conjunto F *(Lección 8, páginas 74–77)*

Simplifica cada expresión.

1. $(16 + 3) + (30 - 20)$ **2.** $(19 - 6) - 9$ **3.** $(45 + 55) + (7 + 8)$

Copia y completa usando = o ≠.

4. $67 + (17 - 11)$ ● $(17 - 11) + 67$ **5.** $(39 + 7) + 23$ ● $(39 - 7) + 23$

Copia y completa usando >, < o =.

6. $(19 - 10) + 4$ ● $(100 + 40) - 2$ **7.** $6 + (150 - 30)$ ● $100 + 14$

Conjunto G *(Lección 9, páginas 78–81)*

Evalúa cada expresión si $n = 6$.

1. $n + 5$ **2.** $n - 3$ **3.** $n + 12$ **4.** $12 + n$

5. $18 - n$ **6.** $78 - n$ **7.** $(n + n) - 4$ **8.** $n + (n + 5)$

Evalúa cada expresión si $p = 8$.

9. $p + 5$ **10.** $p - 3$ **11.** $67 + p$ **12.** $17 - p$

13. $9 - p$ **14.** $p + 17 + p$ **15.** $(p + 12) + 6$ **16.** $(18 - p) + 11$

Conjunto H *(Lección 10, páginas 82–83)*

Resuelve cada ecuación. Verifica la solución.

1. $m + 15 = 65$ **2.** $r + 8 = 35$ **3.** $6 = k - 6$ **4.** $c - 20 = 20$

5. $n + 6 = 15$ **6.** $17 = k + 10$ **7.** $m + 3 = 10$ **8.** $x + 9 = 15$

Conjunto I *(Lección 12, páginas 86–87)*

Copia y completa cada tabla de función o escribe la regla.

1. Regla: $b = a + 6$

a	*b*
7	■
4	■
1	■

2. Regla: $y = x - 4$

x	*y*
8	■
9	■
10	■

3. Regla: ______

n	*m*
4	8
6	10
10	14

Práctica adicional • Resolver problemas

Usa la tabla. Decide si necesitas una estimación o un resultado exacto. Luego resuelve. *(Lección 5, páginas 66–67)*

La tienda Tenis y Más ofrece una liquidación. La tabla muestra cuántos pares de tenis se han vendido cada día de la liquidación.

Venta de tenis	
Día	**Pares vendidos**
lunes	134
martes	221
miércoles	243
jueves	137
viernes	198

1. La dueña de la tienda entrega un bono a sus vendedores cada día que se venden más de 200 pares de tenis. ¿Cuántas veces obtuvieron bonos los vendedores?
2. Por cada par de tenis comprado, se entregaba un cupón de descuento. ¿Cuántos cupones se entregaron los dos últimos días de la liquidación?
3. Durante los primeros dos días, ¿se vendieron más de 300 pares de tenis?

Resuelve. Usa la suma o la resta para resolver cada problema. *(Lección 7, páginas 70–71)*

4. Virginia tiene 3,315 millas de litoral. Los 15 estados de la costa del Atlántico tienen 28,673 millas de litoral. ¿Cuántas millas de litoral a lo largo de la costa del Atlántico no están en Virginia?
5. Hay 28,673 millas de litoral a lo largo de la costa del Atlántico. Hay 40,298 millas de litoral a lo largo de la costa del Pacífico. ¿Cuántas millas de litoral hay a lo largo de las costas del Atlántico y del Pacífico?
6. La costa del Golfo tiene 17,141 millas de litoral y la costa del Ártico tiene 2,521 millas de litoral. ¿Cuántas millas de litoral hay en total?
7. Alaska tiene 31,383 millas de litoral. La costa del Pacífico tiene 40,298 millas de litoral. ¿Cuántas millas del litoral de la costa del Pacífico no están en Alaska?

Resuelve estos problemas usando la estrategia de Estima y verifica. *(Lección 13, páginas 88–89)*

8. Karen vendió 19 de sus peces tropicales. A la tienda Poza del Pez le vendió tres peces más de los que le vendió a Pececitos. ¿Cuántos peces le vendió a Poza del Pez?
9. Un equipo de fútbol americano compra camisetas y sudaderas. Una sudadera cuesta $8 más que una camiseta. Juntas cuestan $40. ¿Cuánto cuesta una sudadera?

Repaso del capítulo

Repasar el vocabulario

Contesta cada pregunta.

1. ¿Usa el enunciado $(457 + 8) + 50 = 50 + (457 + 8)$ la Propiedad conmutativa o la Propiedad asociativa?
2. ¿Es $4 + (67 - 3)$ una expresión o una ecuación?
3. ¿Es $n + 3 = 12$ una expresión o una ecuación?
4. ¿Cuál es la variable en la expresión algebraica $n + 3$?

Repasar conceptos y destrezas

Completa cada enunciado numérico. Señala qué propiedad de la suma usaste. *(páginas 54–55)*

5. $23 + 76 = ■ + 23$ **6.** $586 + 0 = ■$ **7.** $(12 + 9) + 7 = 12 + (■ + 7)$

Suma. *(páginas 56–59)*

8. $\begin{array}{r} 639 \\ +\ 257 \\ \hline \end{array}$ **9.** $\begin{array}{r} 7{,}537 \\ +\ 2{,}026 \\ \hline \end{array}$ **10.** $\begin{array}{r} 27{,}637 \\ +\ \ \ 183 \\ \hline \end{array}$ **11.** $\begin{array}{r} 35{,}347 \\ +\ 54{,}530 \\ \hline \end{array}$

Redondea cada número a la centena más cercana. Luego estima la suma o diferencia. *(páginas 64–65)*

12. $396 + 408$ **13.** $759 - 278$ **14.** $8{,}312 - 406$ **15.** $83{,}772 + 2{,}287$

Resta. Usa la suma para verificar si tu resultado es correcto. *(páginas 60–63, 68–69)*

16. $577 - 393$ **17.** $7{,}006 - 3{,}903$ **18.** $7{,}080 - 649$ **19.** $9{,}867 - 782$

Simplifica cada expresión. *(páginas 74–77)*

20. $(12 + 8) + (40 - 20)$ **21.** $(14 + 11) - (9 - 3)$ **22.** $(47 - 3) + 12$

23. Completa usando $=$ o $\neq$. $56 + (13 + 9)$ ● $56 - (13 + 9)$

24. Completa usando $>$, $<$ o $=$. $(24 - 15) + 5$ ● $(40 + 20) - 12$

Evalúa cada expresión si $n = 7$. *(páginas 78–81)*

25. $n + 9$ **26.** $n - 2$ **27.** $76 + n$ **28.** $5 + (19 - n)$

Copia y completa cada tabla de función o escribe la regla. *(páginas 86–87)*

29. Regla: Suma 50

Entrada	Salida
420	■
■	620
2,042	■

30. Regla: ■

Entrada	Salida
50	75
190	215
298	323

Resuelve cada ecuación. Verifica la solución. *(páginas 82–83, 86–87)*

31. $r + 20 = 35$ **32.** $19 = k + 12$ **33.** $8 = m - 8$ **34.** $b + 2 + 4 = 18$

Resuelve cada problema. *(páginas 66–67, 70–71, 88–89)*

35. En una tienda de departamentos, un sombrero y un broche valen $22. El sombrero cuesta $12 menos que el broche. ¿Cuánto cuesta el sombrero en la tienda de departamentos? ¿Cuánto cuesta el broche?

36. La biblioteca de la escuela y la biblioteca de la ciudad juntas tienen un total de 55,608 libros. Hay 42,897 libros en la biblioteca de la ciudad. ¿Cuántos libros hay en la bilbioteca de la escuela?

Acertijos Razonamiento matemático

DÍGITOS QUE FALTAN

Escoge dígitos del 4 al 9 para llenar las casillas. No uses ningún dígito más de una vez.

```
   1■3        1,■5■
 + ■2■      +   4■6
   812        2,003
```

SUMAS Y DIFERENCIAS

Al sumar dos números, la suma es 148. Al restarlos, la diferencia es 20. ¿Cuáles son los números?

Acertijos
Visita **www.eduplace.com/kids/mhm** para más *Acertijos.*

Prueba del capítulo

Completa cada enunciado numérico. Señala qué propiedad de la suma usaste.

1. $41 + 53 = \blacksquare + 41$ **2.** $595 + 0 = \blacksquare$ **3.** $(14 + 7) + 3 = 14 + (\blacksquare + 3)$

Suma o resta. Puedes estimar para verificar si tu resultado es razonable.

4. $\begin{array}{r} 668 \\ -\ 492 \\ \hline \end{array}$ **5.** $\begin{array}{r} 8{,}759 \\ +\ 683 \\ \hline \end{array}$ **6.** $\begin{array}{r} 700 \\ -\ 320 \\ \hline \end{array}$ **7.** $\begin{array}{r} 4{,}008 \\ +\ 1{,}802 \\ \hline \end{array}$ **8.** $\begin{array}{r} 50{,}609 \\ -\ 27{,}584 \\ \hline \end{array}$

Redondea cada número a la centena más cercana. Luego estima la suma o diferencia.

9. $698 + 212$ **10.** $859 - 347$ **11.** $9{,}215 - 507$ **12.** $7{,}647 + 6{,}572$

13. $7{,}438 + 6{,}257$ **14.** $5583 + 4298$ **15.** $785 - 640$ **16.** $4{,}682 + 3{,}749$

Simplifica cada expresión.

17. $(14 + 6) + (50 - 10)$ **18.** $(42 - 2) + (56 + 4)$ **19.** $(12 + 14) - (8 - 1)$

20. Completa usando $=$ o $\neq$. $49 + (19 - 3) \bullet (19 - 3) + 49$

21. Completa usando $>$, $<$ o $=$. $(35 - 15) + 12 \bullet (40 - 10) + 8$

Evalúa cada expresión si $n = 9$.

22. $n + 9$ **23.** $n + (14 - 9)$ **24.** $4 + (20 - n)$

25. $n - 4$ **26.** $n - (8 + 0)$ **27.** $5 + (10 - n)$ **28.** $7 - (n - 3)$

Completa cada tabla de función.

29. Regla: $b = a + 8$

a	*b*
4	■
5	■
7	■

30. Regla: $p = q + 6$

p	*q*
■	8
■	7
■	10

Resuelve.

31. Había 128 perros y 63 gatos en el refugio para animales. Hoy llegaron veinticinco gatos más. El refugio tiene espacio para 300 animales. ¿Hay espacio para los 25 gatos?

32. Jim compró un par de vaqueros y un par de pantalones cortos. Los vaqueros costaron $8 más que los pantalones cortos. En total, los vaqueros y los pantalones cortos costaron $42. ¿Cuánto costaron los vaqueros?

33. Una tienda de videos llevó un registro de cuántos videos se alquilaron durante una semana de cinco días. ¿Cuál es la diferencia entre los videos que se alquilaron el día de menor venta y el día de mayor venta?

Videos alquilados

Día	Número alquilado
lunes	134
martes	221
miércoles	243
jueves	137
viernes	198

Escríbelo

Resuelve cada problema. Usa el vocabulario matemático correcto para explicar tu razonamiento.

1. Los estudiantes de la Escuela Primaria Watson querían recolectar 1,000 latas de refresco para la campaña de recaudación de fondos del departamento local de bomberos. La tabla muestra cuántas latas se han recolectado.

Campaña para recaudar fondos

Día	Latas recolectadas
lunes	189
martes	98
miércoles	279
jueves	192
viernes	189

a. Michael escribió un breve informe expresando por qué piensa que los estudiantes cumplieron su objetivo. ¿Estás de acuerdo con el trabajo de Michael? Explica.

Redondeé el número de latas recolectadas cada día a la centena más cercana y después sumé 200 + 100 + 300 + 200 + 200 = 1000. Así que los niños cumplieron su objetivo.

b. ¿Es el número de latas recolectadas el lunes y miércoles mayor o menor que el número de latas recolectadas el martes, jueves y viernes?

2. Susan completó esta operación de resta.

a. Explica qué hizo mal.

b. Muestra cómo hallar el resultado correcto.

$$\begin{array}{r} 9{,}372 \\ -\ 3{,}291 \\ \hline 6{,}121 \end{array}$$

Una vez más

Usa el mapa para resolver los problemas. Puedes usar lo que sabes acerca de la suma, resta y ecuaciones.

1. ¿Cuántas millas hay de la casa de Bill a cada lugar de vacaciones, ida y vuelta?
2. La distancia total desde la casa de Bill al Parque marino y luego a Las cuevas es de 501 millas. Escribe y resuelve una ecuación para hallar la distancia desde el Parque marino a Las cuevas.
3. **Verifícalo** ¿Qué métodos podrías usar para verificar si tus resultados del Problema 1 son correctos?
4. **Analízalo** Bill quiere visitar dos lugares este verano antes de regresar a casa. ¿Qué lugares podría visitar recorriendo la menor distancia posible?

Estándares	NS **3.0** MR **1.0, 2.0**

Ampliación

Diagramas de Venn

Los diagramas de Venn se usan para representar cómo se relacionan dos o más grupos.

Los estudiantes de cuarto grado de la clase de la Srta. Kelliher realizaron proyectos de escritura o de artes para estudios sociales. Cada estudiante hizo por lo menos un proyecto.

El primer diagrama de Venn representa a los estudiantes que hicieron proyectos de escritura. Algunos escribieron un cuento, otros un poema y algunos escribieron ambos.

Usa el primer diagrama de Venn para contestar las preguntas.

1. ¿Qué estudiantes escribieron un cuento y un poema?
2. ¿Qué estudiantes escribieron un poema?

Usa el segundo diagrama de Venn para contestar las preguntas.

3. ¿Cuántos estudiantes hicieron un diorama?
4. ¿Cuántos estudiantes hicieron un libro ilustrado?
5. ¿Cuántos estudiantes hicieron los tres proyectos?

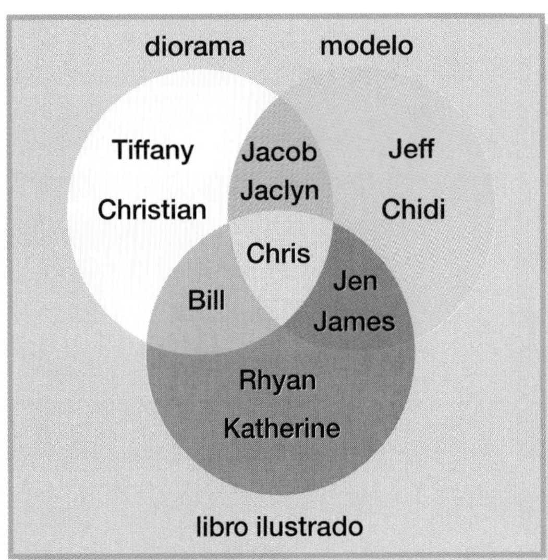

Haz un diagrama de Venn.

6. Usa esta información.

Miembros del Club de ajedrez		**Miembros del Club de matemáticas**		**Miembros del Club de ciencias**	
Emily	Alex	Andrew	Liz	Andrew	Liz
Andrew	Eric	Alex	Matt	Emily	Katy

Estándares	SDP **1.0, 1.1;** MR **3.2**

Relacionar la multiplicación y la división

¿Por qué aprender a relacionar la multiplicación y la división?

Aprender las operaciones de multiplicación te servirá para aprender las operaciones de división relacionadas.

Si quieres exhibir jugetes, piedras o monedas en filas iguales, puedes usar la multiplicación o la división para hallar diferentes maneras de ordenarlas.

Estos estudiantes están colocando estampillas en un libro. Cada página del libro tiene 6 filas con 5 recuadros en cada una. Ellos pueden usar la multiplicación para calcular cuántas estampillas cabrán en una página.

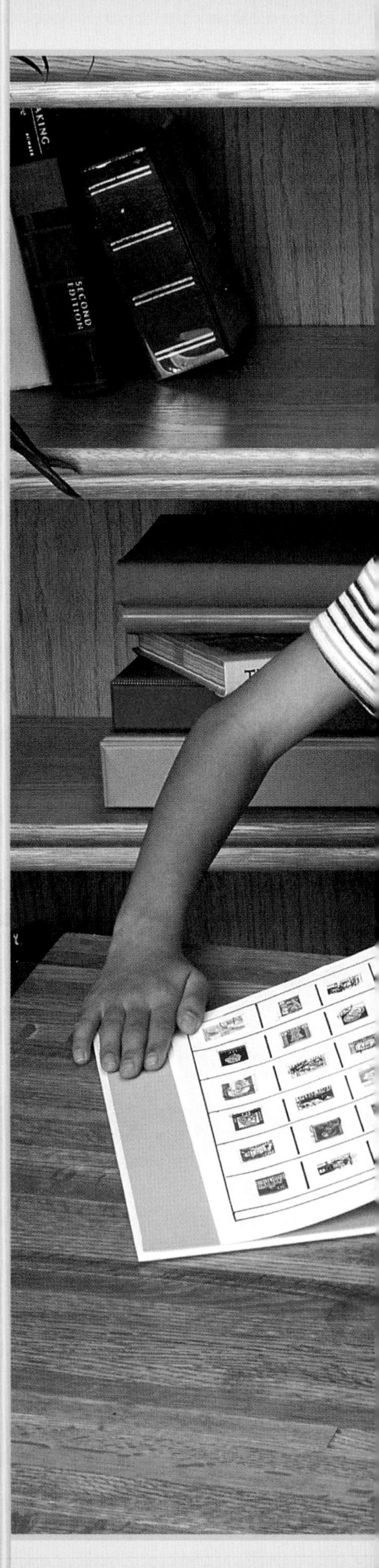

Sports
SPORTS

Repasar el vocabulario

Entender el lenguage matemático te ayudará a resolver problemas con más facilidad. Éstas son algunas palabras de vocabulario matemático que deberías saber.

multiplicar	Hallar el número total de objetos que hay en grupos iguales
familia de operaciones	Operaciones que están relacionadas al usar los mismos números
matriz	Objetos, dibujos o números arreglados en columnas y filas
dividir	Separar objetos en grupos iguales
residuo	El número que queda después de que un número entero se divide entre otro

Leer palabras y símbolos

Cuando lees matemáticas, a veces lees solamente palabras, a veces lees palabras y símbolos, y a veces lees sólo símbolos.

Puedes usar enunciados de multiplicación o división para describir una matriz.

7 columnas

3 filas

$3 \times 7 = 21$ (3: factor; 7: factor; 21: producto)

$21 \div 3 = 7$ (21: dividendo; 3: divisor; 7: cociente)

7 ← factor
× 3 ← factor
21 ← producto

7 ← cociente
divisor → 3)21 ← dividendo

Inténtalo

1. En cada caso, señala si el 8 es *factor, producto, dividendo, divisor* o *cociente*

a. $16 \div 8 = 2$ **b.** $8 \times 4 = 32$ **c.** $4 \times 2 = 8$ **d.** $24 \div 3 = 8$

e. $2\overline{)8}$ con cociente 4 **f.** $9 \times 8 = 72$ **g.** $6\overline{)48}$ con cociente 8 **h.** $8\overline{)40}$ con cociente 5

2. Escribe un ejemplo de multiplicación o división para cada caso.

   a. El dividendo y el cociente son el mismo número.

   b. El producto es 0.

   c. Ambos factores son el mismo número.

   d. El divisor es 1.

3. Escribe un enunciado numérico para cada ejercicio.

   a. Sesenta y cuatro dividido entre ocho es igual a ocho.

   b. Siete por seis es igual a cuarenta y dos.

   c. El producto de cuatro por tres es doce.

   d. El cociente de sesenta y tres dividido entre siete es nueve.

Vocabulario adicional

Escríbelo Aquí hay otras palabras del vocabulario que aprenderás en este capítulo. Fíjate en estas palabras. Escribe sus definiciones en tu diario.

Propiedad conmutativa

Propiedad del uno

Propiedad del cero

Propiedad asociativa

función de dos pasos

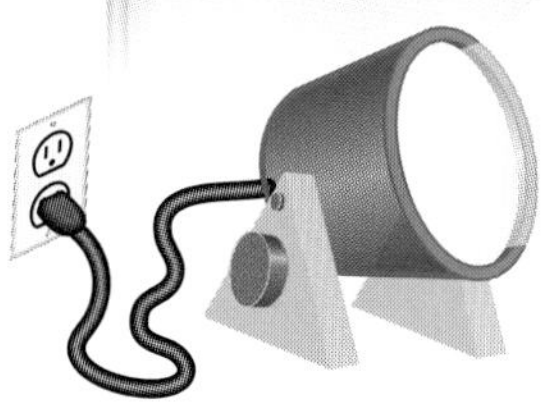

LECCIÓN 1

Usar dobles para multiplicar

Aprenderás cómo te sirven los dobles para multiplicar.

Vocabulario
nuevo
factor
producto

Apréndelo

Callie colecciona estampillas y las guarda en un álbum. Ella pone 9 estampillas en cada página de su álbum.

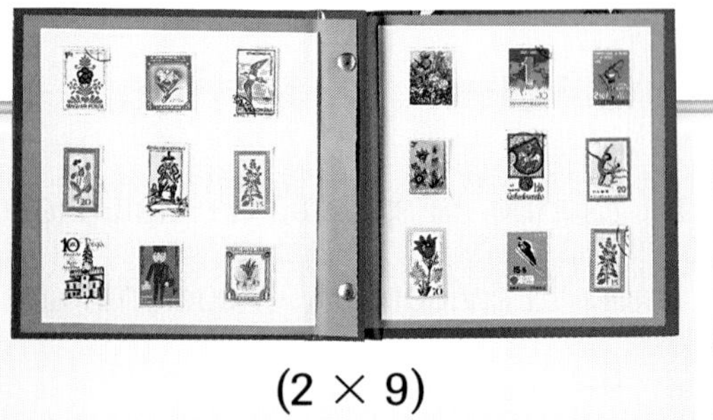

¿Cuántas estampillas hay en 2 páginas?

$2 \times 9 = n$

$2 \times 9 = 18$

factor factor producto

$9 \leftarrow$ **factor**
$\times 2 \leftarrow$ **factor**
$18 \leftarrow$ **producto**

(2×9)
$9 + 9$

Hay 18 estampillas en 2 páginas.

¿Cuántas estampillas hay en 4 páginas?

$4 \times 9 = n$

Ya que $2 \times 9 = 18$
entonces $4 \times 9 = 18 + 18$.
$18 + 18 = 36$

Piénsalo:
4 es el doble de 2.

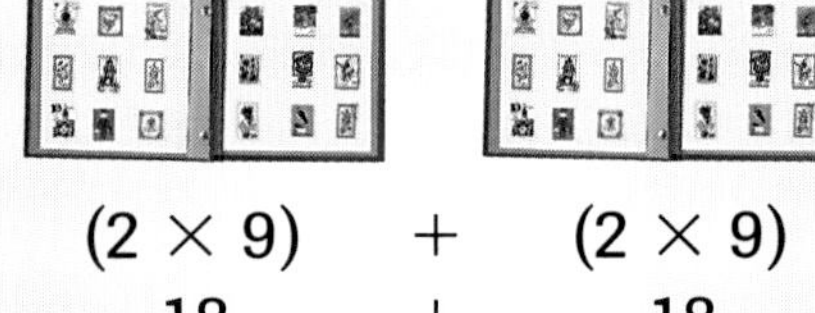

$(2 \times 9) + (2 \times 9)$
$18 + 18$

Así que $4 \times 9 = 36$.

Hay 36 estampillas en 4 páginas.

¿Cuántas estampillas hay en 8 páginas?

$8 \times 9 = n$

Ya que $4 \times 9 = 36$
entonces $8 \times 9 = 36 + 36$.
$36 + 36 = 72$

Piénsalo:
8 es el doble de 4.

$(4 \times 9) + (4 \times 9)$
$36 + 36$

Así que $8 \times 9 = 72$.

Hay 72 estampillas en 8 páginas.

¿Cuántas estampillas hay en 3 páginas?

$3 \times 9 = n$

Ya que $2 \times 9 = 18$
entonces $3 \times 9 = 18 + 9$.
$18 + 9 = 27$

Piénsalo:
3×9 es el doble de 9 más otro 9.

$(2 \times 9) + 9$
$18 + 9$

Así que $3 \times 9 = 27$.

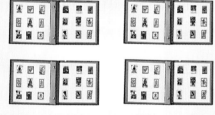

Hay 27 estampillas en 3 páginas.

Estándares NS **3.0** MR **1.1, 2.3, 2.4**

¿Cuántas estampillas hay en 6 páginas?

$6 \times 9 = n$

Ya que $3 \times 9 = 27$
entonces $6 \times 9 = 27 + 27.$
$27 + 27 = 54$

Así que $6 \times 9 = 54$.

Hay 54 estampillas en 6 páginas.

Piénsalo:
6 es el doble de 3.

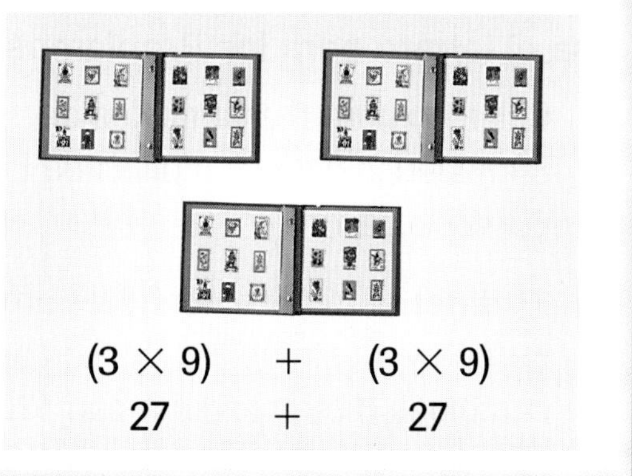

Explícalo

- ¿De qué te sirve saber que $3 \times 3 = 9$ para hallar 6×3?
- ¿Te ayuda saber que $2 \times 5 = 10$ para hallar 8×5? Explica.

Práctica guiada

Halla el primer producto. Luego usa el primer producto para hallar el segundo producto.

1. 1×8 / 2×8
2. 3×4 / 6×4
3. 2×7 / 4×7
4. 1×6 / 2×6
5. 3×6 / 6×6
6. 4×8 / 8×8
7. 2×8 / 4×8
8. 3×2 / 6×2

Asegúrate

- ¿Qué operación de dobles puedo usar como ayuda para hallar el producto?

Práctica independiente

Multiplica. Usa dobles como ayuda.

9. 7×6 **10.** 6×8 **11.** 6×6 **12.** 10×4 **13.** 10×8 **14.** 8×4

15. 2×6 **16.** 6×5 **17.** 4×6 **18.** 3×6 **19.** 8×5 **20.** 4×5

21. 6×8 **22.** 3×6 **23.** 1×9 **24.** 8×4 **25.** 7×8 **26.** 9×6

n **Álgebra • Expresiones** **Compara. Escribe >, < o = en el ⬬.**

27. 3×10 ⬬ 6×4
28. 4×6 ⬬ 8×3
29. 6×6 ⬬ 3×10
30. 3×5 ⬬ 4×4
31. 6×8 ⬬ 6×6
32. 4×9 ⬬ 6×6

Resolver problemas • Razonamiento

Usa el letrero para los Problemas 33–35.

VENTA DE ESTAMPILLAS INTERNACIONALES

Continente	Precio por estampilla
África	$3
Asia	$2
Australia	$4
Europa	$2
Sudamérica	$3

33. Callie compró 6 estampillas de Sudamérica y 8 estampillas de Europa. ¿Cuánto gastó?

34. **El dinero** Trish compró 3 estampillas de Europa y 4 estampillas de África. ¿Cuánto cambio le dieron si pagó con $20?

35. **Compáralo** Danny compró 10 estampillas de Asia. ¿Cuántas estampillas de Australia pudo haber comprado con la misma cantidad de dinero?

36. Steve tiene un álbum de estampillas con 9 estampillas en cada página. ¿Cuántas estampillas hay en 8 páginas?

37. **Analízalo** En total, Callie, Santos y Trish tienen 80 estampillas de Australia. Callie tiene el doble de estampillas que Santos. Trish tiene 20 estampillas. ¿Cuántas estampillas tiene Callie?

38. **Razonamiento lógico** Al multiplicar un número por un número par, ¿el producto es par o impar? Da ejemplos para apoyar tu respuesta.

Repaso mixto • Preparación para pruebas

Halla cada suma o diferencia. *(páginas 56–63)*

39. $\begin{array}{r} 8{,}362 \\ -\ 2{,}925 \\ \hline \end{array}$

40. $\begin{array}{r} 6{,}413 \\ +\ 2{,}877 \\ \hline \end{array}$

41. $\begin{array}{r} 5{,}185 \\ -\ 3{,}876 \\ \hline \end{array}$

42. $\begin{array}{r} 3{,}821 \\ +\ 4{,}398 \\ \hline \end{array}$

43. $\begin{array}{r} 7{,}344 \\ -\ 4{,}827 \\ \hline \end{array}$

44. 183 + 47 + 6

45. 295 + 38 + 159

46. 4,623 − 3,519

47. 3,828 − 1,769

Escoge la letra de la respuesta correcta. *(páginas 49)*

48 ¿Qué hora marca el reloj?

A 8:05

B 1:20

C 1:40

D 2:40

49 ¿A qué número debería apuntar el minutero para mostrar las 5:15?

F 12

G 9

H 6

J 3

Práctica adicional Consultar el Conjunto A, página 152.

Factores

Al multiplicar números enteros para hallar un producto, a los números multiplicados se les llama factores del producto.

factor $\times$ factor $=$ producto

Para hallar los factores de un número entero, piensa en todas las maneras de descomponer ese número como producto de otros números enteros.

- Puedes multiplicar por uno para expresar el 12 como producto de dos factores.

  $1 \times 12 = 12$

- Puedes usar operaciones básicas para hallar otros factores de 12.

  $2 \times 6 = 12$ $\quad$ $3 \times 4 = 12$

- Puedes expresar el 12 como el producto de más de dos factores, usando operaciones básicas para hallar otros factores.

  $2 \times 6 = 12$
  Piénsalo: $6 = 2 \times 3$
  Así que $2 \times 2 \times 3 = 12$.

  $3 \times 4 = 12$
  Piénsalo: $4 = 2 \times 2$
  Así que $3 \times 2 \times 2 = 12$.

Inténtalo

Halla todos los factores de cada número. Luego escribe cada número como producto de más de 2 factores.

1. 8 **2.** 16 **3.** 18 **4.** 20

Explícalo

► ¿De qué te sirve saber las operaciones básicas para escribir un número como producto de más de 2 factores?

LECCIÓN 2

Propiedades de la multiplicación

Aprenderás cómo las propiedades de la multiplicación te sirven para hallar productos.

Vocabulario

nuevo

Propiedad conmutativa
Propiedad del uno
Propiedad del cero
Propiedad asociativa

Apréndelo

Las propiedades de la multiplicación te sirven para hallar productos.

Propiedad conmutativa

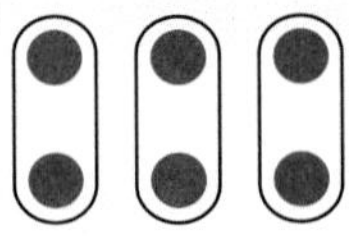

$3 \times 2 = 6$

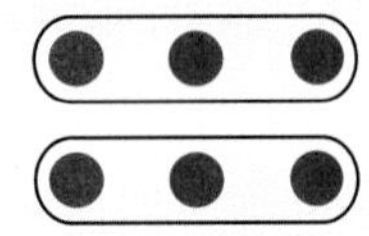

$2 \times 3 = 6$

Al cambiar el orden de los factores, el producto permanece igual.

$$a \times b = b \times a$$

Propiedad del uno

$1 \times 6 = 6$

Al multiplicar cualquier número por 1, el producto es igual al otro factor.

$$1 \times n = n$$

Propiedad del cero

$0 \times 4 = 0$

Al multiplicar cualquier número por 0, el producto es 0.

$$0 \times n = 0$$

Propiedad asociativa

Al agrupar factores de diferentes maneras, el producto permanece igual.

$$(a \times b) \times c = a \times (b \times c)$$

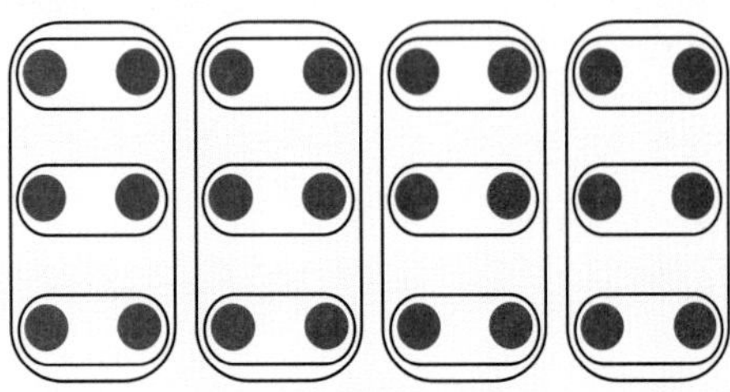

$(3 \times 2) \times 4$

$6 \times 4 = 24$

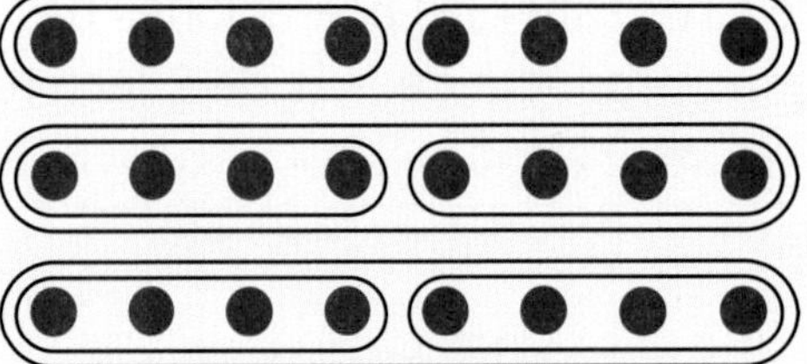

$3 \times (2 \times 4)$

$3 \times 8 = 24$

Estándares NS **3.0** AF **1.0, 1.1, 1.2** MR **2.3**

Explícalo

► ¿Por qué es útil saber la Propiedad conmutativa al multiplicar?

Práctica guiada

Usa las propiedades de la multiplicación para hallar los productos.

1. 8×0 **2.** 1×934 **3.** 0×56

4. $6 \times (0 \times 10)$ **5.** $(2 \times 2) \times 4$ **6.** $3 \times (3 \times 4)$

Asegúrate

- ¿Es 0 ó 1 uno de los factores?
- ¿Multipliqué primero lo que está entre paréntesis?

Práctica independiente

Resuelve. Identifica la propiedad que usaste.

7. $1 \times 4 = n$ **8.** $6 \times 8 = m \times 6$ **9.** $(3 \times 3\ ) \times 2 = 3 \times (v \times 2)$

10. $75 \times 1 = h$ **11.** $0 \times 72 = r$ **12.** $(4 \times 2) \times n = 4 \times (2 \times 6)$

13. $0 \times 10 = g$ **14.** $(4 \times p) \times p = 4$ **15.** $5 \times (s \times 2) = (5 \times 1) \times 2$

Resolver problemas • Razonamiento

16. Si el producto de dos números es igual a 0, ¿qué sabes acerca de los números?

17. **Analízalo** Si el producto de dos número es igual a uno de los factores, ¿qué sabes acerca del otro factor?

18. **Razonamiento lógico** En la ecuación $n \times 0 = 0$, ¿qué puedes decir acerca de n? Explica.

19. El producto de tres números enteros es igual a 8. Su suma es igual a 7. ¿Cuáles son los números?

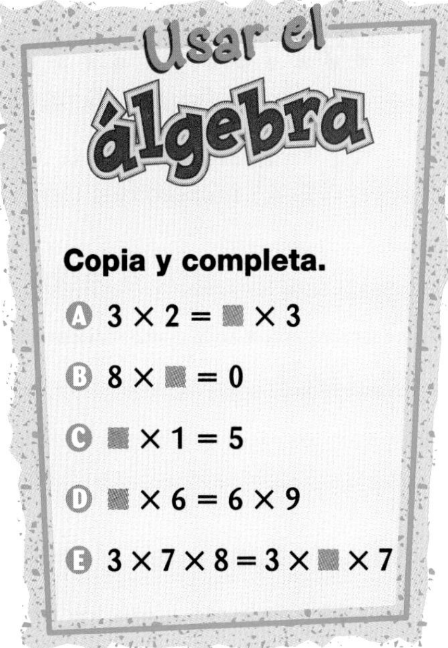

Usar el álgebra
Copia y completa.
A 3 × 2 = ■ × 3
B 8 × ■ = 0
C ■ × 1 = 5
D ■ × 6 = 6 × 9
E 3 × 7 × 8 = 3 × ■ × 7

Repaso mixto • Preparación para pruebas

Identifica el valor de cada dígito subrayado. *(páginas 10–11)*

20. $16,\underline{9}42$ **21.** $98,4\underline{1}7$ **22.** $7\underline{6}0,354$ **23.** $\underline{4}31,695$ **24.** $8,\underline{5}12$

25 ¿Cuál es el valor del 7 en 173,462? *(páginas 10–11)*

A 700 **B** 7,000 **C** 70,000 **D** 700,000

Usar patrones para multiplicar

Aprenderás cómo usar patrones para multiplicar por 5, 9 y 10.

Apréndelo

La escuela está realizando una venta de camisetas para recaudar fondos para un paseo al museo de ciencias. El Sr. López llevó un registro de los estudiantes que han devuelto los formularios de permiso para el paseo al museo.

Multiplicar por 5

Piensa en contar de 5 en 5 cuando multiplicas por 5.

𝍸	𝍸	𝍸	𝍸	𝍸	𝍸	𝍸	𝍸	𝍸	𝍸
5	10	15	20	25	30	35	40	45	50

- Los dígitos de las unidades siguen un patrón: 5, 0, 5, 0, 5, 0, 5, 0, 5, 0
- Los dígitos de las decenas siguen un patrón: 1, 1, 2, 2, 3, 3, 4, 4, 5

Multiplica. $\mathbf{5 \times 4 = n}$

Piénsalo: 5, 10, 15, 20
El 4.º número que dices es 20.

$\mathbf{5 \times 4 = 20}$

Multiplica. $\mathbf{5 \times 7 = n}$

Piénsalo: 5, 10, 15, 20, 25, 30, 35
El 7.º número que dices es 35.

$\mathbf{5 \times 7 = 35}$

Multiplicar por 10

Mira los patrones al multiplicar por 10.

- El producto siempre tiene un cero en la posición de las unidades.
- El factor subrayado es el mismo que el otro dígito del producto.

$\mathbf{10 \times \underline{1} = 10}$
$\mathbf{10 \times \underline{2} = 20}$
$\mathbf{10 \times \underline{3} = 30}$
$\mathbf{10 \times \underline{4} = 40}$
$\mathbf{10 \times \underline{5} = 50}$

Estándares	NS **3.0**	AF **1.1**	SDP **1.0**	MR **1.1, 2.3**

Multiplicar por 9

Mira los patrones al multiplicar por 9.

- La suma de los dígitos de cada producto es 9.

$9 \times 2 = 18$ $(1 + 8 = 9)$ $9 \times 3 = 27$ $(2 + 7 = 9)$

$9 \times 4 = 36$ $(3 + 6 = 9)$ $9 \times 5 = 45$ $(4 + 5 = 9)$

- El dígito de las decenas del producto es uno menos que el factor subrayado.

$9 \times \underline{2} = 18$ (1 menos) $9 \times \underline{3} = 27$ (1 menos)

$9 \times \underline{4} = 36$ (1 menos) $9 \times \underline{5} = 45$ (1 menos)

$9 \times \underline{1} = 9$
$9 \times \underline{2} = 18$
$9 \times \underline{3} = 27$
$9 \times \underline{4} = 36$
$9 \times \underline{5} = 45$
$9 \times \underline{6} = 54$
$9 \times \underline{7} = 63$
$9 \times \underline{8} = 72$
$9 \times \underline{9} = 81$
$9 \times \underline{10} = 90$

Explícalo

- ¿De qué te sirven los patrones para hallar el producto de 9 por 4?
- ¿Te pueden servir los dobles para hallar el mismo producto de 9 por 4? Explica.
- ¿De qué te sirve la Propiedad asociativa para hallar mentalmente el producto de $3 \times 5 \times 2$?

Práctica guiada

Multiplica.

1. 10×4 **2.** 8×9 **3.** 5×5 **4.** 6×9

5. 9×4 **6.** 4×5 **7.** 2×9 **8.** 10×8

9. 9×10 **10.** 5×8 **11.** 6×5 **12.** 3×9

13. 5×7 **14.** 10×7 **15.** 9×5 **16.** 5×10

Asegúrate

- ¿Qué patrón puedo usar?
- ¿Qué propiedad de la multiplicación puedo usar?

Práctica independiente

Multiplica.

17. 4×9 **18.** 10×6 **19.** 8×5 **20.** 7×5 **21.** 9×4 **22.** 10×7

23. 9×9 **24.** 5×8 **25.** 10×9 **26.** 9×8 **27.** 10×10 **28.** 5×9

29. 4×10 **30.** 10×0 **31.** $3 \times 2 \times 10$ **32.** $5 \times 7 \times 2$

n **Álgebra • Funciones** **Sigue las reglas. Copia y completa las tablas.**

Regla: Multiplicar por 5

	Entrada	Salida
33.	0	■
34.	6	■
35.	7	■
36.	8	■
37.	10	■

Regla: Multiplicar por 9

	Entrada	Salida
38.	0	■
39.	6	■
40.	7	■
41.	8	■
42.	10	■

Regla: Multiplicar por 10

	Entrada	Salida
43.	0	■
44.	6	■
45.	7	■
46.	8	■
47.	10	■

Resolver problemas • Razonamiento

Usar datos **Usa la gráfica para los Problemas 48–49.**

48. ¿Cuántas camisetas se vendieron?

49. **Analízalo** ¿Cuántas camisetas extra grande más que camisetas medianas se vendieron? Señala dos maneras de decidir.

50. Las camisetas grandes cuestan $9 cada una y las camisetas para bebé cuestan $5. Si gastaste $38 en comprar 6 camisetas, ¿cuántas de cada tipo compraste?

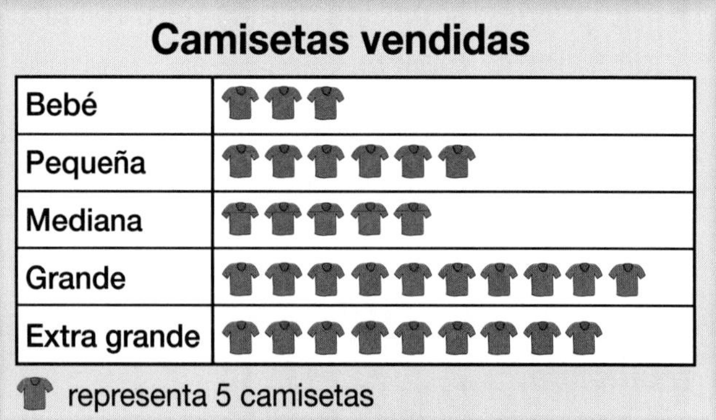

Repaso mixto • Preparación para pruebas

Halla cada diferencia o suma. *(páginas 56–57; 68–69)*

51. $700 - 45$ **52.** $9{,}098 + 734$ **53.** $5{,}006 - 3{,}456$ **54.** $7{,}564 + 1{,}698$

55 Evalúa $n + 4$ si n es 6. *(páginas 78–81)*

A 2 **B** 10 **C** 24 **D** 64

 Práctica adicional Consultar el Conjunto C, página 152.

Múltiplos

Un múltiplo de un número es el producto de ese número por cualquier otro número entero.

Algunos múltiplos de 10 son 10, 20, 30, 40, 50, 60, 70, 80, 90, 100

Algunos múltiplos de 8 son 8, 16, 24, 32, 40, 48, 56, 64, 72, 80

Puedes usar los múltiplos para resolver problemas como éste.

Los perros calientes vienen en paquetes de 10 y los panecillos en paquetes de 8. ¿Cuál es el menor número de paquetes de perros calientes y panecillos que debes comprar para tener la misma cantidad de cada uno?

Para resolver el problema, haz dos tablas.

Paquetes de perros calientes	1	2	3	4	5	6	7	8	9	10
Número de perros calientes	10	20	30	**40**	50	60	70	**80**	90	100

PERROS CALIENTES

Paquetes de panecillos	1	2	3	4	5	6	7	8	9	10
Número de panecillos	8	16	24	32	**40**	48	56	64	72	**80**

PANECILLOS

Ahora busca los números que se repitan en ambas tablas. El 40 y el 80 se repiten. Como necesitas el menor número de paquetes de perros calientes y panecillos, mira en cada tabla arriba del 40. Debes comprar 4 paquetes de perros calientes y 5 paquetes de panecillos.

Tanto el 40 como el 80 son múltiplos comunes de 10 y 8. Decimos que 40 es el *mínimo* común múltiplo de 10 y 8, porque es el número más pequeño que es múltiplo tanto de 10 como de 8.

Inténtalo

Haz una lista de los primeros 10 múltiplos de los números de cada par. Luego subraya los múltiplos comunes y rodea con un círculo el mínimo común múltiplo.

1. 2, 6 **2.** 3, 4 **3.** 4, 9 **4.** 3, 7 **5.** 5, 8

Verificación rápida

Verifica los conceptos de las Lecciones 1–3

Halla cada producto. Usa dobles como ayuda.

1. $8 \times 7 = n$

2. $6 \times 9 = n$

Resuelve. Señala la propiedad que usaste.

3. $1 \times 27 = n$

4. $3 \times 5 = 5 \times n$

5. $78 \times 0 = n$

6. $(4 \times 3) \times 3 = 4 \times (n \times 3)$

Multiplica.

7. $\begin{array}{r} 8 \\ \times\ 9 \\ \hline \end{array}$

8. $\begin{array}{r} 6 \\ \times\ 7 \\ \hline \end{array}$

9. $\begin{array}{r} 8 \\ \times\ 8 \\ \hline \end{array}$

Resuelve.

10. El producto de tres números enteros es 24.
La suma de los números es 9.
¿Cuáles son los números?

¿Cómo te fue?

Si tuviste dificultades en cualquiera de las partes de Verificación rápida, puedes usar las siguientes páginas para repasar y practicar más.

Estándares	Ejercicios	Repasar estas páginas	Hacer estos ejercicios de práctica adicional
Sentido numérico: **3.0** Álgebra: **1.1**	1–2	páginas 106–108	Conjunto A, página 152
Sentido numérico: **3.0** Álgebra: **1.1, 1.2**	4–5	páginas 110–111	Conjunto B, página 152
Sentido numérico: **3.0**	7–9	páginas 112–114	Conjunto C, página 152
Razonamiento matemático: **1.1, 2.4**	9–10	páginas 109–111	Conjuntos B y C, página 152

Mantener los estándares

Marca la letra de la respuesta correcta. Si la respuesta correcta no aparece, marca NA.

1. Seth tiene una colección de 989 pegatinas y 316 estampillas. ¿Aproximadamente cuántas más pegatinas que estampillas tiene Seth?

   A 500
   B 700
   C 800
   D 1,300

2. ¿Cuál es la suma de 6,747 más 21,105?

   F 14,358 **H** 27,852
   G 27,842 **J** NA

3. La maestra de arte reunió 4 botones de cada estudiante de su clase. Hay 8 estudiantes en su clase. ¿Qué resultado representa el número de botones que reunió la maestra en total?

   A $8 + 4$
   B $8 \div 4$
   C 8×4
   D $8 - 4$

4. ¿Qué expresión es igual a 13?

   F $(3 \times 2) + 7$
   G $3 \times (2 + 7)$
   H $(3 \times 7) + 2$
   J $3 \times (7 + 2)$

Usa la tabla para contestar las Preguntas 5–6.

x	*y*
3	1
5	3
7	5
9	?

5. ¿Qué ecuación muestra la tabla?

   A $y = x + 2$ **C** $y = x + 0$
   B $y = x - 2$ **D** $y = x - 1$

6. ¿Qué número falta en la tabla?

   F 0 **H** 7
   G 2 **J** 11

7. ¿Qué número debería ir en la casilla para que el enunciado numérico sea verdadero?

   $$(2 + 3) \times 4 = 5 \times \blacksquare$$

   A 2 **C** 4
   B 3 **D** 5

8. ¿Cuál es el valor de *n* en la ecuación siguiente?

   $$16 - (4 \times 3) = n$$

   Explícalo Señala cómo hallaste el resultado.

Página segura

Preparación para pruebas
Visita **www.eduplace.com/kids/mhm** para más *Preparación para pruebas.*

Relacionar la multiplicación y la división

Aprenderás cómo te sirven las operaciones de multiplicación para dividir.

Repaso del vocabulario
matriz
familia de operaciones

Apréndelo

Darren ordenó 27 monedas de Canadá en una **matriz** rectangular que tiene el mismo número de monedas en cada fila.

Darren escribió dos ecuaciones de multiplicación acerca de la matriz de monedas.

$9 \times 3 = 27$

9: columnas; 3: monedas en cada columna; 27: monedas en total

$3 \times 9 = 27$

3: filas; 9: monedas en cada fila; 27: monedas en total

Darren también escribió dos ecuaciones de división acerca de la matriz de monedas.

$27 \div 9 = 3$

27: monedas en total; 9: columnas; 3: monedas en cada columna

$27 \div 3 = 9$

27: monedas en total; 3: filas; 9: monedas en cada fila

Las ecuaciones de multiplicación y división que pueden escribirse usando los números 3, 9 y 27 forman una **familia de operaciones.** Las familias de operaciones muestran cómo se relacionan la multiplicación y la división.

$9 \times 3 = 27$ $\quad 27 \div 9 = 3$

$3 \times 9 = 27$ $\quad 27 \div 3 = 9$

Otros ejemplos

A. Familia de operaciones para 2, 8 y 16

$2 \times 8 = 16$ $\quad 16 \div 2 = 8$

$8 \times 2 = 16$ $\quad 16 \div 8 = 2$

B. Familia de operaciones para 5, 5 y 25

$5 \times 5 = 25$ $\quad 25 \div 5 = 5$

Explícalo

- ¿Por qué tiene sólo dos ecuaciones la familia de operaciones para 5, 5 y 25?
- ¿De qué te sirve saber que $4 \times 7 = 28$ para hallar $28 \div 4$?
- ¿Puedes formar una familia de operaciones usando 2, 7 y 27? Explica.

Estándares NS **3.0** MR **1.1, 2.3, 2.4**

Práctica guiada

Escribe la familia de operaciones para cada matriz o conjunto de números.

1. ● ● ●
● ● ●

2. ● ● ● ●
● ● ● ●
● ● ● ●

3. 3, 3, 9

4. 6, 7, 42

Asegúrate

- ¿Sé alguna familia de operaciones que me sirva para hallar el resultado?

Práctica independiente

Completa cada familia de operaciones.

5. $4 \times 6 = ■$ $24 \div 4 = ■$
$6 \times 4 = ■$ $24 \div 6 = ■$

6. $8 \times 9 = ■$ $72 \div 8 = ■$
$9 \times 8 = ■$ $72 \div 9 = ■$

Escribe la familia de operaciones para cada conjunto de números.

7. 2, 2, 4 **8.** 3, 6, 18 **9.** 4, 9, 36 **10.** 5, 8, 40

11. 5, 9, 45 **12.** 6, 8, 48 **13.** 2, 9, 18 **14.** 4, 8, 32

15. 8, 8, 64 **16.** 7, 9, 63 **17.** 7, 7, 49 **18.** 9, 9, 81

Resolver problemas • Razonamiento

19. Si sabes que $6 \times 5 = 30$, ¿qué otras operaciones sabes?

20. **Analízalo** Hay dos familias de operaciones que contienen los números 3 y 6. Escribe las ecuaciones para ambas familias de operaciones.

21. **Escríbelo** Darren tiene 16 monedas de Inglaterra. ¿Cuántas matrices rectangulares diferentes puede hacer con las monedas? Señala cómo lo decidiste. Dibuja las matrices y escribe las ecuaciones.

Mundo matemático

Estudios sociales ¡La Casa de Moneda Real de Inglaterra produce 20,000 toneladas de monedas al año!

La Casa de Moneda Real funciona 24 horas al día, 7 días a la semana durante 51 semanas al año. ¿Cuántos días no funciona la Casa de Moneda Real en el año?

Repaso mixto • Preparación para pruebas

Suma o resta. *(páginas 56–63)*

22. $2{,}729 - 401$ **23.** $4{,}537 + 8{,}657$ **24.** $8{,}119 + 6{,}999$

25 ¿Qué número es la mejor estimación de $2{,}978 + 9{,}163 + 10{,}870$? *(páginas 64–65)*

A 21,000 **B** 22,000 **C** 23,000 **D** 24,000

LECCIÓN 5

Usar dobles para dividir

Aprenderás cómo te sirven los dobles para dividir.

> **Vocabulario**
> nuevo
> **dividendo**
> **divisor**
> **cociente**

Apréndelo

Randi guarda sus 12 carteles de películas antiguas enrollados en tubos. Ella pone 2 carteles en cada tubo. ¿Cuántos tubos usa?

Divide. $\mathbf{12 \div 2 = n}$

Halla 12 ÷ 2.

$12 \div 2 = n$ **Piénsalo:** $2 \times n = 12$

$2 \times 6 = 12$

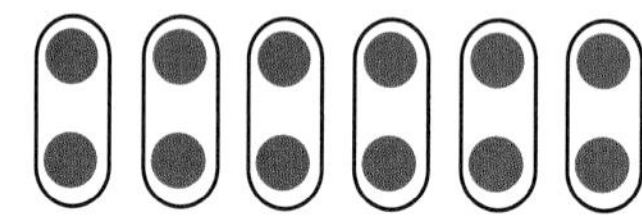

Así que $12 \div 2 = 6.$

$$2\overline{)12}$$ con 6 como cociente

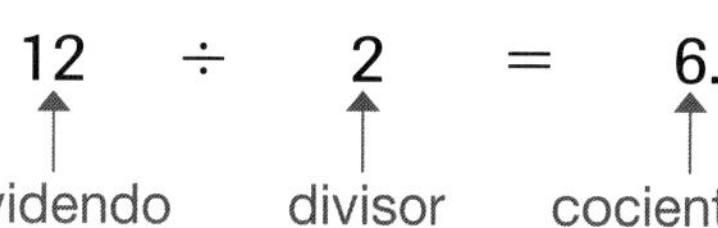

dividendo divisor cociente divisor dividendo

cociente

Solución: Ella usa 6 tubos.

Si Randi duplica el número de carteles que pone en cada tubo, ¿cuántos tubos usará?

Divide. $\mathbf{12 \div 4 = n}$

Puedes usar dobles.

$12 \div 4 = n$

Piénsalo: 4 es el doble de 2. Así que el cociente será la mitad de $12 \div 2$.

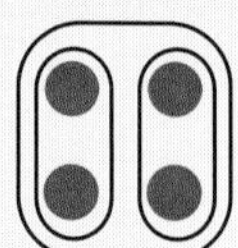 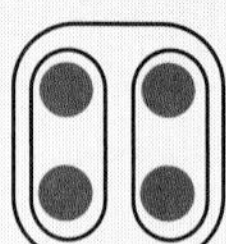 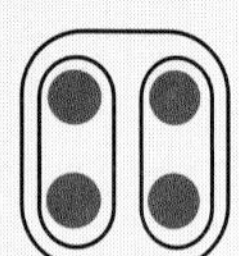

$12 \div 2 = 6$ La mitad de 6 es 3.

Así que $12 \div 4 = 3$.

Puedes usar una operación de multiplicación.

$12 \div 4 = n$

Piénsalo: $4 \times n = 12$

$4 \times 3 = 12$

Así que $12 \div 4 = 3$.

Solución: Ella usará 3 tubos.

Explícalo

▶ Cuando se duplica el divisor, ¿qué ocurre con el cociente?

Estándares	NS **3.0**	SDP **1.0**	MR **2.3, 2.4**

Práctica guiada

Divide.

1. 8 ÷ 2
8 ÷ 4

2. 18 ÷ 3
18 ÷ 6

3. 20 ÷ 2
20 ÷ 4

4. 24 ÷ 3
24 ÷ 6

5. 40 ÷ 4
40 ÷ 8

6. 24 ÷ 4
24 ÷ 8

> **Asegúrate**
> - ¿Puedo usar dobles como ayuda para dividir?
> - ¿Sé alguna operación de multiplicación relacionada?

Práctica independiente

Divide.

7. $2\overline{)20}$ **8.** $2\overline{)18}$ **9.** $3\overline{)27}$ **10.** $6\overline{)30}$ **11.** $4\overline{)32}$

12. $8\overline{)24}$ **13.** $6\overline{)24}$ **14.** $3\overline{)24}$ **15.** $8\overline{)32}$ **16.** $4\overline{)16}$

17. 18 ÷ 2 **18.** 30 ÷ 6 **19.** 21 ÷ 3 **20.** 20 ÷ 4

Resolver problemas • Razonamiento

Usar datos **Usa la gráfica para cada problema.**

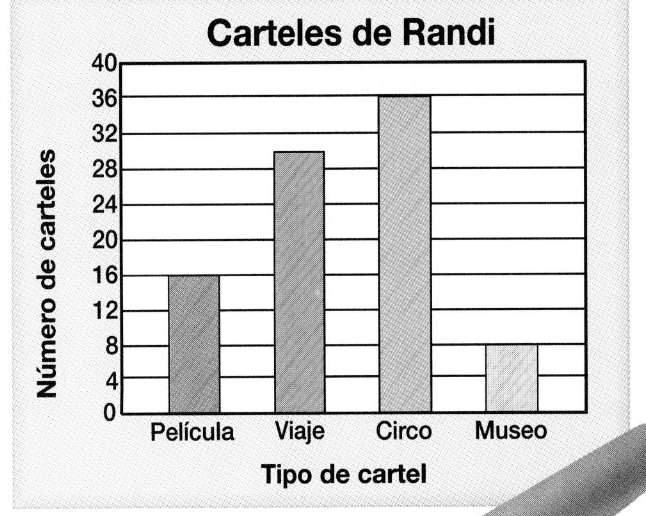

21. Randi puso todos sus carteles de películas en 2 tubos con la misma cantidad en cada tubo. ¿Cuántos carteles había en cada tubo?

22. **El dinero** Randi compra tubos a $3 cada uno. ¿Cuánto gastará en tubos para sus carteles de circo si pone 6 carteles en cada tubo?

23. **Escríbelo** ¿Puede Randi dividir en cantidades iguales el número de carteles de viaje en 4 tubos? Explica.

Repaso mixto • Preparación para pruebas

Escribe cada número en palabras. *(páginas 4–5)*

24. 1,789 **25.** 3,054 **26.** 2,906 **27.** 5,470

28 ¿Qué número representa ocho mil novecientos cuatro? *(páginas 4–5)*

A 89,004 **B** 80,904 **C** 8,940 **D** 8,904

LECCIÓN 6 Reglas de la división

Aprenderás cómo usar ciertas reglas para hallar cocientes.

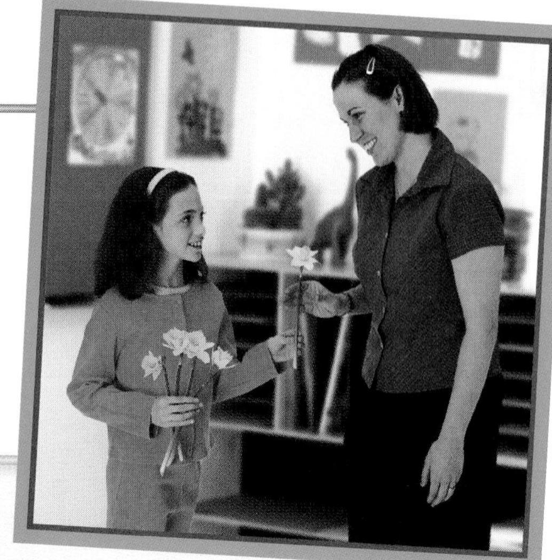

Apréndelo

Para celebrar el Día del Maestro, Nina compró 5 flores para sus 5 maestros. Ella regaló 1 flor a cada maestro.

$5 \div 5 = 1$

Reglas de la división

A continuación aparecen algunas reglas que te pueden servir para resolver operaciones de división con 1 ó 0.

- Al dividir un número por sí mismo, el cociente es 1. Esto se cumple para todos los números, excepto el 0.

  $5 \div 5 = 1$ ó $5\overline{)5}$ = **1**

- Al dividir un número entre 1, el cociente es el mismo que el dividendo.

  $5 \div 1 = 5$ ó $1\overline{)5}$ = **5**

- Al dividir el 0 entre un número distinto de 0, el cociente es 0.

  $0 \div 5 = 0$ ó $5\overline{)0}$ = **0**

- No puedes dividir un número entre 0.

  ~~$5 \div 0$~~ 

Explícalo

► ¿Qué números de una operación de división pueden ser 0? Explica.

► Cuando el divisor es 1, ¿qué sabes acerca del cociente?

Práctica guiada

Usa las reglas de división como ayuda para resolver cada ecuación.

1. $0 \div 3 = n$ **2.** $9 \div 9 = s$ **3.** $2 \div p = 1$

4. $4 \div r = 4$ **5.** $v \div 7 = 0$ **6.** $6 \div k = 6$

Asegúrate

- ¿Es 0 el dividendo?
- ¿Son el divisor y el dividendo el mismo número?
- ¿Es 1 el divisor?

 Estándares AF **1.0, 1.1** MR **2.3**

Práctica independiente

Resuelve. Si la ecuación no tiene solución, señala por qué.

7. $4 \div 1 = n$ **8.** $6 \div 0 = p$ **9.** $m \div 8 = 0$ **10.** $j \div 1 = 9$

11. $k \div 1 = 1$ **12.** $5 \div m = 5$ **13.** $0 \div 5 = t$ **14.** $m \div 3 = 1$

Álgebra • Expresiones **Compara. Escribe >, < o = en el ●.**

15. $7 \div 1$ ● $6 \div 1$ **16.** $0 \div 4$ ● $4 \div 4$ **17.** $6 \div 6$ ● $6 \div 1$

18. $0 \div 19$ ● $0 \div 7$ **19.** $0 \div 9$ ● $8 \div 8$ **20.** $24 \div 24$ ● $692 \div 692$

Resolver problemas • Razonamiento

Usar datos **Usa el letrero para cada problema.**

Día Nacional del Maestro
¡Compra flores para tus maestros!
Precios
Rosas $2 cada una
Tulipanes $1 cada uno
Claveles 2 por $1

21. ¿Cuántos tulipanes puedes comprar por $7? ¿Cuántas rosas puedes comprar por $2?

22. **Compáralo** ¿Cuántos claveles más que rosas puedes comprar por $8?

23. **Analízalo** Alan compró 5 flores y gastó $6. Él compró al menos una flor de cada tipo. ¿Cuántas flores compró?

24. **Escríbelo** Usa la información del cartel para escribir tu propio problema. Pasa el problema a un compañero para que lo resuelva.

Repaso mixto • Preparación para pruebas

Halla cada suma o diferencia. *(páginas 54–63; 68–69)*

25. $6.43 − 2.78

26. $5.29 + 3.71

27. $9.50 − 5.24

28. $18.76 − 9.25

29. $13.25 + 28.84

Escoge la letra de la respuesta correcta. *(página 54–59; 68–69)*

30 ¿Cuál es la suma de 1,758 más 87?

A 1,735 **C** 1,835
B 1,745 **D** 1,845

31 ¿Cuánto es $6,004 − $935?

F $5,179 **H** $5,069
G $5,171 **J** $5,061

Práctica adicional Consultar el Conjunto F, página 153.

Dividir entre 5, 7, 9 ó 10

Aprenderás cómo usar operaciones de multiplicación relacionadas para dividir entre 5, 7, 9 ó 10.

Apréndelo

Una tienda de música exhibe 42 chicharras en 7 cajas. En cada caja hay la misma cantidad de chicharras. ¿Cuántas chicharras hay en cada caja?

Divide. **42 ÷ 7** ó **7)42**

Halla 42 ÷ 7.

Piensa en una operación de multiplicación relacionada.

$$7 \times k = 42$$
$$7 \times 6 = 42$$

Así que 42 ÷ 7 = 6.

Solución: Hay 6 chicharras en cada caja.

Otros ejemplos

A. Dividir entre 5

$40 \div 5 = n$

Piénsalo: $5 \times n = 40$

$5 \times 8 = 40$

Así que 40 ÷ 5 = 8.

B. Dividir entre 9

$63 \div 9 = z$

Piénsalo: $9 \times z = 63$

$9 \times 7 = 63$

Así que 63 ÷ 9 = 7.

C. Dividir entre 10

$80 \div 10 = m$

Piénsalo: $10 \times m = 80$

$10 \times 8 = 80$

Así que ÷ 10 = 8.

Explícalo

- ¿De qué te sirve saber que 7 × 10 = 70 para hallar 70 ÷ 10?
- ¿Qué operación de multiplicación relacionada usarías para hallar 35 ÷ 7?

Práctica guiada

Divide.

1. 9)81 **2.** 10)80 **3.** 7)63 **4.** 5)45

5. 42 ÷7 **6.** 90 ÷ 9 **7.** 40 ÷ 5 **8.** 49 ÷ 7

Asegúrate

- ¿Sé alguna operación de multiplicación relacionada que me sirva para hallar el cociente?

Estándares NS **3.0, 3.4** MR **2.3**

Práctica independiente

Divide.

9. $10\overline{)40}$	**10.** $9\overline{)36}$	**11.** $7\overline{)49}$	**12.** $5\overline{)25}$	**13.** $9\overline{)54}$
14. $9\overline{)72}$	**15.** $9\overline{)90}$	**16.** $9\overline{)63}$	**17.** $7\overline{)70}$	**18.** $5\overline{)50}$
19. $9 \div 9$	**20.** $35 \div 7$	**21.** $27 \div 9$	**22.** $40 \div 5$	**23.** $42 \div 7$
24. $60 \div 10$	**25.** $9 \div 1$	**26.** $56 \div 7$	**27.** $81 \div 9$	**28.** $45 \div 5$
29. $35 \div 5$	**30.** $72 \div 8$	**31.** $63 \div 7$	**32.** $50 \div 10$	**33.** $63 \div 9$

Resolver problemas • Razonamiento

34. En la tienda de música se exhiben 81 armónicas. Las armónicas están ordenadas en 9 filas iguales. ¿Cuántas armónicas hay en cada fila?

35. **El dinero** Las chicharras están en liquidación. Puedes comprar 5 chicharras por $25. ¿Cuánto cuesta cada chicharra?

36. **Escríbelo** La dueña de la tienda de música tiene 45 maracas. Ella quiere exhibir todas las maracas en filas iguales. ¿Puede colocar 5, 7, 9 ó 10 maracas en cada fila? Explica tu razonamiento.

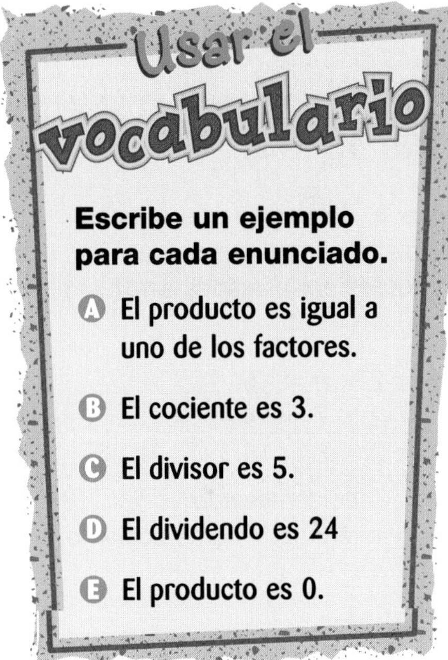

Usar el vocabulario
Escribe un ejemplo para cada enunciado.
A El producto es igual a uno de los factores.
B El cociente es 3.
C El divisor es 5.
D El dividendo es 24
E El producto es 0.

Repaso mixto • Preparación para pruebas

Redondea cada número al millar más cercano. *(páginas 10–11)*

37. 3,762 **38.** 112,154 **39.** 876 **40.** 16,023 **41.** 7,863

Escoge la letra de la respuesta correcta. *(páginas 30–35)*

42 ¿Qué cantidad es igual a 3 monedas de 25¢ más 1 moneda de 10¢?

A $0.85 **B** $0.80 **C** $ 0.90 **D** $0.75

43 ¿Qué grupo de monedas es igual a $2.00 − $1.87?

F 1 moneda de 10¢ más 3 monedas de 1¢
G 1 moneda de 5¢ más 3 monedas de 1¢
H 1 moneda de 10¢ más 7 monedas de 1¢
J 1 moneda de 5¢ más 7 monedas de 1¢

División con residuo

Aprenderás cómo dividir cuando hay residuos.

Vocabulario
nuevo
residuo

Apréndelo

Megan y Raquel compraron 15 libros usados en una venta de garaje. Ellas quieren repartirse los libros en partes iguales. ¿Con cuántos libros se quedará cada niña? ¿Cuántos libros sobrarán?

Al dividir, el **residuo** nos dice cuánto sobra. El residuo debe ser siempre menor que el divisor.

Divide. **15 ÷ 2** ó **2)15**

Halla 15 ÷ 2.

Paso 1 Piensa en operaciones de multiplicación que tengan productos aproximados a 15.

$2 \times n = 15$
$2 \times 7 = 14$
$2 \times 8 = 16$

8 es demasiado.
Intenta el 7 como cociente.

Paso 2 Divide.

```
   7
2)15
- 14  ←— Multiplica. 2 × 7
   1  ←— Resta. 15 − 14
```

Paso 3 Representa el residuo.

```
   7 R1
2)15
- 14
   1 ←— residuo
```

Solución: Cada niña se quedará con 7 libros. Sobrará 1 libro.

Otros ejemplos

A. Residuo de 2

```
   6 R2
3)20
- 18  ←— Multiplica. 3 × 6
   2  ←— Resta. 20 − 18
```

B. Residuo de 0

```
   7
5)35
- 35  ←— Multiplica. 5 × 7
   0  ←— Resta. 35 − 35
```

Explícalo

- ¿Cuál será el residuo si divides 12 entre 5? ¿Cómo puedes saberlo?
- ¿Qué debes hacer si el residuo es mayor que el divisor?

Práctica guiada

Divide.

1. $4\overline{)7}$ **2.** $6\overline{)19}$ **3.** $2\overline{)11}$ **4.** $3\overline{)13}$

5. $25 \div 7$ **6.** $53 \div 8$ **7.** $34 \div 9$ **8.** $25 \div 3$

Asegúrate

- ¿Sé operaciones de multiplicación que me sirvan de ayuda?
- ¿Representé el residuo? ¿Es menor que el divisor?

Práctica independiente

Divide.

9. $2\overline{)3}$ **10.** $4\overline{)6}$ **11.** $5\overline{)12}$ **12.** $2\overline{)9}$ **13.** $4\overline{)21}$

14. $8\overline{)15}$ **15.** $5\overline{)19}$ **16.** $2\overline{)17}$ **17.** $4\overline{)23}$ **18.** $9\overline{)27}$

19. $7 \div 2$ **20.** $9 \div 4$ **21.** $15 \div 5$ **22.** $16 \div 3$ **23.** $26 \div 8$

24. $24 \div 5$ **25.** $20 \div 8$ **26.** $31 \div 6$ **27.** $26 \div 9$ **28.** $61 \div 9$

Resolver problemas • Razonamiento

Resuelve. Escoge un método.

Métodos de computación

- **Cálculo mental**
- **Estimación**
- **Papel y lápiz**

29. **La medición** La venta de garaje se realizó durante un fin de semana. Se realizó cada día desde el mediodía hasta las 5 p.m. ¿Cuántas horas duró la venta de garaje?

30. Bobby compró 53 CDs. Colocó la misma cantidad de CDs en 8 cajas. ¿Cuál es el número más grande que pudo poner en cada caja?

31. Para la venta había la mitad de suéteres que abrigos. Había 49 suéteres. ¿Aproximadamente cuántos abrigos y suéteres había en total a la venta?

32. **El dinero** Ana compró 2 raquetas de tenis usadas por $7 cada una y una pelota de vóleibol usada por $5. Pagó con un billete de $20. ¿Cuánto recibió de cambio?

Repaso mixto • Preparación para pruebas

Resuelve cada ecuación. *(páginas 82–83)*

33. $p + 2 = 34$ **34.** $12 = 17 - x$ **35.** $n + n + 5 = 29$ **36.** $m + 6 = 78$

Escoge la letra de la respuesta correcta. *(página 4–5)*

37 ¿Qué número es mayor que 273,485 en 10,000?

A 373,485 **B** 283,485 **C** 274,485 **D** 273,585

Destreza: Problemas de varios pasos

Aprenderás cómo resolver problemas que tienen más de un paso.

A veces se necesita más de un paso para resolver un problema. Debes decidir cuáles son los pasos y en qué orden seguirlos.

El maestro de teatro alquiló disfraces para la obra de la escuela. Alquiló 21 disfraces de soldado que venían en cajas de 3 disfraces cada una. También alquiló 2 cajas de disfraces de payaso, con 5 disfraces en cada caja. ¿Cuántas cajas de disfraces alquiló?

Decide qué hacer.

Tú sabes que alquiló 21 disfraces de soldado que venían en cajas de 3 disfraces cada una. También sabes que alquiló 2 cajas de disfraces de payaso. Primero halla el número de cajas de disfraces de soldado. Luego halla el número total de cajas.

Realiza cada paso en orden.

Paso 1 Divide para hallar el número de cajas de disfraces de soldado.

$$n = 21 \div 3$$

- n ↑ número de cajas de disfraces
- 21 ↑ número de disfraces de soldado
- 3 ↑ número en cada caja

$$n = 7$$

Hay 7 cajas de disfraces de soldado.

Paso 2 Suma para hallar el número total de cajas.

$$T = 7 + 2$$

- T ↑ número total de cajas de disfraces
- 7 ↑ número de cajas de disfraces de soldado
- 2 ↑ número de cajas de disfraces de payaso

$$T = 9$$

El número total de cajas es 9.

El maestro de teatro alquiló 9 cajas de disfraces.

Verifícalo ¿Podrías haber realizado los pasos en orden diferente? Explica por qué.

Estándares NS **3.0, 3.4** MR **1.0, 1.1, 1.2, 2.0, 3.0, 3.2**

En todas partes del mundo los artistas crean máscaras coloridas.

Práctica guiada

Resuelve cada problema.

1. La tienda de disfraces vende máscaras por $2 cada una o 5 por $6. Imagina que quieres comprar 7 máscaras. ¿Cuánto costarán en total?

Piénsalo: ¿Por cuántas máscaras tendrás que pagar $2 por cada una?

2. Las narices de payaso cuestan $4 la bolsa. Hay 3 narices en cada bolsa. ¿Cuántas narices de payaso puedes comprar con $12?

Piénsalo: ¿Cuántas bolsas puedes comprar con $12?

Escoge una estrategia

Resuelve. Usa éstas u otras estrategias.

Estrategias para resolver problemas

- **Haz una tabla**
- **Estima y verifica**
- **Escribe una ecuación**
- **Usa el razonamiento lógico**

3. Los maestros y los padres ayudaron detrás del escenario. Detrás del escenario había la mitad de maestros que de padres. Si 5 maestros ayudaron allí, ¿cuántos padres había detrás del escenario?

4. La tienda de disfraces compra anteojos divertidos a $1 el par. Vende cada par por $3. ¿Cuántos pares de anteojos debe vender la tienda para obtener una ganancia de $16?

5. La obra de la escuela tiene dos actos. Cada acto dura 40 minutos. Hay un receso de 15 minutos entre los dos actos. La obra comienza a las 4:00 p.m. ¿A qué hora terminará la obra?

6. El precio normal de una peluca es de $10. Cada peluca está en oferta a $4 menos que su precio normal. Con $60, ¿cuántas pelucas más puedes comprar al precio de oferta que al precio normal?

7. El Sr. Hark compró el doble de pelucas que de anteojos. Compró la mitad de anteojos que de narices. Compró 16 narices. ¿Cuántas pelucas compró el Sr. Hark?

8. Hay 35 estudiantes en la obra de la escuela. Hay 3 niños más que niñas en la obra. ¿Cuántos niños hay en la obra de la escuela? ¿Cuántas niñas hay en la obra de la escuela?

Práctica adicional Consultar 1–4, página 155.

Verificación rápida

Verifica los conceptos de las Lecciones 4–9

Escribe la familia de operaciones para cada conjunto de números.

1. 7 9 63

2. 8 6 48

Resuelve cada ecuación.

3. $32 \div 32 = n$

4. $26 \div 1 = n$

5. $0 \div 16 = n$

Divide.

6. $8\overline{)16}$

7. $9\overline{)72}$

8. $9\overline{)39}$

Resuelve.

9. Una tienda de artículos electrónicos vende casetes de video a $3.00 cada uno o 3 por $8.00. ¿Cuál será el precio total de 5 casetes?

10. Un paquete de 4 casetes de audio nuevos cuesta $8.00. ¿Cuántos casetes puedes comprar con $24.00?

¿Cómo te fue?

Si tuviste dificultades en cualquiera de las partes de Verificación rápida, puedes usar las siguientes páginas para repasar y practicar más.

Estándares	Ejercicios	Repasar estas páginas	Hacer estos ejercicios de práctica adicional
Sentido numérico: **3.0**	1–2	páginas 118–119	Conjunto D, página 152
Sentido numérico: **3.0** Álgebra: **1.1**	3–5	páginas 122–123	Conjunto F, página 153
Sentido numérico: **3.2**	6	páginas 120–121	Conjunto E, página 153
Sentido numérico: **3.2**	7	páginas 124–125	Conjunto G, página 153
Sentido numérico: **3.2**	8	páginas 126–127	Conjunto H, página 153
Razonamiento matemático: **1.1, 1.2, 2.6, 3.1, 3.2**	9–10	páginas 128–129	1–4, página 155

Preparación para pruebas • Repaso acumulativo

Mantener los estándares

Marca la letra de la respuesta correcta. Si la respuestas correcta no aparece, marca NA.

1 Se divide en grupos una clase de educación física de 45 estudiantes. Hay 9 estudiantes en cada grupo. ¿Cuántos grupos hay?

A 2 **C** 5

B 4 **D** 9

2 ¿Qué número debería ir en la casilla para que el enunciado numérico sea verdadero?

$$(3 + 6) + 5 = 9 + \blacksquare$$

F 0 **H** 5

G 3 **J** 6

3 Se vendieron tres mil ciento cuarenta y dos boletos para el juego del lunes por la noche. Se vendieron dos mil novecientos cinco boletos para el martes en la noche. ¿Aproximadamente cuántos boletos se vendieron en total?

A 3,000 **C** 5,000

B 4,000 **D** 6,000

4 Sandy tiene 72 tarjetas. Ella quiere dividir sus tarjetas en partes iguales entre 8 amigos. ¿Qué resultado representa el número de tarjetas que recibirá cada amigo?

F 72×8 **H** $72 \div 8$

G $72 + 8$ **J** $72 - 8$

5 ¿Cuál es la diferencia entre 12,008 y 6,549?

A 5,349 **C** 5,569

B 5,459 **D** NA

6 ¿Qué expresión no es igual a 12?

F 4×3

G 2×6

H $2 \times 2 \times 3$

J $3 \times 3 \times 2$

7 ¿Cuál es la regla?

Entrada	Salida
18	6
12	0
16	4
13	1

A Entrada + 12 = Salida

B Entrada − 12 = Salida

C Entrada ÷ 3 = Salida

D Entrada × 3 = Salida

8 ¿Qué número debería ir en la casilla para que el enunciado numérico sea verdadero?

$$(7 + 3) \times 2 = 10 \times \blacksquare$$

Explícalo ¿Cómo hallaste el resultado?

Página segura

Preparación para pruebas
Visita **www.eduplace.com/kids/mhm** para más *Preparación para pruebas.*

Escribir y evaluar expresiones

Aprenderás cómo escribir y evaluar expresiones de multiplicación y división que contienen variables.

Repaso del vocabulario
variable
expresión algebraica

Apréndelo

Todd y Kerry están armando carros a escala. Kerry quiere armar el doble de carros a escala que Todd. ¿Cuántos carros quiere armar ella?

Como no sabes cuántos carros a escala planea armar Todd, puedes usar una **variable** y escribir una **expresión algebraica** para el número de carros que Kerry quiere armar.

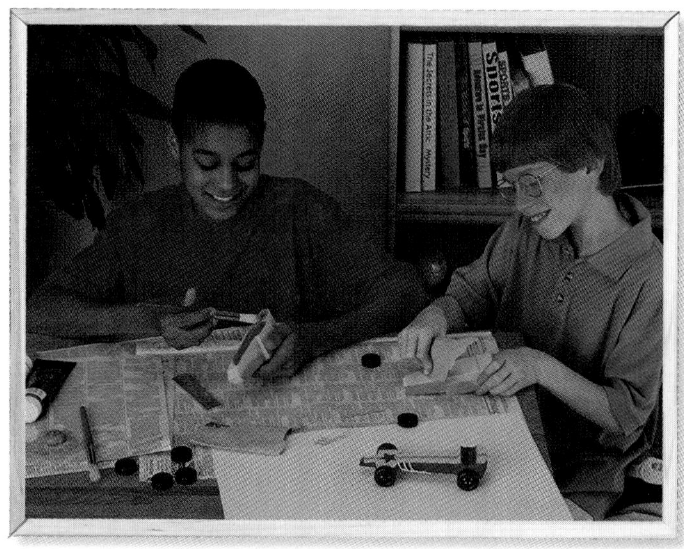

- Sea *w* el número de carros a escala que Todd planea armar.
- Luego el número de carros a escala que Kerry quiere armar puede expresarse como

$\mathbf{2 \times w}$ o $\mathbf{2 \cdot w}$ o $\mathbf{2w}$

Debes leer todas estas expresiones algebraicas como "2 por *w*".

Para evaluar la expresión, sustituye *w* por algún número de carros y luego simplifica la expresión.

Imagina que Todd planea armar 6 carros a escala. ¿Cuántos carros quiere armar Kerry?

Evalúa 2*w* si *w* = 6.

Paso 1 Anota la expresión.	**Paso 2** Sustituye *w* por 6.	**Paso 3** Simplifica la expresión.
$2w$	$2w$ 2×6	$2w$ 2×6 12

Solución: Si Todd planea armar 6 carros a escala, Kerry quiere armar 12 carros a escala.

Estándares AF **1.0, 1.1** MR **1.1**

Todd quiere comprar estantes para exhibir sus carros a escala. Cada estante tiene capacidad para 4 carros a escala. ¿Cuántos estantes debería comprar?

- Sea r el número de carros a escala que Todd armó.
- Luego $r \div 4$ es el número de estantes que Todd debería comprar.

Si Todd tiene 16 carros a escala, ¿cuántos estantes debería comprar?

Evalúa $r \div 4$ si $r = 16$.

Paso 1 Anota la expresión.	**Paso 2** Sustituye r por 16.	**Paso 3** Simplifica la expresión.
$r \div 4$	$r \div 4$ $16 \div 4$	$r \div 4$ $16 \div 4$ 4

Solución: Si Todd tiene 16 carros, debería comprar 4 estantes.

Explícalo

- ► ¿Es lo mismo $3m$ que $3 + m$?
- ► ¿Cómo puedes usar una variable para representar "algún número dividido entre 2"?
- ► Si $y = 8$, ¿qué harás para evaluar la expresión $6y$?

Práctica guiada

Evalúa cada expresión si $n = 6$.

1. $5n$
2. $n \div 3$
3. $n \times 4$
4. $2n + 4$

Asegúrate

- ¿Cuál es la variable?
- ¿Cuál es el valor de la variable?
- ¿Debería multiplicar o dividir para evaluar la expresión?

Empareja cada descripción con una expresión algebraica. Sea p el número de carros a escala que tiene Tom.

5. 5 veces el número de carros que tiene Tom
6. la mitad de los carros que tiene Tom
7. el número de ruedas en todos los carros de Tom
8. el número total de volantes en todos los carros de Tom

a. $p \div 2$

b. p

c. $5p$

d. $4p$

Práctica independiente

Evalúa cada expresión si $p = 9$.

9. $3p$ **10.** $p \div 3$ **11.** $p + 3$ **12.** $p - 3$ **13.** $5 \cdot p$

14. $p + 10$ **15.** $p \div 9$ **16.** $6 \cdot p$ **17.** $p \div 1$ **18.** $12 - p$

Evalúa cada expresión si $n = 5$.

19. $n \times 5$ **20.** $n - 4$ **21.** $35 \div n$ **22.** $n \div 5$ **23.** $65 \div n$

24. $8n$ **25.** $8n + 3$ **26.** $10n$ **27.** $4 \cdot n$ **28.** $n + 8$

Sea *s* el número de aviones a escala de la colección de Jodi. Escribe una expresión algebraica para cada descripción.

29. 5 aviones a escala menos que en la colección de Jodi

30. 3 aviones a escala más que en la colección de Jodi

31. la mitad de los aviones a escala de la colección de Jodi

32. 6 veces los aviones a escala de la colección de Jodi

Resolver problemas • Razonamiento

33. Ashley y Rodney coleccionan botes a escala. Ashley tiene la mitad de los que tiene Rodney. Sea *b* el número de botes que tiene Rodney. Escribe una expresión que represente el número de botes que tiene Ashley.

34. Vuelve al problema 33. Si Rodney tiene 12 botes a escala, ¿cuántos tiene Ashley?

35. **Analízalo** ¿Cómo puedes usar la expresión que escribiste en el problema 33 para hallar el número de botes que tiene Rodney si Ashley tiene 8?

Repaso mixto • Preparación para pruebas

Suma o resta. *(páginas 60–69)*

36. 3,218 − 1,754 **37.** 21,324 + 7,432 **38.** 9,000 − 659 **39.** 87,654 + 13,498

40 ¿Qué número es 5,578 redondeado al millar más cercano? *(páginas 10–11)*

A 5,000 **B** 5,500 **C** 5,600 **D** 6,000

Práctica adicional Consultar el Conjunto I, página 154.

Juego de Práctica

El valor de la expresión

Practica la evaluación de expresiones jugando este juego. ¡Trata de obtener más pares que el otro jugador!

Lo que necesitas

- *16 cartas o (Recursos de enseñanza 3)*

Jugadores
2

$x + 6$ $x = 3$	9	$m \div 8$ $m = 24$	3
$4 + y$ $y = 2$	6	$2p$ $p = 4$	8
$z - 8$ $z = 10$	2	$5q$ $q = 2$	10
$9 - m$ $m = 4$	5	$d \div 6$ $d = 24$	4

Lo que debes hacer

1. Haz 16 cartas como las que se muestran.
2. Baraja las cartas. Colócalas boca abajo en cualquier orden en una matriz de 4 × 4.
3. Un jugador da vuelta a dos cartas. Si las cartas representan una expresión y su valor, el jugador se queda con las cartas. Si no, el jugador las pone boca abajo en las mismas posiciones.
4. Los jugadores se turnan repitiendo el paso 3 hasta que hayan logrado formar los 8 pares de cartas. El jugador que tenga el mayor número de cartas es el ganador.

Compártelo Describe la estrategia que usaste para tratar de obtener un par de cartas.

Escribir y resolver ecuaciones

Aprenderás cómo escribir y resolver ecuaciones algebraicas.

Apréndelo

La maestra de arte compró algunas cajas de lápices de colores, con 10 lápices cada una. Ella tiene 40 lápices. ¿Cuántas cajas compró la maestra de arte?

Como tiene 40 lápices de colores, puedes escribir una ecuación.

- Sea y el número de cajas que compró la maestra de arte.
- Luego la expresión $10y$ representa el número de lápices de colores.

$$\mathbf{10y = 40}$$

- 10: número de lápices de colores en cada caja
- y: número de cajas
- 40: número total de lápices de colores

Para resolver la ecuación, debes hallar el valor de y que hará que se cumpla la ecuación. A este valor se le llama solución de la ecuación.

Resuelve para y. $\mathbf{10y = 40}$

Diferentes maneras de resolver una ecuación

Puedes usar una operación de multiplicación relacionada.

$10y = 40$

$10 \times \blacksquare = 40$

$10 \times 4 = 40$

Puedes usar una operación de división relacionada.

$10y = 40$

$10 \times \blacksquare = 40$

$\blacksquare = 40 \div 10$

$4 = 40 \div 10$

El único valor de y que hará que se cumpla el enunciado es 4.

La solución de la ecuación es $y = 4$.

Solución: La maestra de arte compró 4 cajas de lápices de colores.

Estándares	AF **1.0, 1.1, 1.5** MR **2.4**

Para verificar si la solución de una ecuación es correcta, sustituye la variable por la solución y luego simplifica.

Verifica la solución $y = 4$.

$$10y = 40$$
$$10 \times 4 = 40$$
$$40 = 40 \leftarrow$$

A cada lado del signo de igual aparece el mismo número, así que la solución es correcta.

Tres estudiantes compraron algunos marcadores y se repartieron el precio en partes iguales. Cada estudiante pagó \$2. ¿Cuál fue el precio total de los marcadores?

Usa una ecuación para hallar el precio de los marcadores.

Paso 1 Escribe una ecuación.

Cada estudiante pagó \$2.

- Sea T el precio total.
- Luego la expresión $T \div 3$ representa el precio para cada estudiante.

$T \div 3 = 2$ ó $2 = T \div 3$

Paso 2 Resuelve la ecuación.

Usa una operación de multiplicación relacionada.

$T \div 3 = 2$

$\blacksquare \div 3 = 2$

$\blacksquare = 2 \times 3$

$T = 6$

Solución: El precio total fue \$6.

Explícalo

- ▶ ¿Cómo puedes verificar que $T = 18$ es la solución de $T \div 3 = 6$?
- ▶ ¿Es $4z$ una ecuación?
- ▶ Si $q \div 5 = 10$, ¿qué harías para hallar el valor de q?
- ▶ Si $3k = 21$, ¿cómo puedes resolver para k?

Práctica guiada

Empareja la ecuación con su solución.

1. $5n = 15$ **a.** $n = 5$

2. $5 = n \div 3$ **b.** $n = 3$

3. $15 \div n = 3$ **c.** $n = 15$

Asegúrate

- ¿Tienen mis ecuaciones dos expresiones y un signo de igual?
- ¿Qué operación de multiplicación o división relacionada puedo usar para resolver la ecuación?

Práctica independiente

Resuelve cada ecuación. Verifica la solución.

4. $6m = 18$ **5.** $r \div 7 = 7$ **6.** $5 = 5q$ **7.** $6 = 12 \div n$

8. $n \div 7 = 3$ **9.** $15 = 5n$ **10.** $4m = 10 + 6$ **11.** $7 + 2 = m \div 3$

Resolver problemas • Razonamiento

12. Una caja de creyones contiene 8 creyones. Imagina que Tony tiene 72 creyones. Escribe dos ecuaciones diferentes que pudieras usar para hallar el número de cajas que él tiene.

13. Resuelve una de las ecuaciones que escribiste en el Problema 12 para hallar el número de cajas que tiene Tony. Verifica la solución.

14. **Analízalo** Olivia tiene 7 lápices en su estuche. Es la mitad de lo que tiene Sam. ¿Cuántos lápices tiene Sam? Escribe una ecuación que represente el problema. Luego resuelve la ecuación para hallar cuántos lápices tiene Sam.

Repaso mixto • Preparación para pruebas

Señala el valor de cada dígito subrayado. *(páginas 4–5)*

15. 56,$\underline{7}$84 **16.** 1$\underline{1}$2,498 **17.** 4,8$\underline{3}$4 **18.** 3$\underline{6}$,234

19 ¿Cuál es el valor de 2 monedas de 25¢, 2 monedas de 10¢ y 1 de 5¢? *(páginas 31–32)*

A $0.65 **B** $0.75 **C** $0.80 **D** $1.00

Escribe *verdadero* o *falso* para cada enunciado. Explica tu respuesta.

20. La ecuación $6 = 3x$ tiene la misma solución que la ecuación $3x = 6$.

21. La ecuación $4n = 0$ tiene la misma solución que la ecuación $0 \div 4 = n$.

22. La ecuación $5k = 5$ tiene la misma solución que la ecuación $k \div 5 = 5$.

23. La ecuación $y + 3 = 9$ tiene la misma solución que la ecuación $3y = 9$.

Práctica adicional Consultar el Conjunto J, página 154.

Patrones en las tablas de datos

La tienda Disc-O-Tek vende discos de computadora. La tabla muestra el número de discos que hay en 1, 2, 3, 4 y 5 cajas. ¿Cómo se relaciona el número de discos con el número de cajas?

Discos de computadora	
Número de cajas	Número de discos
1	8
2	16
3	24
4	32
5	40
n	$8n$

Existen varias maneras de representar la relación.

- **Puedes describir la relación diciendo:** "El número de discos es 8 veces el número de cajas".
- **Puedes usar expresiones algebraicas.** Si n representa el número de cajas, entonces $8n$ representa el número de discos en las cajas.
- **Puedes usar una ecuación de dos variables.** Sea n el número de cajas y m el número de discos en las cajas. La ecuación $m = 8n$ representa la relación.

Inténtalo

Usa la tabla a la derecha para resolver los problemas.

CDs	
Número de cajas	Número de CDs
1	4
2	8
3	12
4	16
5	20
x	y

1. Busca patrones en la tabla. ¿Cuántos CDs habría en 9 cajas? Señala cómo lo decidiste.
2. Tú compras algunas cajas de CDs y recibes 40 CDs. ¿Cuántas cajas compraste? Señala cómo lo decidiste.
3. Usa palabras para describir la relación que existe entre el número de CDs y el número de cajas.
4. Sea x el número de cajas. Escribe una expresión que represente el número de CDs que hay en x cajas.
5. Sea x el número de cajas e y el número de CDs. Escribe una ecuación que represente la relación usando x e y.

Aplicación: Usa los patrones

Aprenderás cómo usar variables para describir y resolver problemas.

A veces puedes usar patrones como ayuda para resolver problemas.

Problema Mira la tabla de asientos del Sr. Lyman. ¿Cuál es el número que está en el último asiento de la fila 6?

Compréndelo

¿Cuál es la pregunta?

¿Cuál es el número que está en el último asiento de la fila 6?

¿Qué sabes?

- Cada fila tiene 5 asientos.
- Los números de los últimos asientos de las primeras 5 filas.

Planéalo

¿Cómo puedes hallar el resultado?

Puedes usar un patrón para escribir una expresión.

- El número del último asiento de cada fila es 5 veces el número de la fila.
- Sea f el número de la fila. Luego el número del último asiento de cada fila es $5 \cdot f$ o $5f$.

Resuélvelo

Sustituye la variable f por 6.
Luego simplifica. $5f$

5×6

El número del último asiento de la fila 6 es 30. 30

Como el número de la fila es 6, $f = 6$.

Verifícalo

Verifica el problema.

¿Cómo puedes verificar tu resultado usando la técnica de contar de 5 en 5?

Estándares AF **1.0, 1.1** MR **1.0, 1.1, 2.0, 2.4, 2.6, 3.0, 3.2, 3.3**

Recuerda:
- ▶ Compréndelo
- ▶ Planéalo
- ▶ Resuélvelo
- ▶ Verifícalo

Práctica guiada

Usa la tabla de asientos de la página 140 para los Problemas 1 y 2.

1. David se sienta en el primer asiento de una fila de la clase del Sr. Lyman. Su número de asiento es el 26. ¿En qué fila se sienta David?

   Piénsalo: ¿Cómo se relaciona el primer número de una fila con el último número de la fila anterior?

2. El número del último asiento de la última fila es 40. ¿Cuántas filas hay en el salón de clases del Sr. Lyman?

   Piénsalo: ¿De qué te sirve la expresión *5f* para resolver el problema?

Escoge una estrategia

Resuelve. Usa la tabla de asientos de la Srta. Benton. Usa éstas u otras estrategias.

Estrategias para resolver problemas

- **Usa una tabla**
- **Escribe una ecuación**
- **Estima y verifica**
- **Usa el razonamiento lógico**

3. Eric, Josh, Becky y Tina se sientan en los primeros cuatro asientos de la cuarta fila. Tina no se sienta en el primer asiento. Josh se sienta al lado de Tina y Becky. Eric se sienta al lado de Becky solamente. ¿Cuál es el número de asiento de cada estudiante?

Tabla de asientos de la Srta. Benton

Fila 1	Tony 1	Megan 2	Carla 3	Ben 4	Haley 5	Aaron 6
Fila 2	Shana 7	James 8	Ricky 9	Alex 10	Karen 11	Taylor 12
Fila 3	Brian 13	Melissa 14	Tami 15	Lauren 16	Ryan 17	Dylan 18

4. El número del primer asiento de la última fila del salón de clases de la Srta. Benton es el 31. ¿Cuántas filas hay en la clase de la Srta. Benton? ¿Cuántos asientos hay en el salón de clases?

5. Hay 33 estudiantes en la clase de la Srta. Benton. Hay 5 niñas más que niños. ¿Cuántas niñas hay en la clase de la Srta. Benton? ¿Cuántos niños hay en la clase?

6. Lauren se sienta en el cuarto asiento de la tercera fila. Su amigo Joey se sienta en el cuarto asiento, dos filas detrás de ella. ¿Cuál es el número de asiento de Joey?

7. Cuando se reúne el club de tareas, los estudiantes ocupan todos los asientos de las primeras $2\frac{1}{2}$ filas del salón. ¿Cuántos estudiantes hay en el club de tareas?

Práctica adicional Consultar 5–6, página 155.

Resolver ecuaciones de multiplicación

Aprenderás que las igualdades multiplicadas por números iguales son iguales.

Apréndelo

Observa lo que ocurre cuando multiplicas ambos lados de una ecuación por el mismo número.

Paso 1 Vuelve a escribir esta ecuación con un signo de multiplicación.

$3f = 6$

$3 \times f = 6$

Paso 2 Ahora, multiplica cada lado de la ecuación original por 2.

$2 \times 3 \times f = 2 \times 6$

Paso 3 Escribe la nueva ecuación.

$6f = 12$

Paso 4 Resuelve las dos ecuaciones: $3f = 6$ y $6f = 12$.

- ¿Qué notas acerca de los valores de f?

$3f = 6$ $\quad$ $6f = 12$

$f = 2$ $\quad$ $f = 2$

Paso 5 Escoge cualquier número. Multiplica ambos lados de la ecuación $3f = 6$ por ese número.

Luego resuelve la nueva ecuación.

- ¿Qué notas?

Estándares	AF **2.0, 2.2** MR **2.3**

Paso 6 Repite cuatro veces el paso 5, escogiendo un número nuevo cada vez.

- ¿Qué notas?

Inténtalo

Resuelve la ecuación $2s = 4$. Luego completa la tabla siguiente.

	Comienza con la ecuación $2s = 4$. Multiplica cada lado por este número.	Escribe la nueva ecuación.	Resuelve la nueva ecuación.	¿Es la solución de la nueva ecuación la misma que la solución de $2s = 4$?
1.	3	$(3 \times 2) \times s = 3 \times 4$ $6s = 12$	$s = 2$	
2.	5			
3.	7			
4.	9			

Comienza con la ecuación $5v = 10$.

5. ¿Cuál es la solución de la ecuación?
6. ¿Por cuál número deberías multiplicar ambos lados para obtener la ecuación $30v = 60$?
7. **Analízalo** ¿Puedes obtener la ecuación $15v = 40$ multiplicando ambos lados por el mismo número?

¡Escríbelo! ¡Coméntalo!

Usa lo que aprendiste para contestar estas preguntas.

8. ¿Qué le ocurre a la solución de una ecuación cuando multiplicas ambos lados por el mismo número?
9. La solución de la ecuación $3m = 9$ es $m = 3$. ¿De qué te sirve esto para hallar la solución de $9m = 27$?

Funciones de dos pasos

Aprenderás cómo describir funciones con dos operaciones y resolver para una variable cuando tienes el valor de la otra.

Apréndelo

El letrero muestra las tarifas por alquilar una canoa y un chaleco salvavidas. La tabla siguiente muestra las tarifas por alquilar una canoa y un chaleco salvavidas de 1 a 5 horas.

TARIFAS DE
ALQUILER DE LAGO
Canoa $9 por hora
Chalecos salvavidas $5 por viaje

Esta ecuación representa el precio de alquilar una canoa y un chaleco salvavidas para un viaje de 1 hora.

$$(\$9 \times 1) + \$5 = \$14$$

- \$9: precio por hora
- 1: número de horas
- \$5: precio del chaleco salvavidas
- \$14: precio total

Recuerda: desarrolla primero la operación que está dentro de los paréntesis.

Esta ecuación representa el precio de alquilar una canoa y un chaleco salvavidas para un viaje de 4 horas.

$$(\$9 \times 4) + \$5 = \$41$$

- \$9: precio por hora
- 4: número de horas
- \$5: precio del chaleco salvavidas
- \$41: precio total

Esta ecuación representa el precio de alquilar una canoa y un chaleco salvavidas durante cualquier número de horas.

$$9n + 5 = T$$

- 9: precio por hora
- n: número de horas
- 5: precio del chaleco salvavidas
- T: precio total

Precios por alquilar una canoa y salvavidas	
Número de horas	Precio
1	\$14
2	\$23
3	\$32
4	\$41
5	\$50

Para describir la relación, di: “El precio total en dólares es igual a 9 veces el número de horas más 5”.

Estándares	AF **1.0, 1.1, 1.2, 1.3, 1.4, 1.5** MR **1.1, 1.2**

Puedes usar la ecuación $9n + 5 = T$ para hallar el precio total del alquiler si sabes el número de horas.

Carl alquiló una canoa y un chaleco salvavidas para un viaje de 6 horas. ¿Cuál fue el precio total?

Resuelve $9n + 5 = T$ para $n = 6$.

Paso 1 Escribe la ecuación.

$9n + 5 = T$

Paso 2 Sustituye n por 6.

$9n + 5 = T$
$(9 \times 6) + 5 = T$

Paso 3 Resuelve.

$9n + 5 = T$
$(9 \times 6) + 5 = T$
$54 + 5 = T$
$59 = T$

Solución: El precio total fue $59.

También puedes usar la ecuación $9n + 5 = T$ para hallar el número de horas si sabes el precio total del alquiler.

Kim alquiló una canoa y un chaleco salvavidas a un precio total de $77. ¿Durante cuántas horas alquiló la canoa?

Resuelve $9n + 5 = T$ si $T = 77$.

Paso 1 Escribe la ecuación.

$9n + 5 = T$

Paso 2 Sustituye T por 77.

$9n + 5 = T$
$9n + 5 = 77$

Paso 3 Usa la estrategia de Estima y verifica para resolver.

Intenta $n = 7$.

$(9 \times 7) + 5 = 68$
$68 < 77$

Intenta un valor mayor para n.

Intenta $n = 9$.

$(9 \times 9) + 5 = 86$
$86 > 77$

Intenta un valor menor para n.

Intenta $n = 8$.

$(9 \times 8) + 5 = 77$
$77 = 77$
$n = 8$

Solución: Kim alquiló la canoa durante 8 horas.

Explícalo

► Vuelve a la ecuación $9n + 5 = T$. ¿Cómo cambiarías la ecuación si el precio por alquilar el chaleco salvavidas aumentara a $7 por viaje?

Práctica guiada

Copia y completa cada tabla de función.

$y = 2x + 5$

	x	y
1.	3	■

$m = 3n + 1$

	n	m
2.	■	16

$5s - 1 = t$

	s	t
3.	2	■

Asegúrate

- ¿Qué valor de variable sé?
- ¿Qué valor de variable quiero hallar?

Práctica independiente

Copia y completa cada tabla de función.

$m = 2n - 4$

	n	m
4.	3	■
5.	2	■
6.	■	6

$y = 4x - 3$

	x	y
7.	4	■
8.	1	■
9.	■	9

$z = 3q - 1$

	q	z
10.	1	■
11.	3	■
12.	■	20

$p = 3m + 1$

	m	p
13.	10	■
14.	5	■
15.	■	25

Resolver problemas • Razonamiento

16. Ed tiene $9. Luego él ahorra $10 a la semana. Sea *n* el número de semanas. Sea *s* la cantidad total que ahorró Ed. ¿Qué ecuación representa la cantidad total que habrá ahorrado Ed después de *n* semanas?

a. $s = 10n - 9$ **b.** $s = 9n + 10$ **c.** $s = 9 + 10n$

17. Usa la ecuación que escogiste en el Problema 16 para hallar cuánto tendrá Ed después de 4 semanas. Luego úsala para hallar cuántas semanas tardará en lograr un ahorro total de $89.

18. **Analízalo** Ali tiene $12 y ahorra $4 a la semana. Karyn tiene $10 y ahorra $5 a la semana. ¿Quién tendrá más dinero después de 3 semanas? ¿Cuánto más? Señala cómo hallaste el resultado.

Repaso mixto • Preparación para pruebas

Estima cada suma o diferencia. *(páginas 56–57)*

19. 3,765 + 836 **20.** 5,612 − 453 **21.** $23.45 + $11.99 **22.** $78.11 − $34.52

23 ¿Qué número representa ocho mil veintidós? *(páginas 5–6)*

A 8,220 **B** 8,202 **C** 8,022 **D** 822

Práctica adicional Consultar el Conjunto K, página 154.

Muestra lo que sabes

Acertijos numéricos

Empareja cada acertijo numérico con una ecuación. Luego resuélvelo.

1. Si me multiplicas por 3 y luego me sumas 2, la suma es 14. ¿Qué número soy?

2. Si me multiplicas por 2 y luego me restas 3, la suma es 13. ¿Qué número soy?

3. Si me multiplicas por 2 y luego me sumas 3, la diferencia es 13. ¿Qué número soy?

4. Si me multiplicas por 3 y luego me restas 2, la diferencia es 10. ¿Qué número soy?

a. $2p - 3 = 13$ **b.** $2x + 3 = 13$ **c.** $3n + 2 = 14$ **d.** $3y - 2 = 10$

¿Sí o no?

Señala si los valores de las variables hacen que se cumpla la ecuación. Escribe *sí* o *no*.

1. $y = 2x + 1$
$x = 7$
$y = 15$

2. $m = 2 + 4n$
$n = 4$
$m = 18$

3. $z = 7q - 5$
$q = 2$
$z = 7$

4. $g = 3h - 1$
$h = 7$
$g = 19$

5. $r = 6 - 4s$
$s = 1$
$r = 2$

6. $y = 7x - 5$
$x = 1$
$y = 12$

Adivina mi regla

Escribe una ecuación que represente la relación que hay entre las dos variables.

1.

n	*m*
1	5
4	11
5	13
7	17

2.

x	*y*
0	2
3	11
4	14
8	26

3.

k	*m*
3	6
4	8
5	10
7	14

4.

p	*q*
3	13
5	21
6	25
7	29

Estrategia: Escribe una ecuación

Aprenderás cómo escribir ecuaciones para representar y resolver problemas.

A veces puedes usar una ecuación para resolver un problema.

Problema En Flores Bloom, las flores de primavera cuestan \$2 cada una y los floreros cuestan \$9 cada uno. ¿Cuál es el precio total de un florero con 8 flores de primavera?

Compréndelo

¿Cuál es la pregunta?

- ¿Cuál es el precio total de un florero con 8 flores de primavera?

¿Qué sabes?

- Cada flor cuesta \$2.
- Un florero cuesta \$9.

Planéalo

¿Cómo puedes hallar el resultado?

Puedes escribir una ecuación.

Sea b el número de flores solicitadas. Luego $2b$ representa el precio de esas flores.
Sea T el precio total de las flores con el florero.

Luego el precio total se puede representar mediante $T = 2b + 9$.

Resuélvelo

Sustituye *b* por 8. Luego resuelve la ecuación.

$T = 2b + 9$
$T = (2 \times 8) + 9$
$T = 16 + 9$
$T = 25$

Como hay 8 flores, $b = 8$.

El precio total es \$25.

Verifícalo

Verifica el problema.

¿Se ajusta tu resultado a la información presentada en el problema?

Estándares AF **1.0, 1.1, 1.2, 1.3, 1.5** MR **1.0, 1.2, 2.0, 2.6, 3.0, 3.2**

Recuerda:
- Compréndelo
- Planéalo
- Resuélvelo
- Verifícalo

Práctica guiada

Usa la estrategia de Escribe una ecuación para resolver cada problema.

1. Las rosas cuestan $5 cada una. El precio de reparto de cualquier orden es $12. El Sr. Kelly envió 10 rosas a su esposa. ¿Cuál fue el precio total?

   Piénsalo: ¿Qué expresión usarías para representar el precio de las rosas?

2. Amber compró lirios en un florero de vidrio. Ella pagó $28 por un florero con 5 lirios. El florero costó $8. ¿Cuál fue el precio de cada lirio?

   Piénsalo: ¿Cómo puedes representar el precio de los lirios sin florero?

Escoge una estrategia

Resuelve. Usa éstas u otras estrategias.

Estrategias para resolver problemas

- **Usa un patrón**
- **Escribe una ecuación**
- **Estima y verifica**
- **Usa el razonamiento lógico**

3. En Flores Bloom, el precio de una orquídea es el doble del precio de un tulipán. En total, un tulipán y una orquídea cuestan $18. ¿Cuál es el precio de un tulipán?

4. En Flores Bloom, el lunes se vendieron once plantas de hiedra más que plantas de crisantemo. Se vendieron 24 plantas de crisantemo. En total, ¿cuántas plantas de hiedra y crisantemo se vendieron el lunes en la tienda?

5. Un macetero grande cuesta $5 más que uno mediano. Un macetero mediano cuesta $4 más que uno pequeño. Un macetero pequeño cuesta $2. Si compraras un macetero de cada tamaño, ¿cuál sería el precio total?

6. Hay cuatro plantas en una fila. La hiedra está entre las plantas de helecho y de jade. El jade está entre la hiedra y la planta de araña. El helecho es la planta que está más hacia la izquierda. ¿Qué planta está más hacia la derecha?

7. Para alimentar las plantas, se agregan 7 gotas de alimento para plantas a un cuarto de agua. Hay 4 cuartos en un galón. ¿Cuántas gotas de alimento para plantas se necesitan para un galón de agua?

8. Observa este patrón.

   ROSASROSASROSASROSAS

   Si el patrón continúa, ¿cuántas *eses* hay en las primeras 100 letras?

Práctica adicional Consultar 7–10, página 155.

Verificación rápida

Verifica los conceptos de las Lecciones 10–15

Evalúa cada expresión si $p = 6$.

1. $p \times 7$ **2.** $36 \div p$ **3.** $p + 24$

Resuelve cada ecuación. Verifica la solución.

4. $n \div 9 = 4$ **5.** $3x = 15 + 6$ **6.** $5 + 3 = r \div 4$

Copia y completa cada tabla de función.

7. $m = 3n - 2$

n	*m*
3	?
?	4
1	?

8. $y = 3x + 3$

x	*y*
?	9
4	?
3	?

Resuelve. Usa la matriz para el Problema 9.

9. ¿Qué expresión representa la relación que hay entre el último número de una fila y el número de la fila?

10. Un saco de arena cuesta $7. El precio de reparto de una orden es de $10. Escribe una ecuación que represente el precio total de reparto de 4 sacos de arena.

Fila 1	2 4 6 8 10
Fila 2	12 14 16 18 20
Fila 3	22 24 26 28 30
Fila 4	32 34 36 38 40
Fila 5	
Fila 6	

¿Cómo te fue?

Si tuviste dificultades en cualquiera de las partes de Verificación rápida, puedes usar las siguientes páginas para repasar y practicar más.

Estándares	Ejercicios	Repasar estas páginas	Hacer estos ejercicios de práctica adicional
Álgebra: **1.1**	1–3	páginas 132–134	Conjunto I, página 154
Álgebra: **1.1**	4–6	páginas 136–138	Conjunto J, página 154
Álgebra: **1.1, 1.4, 1.5**	7–8	páginas 144–146	Conjunto K, página 154
Álgebra: **1.1, 1.4** Razonamiento matemático: **1.1, 2.3, 2.4, 3.1, 3.2**	9,10	páginas 140–141, 148–149	5–10, página 155

Preparación para pruebas • Repaso acumulativo

Mantener los estándares

Marca la letra de la respuesta correcta. Si la respuesta correcta no aparece, marca NA.

1. Una tienda vende lápices en paquetes de 8 lápices. Si la Sra. Hermida necesita 56 lápices, ¿cuántos paquetes debe comprar?

   A 5 **C** 7
   B 6 **D** NA

2. ¿Qué expresión no es igual a 16?

   F 4×4
   G $2 \times 2 \times 4$
   H $2 \times 2 \times 2 \times 3$
   J 2×8

3. ¿Cuál es el valor de n?

   $$n \div 7 = 6$$

   A 32
   B 35
   C 36
   D 42

4. ¿Qué número debería ir en la casilla para que la ecuación sea verdadera?

   $$(4 \times 4) + 3 = 16 + \blacksquare$$

   F 1
   G 2
   H 3
   J 4

5. ¿Qué expresión es igual a 38?

   A $5 \times (9 - 7)$ **C** $(5 \times 7) - 9$
   B $(5 \times 9) - 7$ **D** $(7 \times 9) - 5$

Usa la tabla para contestar las Preguntas 6–7.

x	*y*
1	6
2	12
3	18
4	?

6. ¿Qué ecuación representa la tabla?

   F $y = x + 6$
   G $y = x - 6$
   H $y = 6x$
   J $y = x \div 6$

7. ¿Qué número falta en la tabla?

   A 6 **C** 24
   B 22 **D** 32

8. Lynn, Beth y Mark intercambian tarjetas de béisbol. Lynn cambia 5 de sus tarjetas por 4 tarjetas de Beth y 7 de sus tarjetas por 9 tarjetas de Mark. Si Lynn tenía 50 tarjetas al principio, ¿cuántas tiene ahora?

   Explícalo ¿Cómo hallaste el resultado?

Página segura

Preparación para pruebas
Visita **www.eduplace.com/kids/mhm** para más *Preparación para pruebas.*

Práctica adicional

Conjunto A (Lección 1, páginas 106–109)

Multiplica. Usa dobles como ayuda.

1. 2×8
2. 3×7
3. 8×5
4. 8×3
5. 7×4
6. 4×8
7. 8×8
8. 10×6
9. 10×7

Compara. Escribe >, < o = en el ●.

10. 4×10 ● 6×8
11. 3×4 ● 6×2
12. 5×5 ● 3×10

Conjunto B (Lección 2, páginas 110–111)

Resuelve. Señala la propiedad que usaste.

1. $1 \times 7 = n$
2. $5 \times 7 = m \times 5$
3. $(4 \times 5) \times 6 = 4 \times (v \times 6)$
4. $83 \times 1 = h$
5. $0 \times 92 = r$
6. $p = 3 \times (5 \times 1)$

Conjunto C (Lección 3, páginas 112–115)

Multiplica.

1. 3×9
2. 10×7
3. 6×5
4. 10×0
5. 7×5
6. 10×9
7. 8×5
8. 4×9
9. $5 \times 5 \times 2$

Conjunto D (Lección 4, páginas 118–119)

Completa cada familia de operaciones.

1. $4 \times 7 =$ ■
$7 \times 4 =$ ■
$28 \div 4 =$ ■
$28 \div 7 =$ ■
2. $5 \times 6 =$ ■
$6 \times 5 =$ ■
$30 \div 5 =$ ■
$30 \div 6 =$ ■
3. $7 \times 6 =$ ■
$6 \times 7 =$ ■
$42 \div 6 =$ ■
$42 \div 7 =$ ■
4. $6 \times 9 =$ ■
$9 \times 6 =$ ■
$54 \div 6 =$ ■
$54 \div 9 =$ ■

Escribe la familia de operaciones para cada conjunto de números.

5. 2, 7, 14
6. 3, 5, 15
7. 4, 5, 20
8. 7, 8, 56

Práctica adicional

Conjunto E (Lección 5, páginas 120–121)

Divide.

1. $16 \div 2$ **2.** $42 \div 6$ **3.** $45 \div 5$ **4.** $32 \div 8$

5. $4\overline{)20}$ **6.** $6\overline{)48}$ **7.** $4\overline{)28}$ **8.** $4\overline{)24}$

Conjunto F (Lección 6, páginas 122–123)

Resuelve. Si una ecuación no tiene solución, señala por qué.

1. $9 \div 1 = n$ **2.** $7 \div 0 = p$ **3.** $m \div 6 = 0$ **4.** $j \div 1 = 8$

5. $0 \div 3 = k$ **6.** $4 \div m = 4$ **7.** $t \div 1 = 1$ **8.** $m \div 5 = 1$

Compara. Escribe $>$, $<$ o $=$ en el ●.

9. $5 \div 1$ ● $6 \div 1$ **10.** $0 \div 7$ ● $7 \div 7$ **11.** $32 \div 32$ ● $521 \div 521$

Conjunto G (Lección 7, páginas 124–125)

Divide.

1. $7 \div 7$ **2.** $35 \div 5$ **3.** $28 \div 7$ **4.** $42 \div 7$

5. $70 \div 7$ **6.** $14 \div 7$ **7.** $40 \div 4$ **8.** $90 \div 9$

9. $7\overline{)63}$ **10.** $9\overline{)54}$ **11.** $9\overline{)18}$ **12.** $5\overline{)40}$

Conjunto H (Lección 8, páginas 126–127)

Divide.

1. $2\overline{)7}$ **2.** $4\overline{)5}$ **3.** $5\overline{)13}$ **4.** $2\overline{)11}$ **5.** $7\overline{)32}$

6. $4\overline{)9}$ **7.** $6\overline{)10}$ **8.** $7\overline{)24}$ **9.** $7\overline{)16}$ **10.** $4\overline{)29}$

11. $13 \div 2$ **12.** $13 \div 4$ **13.** $17 \div 5$ **14.** $14 \div 3$

15. $27 \div 8$ **16.** $18 \div 4$ **17.** $34 \div 7$ **18.** $43 \div 6$

Práctica adicional

Conjunto I *(Lección 10, páginas 132–135)*

Evalúa cada expresión si $p = 8$.

1. $4p$
2. $p \div 4$
3. $p + 5$
4. $p - 2$
5. $p + 10$
6. $p \div 8$
7. $64 \div p$
8. $p \div 1$

Sea n el número de aviones a escala de la colección de Jill. Escribe una expresión algebraica para cada descripción.

9. la mitad de los aviones a escala de la colección de Jill
10. 3 veces los aviones a escala de la colección de Jill
11. 6 aviones a escala menos que los de la colección de Jill
12. 5 aviones a escala más que los de la colección de Jill

Conjunto J *(Lección 11, páginas 136–139)*

Resuelve cada ecuación. Verifica la solución.

1. $7m = 21$
2. $r \div 7 = 6$
3. $8 = 8q$
4. $9 = 18 \div n$
5. $n \div 7 = 4$
6. $18 = 3n$
7. $5m = 20 + 5$
8. $5 + 3 = x \div 4$

Conjunto K *(Lección 14, páginas 144–146)*

Copia y completa cada tabla de función.

$m = 3n - 2$

	n	m
1.	4	
2.	6	
3.		4

$y = 5x - 4$

	x	y
4.	3	
5.	6	
6.		36

$z = 4q - 1$

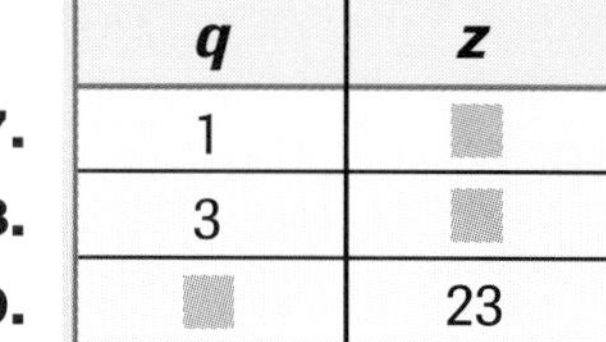

	q	z
7.	1	
8.	3	
9.		23

$p = 2m + 1$

	m	p
10.	9	
11.	7	
12.		11

Práctica adicional • Resolver problemas

Resuelve. *(Lección 9, páginas 128–129)*

1. Una tienda de juguetes vende figuritas a $3 cada una o 4 por $11. Imagina que quieres comprar 10 figuritas. ¿Cuál será el precio total?

2. Las canicas cuestan $4 la bolsa. En una bolsa vienen 30 canicas. ¿Cuántas canicas puedes comprar por $12?

3. Roberto compra tarjetas de béisbol a $2 el paquete. En cada paquete vienen 8 tarjetas de béisbol. ¿Cuántas tarjetas de béisbol puede comprar Roberto por $10?

4. Maya gastó $32 en paquetes de tarjetas y de canicas. Gastó 3 veces en canicas lo que gastó en tarjetas. ¿Cuánto dinero gastó en cada cosa?

Usa la matriz de números enteros consecutivos para los Problemas 5–6. *(Lección 12, páginas 140–141)*

5. El último número de una fila es 42. ¿Cuál es el número de la fila?

6. Copia y completa la matriz. Comienza en 1. Subraya el 1 y el 2 y rodea con un círculo el número siguiente. Luego subraya los próximos dos números y rodea con un círculo el número siguiente. Continúa con este patrón hasta el final. Describe los números rodeados con un círculo.

Fila 1	1	2	3	4	5	6
Fila 2	7	8	9	10	11	12
Fila 3	13	14	15	16	17	18
Fila 4	19	20	21	22	23	24
Fila 5	25	26	27	28	29	30
Fila 6	■	■	■	■	■	■
Fila 7	■	■	■	■	■	■

Usa la estrategia de Escribe una ecuación para resolver cada problema.
(Lección 15, páginas 148–149)

7. Una panadería vende tartas de manzana a $2 cada una. El precio de reparto de cualquier orden es $4. Al Sr. Kelly le gustaría que le enviaran 12 tartas de manzana a su oficina. ¿Cuál será el precio?

8. Una panadería vende hogazas de pan de centeno en canastas. Una canasta de 6 hogazas de pan de centeno se vende por $14. La canasta sola cuesta $2. ¿Cuál es el precio de cada hogaza de pan?

9. Una docena de panecillos cuesta el doble que una docena de panes de cebolla. En total, cuestan $9. ¿Cuál es el precio de una docena de panecillos?

10. Para hacer panes de semilla de amapola, se necesitan 2 huevos por cada docena de panes. ¿Cuántos huevos se necesitan para 6 docenas de panes de semilla de amapola?

Repaso del capítulo

Repasar el vocabulario

1. Si el dividendo es 0, ¿qué puedes decir del cociente?
2. Escribe una ecuación de multiplicación y rotula los factores y el producto.
3. ¿Qué residuos son posibles al dividir entre 5?
4. Da un ejemplo de la Propiedad conmutativa de la multiplicación.

Repasar conceptos y destrezas

Multiplica. *(páginas 106–109, 112–115)*

5. 4×8
6. 6×5
7. 8×6
8. 10×4
9. 10×6
10. 7×5
11. 3×9
12. 8×9

Resuelve. Señala la propiedad que usaste. *(páginas 110–111)*

13. $1 \times 29 = n$
14. $(7 \times 6) \times 8 = 7 \times (m \times 8)$
15. $8 \times 9 = y \times 8$

Escribe la familia de operaciones para cada conjunto de números. *(páginas 118–119)*

16. 5, 7, 35
17. 7, 9, 63
18. 3, 7, 21

Divide. *(páginas 120–121, 124–125)*

19. $24 \div 6$
20. $64 \div 8$
21. $36 \div 4$
22. $27 \div 3$
23. $25 \div 5$
24. $45 \div 9$
25. $42 \div 7$
26. $70 \div 10$

Resuelve. Si una ecuación no tiene solución, señala por qué. *(páginas 122–123)*

27. $8 \div 1 = n$
28. $5 \div 0 = t$
29. $9 \div m = 9$
30. $m \div 1 = 7$

Divide. *(páginas 126–127)*

31. $17 \div 2$
32. $21 \div 4$
33. $27 \div 5$
34. $29 \div 8$

Evalúa cada expresión si $n = 6$. *(páginas 132–135)*

35. $7n$
36. $n + 12$
37. $48 \div n$
38. $3n + 7$

Sea *n* el número de gatos de la colección de Sofía. Escribe una expresión algebraica para cada descripción.

39. 7 gatos menos que los de la colección de Sofía

40. 4 veces la cantidad de gatos de la colección de Sofía

Resuelve cada ecuación. Verifica la solución. *(páginas 136–139)*

41. $9m = 27$ **42.** $7 = 7r$ **43.** $7 = 42 \div x$ **44.** $n \div 8 = 7$

Copia y completa cada tabla de función.

45. $m = 3n + 2$

n	*m*
5	■
7	■
2	■

46. $y = 4x - 5$

x	*y*
3	■
7	■
11	■

Resuelve. *(páginas 128–129, 148–149)*

47. Una tienda deportiva vende camisetas a $5 cada una o 5 por $22. ¿Cuál será el precio total de 8 camisetas?

49. La tienda deportiva vende gorras de béisbol a $4 cada una. El precio por entrega es de $6 la orden. ¿Cuánto costará que envíen 12 gorras?

48. La tienda de regalos del zoológico vende carteles a $6 cada uno o 3 por $15. ¿Cuál será el precio total de 5 carteles?

50. La tienda de regalos del zoológico gana $2 por cada máscara de animal que vende. ¿Cuántas máscaras debe vender para obtener una ganancia de $24?

Acertijos Razonamiento matemático

Complétalos

Copia y completa. Usa cada uno de los dígitos de 1–9 una vez.

■ × 4 = 2 ■
6 × ■ = ■ 0
8 × ■ = ■ 6
6 × ■ = 54
■ × 4 = 1 ■

¿Quién no corresponde?

Piensa en la multiplicación. ¿Qué número no corresponde? Explica por qué.

18 63 90 25

Acertijos
Visita **www.eduplace.com/kids/mhm** para más *Acertijos.*

Prueba del capítulo

Multiplica.

1. 4×6 **2.** 8×7 **3.** 10×9 **4.** 5×7 **5.** 9×8

6. 6×3 **7.** 9×2 **8.** 8×7 **9.** 7×7 **10.** 6×5

Resuelve cada ecuación. Señala la propiedad que usaste.

11. $1 \times 37 = n$ **12.** $(9 \times 7) \times 3 = 9 \times (m \times 3)$

Escribe la familia de operaciones para cada conjunto de números.

13. 8, 7, 56 **14.** 9, 6, 54

Resuelve. Si una ecuación no tiene solución, señala por qué.

15. $9 \div 0 = t$ **16.** $m \div 1 = 4$

Divide.

17. $24 \div 8$ **18.** $48 \div 8$ **19.** $45 \div 5$ **20.** $63 \div 9$

21. $33 \div 5$ **22.** $53 \div 7$ **23.** $41 \div 8$ **24.** $70 \div 9$

Evalúa cada expresión si $n = 6$.

25. $n + 15$ **26.** $48 \div n$ **27.** $6n + 7$

Resuelve cada ecuación. Verifica la solución.

28. $7m = 42$ **29.** $9 = 72 \div x$ **30.** $n \div 4 = 8$ **31.** $4m = 20$

Resuelve.

32. Una camisa grande cuesta $4 más que una mediana. Una camisa mediana cuesta $3 más que una pequeña. La camisa pequeña cuesta $8. Si compras una camisa de cada tamaño, ¿cuál sería el precio total?

33. La tienda de globos vende globos en grupos de 7. El precio de entrega de un grupo de globos es de $6. El precio total por la entrega de un grupo de globos es de $20. ¿Cuál es el precio de cada globo?

Escríbelo

Resuelve cada problema. Usa el vocabulario matemático correcto para explicar tu razonamiento.

1. Joan tiene 18 estampillas de Alemania.

a. ¿Cuántas matrices rectangulares diferentes pueden formarse con las estampillas? Dibuja las matrices.

b. Escribe la familia de operaciones que corresponde a cada matriz.

c. Una familia de operaciones contiene los números 4 y 8. ¿Qué otros números pertenecen a la familia de operaciones? ¿Existe otro número para una familia de operaciones diferente? Escribe las ecuaciones para ambas familias de operaciones.

2. Amy completó la siguiente división:

a. Explica en qué se equivocó.

b. Demuestra cómo hallar el resultado correcto.

6 R3
2)15
12
3

Una vez más

La Sra. Johnson está evaluando una prueba de matemáticas. Ella pone la cantidad de respuestas correctas de las pruebas de cada estudiante en el Encogedor. Luego coloca el número que sale del Encogedor en el Expandidor. El número que sale del Expandidor es la calificación de la prueba del estudiante.

Usa el Encogedor y el Expandidor para resolver los problemas. Puedes usar lo que sabes acerca de la multiplicación y la división.

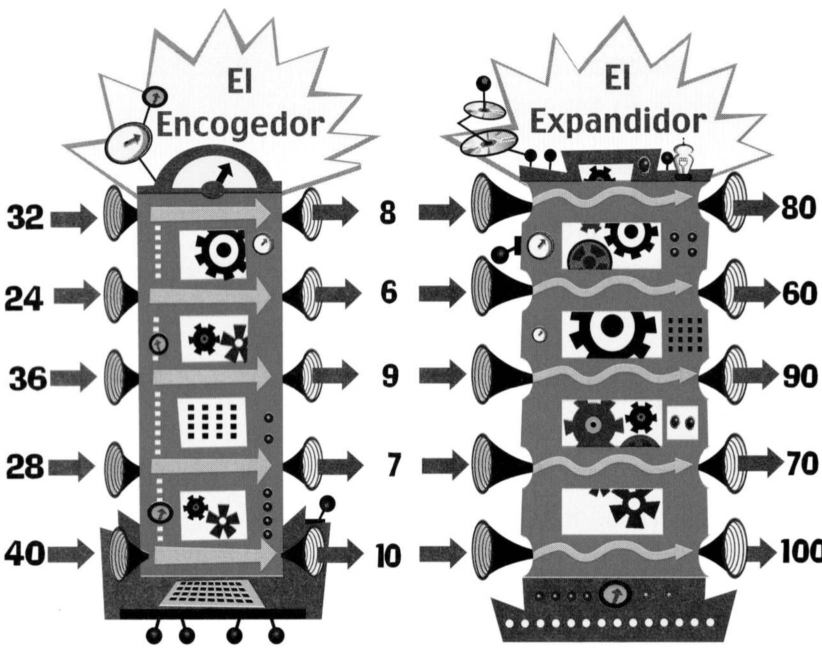

1. Escribe una operación de división para cada par de números de entrada-salida que se muestra en el Encogedor.

2. Escribe una operación de multiplicación para cada par de números de entrada-salida que se muestra en el Expandidor.

3. **Verifícalo** Describe la regla para cada máquina. Escribe después una expresión que use una variable como entrada, para la salida de cada máquina.

4. **Analízalo** Halla la calificación final que obtendría un estudiante con 34 respuestas correctas. *Pista:* Examina las calificaciones finales para 32 y 36 respuestas correctas.

Estándares	NS **3.0** AF **1.0, 1.1**

Ampliación

La criba de Eratóstenes

Un **número primo** es un número entero que tiene exactamente dos factores: el número mismo y el 1. Si se divide un número primo entre cualquier número entero distinto de él mismo o de 1, el residuo no será cero.

Eratóstenes fue un matemático griego de la Antigüedad que descubrió la siguiente manera de hallar números primos. Sigue estos pasos para hallar todos los números primos menores que 50.

Vocabulario
nuevo
número primo
múltiplos
número compuesto

Paso 1 Haz una tabla como la siguiente para representar todos los números enteros del 1 al 50.

1	2	3	4	5	6	7	8	9	10
11	12	13	14	15	16	17	18	19	20
21	22	23	24	25	26	27	28	29	30
31	32	33	34	35	36	37	38	39	40
41	42	43	44	45	46	47	48	49	50

Dibuja un recuadro alrededor del 1. El número 1 no es primo porque tiene sólo un factor, el 1.

Paso 2 Rodea con un círculo el 2. Tacha todos los **múltiplos** de 2 que sean mayores que 2.

Para hallar los múltiplos de 2, cuenta de 2 en 2.
2, 4, 6, 8, 10, 12, 14, ...
(Suma 2 más cada vez.)

Paso 3 Vuelve al comienzo de la tabla. Rodea con un círculo el número menor que no esté rodeado con un círculo o tachado (debería ser el 3). Tacha todos los múltiplos de 3 que sean mayores que 3 y que no hayan sido tachados aún.

Paso 4 Vuelve al comienzo de la tabla nuevamente. Rodea con un círculo el número menor que no esté rodeado con un círculo o tachado. Tacha todos los múltiplos de ese número que sean mayores que ese número y que no hayan sido tachados aún.

Paso 5 Sigue repitiendo el paso 4 hasta que todos los números estén rodeados con un círculo o tachados.

Paso 6 Haz una lista de todos los números que están rodeados con un círculo. A continuación aparecen los números primos menores que 50.

A los números que están tachados se les llama números compuestos.

Un **número compuesto** tiene más de dos factores.

Explícalo

Al rodear con un círculo el 7, el único múltiplo que se podía tachar era el 49. ¿Por qué?

Estándares NS **4.2**

Multiplicar números enteros

¿Por qué aprender acerca de la multiplicación de números enteros?

La multiplicación de números enteros es lo mismo que la suma repetida. Al multiplicar, puedes hallar rápidamente la cantidad total de un número de grupos iguales.

Cuando acuerdas con alguien un pago de $2.50 la hora por barrer hojas durante 3 horas, puedes usar la multiplicación para calcular cuánto dinero ganarás.

Estos jóvenes cobran $5.00 por cada carro que lavan. Para hallar cuánto dinero ganarán, ellos pueden multiplicar $5.00 por el número de carros que laven.

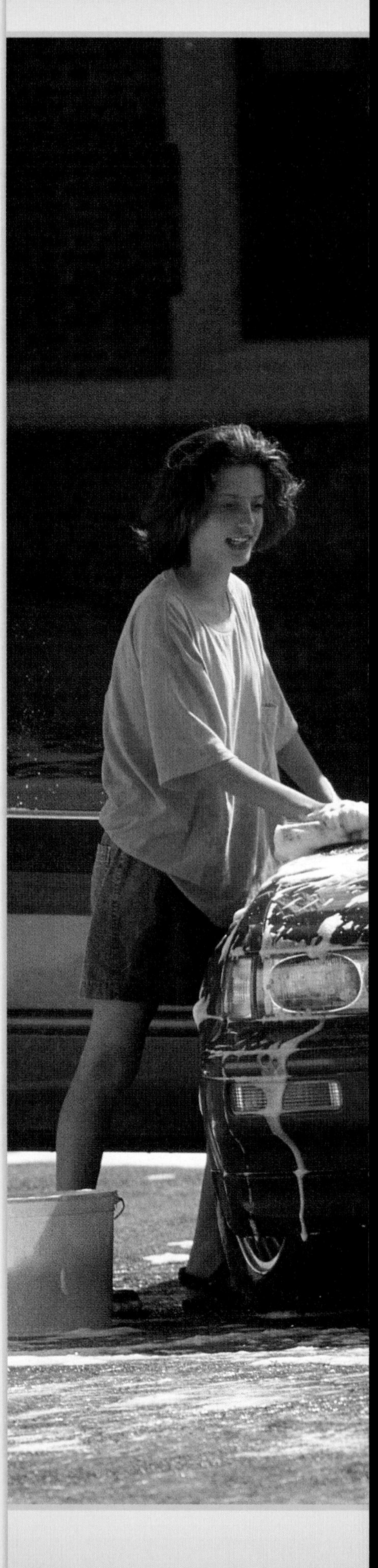

CAR
WASH
$5.00

Repasar el vocabulario

Entender el lenguaje matemático te ayudará a resolver problemas con más facilidad. Éstas son algunas palabras de vocabulario matemático que deberías saber.

multiplicar Hallar el número total de objetos que hay en grupos iguales

producto El resultado de un problema de multiplicación

factor Uno de dos o más números que se multiplican para hallar un producto.

Leer palabras y símbolos

Cuando lees matemáticas, a veces lees solamente palabras, a veces lees palabras y símbolos, y a veces lees sólo símbolos.

Las propiedades de la multiplicación te pueden servir para multiplicar.

Propiedad conmutativa Puedes cambiar el orden de los factores y el producto permanece igual.

$$6 \times 8 = 48$$
$$8 \times 6 = 48$$
$$6 \times 8 = 8 \times 6$$

Propiedad del cero Si multiplicas cualquier número por 0, el producto es 0.

$$0 \times 9 = 0$$
$$9 \times 0 = 0$$

Propiedad del uno Si multiplicas cualquier número por 1, el producto es ese número.

$$1 \times 5 = 5$$
$$5 \times 1 = 5$$

Propiedad asociativa Puedes agrupar factores de diferentes maneras y el producto permanece igual.

$$(\underbrace{4 \times 2}_{8}) \times 3 = 4 \times (\underbrace{2 \times 3}_{6})$$
$$8 \times 3 = 4 \times 6$$
$$24 = 24$$

Inténtalo

1. Señala qué propiedad de la multiplicación usarías para resolver cada par de ecuaciones. Luego resuelve cada ecuación.

a. $9 \times 5 = n$
$5 \times 9 = n$

b. $(2 \times 2) \times 3 = n$
$2 \times (2 \times 3) = n$

c. $1 \times 8 = n$
$8 \times 1 = n$

d. $6 \times 0 = n$
$0 \times 6 = n$

2. Escribe *verdadero* o *falso* para cada enunciado.

a. El producto es siempre mayor que los factores.

b. Ambos factores no pueden ser el mismo número.

c. Un producto puede ser el mismo número que un factor.

d. Puedes usar un patrón para multiplicar por 5.

3. Usa las pistas para hallar cada número.

a. El producto de sus dígitos es 24.
Es impar.
La diferencia entre sus dígitos es 5.

b. Es par.
El producto de sus dígitos es 18.
La suma de sus dígitos es 9.

c. La diferencia entre sus dígitos es 1.
El producto de sus dígitos es 20.
Es impar.

d. El producto de sus dígitos es 6.
La diferencia entre sus dígitos es 5.
Es impar.

e. La suma de sus dígitos es 5.
El producto de sus dígitos es 6.
Es par.

f. Es impar.
El producto de sus dígitos es 9.
La diferencia entre sus dígitos es 0.

Cálculo mental: Multiplicar por múltiplos de 10, 100 y 1,000

Aprenderás cómo usar las operaciones básicas y los patrones como ayuda para multiplicar mentalmente.

Apréndelo

Duane está aprendiendo acerca del número de calorías que se queman realizando diferentes actividades. ¿Cuántas calorías quemará Duane si juega tenis por 3 horas?

Actividad	Calorías que se queman en una hora
Nadar	300
Montar a caballo	350
Andar en bicicleta	400
Jugar tenis	400
Jugar básquetbol	450
Ir de excursión	200

Multiplica. $3 \times 400 = n$

Halla 3 × 400.

Puedes usar operaciones básicas y patrones de ceros como ayuda para multiplicar.

$3 \times 4 = 12$ (3 × 4 unidades)

$3 \times 40 = 120$ (3 × 4 decenas)

$3 \times 400 = 1{,}200$ (3 × 4 centenas)

Piénsalo: ¿Qué observas acerca de la cantidad de ceros de los factores y del producto?

Solución: Duane quemará 1,200 calorías.

Otro ejemplo

Múltiplo de 1,000

Halla 5 × 8,000.

$5 \times 8 = 40$
$5 \times 80 = 400$
$5 \times 800 = 4{,}000$
$5 \times 8{,}000 = 40{,}000$

Por qué funciona

$5 \times 8{,}000 = 5 \times (8 \times 1{,}000)$
$= (5 \times 8) \times 1{,}000$
$= 40 \times 1{,}000$
$= 40{,}000$

Explícalo

► ¿Qué operación básica y que patrón de ceros se utilizaron en el ejemplo?

Práctica guiada

Usa operaciones básicas y patrones para hallar cada producto.

1. 5 × 7
5 × 70
5 × 700
5 × 7,000

2. 8 × 6
8 × 60
8 × 600
8 × 6,000

Asegúrate

- ¿Qué operación básica puedo usar?
- ¿Cuántos ceros debería haber en el producto?

Estándares	NS **3.0** MR **1.1, 2.3**

Práctica independiente

Usa operaciones básicas y patrones para hallar cada producto.

3. 4×4
4×40
4×400
$4 \times 4{,}000$

4. 7×3
7×30
7×300
$7 \times 3{,}000$

5. 6×9
6×90
6×900
$6 \times 9{,}000$

6. 9×8
9×80
9×800
$9 \times 8{,}000$

7. 6×5 **8.** 6×50 **9.** 6×500 **10.** $6 \times 5{,}000$

11. 2×80 **12.** 4×50 **13.** 6×70 **14.** 9×90

15. 3×200 **16.** 7×700 **17.** 9×300 **18.** 5×900

19. $6 \times 4{,}000$ **20.** $2 \times 5{,}000$ **21.** $4 \times 4{,}000$ **22.** $3 \times 6{,}000$

Resolver problemas • Razonamiento

Usar datos **Usa la tabla de la página 166 para los Problemas 23–25.**

23. Sam nadó por 1 hora y anduvo en bicicleta por 2 horas. ¿Cuántas calorías quemó Sam?

24. **Compáralo** Tina dice que en 3 horas de excursión quemó la misma cantidad de calorías que en 2 horas de andar a caballo. ¿Está en lo correcto? Explica.

25. **Analízalo** Duane realizó 3 actividades diferentes durante 1 hora cada una. Él quemó un total de 1,250 calorías. ¿Qué actividades realizó?

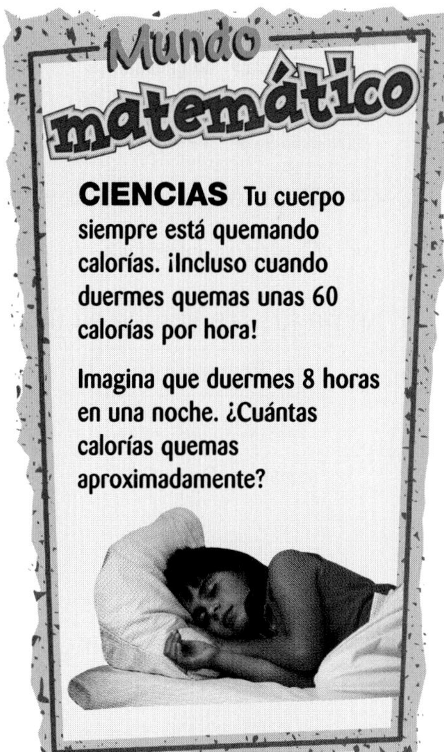

Mundo matemático
CIENCIAS Tu cuerpo siempre está quemando calorías. ¡Incluso cuando duermes quemas unas 60 calorías por hora!
Imagina que duermes 8 horas en una noche. ¿Cuántas calorías quemas aproximadamente?

Repaso mixto • Preparación para pruebas

Compara. Escribe >, < o = en el ⬬. *(páginas 6–9)*

26. 1,280 ⬬ 1,208

27. 700 + 30 + 6 ⬬ 30,000 + 20

28. 500,000 + 4,000 + 900 ⬬ 799,901

Escoge la letra de la respuesta correcta. *(páginas 10–11)*

29 ¿Cuánto es 3,295 redondeado a la decena más cercana?

A 3,300 **C** 3,200
B 3,290 **D** 3,000

30 ¿Cuánto es 53,922 redondeado a la centena más cercana?

F 50,000 **H** 53,920
G 53,900 **J** 54,000

Práctica adicional Consultar el Conjunto A, página 204.

Demostrar la multiplicación por números de un dígito

Aprenderás cómo multiplicar números usando bloques de base diez.

Apréndelo

Usa bloques de base diez como ayuda para multiplicar un número de dos dígitos por un número de un dígito.

Los estudiantes de cuarto grado de la Escuela Smith van de paseo. Hay 32 estudiantes en cada uno de los 3 autobuses.

¿Cuántos estudiantes hay en total?

Halla 3 × 32.

Materiales

Para cada pareja: bloques de base diez

Usa bloques de base diez para representar 3 grupos de 32.

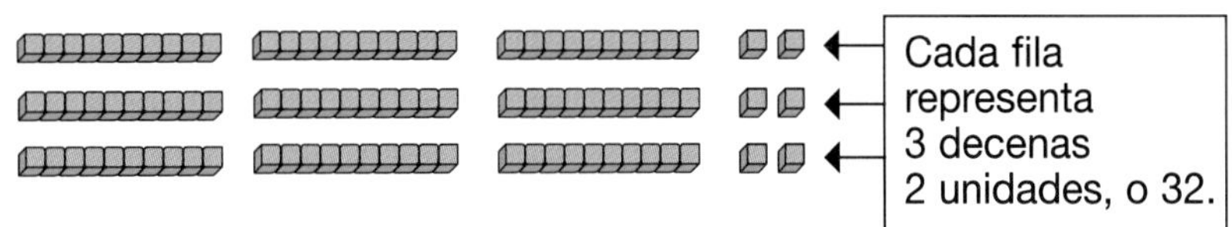

Cada fila representa 3 decenas 2 unidades, o 32.

- ¿Cuántos bloques de decenas usaste?
- ¿Cuántos bloques de unidades usaste?

Anota tus resultados en una tabla como la siguiente.

Decenas	Unidades
9	6

¿Cuánto es 3 × 32?

¿Cómo hallarías el número total de estudiantes si hubiera 2 clases de 26 estudiantes en cada una?

Halla 2 × 26.

Paso 1 Usa bloques de base diez para representar 2 grupos de 26.

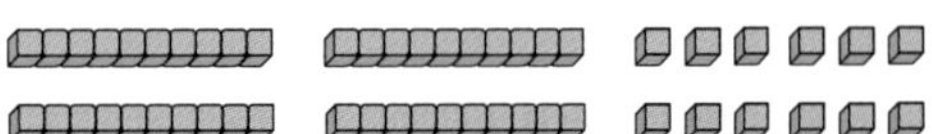

- ¿Cuántos bloques de decenas usaste?
- ¿Cuántos bloques de unidades usaste?

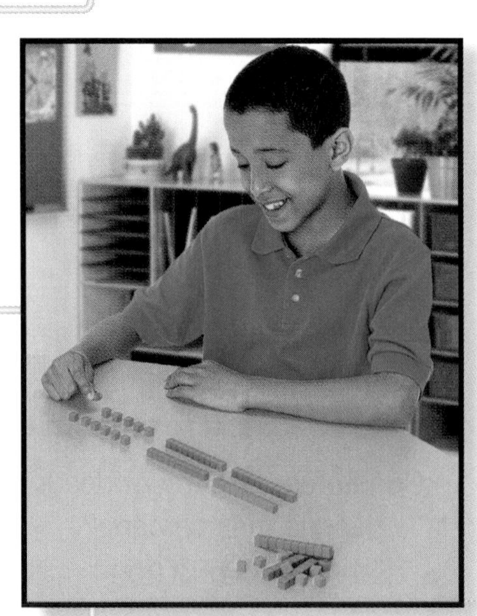

Estándares	NS **3.0** MR **2.3, 2.4**

Paso 2 Cuando el número de bloques de unidades es 10 o mayor que 10, debes reagrupar 10 unidades en 1 decena.

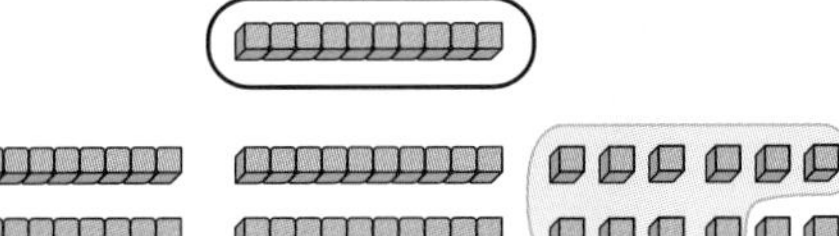

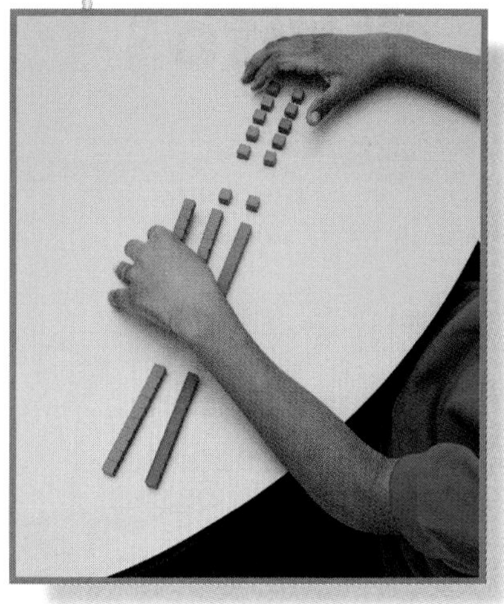

- ¿Cuántos bloques de decenas y cuántos bloques de unidades tienes ahora?

¿Cuánto es 2×26?

Inténtalo

Señala qué enunciado de multiplicación representan los bloques.

1.

2.

Usa bloques de base diez para hallar cada producto.

3. 3×31	**4.** 2×18	**5.** 4×21	**6.** 3×22
7. 5×15	**8.** 2×27	**9.** 7×13	**10.** 4×16

11. Escríbelo Vuelve a los Ejercicios 3–10. ¿En qué ejercicios tuviste que reagrupar unidades en decenas? ¿Cómo puedes saber si deberás reagrupar, sólo con mirar el problema?

¡Escríbelo! ¡Coméntalo!

Usa lo que aprendiste para contestar estas preguntas.

12. ¿Qué es menor, 2×31 ó 2×32? Explica cómo puedes saberlo sin multiplicar.

13. ¿Cómo puedes usar la suma para hallar 3×35?

Multiplicar números de dos dígitos por números de un dígito

Aprenderás cómo multiplicar cuando tienes que reagrupar unidades o decenas.

Apréndelo

Joseph tiene una colección de dinosaurios en miniatura. Él ha ordenado sus dinosaurios en los 3 estantes de su cuarto. Hay 26 dinosaurios en cada estante. ¿Cuántos dinosaurios tiene Joseph?

Multiplica. $3 \times 26 = n$

Halla 3 × 26.

Paso 1 Piénsalo: 3 grupos de 26. Usa bloques de base diez para representar 3 grupos de 26.

$$\begin{array}{r} 26 \\ \times\ 3 \\ \hline \end{array}$$

Paso 2 Multiplica las unidades.

3 × 6 unidades = 18 unidades

Reagrupa 18 unidades en 1 decena 8 unidades.

$$\begin{array}{r} ^{1} \\ 26 \\ \times\ 3 \\ \hline 8 \end{array}$$ 18 unidades

Paso 3 Multiplica las decenas.

3 × 2 decenas = 6 decenas

Suma la decena.

6 decenas + 1 decena = 7 decenas

$$\begin{array}{r} ^{1} \\ 26 \\ \times\ 3 \\ \hline 78 \end{array}$$ 7 decenas

Solución: Joseph tiene 78 dinosaurios.

Otros ejemplos

A. Sin reagrupar

$$\begin{array}{r} 43 \\ \times\ 2 \\ \hline 86 \end{array}$$

B. Reagrupando decenas como centenas

$$\begin{array}{r} 71 \\ \times\ 4 \\ \hline 284 \end{array}$$ 4 × 7 decenas = 28 decenas o 2 centenas con 8 decenas

Explícalo

► ¿Cuál es el número más grande de unidades que puedes tener antes de que debas reagrupar? Explica.

Estándares	NS **3.0** AF **1.1, 1.2** MR **2.3**

Práctica guiada

Halla cada producto.

1. 2 × 14

2. 5 × 21

Asegúrate

- ¿Qué multiplico primero?
- ¿Necesito reagrupar unidades? ¿Decenas?
- ¿Necesito sumar decenas?

Multiplica.

3. 41 × 7 **4.** 11 × 8 **5.** 19 × 5 **6.** 31 × 4 **7.** 52 × 3 **8.** 61 × 6

Práctica independiente

Halla cada producto.

9. 3 × 15

10. 4 × 23

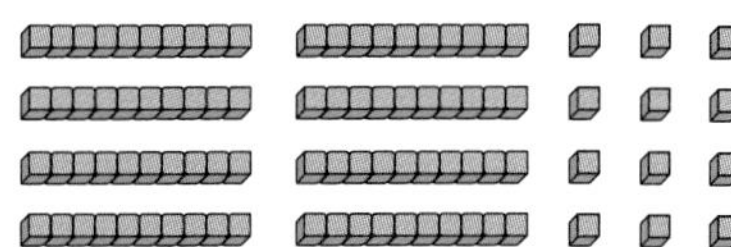

11. 2 × 12

Multiplica.

12. 73 × 2 **13.** 11 × 6 **14.** 92 × 3 **15.** 13 × 5 **16.** 46 × 2 **17.** 31 × 9

18. 63 × 3 **19.** 82 × 4 **20.** 61 × 8 **21.** 12 × 7 **22.** 18 × 5 **23.** 24 × 3

24. 31 × 3 **25.** 92 × 2 **26.** 11 × 9 **27.** 72 × 4 **28.** 16 × 2 **29.** 36 × 2

30. 29 × 2 **31.** 25 × 3 **32.** 29 × 3 **33.** 12 × 3 **34.** 42 × 2 **35.** 16 × 4

36. 51 × 7 **37.** 34 × 2 **38.** 12 × 6 **39.** 16 × 3 **40.** 22 × 2 **41.** 33 × 3

Álgebra • Expresiones **Escribe >, < o = en el ●.**

42. 81 × 3 ● 3 × 81

43. 2 × 3 × 7 ● 5 × 6

44. 8 × 92 ● (8 × 90) + (8 × 2)

45. 98 × 0 ● 98 × 1

Resolver problemas • Razonamiento

Usa la foto a la derecha para los Problemas 46 y 47.

46. Stephen y Margo coleccionan insectos de juguete. Stephen tiene 2 tubos llenos de insectos. Margo tiene 2 paquetes de insectos. ¿Cuántos insectos tiene Stephen?

47. Compáralo Lucas y Mary también coleccionan insectos de juguete. Lucas tiene 5 tubos de insectos. Mary tiene 4 paquetes de insectos. ¿Quién tiene más insectos? Explica.

48. En cinco estantes de una juguetería hay insectos de juguete. El primer estante tiene 10 insectos. El segundo tiene 20. El tercero tiene 40. El cuarto tiene 80. ¿Cuántos insectos predices que habrá en el quinto estante? ¿Por qué?

49. Analízalo Una caja para almacenar tiene 8 cajones que pueden contener 10 insectos cada uno, 6 cajones que pueden contener 15 insectos cada uno y 4 cajones que pueden contener 20 insectos cada uno. ¿Cuántos insectos puede contener la caja en total?

Repaso mixto • Preparación para pruebas

Estima redondeando al mayor valor posicional. *(páginas 64–65)*

50. 8,445 − 5,999 **51.** \$43.99 + \$79.81 **52.** 87¢ − 34¢ **53.** 91,925 + 12,778

Escoge la letra de la respuesta correcta. *(páginas 56–58, 60–62)*

54 ¿Cuánto es la diferencia entre 4,906 y 2,194?

A 2,892 **C** 2,712
B 2,812 **D** 1,812

55 ¿Cuánto es la suma de 10,080 más 733?

F 11,813 **H** 10,713
G 10,813 **J** 10,347

Razonamiento lógico

Observa la manera en que se relaciona el primer par de palabras. Escoge la letra que representa una relación semejante para el segundo par.

56. La multiplicación es a la división como

A. la resta es a la multiplicación
B. la multiplicación es a la resta
C. la suma es a la resta
D. la división es a la suma

Práctica adicional Consultar el Conjunto B, página 204.

Sentido numérico

Diferentes maneras de multiplicar

Cuando la gente multiplica, a menudo multiplica el dígito de las unidades y luego el dígito de las decenas. Pero existen otras maneras de multiplicar.

Morgan descubrió otra manera de multiplicar. Estudia cómo completó la multiplicación.

Multiplica 29 por 4 con el método que te han enseñado. ¿Obtuviste el mismo resultado?

$$\begin{aligned} 29 \times 4 &= (20 + 9) \times 4 \\ &= (20 \times 4) + (9 \times 4) \\ &= 80 + 36 \\ &= 116 \end{aligned}$$

► Al multiplicar, ¿de qué le sirve a Morgan el pensar en el 29 como 20 + 9?

Angélica usó incluso otra manera de multiplicar. Estudia cómo completó la multiplicación.

Multiplica 29 por 4 con el método que te han enseñado. ¿Obtuviste el mismo resultado?

$$\begin{aligned} 29 \times 4 &= (30 - 1) \times 4 \\ &= (30 \times 4) - (1 \times 4) \\ &= 120 - 4 \\ &= 116 \end{aligned}$$

► Al multiplicar, ¿de qué le sirve a Angélica el pensar en el 29 como 30 − 1?

Inténtalo

Usa el método de Morgan para completar cada multiplicación.

1. $$\begin{aligned} 17 \times 9 &= (10 + ■) \times 9 \\ &= (10 \times 9) + (■ \times 9) \\ &= 90 + ■ \\ &= ■ \end{aligned}$$

2. $$\begin{aligned} 98 \times 7 &= (■ + ■) \times 7 \\ &= (■ \times 7) + (■ \times 7) \\ &= ■ + ■ \\ &= ■ \end{aligned}$$

Usa el método de Angélica para completar cada multiplicación.

3. $$\begin{aligned} 39 \times 8 &= (40 - ■) \times 8 \\ &= (40 \times 8) - (■ \times 8) \\ &= 320 - ■ \\ &= ■ \end{aligned}$$

4. $$\begin{aligned} 59 \times 9 &= (■ - ■) \times 9 \\ &= (■ \times 9) - (■ \times 9) \\ &= ■ - ■ \\ &= ■ \end{aligned}$$

Estimar el producto

Aprenderás cómo estimar productos.

Apréndelo

El pueblo de Danny está celebrando el Cinco de Mayo. El año pasado hubo 419 personas en la celebración. Este año se espera el doble de personas. ¿Aproximadamente cuántas personas se esperan este año?

Puedes estimar productos redondeando los factores a su mayor valor posicional.

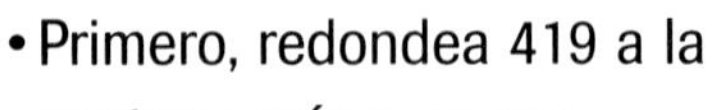

- Primero, redondea 419 a la centena más cercana. 419 **se redondea a** → 400
- Luego multiplica. $2 \times 400 = 800$
  2×419 es aproximadamente 2×400.

Solución: La estimación muestra que este año se esperan aproximadamente 800 personas.

Más ejemplos

A. Estimar al millar más cercano

Estima $3 \times 7{,}901$.

7,901 **se redondea a** → 8,000

$3 \times 8{,}000 = 24{,}000$

$3 \times 7{,}901$ es aproximadamente 24,000.

B. Estimar con dinero

Estima $8 \times \$21.95$.

\$21.95 **se redondea a** → \$20

$8 \times \$20 = \$160$

$8 \times \$21.95$ es aproximadamente \$160.

Explícalo

▶ ¿De qué te sirve estimar un producto para verificar si el resultado de una operación de multiplicación es razonable?

Práctica guiada

Estima cada producto redondeando al mayor valor posicional.

1. $\begin{array}{r} 82 \\ \times\ 5 \\ \hline \end{array}$

2. $\begin{array}{r} \$4.23 \\ \times\ 9 \\ \hline \end{array}$

3. $\begin{array}{r} 781 \\ \times\ 6 \\ \hline \end{array}$

4. $\begin{array}{r} \$8.49 \\ \times\ 8 \\ \hline \end{array}$

5. $2 \times \$28$

6. 4×180

7. $7 \times \$19.95$

Asegúrate

- ¿A qué se redondea el número mayor?
- ¿Necesito escribir un signo de dólar en el producto?

Práctica independiente

Estima cada producto.

8. 55×4 **9.** 639×2 **10.** $4{,}598 \times 3$ **11.** $\$8.74 \times 6$ **12.** $6{,}317 \times 4$

13. 73×7 **14.** 298×5 **15.** $1{,}901 \times 2$ **16.** $\$7.35 \times 3$ **17.** 993×6

18. 8×46 **19.** 9×663 **20.** $5 \times 5{,}294$ **21.** $7 \times \$86.32$

22. 6×487 **23.** $7 \times 7{,}890$ **24.** $9 \times 9{,}409$ **25.** $4 \times \$79.98$

Resolver problemas • Razonamiento

26. **Patrones** Las primeras 5 personas que lleguen a la celebración obtendrán un farolito de papel. Después de eso, cada 5.ª persona recibirá un farolito hasta que se acaben. Si Sally es la 30.ª persona en llegar y hay 10 farolitos para regalar, ¿obtendrá ella un farolito? Explica.

27. El puesto de comida vendió 102 tacos, tres veces más burritos que tacos y dos veces más enchiladas que burritos. Redondeando a la centena más cercana, ¿cuánto se vendió de cada tipo de comida?

28. **Analízalo** Habrá un programa de danza mexicana desde la 1:30 p.m. hasta las 2:15 p.m. Cada grupo bailará durante 5 minutos. ¿Hay suficiente tiempo como para que bailen 7 grupos? Explica.

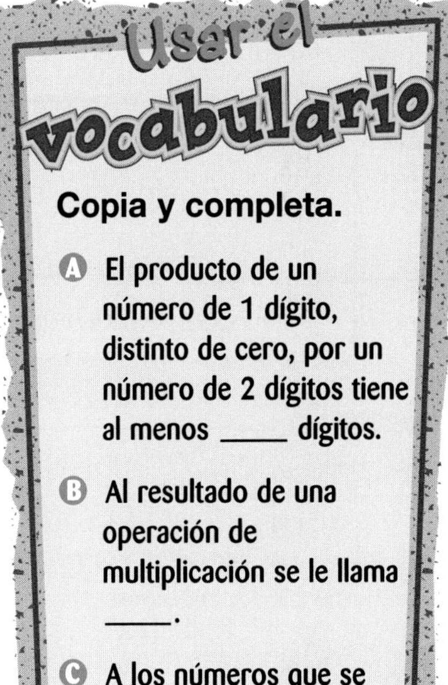

Usar el vocabulario
Copia y completa.
A El producto de un número de 1 dígito, distinto de cero, por un número de 2 dígitos tiene al menos _____ dígitos.
B Al resultado de una operación de multiplicación se le llama _____.
C A los números que se multiplican se les llaman_____ .

Repaso mixto • Preparación para pruebas

Suma o resta. *(páginas 56–58, 60–62, 68–69)*

29. $\$336.30 + 15.32$ **30.** $81{,}426 - 20{,}351$ **31.** $900{,}001 - 399{,}873$

Escoge la letra de la respuesta correcta. *(páginas 4–8)*

32 ¿Qué número es menor que 5,019?

A 5,111 **C** 5,020
B 5,009 **D** 5,100

33 ¿Con qué otro nombre se conoce a las 8 centenas 18 decenas?

F 1,980 **H** 980
G 998 **J** 818

Estrategia: Halla un patrón

Aprenderás cómo resolver problemas hallando un patrón.

A veces puedes usar un patrón para resolver un problema.

Problema Matt quiere resolver el problema de la semana que plantea el club de matemáticas. El tablero muestra los primeros siete números de un patrón. Matt debe hallar los dos números siguientes.

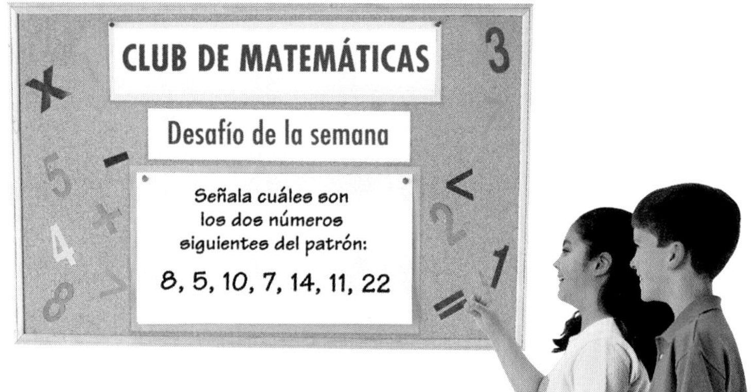

CLUB DE MATEMÁTICAS
Desafío de la semana
Señala cuáles son los dos números siguientes del patrón:
8, 5, 10, 7, 14, 11, 22

¿Cuál es la pregunta?
¿Cuáles son los dos números siguientes del patrón?

¿Qué sabes?
Los primeros siete números son 8, 5, 10, 7, 14, 11, 22.

¿Cómo puedes hallar el patrón?
Halla una regla que describa cómo se relaciona cada número con el número que lo precede.

Halla el patrón.

8 → −3 → 5 → ×2 → 10 → −3 → 7 → ×2 → 14 → −3 → 11 → ×2 → 22

Regla: Resta 3 y anota el número. Multiplica por 2 y anota el número.

Usa la regla para hallar los dos números siguientes.

$22 - 3 = 19$ $19 \times 2 = 38$

Los dos números siguientes de este patrón son el 19 y el 38.

Verifica el problema.
Imagina que Matt deba hallar los cuatro números siguientes. ¿Cuáles son los dos números que deberían ir después del 38?

Estándares	MR **1.0, 1.1, 1.2, 2.0, 3.0, 3.2**

Práctica guiada

Resuelve.

1. Observa el patrón.

   1   5   10   14   28   32

   ¿Cuál es la regla probable? Usa esa regla para hallar el siguiente número del patrón.

   Piénsalo: ¿Cómo paso del primer número al segundo? ¿Del segundo número al tercero?

2. Observa el patrón.

   A   C   E   G   I   K

   ¿Qué regla formaría este patrón? Usa esa regla para hallar la letra siguiente.

   Piénsalo: ¿Cómo paso de la primera letra a la segunda? ¿De la segunda letra a la tercera?

1 5 10 14 28 32

Escoge una estrategia

Resuelve. Usa éstas u otras estrategias.

Estrategias para resolver problemas

- **Escribe una ecuación**
- **Usa el razonamiento lógico**
- **Estima y verifica**
- **Haz un dibujo**

3. Erin y Juan están en un club de computación. Ellos compran 15 discos de computadora. Cada disco cuesta $2. Erin pagó $14 y Juan pagó el resto. ¿Cuánto pagó Juan?

4. Observa el patrón.

   1,000   900   810   730   660

   ¿Qué regla formaría este patrón? Usa esa regla para hallar el número siguiente.

5. Amy vive en la octava casa de la Calle Elm. La primera casa de la Calle Elm tiene el número 1. La segunda tiene el 5. La tercera tiene el 9. La cuarta tiene el 13. Si este patrón continúa, ¿cuál es el número probable de la casa de Amy?

6. Cinco estudiantes tienen tarjetas con los números del 1 al 5 en orden. Bob está tan lejos de Kim como Tara lo está de Ethan. Tara está al medio. Russ tiene el número 1. Ni Ethan ni Bob tienen el número 5. ¿Qué tarjeta tiene cada estudiante?

7. Observa el patrón de las figuras siguientes. Luego dibuja la siguiente figura del patrón.

   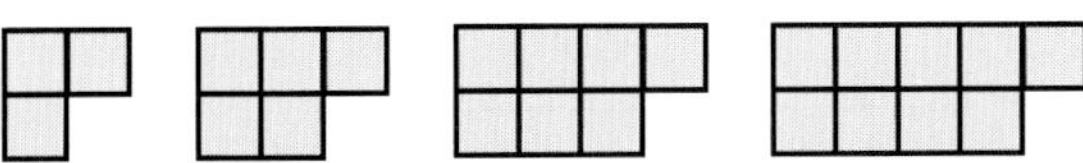

8. Rita compra mantequilla para el club de cocina. Ella compra menos de 15 l de mantequilla todas las semanas. Ella compró 12 l la semana pasada. La diferencia entre la cantidad que ella compró la semana pasada y la que compró esta semana es de 10 l. ¿Cuánta mantequilla compró Rita esta semana?

Práctica adicional Consultar 1 – 4, página 207.

Verificación rápida

Verifica los conceptos de las Lecciones 1–5

Halla cada producto.

1. 6×400 **2.** $3 \times 7{,}000$ **3.** 8×800 **4.** $7 \times 6{,}000$

Multiplica.

5. $\begin{array}{r} 22 \\ \times 3 \\ \hline \end{array}$ **6.** $\begin{array}{r} 34 \\ \times 4 \\ \hline \end{array}$ **7.** $\begin{array}{r} 25 \\ \times 9 \\ \hline \end{array}$ **8.** $\begin{array}{r} 53 \\ \times 6 \\ \hline \end{array}$

Estima cada producto.

9. 6×45 **10.** 3×297 **11.** $4 \times 8{,}321$ **12.** $7 \times \$28.43$

Resuelve.

13. Observa el patrón.

5, 2, 6, 3, 9, 6…

¿Qué regla formaría este patrón? Usa esa regla para hallar el número siguiente.

14. Las letras siguientes forman un patrón.

A, Z, B, Y, C, X, D

¿Cuál es la regla probable? Usa esa regla para hallar la letra siguiente.

¿Cómo te fue?

Si tuviste dificultades en cualquiera de las partes de Verificación rápida, puedes usar las siguientes páginas para repasar y practicar más.

Estándares	Ejercicios	Repasar estas páginas	Hacer estos ejercicios de práctica adicional
Sentido numérico: **3.0** Razonamiento matemático: **1.1**	1–4	páginas 166–167	Conjunto A, página 204
Sentido numérico: **3.0**	5–8	páginas 170–172	Conjunto B, página 204
Sentido numérico: **1.3**	9-12	páginas 174-175	Conjunto C, página 204
Razonamiento matemático: **1.1, 3.0, 3.2**	13–14	páginas 176–177	1–4, página 207

Preparación para pruebas • Repaso acumulativo

Mantener los estándares

Marca la letra de la respuesta correcta. Si la respuesta correcta no aparece, marca NA.

1. ¿Qué enunciado numérico es ejemplo de la Propiedad asociativa?
   A $517 + 345 = 345 + 517$
   B $98 + (57 + 16) = (98 + 57) + 16$
   C $3 \times (5 + 6) = (3 \times 5) + (3 \times 6)$
   D $(87 - 15) + 3 \neq 87 - (15 + 3)$

2. Si $8 \times 4 = ■$, ¿qué ecuación se cumple?
   F $4 \times ■ = 8$
   G $8 \times ■ = 4$
   H $■ \div 8 = 4$
   J $8 \div ■ = 4$

3. $$\begin{array}{r} 207 \\ -68 \\ \hline \end{array}$$
   A 139
   B 141
   C 149
   D 239

4. Marsha necesita 9 cuentas para hacer un brazalete. Si ella tiene 54 cuentas, ¿cuántos brazaletes puede hacer?
   F 5
   G 7
   H 9
   J NA

5. ¿Aproximadamente cuántos estudiantes están matriculados en las tres escuelas?

Matrícula Escolar

Escuela	Número de estudiantes
Jefferson	5,947
Washington	3,015
Lincoln	4,118

   A 10,000 **C** 12,000
   B 11,000 **D** 13,000

6. ¿Qué expresión no es igual a 42?
   F $2 \times 2 \times 2 \times 2 \times 2$
   G $2 \times 3 \times 7$
   H 6×7
   J 2×21

7. Hay 20 filas de sillas con 8 sillas en cada fila. ¿Cuántas sillas hay?
   A 28 **C** 160
   B 150 **D** 208

8. ¿Qué número debería ir en la casilla para que el enunciado numérico sea verdadero?

$$(16 \div 8) \times 5 = (■) \times 5$$

Explícalo. Señala cómo hallaste el resultado.

Página segura

Preparación para pruebas
Visita **www.eduplace.com/kids/mhm** para más *Preparación para pruebas.*

Multiplicar números de tres dígitos por números de un dígito

Aprenderás cómo multiplicar números de tres dígitos por números de un dígito.

Apréndelo

El resbaladero de agua del parque mide 295 pies de longitud. El nuevo resbaladero de agua medirá 3 veces más. ¿Cuánto medirá el nuevo resbaladero de agua?

Multiplica. $3 \times 295 = n$

Halla 3 × 295.

Paso 1 Multiplica las unidades.
3 × 5 = 15 unidades

Paso 2 Multiplica las decenas.
3 × 9 = 27 decenas
Suma la decena.
27 + 1 = 28 decenas

Paso 3 Multiplica las centenas.
3 × 2 = 6 centenas
Suma las 2 centenas.
6 + 2 = 8 centenas

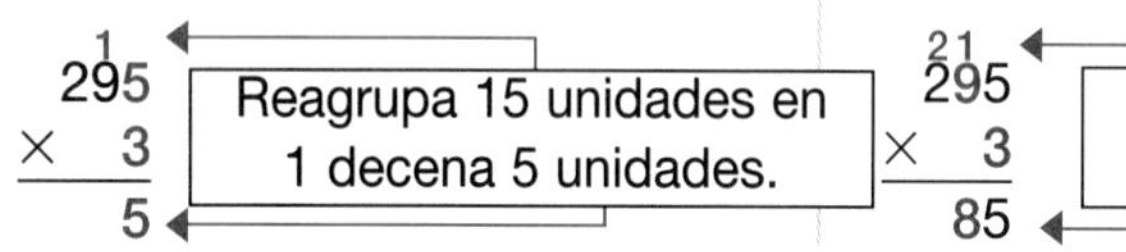

$$\begin{array}{r} \overset{1}{295} \\ \times \quad 3 \\ \hline 5 \end{array}$$

Reagrupa 15 unidades en 1 decena 5 unidades.

$$\begin{array}{r} \overset{2\,1}{295} \\ \times \quad 3 \\ \hline 85 \end{array}$$

Reagrupa 28 decenas en 2 centenas 8 decenas.

$$\begin{array}{r} \overset{2\,1}{295} \\ \times \quad 3 \\ \hline 885 \end{array}$$

Verifica tu trabajo. Estima.

295 se redondea a 300

300 × 3 = 900

885 se redondea a 900, así que el resultado es razonable.

Solución: ¡El nuevo resbaladero de agua medirá 885 pies de longitud!

Otros ejemplos

A. Reagrupar unidades

$$\begin{array}{r} 6\overset{1}{2}3 \\ \times \quad 4 \\ \hline 2,492 \end{array}$$

B. Multiplicar con dinero

$$\begin{array}{r} \$1.32 \\ \times \quad 3 \\ \hline \$3.96 \end{array}$$

Recuerda:
Coloca un signo de dólar y un punto decimal en el resultado.

Explícalo

- ► Al multiplicar, ¿qué debes hacer con los números que reagrupas?
- ► Al multiplicar un número de 3 dígitos por un número de 1 dígito, ¿será siempre tu resultado un número de 3 dígitos?

Práctica guiada

Halla cada producto. Estima para verificar.

1. 215×4 **2.** $\$1.84 \times 2$ **3.** 621×3 **4.** $\$5.98 \times 7$

> **Asegúrate**
> - ¿Necesito reagrupar las unidades, decenas o centenas?
> - ¿Necesito sumar las decenas o centenas reagrupadas?

Práctica independiente

Halla cada producto. Estima para verificar los Ejercicios 5–10.

5. 321×2 **6.** $\$1.13 \times 5$ **7.** 197×4 **8.** 214×6 **9.** 715×3 **10.** 291×9

11. $\$1.24 \times 8$ **12.** 398×2 **13.** 514×5 **14.** $\$9.21 \times 8$ **15.** 122×7 **16.** 135×6

17. 929×3 **18.** 199×4 **19.** 791×8 **20.** 277×2 **21.** 982×4

Resolver problemas • Razonamiento

Usar datos **Usa el letrero a la derecha para los Problemas 22–24.**

22. ¿Cuántas horas a la semana funciona el Parque Acuático?

23. **Analízalo** La familia de Danielle pagó $41 por la entrada al Parque Acuático. ¿Cuántos niños y adultos hay en la familia de Danielle?

24. Doscientas veinticinco personas pueden deslizarse por el resbaladero de agua cada hora. ¿Cuántas personas pueden deslizarse en un día?

BIENVENIDOS AL PARQUE ACUÁTICO
Abierto 7 días a la semana
Horario de atención:
1:00 P.M. - 10:00 P.M.
Entrada :
Niños $7 Adultos $10

Repaso mixto • Preparación para pruebas

Resuelve cada ecuación. *(páginas 82–83)*

25. $16 - n = 9$ **26.** $8 + n = 13$ **27.** $23 = n + 19$ **28.** $18 = 25 - n$

Marca la letra de la respuesta correcta. *(páginas 78–80, 132–134)*

29 ¿Qué expresión representa tres menos que un número?

A $n - 3$ **C** $n + 3$
B $3 - n$ **D** $3 + n$

30 ¿Qué expresión es igual a $5 \times 4 \times 6$?

F 20×4 **H** 24×6
G 30×5 **J** 24×5

Práctica adicional Consultar el Conjunto D, página 205.

LECCIÓN 7

Multiplicar números mayores

Aprenderás cómo multiplicar números mayores.

Apréndelo

Sierra viajó con su familia a la casa de su abuela para una reunión familiar. Algunos días después, viajó de regreso a casa. ¿Cuántas millas viajó en total?

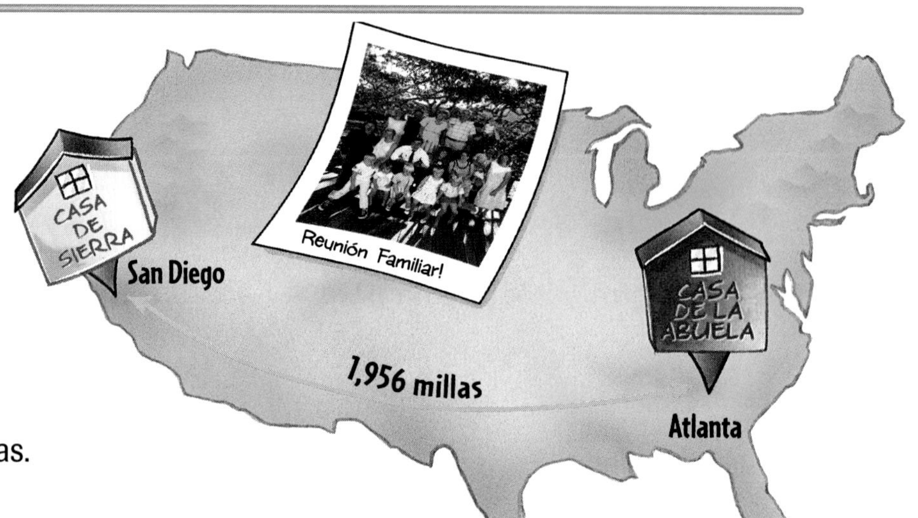

Multiplica. **$2 \times 1{,}956 = n$**

Solución: Ella recorrió 3,912 millas.

Halla $2 \times 1{,}956$.

Paso 1 Multiplica las unidades.

$2 \times 6 = 12$ unidades

$$\begin{array}{r} \scriptstyle 1 \\ 1{,}956 \\ \times \quad 2 \\ \hline 2 \end{array}$$

Reagrupa 12 unidades en 1 decena 2 unidades.

Paso 2 Multiplica las decenas.

$2 \times 5 = 10$ decenas

Suma la decena.

$10 + 1 = 11$ decenas

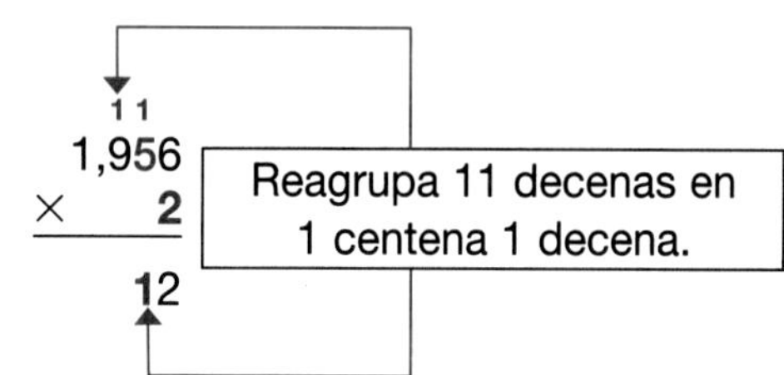

$$\begin{array}{r} \scriptstyle 1\,1 \\ 1{,}956 \\ \times \quad 2 \\ \hline 12 \end{array}$$

Reagrupa 11 decenas en 1 centena 1 decena.

Paso 3 Multiplica las centenas.

$2 \times 9 = 18$ centenas

Suma la centena.

$18 + 1 = 19$ centenas

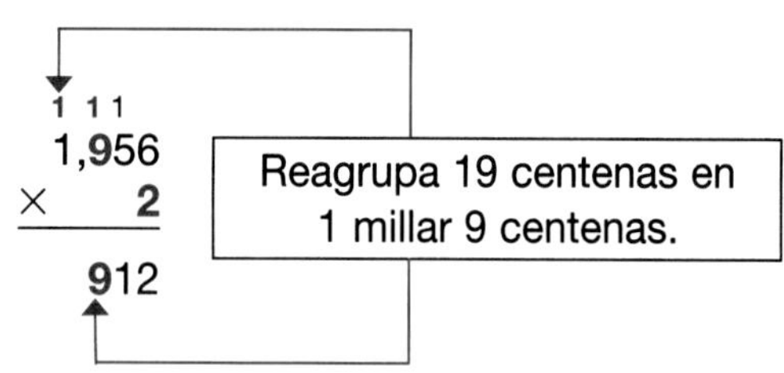

$$\begin{array}{r} \scriptstyle 1\,1\,1 \\ 1{,}956 \\ \times \quad 2 \\ \hline 912 \end{array}$$

Reagrupa 19 centenas en 1 millar 9 centenas.

Paso 4 Multiplica los millares.

$2 \times 1 = 2$ millares

Suma el millar.

$2 + 1 = 3$ millares

$$\begin{array}{r} \scriptstyle 1\,1\,1 \\ 1{,}956 \\ \times \quad 2 \\ \hline 3{,}912 \end{array}$$

Verifica tu trabajo. Estima.

1,956 **se redondea a** 2,000

$2 \times 2{,}000 = 4{,}000$

3,912 es cercano a 4,000, así que el resultado es razonable.

Estándares | NS **1.2, 3.0** | AF **1.0** | MR **2.0, 2.1**

Otros ejemplos

A. Reagrupar dos veces

$$\begin{array}{r} \overset{3}{1},\overset{4}{6}19 \\ \times \quad 5 \\ \hline 8{,}095 \end{array}$$

B. Multiplicar un número de cinco dígitos

$$\begin{array}{r} 12{,}\overset{1}{3}94 \\ \times \quad 2 \\ \hline 24{,}788 \end{array}$$

C. Multiplicar dinero

$$\begin{array}{r} \$62.21 \\ \times \quad 4 \\ \hline \$248.84 \end{array}$$

Explícalo

- ¿Cómo sabes cuándo debes reagrupar?
- ¿Qué estimación para 8 × $52.71 es razonable: $4,000 ó $400? Explica tu razonamiento.

Práctica guiada

Asegúrate

- ¿Necesito reagrupar las unidades, las decenas o las centenas?
- ¿Necesito sumar las decenas, las centenas o los millares?

Halla cada producto. Estima para verificar.

1. 1,112 × 2
2. 4,126 × 8
3. 3,988 × 5
4. 2,211 × 6
5. 3,986 × 5
6. 1,984 × 3

Práctica independiente

Escribe cada producto. Estima para verificar los Ejercicios 7–11.

7. 2,128 × 4
8. 3,123 × 6
9. 4,132 × 2
10. 2,969 × 7
11. 5,987 × 3
12. 5,496 × 5
13. 1,312 × 8
14. 8,367 × 3
15. 3,196 × 9
16. 4,517 × 2
17. 7,871 × 6
18. 399 × 9
19. 1,299 × 3
20. 2,973 × 2
21. 1,211 × 8
22. 2,133 × 4
23. 5,911 × 4
24. 9,121 × 5
25. 1,634 × 4
26. 489 × 8

Álgebra • Expresiones Estima para comparar. Escribe > o < en cada ●.

27. 697 × 5 ● 1,244 × 2
28. 2,987 + 3,980 ● 387 × 7
29. 2,000 ● 3 × 945
30. 2 × 999 ● 10,000
31. 5,978 − 879 ● 2 × 912
32. 79 × 9 ● 1,111 × 2
33. 256 × 7 ● 20,911 − 11,001
34. 3,987 × 2 ● 997 + 5,112

Resolver problemas • Razonamiento

Resuelve. Escoge un método. Usa el mapa para los Problemas 35–39.

Métodos de computación

- **Cálculo mental**
- **Estimación**
- **Papel y lápiz**

35. **La medición** Dos veces al año Fran toma el tren de Savannah a Birmingham de ida y vuelta. ¿Cuántas millas recorre en ambos viajes?

37. **Compáralo** Gavin viaja de Birmingham a Jacksonville. Troy viaja de Birmingham a Charleston. ¿Quién viaja más? ¿Cuánto más?

38. **Analízalo** El primo de Sierra vive en Atlanta. En un viaje de ida, recorre 1,680 millas y visita 3 de las ciudades que aparecen en el mapa. ¿Qué ciudades visita?

39. **Escríbelo** Usa el mapa para escribir una operación de multiplicación.

36. La familia de Terry vive en Jacksonville. La familia viaja a la ciudad de Florida de ida y vuelta, a Pensacola de ida y vuelta y, finalmente, a Birmingham de ida y vuelta. ¿Cuántas millas recorre la familia en total?

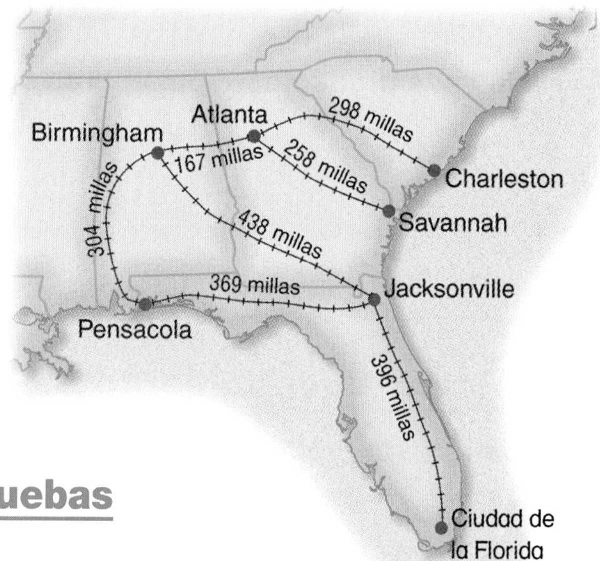

Repaso mixto • Preparación para pruebas

¿Qué hora marca cada reloj?

40. 

41. 

42. 

43. 

44. 

45. 

46 ¿Qué grupo representa los números en orden de mayor a menor? *(páginas 6–8)*

A 4,500 405,000 45,000
B 405,000 45,000 4,500
C 4,500 45,000 405,000
D 45,000 405,000 4,500

Práctica adicional Consultar el Conjunto E, página 205.

Muestra lo que sabes

Producto máximo

Ordena cada conjunto de dígitos en un número de un dígito y un número de tres dígitos, cuyo producto sea el máximo posible.

1. 9, 0, 2, 3

2. 7, 8, 9, 0

3. 2, 6, 4, 9

4. 0, 1, 5, 9

5. 5, 1, 3, 9

6. 7, 3, 5, 1

Ordenar productos

Ordena estos productos de mayor a menor, sin multiplicar. Explica cómo puedes saberlo sin hacer la multiplicación.

1. 6×129; 8×945; 1×97

2. $0 \times 1{,}255$; 8×45; 1×234

3. 9×121; 2×34; 0×569

4. 5×67; 4×67; 7×67

5. 7×45; 7×42; 7×43

6. 4×17; 9×117; 5×20

¿Mayor que o menor que?

Escoge la respuesta correcta. Explica cómo puedes saberlo sin hacer la multiplicación.

1. ¿Qué producto es menor que 1,500?

2×812 ó 4×369

2. ¿Qué producto es mayor que 2,500?

3×875 ó 6×275

3. ¿Qué producto es mayor que 1,000?

5×220 ó 9×99

4. ¿Qué producto es menor que 3,000?

4×701 ó 5×689

Multiplicar con ceros

Aprenderás cómo multiplicar con ceros.

Apréndelo

Los estudiantes de Cedar Hill están recolectando tapas de cajas de cereal para ganar puntos para una computadora nueva. Hay 2,007 estudiantes en Cedar Hill. Si cada estudiante recolecta 6 tapas, ¿cuántas tapas se recolectarán?

Multiplica. **6 × 2,007 = *n***

Halla 6 × 2,007.

Paso 1 Multiplica las unidades.
6 × 7 = 42 unidades

$$\begin{array}{r} \overset{4}{} \\ 2,007 \\ \times \quad 6 \\ \hline 2 \end{array}$$

Reagrupa 42 unidades en 4 decenas 2 unidades.

Paso 2 Multiplica las decenas.
6 × 0 = 0 decenas

Suma las 4 decenas reagrupadas.
0 + 4 = 4 decenas

$$\begin{array}{r} 2,0\overset{4}{0}7 \\ \times \quad 6 \\ \hline 42 \end{array}$$

Paso 3 Multiplica las centenas.
6 × 0 = 0 centenas

$$\begin{array}{r} 2,0\overset{4}{0}7 \\ \times \quad 6 \\ \hline 042 \end{array}$$

Paso 4 Multiplica los millares.
6 × 2 = 12 millares

$$\begin{array}{r} 2,0\overset{4}{0}7 \\ \times \quad 6 \\ \hline 12,042 \end{array}$$

Reagrupa 12 millares en 1 decena de millar 2 millares.

Solución: Se recolectarán 12,042 tapas.

Verifica tu trabajo. Estima.

2,007 **se redondea a** 2,000

6 × 2,000 = 12,000

12,042 es cercano a 12,000, así que el resultado es razonable.

Otros ejemplos

A. Número de tres dígitos

$$\begin{array}{r} 3\overset{3}{0}4 \\ \times \quad 8 \\ \hline 2,432 \end{array}$$

B. Ceros en la posición de las unidades y las decenas

$$\begin{array}{r} \overset{1}{9},500 \\ \times \quad 3 \\ \hline 28,500 \end{array}$$

Explícalo

► Vuelve al ejemplo *A*. Si 8 × 0 decenas = 0 decenas en el producto, ¿por qué es 3 el dígito de las decenas?

Práctica guiada

Asegúrate

- ¿Necesito reagrupar algo?
- ¿Necesito sumar los números reagrupados?

Multiplica. Estima para verificar.

1. 790×3 **2.** 205×4 **3.** $3{,}070 \times 2$ **4.** $4{,}900 \times 9$

Práctica independiente

Multiplica. Estima para verificar los Ejercicios 5–9.

5. 109×2 **6.** 705×5 **7.** $6{,}003 \times 8$ **8.** $3{,}860 \times 3$ **9.** $5{,}900 \times 6$

10. 908 × 8 **11.** 1,076 × 6 **12.** 6,040 × 5 **13.** 8,900 × 7 **14.** 9,095 × 9

Resolver problemas • Razonamiento

Usar datos **Usa la tabla para los Problemas 15–17.**

Recolección de etiquetas de sopa

Clase	Número de etiquetas
Tercer grado	105
Cuarto grado	316
Quinto grado	150
Sexto grado	275

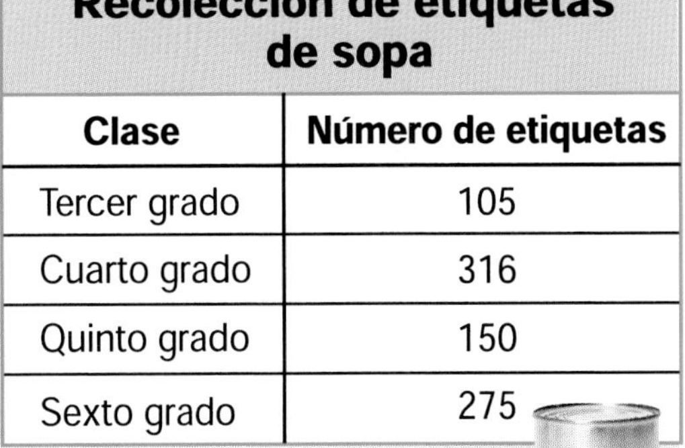

15. **Estímalo** Redondeando a la centena más cercana, ¿cuántas etiquetas más que el tercer grado reunió el cuarto grado?

16. Los estudiantes de secundaria reunieron 5 veces el número de etiquetas que reunió el tercer, quinto y sexto grado juntos. ¿Cuántas etiquetas reunieron los estudiantes de secundaria?

17. **Escríbelo** Usando los datos de la tabla, escribe una operación de multiplicación. Da el problema a alguien para que lo resuelva.

Repaso mixto • Preparación para pruebas

Suma o resta. *(páginas 56–58, 60–62, 68–69)*

18. 983 − 334 **19.** 3,423 + 8,923 **20.** 9,004 − 3,192 **21.** $52.18 + $51.94

22 ¿Cuánto es 9,634 − 967? *(páginas 60–62)*

A 7,677 **B** 8,667 **C** 8,777 **D** 10,601

Práctica adicional Consultar el Conjunto F, página 205.

Destreza: Escoge la operación

Aprenderás cuándo usar la suma, la resta, la multiplicación o la división para resolver un problema.

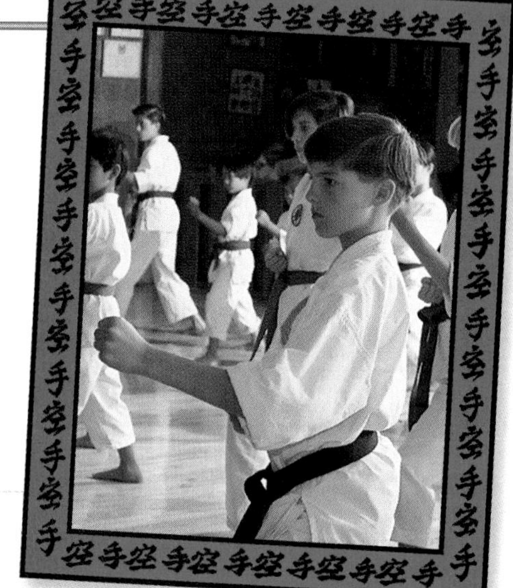

A veces debes decidir qué operación usar para resolver un problema.

Treinta y seis niños y 36 niñas se inscribieron este año en la clase de karate. Son 10 estudiantes más de los que se inscribieron el año pasado. Este año habrá 6 clases de karate y el mismo número de estudiantes en cada clase.

Puedes sumar o multiplicar para hallar cuántos son en total.

¿Cuántos estudiantes se inscribieron este año en las clases de karate?

$$\begin{array}{r} 36 \\ +36 \\ \hline 72 \end{array} \quad \text{o} \quad \begin{array}{r} 36 \\ \times\ 2 \\ \hline 72 \end{array}$$

Este año se inscribieron 72 estudiantes.

Puedes restar para hallar una parte de la cantidad total.

¿Cuántos estudiantes se inscribieron el año pasado en las clases de karate?

$$\begin{array}{r} 72 \\ -10 \\ \hline 62 \end{array}$$

El año pasado se inscribieron 62 estudiantes.

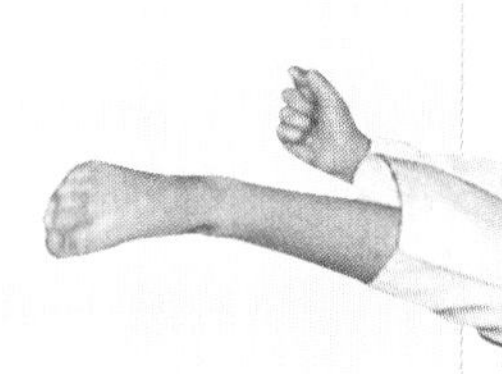

Puedes dividir para hallar el número de cada grupo.

¿Cuántos estudiantes habrá en cada clase de karate?

$72 \div 6 = 12$

Habrá 12 estudiantes en cada clase.

Verifícalo ¿Por qué puedes sumar o multiplicar para hallar cuántos estudiantes se inscribieron este año en la clase de karate?

Estándares	NS **3.0** MR **1.0, 2.0. 3.0, 3.2**

Izquierda: Los estudiantes expertos en karate obtienen cinturones negros.
Derecha: Eric Holland es un estudiante de karate cinturón negro. Obtuvo el primer lugar en un campeonato de cinturones negros.

Práctica guiada

Señala si sumarías, restarías, multiplicarías o dividirías. Luego resuelve.

1. Había 350 estudiantes inscritos para un torneo estatal de karate. Sólo 39 de ellos tenían 10 años de edad. ¿Cuántos no tenían 10 años de edad?

Piénsalo: ¿Necesito hallar una parte de una cantidad total?

2. Tres hermanos compartieron los gastos de un regalo para su instructor de karate. El regalo costó $27. Si cada hermano pagó la misma cantidad, ¿cuánto pagó cada uno?

Piénsalo: ¿Necesito hallar una parte de una cantidad o una cantidad total?

Escoge una estrategia

Resuelve. Usa éstas u otras estrategias.

Estrategias para resolver problemas

- **Escribe una ecuación**
- **Estima y verifica**
- **Haz un dibujo**
- **Comienza con el final**

3. John reunió algo de dinero para su equipo. Él gastó $6 de ese dinero. Después gastó $3. Reunió $7 más. Luego tenía $10 en total. ¿Cuánto dinero tenía al principio?

4. En la tienda Fútbol, un par de zapatos de fútbol cuesta $45.59. En la tienda Nuestro Deporte, el mismo par cuesta $57.98. ¿Cuánto ahorrarás si compras los zapatos en la tienda Fútbol?

5. En el club de gimnasia sólo hay estudiantes de cuarto y quinto grado. En total, hay 20 estudiantes en el club. Hay 3 veces más estudiantes de cuarto grado que de quinto grado. ¿Cuántos estudiantes de cuarto grado hay en el club?

6. Mónica leyó sobre tres deportes diferentes por un total de 100 minutos. Ella leyó acerca del primer y del segundo deporte por 45 minutos cada uno. ¿Cuánto tiempo pasó leyendo acerca del tercer deporte?

7. Elisa juega en una cancha rectangular de fútbol que mide 100 yardas de longitud por 50 yardas de ancho. La cancha tiene una línea amarilla pintada en su borde. ¿Cuánto mide la longitud total de la línea amarilla?

8. Tamara juega al básquetbol. La semana pasada, su equipo viajó 155 millas. Esta semana viajó 126 millas. ¿Cuántas millas ha recorrido el equipo en las últimas dos semanas?

Práctica adicional Consultar 5–8, página 207.

Verificación rápida

Verifica los conceptos de las Lecciones 6–9

Multiplica.

1. 216 × 3

2. \$4.71 × 6

3. 327 × 8

Multiplica.

4. 2,146 × 4

5. \$32.14 × 6

6. 2,421 × 7

Multiplica.

7. 4,060 × 4

8. 5,009 × 6

9. 2,400 × 7

Resuelve.

10. Cuatro amigos compartieron el precio de un juego para computadora. El juego costó \$32. Si cada persona pagó la misma cantidad, ¿cuánto pagó cada uno?

11. Un equipo de fútbol tiene 11 jugadores. Se inscribieron niños suficientes como para formar 4 equipos. ¿Cuántos niños se inscribieron para jugar fútbol? Explica.

¿Cómo te fue?

Si tuviste dificultades en cualquiera de las partes de Verificación rápida, puedes usar las siguientes páginas para repasar y practicar más.

Estándares	Ejercicios	Repasar estas páginas	Hacer estos ejercicios de práctica adicional
Sentido numérico: **3.0**	1–3	páginas 180–181	Conjunto D, página 205
Sentido numérico: **3.0**	4–6	páginas 182–184	Conjunto E, página 205
Sentido numérico: **3.0**	7–9	páginas 86–187	Conjunto F, página 205
Razonamiento matemático: **1.0, 2.0, 2.4**	10–11	páginas 188–189	5–8, página 207

Preparación para pruebas • Repaso acumulativo

Mantener los estándares

Marca la letra de la respuesta correcta. Si la respuesta correcta no aparece, marca NA.

1. ¿Qué expresión no es igual a 40?

   A 2×20
   B $2 \times 4 \times 5$
   C 5×8
   D 3×15

2. Alrededor de unas mesas se colocan setenta y dos sillas. En cada mesa hay lugar para 8 personas. ¿Cuántas mesas hay?

   F 7
   G 8
   H 9
   J NA

3. ¿Cuál es el valor de *n*?

   $(46 \times 3) - 6 = n$

   A 122
   B 128
   C 132
   D 138

4. Un supermercado recibió 9 canastas con 12 naranjas cada una. ¿Cuántas naranjas había en total?

   F 60
   G 100
   H 108
   J 120

5. ¿Qué número debería ir en la casilla para que el enunciado numérico sea verdadero?

   $(412 \times 6) + 5 = \blacksquare + 5$

   A 2,252 **C** 2,462
   B 2,372 **D** 2,472

6. Si $40 \div \blacksquare = 8$, entonces ¿qué ecuación se cumple?

   F $8 \times \blacksquare = 40$
   G $\blacksquare \times 40 = 8$
   H $40 \times 8 = \blacksquare$
   J $\blacksquare \div 40 = 8$

7. 156×4

   A 604 **C** 628
   B 624 **D** NA

8. ¿*Aproximadamente* cuántos puntos más anotó el Grado 4 que el Grado 5?

   Explícalo ¿Qué método usaste para estimar?

Competencia de matemáticas

Grado	Número de puntos
4	395
5	205
6	317

Página segura

Preparación para pruebas
Visita **www.eduplace.com/kids/mhm** para más *Preparación para pruebas.*

Cálculo mental: Multiplicar por múltiplos de 10 y 100

Aprenderás cómo usar patrones y operaciones básicas para multiplicar mentalmente.

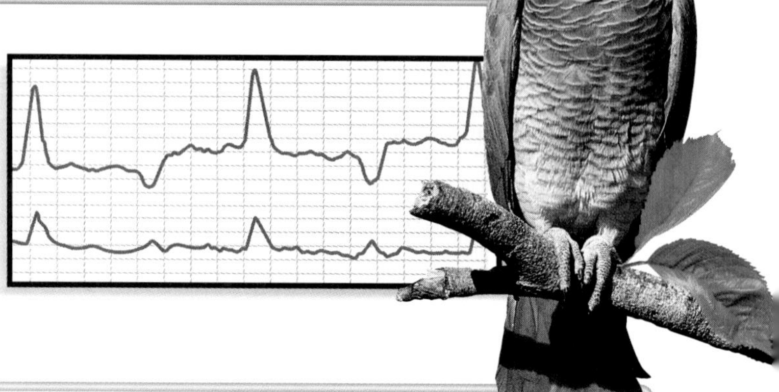

Apréndelo

El corazón del pequeño loro africano late 500 veces por minuto. ¿Cuántas veces late el corazón del loro en 30 minutos?

Multiplica. **30 × 500 = *n***

Halla 30 × 500.

Puedes usar operaciones básicas y patrones de ceros para multiplicar.

3 × 5 = 15
3 × 50 = 150
30 × 50 = 1,500
30 × 500 = 15,000

Usa la operación básica 3 × 5 = 15. Cuenta el número de ceros de los factores. Escribe ese número de ceros a la derecha del 15.

Solución: El corazón del loro late aproximadamente 15,000 veces en 30 minutos.

Otro ejemplo

Múltiplo de 10

Halla 50 × 60.

5 × 6 = 30
5 × 60 = 300
50 × 60 = 3,000
50 × 600 = 30,000

Por qué funciona:

50 × 60 = (5 × 10) × (6 × 10)
= (5 × 6) × (10 × 10)
= 30 × 100
= 3,000

Explícalo

► ¿Cuántos ceros hay en el producto de 50 por 800? Explica cómo lo sabes.

Práctica guiada

Usa operaciones básicas y patrones para hallar cada producto.

1. 70 × 8
70 × 80
70 × 800

2. 40 × 5
40 × 50
40 × 500

Asegúrate

- ¿Qué operación básica puedo usar?
- ¿Cuántos ceros debería haber en el producto?

Estándares	NS **3.3** MR **1.1**

Práctica independiente

Usa operaciones básicas y patrones para hallar cada producto.

3. 3×40
30×40
30×400

4. 7×30
70×30
70×300

5. 6×90
60×90
60×900

6. 9×80
90×80
90×800

7. 30×2

8. 30×20

9. 300×20

10. 200×30

11. 300×90

12. 60×60

13. 600×60

14. 70×90

15. 300×80

16. 900×20

17. 80×40

18. 600×70

19. 200×50

20. 400×90

21. 600×10

Resolver problemas • Razonamiento

22. Imagina que un pequeño loro africano cuesta $90. ¿Cuánto cuesta un par de pequeños loros africanos?

23. El dinero Kim compró una bolsa de semillas para su pequeño loro africano por $5.95. El vendedor de la tienda le dio de cambio cuatro billetes de $1 y una moneda de 5¢. ¿Qué billete usó Kim para pagar las semillas?

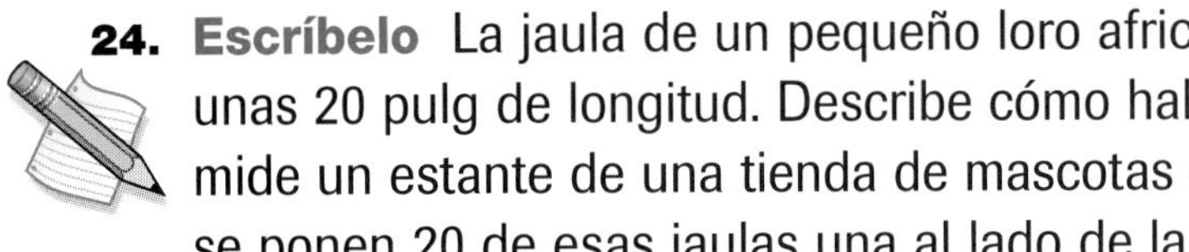

24. Escríbelo La jaula de un pequeño loro africano mide unas 20 pulg de longitud. Describe cómo hallarías cuánto mide un estante de una tienda de mascotas en la que se ponen 20 de esas jaulas una al lado de la otra.

Mundo matemático

CIENCIAS A los pequeños loros africanos también se les conoce como "cotorras rizadas". Como su hábitat natural está cerca del ecuador, están acostumbrados a noches de 12 horas.

Si una cotorra rizada durmiera 12 horas diarias todos los días de mayo, ¿cuántas horas dormiría durante mayo?

Repaso mixto • Preparación para pruebas

Suma o resta. *(páginas 56–58, 60–62, 68–69)*

25. $2,345 + 8,625$

26. $48,075 - 15,905$

27. $13,860 - 532$

Marca la letra de la respuesta correcta. *(páginas 64–65)*

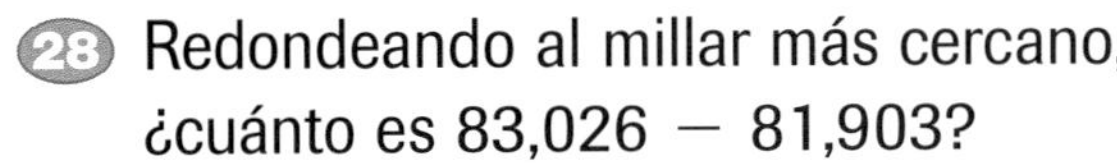

28 Redondeando al millar más cercano, ¿cuánto es 83,026 − 81,903?

A 160,000 **C** 2,000
B 10,000 **D** 1,000

29 Redondeando a la centena más cercana, ¿cuánto es 634 + 13,773?

F 15,300 **H** 14,400
G 14,600 **J** 13,100

Multiplicar dos números de dos dígitos

Aprenderás cómo multiplicar dos números de dos dígitos.

Repaso del vocabulario
Propiedad distributiva
Propiedad asociativa

Apréndelo

Harvest Acres organiza paseos sobre heno. Una carreta puede llevar a 14 pasajeros. En un día, la carreta realiza 13 viajes al sembrado de calabazas. ¿Cuántos pasajeros puede llevar en un día?

Festival de la Cosecha

Paseo sobre heno

Multiplica. **13 × 14 = *n***

Halla 13 × 14.

Paso 1 Multiplica 14 por 3 unidades.

$$\begin{array}{r} \scriptstyle 1 \\ 14 \\ \times 13 \\ \hline 42 \end{array}$$

Paso 2 Multiplica 14 por 1 unidad.

$$\begin{array}{r} \scriptstyle 1 \\ 14 \\ \times 13 \\ \hline 42 \\ 140 \end{array}$$

Paso 3 Suma los productos.

$$\begin{array}{rl} \scriptstyle 1 & \\ 14 & \\ \times 13 & \\ \hline 42 & \leftarrow 3 \times 14 \\ +140 & \leftarrow 10 \times 14 \\ \hline 182 & \leftarrow (3 \times 14) + (10 \times 14) \end{array}$$

La **Propiedad distributiva** representa la razón de que funcione esta forma de multiplicar.

$13 \times 14 = (10 + 3) \times 14$

$13 \times 14 = (10 \times 14) + (3 \times 14)$

Solución: En 1 día puede pasear 182 pasajeros.

Cuando multiplicas por múltiplos de 10, puedes usar la Propiedad asociativa.

Halla 25 × 30.

Puedes pensar en 30 como 3 × 10.

$$\begin{aligned} 25 \times 30 &= 25 \times (3 \times 10) \\ &= (25 \times 3) \times 10 \\ &= 75 \times 10 \\ &= 750 \end{aligned}$$

La **Propiedad asociativa** postula que el cambiar la agrupación de los factores no altera el producto.

$25 \times (3 \times 10) = (25 \times 3) \times 10$

Explícalo

- ¿Cómo representa la Propiedad distributiva el funcionamiento de cada paso al multiplicar?

Estándares	NS **3.2, 3.3** AF **1.0, 1.1, 1.2**

Práctica guiada

Multiplica.

1. 31×23 **2.** 49×17 **3.** 52×36 **4.** 22×45

> **Asegúrate**
> - ¿Qué números se multiplican primero?
> - ¿Qué números se multiplican a continuación?
> - ¿Qué sumo para hallar el producto?

Copia y completa. Usa la Propiedad asociativa para multiplicar.

5. $33 \times 20 = 33 \times (■ \times 10)$
$= (■ \times 2) \times ■$
$= ■ \times ■$
$= ■$

6. $74 \times 20 = ■ \times (■ \times 10)$
$= (■ \times ■) \times ■$
$= ■ \times ■$
$= ■$

7. $51 \times 50 = 51 \times (■ \times ■)$
$= (■ \times ■) \times 10$
$= ■ \times 10$
$= ■$

8. $62 \times 30 = ■ \times (■ \times 10)$
$= (■ \times ■) \times ■$
$= ■ \times ■$
$= ■$

Práctica independiente

Multiplica.

9. 26×16 **10.** 21×31 **11.** 34×24 **12.** 84×42 **13.** 71×63

14. 52×25 **15.** 63×53 **16.** 89×92 **17.** 65×29 **18.** 25×78

19. 14×13 **20.** 27×33 **21.** 19×91 **22.** 34×39 **23.** 39×34

Multiplica. Usa la Propiedad asociativa.

24. 18×30 **25.** 41×50 **26.** 93×70 **27.** 55×60 **28.** 98×90

29. 68×20 **30.** 15×40 **31.** 27×70 **32.** 54×90 **33.** 16×30

n **Álgebra • Ecuaciones Halla cada valor de *n*.**

34. $(10 \times n) + 9 = 349$ **35.** $25 \times 19 = 500 - n$ **36.** $34 \times 21 = n + 34$

37. $39 \times 20 = n - 20$ **38.** $25 \times (n \times 3) = 750$ **39.** $60 \times n = 120$

Resolver problemas • Razonamiento

Usar datos **Usa la gráfica para los Problemas 40–42.**

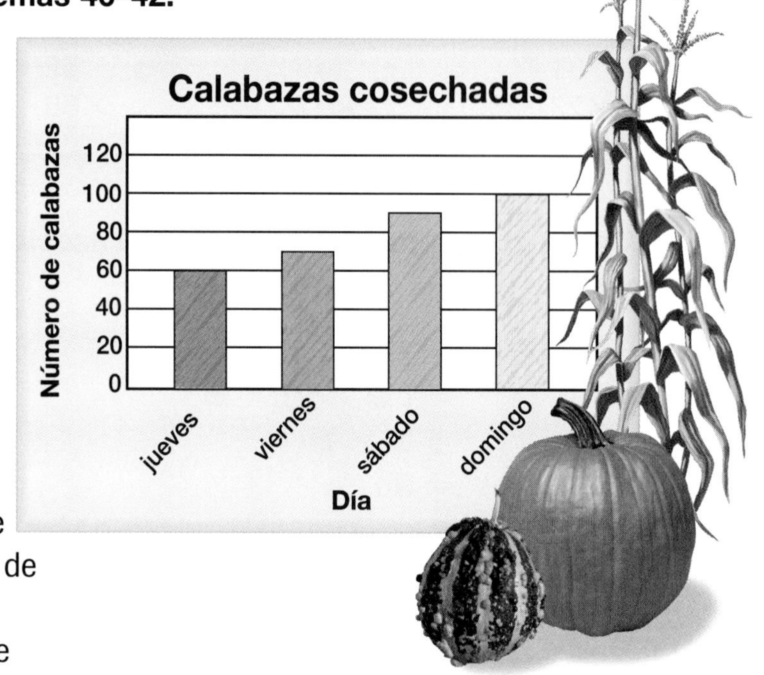

40. **Estímalo** En una semana promedio, se cosechan aproximadamente 3 veces las calabazas que se cosecharon el viernes. ¿Aproximadamente cuántas calabazas se cosechan en una semana promedio?

41. ¿Qué día se cosechó el mayor número de calabazas? ¿Cuántas calabazas más se cosecharon ese día en comparación con el jueves?

42. **Escríbelo** El número de calabazas que se cosechó el domingo es 5 veces el número de calabazas que cosechó la clase de Julia. Describe cómo podrías hallar el número de calabazas que cosechó la clase de Julia.

43. Durante el festival de este año, Harvest Acres sólo obtuvo $65 por la venta de manzanas confitadas. Obtuvo 16 veces esa cantidad vendiendo sidra de manzana. ¿Cuánto obtuvo Harvest Acres por las ventas de sidra de manzana?

44. **Analízalo** Jason leyó por 10 minutos sobre los festivales de cosecha, dedicó otros 15 minutos a las recetas con calabazas y otros 45 minutos a los paseos sobre heno. Si terminó de leer a las 12:15 p.m., ¿a qué hora comenzó a leer Jason?

Repaso mixto • Preparación para pruebas

Simplifica cada expresión. *(páginas 78–80, 132–134)*

45. $(4 + 6) \times 4$ 46. $8 + 9 \times 2$ 47. $18 - (2 + 12)$

Escoge la letra de la respuesta correcta. *(páginas 30–32)*

48. ¿Qué grupo de monedas representa $1.21?

A 

C 

B 

D 

 Práctica adicional Consultar el Conjunto H, página 206.

Juego de Práctica

¡Multiplica y gana!

Practica lo que has aprendido acerca de la multiplicación jugando este juego. El jugador que obtiene el producto más grande es el ganador.

Lo que necesitas

- *2 conjuntos de cartas de números del 0 al 9 (Recurso de enseñanza 4)*

Jugadores
2–4

Lo que debes hacer

1. Un jugador baraja las cartas de números y las pone boca abajo en una pila.
2. Cada jugador saca cuatro cartas de la pila para formar un problema de multiplicación. Cada jugador decide si forma dos factores de 2 dígitos o un factor de 1 dígito con un factor de 3 dígitos, para después multiplicar.
3. Los jugadores comparan sus productos. El jugador que tiene el producto más grande es el ganador.
4. Los jugadores barajan las cartas y juegan de nuevo.

¡Intenta añadir una variante al juego, jugando a obtener el producto más pequeño en vez del más grande!

Compártelo ¿Cuáles son los mejores números que puedes tener si quieres formar el producto más grande? ¿Cómo formarías números con esos dígitos? Explica.

Multiplicar números de tres dígitos por números de dos dígitos

Aprenderás cómo multiplicar un número de tres dígitos por un número de dos dígitos.

Apréndelo

La tabla muestra el número de millas que algunas personas de una ciudad caminan todos los meses mientras realizan su trabajo. ¿Cuántas millas camina un oficial de policía en un año de trabajo?

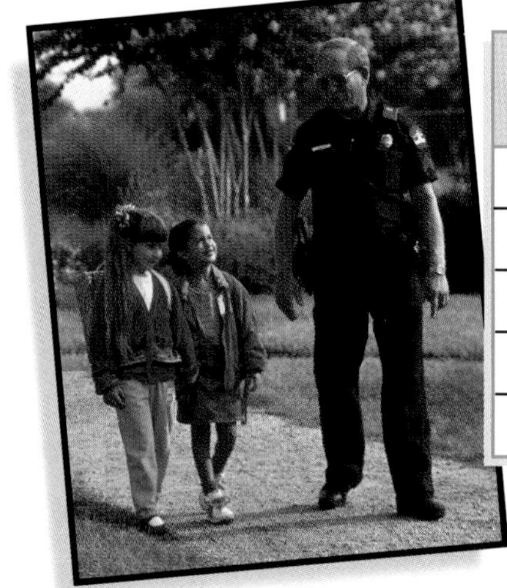

Millas caminadas en un mes	
Oficial de policía	136
Reportero de TV	84
Vendedor	67
Cartero	60
Maestro	116

Multiplica. $136 \times 12 = n$

Halla 136 × 12.

Paso 1 Multiplica 136 por 2 unidades.

$$\begin{array}{r} \overset{1}{1}36 \\ \times \ \ 12 \\ \hline 272 \end{array} \leftarrow 2 \times 136$$

Paso 2 Multiplica 136 por 1 decena.

$$\begin{array}{r} \overset{1}{1}36 \\ \times \ \ 12 \\ \hline 272 \\ 1360 \end{array} \leftarrow 10 \times 136$$

Paso 3 Suma los productos.

$$\begin{array}{r} \overset{1}{1}36 \\ \times \ \ 12 \\ \hline 272 \\ +\ 1360 \\ \hline 1,632 \end{array}$$

Solución: ¡El oficial de policía camina 1,632 millas al año!

Otros ejemplos

A. Cero en la posición de las decenas

$$\begin{array}{r} \overset{2}{\cancel{4}} \\ 205 \\ \times \ \ 59 \\ \hline 1845 \\ 10250 \\ \hline 12,095 \end{array}$$

B. Cero en la posición de las unidades

$$\begin{array}{r} \overset{5}{\cancel{2}} \\ 490 \\ \times \ \ 63 \\ \hline 1470 \\ 29400 \\ \hline 30,870 \end{array}$$

C. Múltiplo de 10

$$\begin{array}{r} {}^{2\,4} \\ 937 \\ \times \ \ 70 \\ \hline 000 \\ 65590 \\ \hline 65,590 \end{array}$$

Explícalo

► ¿Cuáles son el menor y el mayor número de dígitos posibles del producto si multiplicas un número de tres dígitos por un número de dos dígitos?

Estándares	NS **1.2, 3.2, 3.3** AF **1.0**

Práctica guiada

Multiplica.

1. 241×14
2. 305×32
3. 132×60

Asegúrate

- ¿Qué números se multiplican primero?
- ¿Qué números se multiplican a continuación?
- ¿Qué sumo para hallar el producto?

Práctica independiente

Multiplica.

4. 132×20
5. 121×43
6. 208×52
7. 496×71
8. 500×85
9. 430×50
10. 734×24
11. 260×65
12. 109×72
13. 482×39

14. 30×149
15. 46×544
16. 94×263
17. 81×719
18. 68×610
19. 83×753
20. 75×906
21. 90×885

Resolver problemas • Razonamiento

Usar datos **Usa la tabla de la página 198 para los Problemas 22–24.**

22. **Estímalo** El Sr. López enseña durante 9 meses y trabaja como vendedor durante 3 meses. ¿Aproximadamente cuántas millas camina al año en sus dos trabajos?

23. **Analízalo** En 6 meses, la Srta. Crawford camina aproximadamente 480 millas en su trabajo. ¿Cuál es el trabajo de la Srta. Crawford?

24. **Razonamiento lógico** En su trabajo, la Srta. King camina en 4 meses una milla más de lo que camina un vendedor en 5 meses. ¿Cuál es el trabajo de la Srta. King?

Usar el álgebra

Compara. Escribe >, < o = en cada ●.

A. 56×24 ● 25×56
B. $16 + 14 \times 3$ ● 900
C. 2×425 ● 2×400
D. 300×6 ● 600×4
E. 678 ● 70×9
F. 250 ● 20×15

Repaso mixto • Preparación para pruebas

Multiplica. *(páginas 110–111)*

25. $2 \times 9 \times 5$
26. 0×33
27. 184×1
28. $5 \times 15 \times 0$

29. ¿Qué representa $5n$? *(páginas 136–138)*

A cinco más un número
B cinco veces un número
C un número menos cinco
D cinco dividido entre un número

Práctica adicional Consultar el Conjunto I, página 206.

LECCIÓN 13

Aplicación: Usa un pictograma

Aprenderás cómo usar una gráfica para resolver problemas.

A veces debes usar una gráfica para resolver un problema.

El pictograma muestra los cinco animales preferidos entre los estudiantes de la Escuela Primaria Faber. ¿Cuántos estudiantes más escogieron perros que gatos como su animal preferido?

Animales preferidos

Iguanas	🯅 🯅
Perros	🯅 🯅 🯅 🯅 🯅 🯅
Pericos	🯅 🯅 🯅 🯅 ½
Gatos	🯅 🯅 🯅 🯅 🯅
Hámsters	🯅 🯅 🯅 ½

🯅 = 24 estudiantes

Compréndelo

¿Cuál es la pregunta?

¿Cuántos estudiantes más escogieron perros que gatos?

¿Qué sabes?

Cada 🯅 representa 24 estudiantes.

Cada ½ representa 12 estudiantes

Planéalo

¿Cómo puedes hallar el resultado?

Usa la gráfica. Halla el total de votos para los perros. Halla el total de votos para los gatos. Luego resta.

Resuélvelo

Halla el total de votos para los perros.

Los perros tienen 6 🯅.

$24 \times 6 = 144$

Halla el total de votos para los gatos.

Los gatos tienen 5 🯅.

$24 \times 5 = 120$

Luego resta.

$$\begin{array}{r} 144 \\ -\ 120 \\ \hline 24 \end{array}$$

24 estudiantes más escogieron perros que gatos.

Verifícalo

Verifica el problema. Explica cómo puedes resolver este problema sin hacer cálculos.

Estándares	NS **3.0** SDP **1.0** MR **1.0, 1.2, 2.0, 3.0, 3.3**

Práctica guiada

Usa el pictograma de la página 200 para resolver cada problema.

1. ¿Qué animal escogieron como su preferido ciento cuarenta y cuatro estudiantes?

   Piénsalo: ¿De qué me sirve el número de 🧍 para resolver el problema?

2. ¿Cuántos estudiantes más escogieron pericos en vez de iguanas como su animal preferido?

   Piénsalo: ¿A cuántos estudiantes representa la mitad de 🧍?

Escoge una estrategia

Usa el pictograma siguiente para resolver cada problema. Usa éstas u otras estrategias.

Estrategias para resolver problemas

- **Usa el razonamiento lógico**
- **Escribe una ecuación**
- **Haz un dibujo**
- **Halla un patrón**

3. ¿Cuántos conos de chocolate se vendieron?

4. Se vendieron cuatro veces más conos de limón que conos de vainilla. ¿Cuántos conos de limón se vendieron?

5. ¿Cuántos conos de vainilla y de chocolate se vendieron en total? Explica cómo hallaste el resultado.

6. Imagina que se vendieron 132 conos más de fresa. ¿Cómo cambiaría esto el pictograma?

7. También se vendieron conos de helado de café. Se vendieron 12 veces más conos de helado de café que conos de fresa. ¿Cuántos conos de helado de café se vendieron? ¿Cómo representarías esto en el pictograma?

Sabores de helado más vendidos

Chocolate	🍦 🍦 🍦 🍦 🍦 🍦
Vainilla	🍦 🍦 🍦 🍦
Fresa	🍦 🍦
Menta	🍦 🍦 🍦

🍦 = 132 conos.

Verificación rápida

Verifica los conceptos de las Lecciones 10–13

Halla cada producto.

1. 60×90 **2.** 40×700 **3.** 30×500

Multiplica.

4. $\begin{array}{r} 41 \\ \times\ 23 \\ \hline \end{array}$ **5.** $\begin{array}{r} 74 \\ \times\ 42 \\ \hline \end{array}$ **6.** $\begin{array}{r} 24 \\ \times\ 52 \\ \hline \end{array}$

Multiplica.

7. $\begin{array}{r} 304 \\ \times\ \ 38 \\ \hline \end{array}$ **8.** $\begin{array}{r} 632 \\ \times\ \ 23 \\ \hline \end{array}$ **9.** $\begin{array}{r} 874 \\ \times\ \ 60 \\ \hline \end{array}$

Resuelve.

10. El pictograma representa el número de botellas de plástico que trajo cada grado para reciclar. ¿Quién trajo más botellas, el cuarto grado o el sexto grado? ¿Cuántas más?

11. ¿Qué clase trajo 99 botellas? ¿Cómo puedes saberlo?

Botellas de plástico para reciclaje

Tercer grado	
Cuarto grado	
Quinto grado	
Sexto grado	

= 18 botellas

¿Cómo te fue?

Si tuviste dificultades en cualquiera de las partes de Verificación rápida, puedes usar las siguientes páginas para repasar y practicar más.

Estándares	Ejercicios	Repasar estas páginas	Hacer estos ejercicios de práctica adicional
Sentido numérico: **3.3** Razonamiento matemático: **1.1**	1–3	páginas 192–193	Conjunto G, página 206
Sentido numérico: **3.2, 3.3**	4–6	páginas 194–196	Conjunto H, página 206
Sentido numérico: **3.2, 3.3**	7–9	páginas 198–199	Conjunto I, página 206
Análisis de datos: **1.0, 1.3** Razonamiento matemático: **1.1**	10–11	páginas 200–201	9–12, página 207

Preparación para pruebas • Repaso acumulativo

Mantener los estándares

Marca la letra de la respuesta correcta. Si la respuesta correcta no aparece, marca NA.

1. ¿Cuál es el producto de 49×65?

   A 114 **C** 845
   B 539 **D** 3,185

2. Los estudiantes de la Escuela Memorial realizaron un paseo escolar a Washington, D.C. Cada uno de los 12 autobuses llevaba 32 estudiantes. ¿Cuántos estudiantes fueron al paseo escolar?

   F 60 **H** 382
   G 380 **J** NA

3. Tommy tiene 36 fotos. Él quiere poner las fotos en un álbum. Si pone 4 fotos en cada página, ¿qué ecuación puede usarse para hallar el número de páginas que necesitará?

   A $36 \div 4 = \blacksquare$
   B $36 \times 4 = \blacksquare$
   C $36 + 4 = \blacksquare$
   D $36 - 4 = \blacksquare$

4. ¿Qué expresión no es igual a 30?

   F 5×6
   G $5 \times 3 \times 2$
   H 2×16
   J 3×10

5. Phyllis recorrió 235 millas diarias por 14 días. ¿Cuántas millas recorrió en total?

   A 2,290 **C** 3,390
   B 3,290 **D** 3,920

6. ¿Qué ecuación representa la tabla?

x	y
10	5
20	15
30	25
40	35

   F $y = x - 5$
   G $y = x + 5$
   H $y = x \div 2$
   J $y = x \times 2$

7. ¿Cuál es el cociente de $36 \div 6$?

   A 5 **C** 7
   B 6 **D** 8

8. Cuarenta y ocho estudiantes se alinearon en 8 filas iguales para tomarse una foto. ¿Cuántos estudiantes había en cada fila?

   Explícalo Señala cómo hallaste tu resultado. Usa un diagrama, si resulta de utilidad.

Página segura

Preparación para pruebas
Visita **www.eduplace.com/kids/mhm** para más *Preparación para pruebas.*

Práctica adicional

Conjunto A *(Lección 1, páginas 166–167)*

Usa operaciones básicas y patrones para hallar cada producto.

1. 2×6
2×60
2×600
$2 \times 6{,}000$
2. 6×5
6×50
6×500
$6 \times 5{,}000$
3. 8×7
8×70
8×700
$8 \times 7{,}000$
4. 9×3
9×30
9×300
$9 \times 3{,}000$
5. 6×2
6. 6×20
7. 6×200
8. $6 \times 2{,}000$
9. 3×30
10. 8×60
11. 7×70
12. 4×90
13. 7×400
14. 2×800
15. 3×600
16. 9×600
17. $8 \times 4{,}000$
18. $6 \times 7{,}000$
19. $4 \times 8{,}000$
20. $5 \times 6{,}000$

Conjunto B *(Lección 3, páginas 170–172)*

Multiplica.

1. 12×6
2. 37×2
3. 28×3
4. 61×7
5. 84×2
6. 48×2
7. 29×3
8. 21×8
9. 93×3
10. 12×3
11. 9×41
12. 2×39
13. 2×43
14. 4×23

Conjunto C *(Lección 4, páginas 174–175)*

Estima cada producto.

1. 22×5
2. 81×3
3. 547×7
4. $2{,}986 \times 4$
5. $\$37.84 \times 9$
6. 6×777
7. $9 \times \$19.95$
8. $3 \times 7{,}485$
9. 9×83
10. 4×39
11. 8×29
12. 6×41
13. $5 \times \$55.83$

Práctica adicional

Conjunto D *(Lección 6, páginas 180–181)*

Halla cada producto. Estima para verificar.

1. 138×3 **2.** 295×2 **3.** 143×6 **4.** 312×5 **5.** 292×7

6. $6.25 × 4 (\$6.25 \times 4$) **7.** $\$7.36 \times 2$ **8.** 475×3 **9.** 423×6 **10.** $\$2.33 \times 8$

11. 8 × 312 **12.** 3 × 671 **13.** 2 × $8.33 **14.** 4 × 717

15. 5 × 329 **16.** 9 × 117 **17.** 6 × $4.59 **18.** 5 × 242

19. 6 × 198 **20.** 3 × 684 **21.** 7 × $1.87 **22.** 2 × 856

Conjunto E *(Lección 7, páginas 182–184)*

Halla cada producto.

1. $3{,}226 \times 3$ **2.** $\$41.71 \times 2$ **3.** $\$52.34 \times 2$ **4.** $8{,}461 \times 3$ **5.** $2{,}143 \times 7$

6. $6{,}547 \times 4$ **7.** $3{,}469 \times 8$ **8.** $1{,}268 \times 9$ **9.** $4{,}133 \times 4$ **10.** $\$54.63 \times 3$

11. 3 × 7,582 **12.** 4 × $18.76 **13.** 3 × 8,459 **14.** 2 × 9,372

15. 5 × 14,339 **16.** 7 × 12,219 **17.** 2 × 25,962 **18.** 4 × 33,284

Conjunto F *(Lección 8, páginas 186–187)*

Multiplica. Estima para verificar.

1. 306×5 **2.** 409×2 **3.** $5{,}009 \times 4$ **4.** $8{,}050 \times 5$ **5.** $2{,}000 \times 7$

6. 3 × 7,502 **7.** 4 × 109 **8.** 6 × 890 **9.** 2 × 29,070

10. 8 × 5,308 **11.** 7 × 6,009 **12.** 9 × 506 **13.** 4 × 13,084

Práctica adicional

Conjunto G *(Lección 10, páginas 192–193)*

Usa operaciones básicas y patrones para hallar cada producto.

1. 4×60
   40×60
   40×600
2. 9×40
   90×40
   90×400
3. 3×50
   30×50
   30×500
4. 8×70
   80×70
   80×700
5. 50×40
6. 40×80
7. 300×40
8. 700×70
9. 30×70
10. 60×100
11. 30×200
12. 80×900

Conjunto H *(Lección 11, páginas 194–196)*

Multiplica.

1. 26×15
2. 41×21
3. 24×43
4. 61×37
5. 34×72
6. 47×65
7. 69×83
8. 72×96
9. 33×41
10. 63×36
11. 58×73
12. 87×44
13. 59×68
14. 93×27

Multiplica. Usa la Propiedad asociativa.

15. 48×30
16. 18×20
17. 24×40
18. 19×40
19. 56×80
20. 29×70
21. 38×60
22. 46×30

Conjunto I *(Lección 12, páginas 198–199)*

Multiplica.

1. 126×50
2. 713×27
3. 509×34
4. 610×73
5. 434×27
6. 470×65
7. 639×85
8. 720×96
9. 353×41
10. 637×36
11. 58×903
12. 87×484
13. 59×698
14. 93×289
15. 43×519
16. 62×950
17. 37×408
18. 23×965

Práctica adicional • Resolver problemas

Mira cada patrón. ¿Cuál es la regla probable?
Usa esa regla para hallar el número o la letra que viene. *(Lección 5, páginas 176–177)*

1. 3 6 5 10 9 18 17
2. 4 9 5 10 6 11 7
3. Z W T Q N K H
4. 1 2 4 5 10 11 22

Señala si sumarías, restarías, multiplicarías o dividirías.
Luego resuelve. *(Lección 9, páginas 188–189)*

5. En un campamento de fútbol, 280 niños se inscribieron para jugar. En la mañana jugarán 149 niños. ¿Cuántos jugarán en la tarde?
6. Tres amigos piden una pizza grande para el almuerzo. La pizza cuesta $12. Si cada persona paga la misma cantidad, ¿cuánto pagará cada una?
7. Nueve niños de un equipo de fútbol necesitan camisetas nuevas. Las camisetas cuestan $14.50 cada una. ¿Cuánto costarán sus camisetas en total?
8. En un supermecado, la lechuga cuesta 99¢. Una bolsa de 5 libras de papas cuesta $2.00. Los tomates están a 3 por $1.29. ¿Cuál es el precio total de los artículos?

Usa el pictograma para resolver cada problema. *(Lección 13, páginas 200–201)*

Recoleccíon del cuarto grado para reciclaje

Botellas de plástico	♻ ♻ ♻ ♻ ♻ ♻ ♻ ♻ ♻ ♻
Latas de aluminio	♻ ♻ ♻ ♻ ♻ ♻ ♻ ♻ ♻ ♻ ♻ ♻
Botellas de vidrio	♻ ♻ ♻ ♻ ♻ ♻ ◖

♻ = 32 objetos

9. ¿Cuántos objetos para reciclar recolectó el cuarto grado en total?
10. ¿Qué objeto recolectó más la clase? ¿Cuántos recolectaron?
11. La planta de reciclaje paga 23¢ por cada botella de vidrio. ¿Cuánto dinero recibieron los estudiantes de cuarto grado por las botellas de vidrio?
12. John trae 32 botellas más de plástico y 16 botellas más de vidrio. Describe cómo cambia el pictograma con esta información.

Repaso del capítulo

Repasar el vocabulario

1. ¿Cómo se llama el número que se multiplica?
2. ¿Cómo se llama el resultado de la multiplicación?
3. Representa un ejemplo de la Propiedad asociativa de la multiplicación.

Repasar conceptos y destrezas

Usa operaciones básicas y patrones para hallar cada producto. *(páginas 166–167)*

4. 5×60
5. 8×30
6. 3×700
7. 9×800
8. 6×300
9. $5 \times 4,000$
10. $7 \times 6,000$
11. $3 \times 9,000$

Multiplica. *(páginas 170–172)*

12. $\begin{array}{r} 33 \\ \times\ 2 \\ \hline \end{array}$
13. $\begin{array}{r} 41 \\ \times\ 6 \\ \hline \end{array}$
14. $\begin{array}{r} 24 \\ \times\ 3 \\ \hline \end{array}$
15. $\begin{array}{r} 29 \\ \times\ 3 \\ \hline \end{array}$
16. $\begin{array}{r} 82 \\ \times\ 4 \\ \hline \end{array}$
17. 3×72
18. 4×13
19. 9×51
20. 8×11

Estima cada producto. *(páginas 174–175)*

21. $\begin{array}{r} 78 \\ \times\ 5 \\ \hline \end{array}$
22. $\begin{array}{r} 77 \\ \times\ 2 \\ \hline \end{array}$
23. $\begin{array}{r} 6,493 \\ \times\ \quad 8 \\ \hline \end{array}$
24. $\begin{array}{r} \$86.37 \\ \times\ \quad 4 \\ \hline \end{array}$
25. $\begin{array}{r} 127 \\ \times\ \ 3 \\ \hline \end{array}$
26. 9×38
27. 6×333
28. $9 \times \$81.59$
29. $3 \times 4,856$

Multiplica. Estima para verificar. *(páginas 180–189)*

30. $\begin{array}{r} 127 \\ \times\ \ 3 \\ \hline \end{array}$
31. $\begin{array}{r} 384 \\ \times\ \ 2 \\ \hline \end{array}$
32. $\begin{array}{r} \$5.15 \\ \times\ \quad 5 \\ \hline \end{array}$
33. $\begin{array}{r} 4,334 \\ \times\ \quad 2 \\ \hline \end{array}$
34. $\begin{array}{r} 8,621 \\ \times\ \quad 4 \\ \hline \end{array}$
35. $\begin{array}{r} \$53.73 \\ \times\ \quad 3 \\ \hline \end{array}$
36. $\begin{array}{r} 12,434 \\ \times\ \quad 9 \\ \hline \end{array}$
37. $\begin{array}{r} 207 \\ \times\ \ 8 \\ \hline \end{array}$
38. $\begin{array}{r} 3,008 \\ \times\ \quad 7 \\ \hline \end{array}$
39. $\begin{array}{r} \$70.40 \\ \times\ \quad 5 \\ \hline \end{array}$
40. 6×179
41. 4×349
42. $6 \times 2,962$
43. $8 \times 4,721$
44. $4 \times 6,302$
45. 9×306
46. $8 \times 6,003$
47. 7×403

Usa operaciones básicas y patrones para hallar cada producto. *(páginas 192–193)*

48. 500×50

49. 60×30

50. 700×60

51. 800×80

52. 80×40

53. 90×30

54. 40×100

55. 30×500

56. 70×90

Multiplica. *(páginas 194–199)*

57. 56×74

58. 38×96

59. 64×27

60. 33×214

61. 63×186

62. 95×85

63. 39×272

64. 68×181

Resuelve. Usa el pictograma para los Problemas 65–67. *(páginas 176–177, 188–189 y 200–201)*

65. Tres amigos recolectaron libros para donarlos a una tienda. ¿Quién recolectó más libros, Molly o Rhea?

66. ¿Cuántos libros recolectaron Molly y Rhea en total?

67. Un vecino dio a Luke una caja llena de más libros para donar. La caja contenía el doble de los libros que Rhea había recoletado. ¿Cuántos libros tiene ahora Luke en total?

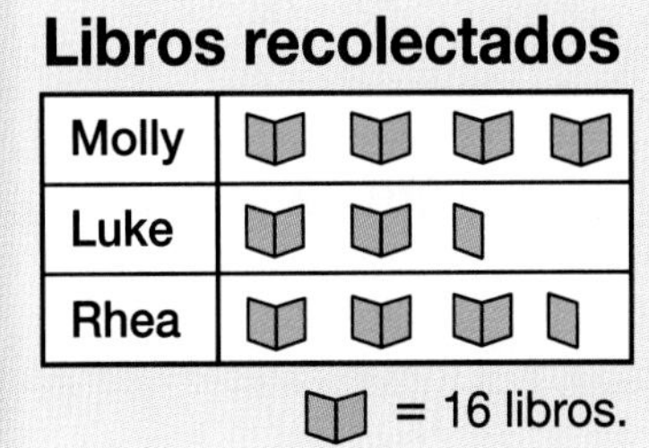

68. Observa este patrón de letras. A D F I K N. ¿Cuál es probablemente la letra siguiente? Describe la regla.

Acertijos Razonamiento matemático

SUMA LOS DÍGITOS

Escoge un número que sea múltiplo de 9. Suma los dígitos. ¿Qué observas?

¿UNO Y UNO DA DOCE?

Todd multiplicó dos factores de un dígito. Ana sumó un dígito a cada uno de los factores de Todd. Su producto resultó mayor en 12 que el producto de Todd. ¿Cuáles eran los factores de Todd?

Acertijos
Visita **www.eduplace.com/kids/mhm** para más *Acertijos.*

Prueba del capítulo

Usa operaciones básicas y patrones para hallar cada producto.

1. 6×2 **2.** 6×20 **3.** 6×200 **4.** $6 \times 2{,}000$

5. 5×60 **6.** 80×300 **7.** 20×90 **8.** 30×900

Multiplica.

9. 85×9 **10.** 34×2 **11.** 427×2 **12.** 108×6 **13.** $\$1.56 \times 4$

14. $3{,}511 \times 6$ **15.** 406×5 **16.** 210×7 **17.** 89×6 **18.** $1{,}406 \times 8$

19. 3×84 **20.** 2×187 **21.** 3×127 **22.** $5 \times \$4.25$

23. $6 \times 3{,}841$ **24.** $4 \times 2{,}040$ **25.** 37×421 **26.** $8 \times \$6.32$

Estima cada producto.

27. 63×4 **28.** 421×5 **29.** $2{,}186 \times 3$ **30.** $\$5.95 \times 4$

Multiplica.

31. 18×16 **32.** 47×21 **33.** 131×42 **34.** 307×25 **35.** 726×34

36. 27×72 **37.** 51×30 **38.** 17×410 **39.** 25×35

40. 20×111 **41.** 44×302 **42.** 94×12 **43.** 77×38

44. 83×356 **45.** 46×19 **46.** 55×201 **47.** 65×909

Resuelve.

48. Observa el patrón.

3 4 8 9 18 19

¿Cuál es la regla probable? Usa esa regla para hallar los dos números siguientes.

49. Beth está vendiendo joyas en una feria de artesanías. Ella vende 293 artículos. De estos artículos, 127 no son collares. ¿Cuántos collares vende?

50. La clase de Judy está recolectando caracoles. El pictograma siguiente representa cuántos caracoles han recolectado Judy, Grace y Jamie. ¿Quién ha recolectado la mayor cantidad? ¿Cuántos caracoles son?

Escríbelo

Resuelve cada problema. Usa el vocabulario matemático correcto para explicar tu razonamiento.

1. Observa el pictograma.

a. Jamie dice que recolectó 22 caracoles más que Judy. ¿Estás de acuerdo con Jamie? ¿Por qué?

b. Grace dice que ella y Judy recolectaron el doble de caracoles que Jamie. Judy dice que ellas recolectaron más que eso. ¿Quién está en lo correcto? Explica.

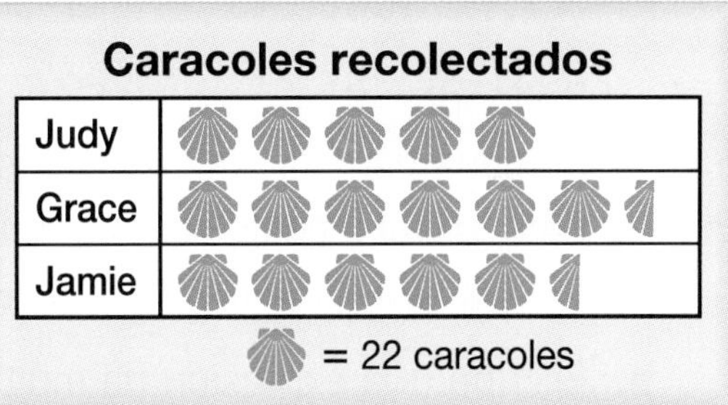

2. Sara está creando un patrón numérico. El patrón comienza con 5, 9.

a. Haz una regla y describe cómo se vería el patrón numérico de Sara.

b. Haz una regla diferente. Describe cómo se vería este nuevo patrón y en qué se diferencia de tu respuesta de *a.*

c. Usa los patrones que creaste para *a.* y *b.* Señala cuál sería el 10.º número de cada secuencia.

Una vez más

Usa la información del diagrama para contestar las preguntas. Puedes usar lo que sabes acerca de la multiplicación y la estimación.

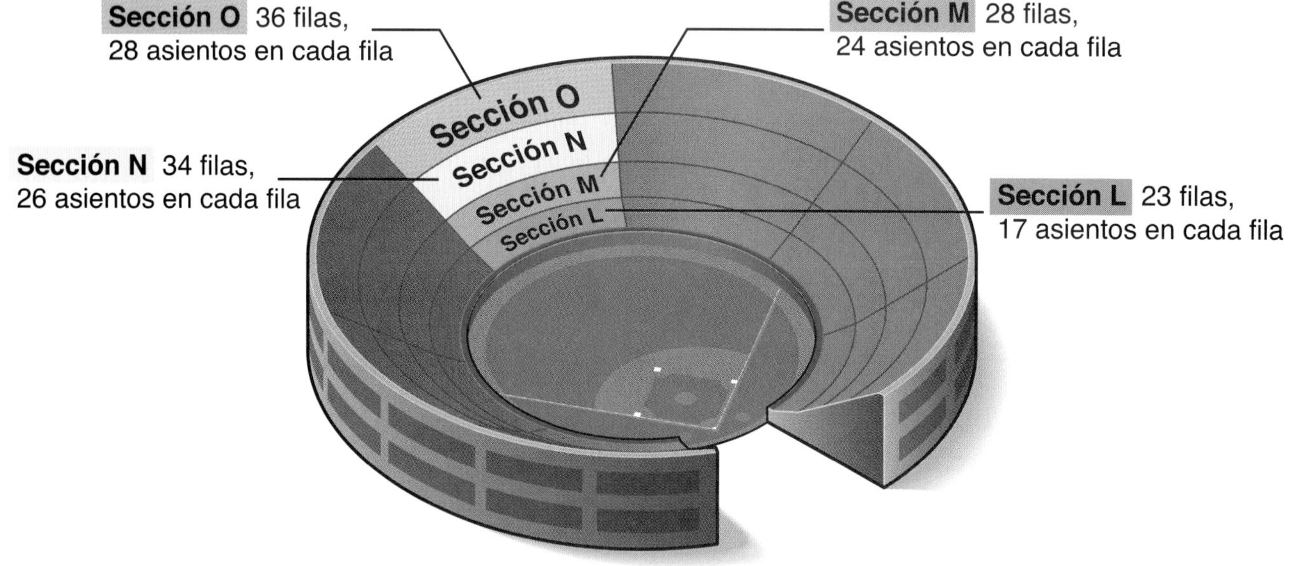

1. Redondea el número de filas y el número de asientos de cada fila a la decena más cercana. Estima el número de asientos de cada una de las secciones del estadio de béisbol.

2. Escribe una expresión de multiplicación para el número de asientos de cada sección. Luego halla el número real de asientos de cada sección.

3. **Verifícalo** Compara tus estimaciones del Problema 1 con el número real de asientos del Problema 2. ¿Parecen razonables tus resultados? Si algunas estimaciones no se acercan al producto real, verifica que hayas redondeado correctamente. Luego verifica que hayas multiplicado correctamente.

4. **Analízalo** Imagina que redondeas el número de filas y el número de asientos al siguiente múltiplo de diez. ¿Cómo es la comparación entre la estimación y el número real de asientos de una sección?

Ampliación

La Propiedad distributiva

La Propiedad distributiva establece que al multiplicar dos sumandos por un factor, el resultado es el mismo que si se multiplica cada sumando por el factor y luego se suman los productos.

Piensa en la expresión **4×27.**

A continuación aparece una manera de evaluar la expresión usando la Propiedad distributiva.

$4 \times (25 + 2)$ **Piénsalo:** $27 = 25 + 2$

$(4 \times 25) + (4 \times 2)$

$100 + 8$

108

A continuación aparece otra manera de evaluar la expresión.

$4 \times (20 + 7)$ **Piénsalo:** $27 = 20 + 7$

$(4 \times 20) + (4 \times 7)$

$80 + 28$

108

Halla el valor de *n*.

1. $8 \times (20 + 2) = (8 \times 20) + (8 \times n)$

2. $5 \times (10 + 3) = (5 \times n) + (5 \times 3)$

3. $7 \times (25 + 4) = (n \times 25) + (n \times 4)$

4. $8 \times (20 + 3) = (n \times 20) + (n \times 3)$

Halla cada producto mentalmente.

5. 4×29 **Piénsalo:** $29 = 25 + 4$

6. 5×32 **Piénsalo:** $32 = 30 + 2$

7. 2×56 **Piénsalo:** $56 = 50 + 6$

8. 8×26

9. 7×108

10. 6×206

Explícalo

► ¿Qué número expresarías como suma para multiplicar 20×46? Explica.

Estándares	AF **1.0**

CAPÍTULO 5

La división con un divisor de un dígito

¿Por qué aprender acerca de la división con un divisor de un dígito?

La división con un divisor de un dígito te sirve para hallar el número de grupos iguales, o el número de cada grupo, si quieres poner un número de cosas en grupos iguales.

Si horneas algunas galletas y quieres compartirlas en partes iguales con algunos amigos, puedes usar la división para calcular cuántas galletas le corresponden a cada amigo.

Estos niños están plantando 4 tipos de semilla. Ellos tienen 24 envases para el proyecto, así que usaron la división para hallar el número de envases que se utilizará para cada tipo de semilla.

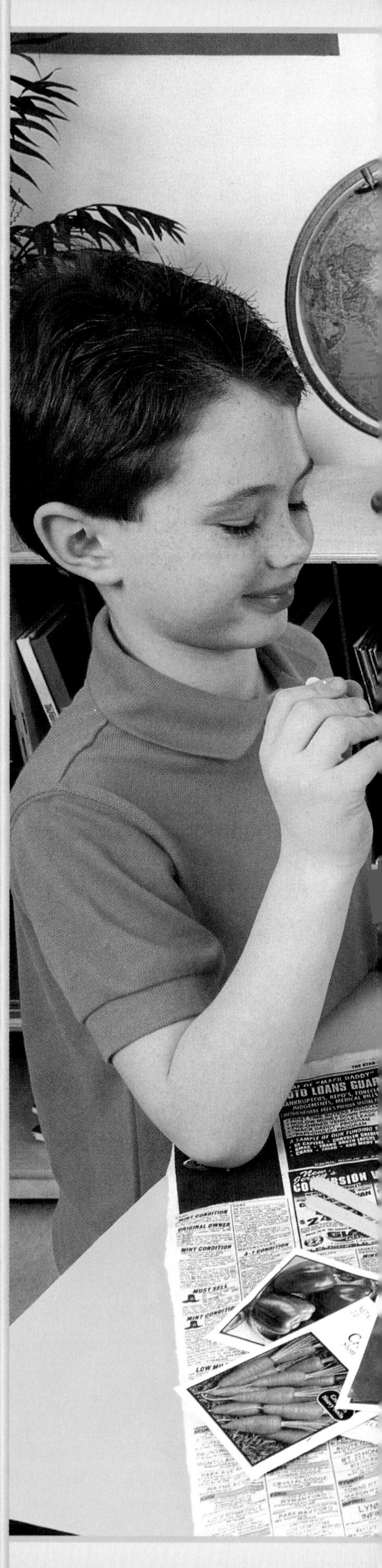

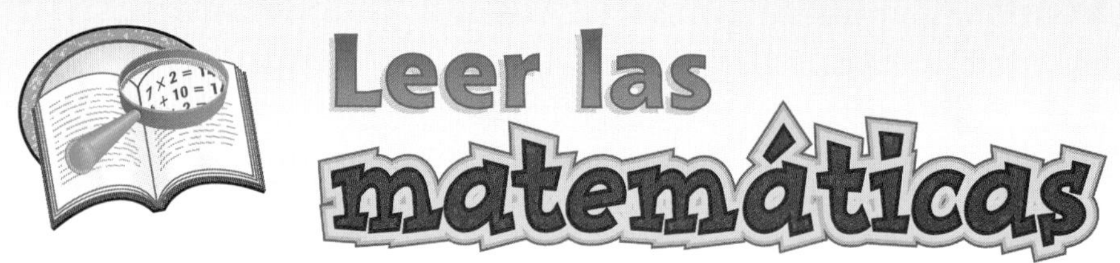

Repasar el vocabulario

Entender el lenguaje matemático te ayudará a resolver problemas con más facilidad. Éstas son algunas palabras de vocabulario matemático que deberías saber.

$$6\overline{)54}\quad \text{cociente: } 9$$

divisor → 6; dividendo → 54; cociente → 9

dividir	Separar en partes o grupos iguales
dividendo	El número que se divide en un problema de división
divisor	El número entre el cual se está dividiendo un número
cociente	El resultado de un problema de división
residuo	El número que queda después de la división

¿Cómo sabes que estas palabras se relacionan con la división?

dividir **dividendo** **divisor** **división**

Leer palabras y símbolos

Cuando lees matemáticas, a veces lees solamente palabras, a veces lees palabras y símbolos, y a veces lees sólo símbolos.

Todos estos enunciados representan el mismo problema.

- ¿Qué número es igual a quince dividido entre tres?
- 15 dividido entre 3 = ?
- $15 \div 3 = n$
- $3\overline{)15}$

Inténtalo

1. Escribe si *n* representa el divisor, el dividendo o el cociente. Luego halla el valor de *n*.

   a. $\begin{array}{r}7\\ n\overline{)14}\end{array}$ **b.** $\begin{array}{r}n\\ 8\overline{)24}\end{array}$ **c.** $\begin{array}{r}6\\ 4\overline{)n}\end{array}$

   d. $42 \div n = 6$ **e.** $n \div 7 = 9$ **f.** $72 \div 9 = n$

2. Escribe *verdadero* o *falso* para cada enunciado.

   a. El resultado de la división es el cociente.

   b. El cociente nunca puede ser mayor que el divisor.

   c. No puedes dividir entre cero.

   d. Al dividir números enteros, el cociente disminuye siempre al aumentar el divisor si el dividendo queda igual.

3. Piensa juntar las palabras y los símbolos de división. Sustituye cada ■ con *cociente, dividendo* o *divisor.*

   a.  **b.** ■ ÷ ■ = ■ **c.** 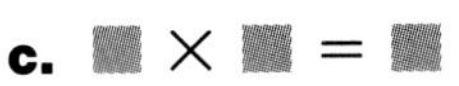

4. Copia y completa. Usa números que hagan verdadero el enunciado.

   Si ____ es el dividendo y ____ es el divisor, entonces ____ es el cociente y ____ es el residuo.

Vocabulario adicional

Escríbelo **Aquí hay otras palabras del vocabulario** que aprenderás en este capítulo. Fíjate en estas palabras. Escribe sus definiciones en tu diario.

primo	**promedio**
compuesto	**reagrupar**
divisible	**par e impar**

Demostrar la división

Aprenderás cómo usar el dinero para representar la reagrupación en la división.

Vocabulario
nuevo
reagrupar

Apréndelo

Usa dinero de juguete para aprender cómo formar grupos iguales.

Materiales
Para cada grupo: dinero de juguete (billetes de $10 y de $1)

La Sra. Raoul paga a Jake, Alicia y Cindy $12 a la semana por cuidar su jardín.

Primera semana La Sra. Raoul dio a los tres amigos 12 billetes de un dólar. ¿Cómo se repartieron el dinero de modo que cada uno recibiera la misma cantidad?

Usa 12 billetes de un dólar para representar $12.

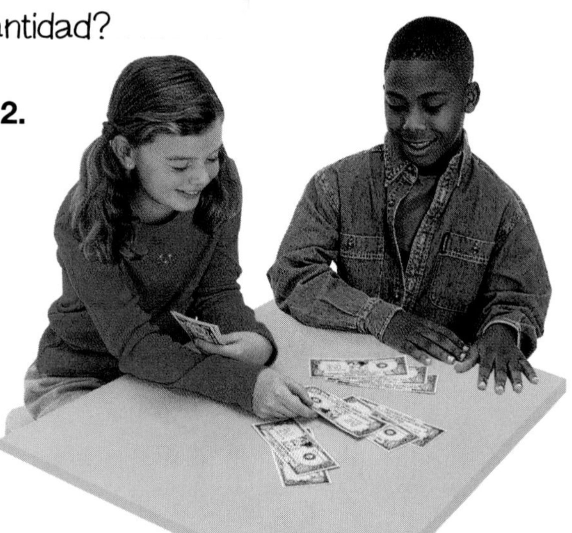

- ¿Puedes hacer tres grupos iguales con los 12 billetes de un dólar? ¿Por qué?
- ¿Cuánto habrá en cada grupo?

Segunda semana La Sra. Raoul les pagó con 1 billete de diez dólares y 2 billetes de un dólar. ¿Cómo se repartieron el dinero esta semana?

Primero, usa 1 billete de diez dólares y 2 billetes de un dólar para representar $12.

- ¿Puedes hacer 3 grupos de igual valor con estos billetes?
- ¿Qué puedes hacer con el billete de diez dólares para dividir el dinero en 3 grupos iguales?

Estándares	NS **3.0, 3.2**

Luego cambia 1 billete de diez dólares por 10 billetes de un dólar. Al hacer esto, reagrupas 1 decena como 10 unidades.

- ¿Cuántos billetes de un dólar tienes ahora?
- ¿Cuánto dinero obtendrá cada uno esta semana?

Inténtalo

Usa billetes de juguete de $10 y $1 para hallar la información que falta. Forma el mayor número de grupos iguales que puedas.

	Cantidad total	Número de grupos iguales	Cantidad de cada grupo	Cantidad que queda
1.	$10	5	$2	nada
2.	$19	9		
3.	$20	8		
4.	$24		$6	
5.	$33		$4	

Divide. Indica si hay residuo.

6. Divide $24 en 3 grupos iguales.
7. Divide $29 en 6 grupos iguales.
8. Divide $37 en grupos con $5 en cada grupo.

¡Escríbelo! ¡Coméntalo!

Usa lo que has aprendido para contestar estas preguntas.

9. ¿Por qué es posible que 3 amigos se repartan 12 billetes de un dólar en partes iguales?
10. ¿Por qué tuvieron ellos que reagrupar el billete de diez dólares?

Cocientes de dos dígitos

Aprenderás que para realizar divisiones desarrolladas es necesario pensar en números como decenas y unidades.

Vocabulario
nuevo
residuo

Apréndelo

La clase de la Sra. King está estudiando música latinoamericana. Sus estudiantes han recolectado 38 maracas para una exhibición. Ellos quieren poner el mismo número de maracas en 3 estantes. ¿Cuántas maracas deberían poner en cada estante?

Divide. **38 ÷ 3 = ▢ ó 3)38**

Halla 38 ÷ 3.

Paso 1 Puedes usar bloques de base diez para representar 38.

grupos → 3)38 ← bloques en total; ▢ ← bloques en cada grupo

Paso 2 Divide las 3 decenas en 3 grupos iguales. Pon 1 decena en cada grupo.

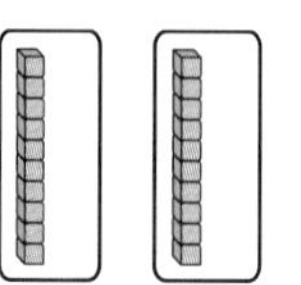

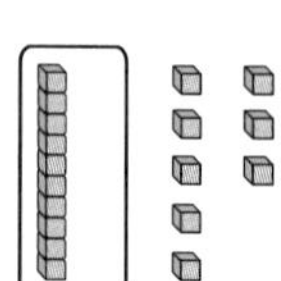

```
   1
3)38     Multiplica. 1 decena × 3
 - 3  ←  Resta. 3 − 3
   0     Compara. 0 < 3
```

Paso 3 Intenta dividir las 8 unidades en 3 grupos. Pon 2 unidades en cada grupo. Quedan 2 unidades.

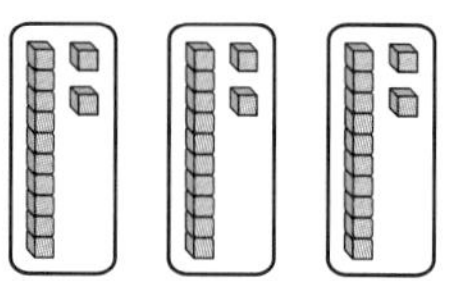

```
   12 R2
3)38
 - 3↓    Baja 8 unidades.
   08    Multiplica.
  - 6 ←  2 unidades × 3
    2    Resta. 8 − 6
         Compara. 2 < 3
```

A la cantidad que queda se le llama **residuo.** → Éste debería ser siempre menor que el divisor.

Solución: Ellos deberían poner 12 maracas en cada estante. Quedarán 2 maracas.

Explícalo

- ¿Por qué se representa el 38 como 3 decenas con 8 unidades en vez de 38 unidades?
- ¿Puede dividirse el 38 en 3 grupos iguales? ¿Por qué?

Otro ejemplo

Residuo igual a cero

```
   32
3)96
 - 9↓
   06
  - 6
    0
```


Estándares	NS **3.0, 3.2, 3.4** MR **2.4**

Práctica guiada

Divide. Indica si hay residuo.

1. $3\overline{)39}$ **2.** $2\overline{)85}$ **3.** $4\overline{)47}$ **4.** $5\overline{)57}$

5. $66 \div 3$ **6.** $88 \div 2$ **7.** $34 \div 3$ **8.** $94 \div 3$

Asegúrate

- ¿Puedo dividir las decenas?
- ¿Puedo dividir las unidades?
- ¿Quedan algunas unidades?

Práctica independiente

Divide. Indica si hay residuo.

9. $2\overline{)28}$ **10.** $2\overline{)65}$ **11.** $4\overline{)46}$ **12.** $4\overline{)87}$ **13.** $2\overline{)45}$

14. $5\overline{)55}$ **15.** $2\overline{)63}$ **16.** $3\overline{)68}$ **17.** $2\overline{)69}$ **18.** $4\overline{)48}$

19. $86 \div 2$ **20.** $97 \div 3$ **21.** $67 \div 2$ **22.** $89 \div 4$ **23.** $37 \div 3$

24. $78 \div 7$ **25.** $69 \div 6$ **26.** $26 \div 2$ **27.** $65 \div 3$ **28.** $29 \div 2$

Resolver problemas • Razonamiento

Resuelve. Cada vez que resuelvas problemas que incluyen división, el residuo debe ser siempre menor que el divisor.

29. Hay 95 músicos que intentan hacer 3 filas iguales para un concierto. Los músicos que no quepan en las filas se pararán al frente. ¿Cuántos músicos se pararán al frente?

30. **Analízalo** ¿De cuántas maneras diferentes se pueden ordenar 16 trompetistas en filas iguales de modo que haya al menos 3 trompetistas en cada fila y quede exactamente 1 trompetista?

31. **Escríbelo** Un grupo de la banda marcial tiene 2 filas de 3 saxofones, 3 filas de 4 clarinetes, 4 filas de 2 flautas y 1 fila de 3 oboes. ¿Cuántos músicos hay en el grupo? Explica tu respuesta.

Mundo matemático
Música Las maracas son instrumentos semejantes a cascabeles hechos de calabazas y semillas. Puedes usar arroz, vasos de papel y cinta adhesiva para fabricar maracas.
Sam tiene 24 cucharaditas de arroz. Él necesita 2 cucharaditas de arroz para hacer 1 maraca. ¿Cuántas maracas puede hacer?

Repaso mixto • Preparación para pruebas

Suma, resta o multiplica. *(páginas 56–63, 194–197)*

32. $5,892 + 4,268$ **33.** $555 - 466$ **34.** 48×24 **35.** 29×62

36 ¿Cuánto es el producto de 216 por 4? *(páginas 180–181)*

A 54 **B** 212 **C** 220 **D** 864

Reagrupar en la división

Aprenderás que a veces necesitas reagrupar al dividir.

Vocabulario nuevo
cociente
divisor
dividendo

Apréndelo

Imagina que 54 estudiantes se inscribieron para jugar en 4 equipos de béisbol. Si cada equipo debe tener el mismo número de jugadores, ¿cuántos estudiantes habrá en cada equipo? ¿Cuántos estudiantes quedarán?

Divide. **54 ÷ 4 = ■** ó **4)54**

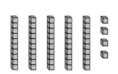

Halla 54 ÷ 4.

Paso 1 Puedes usar bloques de base diez para representar 54.

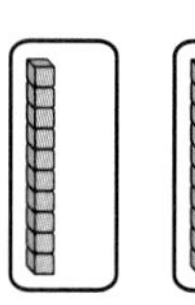
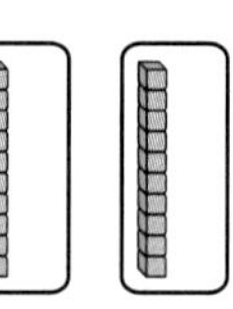
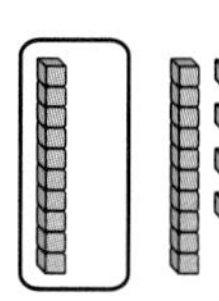

cociente — cociente (bloques en cada grupo)

divisor (número de grupos)

4)54 ← **dividendo** (bloques en total)

Paso 2 Intenta dividir las 5 decenas en 4 grupos. Pon 1 decena en cada grupo. Queda 1 decena.

$$\begin{array}{r} 1 \\ 4\overline{)54} \\ -4 \\ \hline 1 \end{array}$$

Multiplica. 1 decena × 4
Resta. 5 − 4
Compara. 1 < 4

Paso 3 Reagrupa la decena que queda en 10 unidades.
10 unidades + 4 unidades = 14 unidades

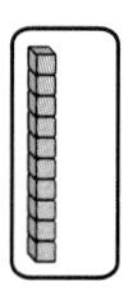
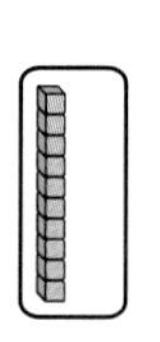
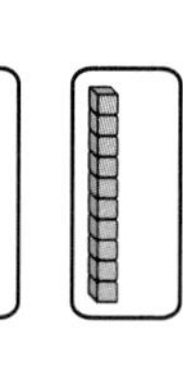

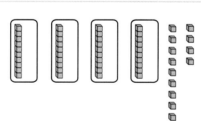

$$\begin{array}{r} 1 \\ 4\overline{)54} \\ -4\downarrow \\ \hline 14 \end{array}$$

Baja 4 unidades.

Paso 4 Divide las 14 unidades. Pon 3 unidades en cada grupo. Quedan 2 unidades.

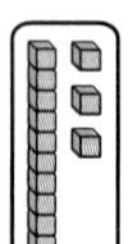
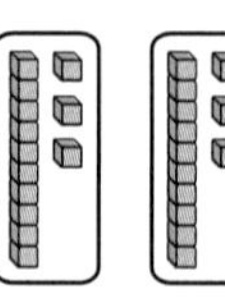
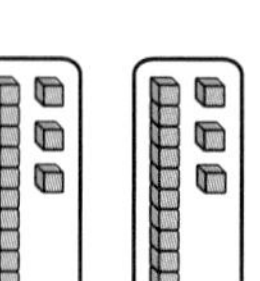

$$\begin{array}{r} 13\text{ R2} \\ 4\overline{)54} \\ -4 \\ \hline 14 \\ -12 \\ \hline 2 \end{array}$$

Multiplica. 3 unidades × 4
Resta. 14 − 12
Compara. 2 < 4

El residuo es menor que el divisor. → 2

Solución: Habrá 13 estudiantes en cada equipo. Quedarán 2 estudiantes.

Estándares	NS **3.2, 3.4** AF **1.0, 1.1, 1.5** SDP **1.0**

Ésta es una manera de verificar que el resultado está correcto.

Verifica $54 \div 4 = 13$ R2.

- Multiplica el cociente entre el divisor.

$$4 \times 13 = 52$$

- Suma el residuo.

$$52 + 2 = 54$$

$$(4 \times 13) + 2 = 54$$

La suma es igual al dividendo, así que el resultado está correcto.

Otros ejemplos

A. Residuo igual a cero

$$\begin{array}{r} 15 \\ 5\overline{)75} \\ -5 \\ \hline 25 \\ -25 \\ \hline 0 \end{array}$$

Verifica:

$$\begin{array}{r} 15 \\ \times\ 5 \\ \hline 75 \\ +\ 0 \\ \hline 75 \end{array}$$

B. Cero en el dividendo

$$\begin{array}{r} 12 \text{ R6} \\ 7\overline{)90} \\ -7 \\ \hline 20 \\ -14 \\ \hline 6 \end{array}$$

Verifica:

$$\begin{array}{r} 12 \\ \times\ 7 \\ \hline 84 \\ +\ 6 \\ \hline 90 \end{array}$$

Explícalo

► ¿Qué tienen en común las verificaciones de los resultados de los ejemplos *A* y *B* ?

► Si el residuo es cero, ¿qué verificación sería más sencilla?

Práctica guiada

Divide. Verifica los resultados.

1. $5\overline{)74}$ **2.** $4\overline{)50}$ **3.** $6\overline{)79}$ **4.** $3\overline{)72}$

5. $40 \div 3$ **6.** $84 \div 5$ **7.** $78 \div 6$ **8.** $63 \div 4$

Asegúrate

- Si divido las decenas, ¿queda algo?
- ¿Qué debería hacer con las decenas que quedan?

Práctica independiente

Divide. Verifica los resultados.

9. $2\overline{)37}$ **10.** $4\overline{)78}$ **11.** $3\overline{)51}$ **12.** $2\overline{)59}$ **13.** $3\overline{)48}$

14. $2\overline{)62}$ **15.** $8\overline{)92}$ **16.** $6\overline{)74}$ **17.** $7\overline{)94}$ **18.** $8\overline{)96}$

19. $3\overline{)63}$ **20.** $2\overline{)76}$ **21.** $5\overline{)81}$ **22.** $4\overline{)49}$ **23.** $3\overline{)82}$

24. $84 \div 6$ **25.** $99 \div 7$ **26.** $65 \div 3$ **27.** $81 \div 7$ **28.** $64 \div 4$

n Álgebra • Expresiones **Completa cada tabla siguiendo la regla.**

Regla: $y = x \div 3$

29.	x	y
30.	54	
31.	45	
32.	66	
	39	

Regla: $y = x \div 6$

33.	x	y
34.	72	
35.	66	
36.	90	
	84	

Regla: $y = x \div 7$

37.	x	y
38.	7	
39	91	
40.	49	
	14	

Resolver problemas • Razonamiento

Usar datos Usa la gráfica para los problemas 41–44.

41. Analízalo Hay 5 equipos en la liga de básquetbol. Cada equipo tiene el mismo número de jugadores. ¿Cuántos jugadores hay en cada equipo?

42. ¿Cuántos jugadores más hay en los equipos de básquetbol y vóleibol que en los equipos de fútbol y tenis?

43. Los equipos de voléibol y tenis viajan al estadio en 4 autobuses. Si cada autobús lleva el mismo número de jugadores, ¿cuántos jugadores hay en cada autobús? Escribe una ecuación para resolver el problema.

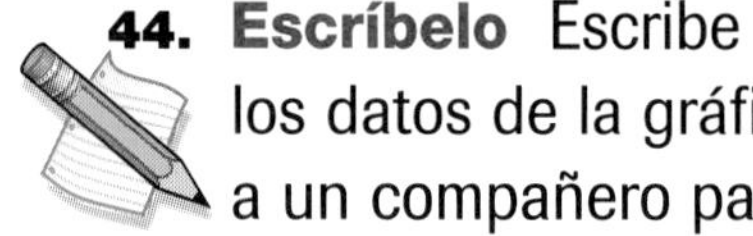

44. Escríbelo Escribe un problema usando los datos de la gráfica. Da el problema a un compañero para que lo resuelva.

Repaso mixto • Preparación para pruebas

Multiplica o suma. *(páginas 56–59, 170–173, 194–196)*

45. 60×4 **46.** 76×2 **47.** $101 + 98$ **48.** $99 + 26$ **49.** 51×42

Marca la letra de la respuesta correcta. *(páginas 56–59, 170–173)*

50 $48 \times 2 = n$

A 24 **C** 68
B 50 **D** 96

51 $24 + 36 + 92 = n$

F 142 **H** 512
G 152 **J** 1,412

Práctica adicional Consultar el Conjunto B, página 264.

Juego de Práctica

Competencia de residuos

Practica la división jugando este juego con un compañero. ¡Intenta ser el primero en obtener 30 puntos!

Lo que necesitas

- *un dado rotulado del 1 a 6*
- *un dado rotulado del 4 a 9*

Jugadores
2

Lo que debes hacer

1. Se lanza el dado rotulado del 4 a 9. El número que sale es el divisor para el juego.
2. Después, el primer jugador lanza ambos dados para formar un dividendo de dos dígitos.
3. El primer jugador divide el dividendo entre el divisor. El segundo jugador verifica que el cociente esté correcto.
4. El residuo es el número de puntos que recibe el primer jugador.

Repitan los pasos 1 a 4. El primer jugador que alcanza un total de 30 puntos o más es el ganador.

Compártelo ¿Formar el dividendo de dos dígitos más grande es la mejor estrategia para ganar el juego? Explica por qué.

Destreza: Interpreta los residuos

Aprenderás cómo resolver problemas que incluyen residuos.

Al resolver problemas que tienen un residuo, debes decidir cómo interpretar el residuo.

Observa las siguientes situaciones.

A veces aumentas el cociente.

Hay 76 niñas en el campamento deportivo. Si se asignan 8 niñas a cada cabaña, ¿cuántas cabañas se necesitan?

$$\begin{array}{r} 9\text{ R}4 \\ 8\overline{)76} \\ -72 \\ \hline 4 \end{array}$$

Se llenarán 9 cabañas con 72 niñas. Se necesita otra cabaña para las 4 niñas restantes. Así que se necesitan 10 cabañas en total.

A veces no necesitas el residuo.

Si 38 niñas se inscriben para nadar, ¿cuántos equipos de relevo de 4 personas puede haber?

$$\begin{array}{r} 9\text{ R}2 \\ 4\overline{)38} \\ -36 \\ \hline 2 \end{array}$$

Puede haber 9 equipos de relevo.

A veces el residuo es la respuesta.

Un total de 76 niñas juega básquetbol. Cada equipo tiene 6 miembros. Todas aquéllas que no queden en un equipo serán árbitros. ¿Cuántas niñas serán árbitros?

$$\begin{array}{r} 12\text{ R}4 \\ 6\overline{)76} \\ -6 \\ \hline 16 \\ -12 \\ \hline 4 \end{array}$$

Como hay 4 niñas que no quedan en equipos, ellas serán árbitros.

Verifícalo ¿De qué te sirve pensar en la pregunta de cada situación para decidir qué hacer con el residuo?

Estándares NS **1.4, 3.4** MR **1.0, 2.0, 2.6, 3.0, 3.1, 3.2, 3.3**

Izquierda: Los campamentos espaciales muestran a los niños cómo entrenan los astronautas. Derecha: Los niños de un campamento de baile aprenden acerca del movimiento usando un esqueleto humano.

Práctica guiada

Resuelve.

1. Cada traje de astronauta para niño requiere 3 yardas de tela. ¿Cuántos trajes completos se pueden hacer si hay 17 yardas de tela?

   Piénsalo: ¿Se puede hacer un traje de astronauta con menos de 3 yardas de tela?

2. Catorce niños ensayan para un acto de baile. Ellos bailarán en grupos de tres. ¿Cuántos niños no serán elegidos para el baile?

   Piénsalo: ¿Dirá el resultado cuántos bailarán o cuántos no bailarán?

Escoge una estrategia

Resuelve. Usa éstas u otras estrategias.

Estrategias para resolver problemas

- **Escribe una ecuación**
- **Haz un dibujo**
- **Halla un patrón**
- **Estima y verifica**

3. Treinta niñas juegan en un torneo de básquetbol. Se entregarán dos botellas de jugo a cada jugadora. Una caja de jugo contiene ocho botellas. ¿Cuántas cajas de jugo se deben comprar para las jugadoras?

4. Algunos campistas buscaron piedras para exhibirlas en la cabaña de la naturaleza. Ellos volvieron con 18 piedras. ¿De cuántas maneras diferentes pueden ordenar las piedras en filas iguales de 2 o más, de modo que no queden piedras?

5. Benjamín irá al campamento espacial durante 8 semanas. Él planea gastar $6 a la semana en sandwiches. ¿Le alcanzarán $50 para las 8 semanas?

6. En total, Ruth y Marco vendieron 42 boletos para una obra del campamento. Ruth vendió 6 boletos más que Marco. ¿Cuántos boletos vendió cada uno?

7. Los asientos del auditorio del campamento están ordenados en 12 filas de 20 asientos. Si todos los asientos están ocupados y hay 9 personas de pie, ¿cuántas personas hay en el público?

8. El viernes 67 niñas se inscribieron para un viaje al juego de básquetbol. Cada camioneta puede llevar a 9 niñas. ¿Cuántas camionetas se necesitan? Explica tu razonamiento.

Práctica adicional Consultar 1–4, página 267.

Verificación rápida

Verifica los conceptos de las Lecciones 1–4

Divide. Indica si hay residuo.

1. $2\overline{)84}$ **2.** $4\overline{)45}$ **3.** $3\overline{)68}$ **4.** $7\overline{)78}$

Divide. Verifica los resultados.

5. $3\overline{)78}$ **6.** $6\overline{)82}$ **7.** $5\overline{)93}$ **8.** $8\overline{)97}$

Resuelve.

9. Josh está poniendo 35 fotos en un álbum. Él pone 4 fotos en cada página. ¿Cuántas fotos habrá en la última página que use?

10. La Sra. Tate está comprando marcadores para su clase. Hay 5 marcadores en cada paquete. Si ella necesita 23 marcadores, ¿cuántos paquetes debería comprar?

¿Cómo te fue?

Si tuviste dificultades en cualquiera de las partes de Verificación rápida, puedes usar las siguientes páginas para repasar y practicar más.

Estándares	Ejercicios	Repasar estas páginas	Hacer estos ejercicios de práctica adicional
Sentido numérico: **3.0, 3.2**	1–4	páginas 220–221	Conjunto A, página 264
Sentido numérico: **3.0, 3.2**	5–8	páginas 222–225	Conjunto B, página 264
Sentido numérico: **1.4, 3.0, 3.4** Razonamiento matemático: **2.6, 3.1**	9–10	páginas 226–227	1–4, página 267

Preparación para pruebas • Repaso acumulativo

Mantener los estándares

Marca la letra de la respuesta correcta. Si la respuesta correcta no aparece, marca NA.

1. Paula tiene una colección de estampillas. Hay 125 estampillas en cada página de su libro de estampillas. Si tiene 12 páginas, ¿cuántas estampillas tiene en total?

   A 365 **C** 1,500
   B 1,490 **D** 1,600

2. ¿Cuál es la relación que hay entre la cantidad de galones de gasolina y el precio?

Cantidad de galones	3	6	9
Precio	$6	$12	$18

   F Precio = Cantidad de galones × $1
   G Precio = Cantidad de galones × $2
   H Precio = Cantidad de galones × $3
   J Precio = Cantidad de galones × $4

3. $\begin{array}{r} 783 \\ \times\ 23 \\ \hline \end{array}$

   A 3,715 **C** 18,009
   B 16,809 **D** NA

4. Sergio anotó 5,615 puntos en un juego de computadora. Patricio anotó 4,972 puntos. ¿Cuántos puntos más anotó Sergio?

   F 743 **H** 1,743
   G 1,363 **J** NA

5. Noventa y nueve estudiantes están sentados en el auditorio. Cada fila tiene la misma cantidad de asientos. Los estudiantes ocupan 6 filas. En la séptima fila hay 3 estudiantes. ¿Cuántos estudiantes hay en cada una de las otras filas?

   A 3 **C** 16
   B 12 **D** 20

6. El garaje del estacionamiento tiene 34 filas con 15 espacios en cada fila. Si el estacionamiento está lleno, ¿cuántos autos están estacionados?

   F 184 **H** 510
   G 490 **J** NA

7. La Sra. Kennedy tiene 37 monedas de 1¢. Ella quiere dar la misma cantidad de monedas de 1¢ a cada uno de los 5 niños. ¿Cuál es el mayor número de monedas de 1¢ que puede recibir cada niño?

   A 2
   B 5
   C 7
   D 9

8. Lillian tiene 56 conos de pino. Ella necesita 7 conos para hacer una corona. ¿Cuántas coronas puede hacer en total?
   Explícalo ¿Cómo hallaste la respuesta?

Página segura

Preparación para pruebas
Visita **www.eduplace.com/kids/mhm** para más *Preparación para pruebas.*

Cálculo mental: Dividir múltiplos de 10, 100 y 1,000

Aprenderás cómo usar operaciones básicas y patrones para dividir mentalmente.

Apréndelo

Un museo tiene 1,500 piedras en su colección. Todas las piedras se exhiben en 3 grupos iguales. ¿Cuántas piedras hay en cada grupo?

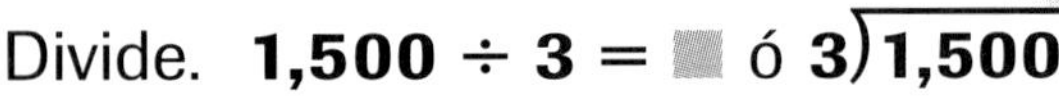
Divide. **1,500 ÷ 3 = ■** ó **3)1,500**

Halla 1,500 ÷ 3.

15 ÷ 3 = 5
150 ÷ 3 = 50
1,500 ÷ 3 = 500

Piénsalo: ¿Qué observas en el patrón de los ceros?

Solución: Hay 500 piedras en cada grupo.

Explícalo

- ► Mientras el número de ceros del dividendo aumenta, ¿qué ocurre con el número de ceros en el cociente?
- ► ¿Qué operación básica puedes usar para dividir 4,000 entre 5? ¿Cuántos ceros habrá en el cociente?

Práctica guiada

Divide.

1. 48 ÷ 8 = 6
480 ÷ 8 = 60
4,800 ÷ 8 = ■

2. 21 ÷ 7 = 3
210 ÷ 7 = ■
2,100 ÷ 7 = ■

3. 80 ÷ 2 = ■
800 ÷ 2 = ■
8,000 ÷ 2 = ■

4. 18 ÷ 9 = 2
180 ÷ 9 = ■
1,800 ÷ 9 = ■

5. 4,500 ÷ 9 = ■ **6.** 900 ÷ 3 = ■ **7.** 2,400 ÷ 4 = ■ **8.** 3,000 ÷ 3 = ■

Asegúrate

- ¿Qué operación básica puedo usar?
- ¿Cuántos ceros debería haber en el cociente?

Estándares	NS **3.0, 3.4** AF **1.0, 1.1, 1.2**

Práctica independiente

Divide.

9. $8 \div 4 = ■$
$80 \div 4 = ■$
$800 \div 4 = ■$

10. $9 \div 3 = ■$
$90 \div 3 = ■$
$900 \div 3 = ■$

11. $6 \div 2 = ■$
$60 \div 2 = ■$
$600 \div 2 = ■$

12. $270 \div 3 = ■$

13. $120 \div 2 = ■$

14. $160 \div 4 = ■$

15. $240 \div 8 = ■$

16. $120 \div 3 = ■$

17. $350 \div 7 = ■$

18. $3{,}200 \div 4 = ■$

19. $5{,}600 \div 8 = ■$

20. $2{,}500 \div 5 = ■$

21. $7{,}200 \div 8 = ■$

22. $6{,}300 \div 9 = ■$

23. $1{,}400 \div 2 = ■$

Resolver problemas • Razonamiento

24. Fred y Larry tienen un total de 25 juguetes de acción. Si Fred tiene 5 juguetes de acción más que Larry, ¿cuántos juguetes tiene cada niño?

25. Tanya tiene 5 libros de pegatinas. Cada libro contiene 200 pegatinas. ¿Cuántas pegatinas tiene Tanya en total?

26. **Analízalo** Stacey tiene ahora seis veces más canicas que tenía hace 4 meses. Si ahora tiene 240 canicas, ¿cuántas canicas tenía ella hace 4 meses?

27. **Escríbelo** Chad tiene el doble de piedras que fósiles en su colección. Si él tiene 40 piedras, ¿cuántos fósiles tiene? Explica tu respuesta.

Simplifica cada expresión.

- **A** $(144 \div 4) + 2$
- **B** $144 \div (4 + 2)$
- **C** $810 \div (3 \times 2)$
- **D** $(810 \div 3) \times 2$
- **E** $(52 \times 5) + 5$
- **F** $52 \times (5 + 5)$
- **G** $(132 \div 6) \times (72 \times 0)$
- **H** $(0 \div 6) \times (132 + 72)$

Repaso mixto • Preparación para pruebas

Compara. Usa >, < o = para cada ●. *(páginas 74–77)*

28. $18 \div 6$ ● $12 \div 4$

29. $798 - 332$ ● 23×19

30. 8×7 ● $3 \times 6 \times 3$

31. $17 + 14$ ● 4×8

32. $49 \div 7$ ● $103 - 96$

33. $63 + 59$ ● 5×60

Escoge la letra de la respuesta correcta. *(páginas 144–147)*

34 $162 + (630 \div 7) = n$

A 88 **C** 799
B 252 **D** 5,544

35 $183 - (240 \div 3) = n$

F 263 **H** 175
G 191 **J** 103

Cocientes de tres dígitos

Aprenderás acerca de la división cuando el cociente tiene 3 dígitos.

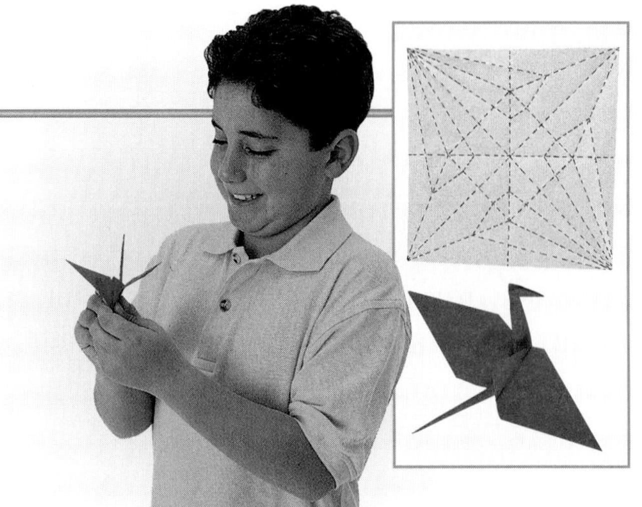

Apréndelo

Estudiantes del tercer, cuarto y quinto grado de la Escuela Hilltop hicieron 525 animales de origami para vender en una feria de artesanías. Si cada grado hizo la misma cantidad de animales, ¿cuántos animales hizo cada grado?

Divide. **525 ÷ 3 = ■** ó **3)525**

Halla 525 ÷ 3.

Paso 1 Divide las centenas.

Piénsalo: 3)5 centenas → ? centenas

```
     1
  3)525
  − 3     ← Multiplica. 1 × 3
    2        Resta. 5 − 3
             Compara. 2 < 3
```

Paso 2 Baja las decenas. Divide las decenas.

Piénsalo: 3)22 decenas → ? decenas

```
    17
  3)525
  − 3↓
    22
  − 21   ← Multiplica. 7 × 3
     1      Resta. 22 − 21
            Compara. 1 < 3
```

Paso 3 Baja las unidades. Divide las unidades.

Piénsalo: 3)15 unidades → ? unidades

```
   175
  3)525
  − 3 |
    22|
  − 21↓
     15
   − 15  ← Multiplica. 5 × 3
      0     Resta. 15 − 15
            Compara. 0 < 3
```

Verifica tu trabajo
Multiplica.

3 × 175 = 525

El producto es igual al dividendo.

Solución: Cada grado hizo 175 figuras de origami.

Otros ejemplos

A. Con residuo

```
   168 R4      Verifica:  168
  5)844                  ×  5
  − 5↓                    840
    34                   +  4
  − 30↓                   844
    44
  − 40
     4
```

B. Cero en el dividendo

```
   117      Verifica:  117
  6)702               ×  6
  − 6↓                 702
    10
   − 6↓
    42
  − 42
     0
```

Explícalos

► Para verificar el ejemplo *A*, ¿por qué multiplicaste primero y después sumaste?

► En el ejemplo *B*, ¿por qué debes acordarte de bajar el cero?

Estándares	NS **3.2, 3.4** MR **2.4, 2.6**

Práctica guiada

Divide.

1. $2\overline{)394}$ **2.** $2\overline{)963}$ **3.** $4\overline{)450}$ **4.** $7\overline{)852}$

> **Asegúrate**
> - ¿Puedo dividir las centenas?
> - ¿Puedo dividir las decenas?
> - ¿Puedo dividir las unidades?

Práctica independiente

Divide.

5. $2\overline{)836}$ **6.** $4\overline{)709}$ **7.** $6\overline{)824}$ **8.** $3\overline{)519}$ **9.** $3\overline{)404}$

10. $5\overline{)762}$ **11.** $6\overline{)918}$ **12.** $3\overline{)806}$ **13.** $8\overline{)923}$ **14.** $8\overline{)889}$

15. $7\overline{)856}$ **16.** $5\overline{)913}$ **17.** $7\overline{)931}$ **18.** $4\overline{)918}$ **19.** $6\overline{)762}$

20. $578 \div 3$ **21.** $710 \div 5$ **22.** $992 \div 8$ **23.** $535 \div 2$ **24.** $295 \div 2$

25. $438 \div 3$ **26.** $685 \div 6$ **27.** $945 \div 2$ **28.** $775 \div 3$ **29.** $864 \div 5$

Resolver problemas • Razonamiento

Usar datos Usa la tabla para los Problemas 30–32.

Feria de artesanías Animales de origami	
Animal	**Cantidad**
Grulla	234
Tortuga	108
Gato	68
Rana	115

30. Las tortugas se venden en grupos de cuatro. ¿Cuántos grupos de tortugas hay?

31. Al comienzo de la feria se exhibían 29 animales en una mesa. El resto estaba repartido en partes iguales en 4 bolsas. ¿Cuántos animales había en cada bolsa?

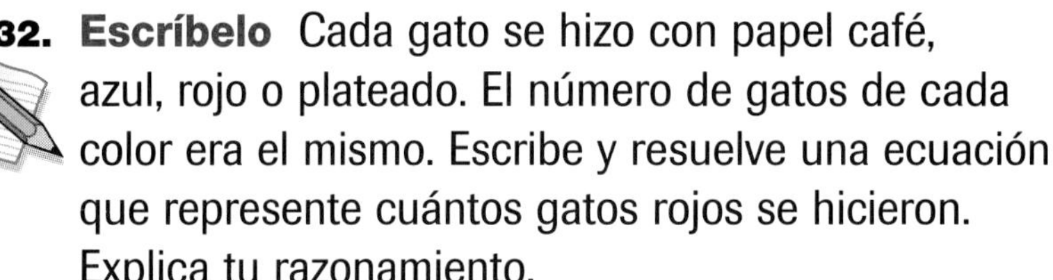

32. Escríbelo Cada gato se hizo con papel café, azul, rojo o plateado. El número de gatos de cada color era el mismo. Escribe y resuelve una ecuación que represente cuántos gatos rojos se hicieron. Explica tu razonamiento.

Repaso mixto • Preparación para pruebas

Resuelve. *(páginas 144–147)*

33. $13 - (2 \times 5) = n$ **34.** $81 + (9 \times 3) = n$

35. $(81 \div 9) \times 2 = n$ **36.** $64 - (8 \div 4) = n$

37 ¿Cuál es el valor del 6 en 246,308? *(páginas 4–5)*

A 600 **B** 6,000 **C** 60,000 **D** 600,000

Poner el primer dígito del cociente

Aprenderás cómo decidir dónde escribir el primer dígito del cociente.

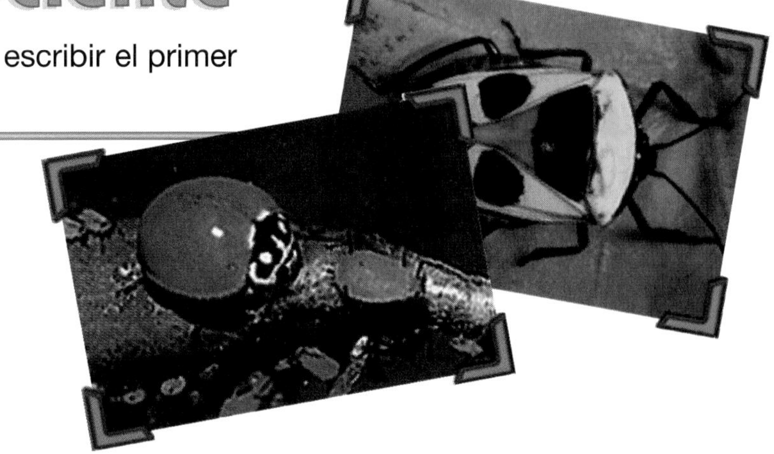

Apréndelo

Reggie tiene 237 fotografías de insectos. Si las pone en 5 grupos del mismo tamaño, ¿cuántas fotos habrá en cada grupo?

Divide. **237 ÷ 5 = ■** ó **5)237**

Halla 237 ÷ 5.

Paso 1 Decide dónde poner el primer dígito.

Piénsalo: 5)2 centenas → ? centenas

5)237 — 2 < 5 No hay suficientes centenas para dividir.

↓

5)237 — 23 > 5 Pon el primer dígito en la posición de las decenas.

Paso 2 Divide las decenas.

Piénsalo: 5)23 decenas → ? decenas

```
   4
5)237
 - 20  ←  Multiplica. 4 × 5
    3     Resta. 23 − 20
          Compara. 3 < 5
```

Paso 3 Baja las unidades. Divide las unidades.

Piénsalo: 5)37 unidades → ? unidades

```
  47 R2
5)237
 - 20↓
    37
  - 35  ←  Multiplica. 7 × 5
     2     Resta. 37 − 35
           Compara. 2 < 5
```

Verifica tu trabajo Multiplica. Luego suma.

(5 × 47) + 2 = 237 ← La suma es igual al dividendo, así que el resultado está correcto.

Solución: Habrá 47 fotografías en cada grupo. Quedarán dos fotografías.

Otros ejemplos:

A. Múltiplo de 10

```
   83 R6     Verifica:   83
8)670                  ×  8
 - 64↓                  664
    30                 +  6
  - 24                  670
     6
```

B. Múltiplo de 100

```
   85 R5     Verifica:   85
7)600                  ×  7
 - 56↓                  595
    40                 +  5
  - 35                  600
     5
```

Explícalo

► Si divides un dividendo de tres dígitos entre un divisor de un dígito, ¿cuál es el mínimo número de dígitos que puede haber en el cociente? Explica tu respuesta.

Estándares	NS **3.2, 3.4** MR **2.4**

Práctica guiada

Divide. Luego verifica tu trabajo.

1. $6\overline{)384}$ **2.** $8\overline{)672}$ **3.** $7\overline{)542}$ **4.** $4\overline{)348}$

5. $437 \div 6$ **6.** $235 \div 5$ **7.** $341 \div 9$ **8.** $473 \div 6$

Asegúrate

- ¿Puedo dividir las centenas? Si no puedo, ¿qué debería hacer?
- ¿Dónde debería escribir el primer dígito del cociente?

Práctica independiente

Divide. Luego verifica tu trabajo.

9. $4\overline{)396}$ **10.** $8\overline{)272}$ **11.** $5\overline{)394}$ **12.** $2\overline{)172}$ **13.** $5\overline{)485}$

14. $2\overline{)162}$ **15.** $4\overline{)284}$ **16.** $6\overline{)532}$ **17.** $3\overline{)261}$ **18.** $3\overline{)194}$

19. $3\overline{)154}$ **20.** $5\overline{)913}$ **21.** $3\overline{)185}$ **22.** $7\overline{)638}$ **23.** $8\overline{)889}$

24. $134 \div 2$ **25.** $504 \div 7$ **26.** $317 \div 9$ **27.** $657 \div 5$

28. $277 \div 2$ **29.** $619 \div 8$ **30.** $514 \div 4$ **31.** $315 \div 4$

Resolver problemas • Razonamiento

32. **Analízalo** Tim ordenó 252 fotografías de mariposas en grupos iguales de fotos pequeñas, medianas y grandes. ¿Cuántas fotos de cada tamaño tenía?

33. El viernes 135 personas visitaron la casa de las mariposas del centro de la naturaleza. El doble de personas la visitó el sábado. ¿Cuántas personas visitaron la casa de las mariposas durante los dos días?

34. **Escríbelo** Un zoológico de insectos tiene 365 insectos en exhibición en 5 grupos iguales. ¿Cuántos insectos hay en cada grupo? Explica tu respuesta.

Mundo matemático

CIENCIAS Las mariposas monarca de Norteamérica son las que emigran más lejos de todas las monarcas. En otoño vuelan desde Canadá a México.

Durante esta migración otoñal, ellas recorren aproximadamente 3,000 millas. Esto les lleva unas 9 semanas. ¿Aproximadamente cuántas millas recorren a la semana?

Repaso mixto • Preparación para pruebas

Escribe el valor del dígito subrayado. *(páginas 4–5)*

35. 6,<u>3</u>41 **36.** 8<u>7</u>9 **37.** 1<u>7</u>3,826 **38.** 78,96<u>3</u>

Marca la letra de la respuesta correcta. *(páginas 56–63)*

39 $3{,}426 + 6{,}574 = n$

A 9,000 **C** 10,000
B 9,900 **D** 10,900

40 $14{,}832 - 11{,}216 = n$

F 3,916 **H** 3,116
G 3,616 **J** 2,916

Dividir dinero

Aprenderás que dividir dinero es como dividir números enteros.

Apréndelo

La Sra. Ellis compró 4 llaveros como recuerdo mientras estaba de vacaciones. Cada llavero costó lo mismo. Si ella gastó un total de $9.80 en los llaveros, ¿cuánto costó cada uno?

Divide. **$9.80 ÷ 4 = ■** ó **4)$9.80**

Halla $9.80 ÷ 4.

Paso 1 Divide como si estuvieras dividiendo números enteros.

```
    2 45
 4)$9.80
  - 8
    1 8
  - 1 6
      2 0
    - 2 0
        0
```

Paso 2 Escribe el signo de dólar y el punto decimal del cociente.

Alinea el punto decimal del cociente con el punto decimal del dividendo.

```
   $2.45
 4)$9.80
  - 8
    1 8
  - 1 6
      2 0
    - 2 0
        0
```

Solución: Cada llavero cuesta $2.45.

Explícalo:

- ¿Por qué no sería razonable un resultado de $245?
- ¿Qué tiene en común dividir $8.47 entre 7 con dividir 847 entre 7? ¿En qué se diferencia?

Práctica guiada

Divide y verifica.

1. 8)$9.20 **2.** 3)$756 **3.** 2)$0.42

4. 4)$7.92 **5.** 2)$856 **6.** 3)$0.81

7. 6)$252 **8.** 5)$1.55 **9.** 7)$5.39

Asegúrate

- ¿Dónde debería poner el primer dígito del cociente?
- ¿Dónde debería poner el signo de dólar y el punto decimal del cociente?

Práctica independiente

Divide y verifica.

10. $7\overline{)\$0.91}$ **11.** $6\overline{)\$0.78}$ **12.** $3\overline{)\$0.48}$ **13.** $4\overline{)\$0.64}$

14. $4\overline{)\$88}$ **15.** $8\overline{)\$5.76}$ **16.** $9\overline{)\$8.19}$ **17.** $2\overline{)\$1.34}$

18. $7\overline{)\$4.83}$ **19.** $9\overline{)\$8.46}$ **20.** $5\overline{)\$5.60}$ **21.** $4\overline{)\$7.24}$

22. $3\overline{)\$5.46}$ **23.** $6\overline{)\$6.72}$ **24.** $2\overline{)\$3.32}$ **25.** $3\overline{)\$9.42}$

26. \$0.45 ÷ 3 **27.** \$0.36 ÷ 2 **28.** \$0.88 ÷ 8 **29.** \$0.72 ÷ 6

30. \$7.56 ÷ 6 **31.** \$5.58 ÷ 9 **32.** \$6.36 ÷ 3 **33.** \$4.64 ÷ 8

Resolver problemas • Razonamiento

Usar datos Usa el letrero para los Problemas 34 y 36.

34. Estímalo ¿Qué estimación es buena para el precio total de 3 camisetas de la tienda de regalos?

35. Camino al Parque de animales salvajes, el Sr. Ellis compró 6 galones de gasolina por \$8.70. ¿Cuánto gastó en cada galón?

36. Compáralo La Sra. Ellis necesita comprar 6 rollos de película. ¿Cuánto es la menor cantidad que podría pagar? ¿Cuánto es la mayor cantidad que podría pagar?

37. Analízalo La entrada al Parque de animales salvajes cuesta \$9.50 por adulto y \$7.00 por niño. La familia Ellis pagó \$40 en entradas. ¿Cuántos adultos y niños hay en la familia?

Repaso mixto • Preparación para pruebas

Suma o resta. *(páginas 56–63)*

38. $\begin{array}{r} 3,267 \\ +\ 4,529 \\ \hline \end{array}$ **39.** $\begin{array}{r} 7,602 \\ -\ 4,311 \\ \hline \end{array}$ **40.** $\begin{array}{r} 8,264 \\ +\ 728 \\ \hline \end{array}$ **41.** $\begin{array}{r} 5,281 \\ -\ 3,105 \\ \hline \end{array}$

42 ¿Cuánto es el valor de (4 × 1,000) + (6 × 10) + (9 × 1)? *(páginas 4–5)*

A 4,600 **B** 4,069 **C** 469 **D** 56

Ceros en el cociente

Aprenderás la importancia de poner ceros en el cociente.

Apréndelo

Las patinetas Turbo vienen en cajas de 8. Si una tienda pide 824 patinetas, ¿cuántas cajas debería recibir?

Divide. **824 ÷ 8 = ■ ó 8)824**

Halla 824 ÷ 8.

Paso 1 Decide dónde poner el primer dígito. Puedes dividir las centenas.

Piénsalo: 8)8 centenas → ? centenas

```
   1
8)824
 - 8   ← Multiplica. 1 × 8
   0     Resta. 8 − 8
         Compara. 0 < 8
```

Paso 2 Baja las decenas. Divide las decenas

Piénsalo: 8)2 decenas → ? decenas

```
  10
8)824
 - 8↓
  02
```

Como 2 < 8, no puedes dividir las decenas. Escribe un cero en la posición de las decenas.

Paso 3 Baja las unidades. Divide las unidades.

Piénsalo: 8)24 unidades → ? unidades

```
  103
8)824
 - 8 ↓
  024
 - 24 ← Multiplica. 3 × 8
    0   Resta. 24 − 24
        Compara. 0 < 8
```

Verifica tu trabajo.
Multiplica. 8 × 103 = 824

El producto es igual al dividendo.

Solución: La tienda debería recibir 103 cajas.

Otros ejemplos

A. Cociente de dos dígitos

```
   90 R4        Verifica:   90
5)454                      × 5
 - 45                      450
   04                     +  4
  - 0                      454
    4
```

B. Múltiplo de 10

```
  140           Verifica: 140
6)840                     × 6
 - 6                      840
   24
 - 24
   00
```

C. Cero en el dividendo

```
  101 R2        Verifica: 101
7)709                     × 7
 - 7                      707
  009                    +  2
  - 7                     709
    2
```

Explícalo

- ► En el ejemplo *A*, ¿por qué hay un cero en la posición de las unidades en el cociente?
- ► En el ejemplo *B*, ¿por qué debes acordarte de escribir el cero en el cociente?

Estándares	NS **3.2, 3.4**	AF **1.1, 1.2**	SDP **1.0, 2.1**	MR **2.4**

Práctica guiada

Divide. Luego verifica tu trabajo.

1. $3\overline{)924}$ **2.** $4\overline{)832}$ **3.** $5\overline{)547}$ **4.** $7\overline{)729}$

5. $9\overline{)972}$ **6.** $8\overline{)863}$ **7.** $7\overline{)746}$ **8.** $6\overline{)639}$

Asegúrate

- ¿Puedo dividir las centenas? Si no puedo, ¿qué debería hacer?
- ¿Puedo dividir las decenas?
- ¿Puedo dividir las unidades?

Práctica independiente

Divide. Luego verifica tu trabajo.

9. $4\overline{)804}$ **10.** $2\overline{)412}$ **11.** $7\overline{)\$7.56}$ **12.** $6\overline{)361}$

13. $3\overline{)\$9.03}$ **14.** $5\overline{)535}$ **15.** $6\overline{)648}$ **16.** $4\overline{)821}$

17. $8\overline{)565}$ **18.** $4\overline{)438}$ **19.** $9\overline{)725}$ **20.** $2\overline{)\$2.10}$

21. $7\overline{)\$8.40}$ **22.** $3\overline{)631}$ **23.** $4\overline{)523}$ **24.** $8\overline{)965}$

25. $9\overline{)992}$ **26.** $2\overline{)\$2.06}$ **27.** $2\overline{)613}$ **28.** $5\overline{)754}$

29. $162 \div 8$ **30.** $529 \div 5$ **31.** $\$8.72 \div 8$ **32.** $420 \div 3$

33. $637 \div 9$ **34.** $\$6.37 \div 7$ **35.** $842 \div 4$ **36.** $841 \div 2$

Álgebra • Expresiones Halla el valor de cada expresión si $n = 3$.

37. $66 \div n$ **38.** $96 \div n$ **39.** $849 \div n$ **40.** $342 \div n$

41. $848 \div (n - 1)$ **42.** $(8 \times n) \div 2$ **43.** $742 \div (n + 4)$ **44.** $342 \div (n \times 3)$

Resolver problemas • Razonamiento

Usar datos Usa la tabla para los Problemas 45–47.

Ruedas de patineta

Color	Número de ruedas
Rojo	428
Amarillo	312
Azul	412
Verde	480

45. La tienda de patinetas vende ruedas en grupos de 4. ¿Cuántos grupos de 4 ruedas azules puede vender la tienda?

46. **Compáralo** ¿Cuántos grupos de 4 ruedas rojas más que grupos de 4 ruedas amarillas puede vender la tienda?

47. **Escríbelo** Si 8 ruedas verdes pesan 1 libra, ¿cuánto pesan todas las ruedas verdes? Explica cómo hallaste la respuesta.

Usa la tabla para los Problemas 48–53.

Senderos del parque de patinaje Flipside	
Sendero	**Longitud**
Speedy Street	321 yardas
Twisty Trail	208 yardas
Winding Way	432 yardas
Bumpy Boulevard	342 yardas

48. **Compáralo** Amy, Lisa y Dwayne anduvieron en patineta por diferentes senderos. El sendero de Amy era más largo que el de Dwayne, pero más corto que el de Lisa. Lisa no anduvo en Winding Way. ¿Qué sendero tomó cada persona?

49. Un tercio de Speedy Street desciende por una colina. ¿Cuánto mide la parte en bajada de Speedy Street?

50. Cuando estaba en la mitad de la bajada en Twisty Trail, Tom se detuvo para arreglar sus rodilleras. ¿Cuánto más tuvo que recorrer para llegar al final del sendero?

51. **Analízalo** Ty recorrió completamente Speedy Street y Twisty Trail en patineta. Ed recorrió completamente Bumpy Boulevard y Winding Way en patineta. Decide quién anduvo más en patineta sólo con mirar la tabla.

52. **Estímalo** Un día, Pete recorrió 4 veces Twisty Trail en patineta. ¿Aproximadamente qué distancia recorrió en patineta?

53. **Escríbelo** Con la información de la tabla, escribe un problema de división.

Repaso mixto • Preparación para pruebas

Suma, resta o multiplica. *(páginas 56–63, 170–173, 180–181)*

54. 46 + 38 **55.** 4,896 + 3,245 **56.** 324 − 165 **57.** 137 × 6 **58.** 98 × 9

59 ¿Cuánto es cuarenta y cinco mil doscientos nueve escrito en forma usual? *(páginas 4–5)*

A 450,290 **C** 45,029

B 45,209 **D** 4,529

Combinaciones

Las patinetas Turbo y las ruedas de patineta se venden en los colores que se muestran. ¿Cuáles son todas las maneras diferentes en que se pueden juntar las patinetas con las ruedas? (Todas las ruedas de una patineta deberían ser del mismo color).

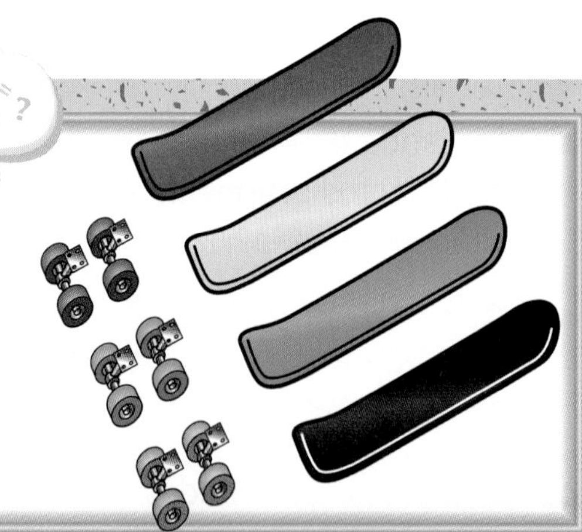

Diferentes maneras de dividir

Si le pierdes la pista al valor posicional de una operación de división, puedes cometer errores. Ésta es una manera de usar columnas para seguir la pista de las posiciones con las que estás trabajando.

Fíjate en cómo se divide 586 entre 3.

Halla 586 ÷ 3.

Comienza con la posición de las centenas (C).

Piénsalo: 5 centenas ÷ 3

Escribe 1 en el cociente.
Multiplica, resta y compara.
Hay un residuo de 2 centenas.

	C	D	U
	1		
3)	5	8	6
	− 3		
	2		

A continuación trabaja con la posición de las decenas (D). Reagrupa las 2 centenas en 20 decenas. Suma las 20 decenas más las 8 decenas. Escribe 28 en la columna de las decenas.

Piénsalo: 28 decenas ÷ 3

Escribe 9 en el cociente.
Multiplica, resta y compara.
Hay un residuo de 1 decena.

	C	D	U
	1	9	
3)	5	8	6
	− 3		
	2 →	20	
		28	
		− 27	
		1	

Luego trabaja con la posición de las unidades (U). Reagrupa la decena en 10 unidades. Suma las 10 unidades más las 6 unidades. Escribe 16 en la columna de las unidades.

Piénsalo: 16 unidades ÷ 3

Escribe 5 en el cociente.
Multiplica, resta y compara.
Hay un residuo de 1 unidad.

	C	D	U
	1	9	5
3)	5	8	6
	− 3		
	2 →	20	
		28	
		− 27	
		1 →	10
			16
			− 15
			1

Solución: 195 R1

Explícalo

¿Qué tiene en común este método para dividir con el método que habías estado usando? ¿En qué se diferencia?

Estrategia: Comienza con el final

Aprenderás cómo resolver un problema comenzando con el final.

A veces en un problema sabes la cantidad final y necesitas hallar la cantidad inicial. Puedes comenzar con lo que sabes y trabajar hacia atrás.

Problema El viernes Lauren recorrió en bicicleta cierta cantidad de millas. El sábado recorrió el doble que el viernes. El domingo recorrió 4 millas menos que el sábado. El lunes recorrió 2 millas más que el domingo. El lunes Lauren recorrió 20 millas. ¿Cuántas millas recorrió Lauren en bicicleta el viernes?

Compréndelo

¿Cuál es la pregunta?

¿Cuántas millas recorrió en bicicleta Lauren el viernes?

¿Qué sabes?

Lauren recorrió en bicicleta 20 millas el lunes.

Planéalo

¿Cómo puedes hallar la respuesta?

Comienza con lo que sabes. Trabaja desde el final y usa operaciones inversas.

Recuerda:
La suma y la resta son operaciones inversas. La multiplicación y la división son operaciones inversas.

Resuélvelo

Comienza con las 20 millas que Lauren recorrió en bicicleta el lunes.

Lunes		Domingo		Sábado		Viernes
20 millas	**− 2**	**18 millas**	**+ 4**	**22 millas**	**÷ 2**	**11 millas**
Esto es 2 millas más que el domingo.	Retrocede. Resta 2.	Esto es 4 millas menos que el sábado.	Retrocede. Suma 4.	Esto es el doble que el viernes.	Retrocede. Divide entre 2.	

Lauren recorrió 11 millas en bicicleta el viernes.

Verifícalo

Verifica el problema.

¿Es razonable tu respuesta? Explica por qué.

Estándares	MR **1.0, 1.1, 1.2, 2.0, 3.0, 3.1, 3.2**

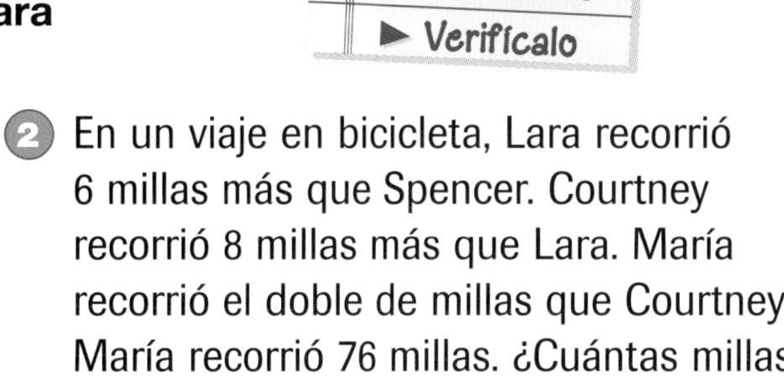
Recuerda:
► Compréndelo
► Planéalo
► Resuélvelo
► Verifícalo

Práctica guiada

Usa la estrategia de Comienza con el final para resolver cada problema.

1. Tina compró agua embotellada para un paseo en bicicleta. Ella bebió 3 botellas. Después compró 5 más. Después de beber otras 2 botellas, le quedaban 4 botellas. ¿Con cuántas botellas de agua comenzó Tina?

   Piénsalo: ¿Con qué información deberías comenzar?

2. En un viaje en bicicleta, Lara recorrió 6 millas más que Spencer. Courtney recorrió 8 millas más que Lara. María recorrió el doble de millas que Courtney. María recorrió 76 millas. ¿Cuántas millas recorrió Spencer?

   Piénsalo: ¿Deberías comenzar con 6 millas o con 76 millas? ¿Por qué?

Escoge una estrategia

Resuelve. Usa éstas u otras estrategias.

Estrategias para resolver problemas

- **Halla un patrón**
- **Estima y verifica**
- **Haz un dibujo**
- **Comienza con el final**

3. El jueves la tienda de bicicletas del Sr. Riccio recibió el primer envío de cascos para ciclistas. Ese día vendió 8 cascos. El viernes vendió 9 cascos. El sábado después de que llegaron 10 cascos más, él tenía 18 cascos en la tienda. ¿Cuántos cascos llegaron el jueves?

4. Observa las figuras siguientes. Luego dibuja la figura que es probable que siga en el patrón. Explica tu respuesta.

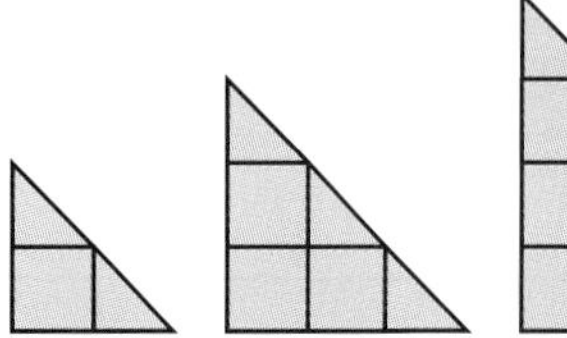

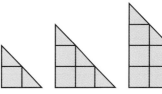

5. Moe está pensando en un número. Si él divide el número entre 4 y después multiplica el cociente por 5, el resultado es 135. ¿En qué número está pensando Moe?

6. Michael es 5 años mayor que Elizabeth. Elizabeth es 8 años menor que José. José es 2 años mayor que Meredith. Si Meredith tiene 12 años, ¿qué edad tiene Michael?

7. David compra un par de pantalones cortos de ciclista y una camisa. La camisa cuesta la mitad de lo que cuestan los pantalones. El precio total es de $36. ¿Cuánto cuestan los pantalones cortos?

8. Observa el patrón numérico. ¿Cuál es el próximo número probable? ¿Por qué?

   8,000 4,000 2,000 1,000

Práctica adicional Consultar 5 – 7, página 267.

Verificación rápida

Verifica los conceptos de las Lecciones 5-10

Divide. Luego verifica tu trabajo.

1. $360 \div 4$

2. $4\overline{)525}$

3. $6\overline{)806}$

4. $6\overline{)366}$

5. $7\overline{)394}$

6. $9\overline{)\$2.16}$

7. $7\overline{)\$9.31}$

8. $6\overline{)623}$

9. $7\overline{)212}$

Resuelve.

10. Danesha está formando 3 pilas de monedas. La primera pila tiene 3 monedas más que la segunda. La segunda pila tiene 4 monedas menos que la tercera pila. La tercera pila tiene 14 monedas. ¿Cuántas monedas hay en la primera pila?

¿Cómo te fue?

Si tuviste dificultades en cualquiera de las partes de Verificación rápida, puedes usar las siguientes páginas para repasar y practicar más.

Estándares	Ejercicios	Repasar estas páginas	Hacer estos ejercicios de práctica adicional
Sentido numérico: **3.2, 3.4**	1	páginas 230–231	Conjunto C, página 264
Sentido numérico: **3.2, 3.4**	2–3	páginas 232–233	Conjunto D, página 264
Sentido numérico: **3.2, 3.4**	4–5	páginas 234–235	Conjunto E, página 265
Repaso de los Estándares del Grado 3	6–7	páginas 236–237	Conjunto F, página 265
Sentido numérico: **3.2, 3.4**	8–9	páginas 238–240	Conjunto G, página 265
Razonamiento matemático: **1.1, 1.2, 2.6, 3.1**	10	páginas 242–243	5–7, página 267

Preparación para pruebas • Repaso acumulativo

Mantener los estándares

Marca la letra de la respuesta correcta. Si la respuesta correcta no aparece, marca NA.

1. El zoológico tiene una pareja de leones. El león pesa 528 libras. La leona pesa 452 libras. ¿Aproximadamente cuántas libras más pesa el león que la leona?

   A 10 **C** 80

   B 30 **D** 150

2. ¿Qué expresión no es igual a 56?

   F 2×28

   G 8×7

   H 4×14

   J $2 \times 4 \times 9$

3. ¿Qué debería ir en la casilla para que se cumpla el enunciado numérico?

   $74 \div 5 = \blacksquare$

   A 14

   B 14 R3

   C 14 R4

   D 14 R5

4. $$\begin{array}{r} 145 \\ 378 \\ +\ 452 \\ \hline \end{array}$$

   F 865

   G 965

   H 975

   J NA

5. ¿Qué expresión no es igual a 72?

   A 9×8

   B $3 \times 3 \times 8$

   C 4×18

   D $3 \times 3 \times 3 \times 3$

6. ¿Qué expresión no es igual a 50?

   F 2×25

   G 5×10

   H $2 \times 5 \times 5$

   J 25×25

7. ¿Cuál es el valor de *n*?

   $(32 \times 15) + (96 \div 4) = n$

   A 16

   B 216

   C 480

   D 504

8. Escribe una expresión que sea igual a 30. Usa dos operaciones diferentes y paréntesis en la expresión.

   Explícalo ¿Cómo decidiste dónde poner los paréntesis?

Página segura

Preparación para pruebas
Visita **www.eduplace.com/kids/mhm** para más *Preparación para pruebas.*

Reglas de la divisibilidad

Aprenderás maneras de saber si un número es divisible entre 2, 5 ó 10.

Vocabulario
nuevo
divisible
par
impar

Apréndelo

Un número entero es **divisible** entre otro número entero si el residuo es cero. 18 es divisible entre 2, porque 18 ÷ 2 = 9, pero 18 no es divisible entre 4, porque 18 ÷ 4 = 4 R2.

Los números **pares** son divisibles entre 2.

0 2)0	1 2)2	2 2)4	3 2)6	4 2)8
5 2)10	6 2)12	7 2)14	8 2)16	9 2)18

Los números **impares** no son divisibles entre 2.

0 R1 2)1	1 R1 2)3	2 R1 2)5	3 R1 2)7	4 R1 2)9
5 R1 2)11	6 R1 2)13	7 R1 2)15	8 R1 2)17	9 R1 2)19

Un número es divisible entre 5 si puede dividirse entre 5 y el residuo es 0.

1 5)5	2 5)10	3 5)15	4 5)20
5 5)25	6 5)30	7 5)35	8 5)40

Un número es divisible entre 10 si puede dividirse entre 10 y el residuo es 0.

1 10)10	2 10)20	3 10)30	4 10)40
5 10)50	6 10)60	7 10)70	8 10)80

Explícalo

- ¿Qué regla podrías crear para identificar si un número es divisible entre 2? ¿entre 5? ¿entre 10?
- Indica un número que sea divisible entre 2, 5 y 10. ¿Existen otros?

Práctica guiada

1. ¿Qué números son divisibles entre 2? Indica cómo lo sabes.

2. ¿Qué números son divisibles entre 5? ¿entre 10? ¿entre 5 y 10 a la vez?

Asegúrate

- ¿Es divisible entre 2 el dígito de las unidades?
- ¿Es 0 ó 5 el dígito de las unidades?

Estándares NS **3.2**, **4.1** MR **3.0**, **3.3**

Práctica independiente

Copia y completa esta tabla. Usa una marca para representar la divisibilidad.

		30	45	84	95	130	175
3.	divisible entre 2	✓					
4.	divisible entre 5	✓					
5.	divisible entre 10	✓					

Resolver problemas • Razonamiento

6. **Analízalo** Beth quiere plantar 24 flores. Ella quiere más de 1 flor en cada fila, pero en cantidades iguales. Podría plantar 1 fila de 24 flores. Haz una lista de todas las otras maneras en que Beth podría plantar sus flores.

7. Halla el número más pequeño que sea divisible entre 2, 5 y 10. Explica tu razonamiento.

8. **Escríbelo** Todos los números del patrón a la derecha son divisibles entre 2. Anota un patrón diferente en que todos los números sean divisibles entre 5 y 10 a la vez. Indica cómo determinaste el patrón.

Repaso mixto • Preparación para pruebas

Estima cada resultado. *(páginas 64–65)*

9. $49 + 28$

10. $143 - 98$

11. $\$4.29 + \$2.72$

12. $898 - 102$

13. $58 + 67$

14. $(136 \div 2) \times 2 = n$ *(páginas 144–147)*

A 68 **B** 136 **C** 272 **D** 544

Razonamiento lógico

Escribe *verdadero* o *falso*. Da ejemplos para apoyar cada respuesta.

15. Todos los números que son divisibles entre 10 son divisibles entre 2.

16. Algunos números que son divisibles entre 2 son divisibles entre 5.

17. Todos los números que son divisibles entre 5 son divisibles entre 10.

Números primos y números compuestos

Aprenderás cómo decidir si un número es primo o compuesto.

Vocabulario
nuevo
número primo
número compuesto

Apréndelo

Puedes usar los factores de un número para saber si es número primo o número compuesto.

Ejemplos de números primos

2, 7, 13 y 19 son números primos.

Observa que cada número tiene exactamente 2 factores:

2 → 1, 2
7 → 1, 7
13 → 1, 13
19 → 1, 19

Un **número primo** es un número entero que tiene exactamente dos factores, el 1 y sí mismo.

Ejemplos de números compuestos

4, 8, 15 y 18 son números compuestos.

Observa que cada número tiene más de dos factores:

4 → 1, 2, 4
8 → 1, 2, 4, 8
15 → 1, 3, 5, 15
18 → 1, 2, 3, 6, 9, 18

Un **número compuesto** es un número entero que tiene más de dos factores.

El número 1 no es primo ni compuesto.

Explícalo

► Las reglas de la divisibilidad te sirven para hallar los factores de un número. Explica por qué.

Práctica guiada

Copia y completa la tabla.

	Número	Factores	Primo o compuesto
	1	1	Ninguno
	2	1, 2	Primo
1.	3		
2.	4		
3.	5		
4.	6		

Asegúrate

- ¿He hallado todos los factores?
- ¿Cuántos factores tiene el número?

Estándares	NS **4.2** MR **3.0**, **3.3**

Práctica independiente

5. Escribe los factores para el 7 hasta el 30 en una tabla como la siguiente. Luego decide si cada número es primo o compuesto.

Número	Factores	Primo o compuesto
7		
8		
9		
10		

6. ¿Qué números del 7 al 30 son primos?

7. ¿Qué números del 7 al 30 son compuestos?

8. ¿De cuántas maneras puedes escribir el 36 como producto de dos números?

Resolver problemas • Razonamiento

9. ¿Resulta alguna vez número primo el producto de dos números primos? Explica.

10. **Analízalo** ¿Existe algún número primo que sea par? ¿Son números primos todos los impares? Da ejemplos.

11. **Analízalo** Además del 5, ¿puede ser número primo un número entero que termine en 5? Explica.

12. **Escríbelo** ¿Qué estrategia usarías para hallar todos los primos del 1 hasta el 50? Demuestra que tu estrategia funciona.

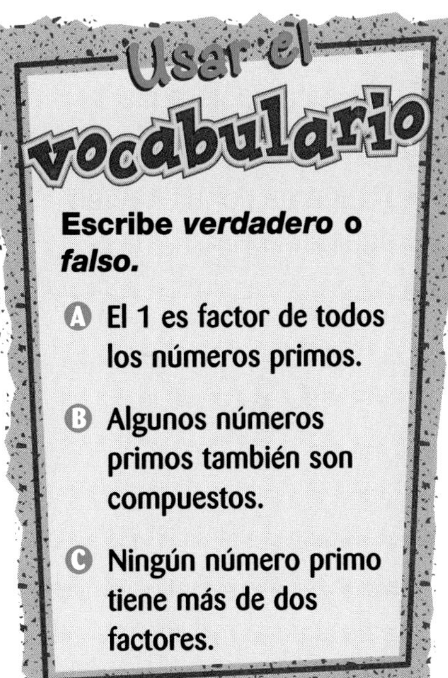

Usar el vocabulario
Escribe *verdadero* o *falso*.
A El 1 es factor de todos los números primos.
B Algunos números primos también son compuestos.
C Ningún número primo tiene más de dos factores.

Repaso mixto • Preparación para pruebas

Multiplica o divide. *(páginas 180–185, 234–235)*

13. 342×6
14. $276 \div 3$
15. $438 \div 6$
16. $2{,}903 \times 7$
17. $600 \div 8$
18. $497 \div 7$
19. 607×5
20. 328×9

Escoge la letra de la respuesta correcta. *(páginas 56–59, 170–173)*

21. ¿Cuánto es la suma de 300 más 6?

A 50 **C** 306
B 294 **D** 1,800

22. ¿Cuánto es el producto de 27 por 3?

F 9 **H** 30
G 24 **J** 81

Práctica adicional Consultar el Conjunto I, página 266.

Demostrar promedios

Aprenderás qué es un promedio.

Apréndelo

Materiales

Para cada par de estudiantes: fichas

Hallar el promedio es una manera de hallar un número que sea representativo de los números de un grupo.

Trabaja con un compañero para aprender a hallar un promedio.

Durante las vacaciones de verano, Ana leyó 3 libros, Marsha leyó 8 libros y Flo leyó 7 libros. ¿Cuál es el número promedio de libros leídos?

Paso 1 Usa fichas para representar los libros que leyó cada niña. Haz una columna de fichas que represente cuántos libros leyó cada niña.

- ¿Cuántas columnas de fichas hiciste?
- ¿Cuántas fichas hay en cada columna?

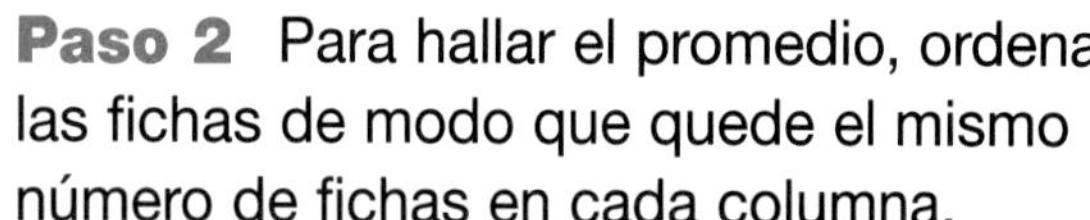

Paso 2 Para hallar el promedio, ordena las fichas de modo que quede el mismo número de fichas en cada columna.

Mueve las fichas de una columna a otra hasta que el número de fichas de cada columna sea el mismo.

Ahora el número de fichas de cada columna representa el promedio.

- ¿Cuál es el número promedio de libros leídos?

Estándares	NS **3.0, 3.4** MR **2.3, 2.4**

Inténtalo

Usa fichas para hallar el promedio de los números de cada grupo.

1. 6, 8

2. 4, 8

3. 2, 2, 5

4. 10, 1, 1

5. 3, 9, 2, 6

6. 4, 1, 1, 1, 3

7. 8, 3, 4, 5

8. 5, 7, 3, 9

9. 6, 3, 4, 1, 1

10. Vuelve al Ejercicio 8. Escribe en una lista un grupo diferente de 4 números que tenga el mismo promedio.

Usa fichas para hallar el número que falta en cada grupo.

Promedio = 2

11. 3, ■

Promedio = 5

12. ■, 7

Promedio = 6

13. ■, 4, 2

Promedio = 4

14. 1, 9, ■

Promedio = 6

15. 5, 5, ■

Promedio = 7

16. 12, ■, 6

17. ¿Cuál es el promedio de 8, 8 y 8?
¿Cuál es el promedio de 5, 5, 5 y 5?
¿Qué observas?

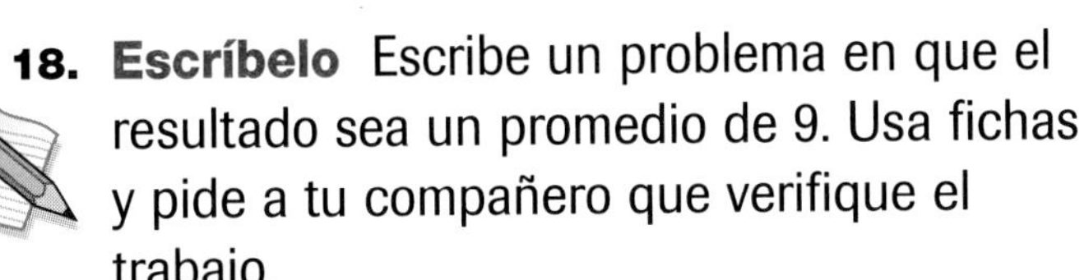

18. **Escríbelo** Escribe un problema en que el resultado sea un promedio de 9. Usa fichas y pide a tu compañero que verifique el trabajo.

¡Escríbelo! ¡Coméntalo!

Usa lo que has aprendido para contestar estas preguntas.

19. Observa los números 2, 5, 14, 1 y 3. ¿Se acercará más el promedio de estos números al 1 o al 14? Explica tu predicción.

20. ¿Qué operaciones usarías para hallar el promedio de los números de un grupo?

LECCIÓN 14

Hallar promedios

Aprenderás cómo calcular el promedio de un grupo de números.

Apréndelo

Vocabulario
nuevo
promedio
media

Durante una campaña de recolección de alimentos de tres semanas, Frank reunió 15 latas la primera semana, 21 latas la segunda semana y 12 latas la tercera semana. ¿Cuál fue el número promedio de latas que recolectó a la semana?

Para calcular el **promedio** de los números de un grupo, divide su suma entre el número de sumandos. A este promedio también se le llama **media.**

Halla el promedio de 15, 21 y 12.

Paso 1 Halla la suma de los números. Cuenta los sumandos.

$$\begin{array}{r} 15 \\ 21 \\ +\ 12 \\ \hline 48 \end{array}$$

15, 21, 12 ← 3 sumandos

Paso 2 Divide la suma entre el número de sumandos.

$$\begin{array}{r} 16 \\ 3\overline{)48} \\ -\ 3 \\ \hline 18 \\ -\ 18 \\ \hline 0 \end{array}$$

Solución: Él recolectó un promedio de 16 latas a la semana.

Explícalo

- ¿Puede el promedio de los números de un grupo ser mayor que todos los números del grupo? Explica.
- ¿Puede el promedio de los números de un grupo ser igual a un número del grupo? Explica.

Práctica guiada

Halla el promedio de los números de cada grupo.

1. 6, 8, 9, 33

2. 34, 45, 26

3. 43, 10, 25, 38

4. 41, 39, 29, 19, 17

5. 124, 157, 214

6. 75, 54, 65, 22, 24

Asegúrate

- ¿Cuál es la suma de los números?
- ¿Cuántos números hay en el grupo?

Estándares	NS **3.0, 3.4**	AF **1.0, 1.1**	SDP **1.0**	MR **2.4**

Práctica independiente

Halla el promedio de los números de cada grupo.

7. 1, 4, 4 **8.** \$3, \$4, \$8 **9.** 15, 24, 44, 29

10. \$3, \$5, \$6, \$6 **11.** 11, 12, 16, 17, 19 **12.** \$23, \$36, \$36, \$47, \$18

13. 10, 12, 17 **14.** \$22, \$31, \$55 **15.** 2, 9, 28, 41

16. 50, 25, 10, 15 **17.** \$62, \$67, \$104, \$155 **18.** 15, 499, 7, 100, 4

Álgebra • Propiedades **Escribe >, < o = en cada ●.**

19. 4×1 ● 41 **20.** $23 \div 1$ ● 23×1 **21.** $28 - 17$ ● $28 + 17$

22. $47 - 0$ ● 47×0 **23.** $54+32$ ● $32 + 54$ **24.** 3×7 ● 7×3

Resolver problemas • Razonamiento

Usar datos **Usa la tabla para los Problemas 25–27.**

Escuela	Matrícula	Duración de la jornada escolar
Lakeside	314	7 h 10 min
Eastman	355	5 h 15 min
King	129	6 h 20 min

25. ¿Cuál es la matrícula promedio de las escuelas?

26. ¿Cuál es la duración promedio de la jornada escolar?

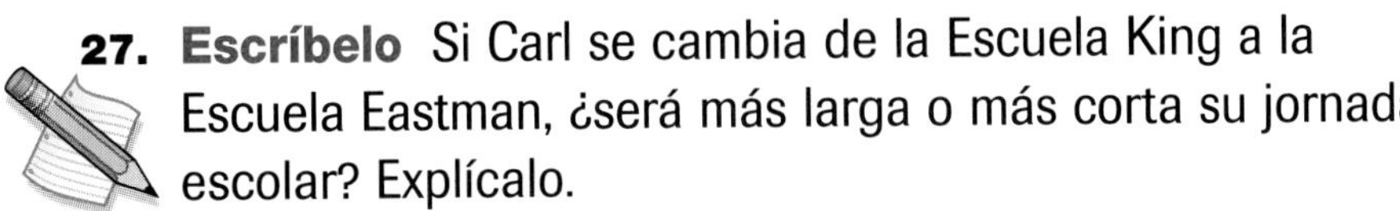

27. **Escríbelo** Si Carl se cambia de la Escuela King a la Escuela Eastman, ¿será más larga o más corta su jornada escolar? Explícalo.

Repaso mixto • Preparación para pruebas

Multiplica o divide. *(páginas 180–185, 232–233, 236–241)*

28. $\$2.75 \times 3 = $ ■ **29.** $3,482 \times 7 = $ ■ **30.** $\$4.56 \div 6 = $ ■

31. $983 \div 4 = $ ■ **32.** $7,689 \times 3 = $ ■ **33.** $\$6.30 \div 7 = $ ■

Escoge la letra de la respuesta correcta. *(páginas 144–146)*

34 $n = (5 + 3) \times (2 + 1)$

A 11 **C** 16

B 12 **D** 24

35 $n = (5 \times 3) + (2 \times 1)$

F 10 **H** 17

G 16 **J** 30

Estimar cocientes

Aprenderás cómo estimar cocientes.

Apréndelo

Kaitlyn está formando 6 bolsitas de joyería. Ella tiene 311 cuentas pequeñas. ¿Aproximadamente cuántas cuentas puede usar en cada bolsita?

Puedes estimar para hallar cuántas cuentas puede usar en cada bolsita.

Una manera de estimar 311 ÷ 6 es usar operaciones básicas y múltiplos de 10. Piensa en un nuevo dividendo cercano a 311 que sea divisible entre 6.

Estima $6\overline{)311}$.

Paso 1 Usa operaciones básicas y múltiplos de 10 para hallar un nuevo dividendo.

$6\overline{)311} \longrightarrow 6\overline{)300}$

Piénsalo: $6 \times 5 = 30$

$30 \times 10 = 300$

Paso 2 Divide.

$$\begin{array}{r} 50 \\ 6\overline{)300} \end{array}$$

Verifícalo.
¿Es 50 cuentas un resultado razonable?

Solución: Kaitlyn puede usar aproximadamente 50 cuentas en cada bolsita.

Explícalo

► ¿De qué te sirve el divisor para escoger la operación básica?

Práctica guiada

Estima. Escribe la operación básica que usaste.

1. $8\overline{)50}$ **2.** $5\overline{)262}$ **3.** $3\overline{)261}$

4. $4\overline{)19}$ **5.** $6\overline{)177}$ **6.** $9\overline{)627}$

Asegúrate

- ¿Qué operación básica puede servirme para escoger un nuevo dividendo?

Estándares	NS **3.0** MR **1.2, 2.0, 2.1**

Práctica independiente

Estima. Escribe la operación básica que usaste.

7. $2\overline{)15}$ **8.** $3\overline{)25}$ **9.** $6\overline{)31}$ **10.** $4\overline{)35}$ **11.** $9\overline{)61}$

12. $5\overline{)103}$ **13.** $7\overline{)409}$ **14.** $3\overline{)188}$ **15.** $2\overline{)157}$ **16.** $8\overline{)735}$

17. $6\overline{)168}$ **18.** $4\overline{)251}$ **19.** $7\overline{)291}$ **20.** $9\overline{)627}$ **21.** $3\overline{)114}$

22. $5\overline{)189}$ **23.** $2\overline{)123}$ **24.** $8\overline{)172}$ **25.** $5\overline{)263}$ **26.** $4\overline{)149}$

27. $46 \div 6$ **28.** $22 \div 3$ **29.** $37 \div 6$ **30.** $339 \div 4$ **31.** $396 \div 5$

Resolver problemas • Razonamiento

Resuelve. Escoge un método.

Métodos de computación

- Cálculo mental
- Estimación
- Papel y lápiz

32. Una joyería vendió $535 en collares en un día de ventas. Nueve personas compraron collares ese día. ¿Aproximadamente cuánto costaba cada collar?

33. **Analízalo** Joyce y 3 amigos gastaron $44 en materiales para hacer joyas. Si cada persona gastó la misma cantidad, ¿cuánto gastó cada persona en materiales?

34. En una tienda de artesanías, las cuentas de plástico cuestan $3 el paquete y las cuentas de vidrio cuestan $7 el paquete. El viernes se vendieron 38 paquetes de cuentas plásticas y 12 paquetes de cuentas de vidrio. ¿Cuánto se vendió en cuentas el viernes?

35. **Escríbelo** En un festival de artesanía navajo se venden cinturones con cuentas. Indica cómo escribir una ecuación para *n*, en que *n* representa el precio de 3 cinturones pequeños más 2 cinturones grandes.

Pequeño $8.00

Grande $25.00

Mediano $15.00

Repaso mixto • Preparación para pruebas

Resuelve para *n*. *(páginas 82–83, 136–139)*

36. $7 \times n = 49$ **37.** $24 + 15 + n = 96$ **38.** $143 - n = 59$ **39.** $72 \div 9 = n$

Escoge el valor correcto para *n*. *(páginas 6–9)*

40 $20 < n < 30$

A 32 **B** 23 **C** 19 **D** 2

41 $71 > n > 65$

F 70 **G** 64 **H** 61 **I** 59

Práctica adicional Consultar el Conjunto K, página 266.

Dividir números mayores

Aprenderás cómo dividir números mayores.

Repaso del vocabulario
promedio

Apréndelo

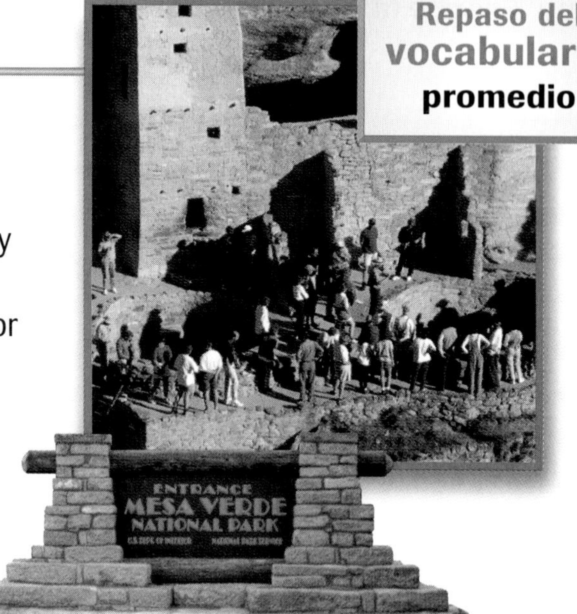

Los visitantes al Parque Nacional Mesa Verde pueden ver muchas moradas de los barrancos y aprender acerca de las personas que las construyeron. Los guías realizan excursiones por algunas de las construcciones.

En una semana, un total de 1,638 personas visitaron el parque. ¿Cuál fue el número **promedio** de visitantes al día durante esa semana?

Divide. **1,638 ÷ 7 = ■** **7)1,638**

Halla 1,638 ÷ 7.

Paso 1 Divide los millares.

Piénsalo: 7)1 millar → ? millares

7)1,638

↑ no hay suficientes millares

Paso 2 Reagrupa los millares en centenas. Divide las centenas.

Piénsalo: 7)16 centenas → ? centenas

```
    2
 7)1,638
  -1 4    ← Multiplica. 2 × 7
     2      Resta. 16 − 14
            Compara. 2 < 7
```

Paso 3 Completa la división.

```
   234
 7)1,638
  -1 4
     23
   - 21
      28
    - 28
       0
```

Verifica tu trabajo.
Multiplica.

7 × 234 = 1,638

Solución: El número promedio de visitantes al día fue de 234.

Otros ejemplos

A. Cociente de cuatro dígitos

```
  1,675       Verifica:   1,675
3)5,025                 ×     3
 -3                       5,025
  20
 -18
   22
  -21
    15
   -15
     0
```

B. Cociente de cinco dígitos

```
   3,184 R3     Verifica:   3,184
6)19,107                  ×     6
 - 18                      19,104
    1 1                   +     3
   - 6                     19,107
     50
   - 48
      27
    - 24
       3
```


Estándares NS **3.0, 3.2, 3.4** AF **1.0, 1.1, 1.2** SDP **1.0** MR **2.4**

Explícalo

- ► Piensa en 9,872 ÷ 7. Sin dividir, ¿cuántos dígitos tiene el cociente? Explica cómo lo sabes.
- ► ¿Qué tiene en común el dividir con dividendos de 3 dígitos, 4 dígitos y 5 dígitos? ¿En qué se diferencia?

Práctica guiada

Divide. Verifica tu trabajo.

1. $5\overline{)4{,}325}$ **2.** $4\overline{)7{,}318}$ **3.** $8\overline{)56{,}912}$

4. 10,967 ÷ 9 **5.** 3,755 ÷ 7 **6.** $15,310 ÷ 2

Asegúrate

- ¿Dónde escribo el primer dígito de cada cociente?
- ¿Qué pasos debería seguir cada vez que divido?

Práctica independiente

Divide. Verifica tu trabajo.

7. $4\overline{)1{,}356}$ **8.** $2\overline{)1{,}704}$ **9.** $3\overline{)\$2{,}136}$ **10.** $6\overline{)6{,}906}$

11. $8\overline{)9{,}851}$ **12.** $5\overline{)6{,}453}$ **13.** $8\overline{)\$2{,}080}$ **14.** $7\overline{)9{,}170}$

15. $9\overline{)\$9{,}072}$ **16.** $9\overline{)9{,}160}$ **17.** $6\overline{)8{,}022}$ **18.** $5\overline{)2{,}338}$

19. $1,135 ÷ 5 **20.** 2,991 ÷ 3 **21.** 8,414 ÷ 7 **22.** $2,922 ÷ 6

23. 39,306 ÷ 6 **24.** $31,482 ÷ 9 **25.** 12,020 ÷ 4 **26.** $27,081 ÷ 9

n **Álgebra • Ecuaciones Resuelve para *n*.**

27. $700 \div 7 = n$ **28.** $(7{,}896 \div 3) \times 1 = n$

29. $n \div 60 = 10$ **30.** $(3{,}544 \div 3) \times 0 = n$

31. $2{,}500 \div n = 500$ **32.** $(750 \div 6) - 125 = n$

Cálculo mental Compara.
Usa >, < o = en cada ⬬.

33. 2,000 ÷ 4 ⬬ 2,000 ÷ 8

34. 5,000 ÷ 5 ⬬ 500 × 2

35. 3,000 ÷ 3 ⬬ 3,000 × 3

36. 400 × 2 ⬬ 800 ÷ 2

37. 8,000 ÷ 4 ⬬ 4,000 × 2

38. 600 ÷ 2 ⬬ 1800 ÷ 3

Usar el vocabulario

Escribe *verdadero* o *falso* para cada enunciado. Luego escribe un ejemplo.

A. El divisor siempre es menor que el residuo.

B. A veces el cociente y el divisor pueden ser iguales.

C. El dividendo y el divisor nunca pueden ser iguales.

Resolver problemas • Razonamiento

Usar datos **Usa la gráfica para los Problemas 39 y 40.**

39. La mitad de los visitantes del miércoles pagó un valor de $5.00 por dar un paseo por el parque. ¿Cuánto dinero de los visitantes que dan un paseo recaudó el parque?

40. **Analízalo** El viernes se realizaron seis excursiones guiadas. Si cada visitante tomó sólo una excursión y cada excursión contaba con la misma cantidad de personas, ¿cuántos visitantes había en cada excursión?

41. Los días de semana, un centro de recuerdos en un parque estatal abre durante 14 horas al día. Los fines de semana, está abierto durante 16 horas al día. ¿Durante cuántas horas a la semana está abierto el centro de visitantes?

43. **Estímalo** La familia Ramírez recorrió 1,815 millas en tres días para visitar Mesa Verde. ¿Aproximadamente cuántas millas recorrió la familia al día?

42. Durante la promoción especial de la semana pasada, un sitio web de un parque nacional recibió 10,367 visitas. ¿Cuál fue el número promedio de visitas que recibió el sitio web al día?

44. Un campamento privado alquila cada uno de sus 560 sitios por $8 al día. ¿Cuánto dinero se reúne en un día si se alquilan todos los sitios?

Repaso mixto • Preparación para pruebas

Suma, resta o multiplica. *(páginas 56–63, 68–69, 180–181)*

45. $\begin{array}{r} \$14.99 \\ -\ \ 3.28 \\ \hline \end{array}$ **46.** $\begin{array}{r} \$6.59 \\ \times\ \ \ 4 \\ \hline \end{array}$ **47.** $\begin{array}{r} \$17.98 \\ +\ 26.53 \\ \hline \end{array}$ **48.** $\begin{array}{r} \$81.03 \\ -\ 43.96 \\ \hline \end{array}$ **49.** $\begin{array}{r} \$4.32 \\ \times\ \ \ 5 \\ \hline \end{array}$

Escoge la letra de la respuesta correcta. *(páginas 10–11)*

50 ¿Qué número da 24,000 al redondearlo al millar más cercano?

A 23,450 **C** 24,516
B 23,509 **D** 123,950

51 ¿Qué número da 23,200 al redondearlo a la centena más cercana?

F 20,188 **H** 22,202
G 22,188 **J** 23,202

Práctica adicional Consultar el Conjunto L, página 266.

Muestra lo que sabes

Usar el vocabulario

Usa las pistas para hallar cada número.

1. El divisor es 4.
El dividendo es 127.
El cociente es 31.
¿Cuánto es el residuo?

2. El dividendo es 363.
El residuo es 3.
El cociente es 90.
¿Cuánto es el divisor?

3. El residuo es 5.
El cociente es 547.
El divisor es 8.
¿Cuánto es el dividendo?

4. El dividendo es 287.
El residuo es 3.
El divisor es 4.
¿Cuánto es el cociente?

Verifícalo

Escribe y resuelve una operación de división que coincida con cada verificación realizada con multiplicación.

1. $\begin{array}{r} 39 \\ \times\ 7 \\ \hline 273 \end{array}$

2. $\begin{array}{r} 84 \\ \times\ 7 \\ \hline 588 \\ +\ 5 \\ \hline 593 \end{array}$

3. $\begin{array}{r} 241 \\ \times\ 3 \\ \hline 723 \\ +\ 2 \\ \hline 725 \end{array}$

4. $\begin{array}{r} 103 \\ \times\ 6 \\ \hline 618 \\ +\ 4 \\ \hline 622 \end{array}$

Detective de dígitos

Usa sólo una vez los dígitos de cada cuadrado para completar cada operación.

1. 1 3 R1
■)■■

3 4 5

2. 1 6 R1
■)■■

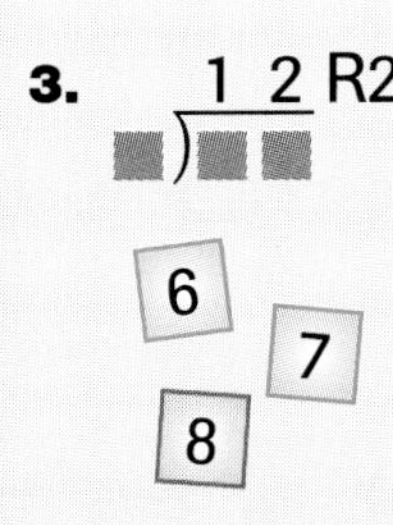

3. 1 2 R2
■)■■

6 7 8

4. ■ R1
■)■■

1 2 4 5

Aplicación: Usa las operaciones

Aprenderás cómo escoger una operación para resolver un problema.

Debes decidir qué operaciones usar para resolver problemas.

Durante el Desfile de las Rosas de 1999, una cámara que estaba en el carro alegórico del béisbol (a la derecha) enviaba imágenes en vivo a un sitio web. Aproximadamente 120,000 personas visitaron el sitio durante la primera hora del desfile. Durante la segunda hora, 85,000 personas visitaron el sitio. ¿Cuál fue el número promedio de personas que visitaron el sitio por hora?

Carro alegórico del béisbol en el Desfile de las Rosas de 1999. Este carro alegórico era poco común, porque funcionaba exclusivamente con electricidad.

¿Cuál es la pregunta?

¿Cuál fue el número promedio de personas que visitaron el sitio por hora?

¿Qué sabes?

El número de personas que visitó el sitio cada hora.

¿Qué puedes hacer para hallar la respuesta?

Suma el número de las personas que visitaron el sitio durante la primera y la segunda hora. Luego divide esa suma entre 2.

Resuélvelo

$$120{,}000 + 85{,}000 = 205{,}000$$
$$205{,}000 \div 2 = 102{,}500$$

El número promedio de personas que visitó el sitio por hora fue de 102,500.

Verifica la pregunta. ¿Es razonable tu resultado?

Explica cómo puedes usar una estimación para decidir si el resultado es razonable.

Estándares	MR **1.0, 1.2, 2.0, 2.1, 2.6, 3.0, 3.1, 3.2**

Recuerda:
- ► Compréndelo
- ► Planéalo
- ► Resuélvelo
- ► Verifícalo

Izquierda: Niños de la comunidad ayudan trabajando en piezas del carro alegórico durante todo el año. Derecha: Ésta es una vista del bulevar Colorado, filmada desde el carro alegórico y enviada al sitio web.

Práctica guiada

Resuelve.

1. Para decorar el carro alegórico, 350 personas trabajaron un promedio de 20 horas cada una. ¿Cuántas horas trabajaron en total las personas para decorar el carro?

¿Multiplicas o divides para resolver este problema? ¿Por qué?

2. El carro alegórico pesaba 44,650 libras. Un carro pesa unas 4,000 libras. ¿Al peso de cuántos carros aproximadamente es igual el peso del carro alegórico?

Piénsalo: ¿Puedes usar estimaciones para resolver este problema?

Escoge una estrategia

Resuelve. Usa éstas u otras estrategias.

Estrategias para resolver problemas

- **Haz un dibujo**
- **Estima y verifica**
- **Comienza con el final**
- **Escribe una ecuación**

3. En un desfile había 36 carros alegóricos pequeños y 24 grandes. Cada carro pequeño llevaba 5 personas. Cada carro grande llevaba 15 personas. En total, ¿cuántas personas había en los carros alegóricos?

4. La tribuna principal de un desfile tiene 6 secciones. Todas sus secciones tienen el mismo tamaño y están repletas de público. Si la tribuna tiene capacidad para 1,452 personas, ¿cuántas personas hay en cada sección?

5. Un carro alegórico demoró 8 minutos en recorrer 1,760 pies. Si siempre recorrió a la misma velocidad, ¿cuántos pies recorrió el carro en 1 minuto?

6. Un puesto de recuerdos vende banderas del desfile. Las banderas vienen en cajas de 48. ¿Aproximadamente cuántas banderas hay en 98 cajas?

7. Tres carros alegóricos fueron decorados con un total de 16,000 rosas. Un carro tenía el doble del número de rosas que cada uno de los otros dos carros. ¿Cuántas rosas tenía cada carro alegórico?

8. ¿Cuál es la diferencia entre la longitud y el ancho del carro alegórico del béisbol?

Práctica adicional Consultar 8–11, página 267.

Verificación rápida

Verifica los conceptos de las Lecciones 11–17

Resuelve.

1. ¿Cuáles de los números siguientes son divisibles entre 2 y 5 a la vez?

36, 50, 65, 110, 144

2. ¿Cuáles de los números siguientes son números primos?

4, 7, 13, 24, 33, 41

Halla el promedio de cada grupo de números.

3. 30, 41, 36, 28, 45

4. 132, 212, 175

Estima. Escribe la operación básica que usaste.

5. $6\overline{)57}$

6. $4\overline{)253}$

Divide. Verifica tu trabajo.

7. $6\overline{)9,687}$

8. $3\overline{)1,815}$

9. $9\overline{)31,207}$

Resuelve.

10. Imagina que el Sr. Tyson tenía $55. Él compró 3 CDs por $8. Compró 2 CDs por $12. ¿Cuánto dinero le quedó?

¿Cómo te fue?

Si tuviste dificultades en cualquiera de las partes de Verificación rápida, puedes usar las siguientes páginas para repasar y practicar más.

Estándares	Ejercicios	Repasar estas páginas	Hacer estos ejercicios de práctica adicional
Sentido numérico: **4.1**	1	páginas 246–247	Conjunto H, página 265
Sentido numérico: **4.2**	2	páginas 248–249	Conjunto I, página 266
Estadística, datos, probabilidad: **1.0**	3–4	páginas 252–253	Conjunto J, página 266
Sentido numérico: **3.0, 3.2**	5–6	páginas 254–255	Conjunto K, página 266
Sentido numérico: **3.0, 3.2, 3.4**	7–9	páginas 256–258	Conjunto L, página 266
Razonamiento matemático: **1.1, 1.2, 2.6, 3.2**	10	páginas 260–261	8–11, página 267

Preparación para pruebas • Repaso acumulativo

Mantener los estándares

Marca la letra de la respuesta correcta. Si la respuesta correcta no aparece, marca NA.

1. Ciento ochenta y nueve adultos mayores estaban planeando ir al teatro. Ellos alquilaron camionetas para el transporte. Si en cada camioneta pueden ir 9 personas, ¿cuántas camionetas necesitan en total?

   A 15
   B 21
   C 25
   D NA

2. ¿Qué número es primo?

   F 9
   G 15
   H 19
   J 21

3. El Sr. Harmon paga $659 mensuales como alquiler por su apartamento. ¿Cuánto paga de alquiler el Sr. Harmon en un año?

   A $7,708
   B $7,798
   C $7,808
   D NA

4. ¿Qué número es compuesto?

   F 3
   G 5
   H 7
   J 9

5. ¿Qué ecuación representa la tabla?

x	*y*
18	2
27	3
36	4
45	5

   A $y = x \times 2$
   B $y = x \div 9$
   C $y = x - 16$
   D $y = x + 3$

6. En la librería había 256 libros en 8 estantes. Si en cada estante había el mismo número de libros, ¿cuántos libros había en un estante?

   F 3 R2
   G 32
   H 302
   J NA

7. ¿Qué número debería ir en la casilla para que se cumpla el enunciado numérico?

   $(108 - 49) \times 2 = \blacksquare \times 2$

   A 40
   B 59
   C 61
   D 69

8. Haz una lista de los factores de 42. **Explícalo** Indica qué factores son primos y explica cómo lo sabes.

Página segura

Preparación para pruebas
Visita **www.eduplace.com/kids/mhm** para más *Preparación para pruebas.*

Práctica adicional

Conjunto A *(Lección 2, páginas 220–221)*

Divide. Indica si hay residuo.

1. $2\overline{)48}$	**2.** $6\overline{)74}$	**3.** $8\overline{)89}$	**4.** $6\overline{)68}$
5. $4\overline{)84}$	**6.** $3\overline{)65}$	**7.** $5\overline{)58}$	**8.** $2\overline{)86}$
9. $64 \div 2$	**10.** $72 \div 3$	**11.** $48 \div 4$	**12.** $88 \div 8$
13. $87 \div 2$	**14.** $49 \div 2$	**15.** $57 \div 5$	**16.** $98 \div 9$

Conjunto B *(Lección 3, páginas 222–225)*

Divide. Verifica tus respuestas.

1. $4\overline{)58}$	**2.** $3\overline{)82}$	**3.** $6\overline{)92}$	**4.** $7\overline{)84}$
5. $8\overline{)94}$	**6.** $5\overline{)89}$	**7.** $4\overline{)68}$	**8.** $6\overline{)98}$
9. $37 \div 2$	**10.** $54 \div 3$	**11.** $76 \div 4$	**12.** $95 \div 5$
13. $49 \div 3$	**14.** $63 \div 4$	**15.** $87 \div 7$	**16.** $33 \div 2$

Conjunto C *(Lección 5, páginas 230–231)*

Divide.

1. $60 \div 6$	**2.** $80 \div 4$	**3.** $120 \div 2$	**4.** $280 \div 7$
5. $300 \div 6$	**6.** $240 \div 6$	**7.** $450 \div 5$	**8.** $120 \div 4$
9. $3{,}000 \div 5$	**10.** $3{,}200 \div 4$	**11.** $5{,}500 \div 5$	**12.** $8{,}100 \div 9$
13. $2{,}700 \div 3$	**14.** $2{,}800 \div 4$	**15.** $4{,}500 \div 9$	**16.** $2{,}700 \div 9$

Conjunto D *(Lección 6, páginas 232–233)*

Divide.

1. $2\overline{)648}$	**2.** $7\overline{)785}$	**3.** $5\overline{)564}$	**4.** $3\overline{)954}$
5. $4\overline{)853}$	**6.** $6\overline{)682}$	**7.** $8\overline{)897}$	**8.** $9\overline{)999}$
9. $444 \div 2$	**10.** $309 \div 2$	**11.** $507 \div 4$	**12.** $703 \div 3$
13. $834 \div 3$	**14.** $287 \div 2$	**15.** $695 \div 5$	**16.** $938 \div 4$

Práctica adicional

Conjunto E (Lección 7, páginas 234–235)

Divide. Luego verifica tu trabajo.

1. $8\overline{)332}$
2. $3\overline{)298}$
3. $9\overline{)997}$
4. $7\overline{)498}$
5. $5\overline{)575}$
6. $6\overline{)138}$
7. $5\overline{)368}$
8. $9\overline{)658}$
9. $363 \div 8$
10. $495 \div 5$
11. $560 \div 7$
12. $819 \div 9$
13. $426 \div 6$
14. $498 \div 7$
15. $357 \div 5$
16. $916 \div 8$

Conjunto F (Lección 8, páginas 236–237)

Divide y verifica.

1. $5\overline{)\$5.95}$
2. $3\overline{)\$2.37}$
3. $2\overline{)\$3.48}$
4. $4\overline{)\$3.16}$
5. $4\overline{)\$8.84}$
6. $7\overline{)\$8.26}$
7. $6\overline{)\$9.54}$
8. $3\overline{)\$7.29}$
9. $\$9.36 \div 8$
10. $\$1.60 \div 5$
11. $\$8.37 \div 9$
12. $\$7.98 \div 2$
13. $\$8.88 \div 2$
14. $\$7.92 \div 4$
15. $\$9.36 \div 2$
16. $\$1.47 \div 7$

Conjunto G (Lección 9, páginas 238–241)

Divide. Luego verifica tu trabajo.

1. $3\overline{)690}$
2. $7\overline{)721}$
3. $8\overline{)856}$
4. $3\overline{)661}$
5. $4\overline{)839}$
6. $3\overline{)422}$
7. $5\overline{)535}$
8. $2\overline{)615}$
9. $987 \div 9$
10. $214 \div 7$
11. $654 \div 6$
12. $845 \div 7$
13. $429 \div 4$
14. $927 \div 3$
15. $610 \div 2$
16. $962 \div 3$
17. $811 \div 9$
18. $619 \div 3$
19. $655 \div 6$
20. $920 \div 3$

Conjunto H (Lección 11, páginas 246–247)

¿Es divisible cada número entre 2, 5 ó 10?

1. 15
2. 2
3. 126
4. 405
5. 54
6. 192
7. 762
8. 270
9. 50
10. 100
11. 95
12. 5
13. 36
14. 35
15. 4,536

Práctica adicional

Conjunto I (Lección 12, páginas 248–249)

Escribe si cada número es primo o compuesto.

1. 13	**2.** 45	**3.** 28	**4.** 29	**5.** 65
6. 34	**7.** 57	**8.** 23	**9.** 67	**10.** 19
11. 81	**12.** 93	**13.** 42	**14.** 63	**15.** 79
16. 58	**17.** 89	**18.** 97	**19.** 102	**20.** 103

Conjunto J (Lección 14, páginas 252–253)

Halla el promedio de los números de cada grupo.

1. 9, 11	**2.** 7, 13, 19	**3.** 6, 8, 12, 14	**4.** 6, 9, 10, 10, 15
5. 4, 3, 8	**6.** 6, 9, 9, 12	**7.** 5, 6, 9, 22, 33	**8.** 3, 13, 17, 23, 24
9. 7, 8, 9, 10, 11	**10.** 3, 5, 7, 9, 11	**11.** 8, 8, 8, 8	**12.** 11, 22, 23, 24, 35
13. 12, 20, 16, 4	**14.** 32, 32, 64, 128	**15.** 27, 81, 63	**16.** 35, 35, 25, 15, 5

Conjunto K (Lección 15, páginas 254–255)

Estima. Escribe la operación básica que usaste.

1. $627 \div 9$	**2.** $719 \div 8$	**3.** $242 \div 3$	**4.** $565 \div 7$
5. $303 \div 6$	**6.** $363 \div 6$	**7.** $991 \div 9$	**8.** $633 \div 8$
9. $425 \div 7$	**10.** $407 \div 8$	**11.** $256 \div 5$	**12.** $358 \div 7$
13. $728 \div 9$	**14.** $572 \div 8$	**15.** $205 \div 4$	**16.** $642 \div 9$

Conjunto L (Lección 16, páginas 256–259)

Divide. Verifica tu trabajo.

1. $4\overline{)3{,}834}$	**2.** $7\overline{)8{,}543}$	**3.** $9\overline{)6{,}592}$	**4.** $5\overline{)4{,}654}$
5. $2\overline{)6{,}588}$	**6.** $5\overline{)9{,}266}$	**7.** $4\overline{)6{,}786}$	**8.** $9\overline{)9{,}438}$
9. $7{,}419 \div 6$	**10.** $8{,}216 \div 3$	**11.** $9{,}642 \div 8$	**12.** $8{,}346 \div 6$
13. $11{,}516 \div 6$	**14.** $12{,}345 \div 5$	**15.** $27{,}398 \div 3$	**16.** $56{,}567 \div 7$

Práctica adicional • Resolver problemas

Resuelve. Piensa en los residuos. *(Lección 4, páginas 226–227)*

1. Tara tiene 16 zanahorias. Ella usó 3 zanahorias para cada ensalada que preparó. Con el resto alimentó a su conejo. ¿Cuántas zanahorias comió el conejo si ella preparó la mayor cantidad posible de ensaladas?

2. Los 76 estudiantes de 3 clases de cuarto grado van a visitar la oficina de correos. Ellos irán en camionetas que pueden llevar a 8 estudiantes cada una. ¿Cuántas camionetas se necesitan para el viaje?

3. Cada página del libro de pegatinas de Mike tiene espacio para 9 pegatinas. Él tiene que poner 76 pegatinas en el libro. ¿Cuántas páginas completará con las pegatinas que tiene?

4. Mario prepara sándwiches gigantes con 3 rebanadas de pan. Una hogaza de pan tiene 22 rebanadas. ¿Cuál es el máximo número de sándwiches gigantes que Mario puede preparar con 3 hogazas de pan?

Resuelve. Usa Comienza con el final u otra estrategia. *(Lección 10, páginas 242–243)*

5. Latanya llegó a casa a las 6:30 p.m. Justo antes de llegar a casa, ella estuvo en la biblioteca por 2 horas 15 minutos. De la escuela se demoró 45 minutos en ir a la biblioteca. ¿A qué hora salió de la escuela?

6. Rosa compró 4 pegatinas, un lápiz, un grupo de 64 marcadores y un cuaderno. Su recibo se rasgó, pero ella recibió $2.75 de cambio. ¿Cuánto dinero le dio al vendedor?

LIBRERíA DE BEN

Cuaderno	$3.25
Marcadores Grupo de 64	$9.35
Lápiz	$1.65
Pegatinas 4@0.75	

7. Joe dijo: "Piensa en un número. Súmale 3. Multiplícalo por 4. Después divídelo entre 2. Dime ese número y yo te diré con qué número comenzaste". ¿Qué le hace Joe al número que tú le dices, para hallar el número con que comenzaste?

Resuelve. Escoge una operación que tenga sentido. *(Lección 17, páginas 260–261)*

8. Después de tomar 3 pruebas de matemáticas, el promedio de Juan era 84. Su puntaje en la prueba siguiente fue 96. ¿Subió o bajó el promedio de sus notas? Explica cómo lo sabes.

9. Brett anotó 9 puntos en su primer juego de básquetbol. Él anotó 12 puntos en el segundo juego y 6 en el tercero. ¿Cuántos puntos hizo en promedio en estos 3 juegos?

10. En la Escuela Sojourner Truth, los 624 estudiantes fueron asignados a equipos de 6 para el día de competencias atléticas interescolares. ¿Cuántos equipos se formaron?

11. En la Escuela Primaria McAuliffe se formaron 98 equipos de 6 estudiantes para el día de las competencias atléticas. ¿Cuántos estudiantes participarán el día de las competencias?

Repaso del capítulo

Repasar el vocabulario

Escribe *siempre, a veces* o *nunca* para cada enunciado. Da un ejemplo para apoyar tu respuesta.

1. Al dividir números enteros, el cociente es menor que el dividendo.
2. El residuo es mayor que el divisor.
3. Al dividir números enteros, el residuo es menor que el cociente.
4. El cociente es mayor que el divisor.

Empareja cada palabra con una definición.

5. promedio	**A.** número entero mayor que 1 que tiene sólo 2 factores
6. número compuesto	**B.** número que mejor representa a todos los números del grupo
7. número primo	**C.** número entero mayor que 1 con más de 2 factores

Repasar conceptos y destrezas

Divide. Verifica los resultados. *(páginas 220–225, 230–241)*

8. $3\overline{)96}$	**9.** $4\overline{)78}$	**10.** $2\overline{)64}$	**11.** $5\overline{)47}$
12. $4\overline{)848}$	**13.** $2\overline{)642}$	**14.** $6\overline{)894}$	**15.** $7\overline{)783}$
16. $3\overline{)969}$	**17.** $9\overline{)999}$	**18.** $6\overline{)187}$	**19.** $5\overline{)563}$
20. $927 \div 9$	**21.** $373 \div 6$	**22.** $\$6.40 \div 5$	**23.** $\$8.96 \div 8$
24. $329 \div 9$	**25.** $423 \div 7$	**26.** $\$4.20 \div 3$	**27.** $\$8.48 \div 4$

28. ¿Cuáles de los números siguientes son divisibles tanto entre 2 como entre 5? Explica cómo lo sabes. *(páginas 246–247)*

9, 12, 15, 18, 20, 24, 87, 110

29. El producto de 8 por 3, ¿es número primo o compuesto? Explica. *(páginas 248–249)*

30. Haz una lista de todos los número primos entre el 15 y el 55. *(páginas 248–249)*

Halla el promedio de los números de cada grupo. *(páginas 252–253)*

31. 44, 24, 36, 56

32. 4, 11, 15, 19, 26

33. 8, 12, 9, 13, 10, 14

34. 137, 141, 139, 147

Estima. Escribe la operación básica que usaste. *(páginas 254–255)*

35. 729 ÷ 9

36. 500 ÷ 7

37. 394 ÷ 8

38. 640 ÷ 7

Divide. Verifica tu trabajo. *(páginas 256–258)*

39. $4\overline{)5{,}098}$

40. $6\overline{)5{,}699}$

41. $4\overline{)8{,}416}$

42. $7\overline{)21{,}735}$

43. 4,078 ÷ 3

44. 7,856 ÷ 5

45. 7,352 ÷ 8

46. 12,345 ÷ 6

Resuelve. *(páginas 226–227, 242–243, 260–261)*

47. Tres miembros de una banda de rock comparten sus gastos en partes iguales. Unos equipos nuevos costaron $975. ¿Cuánto pagará cada miembro?

48. Joey tiene 63 CDs. Él quiere organizar los CDs en un estante, en filas iguales de más de 2 CDs. ¿De qué maneras puede hacerlo?

49. El Sr. Gómez tiene que comprar 326 etiquetas para nombres, para la Noche de los Padres. Las etiquetas vienen en paquetes de 8. ¿Cuántos paquetes debería comprar el Sr. Gómez?

50. Un elefante come aproximadamente 770 l de heno a la semana. ¿Alcanzan 4,322 l de heno para alimentar a 5 elefantes durante una semana? Explica tu razonamiento.

Acertijos Razonamiento matemático

ALGO EN COMÚN

De los siguientes números, halla 2 que al dividirse entre 4 den el mismo residuo.

DÍGITOS FALTANTES

Escribe los dígitos 4, 6 y 8 en las casillas. ¿Cuál es el máximo cociente posible? ¿Cuál es el mínimo cociente posible?

$\square\overline{)\square\square}$

Acertijos
Visita **www.eduplace.com/kids/mhm** para más *Acertijos.*

Prueba del capítulo

Divide. Verifica el resultado.

1. $3\overline{)69}$ **2.** $4\overline{)86}$ **3.** $2\overline{)72}$ **4.** $5\overline{)65}$

5. $5\overline{)67}$ **6.** $6\overline{)822}$ **7.** $3\overline{)746}$ **8.** $4\overline{)984}$

9. $8\overline{)193}$ **10.** $7\overline{)419}$ **11.** $927 \div 9$ **12.** $508 \div 4$

13. $420 \div 6$ **14.** $5\overline{)\$7.20}$ **15.** $4\overline{)\$0.96}$ **16.** $\$8.19 \div 9$

Completa cada uno de los siguientes ejercicios.

17. ¿Cuáles números siguientes son divisibles entre 2, 5 y 10? Explica cómo lo sabes.

9, 12, 15, 18, 20, 24, 87, 110

18. El producto de 17 por 1, ¿es número primo o compuesto? Explica tu respuesta.

19. Haz una lista de los números primos entre el 15 y el 25.

Halla el promedio de los números de cada grupo.

20. 11, 15, 9, 13, 10, 14 **21.** 327, 331, 337, 345 **22.** 984, 875, 718

Estima. Escribe la operación básica que necesitas.

23. $629 \div 8$ **24.** $502 \div 7$ **25.** $828 \div 9$

Divide. Verifica tu trabajo.

26. $2\overline{)3{,}042}$ **27.** $5\overline{)6{,}876}$ **28.** $8\overline{)9{,}106}$

29. $9\overline{)8{,}406}$ **30.** $7\overline{)11{,}975}$ **31.** $6\overline{)3{,}817}$

Resuelve.

32. Alex necesita 23 hojas de cartulina para un proyecto de arte. Si la cartulina se vende en paquetes de 5 hojas, ¿cuántos paquetes necesita comprar Alex?

33. Sam creció 2 pulgadas más que Michael el año pasado. Michael creció 1 pulgada menos que Sherry. Sherry creció el doble de lo que creció Jesse. Si Jesse creció 1 pulgada el año pasado, ¿cuánto creció Sam?

Escríbelo

Resuelve cada problema. Usa el vocabulario matemático correcto para explicar tu razonamiento.

$$\begin{array}{r} 29\ R1 \\ 4\overline{)97} \\ -8 \\ \hline 37 \\ -36 \\ \hline 1 \end{array}$$

1. John completó esta división.

a. Explica qué hizo mal.

b. Demuestra cómo hallar el resultado correcto.

2. Alena usa tiras de cinta para decorar marcos de fotografías. Cada tira mide 6 pulgadas de longitud. Ella necesita 4 tiras para cada marco de fotografía. ¿Cuántos marcos puede decorar usando una tira de cinta de 60 pulgadas?

a. Representa el problema con un dibujo, con números o de alguna otra manera.

b. Demuestra tu trabajo para hallar el resultado.

c. Explica cómo sabes que tu resultado está correcto.

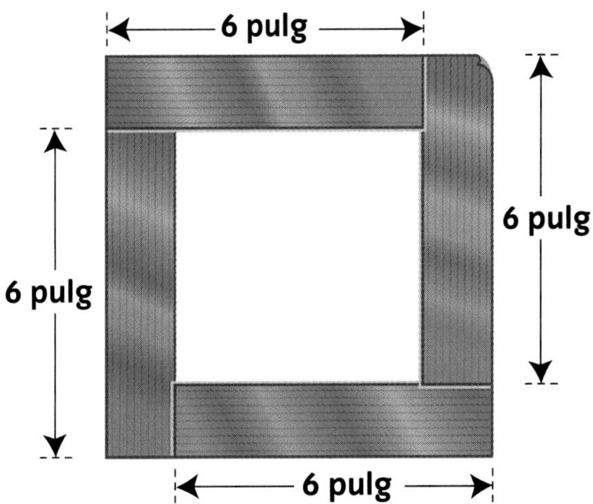

Una vez más

Usa el aviso del periódico para resolver cada problema. Representa tu trabajo usando bloques de base diez, dibujos, números o palabras.

1. Cuando los compradores leen un aviso como éste, a menudo estiman el precio de 1 libra de las cosas que quieren comprar. Estima el precio de 1 libra de cada alimento. Haz una lista con tus estimaciones y muestra los números que usaste.

2. El administrador de la tienda quiere saber el precio de 1 libra de cada alimento. Calcula el precio de 1 libra de cada alimento. Haz una lista con los nuevos precios.

3. **Verifícalo** Halla las diferencias entre tus estimaciones y los precios reales de cada alimento. ¿Se acercan tus estimaciones a los precios reales? Si no es así, primero verifica tu división. Si está correcta, entonces busca una manera de hacer una estimación más exacta.

4. **Analízalo** A la hora de comparar los precios, ¿de qué le sirve a los compradores saber el precio por 1 libra en vez de saber el precio de paquetes de diferentes tamaños?

Estándares	NS **3.4** MR **2.4, 2.6**

Ampliación

Árboles de factores

Un número compuesto puede escribirse como el producto de **factores primos.** Para hallar los factores primos de un número compuesto, puedes hacer un **árbol de factores.**

Vocabulario nuevo
factores primos
árbol de factores

Así es cómo se hallan los factores primos del 24.

Paso 1 Escribe un par de factores para el 24.

24
4 6

Paso 2 Escribe un par de factores para cada factor hasta que todos los factores sean números primos.

24
4 6
2 2 2 3

$2 \times 2 \times 2 \times 3 = 24$, así que los factores primos del 24 son 2, 2, 2, 3.

A menudo puedes hallar diferentes maneras de hacer un árbol de factores para un número.

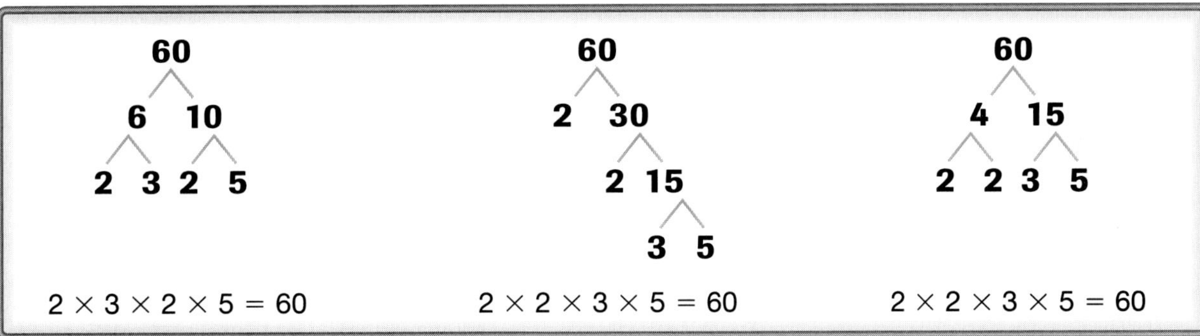

Los factores primos del 60 son 2, 2, 3, 5.

Haz un árbol de factores para cada número.

1. 12 **2.** 27 **3.** 50 **4.** 48

5. 65 **6.** 90 **7.** 18 **8.** 56

9. Escoge un número. Analiza de cuántas maneras diferentes puedes hacer su árbol de factores.

Explícalo

Chris dice que los números mayores tienen más factores primos que los números más pequeños. ¿Está Chris en lo cierto? Explica tu razonamiento.

Estándares	NS **4.0, 4.1, 4.2**

CAPÍTULO 6

Medición, medidas y números negativos

¿Por qué aprender sobre medición, medidas y números negativos?

Puedes medir objetos de muchas maneras para saber más sobre ellos. También puedes medir la temperatura y comprender que los números negativos son útiles para leer un termómetro.

Si usas una regla de una yarda para decidir si dos carteles caben en una pared, estás usando medidas.

Estos científicos de Nueva Zelanda usan instrumentos especiales para hacer mediciones que les servirán en su investigación acerca de los volcanes activos.

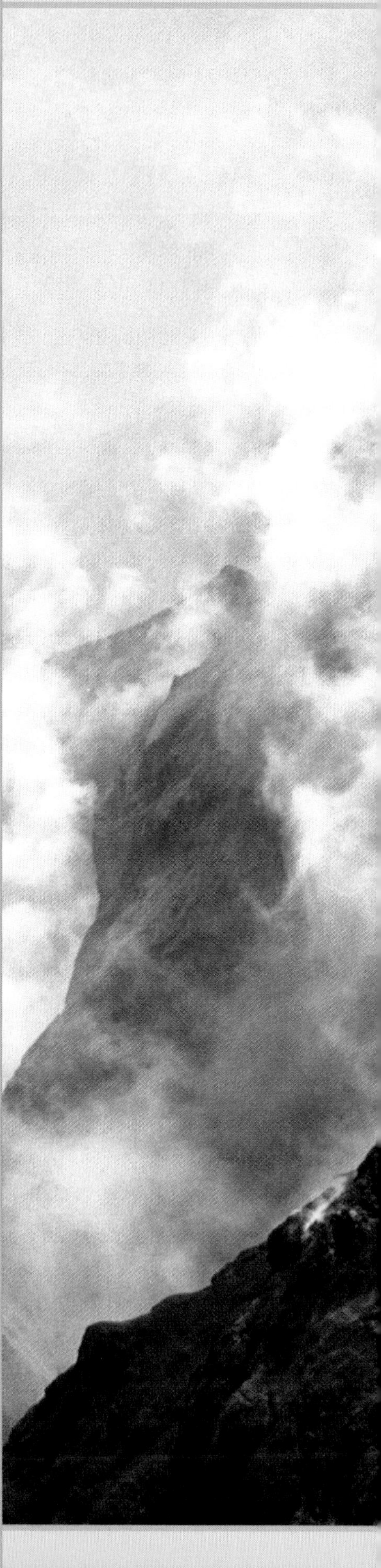

Repasar el vocabulario

Entender el lenguaje matemático te ayudará a resolver problemas con más facilidad. Éstas son algunas palabras de vocabulario matemático que deberías saber.

Unidades usuales de medida
Longitud
1 pie (pie) = 12 pulgadas (pulg)
1 yarda (yd) = 3 pies (pies)
1 milla (mi) = 5,280 pies (pies)
Capacidad
1 pinta (pt) = 2 tazas (tz)
1 cuarto (ct) = 2 pintas (pt)
1 galón (gal) = 4 cuartos (ct)
Peso
1 libra (l) = 16 onzas (oz)
1 tonelada (T) = 2,000 libras (l)

Unidades métricas de medida
Longitud
1 metro (m) = 100 centímetros (cm)
1 kilómetro (km) = 1,000 metros (m)
Capacidad
1 litro (L) = 1,000 mililitros
Peso
1 kilogramo (kg) = 1,000 gramos (g)

Leer palabras y símbolos

Cuando lees matemáticas, a veces lees solamente palabras, a veces lees palabras y símbolos, y a veces lees sólo símbolos.

Puedes describir la longitud y la capacidad de un objeto usando unidades usuales o unidades métricas.

Unidades usuales

- Un vaso mide aproximadamente 4 pulgadas de altura.
- Contiene aproximadamente 1 taza de limonada.

Unidades métricas

- Un vaso mide aproximadamente 10 centímetros de altura.
- Contiene aproximadamente 250 mililitros de limonada.

Inténtalo

1. Usa las palabras a la derecha para completar los enunciados.

   a. El club de ciencias compró un acuario que contiene veinte ____ de agua.

   b. El agua tiene un ____ de profundidad.

   c. El pez más pequeño del acuario mide dos ____ de longitud.

   d. El pez más grande pesa seis ____.

Vocabulario
pie
onzas
galones
pulgadas

2. Conecta cada artículo con la unidad que mide. Escribe *centímetro, kilogramo* o *litro.*

   a. 

   b. 

   c.

3. Escribe *verdadero* o *falso.*

   a. La temperatura se mide con un termómetro.

   b. El agua se congela a doscientos doce grados Fahrenheit.

   c. Una temperatura de noventa grados Fahrenheit es más alta que una de diez grados Fahrenheit.

   d. El agua hierve a cero grados Celsio.

Vocabulario adicional

Escríbelo **Aquí hay otras palabras del vocabulario** que aprenderás en este capítulo. Fíjate en estas palabras. Escribe sus definiciones en tu diario.

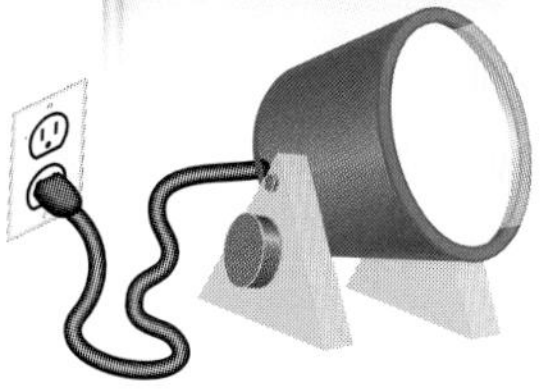

media pulgada **temperaturas negativas**
cuarto de pulgada **perímetro**

Pulgada, media pulgada y un cuarto de pulgada

Aprenderás cómo medir longitudes usando una regla de pulgadas.

Vocabulario nuevo
pulgada
media pulgada
cuarto de pulgada

Apréndelo

Usa una regla de pulgadas para medir objetos a la pulgada, media pulgada o cuarto de pulgada más cercanos.

Materiales
regla de pulgadas

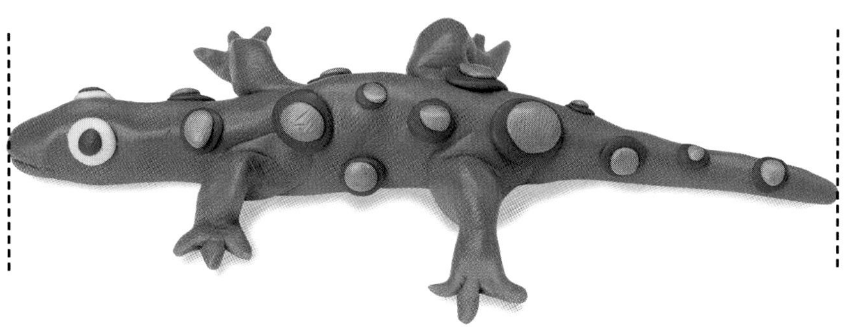

Estimación:
Pulgada más cercana:
Media pulgada más cercana:
Cuarto de pulgada más cercano:

Paso 1 Estima la longitud del lagarto. Anota tu estimación en una tabla como la de la derecha.

Paso 2 Usa una regla de **pulgadas** para medir el lagarto a la pulgada más cercana. Usa una marca de **media pulgada** para decidir qué marca de pulgada está más cerca del extremo del lagarto. Anota la longitud.

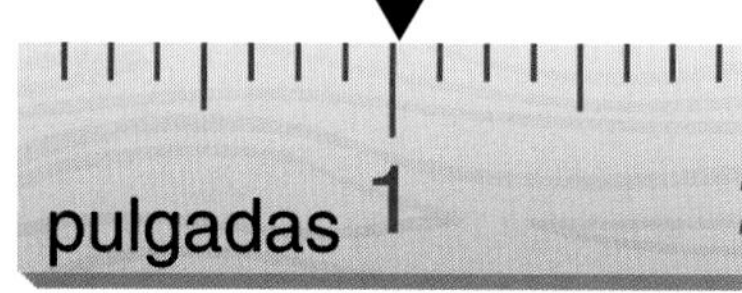

Si el extremo está justo en la marca de la media pulgada, redondea a la próxima pulgada.

Paso 3 Ahora mide el lagarto a la media pulgada más cercana. Usa una marca de **cuarto de pulgada** para decidir qué marca de media pulgada está más cerca del extremo. Anota la longitud.

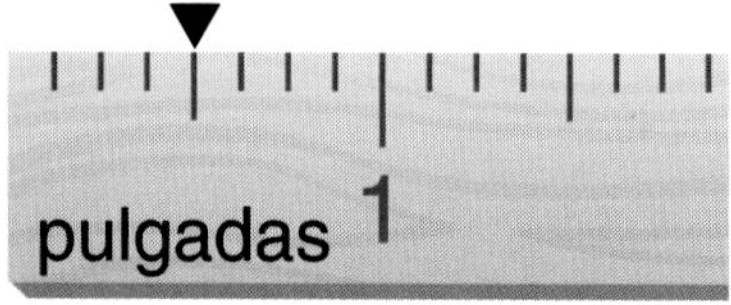

Paso 4 Mide el lagarto al cuarto de pulgada más cercano. Usa una marca de octavo de pulgada para decidir qué cuarto de pulgada está más cerca del extremo del lagarto. Anota la longitud.

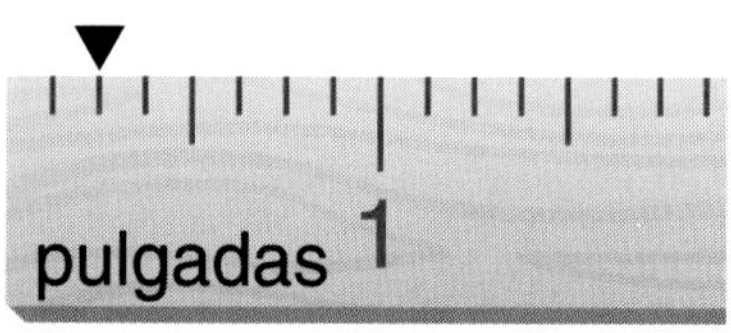

Mientras más marcas tenga la regla, más precisa será tu medición.

- Compara las tres medidas del lagarto. ¿Cuál está más cerca de la longitud real del lagarto?

Estándares	NS **1.4** MR **2.4, 2.5**

Paso 5 Busca 5 objetos que sean más cortos que tu regla. Estima la longitud de cada objeto a la pulgada más cercana. Después mide el objeto a la pulgada, media pulgada y cuarto de pulgada más cercanos. Anota tu trabajo en una tabla.

Inténtalo

Mide cada lado a la pulgada más cercana. Suma para hallar la distancia que hay alrededor de cada figura.

1. 

2. 

Estima la longitud de cada objeto a la pulgada más cercana. Después mide a la pulgada, media pulgada o cuarto de pulgada más cercanos.

3. 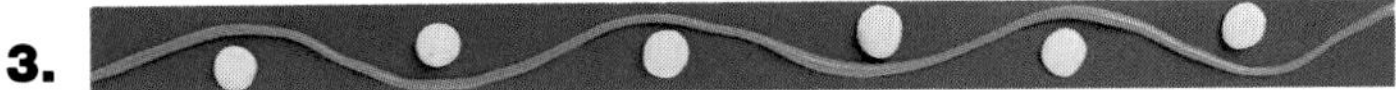

4. 

5. 

Usa lo que has aprendido para contestar la pregunta.

6. Una iguana de plastilina mide menos de 5 pulgadas de longitud y otra mide más de 5 pulgadas de longitud. Cuando se miden las iguanas a la pulgada más cercana, ambas miden aproximadamente 5 pulgadas de longitud. Explica cómo puede ocurrir eso.

Perímetro y unidades usuales de longitud

Aprenderás cómo hallar el perímetro de un rectángulo.

Repaso del vocabulario
perímetro

Apréndelo

A la distancia que hay alrededor de una figura se le llama **perímetro**. Para hallar el perímetro del letrero rectangular, suma las longitudes de los lados.

6 pies + 9 pies + 6 pies + 9 pies = 30 pies

El perímetro del letrero es de 30 pies.
¿Cuánto mide el perímetro en pulgadas? ¿En yardas?

Escuela Pine Street
DÍA DEPORTIVO
6 pies
9 pies

Al convertir de unidades más grandes a unidades más pequeñas, el número de unidades aumenta. Por lo tanto, se multiplica.

Convertir pies a pulgadas

Multiplica por el número de pulgadas que hay en 1 pie.

30	×	12	=	360
↑		↑		↑
número de pies		pulgadas que hay en 1 pie		pulgadas que hay en 30 pies

30 pies = 360 pulgadas

Al convertir unidades más pequeñas a unidades más grandes, el número de unidades disminuye. Por lo tanto, se divide.

Convertir pies a yardas

Divide entre el número de pies que hay en 1 yarda.

30	÷	3	=	10
↑		↑		↑
número de pies		pies que hay en 1 yarda		yardas que hay en 30 pies

30 pies = 10 yardas

Unidades usuales de longitud		
1 pie (pie)	=	12 pulgadas (pulg)
1 yarda (yd)	=	3 pies
1 yarda (yd)	=	36 pulgadas
1 milla (mi)	=	1,760 yardas
1 milla (mi)	=	5,280 pies

Solución: El perímetro del letrero es de 360 pulgadas o 10 yardas.

Explícalo

► ¿Es necesario que midas las longitudes de los 4 lados del rectángulo para hallar su perímetro? ¿Por qué?

Estándares	NS **3.3, 3.4** AF **1.4** MG **1.0, 1.4** MR **1.1, 2.3**

Práctica guiada

Halla el perímetro de cada rectángulo.

> **Asegúrate**
> - ¿Sumé las longitudes de todos los lados?

1. 12 pies; 5 pies

2. 1 yd; 4 yd

Práctica independiente

Halla el perímetro de cada rectángulo.

3. 6 pulg; 6 pulg

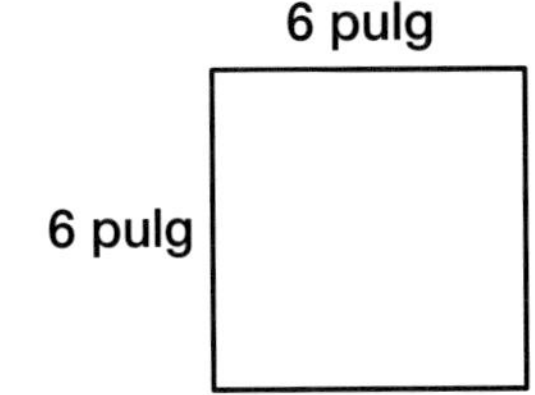

4. 20 mi; 8 mi

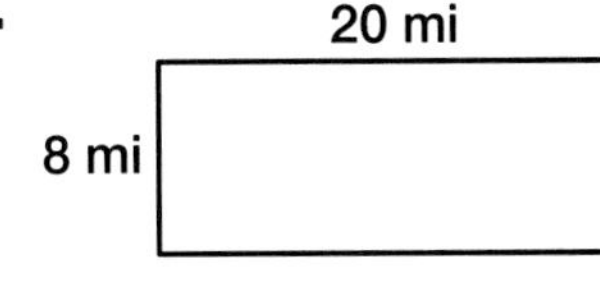

5. 28 pies; 85 pies

n **Álgebra • Ecuaciones Halla cada número que falta.**

6. 5 yd = ____ pies **7.** ____ pies = 3 mi **8.** 4 pies = ____ pulg

Resolver problemas • Razonamiento

9. Laura tiene un cartel de fútbol rectangular que mide 3 pies de longitud y 6 pies de ancho. ¿Cuánto mide el perímetro del cartel en pies? ¿en pulgadas? ¿en yardas?

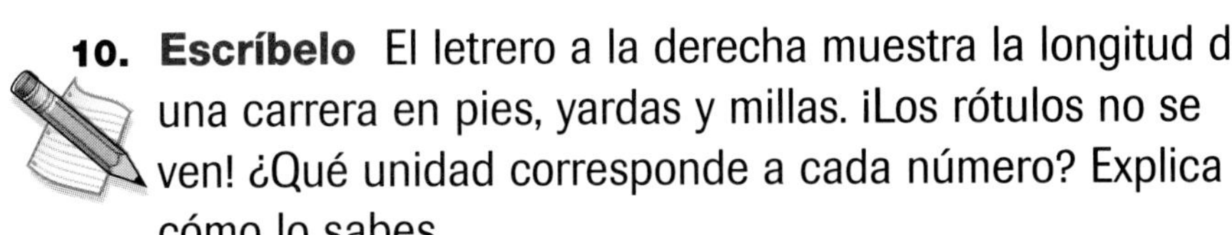

10. **Escríbelo** El letrero a la derecha muestra la longitud de una carrera en pies, yardas y millas. ¡Los rótulos no se ven! ¿Qué unidad corresponde a cada número? Explica cómo lo sabes.

11. Una piscina pequeña mide 12 pies de longitud y 7 pies de ancho. Una piscina grande mide 20 pies de longitud y 15 pies de ancho. ¿Cuál es la diferencia entre el perímetro de la piscina grande y el de la pequeña?

Repaso mixto • Preparación para pruebas

Multiplica o divide. *(páginas 170–173, 220–221)*

12. 45×8 **13.** $56 \div 4$ **14.** $96 \div 3$ **15.** 7×61 **16.** 5×27

17 Escoge el valor correcto para *n*. $128 \times 4 = n$ *(páginas 180–181)*

A 602 **B** 512 **C** 482 **D** 412

Unidades usuales de capacidad y peso

Aprenderás cómo convertir unidades de capacidad y peso.

Vocabulario
nuevo
capacidad
peso

Apréndelo

Este recipiente contiene 8 cuartos de limonada. ¿A cuántas tazas es igual esta cantidad? ¿a cuántos galones es igual?

Los galones, cuartos y tazas miden capacidad. La **capacidad** es la cantidad que puede contener un recipiente.

Al convertir unidades más grandes a unidades más pequeñas, el número de unidades aumenta. Por lo tanto, se multiplica.

Convertir cuartos a tazas

Multiplica por el número de tazas que hay en 1 cuarto.

$$8 \times 4 = 32$$

8 ↑ número de cuartos; 4 ↑ tazas que hay en 1 cuarto; 32 ↑ tazas que hay en 8 cuartos

8 cuartos = 32 tazas

Al convertir unidades más pequeñas a unidades más grandes, el número de unidades disminuye. Por lo tanto, se divide.

Convertir cuartos a galones

Divide entre el número de cuartos que hay en 1 galón.

$$8 \div 4 = 2$$

8 ↑ número de cuartos; 4 ↑ cuartos que hay en 1 galón; 2 ↑ galones que hay en 8 cuartos

8 cuartos = 2 galones

Unidades usuales de capacidad		
1 pinta (pt)	=	2 tazas (t)
1 cuarto (ct)	=	2 pintas
1 cuarto (ct)	=	4 tazas
1 galón (gal)	=	4 cuartos
1 galón (gal)	=	8 pintas
1 galón (gal)	=	16 tazas

Solución: El recipiente contiene 32 tazas o 2 galones de limonada.

Otros ejemplos

A. Convertir tazas a pintas

10 tazas = ____ pintas

Piénsalo: Las tazas son más pequeñas que las pintas, así que, divide.

$10 \div 2 = 5$

B. Convertir galones a pintas

3 galones = ____ pintas

Piénsalo: Los galones son más grandes que las pintas, así que, multiplica.

$3 \times 8 = 24$

Estándares	AF **1.4** MR **1.1, 1.2, 2.3**

Observa la imagen a la derecha. ¿Cuántas toneladas de sandía lleva el camión?

Las onzas, libras y toneladas miden **peso**. Puedes usar la tabla a la derecha para convertir unidades.

Convertir libras a toneladas

Divide entre el número de libras que hay en 1 tonelada.

4,000	÷	2,000	=	2
↑		↑		↑
número de libras		libras que hay en 1 tonelada		toneladas que hay en 4,000 libras

4,000 libras = 2 toneladas

Solución: El camión lleva 2 toneladas de sandía.

Unidades usuales de peso		
1 libra (l)	=	16 onzas (oz)
1 tonelada (T)	=	2,000 libras

Si una sandía pesa 10 libras, ¿cuántas onzas pesa?

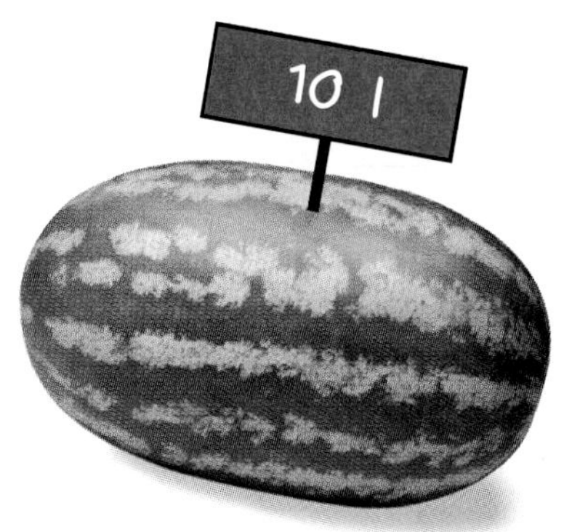

Convertir libras a onzas

Multiplica por el número de onzas que hay en 1 libra.

10	×	16	=	160
↑		↑		↑
número de libras		onzas que hay en 1 libra		onzas que hay en 10 libras

10 libras = 160 onzas

Solución: La sandía pesa 160 onzas.

Otros ejemplos

A. Convertir onzas a libras

64 onzas = ____ libras

Piénsalo: Las onzas son más pequeñas que las libras, por lo tanto, divide.

$64 \div 16 = 4$

B. Convertir toneladas a libras

5 toneladas = ____ libras

Piénsalo: Las toneladas son más grandes que las libras, por lo tanto, multiplica.

$5 \times 2{,}000 = 10{,}000$

Explícalo

► ¿Pesan siempre los objetos pequeños menos que los objetos grandes? Da ejemplos que apoyen tu respuesta.

Práctica guiada

Halla cada número que falta.

1. 8 tz = ____ pt

2. ____ ct = 5 gal

3. 8,000 l = ____ T

4. 5 l = ____ oz

Asegúrate

- ¿Cuál es la unidad más grande?
- ¿En qué relación son iguales las unidades más pequeñas a una unidad grande?

Práctica independiente

Copia y completa la tabla.

	Medidas de capacidad equivalentes								
	galones	1	2	3	4	5	6	7	8
5.	cuartos	4							
6.	pintas	8							
7.	tazas	16							

Álgebra • Ecuaciones **Halla cada número que falta.**

8. 14 tz = ____ pt

9. 8 gal = ____ ct

10. 9 pt = ____ tz

11. ____ ct = 16 pt

12. ____ l = 2 T

13. 48 oz = ____ l

Álgebra • Desigualdades **Compara. Escribe >, < o = en cada ●.**

14. 28 oz ● 2 l

15. 5,000 l ● 3 T

16. 5 l ● 80 oz

17. 4 pt ● 7 tz

18. 8 gal ● 30 ct

19. 13 pt ● 8 ct

Resolver problemas • Razonamiento

Usa el letrero para los Problemas 20–22.

20. Jan compró 4 pintas de jugo de manzana. Marla compró la misma cantidad de jugo en cuartos. ¿Cuánto dinero gastó Marla en el jugo de manzana?

21. **Analízalo** Michael necesita comprar 24 tazas de jugo de manzana. ¿Cuál es la manera más económica en que puede comprar el jugo?

22. Tom compró 12 envases de cuarto de jugo de manzana. ¿Cuánto habría ahorrado comprando la misma cantidad de jugo en galones?

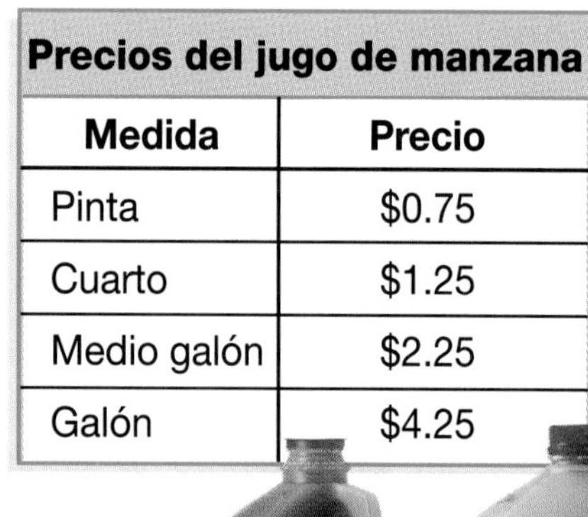

Precios del jugo de manzana	
Medida	**Precio**
Pinta	$0.75
Cuarto	$1.25
Medio galón	$2.25
Galón	$4.25

23. **Estimación** Una manzana pesa aproximadamente 6 onzas. ¿Aproximadamente cuántas libras pesan 8 manzanas?

24. Un camión de los Huertos de Ollie lleva 8,000 l de manzana. ¿A cuántas toneladas equivalen 8,000 l de manzana?

Repaso mixto • Preparación para pruebas

Resuelve. *(páginas 110–111)*

25. $12 \times (8 + 7)$ **26.** $(10 \times 4) \times 21$ **27.** $2 \times (53 - 18)$

Escoge el valor correcto para *n* en cada ecuación. *(páginas 232–233, 198–199)*

28 $984 \div 3 = n$

A 2,952 **C** 328
B 2,228 **D** 326

29 $574 \times 65 = n$

F 6,314 **H** 37,290
G 37,110 **J** 37,310

Razonamiento lógico

En la balanza

1. ¿Qué envases deberías mover de modo que cada grupo tenga la misma cantidad de jugo?

2. ¿Qué frutas deberías mover para que la balanza esté en equilibrio?

Manzana = 6 oz	Durazno = 4 oz
Plátano = 5 oz	Pera = 6 oz
Naranja = 8 oz	Lima = 2 oz

Práctica adicional Consultar el Conjunto B, página 310.

Destreza: Demasiada o poca información

Aprenderás cómo hallar la información que necesitas para resolver un problema.

Si un problema tiene demasiados datos, debes decidir cuáles son importantes. Si un problema no tiene datos suficientes, debes decidir qué datos faltan.

Una secoya llamada Árbol del General Sherman mide 275 pies de altura y alrededor del tronco mide 103 pies. Una secoya llamada Árbol del General Grant mide 267 pies de altura. ¡El Árbol del General Grant tiene más de 1,500 años de edad!

▲ Árbol del General Sherman

A veces tienes demasiada información.

¿Cuál es la diferencia en altura entre el Árbol del General Sherman y el Árbol del General Grant?

¿Qué datos necesito?

- la altura del Árbol del General Sherman (275 pies)
- la altura del Árbol del General Grant (267 pies)

Hay más información en el problema, pero no es necesaria.

¿Cómo puedo resolver el problema?

Resto para comparar las alturas.

275 pies − 267 pies = 8 pies

El Árbol del General Sherman es 8 pies más alto.

A veces tienes muy poca información.

¿Cuánto más mide el Árbol del General Grant alrededor del tronco en comparación con el Árbol del General Sherman?

¿Qué datos necesito?

- la distancia alrededor del tronco del Árbol del General Grant (no presentada)
- la distancia alrededor del tronco del Árbol del General Sherman (103 pies)

No aparece la distancia alrededor del tronco del Árbol del General Grant. No tienes información suficiente para resolver el problema.

Verifícalo ¿Por qué es importante leer cuidadosamente la pregunta cuando un problema presenta demasiada información?

Estándares	MR **1.0, 1.1, 2.0, 3.0, 3.2**

▲ Árbol Tule

Práctica guiada

Usa la información de la página 286 para resolver cada problema.

1. Un ciprés de México llamado Árbol Tule mide 130 pies de altura y alrededor del tronco mide 140 pies. ¿Cuánto más mide el Árbol Tule alrededor del tronco en comparación con el Árbol del General Sherman?

   Piénsalo: ¿Qué información está de más?

2. En un día cualquiera, 800 personas visitaron el Árbol del General Sherman. ¿Cuántas personas más visitaron el Árbol del General Sherman que el Árbol del General Grant?

   Piénsalo: ¿Qué información necesito?

Escoge una estrategia

Resuelve. Usa éstas u otras estrategias. Si no se presenta información suficiente, indica qué información se necesita para resolver el problema.

Estrategias para resolver problemas

- **Escribe una ecuación**
- **Estima y verifica**
- **Haz un dibujo**
- **Comienza con el final**

3. Las secoyas crecen alrededor de 1 pulg al año. Una secoya vivió durante 3,200 años. ¿Aproximadamente cuántos años demoraría la secoya en crecer 139 pies?

4. Cinco amigos están sobre un tronco. Daniel está en un extremo. Ellie está en el otro extremo. Eva, Ian y Joe están a la misma distancia entre ellos. ¿Cuál es la distancia que hay entre cada uno de los cinco amigos?

5. Zack tomó 15 fotografías de secoyas. Liz tomó el doble de fotografías de secoya que Molly. Si Liz y Molly tomaron 36 fotografías en total, ¿cuántas tomó cada niña?

6. Una tienda de regalos vende tarjetas postales grandes y pequeñas. Las postales pequeñas cuestan 45¢ cada una. Ben compró 5 postales pequeñas y 6 grandes. ¿Cuánto gastó en total?

7. Alberto escaló durante una hora y luego descansó. Después escaló 760 pies más. Después de volver a descansar escaló 430 pies más. Si escaló 1,380 pies en total, ¿cuánto escaló antes de su primer descanso?

8. Jamie vive a 290 millas del Parque Nacional de Secoyas. Demora 6 horas en conducir hasta el parque. ¿Aproximadamente cuántas millas debe recorrer para llegar al parque y regresar a casa?

Práctica adicional Consultar 1–4, página 313.

Verificación rápida

Verifica los conceptos de las Lecciones 1–4

Halla el parámetro de cada figura, en pies.

1. 15 yd

5 yd

2.

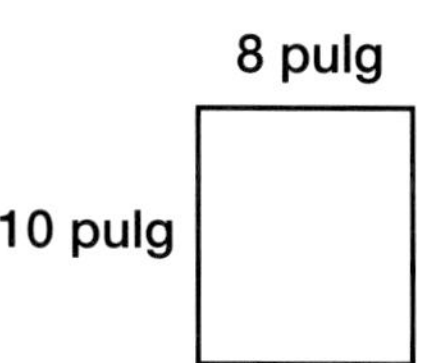

Halla cada número que falta.

3. 6 yd = ____ pies

4. 3 mi = _____ yd

5. ____ pulg = 7 yd

Halla cada número que falta.

6. 7 l = ____ oz

7. ____ pt = 4 gal

8. 12 ct = ____ tz

Resuelve. Si no se presenta información suficiente, indica qué información se necesita para resolver el problema.

9. Algunos pinos tienen más de 4,000 años de edad. Sus agujas miden entre 1 y $1\frac{1}{2}$ pulgadas de longitud. La semilla de una secoya mide sólo $\frac{1}{16}$ de longitud, aproximadamente. ¿Cuál es la diferencia de longitud entre la semilla del pino y la semilla de la secoya?

10. El Árbol del General Sherman tiene un tronco que mide aproximadamente 37 pies de ancho. El árbol mide unos 275 pies de altura. El tronco de un ciprés calvo Montezuma de México mide aproximadamente 40 pies de ancho. ¿Aproximadamente cuántas pulgadas más mide de ancho el tronco del ciprés en comparación con el tronco del Árbol del General Sherman?

¿Cómo te fue?

Si tuviste dificultades en cualquiera de las partes de Verificación rápida, puedes usar las siguientes páginas para repasar y practicar más.

Estándares	EJERCICIOS	REPASAR ESTAS PÁGINAS	HACER ESTOS EJERCICIOS DE PRACTICA ADICIONAL
Álgebra: **1.1** Razonamiento: **1.1**	1–5	páginas 278–281	Conjunto A, página 310
Álgebra: **1.1** Razonamiento: **1.1**	6–8	páginas 282–285	Conjunto B, página 310
Razonamiento: **1.1, 3.2**	9–10	páginas 286–287	1–4, página 313

Preparación para pruebas • Repaso acumulativo

Mantener los estándares

Marca la letra de la respuesta correcta. Si la respuesta correcta no aparece, marca NA.

1 ¿Cuánto mide el perímetro de la figura?

32 pies

16 pies

A 48 pies
B 86 pies
C 96 pies
D 108 pies

2 ¿Cuánto es el producto de 64×73?

F 137
G 640
H 4,472
J NA

3 Una piscina mide 65 pies de ancho. ¿Cuántas pulgadas equivalen a 65 pies?

A 195
B 770
C 780
D 800

4 El campo de juego del béisbol es un cuadrado. La distancia de una base a otra es 90 pies. ¿Cuál es la distancia total alrededor del campo?

F 90 pies
G 180 pies
H 270 pies
J 360 pies

5 $\begin{array}{r} 56 \\ \times\ 24 \\ \hline \end{array}$

A 336
B 1,324
C 1,344
D NA

6 ¿Qué expresión no es igual a $(36 - 10) - 3$?

F $26 - 3$
G $36 - (10 - 3)$
H $36 - (10 + 3)$
J $36 - 10 - 3$

7 Hay veintiséis personas en un autobús. En la siguiente parada, 4 personas bajan del autobús y suben 3 personas. ¿Qué expresión usarías para hallar el número de personas que hay en el autobús después de la parada?

A $26 - (4 + 3)$
B $(26 - 4) + 3$
C $26 + (4 - 3)$
D $(26 + 4) - 3$

8 ¿Cuánto mide el perímetro de un cuadrado que tiene un lado que mide 7 pulgadas?

Explícalo ¿Cómo hallaste la respuesta?

Preparación para pruebas
Visita **www.eduplace.com/kids/mhm** para más *Preparación para pruebas.*

Centímetro y milímetro

Aprenderás cómo medir longitudes usando una regla de centímetros.

Vocabulario
nuevo
centímetro
milímetro

Apréndelo

Usa una regla de centímetros para medir objetos al centímetro o milímetro más cercano.

Materiales

regla de centímetros

Paso 1 Estima la longitud de la vara de plastilina que se muestra. Anota tu estimación en una tabla como la siguiente.

Objeto	Estimación	Centímetro más cercano	Milímetro más cercano
vara de plastilina			

Paso 2 Usa una regla de centímetros para medir la longitud de la vara de plastilina al **centímetro** más cercano. Usa una marca de medio centímetro para decidir qué marca de centímetro está más cerca del extremo de la vara. Anota la longitud en tu tabla.

1 2 3 4
centímetros

Si el extremo está justo a medio camino entre los centímetros, redondea al centímetro siguiente.

Paso 3 Ahora mide la vara al **milímetro** más cercano. Decide qué marca de milímetro está más cerca del extremo de la vara. Anota la longitud en milímetros en tu tabla.

Hay 10 milímetros en 1 centímetro.

Paso 4 Busca 5 objetos que sean más cortos que tu regla para medirlos. Estima la longitud de cada objeto al centímetro más cercano. Después mide cada objeto al centímetro y milímetro más cercano. Anota tu trabajo en tu tabla.

Inténtalo

Halla cada perímetro al centímetro más cercano.

1. 

2. 

Estima la longitud al centímetro más cercano de cada objeto que está a continuación. Después mide cada objeto al centímetro más cercano.

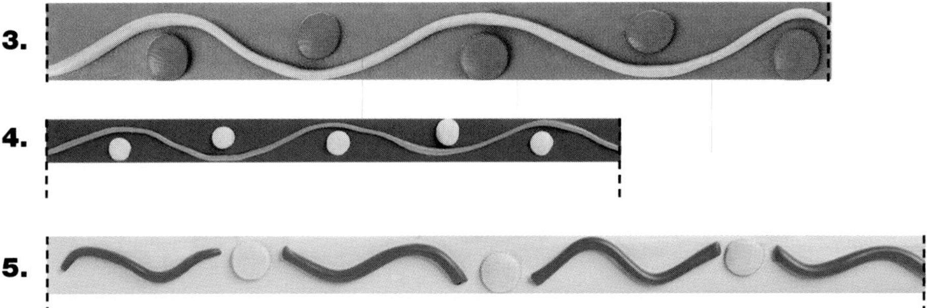

3.

4.

5.

¡Escríbelo! ¡Coméntalo!

Usa lo que has aprendido para contestar estas preguntas.

6. Si sabes que la longitud de un cordón está en centímetros, ¿puedes indicar cuánto mide en milímetros sin medirlo? Explica por qué.

7. Imagina que estás midiendo madera para un proyecto. ¿Sería mejor medirla en centímetros o en milímetros? Explica tu razonamiento.

Perímetro y unidades métricas de longitud

Aprenderás cómo determinar perímetros en milímetros, centímetros, decímetros, metros y kilómetros.

Apréndelo

¿Cuánto mide el perímetro del rancho que se muestra a la derecha? Para hallar el perímetro, suma las longitudes de los lados.

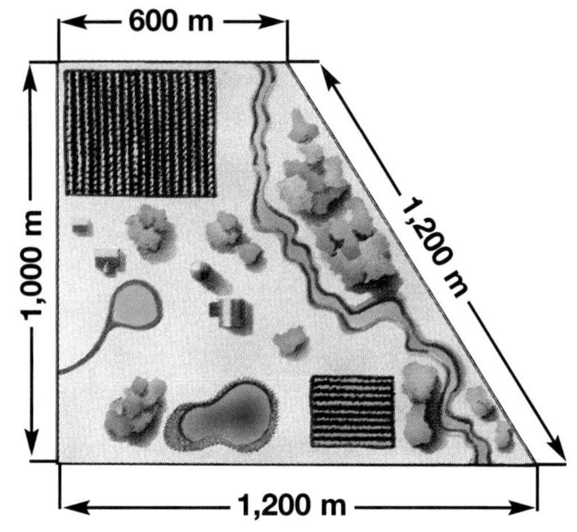

1,000 m + 600 m + 1,200 m + 1,200 m = 4,000 m

El perímetro del rancho mide 4,000 metros.

Halla el perímetro del rancho en decímetros y kilómetros.

Convertir metros a decímetros

Multiplica por el número de decímetros que hay en 1 metro.

4,000	×	10	=	40,000
↑		↑		↑
número de metros		decímetros que hay en 1 metro		decímetros que hay en 4,000 metros

4,000 metros = 40,000 decímetros

Convertir metros a kilómetros

Divide entre el número de metros que hay en 1 kilómetro.

4,000	÷	1,000	=	4
↑		↑		↑
número de metros		metros que hay en 1 kilómetro		kilómetros que hay en 4,000 metros

4,000 metros = 4 kilómetros

Unidades métricas de longitud		
1 centímetro (cm)	=	10 milímetros (mm)
1 decímetro (dm)	=	10 centímetros
1 metro (m)	=	10 decímetros
1 kilómetro (km)	=	1,000 metros

Solución: El perímetro del rancho mide 40,000 decímetros o 4 kilómetros.

Explícalo

► ¿Qué unidad de medida es la mejor para describir el perímetro del rancho? ¿Por qué?

Estándares	NS **3.3, 3.4** AF **1.4** MG **1.0, 1.4** MR **1.2, 2.4**

Práctica guiada

> **Asegúrate**
> - ¿Incluí todos los lados?

Halla el perímetro de cada figura en m y km.

1.

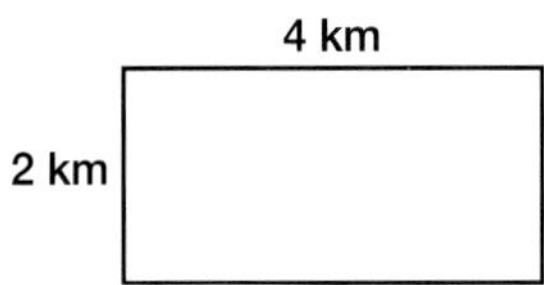

2.

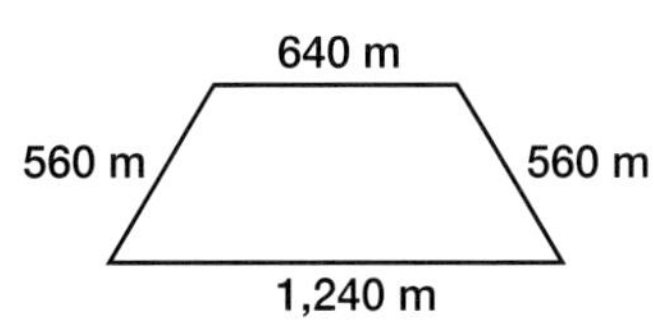

Práctica independiente

Halla el perímetro de cada figura.

3.

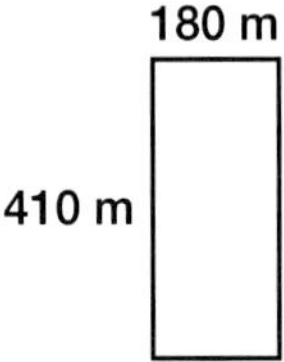

4.

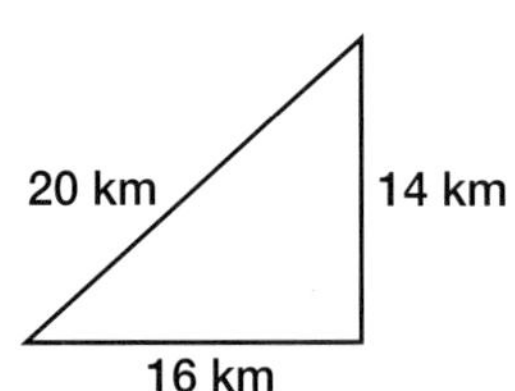

5.

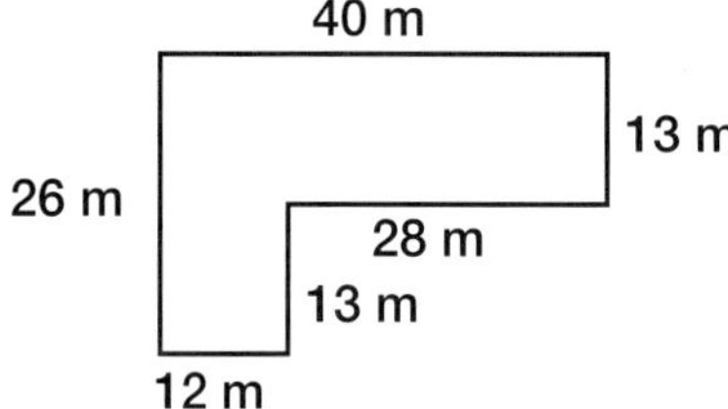

Álgebra • Ecuaciones Halla el número que falta.

6. 5 km = ____ m
7. 600 cm = ____ m
8. ____ mm = 9 cm
9. 3 m = ____ cm
10. 4,000 m = ____ km
11. ____ m = 40 dm

Resolver problemas • Razonamiento

12. Un letrero rectangular mide 2 m de altura y 4 m de ancho. ¿Cuánto mide el perímetro en cm? ¿en mm?

13. Dos campos rectangulares miden 150 m de ancho cada uno. El perímetro del campo Este mide 1 km. El perímetro del campo Oeste es 200 m menos. ¿Cuál es la longitud y el ancho del campo Oeste?

14. **Analízalo** En un rancho, el camino para los caballos mide 3 km de longitud y tiene letreros cada 250 m, que indican la distancia, incluyendo ambos extremos. ¿Cuántos letreros hay a lo largo del camino?

> **Usar el vocabulario**
>
> **En el sistema métrico, los prefijos (comienzos de las palabras) se usan para nombrar unidades. Usa un diccionario para hallar lo que significa cada prefijo.**
>
> **A** *centi-*
> **B** *mili-*
> **C** *deci-*
> **D** *kilo-*

Repaso mixto • Preparación para pruebas

Multiplica o divide. *(páginas 194–195, 234–235)*

15. 12 × 43 **16.** 522 ÷ 6 **17.** 376 ÷ 4

18 ¿Qué número representa 74,219 redondeado al millar más cercano? *(páginas 24–25)*

A 70,000 **B** 74,000 **C** 74,220 **D** 74,200

Práctica adicional Consultar el Conjunto C, página 311.

Unidades métricas de capacidad y masa

Aprenderás cómo convertir de una unidad de capacidad a otra y de una unidad de masa a otra.

Vocabulario
nuevo
mililitro (mL)
litro (L)
gramo (g)
kilogramo (kg)

Apréndelo

Observa estos envases de jugo. ¿Cuál te gustaría tener en una larga excursión?

El **mililitro (mL)** y el **litro (L)** son unidades métricas de capacidad. Es posible que quieras un litro de jugo. ¿Cuántos mililitros hay en 4 litros?

Convertir litros a mililitros

Multiplica por el número de mililitros que hay en un litro.

4	×	1,000	=	4,000
↑		↑		↑
número de litros		mililitros que hay en 1 litro		mililitros que hay en 4 litros

4 L = 4,000 mL

Unidades métricas de capacidad
1 litro (L) = 1,000 mililitros (mL)

Solución: Hay 4,000 mililitros en 4 litros.

Observa las meriendas a la derecha. ¿Cuál te gustaría llevar en una larga excursión?

El **gramo (g)** y el **kilogramo (kg)** son unidades métricas de masa. Es posible que quieras llevar un kilogramo de meriendas.

¿Cuántos gramos hay en 3 kilogramos?

Convertir kilogramos a gramos

Multiplica por el número de gramos que hay en un kilogramo.

3	×	1,000	=	3,000
↑		↑		↑
número de kilogramos		gramos que hay en 1 kilogramo		gramos que hay en 3 kilogramos

3 kg = 3,000 gramos

Unidades métricas de masa
1 kilogramo (kg) = 1,000 gramos (g)

Solución: Hay 3,000 gramos en 3 kilogramos.

 Estándares AF **1.4** MR **2.0**

Explícalo

► ¿Tienen siempre mayor masa los objetos grandes que los objetos pequeños? Da ejemplos que apoyen tu respuesta.

Práctica guiada

Asegúrate

- ¿Son unidades de capacidad o de masa?
- ¿Debería multiplicar o dividir para convertir unidades?

Halla cada número que falta.

1. 9 L = ____ mL **2.** ____ L = 5,000 mL

3. 8 kg = ____ g **4.** ____ kg = 2,000 g

Escoge la mejor estimación de la capacidad de cada uno.

5.

20 mL o 20 L

6.

400 mL o 400 L

7.

250 mL o 25 L

Escoge la mejor estimación de la medida de cada uno.

8.

20 g o 20 kg

9.

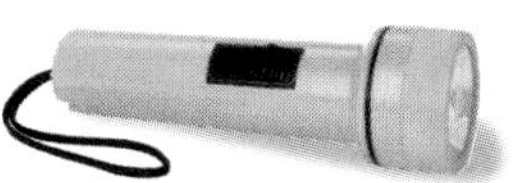

450 g o 45 kg

10.

250 g o 25 kg

Práctica independiente

Halla cada número que falta.

11. 4 L = ____ mL **12.** ____ L = 6,000 mL **13.** ____ mL = 10 L

14. 5,000 g = ____ kg **15.** ____ g = 3 kg **16.** 44 kg = ____ g

17. 9 L = ____ mL **18.** ____ kg = 31,000 g **19.** ____ mL = 15 L

n **Álgebra • Desigualdades Compara. Escribe >, < o = en cada ●.**

20. 6 mL ● 6,000 L **21.** 8 L ● 8,000 mL **22.** 300 mL ● 3 L

23. 8 kg ● 800 g **24.** 4,000 g ● 40 kg **25.** 9 kg ● 9,000 g

Escoge la mejor estimación de la medida de cada uno.

26. 

8 mL u 8 L

27. 

400 mL o 40 L

28. 

15 mL o 15 L

29. 

8 g u 8 kg

30. 

100 g o 10 kg

31.

300 g o 300 kg

Resolver problemas • Razonamiento

Resuelve. Escoge un método.

Métodos de computación

- **Estimación**
- **Cálculo mental**
- **Papel y lápiz**

32. Carla tiene 3 botellas de agua. Cada una puede contener hasta 1,900 mL de agua. ¿Aproximadamente cuántos litros pueden contener las botellas en total?

33. Un Super Cooler puede contener 20 L y un Mini Cooler puede contener 5 L. ¿Cuántos mililitros más puede contener el Super Cooler que el Mini Cooler?

34. **Analízalo** La mochila vacía de Jared tiene una masa de 3 kg. Él no quiere llevar más de 7 kg en un viaje. ¿Cuántos gramos de equipo puede empacar Jared?

35. **Escríbelo** Una bolsa de granola de 500 g cuesta $4 y una bolsa de 2 kg de granola cuesta $13. ¿Cuál es la manera más económica de comprar 5 kg de granola?

Repaso mixto • Preparación para pruebas

Resuelve. *(páginas 56–58, 60–62, 198–199)*

36. $\begin{array}{r} 461 \\ \times\ 14 \\ \hline \end{array}$ **37.** $\begin{array}{r} 829 \\ +\ 530 \\ \hline \end{array}$ **38.** $\begin{array}{r} 581 \\ \times\ 45 \\ \hline \end{array}$ **39.** $\begin{array}{r} 758 \\ -\ 94 \\ \hline \end{array}$ **40.** $\begin{array}{r} 468 \\ +\ 691 \\ \hline \end{array}$ **41.** $\begin{array}{r} 291 \\ \times\ 64 \\ \hline \end{array}$

42 ¿Qué opción representa 78,204 en forma desarrollada? *(páginas 4–5)*

A 70,000 + 8,000 + 200 + 4

B 70,000 + 8,000 + 200 + 40

C 70,000 + 8,000 + 20 + 4

D 7,000 + 8,000 + 200 + 4

Práctica adicional Consultar el Conjunto D, página 311.

Juego de Práctica

Diversión de medidas

Practica el uso de las unidades métricas jugando este juego con un compañero. Intenta colocar tres fichas en una fila.

Lo que necesitas

- *5 fichas rojas y 5 fichas amarillas*
- *vara de un metro*
- *tablero de juego (Recurso de enseñanza 5)*

Jugadores
2

longitud del salón de clases	ancho del pizarrón	ancho de la silla
ancho del escritorio	altura de la silla	longitud del libro de matemáticas
longitud de un lápiz nuevo	longitud de un borrador	altura del escritorio

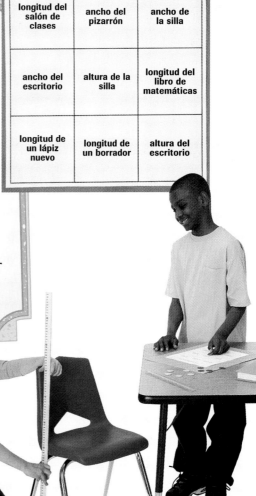

Lo que debes hacer

1. Cada jugador toma 5 fichas del mismo color.
2. Un jugador escoge cualquier cuadrado del tablero. Cada jugador escribe una estimación del artículo que está en el cuadrado, usando unidades métricas. Después los jugadores trabajan en conjunto para medir el artículo. El jugador cuya estimación sea más cercana a la medida real pone su ficha en el cuadrado.
3. Repetir el paso 2 por turnos. El primer jugador que coloque 3 fichas en una fila, horizontal, vertical o diagonalmente, ¡gana!

Compártelo ¿Cómo decidiste qué unidad usar?

Estrategia: Haz una tabla

Aprenderás cómo hacer una tabla para resolver un problema.

Hacer una tabla te puede servir para organizar información.

Problema Andy toma un tren a la ciudad. El primer tren parte a las 7:05 a.m. Después parte un tren cada 20 minutos. El viaje dura 45 minutos. Si Andy toma el cuarto tren, ¿a qué hora llegará a la ciudad?

¿Cuál es la pregunta?

¿A qué hora llegará el cuarto tren a la ciudad?

¿Qué sabes?

- Un tren parte a las 7:05 a.m. y después parte cada 20 minutos.
- El viaje dura 45 minutos.

¿Cómo puedes hallar la respuesta?

Haz una tabla para hallar a qué hora llegará el cuarto tren.

Resuélvelo

Primero, halla a qué hora parte el cuarto tren.

7:05 + 20 min = 7:25 a.m.

Sigue llenando la tabla hasta que halles a qué hora parte el cuarto tren.

Después halla a qué hora llega el cuarto tren.

8:05 + 45 min = 8:50 a.m.

Andy llegará a la ciudad a las 8:50 a.m.

Tren	Partida	Llegada
Primero	7:05 a.m.	
Segundo	7:25 a.m.	
Tercero	7:45 a.m.	
Cuarto	8:05 a.m.	8:50 a.m.

Verifica el problema.

¿De qué manera puedes usar los patrones de la tabla para hallar a qué hora partirá y llegará el quinto tren?

Recuerda:
▶ Compréndelo
▶ Planéalo
▶ Resuélvelo
▶ Verifícalo

Práctica guiada

Usa la información de la Página 298 para resolver cada problema.

1. Los lunes, se supone que el segundo tren parte a las 7:25 a.m. Si ese tren demora 5 minutos, ¿a qué hora llegará a la ciudad?

   Piénsalo: ¿Debería sumar o restar 5 minutos?

2. Alex debe estar en la ciudad a las 8:25 a.m. Si pierde el tren de las 7:05 a.m., ¿puede aún llegar a tiempo a la ciudad? Explica.

   Piénsalo: ¿Cuánto demora el tren en llegar a la ciudad?

Escoge una estrategia

Resuelve. Usa éstas u otras estrategias.

Estrategias para resolver problemas

- **Haz una tabla**
- **Usa el razonamiento lógico**
- **Estima y verifica**
- **Comienza con el final**

3. Un día un tren se quedó 2 minutos más en cada parada. Generalmente, llega a la estación Sun en 45 minutos. Si el tren realiza 7 paradas antes de llegar a la estación Sun, ¿cuánto demoró ese día en llegar a la estación Sun?

4. Cuatro trenes subterráneos locales acaban de partir de la estación Shady. El tren B salió segundo. El tren R partió antes que el tren G, pero después que el tren N. ¿En qué orden partieron los cuatro trenes de la estación?

5. Cada hora, los trenes locales parten de la estación Oaktown el doble de veces que los trenes expreso. Si parten 15 trenes de la estación Oaktown cada hora, ¿cuántos de ellos son trenes expreso?

6. Un tren inicia su viaje a las 4:30 p.m. Su primera parada ocurre 5 minutos después. Después de eso, demora 5 minutos más en llegar a cada parada que a la parada anterior. ¿A qué hora llegará a la sexta parada?

7. Rosa usó el tren subterráneo dos veces durante la primera semana. Después, cada semana ella usó el tren subterráneo el doble de veces que la semana anterior. ¿Cuántas veces en total usó Rosa el tren subterráneo durante 4 semanas?

8. Un tren subterráneo vende pases especiales. Los pases mensuales cuestan el doble que los pases de diez días. Los pases de diez días cuestan $8 más que los pases semanales. Si un pase semanal cuesta $12, ¿cuánto cuesta un pase mensual?

Práctica adicional Consultar 5–6, página 313.

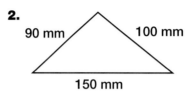

Verificación rápida

Verifica los conceptos de las Lecciones 5–8

Halla el perímetro de cada figura en centímetros.

1. Rectángulo: 5 m, 3 m

2. Triángulo: 90 mm, 100 mm, 150 mm

Halla cada número que falta.

3. 6 km = ____ m

4. 35 cm = ____ mm

5. ____ m = 70 dm

6. 8 L = ____ mL

7. ____ kg = 25,000 g

8. 3,000 mL = ____ L

Resuelve.

9. Janell y su padre harán una excursión en autobús por la ciudad. La primera excursión sale a las 9:34 a.m. Después de eso, un autobús de la excursión sale cada 35 minutos. La excursión dura 55 minutos. Si Janell y su padre toman la segunda excursión, ¿a qué hora terminará su excursión?

10. Los autobuses para las excursiones por la ciudad salen cada 35 minutos. La primera excursión sale los domingos a las 11:35 a.m. ¿A qué hora sale la tercera excursión?

¿Cómo te fue?

Si tuviste dificultades en cualquiera de las partes de Verificación rápida, puedes usar las siguientes páginas para repasar y practicar más.

Estándares	Ejercicios	Repasar estas páginas	Hacer estos ejercicios de Practica adicional
Álgebra: **1.1** Razonamiento matemático: **1.1**	1–5	páginas 292–293	Conjunto C, página 311
Álgebra: **1.1** Razonamiento matemático: **1.1**	6–8	páginas 294–296	Conjunto D, página 311
Razonamiento matemático: **1.1, 2.3, 2.6**	9–10	páginas 298–299	5-6, página 313

Preparación para pruebas • Repaso acumulativo

Mantener los estándares

Marca la letra de la respuesta correcta.

1 La longitud de un libro mide 18 centímetros. ¿A cuántos milímetros equivalen 18 centímetros?

A 18 **C** 1,800
B 180 **D** 18,000

2 ¿Cuánto mide el perímetro del cuadrado?

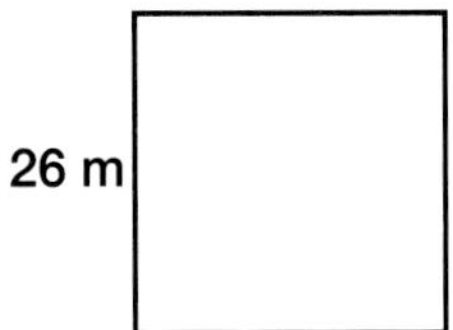

F 13 metros
G 52 metros
H 104 metros
J 676 metros

3 ¿Que número debería ir en la casilla para que se cumpla el enunciado numérico?

$$(16 \div 8) + 9 = 2 + \blacksquare$$

A 8
B 9
C 15
D 16

4 ¿Cuál es el valor de *n*?

$$(15 \times 12) - (72 \div 9) = n$$

F 108
G 172
H 188
J 200

Usa la tabla para contestar las Preguntas 5–6.

5 ¿Qué número falta en la tabla?

x	*y*
12	3
20	5
28	7
36	■

A 8 **C** 10
B 9 **D** 11

6 ¿Qué ecuación representa la tabla?

F $y = x + 2$
G $y = x \div 4$
H $y = x \times 3$
J $y = x - 9$

7 ¿Qué va en la casilla para que se cumpla el enunciado?

Si , entonces ♥ × 5 es igual a .

A ♥ **C** 1
B  **D** 5

8 Alyssa quiere poner un borde de cinta alrededor de un álbum. Si el álbum mide 14 pulgadas de longitud y 10 pulgadas de ancho, ¿cuánta cinta necesita Alyssa?

Explícalo ¿Cómo hallaste la respuesta?

Página segura

Preparación para pruebas
Visita **www.eduplace.com/kids/mhm** para más *Preparación para pruebas.*

Grados Fahrenheit y números negativos

Aprenderás cómo leer y usar temperaturas positivas y negativas de un termómetro Fahrenheit.

Vocabulario nuevo
grados Fahrenheit (°F)
temperaturas negativas

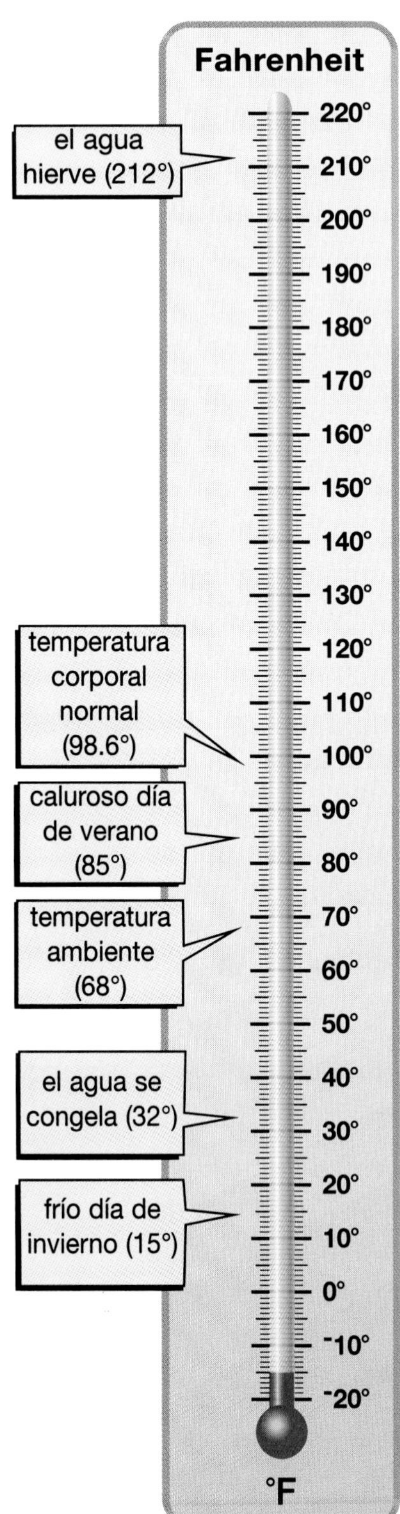

Apréndelo

Se puede usar un termómetro para medir la temperatura en **grados Fahrenheit (°F)**. Las temperaturas bajo 0°F son **temperaturas negativas**. Puedes imaginarte un termómetro como una recta numérica vertical.

Piénsalo:
Mientras más a la izquierda (o abajo) vayas, más baja es la temperatura.

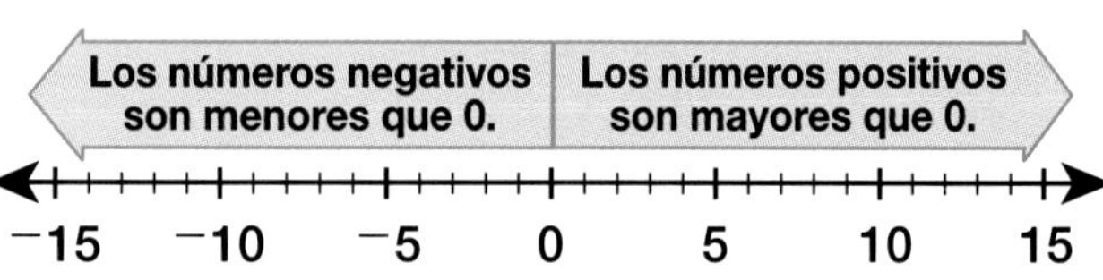

La temperatura que marca el termómetro es ⁻15°F.

Escribe: ⁻15°F
Di: quince grados Fahrenheit negativos o quince grados Fahrenheit bajo cero

Puedes usar un termómetro para hallar la diferencia entre dos temperaturas.

Halla la diferencia entre

A. 70°F y 42°F

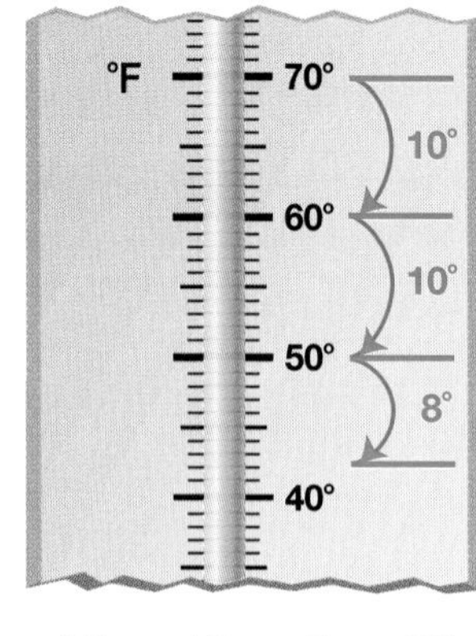

10 + 10 + 8 = 28
La diferencia es 28°.

B. ⁻15°F y 8°F

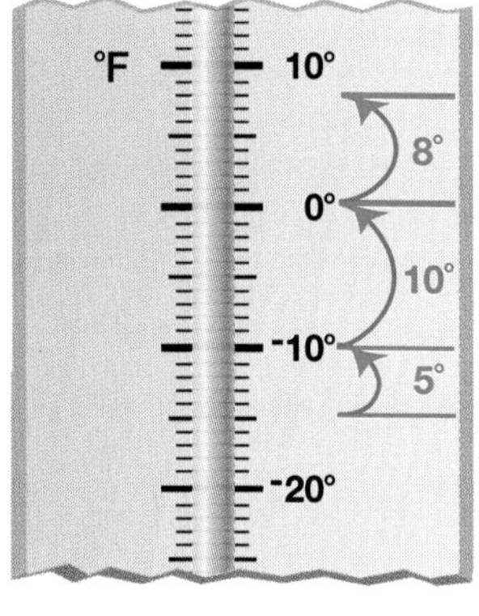

5 + 10 + 8 = 23
La diferencia es 23°.

Explícalo

► ¿Qué temperatura es más baja, ⁻5°F o ⁻15°F? ¿Cómo lo sabes?

Estándares NS **1.8** MR **1.1, 2.3**

Práctica guiada

Escribe cada temperatura.

1.

2. 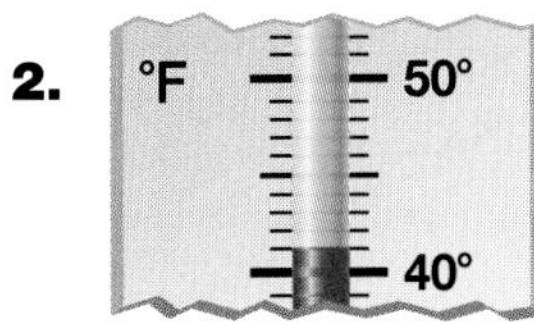

3. 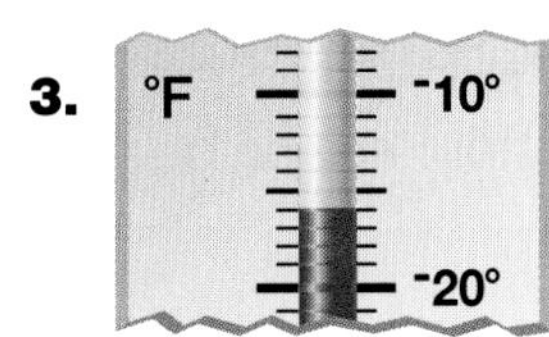

> **Asegúrate**
> - ¿Entre qué números está la temperatura?
> - ¿Es positiva o negativa la temperatura?

Práctica independiente

Escribe cada temperatura.

4. 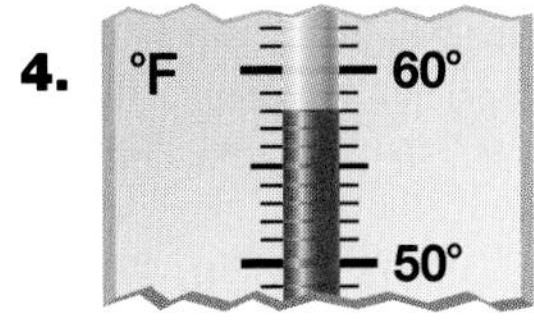

5. 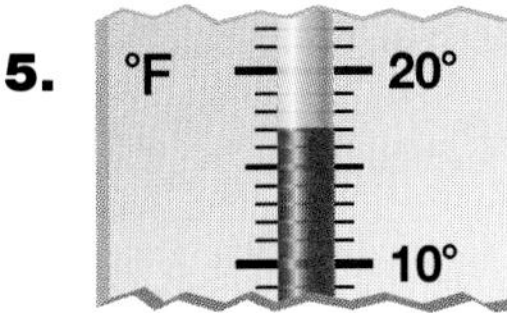

6. 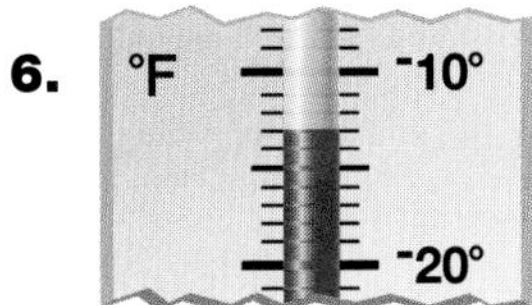

7. 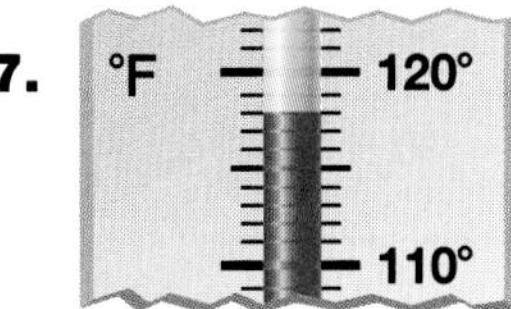

Halla la diferencia entre las temperaturas.

8. 88°F y 110°F

9. $^{-}3$°F y $^{-}10$°F

10. 70°F y 46°F

11. 54°F y 19°F

12. 31°F y 67°F

13. $^{-}12$°F y 23°F

Resolver problemas • Razonamiento

Usar datos **Usa la tabla para los Problemas 14–16.**

Temperaturas máximas el 21 de enero	
Ciudad	**Temperatura**
Nueva York	27°F
Atlanta	54°F
Chicago	$^{-}2$°F
Houston	65°F

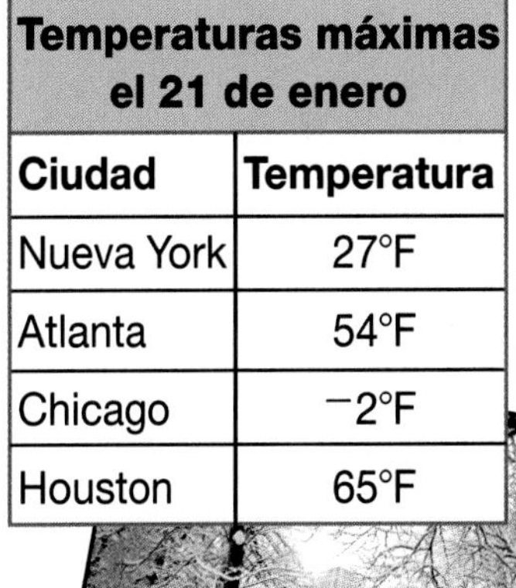

14. ¿Cuánto fue la diferencia de temperatura entre Houston y Atlanta el 21 de enero?

15. **Analízalo** El 21 de enero, la temperatura mínima en Atlanta fue de 43ºF y en Houston fue de 52ºF. ¿Cuánto fue la diferencia entre las temperaturas mínima y máxima en Atlanta?

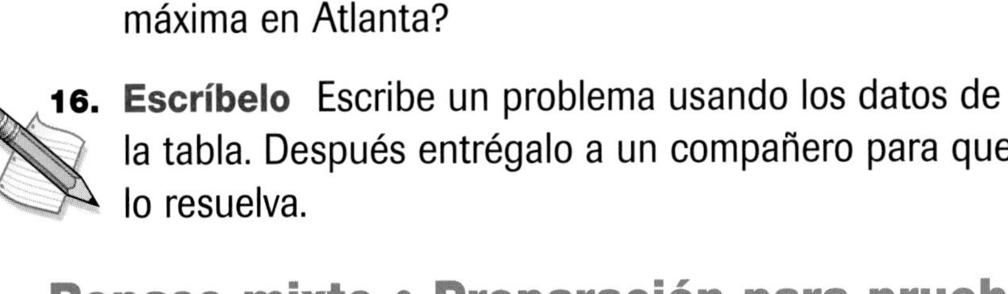

16. **Escríbelo** Escribe un problema usando los datos de la tabla. Después entrégalo a un compañero para que lo resuelva.

Repaso mixto • Preparación para pruebas

Resuelve para *n*. *(páginas 180–181, 198–199, 256–259)*

17. $184 \times 9 = n$

18. $4{,}683 \div 3 = n$

19. $n = 310 \times 18$

20. $24 \times n = 264$

21 ¿Qué enunciado numérico es correcto? *(páginas 124–125)*

A $49 \div 7 = 8$

B $64 \div 8 = 9$

C $72 \div 9 = 8$

D $65 \div 5 = 7$

Grados Celsio y números negativos

Aprenderás cómo leer y usar temperaturas positivas y negativas de un termómetro en grados Celsio.

Vocabulario
nuevo
grados Celsio (°C)

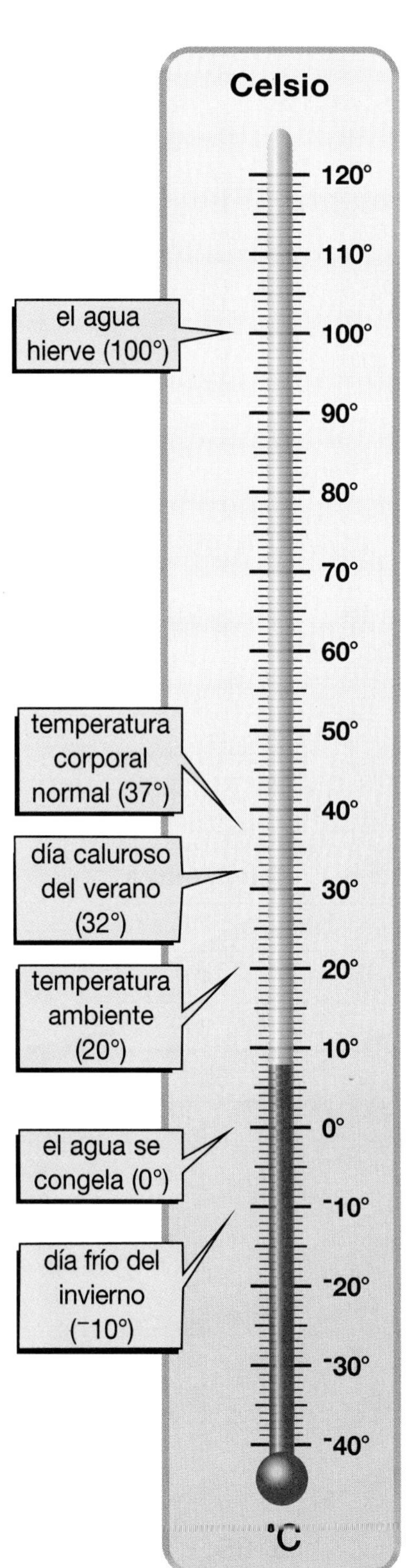

Apréndelo

En el sistema métrico, la temperatura se mide en **grados Celsio (°C)**. La temperatura que marca este termómetro es 8°C.

Escribe: 8°C

Di: ocho grados Celsio

Imagina que la temperatura fuera 10° grados más baja que la que marca este termómetro. ¿Qué temperatura sería?

Recuerda imaginarte el termómetro como una recta numérica vertical. Comienza en el 8 y cuenta 10 hacia atrás.

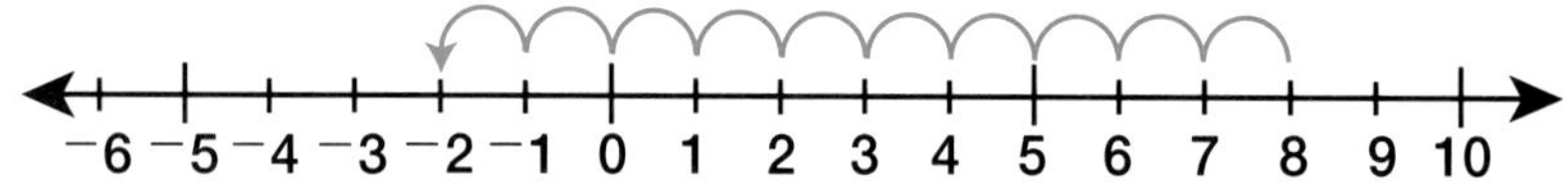

Piénsalo: $8 - 10 = {}^{-}2$

Escribe: $^{-}2$°C

Di: dos grados Celsio negativos o dos grados Celsio bajo cero

La temperatura sería $^{-}2$°C.

Explícalo

- ¿Qué temperatura está más lejos de 0°F, 5°F o $^{-}8$°F? ¿Cómo lo sabes?
- Vuelve al termómetro Fahrenheit de la página 302. ¿Qué temperatura es más fría, 30°F o 30°C? Explica cómo lo sabes.
- ¿Qué enunciado es verdadero? Explica cómo lo sabes.

32°C = 0°F   32°C < 0°F   32°F − 0°C

Estándares	NS **1.8** MR **1.1, 2.3**

Práctica guiada

Escribe cada temperatura.

1. °C 20° 10°
2. °C 50° 40°
3. °C 0° $^{-}10$°

Asegúrate

- ¿Entre qué números está la temperatura?
- ¿Es positiva o negativa la temperatura?

Práctica independiente

Escribe cada temperatura.

4. °C 70° 60°
5. °C 30° 20°
6. °C 110° 100°
7. °C $^{-}20$° $^{-}30$°

Halla la diferencia entre las temperaturas.

8. 18°C y 79°C **9.** $^{-}10$°C y 5°C **10.** $^{-}15$°C y $^{-}2$°C

Resolver problemas • Razonamiento

11. Al Sr. Córdova le gusta que la temperatura de su tienda sea de 17°C. ¿Cuántos grados por debajo de la temperatura ambiente le gusta que sea la temperatura de su tienda?

12. **Analízalo** Un día cualquiera, la temperatura se elevó 5°. En la tarde, la temperatura descendió 3°. Si la temperatura era de 24°C en ese momento, ¿cuál era la temperatura en la mañana?

13. El martes, la temperatura era de 8°C en Boston y $^{-}8$°C en Detroit. ¿Cuántos grados más baja era la temperatura de Detroit que la de Boston?

CIENCIAS ¡Mientras más alta sea la temperatura exterior, más rápido canta un grillo! Suma 40 al número de cantos que hace en 13 segundos para estimar la temperatura en grados Fahrenheit. Estima la temperatura si un grillo canta 20 veces en 13 segundos.

Repaso mixto • Preparación para pruebas

Redondea a la centena más cercana. *(páginas 24–25)*

14. 42,671 **15.** 714,950 **16.** 8,413,607

17 ¿Qué enunciado numérico es correcto? *(páginas 234–235)*

A $243 \div 3 = 81$ **B** $641 \div 7 = 91$ **C** $450 \div 4 = 11$ **D** $942 \div 3 = 31$

Práctica adicional Consultar el Conjunto F, página 312.

Aplicación: Usa la temperatura

Aprenderás cómo usar la temperatura para resolver problemas.

Puedes usar lo que sabes acerca de hallar temperaturas para resolver problemas.

Problema La Antártida es el continente más frío de la Tierra. La temperatura al mediodía de un día cualquiera es de $^{-}6$°F. La temperatura se eleva 4 grados en las dos horas siguientes. Más tarde, a las 8:00 p.m., la temperatura desciende 7 grados. ¿Cuál es la temperatura a las 8:00 p.m.?

Compréndelo

¿Cuál es la pregunta?

¿Cuál es la temperatura a las 8:00 p.m.?

¿Qué sabes?

- La temperatura es de $^{-}6$°F al mediodía.
- La temperatura se eleva 4 grados y después desciende 7 grados a las 8 p.m.

Planéalo

¿Cómo puedes hallar la respuesta?

Usa un termómetro para contar hacia arriba y hacia abajo.

Resuélvelo

Comienza en $^{-}6$°F.

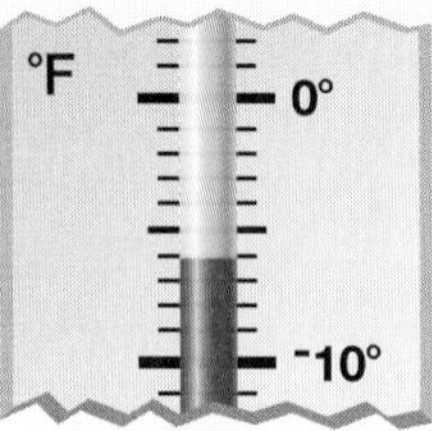

Cuenta 4 grados hacia arriba.

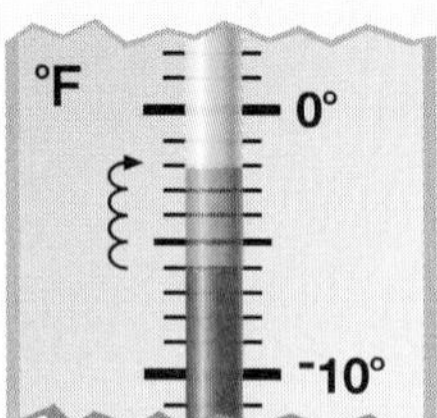

Cuenta 7 grados hacia abajo.

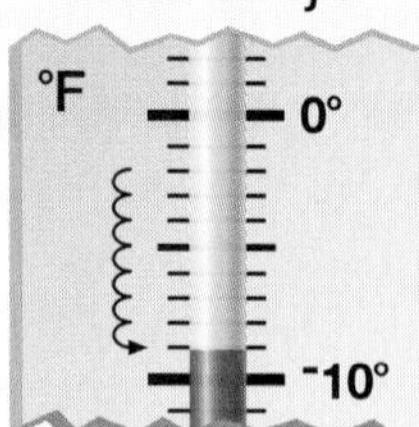

Verifícalo

Verifica el problema.

¿Cómo puedes saber si tu respuesta es razonable?

Estándares	NS **1.8** MR **1.0, 1.1, 1.2, 2.0, 2.3, 2.6, 3.0, 3.2**

Las estaciones de investigación de la Antártida permiten a los científicos estudiar el clima cerca del polo Sur. La temperatura más fría registrada ha sido de aproximadamente −130°F (unos −90°C).

Recuerda:
► Compréndelo
► Planéalo
► Resuélvelo
► Verifícalo

Práctica guiada

Resuelve.

1. Imagina que hace 68°F adentro y 24°F afuera. ¿Cuántos grados menos hace afuera que adentro?

Piénsalo:

¿Cuál es la diferencia entre las temperaturas?

2. Un termómetro marca una temperatura de 16°F. El viento hace que el aire se sienta 10 grados más frío. ¿Qué tan frío se siente?

Piénsalo: ¿Deberías contar hacia arriba o hacia abajo?

Escoge una estrategia

Resuelve. Usa éstas u otras estrategias.

Estrategias para resolver problemas

- **Usa el razonamiento lógico**
- **Halla un patrón**
- **Comienza con el final**
- **Haz una tabla**

3. Mina anotó la temperatura al mediodía. Después las nubes bloquearon el sol y la temperatura descendió 6 grados. La temperatura ascendió 4 grados después que se movieron las nubes. Si entonces la temperatura era de 17°C, ¿cuál era la temperatura al mediodía?

4. En la Antártida es más cálido en enero que en agosto. Hace más calor en agosto que en julio. Noviembre es más cálido que agosto, pero más frío que enero. Haz una lista de esos meses en orden de más cálido a más frío.

5. Un día cualquiera, a las 10 a.m., la temperatura era de ⁻14°F en una estación de investigación de la Antártida. Si la temperatura se elevó 2 grados por hora, ¿cuál fue la temperatura a las 3 p.m.?

6. Es típico que la temperatura descienda 1 grado Celsio por cada 100 metros que se escala. Si ahora tu termómetro marca 2°C, ¿cuánto marcará después de escalar 400 metros?

7. Un investigador en la Antártida halló que la temperatura en la estación B era 4 grados más baja que en la estación A. La temperatura en la estación C era de 8°F, la cual era 12 grados más alta que la temperatura en la estación B. ¿Cuál era la temperatura en la estación A?

8. Si el patrón que se muestra en la tabla continúa, ¿cuál es la próxima temperatura probable?

4 p.m.	5 p.m.	6 p.m.	7 p.m.
⁻3°F	⁻4°F	⁻6°F	⁻9°F

Práctica adicional Consultar 7–10, página 313.

Verificación rápida

Verifica los conceptos de las Lecciones 9–11

Halla cada temperatura.

1. 6 grados más frío que $^{-}3$°F

2. 18 grados más cálido que 5°F

Halla la diferencia entre las dos temperaturas.
Usa el termómetro siguiente.

3. 2°F y 10°F

4. 15°F y 7° F

5. $^{-}4$°F y $^{-}22$°F

6. 6°C y 22°C

7. 7°C y 12°C

8. $^{-}3$°C y $^{-}18$°C

Resuelve. Usa el termómetro si necesitas ayuda.

9. Cuando Jim se levantó, la temperatura era de 28°F. Una hora después, la temperatura era 3 grados más cálida. En la siguiente hora, la temperatura descendió 5 grados. ¿Cuál era la temperatura en ese momento?

10. La temperatura máxima durante el invierno fue de 5°C. La temperatura mínima fue de $^{-}29$°C. ¿Cuántos grados de diferencia hubo entre las temperaturas máxima y mínima?

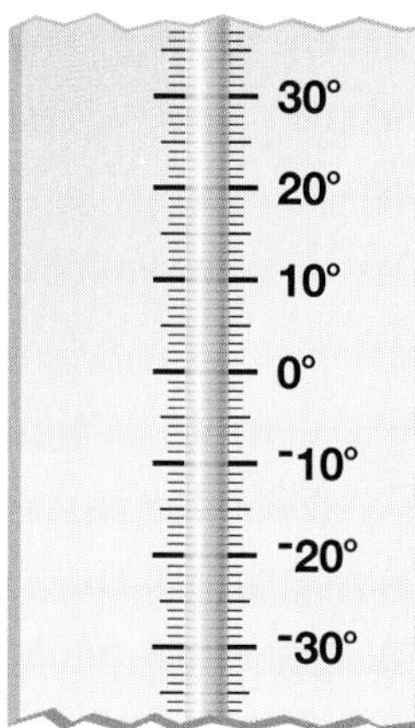

¿Cómo te fue?

Si tuviste dificultades en cualquiera de las partes de Verificación rápida, puedes usar las siguientes páginas para repasar y practicar más.

Estándares	Ejercicios	Repasar estas páginas	Hacer estos ejercicios de práctica adicional
Sentido numérico: **1.8**	1–5	páginas 302–303	Conjunto E, página 312
Sentido numérico: **1.8**	6–8	páginas 304–305	Conjunto F, página 312
Sentido numérico: **1.8** Razonamiento: **1.1, 2.3**	9–10	páginas 306–307	7–10, página 313

Preparación para pruebas • Repaso acumulativo

Mantener los estándares

Marca la letra de la respuesta correcta.

1 ¿Cuánto es cinco millones trescientos mil escrito en forma usual?

A 5,300 **C** 5,000,300

B 53,000 **D** 5,300,000

Usa el termómetro para contestar las Preguntas 2–3.

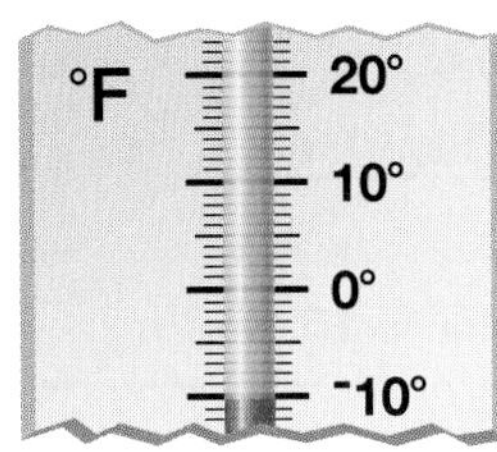

2 ¿Qué temperatura marca el termómetro?

F ⁻10°F **H** 10°F

G 0°F **J** 20°F

3 Imagina que la temperatura se elevó 25°F a partir de la que se muestra arriba. ¿Cuál sería la temperatura entonces?

A 0°F

B 10°F

C 15°F

D 25°F

4 Una piscina rectangular mide 40 pies de longitud, 15 pies de ancho y 8 pies de profundidad. ¿Cuál es la distancia alrededor de la piscina?

F 63 pies

G 110 pies

H 120 pies

J 320 pies

5 ¿Cuánto mide el perímetro de la figura?

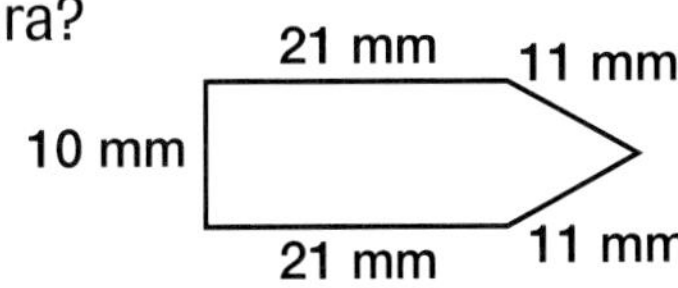

A 42 mm **C** 64 mm

B 62 mm **D** 74 mm

6 ¿En qué opción se enumeran los números en orden de menor a mayor?

F 17,496; 18,150; 17,412

G 17,496; 17,412; 18,150

H 18,150; 17,496; 17,412

J 17,412; 17,496; 18,150

7 En enero, la temperatura normal en Anchorage, Alaska, es de 15°F. La temperatura normal en Miami, Florida, en enero, es de 67°F. ¿Cuál es la diferencia entre estas dos temperaturas?

A 52 grados

B 62 grados

C 72 grados

D 82 grados

8 Se realizó una encuesta a 3,485,557 personas. ¿Cuánto es 3,485,557 redondeado a la centena de millar más cercana?

Explícalo ¿Cómo hallaste la respuesta?

Página segura

Preparación para pruebas
Visita **www.eduplace.com/kids/mhm** para más *Preparación para pruebas.*

Práctica adicional

Conjunto A *(Lección 2, páginas 280–281)*

Halla el perímetro de cada figura.

1. 15 pies

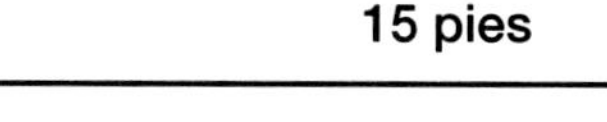

4 pies

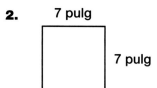

2. 7 pulg

7 pulg

3. 6 yd

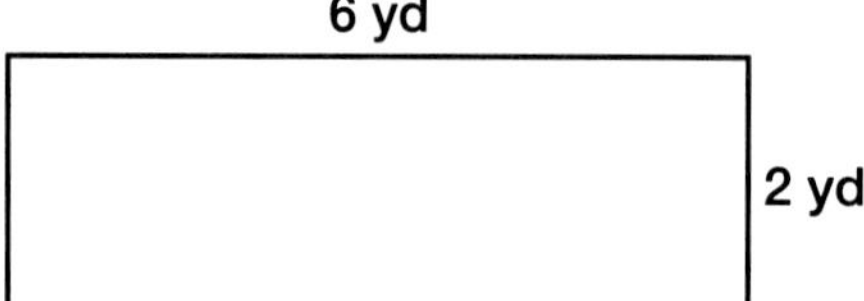

2 yd

4. 3 yd

3 yd

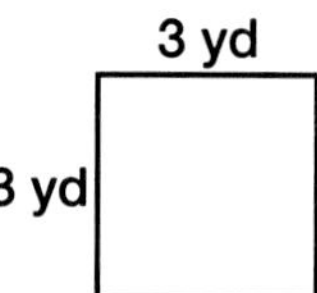

5. 8 pulg

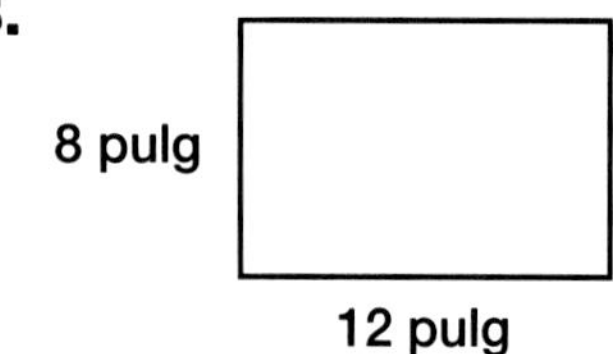

12 pulg

6. 13 pies

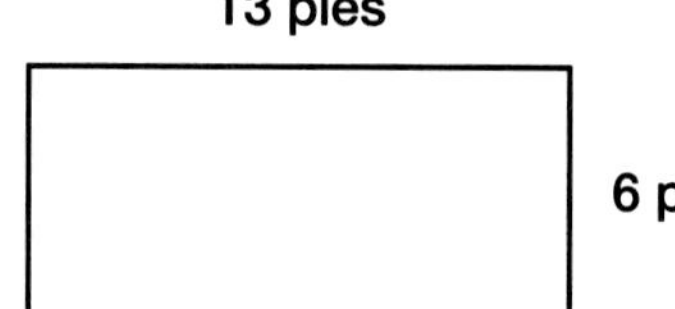

6 pies

Halla el número que falta.

7. 3 yd = ____ pulg

8. 24 pulg = ____ pies

9. ____ pulg = 6 pies

10. 2 mi = ____ pies

11. 4 yd = ____ pies

12. 2 mi = ____ yd

13. ____ yd = 72 pies

14. 36 pulg = ____ pies

15. 48 pulg = ____ pies

16. 4 mi = ____ yd

17. 7 pies = ____ pulg

18. 6 mi = ____ yd

Conjunto B *(Lección 3, páginas 282–284)*

Halla el número que falta.

1. 16 tz = ____ pt

2. 6 gal = ____ ct

3. ____ pt = 6 ct

4. ____ gal = 12 ct

5. 11 pt = ____ tz

6. ____ ct = 14 pt

7. 32 tz= ____ pt

8. ____ pt = 5 gal

9. ____ l = 2 T

10. 4 l = ____ oz

11. 32 oz = ____ l

12. 3 T = ____ l

13. 3 l = ____ oz

14. 8,000 l = ____ T

15. ____ oz = 5 l

Práctica adicional

Conjunto C *(Lección 6, páginas 292–293)*

Halla el perímetro de cada figura.

1. 5 km, 3 km

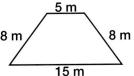

2. 5 m, 8 m, 8 m, 15 m

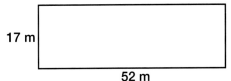

3. 17 m, 52 m

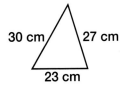

4. 30 cm, 27 cm, 23 cm

5. 23 dm, 23 dm

6.

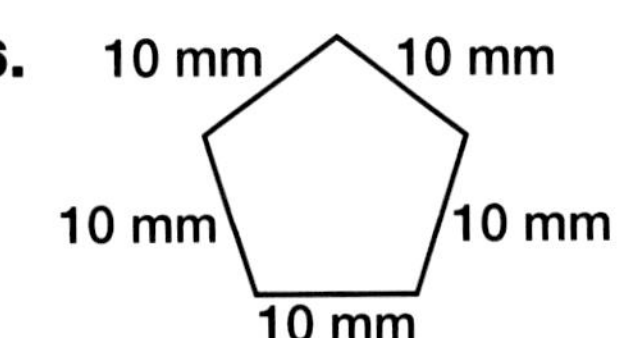

Conjunto D *(Lección 7, páginas 294–296)*

Halla cada número que falta.

1. 2 L = ____ mL

2. ____ L = 5,000 mL

3. ____ mL = 10 L

4. 37 kg = ____ g

5. ____ kg = 17,000 g

6. 8 L = ____ mL

Escoge la mejor estimación de la medida de cada uno.

7.

200 mL 200 L

8.

4 mL 4 L

9.

5 mL 5 L

10.

1 g 1 kg

11.

5 g 5 kg

12.

5 g 5 kg

13.

1 g 1 kg

14.

30 g 30 kg

15.

200 g 200 kg

Práctica adicional

Conjunto E *(Lección 9, páginas 302–303)*

Escribe cada temperatura.

1. 

2. 

3. 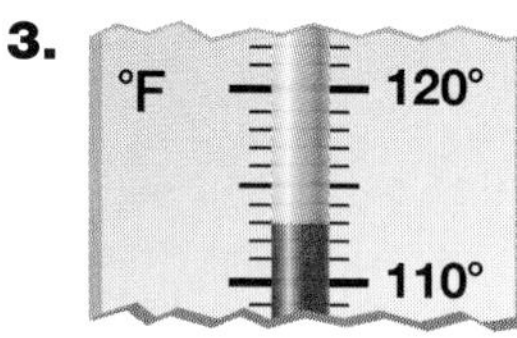

Usa el termómetro a la derecha. Halla la diferencia entre las dos temperaturas.

4. 77°F y 102°F

5. $^{-}$4°F y $^{-}$10°F

6. 80°F y 57°F

7. 63°F y 28°F

8. 43°F y 89°F

9. $^{-}$14°F y $^{-}$2°F

Conjunto F *(Lección 10, páginas 304–305)*

Escribe cada temperatura.

1. 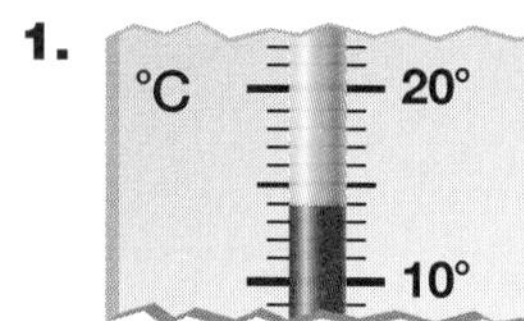

2. 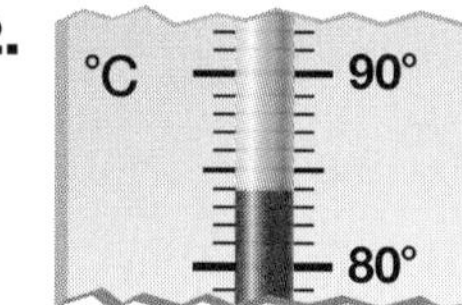

3. 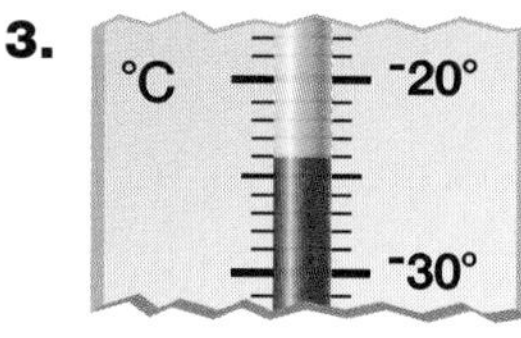

Usa el termómetro a la derecha. Halla la diferencia entre las dos temperaturas.

4. 17°C y 69°C

5. $^{-}$9°C y $^{-}$5°C

6. 80°C y 47°C

7. 32°C y 38°C

8. $^{-}$10°C y 8°C

9. 34°C y $^{-}$5°C

Práctica adicional • Resolver problemas

Resuelve cada problema. Si no se presenta información suficiente, indica qué información se necesita para resolver los problemas. *(Lección 4, páginas 286–287)*

1. En la toma de posesión de sus cargos, Dwight Eisenhower tenía 62 años, John Kennedy tenía 43 años y Lyndon Johnson tenía 55 años. ¿Cuántos años más joven era John Kennedy que Lyndon Johnson cuando llegó a ser presidente?

2. El punto más bajo del mundo es el Mar Muerto, en el Medio Oriente. El punto más bajo de Estados Unidos se ubica en el Valle de la Muerte, en California. Está a 202 pies bajo el nivel del mar. ¿Cuántos pies más abajo está el Mar Muerto?

3. El edificio de la Chrysler mide 1,046 pies de altura y tiene 77 pisos. El edificio Woolworth mide 792 pies de altura. ¿Cuánto mide la diferencia de altura entre el edificio de la Chrysler y el edificio Woolworth?

4. Un elefante vive aproximadamente 35 años. Un hipopótamo vive unos 41 años y un mandril aproximadamente 20 años. ¿Aproximadamente cuántos años menos vive un mandril que un hipopótamo?

Resuelve. Usa la estrategia Haz una tabla. *(Lección 8, páginas 298–299)*

5. ¿A qué hora saldrá el tercer autobús de Afton el domingo?

6. Mark toma el cuarto autobús del viernes. Demora 35 minutos en llegar a Dixon. ¿A qué hora llega a Dixon?

Horario de autobuses de Afton

lun.–vier.	los autobuses salen cada 30 minutos
sáb.–dom.	los autobuses salen cada 50 minutos
Primer autobús:	lunes–viernes 6:45 a.m. sábado–domingo 7:10 a.m.

Resuelve. *(Lección 11, páginas 306–307)*

7. El termómetro de Gina marca una temperatura de 14ºF. El viento hace que el aire se sienta 10 grados más frío. ¿Qué tan frío se siente?

8. A las 8:00 a.m., la temperatura era de 32ºF. Después la temperatura se elevó 15 grados hacia las 5:30 p.m. ¿Cuál era la temperatura a las 5:30 p.m.?

9. A las 7:00 p.m., la temperatura era de 65ºF. A medianoche, la temperatura era de 48ºF. ¿Cuántos grados más alta era la temperatura a las 7 p.m.?

10. La temperatura al interior de la casa de Lia era de 72ºF. En el exterior, la temperatura era de 92ºF. ¿Cuántos grados más baja era la temperatura al interior de la casa de Lia?

Repaso del capítulo

Repasar el vocabulario

Contesta cada pregunta.

1. Una regla de un pie se divide en 12 unidades iguales. ¿Cómo se llaman las unidades?
2. Cuando mides cuánto puede contener un recipiente, ¿qué mides?
3. ¿Cómo llamas a la distancia que hay alrededor de un polígono?
4. ¿Qué tipos de número se usan para leer las temperaturas bajo cero?

Repasar conceptos y destrezas

Halla el perímetro de cada figura. *(páginas 280–281)*

5. 13 pies; 5 pies

6. 3 yd; 4 yd

7. 6 pulg; 6 pulg

8. 7 km; 2 km

9. 5 m; 4 m; 4 m; 12 m

10. 46 cm; 19 cm

11. 30 km; 24 km; 28 km

12. 32 m; 32 m

13.

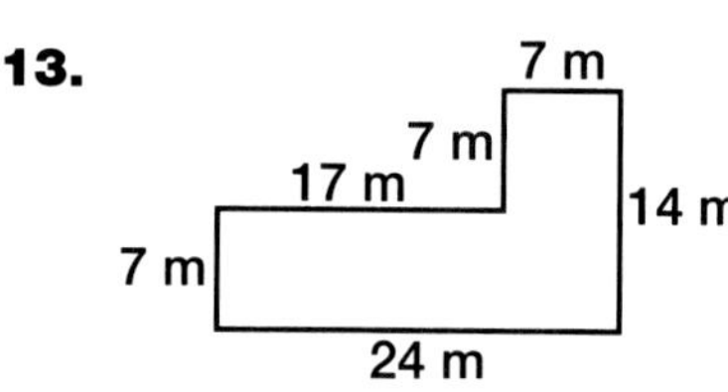

Halla cada número que falta. *(páginas 282–285)*

14. 12 tz = ___ pt
15. 7 gal = ___ ct
16. ___ pt = 10 ct
17. ___ l = 7 T
18. 3 l = ___ oz
19. 80 oz = ___ l

Escoge la mejor estimación para la capacidad de cada uno. *(páginas 294–296)*

20.

5 mL 5 L

21.

2 mL 2 L

22.

5 mL 5 L

Escoge la mejor estimación para la masa de cada uno. *(páginas 294–296)*

23.

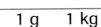

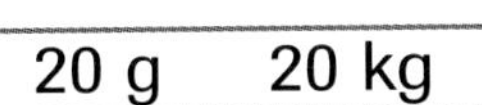

20 g   20 kg

24.

1 g   1 kg

25.

300 g   300 kg

Halla la diferencia entre las dos temperaturas. *(páginas 302–305)*

26. 68°F y 110°F

27. 70°C y 44°C

28. 18°F y 7°F

29. 10°C y 3°C

30. 23°C y 6°C

31. 14°F y 27°F

Resuelve. Si no se presenta información suficiente para resolver los Problemas 32–33, indica qué información se necesita. *(páginas 286–287, 306–307)*

32. En Nuevo México, las ruinas aztecas abarcan 320 acres, el fuerte Union abarca 721 acres y las moradas en los riscos Gita abarcan 533 acres. ¿Cuál es la diferencia de tamaño entre el fuerte Union y las ruinas aztecas?

33. Los Jardines de la Constitución y la Galería Nacional están en Washington, D.C. La Galería abarca 146 acres e incluye el Monumento a Washington. ¿Cuál es la diferencia en tamaño de la galería respecto a los Jardines?

34. Un tren parte de Milford a las 7:05 a.m. y llega a Truro 47 minutos después. ¿A qué hora llega a Truro?

35. La temperatura a las 5:00 a.m. era de 45ºF. Al mediodía, era de 32ºF. ¿Cuántos grados más fría era al mediodía?

Acertijos Razonamiento matemático

Paso de caracol

Un caracol está escalando una cerca de 15 pies. Todos los días escala 3 pies, pero se desliza hacia abajo 1 pie cada noche. ¿Cuánto demora el caracol en llegar a la parte superior de la cerca?

Triángulos

¿Puedes dibujar un triángulo de perímetro igual a 15 pulgadas, si el triángulo tiene un lado que mide 10 pulgadas? ¿Por qué?

Acertijos
Visita **www.eduplace.com/kids/mhm** para más *Acertijos*.

Prueba del capítulo

Halla el perímetro de cada figura.

1. 14 pies; 3 pies

2. 3 km; 5 km

3. 10 m; 10 m

4. 67 yd; 29 yd

5. 20 m; 16 m

6. 4 mi; 4 mi

Halla cada número que falta.

7. 22 tz = ___ pt

8. 8 gal = ___ ct

9. ___ pt = 4 ct

10. 6 l = ___ oz

11. ___ l = 64 oz

12. ___ l = 7 T

13. 8 L = ___ mL

14. ___ L = 9,000 mL

15. ___ mL = 3 L

16. ___ g = 7 kg

17. 3,000 g = ___ kg

18. 5 kg = ___ g

Escribe cada temperatura.

19. °F 40° 30°

20.

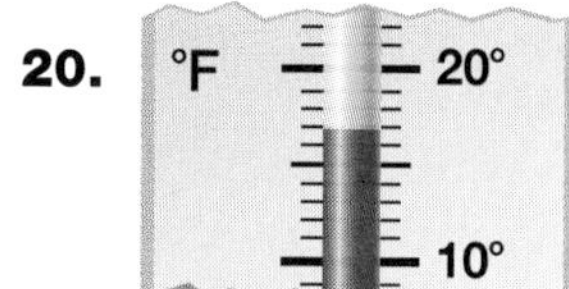

21.

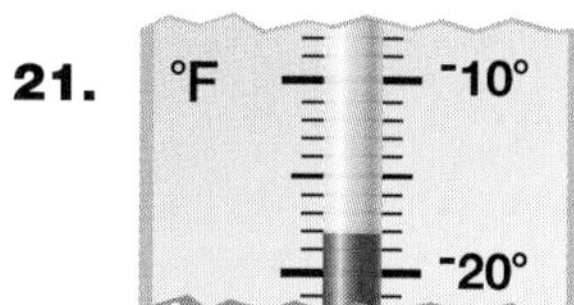

Resuelve. Si no se presenta información suficiente para resolver los Problemas 22–23, indica qué información se necesita.

22. La montaña más alta del mundo, el monte Everest, mide 29,028 pies de altura. El Aconcagua, en Argentina, mide 22,834 pies de altura. La montaña más alta de los Estados Unidos es el monte McKinley que mide 20,320 pies de altura. ¿Cuántos pies más alto es el Everest que el Aconcagua?

23. Alaska, Texas y California son los estados con la superficie más extensa. Texas tiene una población de aproximadamente 20 millones de personas. California tiene una población de alrededor de 33 millones. ¿Cuántas personas más viven en Texas que en Alaska?

24. Sally tomará un autobús a Bangor. El primer autobús sale a las 7:12 a.m. Después, sale un autobús a Bangor cada 30 minutos. El viaje dura 34 minutos. Si Sally toma el tercer autobús, ¿a qué hora llegará a Bangor?

25. Sally tomará el autobús a casa desde Bangor. El primer autobús sale a las 7:46 p.m. Después sale un autobús cada 22 minutos. El viaje dura 34 minutos. Si Sally toma el segundo autobús, ¿a qué hora llegará a casa?

Escríbelo

Resuelve cada problema. Usa el vocabulario matemático correcto para explicar tu razonamiento.

1. Puedes escoger entre usar una balanza marcada en onzas o una marcada en libras.

a. La balanza se utilizará para pesar cartas a enviar por correo. ¿Qué balanza usarías? ¿Por qué?

b. La balanza se utilizará para pesar una manzana. ¿Qué balanza usarías? ¿Por qué?

c. La balanza se utilizará para pesar a los estudiantes de tu clase. ¿Qué balanza usarías? ¿Por qué?

2. Puedes escoger entre una cucharita, una taza y una cubeta pequeña.

a. Te designaron para cambiar el agua al acuario de la clase. ¿Qué envase usarías? Explica tu razonamiento.

b. Te designaron para llenar el plato de agua del gerbo de la clase. ¿Qué recipiente usarías? Explica tu razonamiento.

c. El gerbo de la clase necesita 5 mL de vitaminas líquidas. Las vitaminas se ponen en su plato de agua. ¿Qué envase usarías para medir las vitaminas? Explica.

Una vez más

La ilustración presenta información acerca del envío de una caja. Usa la imagen y lo que sabes acerca de las mediciones para contestar las preguntas.

COSTOS DE ENVÍO
1 libra $3
2 libras $5
3 libras $6
4 libras $7
5 libras $8
3 pulg
EXTREMO
6 pulg
12 pulg

1. Ship USA transportará sólo aquellos paquetes cuya longitud más el perímetro del extremo de la caja mida menos de 35 pulgadas. ¿Cuánto mide la longitud más el perímetro de la caja grande de la ilustración? ¿Transportará la compañía la caja grande?

2. La caja grande pesa 6 oz estando vacía. Contiene 6 cajas más pequeñas. Cada caja pequeña pesa 7 onzas. ¿Cuánto pesa la caja grande si está llena? ¿Cuánto costará enviar la caja grande?

3. **Verifícalo** Imagina que envías un paquete de 1 libra y un paquete de 4 libras. ¿Cuánto ahorrarías si pones los dos en una sola caja?

4. **Analízalo** ¿En cuántas pulgadas enteras más podrías aumentar la altura de la caja grande al máximo y aún así la transportaría Ship USA? Explica.

Estándares	MG **1.0,** MR **1.1, 2.0**

Ampliación

Líneas cronológicas

Se puede usar una **línea cronológica** para representar cuándo ocurrieron o cuándo ocurrirán los sucesos.

Vocabulario
nuevo
línea cronológica
siglo
década

Esta línea cronológica representa cuándo se inventaron algunos alimentos populares.

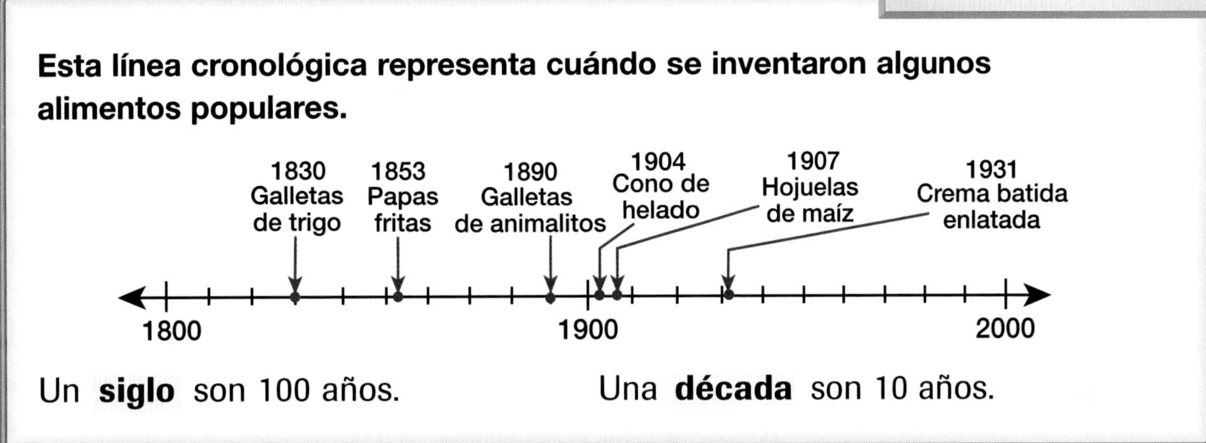

Un **siglo** son 100 años. Una **década** son 10 años.

Inténtalo

Usa la línea cronológica para las Preguntas 1–7.

1. ¿Qué alimentos se inventaron en los años 1800? ¿en los 1900?
2. ¿Cuántas décadas hay entre la invención de las galletas de trigo y las galletas de animalitos?
3. ¿Pasó más o menos de un siglo entre la invención de las galletas de trigo y la invención de la crema batida enlatada? Explica.
4. Pasaron 3 décadas y 7 años entre la invención de las papas fritas y la invención de las galletas de animalitos. ¿A cuántos años es igual este período?

Conecta cada invento con la década en que fue inventado.

5. hojuelas de maíz — **a.** 1930–1939
6. galletas de trigo — **b.** 1900–1909
7. crema batida enlatada — **c.** 1830–1839

Estándares	NS **3.0** SDP **1.1** MR **1.0, 1.1**

CAPÍTULO 7

Fracciones y números mixtos

¿Por qué aprender acerca de las fracciones y los números mixtos?

Puedes usar fracciones para describir las partes iguales de una región o de un conjunto. Puedes usar los números mixtos para describir una fracción que sea mayor que uno.

Al usar una receta para cocinar u hornear algo, generalmente usas fracciones y números mixtos.

Observa a estos niños que compiten en una carrera. Ellos construyeron sus propios carros de carrera. Usaron fracciones para medir las partes de madera de sus carros de carrera.

2

Repasar el vocabulario

Entender el lenguaje matemático te ayudará a resolver problemas con más facilidad. Éstas son algunas palabras de vocabulario matemático que deberías saber.

partes iguales	Partes que son del mismo tamaño
fracción	Un número que nombra una parte de un grupo o una parte de una región
denominador	El número que va debajo de la barra en una fracción que indica entre cuántas partes iguales está dividido el entero
numerador	El número que va sobre la barra en una fracción que indica cuántas partes iguales hay con respecto al entero
número mixto	El número que contiene un número entero y una fracción menor que uno

Leer palabras y símbolos

Cuando lees matemáticas, a veces lees solamente palabras, a veces lees palabras y símbolos, y a veces lees sólo símbolos.

Todos estos enunciados describen las partes coloreadas del cuadrado.

- Dos quintos del cuadrado son de color azul.
- Un quinto del cuadrado es de color rojo.
- Tres quintos del cuadrado están coloreados.
- Dos quintos más un quinto es igual a tres quintos.

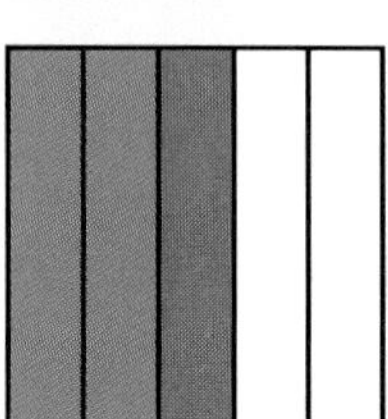

$\frac{2}{5} + \frac{1}{5} = \frac{3}{5}$

Inténtalo

1. Indica si el 6 es el *numerador* o *denominador*.

a. $\frac{2}{6}$ **b.** $\frac{6}{10}$ **c.** $\frac{6}{3}$ **d.** $4\frac{1}{6}$

2. Escribe cada fracción o número mixto.

a. un octavo **b.** nueve sextos **c.** dos con un tercio

d. doce tercios **e.** seis con tres décimos **f.** un quinto

3. Indica si cada enunciado es *verdadero* o *falso*.

a. Un octavo de las estrellas es de color rojo.

b. Dos octavos de las estrellas son de color azul.

c. Una mitad de las estrellas es de color verde.

d. Ocho octavos de las estrellas son de color blanco.

4. Escribe una fracción para cada descripción.

a. Una fracción con un numerador que sea dos menos que el denominador.

b. Una fracción que se pueda convertir en número mixto.

c. El denominador es tres veces más grande que el numerador.

d. El numerador es la mitad del denominador.

Vocabulario adicional

Escríbelo Aquí hay otras palabras del vocabulario que aprenderás en este capítulo. Fíjate en estas palabras. Escribe sus definiciones en tu diario.

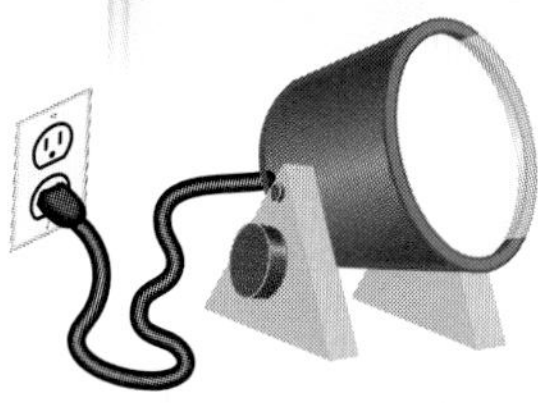

fracciones equivalentes

mínima expresión

fracciones impropias

Representar fracciones

Aprenderás cómo usar fracciones para describir las partes de un entero.

Repaso del Vocabulario
fracción
numerador
denominador

Apréndelo

Una **fracción** es un número que describe una parte de un entero.

Una fracción puede describir una parte de un conjunto de cosas.

Hay 8 flores.

Tres flores son de color rojo.

Número de flores rojas ⟶ $\frac{3}{8}$ ⟵ **numerador**
Número total de flores ⟶ ⟵ **denominador**

$\frac{3}{8}$ de las flores son de color rojo.

Una fracción puede describir una parte de una región.

Este jardín está dividido en 3 partes iguales.
Una de las partes tiene maravillas amarillas.

Número de partes amarillas ⟶ $\frac{1}{3}$ ⟵ **numerador**
Número total de partes iguales ⟶ ⟵ **denominador**

Así que $\frac{1}{3}$ del jardín tiene maravillas amarillas.

petunias rosa
maravillas amarillas
violetas moradas

Otro ejemplo

Fracción igual a 1

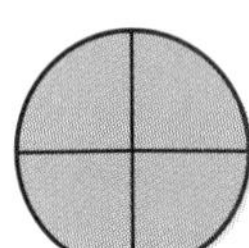

$\frac{4}{4}$ ⟵ número de partes sombreadas / ⟵ número total de partes

$\frac{4}{4} = 1$

Explícalo

▶ ¿Puede usarse la fracción $\frac{2}{5}$ para describir la parte sombreada? Explica por qué.

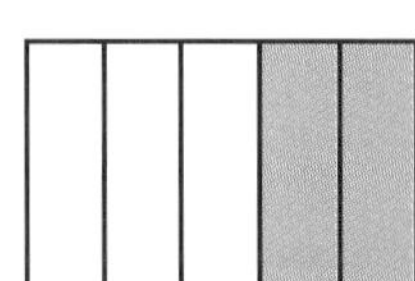

Estándares	NS **1.0, 1.5, 1.7** MR **2.3**

Práctica guiada

Escribe la fracción que representa la parte sombreada.

1. **2.** **3.**

> **Asegúrate**
> - ¿Cuántas partes están sombreadas?
> - ¿Cuántas partes hay en total?

Práctica independiente

Escribe la fracción que representa la parte sombreada.

4.

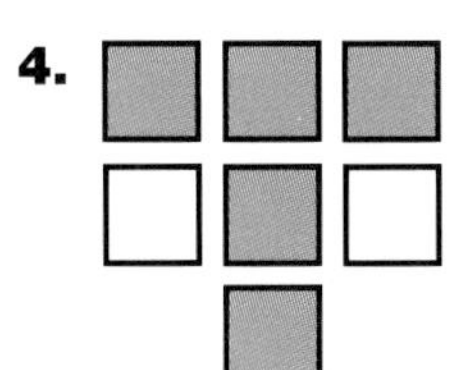

5.

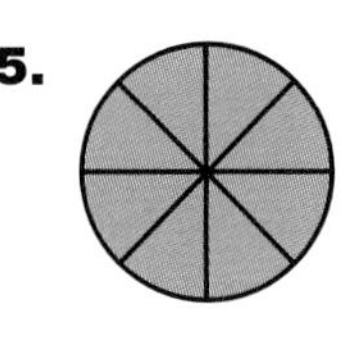

6.

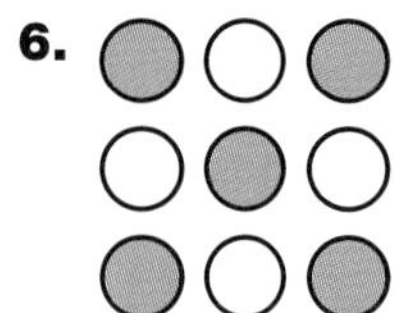

7.

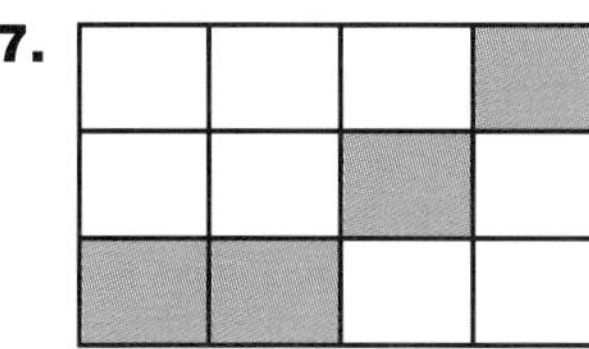

Haz un dibujo que represente cada fracción.

8. $\frac{2}{7}$ **9.** $\frac{4}{5}$ **10.** $\frac{11}{12}$ **11.** $\frac{2}{3}$ **12.** $\frac{1}{8}$ **13.** $\frac{3}{6}$

Resolver problemas • Razonamiento

14. Si 7 de las 12 flores son de color rojo, ¿qué fracción de las flores es de color rojo?

15. **El dinero** Ana compra 3 plantas grandes a $1.75 cada una y 2 plantas pequeñas a $1.25 cada una. Ella paga con un billete de diez dólares. ¿Cuánto cambio le darán?

16. **Patrones** Jo plantó 20 rosales. El patrón repetitivo que usó fue de 3 rosales rojos seguidos por 2 rosales blancos. ¿Cuántos rosales rojos plantó Jo?

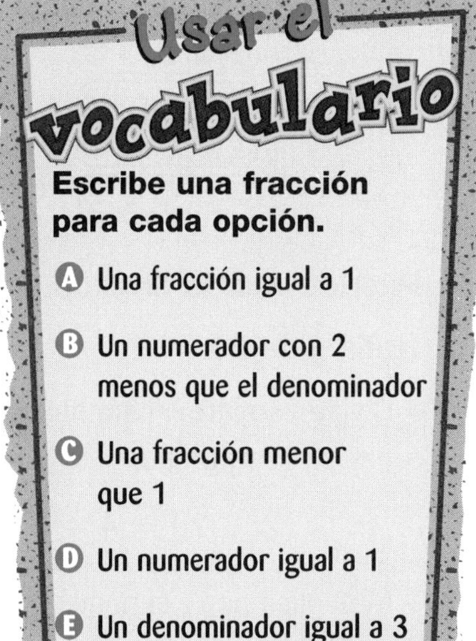

Usar el vocabulario
Escribe una fracción para cada opción.
A Una fracción igual a 1
B Un numerador con 2 menos que el denominador
C Una fracción menor que 1
D Un numerador igual a 1
E Un denominador igual a 3

Repaso mixto • Preparación para pruebas

Multiplica o divide. *(páginas 180–181, 234–235)*

17. 348 ÷ 7 **18.** 142 × 9 **19.** 684 ÷ 5

20 ¿Cúal es el producto de 607 por 3? *(páginas 180–181)*

A 1,821 **C** 1,902

B 1,861 **D** 2,001

Partes fraccionarias de un número

Aprenderás cómo hallar las partes fraccionarias de un número.

Apréndelo

Julia usó 20 cuentas para hacer un collar. Un cuarto de las cuentas era de color azul y tres cuartos de las cuentas eran de color verde. ¿Cuántas cuentas eran de color azul? ¿Cuántas cuentas eran de color verde?

Diferentes maneras de hallar las partes fraccionarias de un número

Puedes usar fichas para hallar una parte fraccionaria de un número.

Halla $\frac{1}{4}$ de 20.

- Separa 20 fichas en 4 grupos iguales.
- Luego halla el número que hay en 1 grupo.

$\frac{1}{4}$ de 20 es 5.

Halla $\frac{3}{4}$ de 20.

- Separa 20 fichas en 4 grupos iguales.
- Luego halla el número que hay en 3 grupos.

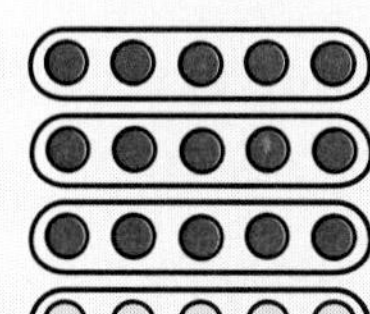

$\frac{3}{4}$ de 20 es 15.

Puedes usar la división y la multiplicación.

Halla $\frac{1}{4}$ de 20.

- Divide 20 entre 4 para hallar el número que hay en cada grupo.

$$20 \div 4 = 5$$

- Multiplica por 1 el número que hay en cada grupo.

$$1 \times 5 = 5$$

$\frac{1}{4}$ de 20 es 5.

Halla $\frac{3}{4}$ de 20.

- Divide 20 entre 4 para hallar el número que hay en cada grupo.

$$20 \div 4 = 5$$

- Multiplica por 3 el número que hay en cada grupo.

$$3 \times 5 = 15$$

$\frac{3}{4}$ de 20 es 15.

Solución: Había 5 cuentas azules y 15 cuentas verdes.

Estándares	NS **1.0, 1.5** MR **2.3, 2.4**

Explícalo

► ¿De qué te sirve saber $\frac{1}{3}$ de 12 para hallar $\frac{2}{3}$ de 12?

Práctica guiada

Asegúrate

- ¿Cuántas partes iguales hay?
- ¿Cuántas partes cuento?

Halla la parte fraccionaria de cada número.

1. 

$\frac{3}{4}$ de 8

2. 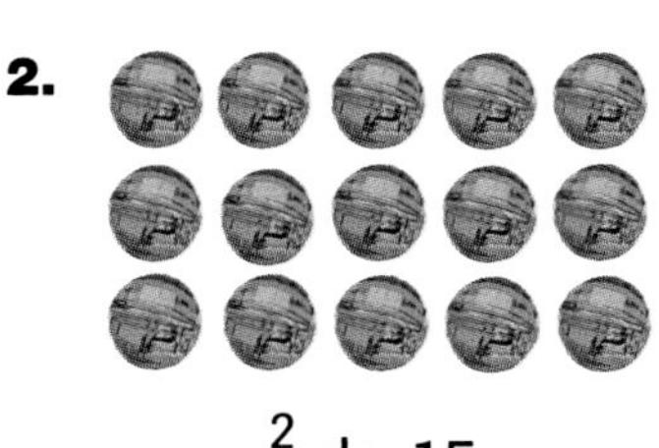

$\frac{2}{3}$ de 15

3. $\frac{1}{4}$ de 24 **4.** $\frac{3}{4}$ de 24 **5.** $\frac{1}{3}$ de 6

Práctica independiente

Halla la parte fraccionaria de cada número.

6. $\frac{1}{3}$ de 9 **7.** $\frac{2}{3}$ de 9 **8.** $\frac{1}{4}$ de 12 **9.** $\frac{3}{4}$ de 12

10. $\frac{3}{8}$ de 16 **11.** $\frac{2}{5}$ de 25 **12.** $\frac{5}{6}$ de 18 **13.** $\frac{1}{6}$ de 18

14. $\frac{3}{5}$ de 15 **15.** $\frac{5}{6}$ de 12 **16.** $\frac{3}{8}$ de 24 **17.** $\frac{3}{7}$ de 14

Resolver problemas • Razonamiento

18. Mía hizo un brazalete con 21 cuentas. Un tercio de las cuentas del brazalete era de color anaranjado. ¿Cuántas cuentas anaranjadas había en el brazalete?

19. **Escríbelo** Demuestra por qué $\frac{2}{3}$ de 9 y $\frac{1}{3}$ de 18 son el mismo número. Usa fichas y haz dibujos para explicar tu respuesta.

Repaso mixto • Preparación para pruebas

Estima cada suma o producto. *(páginas 64–65, 174–175)*

20. 307×8 **21.** $672 + 325$ **22.** 178×3 **23.** $534 + 126$

24 ¿Cuál de los siguientes números es primo? *(páginas 248–249)*

A 25 **C** 23

B 24 **D** 21

Práctica adicional Consultar el Conjunto B, página 88.

Representar fracciones equivalentes

Aprenderás acerca de las fracciones que nombran la misma parte de un entero.

Vocabulario nuevo
fracciones equivalentes

Apréndelo

Una fracción puede expresarse de diferentes maneras. Trabaja con un compañero o compañera para hallar fracciones que expresen la misma cantidad.

Materiales
tiras de fracciones

Paso 1 Alinea tiras de fracciones de $\frac{1}{4}$ debajo de una tira de $\frac{1}{2}$ de manera que coincidan.

- ¿Cuántas tiras de fracciones de $\frac{1}{4}$ usaste?
- ¿Qué fracción expresa la misma cantidad que $\frac{1}{2}$?

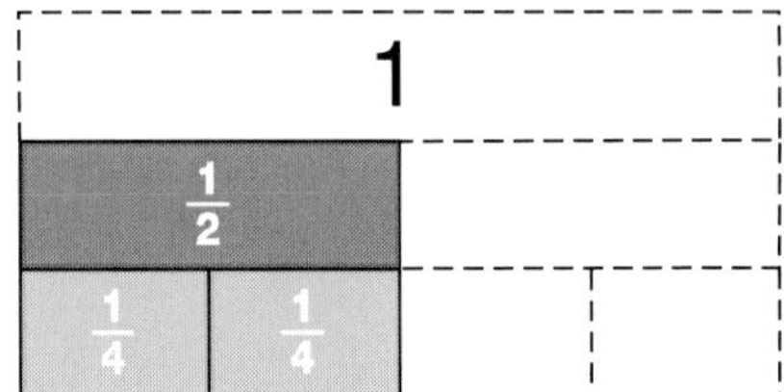

Paso 2 Alinea tiras de fracciones de $\frac{1}{8}$ debajo de tiras de $\frac{1}{4}$ de manera que coincidan.

- ¿Cuántas tiras de $\frac{1}{8}$ usaste?
- ¿Qué fracción expresa la misma cantidad que $\frac{1}{2}$ y $\frac{2}{4}$?

1
1/2
1/4 1/4
1/8 1/8 1/8 1/8

Las fracciones que nombran la misma parte de un entero se llaman **fracciones equivalentes.**

$\frac{1}{2}$, $\frac{2}{4}$ y $\frac{4}{8}$ son fracciones equivalentes.

Paso 3 Usa tiras de fracciones para hallar tantas fracciones equivalentes a $\frac{1}{2}$ como puedas. Haz una tabla como la siguiente para anotar tu trabajo.

Fracciones equivalentes a $\frac{1}{2}$		
Tira de fracciones	**¿Cuántas?**	**Fracción equivalente**
$\frac{1}{4}$	2	$\frac{1}{2} = \frac{2}{4}$
$\frac{1}{8}$		$\frac{1}{2} = \frac{■}{■}$
$\frac{1}{6}$		$\frac{1}{2} = \frac{■}{■}$

 Estándares NS **1.0, 1.5, 1.9** MR **1.1, 2.3**

Paso 4 Observa las rectas numéricas a la derecha.

- ¿Qué fracciones son equivalentes a $\frac{1}{3}$?
- ¿Qué fracciones son equivalentes a $\frac{2}{3}$?

Usa tiras de fracciones para verificar tu respuesta.

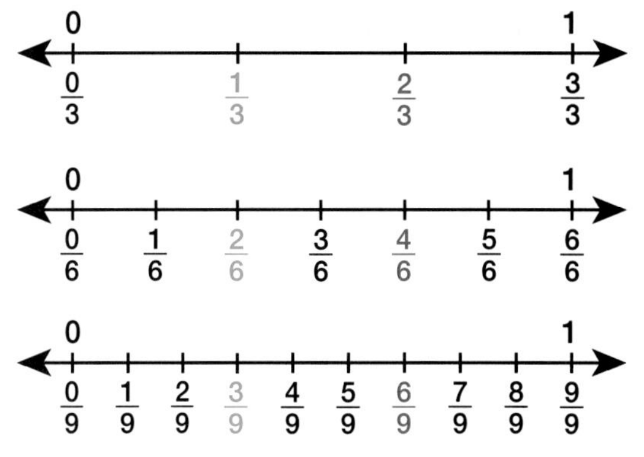

Inténtalo

Usa tiras de fracciones para hallar fracciones equivalentes a $\frac{1}{4}$ y $\frac{3}{4}$. Copia y completa cada tabla.

1.

Fracciones equivalentes a $\frac{1}{4}$		
Tira de fracciones	¿Cuántas?	Fracción equivalente
$\frac{1}{8}$		$\frac{1}{4} = \frac{■}{■}$
$\frac{1}{12}$		$\frac{1}{4} = \frac{■}{■}$

2.

Fracciones equivalentes a $\frac{3}{4}$		
Tira de fracciones	¿Cuántas?	Fracción equivalente
$\frac{1}{8}$		$\frac{3}{4} = \frac{■}{■}$
$\frac{1}{12}$		$\frac{3}{4} = \frac{■}{■}$

Decide si las fracciones son equivalentes. Escribe *sí* o *no*. Usa tiras de fracciones como ayuda.

3. $\frac{3}{4}$ y $\frac{6}{8}$ **4.** $\frac{7}{10}$ y $\frac{5}{6}$ **5.** $\frac{8}{12}$ y $\frac{4}{6}$ **6.** $\frac{5}{6}$ y $\frac{10}{12}$

Halla una fracción equivalente a cada una. Usa tiras de fracciones como ayuda.

7. $\frac{2}{10}$ **8.** $\frac{4}{4}$ **9.** $\frac{3}{4}$ **10.** $\frac{2}{3}$ **11.** $\frac{2}{6}$ **12.** $\frac{4}{12}$

¡Escríbelo! ¡Coméntalo!

Usa lo que has aprendido para contestar estas preguntas.

13. Describe los patrones que ves en estas fracciones equivalentes. Luego usa los patrones para hallar tres fracciones equivalentes más.

$$\frac{1}{3} = \frac{2}{6} = \frac{3}{9} = \frac{4}{12}$$

14. Si sabes que $\frac{2}{3} = \frac{6}{9}$ y $\frac{6}{9} = \frac{12}{18}$, ¿qué puedes decir acerca de $\frac{2}{3}$ y $\frac{12}{18}$?

Fracciones equivalentes

Aprenderás cómo hallar fracciones equivalentes.

Vocabulario nuevo
mínima expresión

Apréndelo

Patti usa una receta para hacer batidos de fruta que compartirá con sus amigos. Ella necesita $\frac{2}{4}$ de taza de jugo de piña. Indica dos fracciones equivalentes a $\frac{2}{4}$.

Hay diferentes maneras de hallar fracciones equivalentes.

Diferentes maneras de hallar fracciones equivalentes

Puedes usar tiras de fracciones.

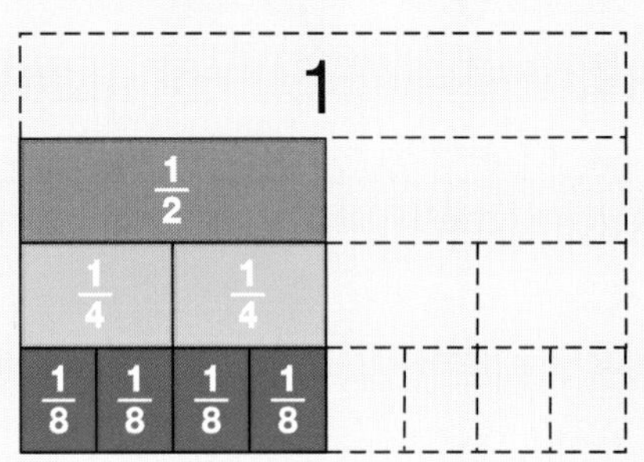

$\frac{1}{2}$, $\frac{2}{4}$ y $\frac{4}{8}$ son fracciones equivalentes.

Puedes usar rectas numéricas.

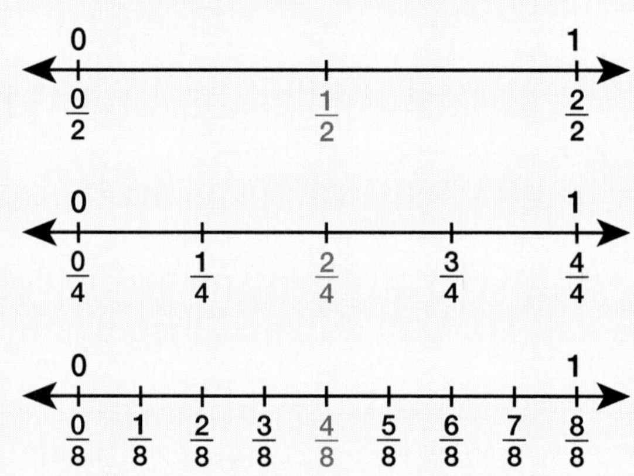

$\frac{1}{2}$, $\frac{2}{4}$ y $\frac{4}{8}$ son fracciones equivalentes.

Puedes multiplicar.

Multiplica el numerador y el denominador por el mismo número.

$$\frac{2}{4} = \frac{2 \times 2}{4 \times 2} = \frac{4}{8}$$

$\frac{2}{4}$ y $\frac{4}{8}$ son fracciones equivalentes.

Puedes dividir.

Divide el numerador y el denominador entre el mismo número.

$$\frac{2}{4} = \frac{2 \div 2}{4 \div 2} = \frac{1}{2}$$

$\frac{2}{4}$ y $\frac{1}{2}$ son fracciones equivalentes.

Solución: $\frac{1}{2}$ y $\frac{4}{8}$ son dos fracciones equivalentes a $\frac{2}{4}$.

Estándares	NS **1.5, 1.9** AF **2.2** MR **1.1, 2.3, 2.4**

Una fracción está en su **mínima expresión** si el 1 es el único número que divide tanto al numerador como al denominador.

Estas fracciones están en su mínima expresión.	**Estas fracciones no están en su mínima expresión.**
$\frac{1}{2}$ $\frac{2}{3}$ $\frac{3}{8}$ $\frac{2}{7}$ $\frac{5}{9}$	$\frac{2}{4}$ $\frac{4}{8}$ $\frac{3}{15}$ $\frac{6}{9}$ $\frac{8}{12}$

Puedes escribir una fracción en su mínima expresión dividiendo el numerador y el denominador entre su máximo común divisor.

Escribe $\frac{4}{8}$ en su mínima expresión.

• Halla los factores comunes.	Factores de 4: 1, 2, 4 Factores de 8: 1, 2, 4, 8 (2 y 4: Factores comunes)
• Halla el máximo común divisor: El máximo común divisor de 4 y 8 es 4.	Factores de 4: 1, 2, 4 Factores de 8: 1, 2, 4, 8 (4: Máximo común divisor)
• Divide el numerador y el denominador entre su máximo común divisor.	$\frac{4}{8} = \frac{4 \div 4}{8 \div 4} = \frac{1}{2}$

Solución: La mínima expresión de $\frac{4}{8}$ es $\frac{1}{2}$.

Explícalo

► ¿Cómo podrías usar la multiplicación para hallar una fracción equivalente a $\frac{3}{12}$? ¿Cómo podrías usar la división?

► ¿Por qué está $\frac{3}{4}$ en su mínima expresión?

Práctica guiada

Completa. Halla el valor de cada ■.

1. $\frac{3}{4} = \frac{3 \times 4}{4 \times 4} = \frac{■}{16}$

2. $\frac{2}{3} = \frac{2 \times 3}{3 \times 3} = \frac{6}{■}$

3. $\frac{2}{5} = \frac{2 \times ■}{5 \times ■} = \frac{8}{20}$

4. $\frac{1}{4} = \frac{1 \times ■}{4 \times ■} = \frac{5}{20}$

5. $\frac{12}{18} = \frac{12 \div 3}{18 \div 3} = \frac{■}{■}$

6. $\frac{8}{12} = \frac{8 \div 4}{12 \div 4} = \frac{■}{■}$

Asegúrate

- ¿Debería multiplicar o dividir?
- ¿Qué número debería multiplicar o dividir?

Práctica independiente

Completa. Halla el valor de cada ■.

7. $\frac{2}{4} = \frac{2 \times 3}{4 \times ■} = \frac{■}{■}$ **8.** $\frac{2}{4} = \frac{2 \div ■}{4 \div 2} = \frac{■}{■}$ **9.** $\frac{2}{4} = \frac{2 \times 5}{4 \times ■} = \frac{■}{■}$

10. Mira los Ejercicios 7–9. ¿Qué sabes acerca de las tres respuestas?

¿Está cada fracción en su mínima expresión? Escribe *sí* o *no*.

11. $\frac{2}{8}$ **12.** $\frac{5}{7}$ **13.** $\frac{9}{11}$ **14.** $\frac{4}{10}$ **15.** $\frac{1}{3}$ **16.** $\frac{10}{12}$

Escribe cada fracción en su mínima expresión.

17. $\frac{9}{12}$ **18.** $\frac{12}{16}$ **19.** $\frac{6}{10}$ **20.** $\frac{4}{6}$ **21.** $\frac{6}{12}$ **22.** $\frac{12}{18}$

Resolver problemas • Razonamiento

Usa la receta para los Problemas 23 y 24.

Batido de fruta de Patti
Alcanza para 3 porciones
1 plátano grande
1 taza de fresas
1 mango cortado en cubos
$\frac{3}{4}$ de taza de jugo de arándano
$\frac{1}{2}$ taza de jugo de piña
1 taza de cubos de hielo
Pon todos los ingredientes en una licuadora. Licúa hasta que esté espeso y suave.

23. Analízalo Patti preparó 12 porciones de su batido de fruta tropical para sus amigos. ¿Qué cantidad de jugo de piña usó?

24. Otra receta de batido de fruta usa $\frac{6}{8}$ de taza de jugo de arándano. ¿Utiliza la misma cantidad de jugo de arándano que la receta de Patti? Explica cómo lo sabes.

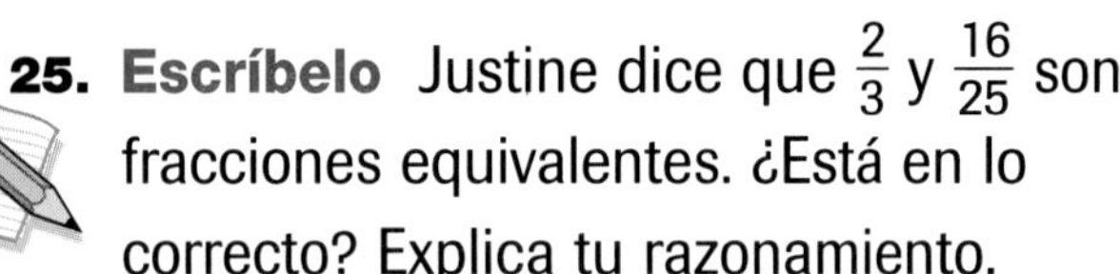

25. Escríbelo Justine dice que $\frac{2}{3}$ y $\frac{16}{25}$ son fracciones equivalentes. ¿Está en lo correcto? Explica tu razonamiento.

Repaso mixto • Preparación para pruebas

Halla los números que faltan. *(páginas 280–281, 292–293)*

26. 4 pies = ____pulg **27.** 300 cm = ____m **28.** 42 pulg = ____ pies ____ pulg

29 ¿Cuál de las siguientes medidas puede representar la longitud de un lápiz? *(páginas 292–293)*

A 12 mm **C** 12 m

B 12 cm **D** 12 km

Práctica adicional Consultar el Conjunto C, página 358.

Sentido numérico

Fracciones en su mínima expresión

Hay diferentes maneras de hallar una fracción en su mínima expresión.

Ésta es la manera en que Glen halla una fracción en su mínima expresión.

Glen sigue dividiendo hasta que el 1 sea el único número que divide tanto al numerador como al denominador.

Primero él divide entre 3.

$$\frac{12}{18} = \frac{12 \div 3}{18 \div 3} = \frac{4}{6}$$

Luego divide entre 2.

$$\frac{4}{6} = \frac{4 \div 2}{6 \div 2} = \frac{2}{3}$$

$\frac{2}{3}$ está en su mínima expresión.

¿Sería diferente el resultado de Glen si dividiera primero entre 2 y luego entre 3?

Ésta es la manera en que Lisa halla una fracción en su mínima expresión.

Lisa halla el número máximo que sea factor tanto del numerador como del denominador. Luego ella divide el numerador y el denominador entre ese número.

Primero ella escribe una lista de los factores de 12 y 18.

Factores de 12: 1, 2, 3, 4, 6, 12

Factores de 18: 1, 2, 3, 6, 9, 18

6 es el máximo común divisor.

Luego ella divide 12 y 18 entre 6.

$$\frac{12}{18} = \frac{12 \div 6}{18 \div 6} = \frac{2}{3}$$

$\frac{2}{3}$ está en su mínima expresión.

¿Por qué debe Lisa dividir sólo una vez?

Inténtalo

Usa la estrategia de Glen, la de Lisa o la tuya propia para hallar cada fracción en su mínima expresión.

1. $\frac{12}{16}$ **2.** $\frac{6}{24}$ **3.** $\frac{8}{12}$ **4.** $\frac{9}{18}$ **5.** $\frac{15}{30}$ **6.** $\frac{10}{14}$

Explícalo

► ¿Qué tienen en común las estrategias de Glen y de Lisa? ¿En qué se diferencian?

Estrategia: Haz un dibujo

Aprenderás cómo hacer un dibujo como ayuda para resolver un problema.

A veces puedes hacer un dibujo como ayuda para resolver un problema.

Problema La clase de la Sra. Carl exhibió tres tipos de proyectos. La mitad de los proyectos era de dibujos, $\frac{1}{6}$ era de esculturas y 8 eran pinturas. ¿Cuántos proyectos de arte se exhibían?

Compréndelo

¿Cuál es la pregunta?
¿Cuántos proyectos de arte se exhibían?

¿Qué sabes?
$\frac{1}{2}$ de los proyectos era de dibujos, $\frac{1}{6}$ de los proyectos era de esculturas y 8 proyectos eran pinturas.

Planéalo

¿Cómo puedes hallar la respuesta?
Puedes hacer un dibujo que te ayude a hallar la respuesta.

Resuélvelo

Haz un dibujo.

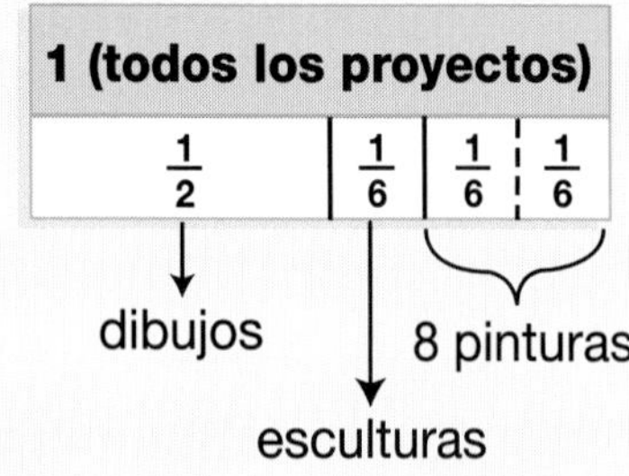

Ya que $8 = \frac{2}{6}$ de los proyectos,

$\frac{1}{6} = 4$ proyectos.

Para hallar $\frac{6}{6}$ de los proyectos, halla 6×4.

$6 \times 4 = 24$

Se exhibían 24 proyectos de arte.

Verifícalo

Verifica el problema.
¿Cómo sabes que 8 es igual a $\frac{2}{6}$ de los proyectos?

Estándares	MR **1.0**, **1.1**, **1.2**, **2.0**, **2.3**, **3.2**

Recuerda:
- Compréndelo
- Planéalo
- Resuélvelo
- Verifícalo

Práctica guiada

Usa la estrategia de Haz un dibujo para resolver cada problema.

1. Joan recolectó 3 tipos de objetos para hacer un montaje. De los objetos, $\frac{2}{8}$ eran tarjetas postales, $\frac{3}{8}$ eran fotografías y 9 eran pegatinas. ¿Cuántos objetos recolectó para su montaje?

   Piénsalo: ¿En cuántas partes iguales debería dividirse el dibujo?

2. Después de gastar $\frac{1}{2}$ de todo su dinero en un cuaderno para bocetos, $\frac{1}{4}$ en un lápiz para dibujar y $2 en gomas de borrar, a Rodney no le quedó dinero. ¿Cuánto dinero gastó Rodney en total?

   ¿En cuántas partes iguales debería dividirse el dibujo?

Escoge una estrategia

Resuelve. Usa éstas u otras estrategias.

Estrategias para resolver problemas

- **Haz un dibujo**
- **Haz una tabla**
- **Escribe una ecuación**
- **Estima y verifica**

3. El Sr. Grant llevó un tazón de ponche para servir en la presentación de arte de la escuela. Una mitad del ponche era jugo de naranja, $\frac{2}{6}$ eran jugo de arándano y 12 onzas eran de refresco. ¿Cuántas onzas de ponche preparó?

4. Lila gastó $35 en cuentas. Compró la misma cantidad de paquetes de cuentas pequeñas que de cuentas grandes. Un paquete de cuentas pequeñas cuesta $3. Un paquete de cuentas grandes cuesta $4. ¿Cuántos paquetes de cada tipo compró?

5. Franklin terminó de dibujar los últimos 2 cuadros de una tira cómica. Ayer, él dibujó $\frac{1}{2}$ de la tira cómica. Dibujó $\frac{1}{6}$ de ella hace dos días. ¿Cuántos cuadros tiene su tira cómica?

6. Cory usó $\frac{1}{2}$ de trozo de cinta para hacer un gran lazo y $\frac{3}{8}$ del trozo para hacer un lazo más pequeño. A ella le quedaron 3 pulgadas de cinta. ¿Con cuántas pulgadas de cinta comenzó Cory?

7. En la presentación de arte de la escuela se exhibió un total de 44 modelos en papel maché y dioramas. Había 8 dioramas más que modelos en papel maché. ¿Cuántos proyectos de cada tipo se exhibieron en la presentación de arte de la escuela?

8. Terence tiene sólo marcadores y creyones en su estuche. Tiene 23 creyones más que marcadores. Tiene 18 marcadores. ¿Cuántos creyones y marcadores tiene Terence en total en su estuche?

Práctica adicional Consultar 1–4, página 361.

Verificación rápida

Verifica los conceptos de las Lecciones 1–5

Halla la parte fraccionaria de cada número.

1. $\frac{3}{4}$ de 20

2. $\frac{3}{5}$ de 15

3. $\frac{2}{7}$ de 14

Halla una fracción equivalente para cada una.

4. $\frac{3}{5}$

5. $\frac{4}{6}$

6. $\frac{3}{12}$

Escribe cada fracción en su mínima expresión.

7. $\frac{9}{15}$

8. $\frac{6}{18}$

Usa la estrategia de Haz un dibujo para resolver cada problema.

9. Rico gastó $\frac{1}{2}$ de su dinero en una cometa y $\frac{1}{4}$ de su dinero en cuerda para la cometa. Le quedaron $5.00. ¿Cuánto dinero tenía Rico al comenzar?

10. Tina ordenó sus cuentas por color. Un tercio de las cuentas era de color rojo, $\frac{5}{12}$ de las cuentas eran de color verde y 9 cuentas eran amarillas. ¿Cuántas cuentas tiene Tina?

¿Cómo te fue?

Si tuviste dificultades en cualquiera de las partes de Verificación rápida, puedes usar las siguientes páginas para repasar y practicar más.

Estándares	Ejercicios	Repasar estas páginas	Hacer estos ejercicios de práctica adicional
Sentido numérico: **1.5**	1–3	páginas 326–327	Conjunto B, página 358
Sentido numérico: **1.5**	4–6	páginas 330–332	Conjunto C, página 358
Sentido numérico: **1.5**	7–8	páginas 330–332	Conjunto C, página 358
Sentido numérico: **1.5** Razonamiento matemático: **1.1, 1.2, 2.3, 3.2**	9–10	páginas 334–335	1–4, página 361

Preparación para pruebas • Repaso acumulativo

Mantener los estándares

Marca la letra de la respuesta correcta.

1. ¿Qué fracción representa la parte sombreada de este modelo?

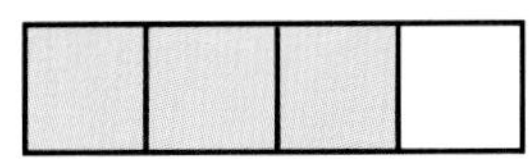

A $\frac{1}{4}$ **C** $\frac{3}{5}$

B $\frac{1}{2}$ **D** $\frac{3}{4}$

2. ¿Qué número es un número primo?

F 17

G 27

H 30

J 39

3. ¿Qué fracción no es equivalente a $\frac{1}{2}$?

A $\frac{3}{6}$ **C** $\frac{2}{3}$

B $\frac{4}{8}$ **D** $\frac{5}{10}$

4. ¿Qué fracción de las cuentas está sombreada?

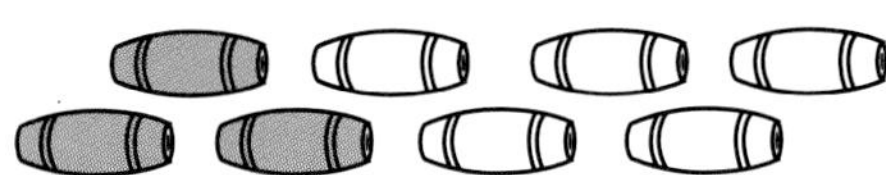

F $\frac{1}{8}$ **H** $\frac{1}{2}$

G $\frac{3}{8}$ **J** $\frac{5}{8}$

5. ¿Qué número es un número compuesto?

A 5 **C** 29

B 21 **D** 37

Usa el dibujo para contestar las Preguntas 6–7.

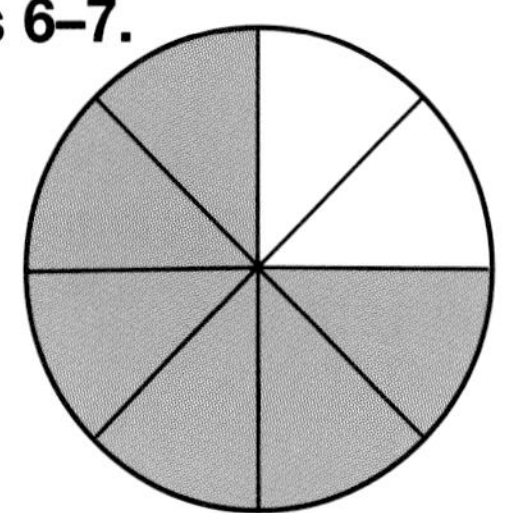

6. ¿Qué fracción representa la parte sombreada de este modelo?

F $\frac{1}{3}$

G $\frac{2}{3}$

H $\frac{6}{8}$

J $\frac{5}{6}$

7. ¿Qué fracción es equivalente a $\frac{6}{8}$?

A $\frac{1}{5}$

B $\frac{1}{2}$

C $\frac{3}{4}$

D $\frac{7}{8}$

8. Se divide una pizza en 8 trozos iguales. Janet se come $\frac{1}{4}$ de la pizza. ¿Cuántos trozos se come Janet?

Explícalo ¿Cómo hallaste la respuesta?

Página segura

Preparación para pruebas
Visita **www.eduplace.com/kids/mhm** para más *Preparación para pruebas.*

LECCIÓN 6

Comparar y ordenar fracciones

Aprenderás cómo comparar y ordenar fracciones.

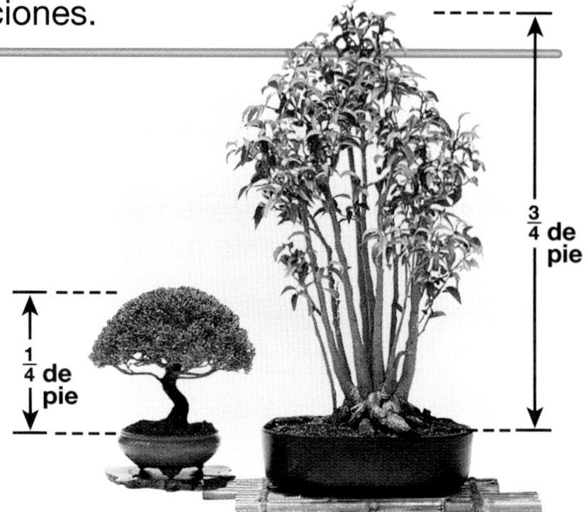

Apréndelo

Los árboles bonsai son hermosos árboles en miniatura. Mira los árboles a la derecha. ¿Qué árbol es más alto?

Si dos fracciones tienen los mismos denominadores, o denominadores semejantes, puedes comparar los numeradores para hallar la fracción más grande.

Compara $\frac{3}{4}$ con $\frac{1}{4}$

Compara $\frac{3}{4}$ con $\frac{1}{4}$.

Paso 1 Escribe las fracciones.

$\frac{3}{4}$ $\frac{1}{4}$

Paso 2 Compara los numeradores.

$\frac{3}{4}$ ⟵numeradores⟶ $\frac{1}{4}$

$3 > 1$, así que $\frac{3}{4} > \frac{1}{4}$.

Solución: El árbol de $\frac{3}{4}$ de pie es más alto.

Para comparar dos fracciones con distintos denominadores, primero hallas fracciones equivalentes.

Compara $\frac{2}{3}$ con $\frac{5}{6}$.

Diferentes maneras de comparar fracciones con distintos denominadores

Puedes hallar fracciones equivalentes. Luego compara los numeradores.

- Primero halla una fracción equivalente a $\frac{2}{3}$ que tenga denominador igual a 6.

  $\frac{2}{3} = \frac{2 \times 2}{3 \times 2} = \frac{4}{6}$ Así que $\frac{2}{3} = \frac{4}{6}$.
- Luego compara los numeradores.

  $\frac{4}{6}$ ⟵compara⟶ $\frac{5}{6}$

  $\frac{4}{6} < \frac{5}{6}$, así que $\frac{2}{3} < \frac{5}{6}$

Puedes usar una recta numérica.

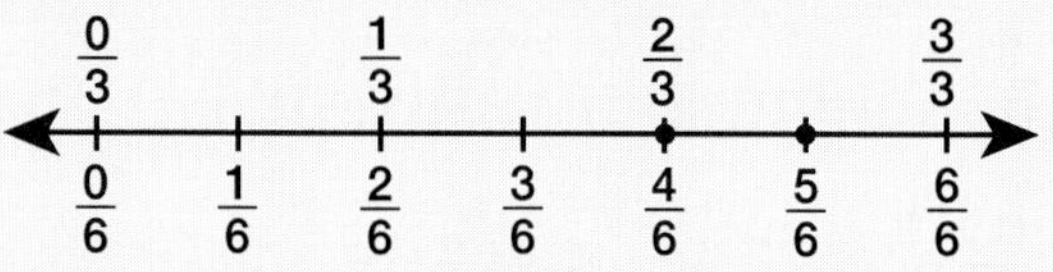

$\frac{2}{3}$ está a la izquierda de $\frac{5}{6}$.

Así que $\frac{2}{3} < \frac{5}{6}$.

Solución: $\frac{2}{3}$ es menor que $\frac{5}{6}$.

Estándares MS **1.5**, **1.9** AF **1.0, 2.2** MS **2.4**

Puedes usar lo que sabes acerca de comparar fracciones para ordenar $\frac{1}{3}$, $\frac{1}{6}$ y $\frac{5}{6}$ de menor a mayor.

Diferentes maneras de ordenar fracciones

Puedes hallar fracciones equivalentes antes de comparar los numeradores.

- Primero halla una fracción equivalente a $\frac{1}{3}$ que tenga denominador igual a 6.

  $\frac{1}{3} = \frac{1 \times 2}{3 \times 2} = \frac{2}{6}$, así que $\frac{1}{3} = \frac{2}{6}$.

- Luego compara los numeradores y ordena las fracciones.

  $\frac{1}{6} < \frac{2}{6} < \frac{5}{6}$, así que $\frac{1}{6} < \frac{1}{3} < \frac{5}{6}$.

Puedes usar una recta numérica.

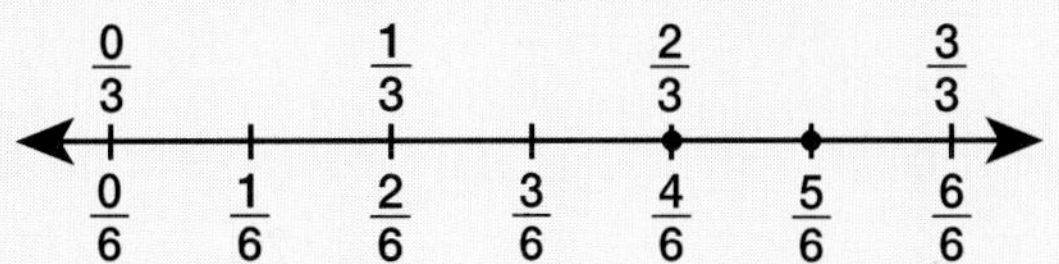

$\frac{1}{6}$ está más lejos hacia la izquierda.

$\frac{5}{6}$ está más lejos hacia la derecha.

Así que $\frac{1}{6} < \frac{1}{3} < \frac{5}{6}$.

Solución: El orden de las fracciones de menor a mayor es $\frac{1}{6}$, $\frac{1}{3}$ y $\frac{5}{6}$.

Explícalo

- ► ¿Por qué es más fácil comparar fracciones con denominadores semejantes que fracciones con distintos denominadores?
- ► ¿Cómo puedes usar fracciones equivalentes para comparar $\frac{2}{3}$ con $\frac{4}{12}$?

Cultivar un bonsai requiere cuidadosas podas y mucha paciencia.

Práctica guiada

Compara. Escribe >, < o = para cada ●.

1. 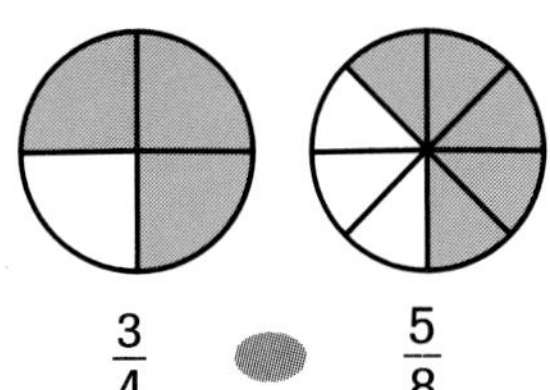

   $\frac{3}{4}$ ● $\frac{5}{8}$

2. 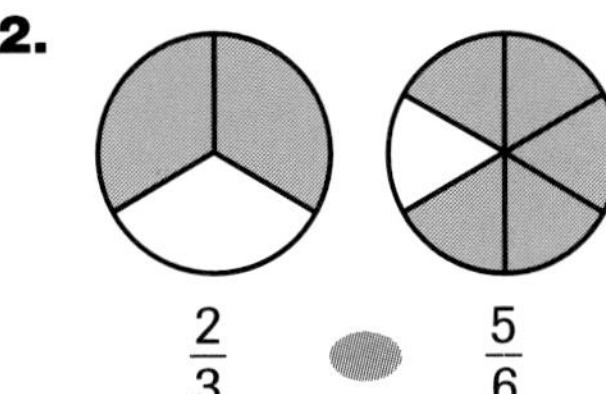

   $\frac{2}{3}$ ● $\frac{5}{6}$

Asegúrate

- ¿Tienen las fracciones el mismo denominador? Si no es así, ¿qué debería hacer?

Ordena cada grupo de fracciones de mayor a menor. Si quieres, dibuja rectas numéricas como ayuda.

3. $\frac{3}{4}$, $\frac{7}{8}$, $\frac{5}{8}$

4. $\frac{2}{7}$, $\frac{6}{7}$, $\frac{4}{7}$

5. $\frac{2}{5}$, $\frac{3}{10}$, $\frac{7}{10}$

Práctica independiente

Compara. Escribe >, < o = para cada ●.

6. 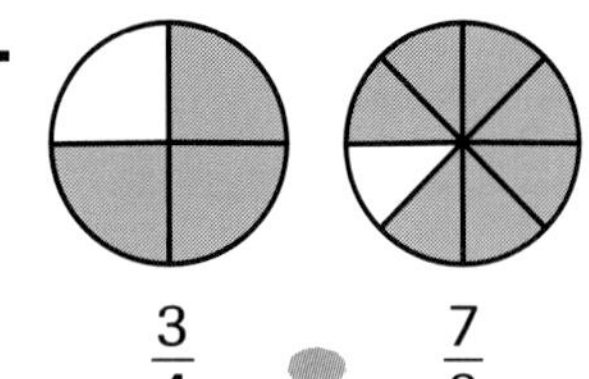

$\frac{3}{4}$ ● $\frac{7}{8}$

7. 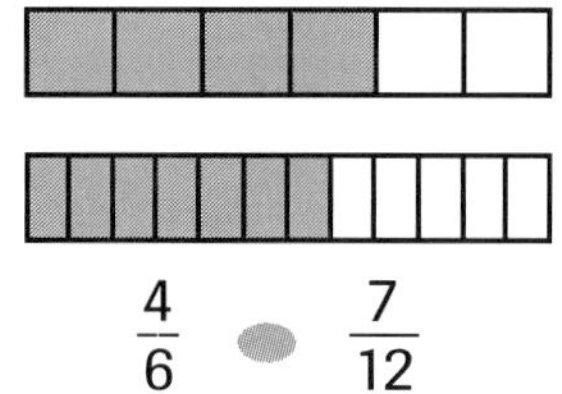

$\frac{4}{6}$ ● $\frac{7}{12}$

8. 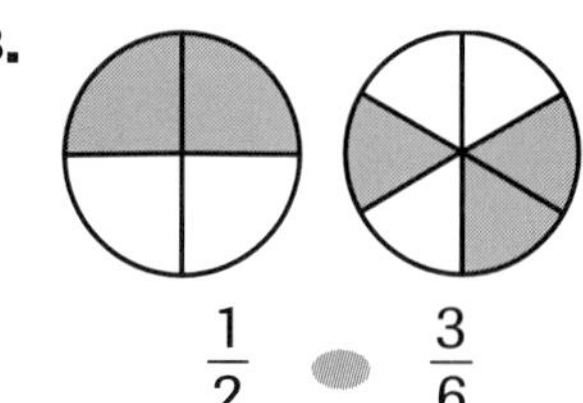

$\frac{1}{2}$ ● $\frac{3}{6}$

9. $\frac{5}{7}$ ● $\frac{6}{7}$ **10.** $\frac{2}{3}$ ● $\frac{5}{9}$ **11.** $\frac{3}{8}$ ● $\frac{1}{2}$ **12.** $\frac{2}{2}$ ● $\frac{4}{4}$

13. $\frac{3}{4}$ ● $\frac{5}{8}$ **14.** $\frac{2}{8}$ ● $\frac{1}{4}$ **15.** $\frac{1}{3}$ ● $\frac{3}{9}$ **16.** $\frac{3}{5}$ ● $\frac{7}{10}$

Ordena cada grupo de fracciones de menor a mayor. Si quieres, dibuja rectas numéricas como ayuda.

17. $\frac{7}{12}$ $\frac{10}{12}$ $\frac{3}{4}$ **18.** $\frac{4}{9}$ $\frac{2}{3}$ $\frac{5}{9}$ **19.** $\frac{4}{8}$ $\frac{7}{8}$ $\frac{1}{8}$ **20.** $\frac{2}{3}$ $\frac{7}{12}$ $\frac{5}{12}$

21. $\frac{5}{6}$ $\frac{1}{3}$ $\frac{2}{3}$ **22.** $\frac{3}{5}$ $\frac{2}{5}$ $\frac{4}{5}$ **23.** $\frac{1}{2}$ $\frac{3}{8}$ $\frac{5}{8}$ **24.** $\frac{3}{4}$ $\frac{1}{2}$ $\frac{1}{4}$

Resolver problemas • Razonamiento

Usar datos Usa la tabla para los Problemas 25–27.

Tipos especiales de árboles bonsai

Nombre	Altura
Katade	de $\frac{1}{2}$ pie a $\frac{5}{6}$ de pie
Keishi Tsubo	menos de $\frac{1}{6}$ de pie
Mame	de $\frac{1}{6}$ de pie a $\frac{1}{2}$ pie

25. La medición De los árboles bonsai descritos en la tabla, ¿cuál es la mayor altura que puede alcanzar un árbol bonsai en pulgadas? Explica.

26. Analízalo Lian tiene un árbol Mame, un Katade y un Keishi Tsubo. Si quisiera poner los árboles de más bajo a más alto en un estante, ¿en qué orden debería ponerlos?

Escríbelo Escribe un problema que compare alturas de árboles bonsai. Pide a un compañero que resuelva tu problema.

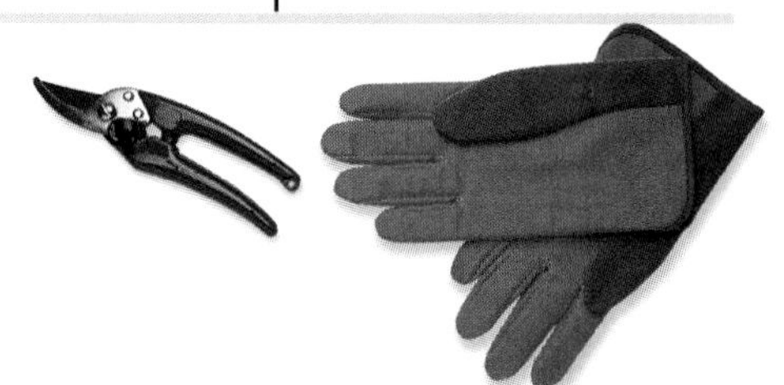

Repaso mixto • Preparación para pruebas

Estima cada diferencia o cociente a la centena más cercana. *(páginas 64–65, 254–255)*

28. 734 − 285 **29.** 872 ÷ 9 **30.** 432 − 161 **31.** 598 ÷ 6

32 ¿Cuál es el valor del 4 en 346,129? *(páginas 4–5)*

A cuatro mil **B** cuarenta mil **C** cuatrocientos **D** cuatrocientos mil

Práctica adicional Consultar el Conjunto D, página 359.

Juego de Práctica

¡Campeones con fracciones!

Practica la comparación de fracciones jugando este juego con un compañero. Trata de ser el jugador con más puntos.

Lo que necesitas

Para cada par de estudiantes:

- *4 grupos de cartas rotuladas con 1, 2, 3, 4, 6, 8 (Recurso de enseñanza 6)*

Jugadores
2

Lo que debes hacer

1. Un jugador revuelve y baraja todas las cartas cara abajo. Los jugadores amontonan sus cartas.
2. Los jugadores toman 3 cartas de la parte superior de sus montones. Usando 2 de las 3 cartas, cada jugador forma una fracción cuyo numerador sea menor o igual que el denominador. La carta que no se usa se coloca al fondo del montón del jugador.
3. Los jugadores comparan las fracciones. El jugador que tiene la mayor fracción gana 1 punto. Si las fracciones son equivalentes, cada jugador gana 1 punto.

Repite los pasos 2 y 3. El ganador es el jugador que tiene más puntos después de usar todas las cartas.

Compártelo ¿Es siempre la mejor estrategia formar una fracción con las dos cartas más altas? Explica por qué.

Escribir números mixtos

Aprenderás cómo escribir fracciones impropias y números mixtos.

Vocabulario
nuevo
fracción impropia
número mixto

Apréndelo

La fotografía muestra 3 paletas enteras de jugo de fruta y la mitad de una paleta. Hay 7 mitades.

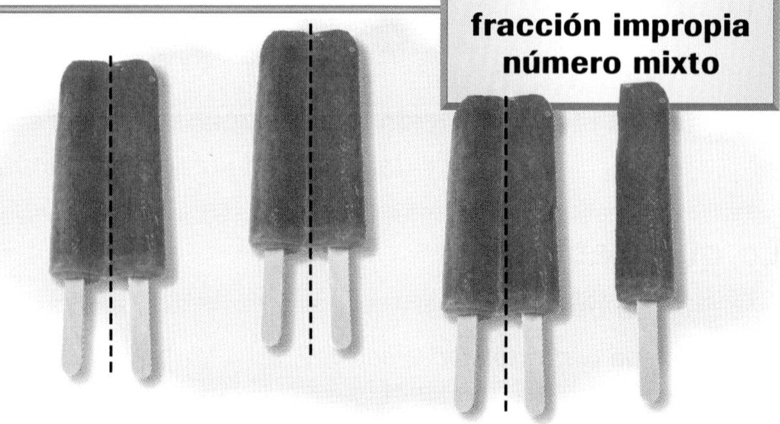

fracción impropia → $\frac{7}{2} = 3\frac{1}{2}$ ← número mixto

Una **fracción impropia** tiene un numerador mayor o igual que el denominador. Una fracción impropia es mayor o igual que 1.

$\frac{7}{2}$ ← numerador / ← denominador

Un **número mixto** está formado por un número entero y una fracción. Un número mixto es un número mayor que 1 que está entre dos números enteros.

número entero → $3\frac{1}{2}$ ← fracción

Hay diferentes maneras de convertir una fracción impropia en número mixto.

Escribe $\frac{7}{3}$ como número mixto.

Diferentes maneras de convertir una fracción impropia en número mixto

Puedes hacer un dibujo.

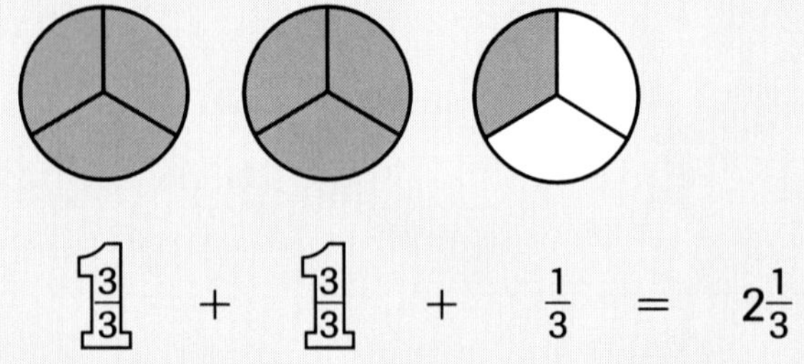

$\frac{3}{3}$ (1) + $\frac{3}{3}$ (1) + $\frac{1}{3}$ = $2\frac{1}{3}$

El dibujo muestra que $\frac{7}{3}$ es igual a $2\frac{1}{3}$.

Puedes dividir el numerador entre el denominador.

La barra de fracción significa "dividido entre". Así que $\frac{7}{3}$ significa "7 dividido entre 3".

$$\begin{array}{r} 2 \\ 3\overline{)7} \\ -6 \\ \hline 1 \end{array}$$

2 ← número de enteros

1 ← número de tercios

Así que $\frac{7}{3}$ es igual a $2\frac{1}{3}$.

Solución: La fracción impropia $\frac{7}{3}$ puede escribirse como el número mixto $2\frac{1}{3}$.

Estándares	NS **1.9** AF **1.1** MR **2.3, 2.4**

Para escribir un número mixto como fracción impropia, puedes hacer un dibujo. Divide cada entero en fracciones. Luego suma todas las fracciones.

Escribe $2\frac{3}{4}$ como fracción impropia.

Haz un dibujo que represente $2\frac{3}{4}$.

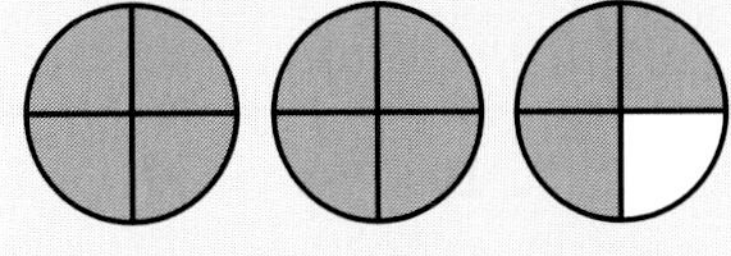

$\frac{4}{4} + \frac{4}{4} + \frac{3}{4} = \frac{11}{4}$

El dibujo muestra que $2\frac{3}{4} = \frac{11}{4}$.

$2\frac{3}{4}$ es lo mismo que $\frac{11}{4}$.

Explícalo

► ¿Por qué puedes escribir la fracción impropia $\frac{9}{3}$ como número entero?

► ¿Cómo puedes saber si una fracción puede volver a escribirse como número mixto?

Práctica guiada

Escribe una fracción impropia y un número mixto que representen las partes sombreadas.

1.

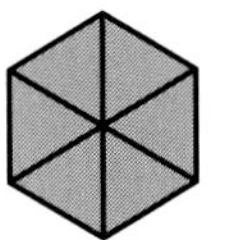
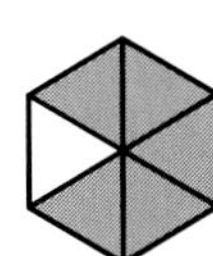

2.

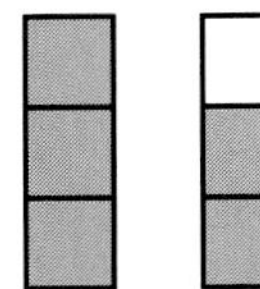
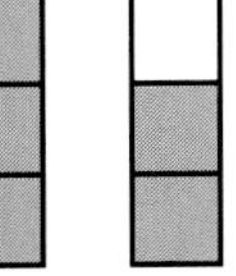

3.

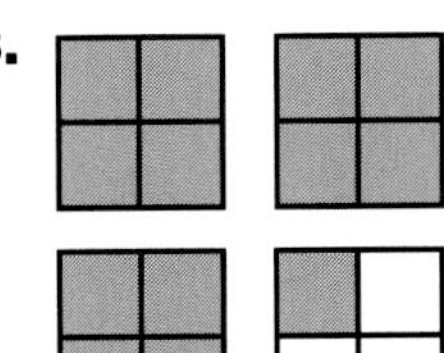

4.

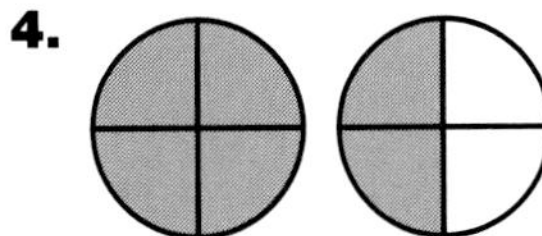

Asegúrate

- ¿En cuántas partes iguales está dividida cada figura?
- ¿Cuántas partes están sombreadas?

Práctica independiente

Escribe una fracción impropia y un número mixto que representen las partes sombreadas.

5. 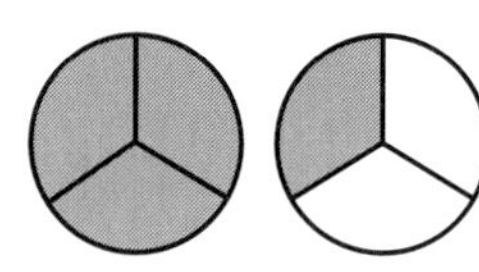

6. 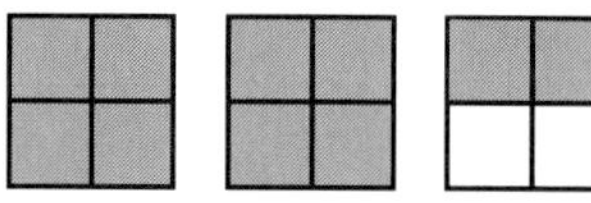

7. 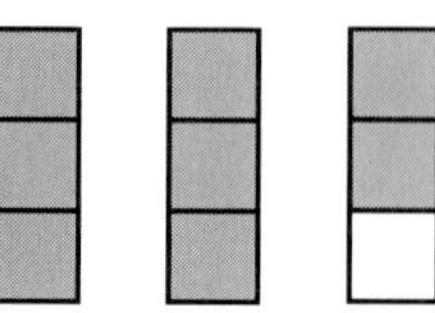

Escribe la letra de la recta numérica que corresponde a cada fracción.

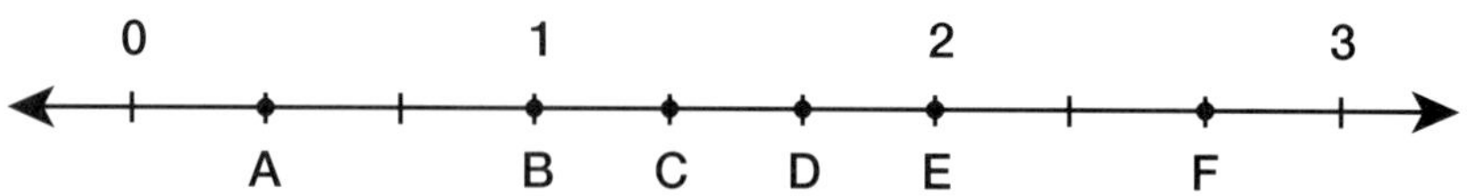

8. $\frac{4}{3}$ **9.** $\frac{6}{3}$ **10.** $2\frac{2}{3}$ **11.** $\frac{1}{3}$ **12.** $1\frac{2}{3}$ **13.** $\frac{3}{3}$

Escribe una fracción impropia y un número mixto que corresponde a cada letra.

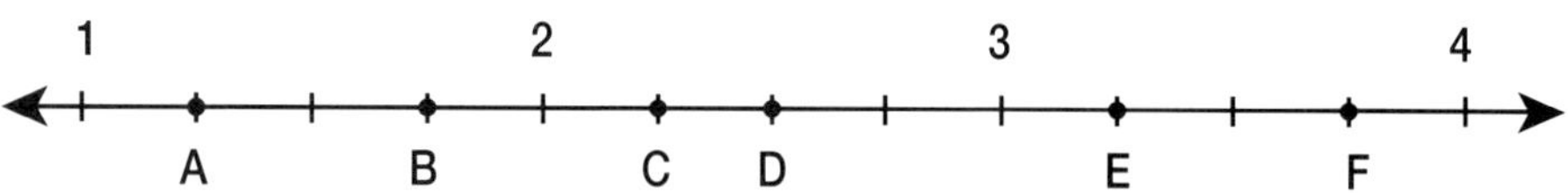

14. A **15.** C **16.** F **17.** D **18.** B **19.** E

Escribe un número mixto o un número entero para cada fracción impropia.

20. $\frac{15}{3}$ **21.** $\frac{8}{7}$ **22.** $\frac{11}{9}$ **23.** $\frac{10}{3}$ **24.** $\frac{18}{2}$ **25.** $\frac{15}{4}$

26. $\frac{9}{2}$ **27.** $\frac{7}{5}$ **28.** $\frac{16}{4}$ **29.** $\frac{5}{4}$ **30.** $\frac{24}{5}$ **31.** $\frac{6}{1}$

Escribe una fracción impropia para cada número mixto.

32. $3\frac{1}{2}$ **33.** $1\frac{2}{3}$ **34.** $2\frac{3}{4}$ **35.** $5\frac{1}{3}$ **36.** $4\frac{2}{5}$ **37.** $2\frac{5}{6}$

38. $2\frac{5}{8}$ **39.** $6\frac{1}{4}$ **40.** $7\frac{3}{8}$ **41.** $3\frac{4}{5}$ **42.** $2\frac{1}{10}$ **43.** $3\frac{1}{8}$

Álgebra • Ecuaciones **Halla cada númerador que falta.**

44. $\frac{\blacksquare}{3} = 2\frac{1}{3}$ **45.** $\frac{\blacksquare}{2} = 6\frac{1}{2}$ **46.** $\frac{\blacksquare}{4} = 3$ **47.** $\frac{\blacksquare}{5} = 1\frac{3}{5}$ **48.** $\frac{\blacksquare}{6} = 3\frac{1}{6}$

49. $\frac{\blacksquare}{8} = 2\frac{7}{8}$ **50.** $\frac{\blacksquare}{3} = 5\frac{2}{3}$ **51.** $\frac{\blacksquare}{4} = 1\frac{3}{4}$ **52.** $\frac{\blacksquare}{2} = 6$ **53.** $\frac{\blacksquare}{9} = 4\frac{2}{9}$

Resolver problemas • Razonamiento

Resuelve. Escoge un método.

Métodos de computación

- Cálculo mental
- Estimación
- Papel y lápiz

54. **Analízalo** La Srta. Carter hizo pasteles de vegetales para un picnic. Ella quería hacer lo suficiente como para que cada uno de sus 20 amigos pudiera probar $\frac{1}{8}$ de pastel. ¿Cuántos pasteles debió hacer?

55. El Sr. Alvarez compró 6 naranjas para el picnic. Las naranjas se cortaron en mitades. Si se comieron todas las naranjas y cada persona comió $\frac{1}{2}$ de naranja, ¿cuántas personas se sirvieron naranjas?

56. **El dinero** Para los pasteles, la Srta. Carter gastó $10.95 en brócoli y $4.85 en queso. Si ella le pasó al vendedor un billete de $20, ¿aproximadamente cuánto cambio debió recibir?

57. **La medición** Un invitado llevó 3 cuartos de ensalada de fruta al picnic. ¿Había suficiente para que cada una de las 11 personas se sirviera 1 taza? Explica por qué.

58. El último invitado se fue del picnic a las 7:00 p.m. El primer invitado llegó al picnic $4\frac{1}{2}$ horas antes. ¿A qué hora llegó el primer invitado?

59. En el picnic, 21 personas jugaron al vóleibol o bádminton. El doble de personas jugaron al vóleibol que al bádminton. ¿Cuántas jugaron al vóleibol?

Repaso mixto • Preparación para pruebas

Escribe cada temperatura. *(páginas 302–305)*

60. 3 grados más frío que 2°F

61. 2 grados más frío que 1°F

62. 1 grado más frío que 0°C

63. 4 grados más cálido que 9°C

Escoge la letra de la respuesta correcta. *(páginas 118–119)*

64 ¿Qué expresión corresponde al dibujo?

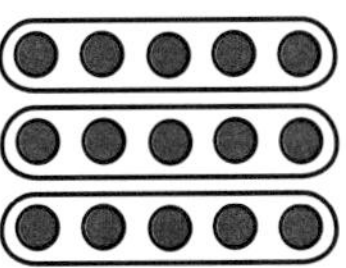

A 3 + 5 **C** 3 × 5
B 3 − 5 **D** 3 ÷ 5

65 ¿Qué expresión corresponde al dibujo?

F 12 ÷ 3 **H** 12 × 3
G 12 − 3 **J** 12 + 3

Práctica adicional Consultar el Conjunto E, página 359.

Destreza: Escoge cómo escribir el cociente

Aprenderás cómo escribir un cociente para resolver un problema.

Al resolver problemas dividiendo, debes decidir cómo escribir el cociente para resolverlos.

A veces necesitas escribir el cociente con residuo.

Una clase de 23 estudiantes fue al zoológico. Había un padre por cada grupo de 4 estudiantes. Los demás estudiantes estaban con el maestro. ¿Cuántos grupos estaban con un padre? ¿Cuántos estudiantes estaban con el maestro?

$$\begin{array}{r} 5 \text{ R3} \\ 4\overline{)23} \\ -20 \\ \hline 3 \end{array}$$

El residuo es el número de estudiantes que estaba con el maestro. Así que deberías escribir el cociente y el residuo.

Había 5 grupos con un padre.

Había 3 estudiantes con el maestro.

A veces necesitas escribir el cociente como número mixto.

Un padre les dio 5 naranjas a los 4 estudiantes de su grupo. Si los estudiantes se repartieron todas las naranjas en partes iguales, ¿cuántas naranjas recibió cada estudiante?

$$\begin{array}{r} 1\frac{1}{4} \\ 4\overline{)5} \\ -\ 4 \\ \hline 1 \end{array}$$

Es posible dividir una naranja en partes. Así que deberías escribir el cociente como número mixto.

Cada estudiante recibió $1\frac{1}{4}$ naranjas.

Verifícalo ¿Cómo decides de qué manera escribir el cociente al resolver un problema?

Estándares	MR **1.0, 2.0, 2.4, 3.2, 3.3**

Puedes ver animales salvajes muy de cerca en los zoológicos y parques de safari.

Práctica guiada

Resuelve cada problema. Explica por qué es razonable tu respuesta.

1. Fred tiene $10 para montar camellos y elefantes en el zoológico. Cada paseo cuesta $3. ¿Cuántos paseos puede realizar? ¿Cuánto dinero le quedará?

   Piénsalo: ¿Qué representa el residuo?

2. Como almuerzo en el zoológico, 8 estudiantes compartieron una pizza de 12 trozos. Cada estudiante comió la misma cantidad. ¿Cuántos trozos comió cada estudiante?

   Piénsalo: ¿Puedes comer una fracción de un trozo de pizza?

Escoge una estrategia

Resuelve. Usa éstas u otras estrategias.

Estrategias para resolver problemas

- **Usa razonamiento lógico**
- **Estima y verifica**
- **Comienza con el final**
- **Haz un dibujo**

3. Un boleto para el paseo del safari cuesta $2. ¿Cuántos boletos puede comprar el maestro con $25? ¿Cuánto dinero le quedará al maestro?

4. Un grupo de estudiantes vio un total de 24 cocodrilos y caimanes. Vieron 4 cocodrilos más que caimanes. ¿Cuántos animales de cada tipo vieron?

5. Un grupo de estudiantes se guió con un mapa durante su visita al zoológico. Ellos visitaron la casa de los reptiles después de visitar a los leones y antes de visitar a las focas. Ellos vieron en tercer lugar a las jirafas y en primer lugar a los elefantes. ¿En qué orden vieron a los animales?

6. Algunos de los estudiantes observaban a la guardiana del zoológico mientras alimentaba a 5 leones. Ella les dijo que iba a dar a los leones un total de 38 libras de carne. Si la guardiana del zoológico dio a cada león la misma cantidad, ¿cuántas libras de carne comió cada león?

7. Rusty gastó todo el dinero que llevó al zoológico. Él gastó $\frac{1}{2}$ del dinero en el almuerzo, $\frac{1}{4}$ de él en una merienda y $3 en un juguete en forma de serpiente. ¿Cuánto dinero gastó Rusty?

8. El zoológico está a una hora de la escuela. Después de pasar $5\frac{1}{2}$ horas en el zoológico, la clase volvió a la escuela a las 4:00 p.m. ¿A qué hora partieron de la escuela hacia el zoológico?

Práctica adicional Consultar 5–6, página 361.

Verificación rápida

Verifica los conceptos de las Lecciones 6–8.

Escribe >, < o = en cada ⬬.
Si quieres, dibuja rectas numéricas como ayuda.

1. $\frac{2}{3}$ ⬬ $\frac{5}{12}$

2. $\frac{5}{8}$ ⬬ $\frac{3}{4}$

Ordena cada grupo de fracciones de menor a mayor.
Si quieres, dibuja rectas numéricas como ayuda.

3. $\frac{5}{6}, \frac{2}{6}, \frac{2}{3}$

4. $\frac{7}{9}, \frac{2}{3}, \frac{5}{9}$

Escribe un número mixto para cada fracción impropia.

5. $\frac{17}{4}$

6. $\frac{24}{7}$

Escribe una fracción impropia para cada número mixto.

7. $3\frac{2}{3}$

8. $4\frac{3}{8}$

Resuelve. Explica por qué es razonable tu respuesta.

9. Jeremy tiene $10.00 para comprar semillas para aves. Las semillas cuestan $3.00 la caja. ¿Cuántas cajas de semillas para aves puede comprar? ¿Cuánto dinero le quedará?

10. Un grupo de 6 amigos compartió 15 botellas pequeñas de jugo de naranja. Cada persona bebió la misma cantidad de jugo. ¿Qué cantidad de jugo de naranja bebió cada persona?

¿Cómo te fue?

Si tuviste dificultades en cualquiera de las partes de Verificación rápida, puedes usar las siguientes páginas para repasar y practicar más.

Estándares	Ejercicios	Repasar estas páginas	Hacer estos ejercicios de práctica adicional
Sentido numérico: **1.5** Álgebra: **1.0**	1–4	páginas 338–340	Conjunto D, página 359
Sentido numérico: **1.5**	5–8	páginas 342–345	Conjunto E, página 359
Álgebra: **1.5** Razonamiento matemático: **1.1, 2.3, 2.4, 2.6, 3.2, 3.3**	9–10	páginas 346–347	5–6, página 361

Preparación para pruebas • Repaso acumulativo

Mantener los estándares

Marca la letra de la respuesta correcta.

1 ¿Qué fracción de los balones son balones redondos?

A $\frac{1}{3}$ **C** $\frac{2}{3}$

B $\frac{2}{5}$ **D** 2

2 ¿Qué número mixto representa el punto *F*?

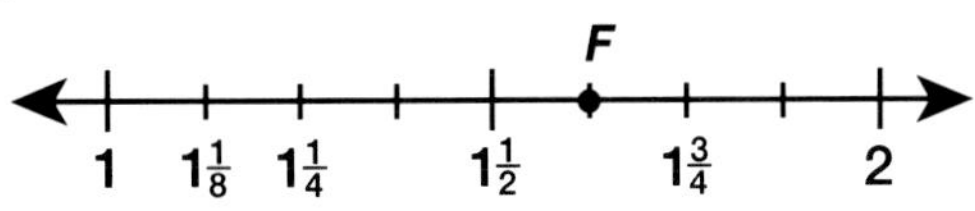

F $1\frac{1}{8}$ **H** $1\frac{3}{8}$

G $1\frac{1}{4}$ **J** $1\frac{5}{8}$

3 ¿Cuáles son los factores primos de 24?

A 8×3 **C** $2 \times 2 \times 2 \times 3$

B 3×3 **D** $2 \times 3 \times 4$

4 ¿Qué fracción representa la parte sombreada del modelo?

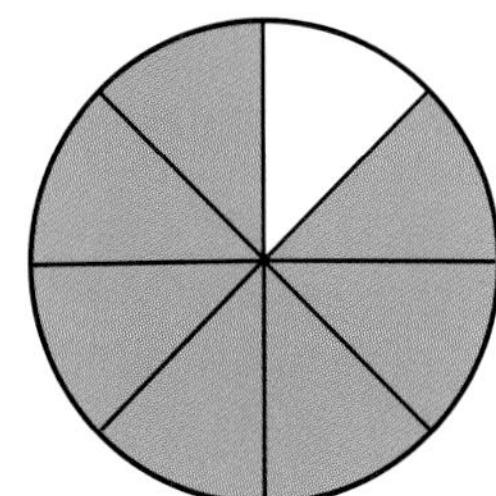

F $\frac{1}{5}$ **H** $\frac{5}{6}$

G $\frac{3}{4}$ **J** $\frac{7}{8}$

Usa la recta numérica para contestar las Preguntas 5–6.

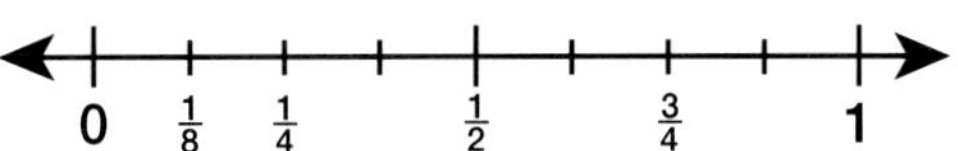

5 ¿Qué símbolo hace que se cumpla este enunciado?

$\frac{1}{2}$ ● $\frac{3}{4}$

A $>$ **C** $=$

B $<$ **D** $+$

6 ¿Qué fracción es mayor que $\frac{1}{2}$, pero menor que $\frac{3}{4}$?

F $\frac{1}{4}$ **H** $\frac{5}{8}$

G $\frac{3}{8}$ **J** $\frac{7}{8}$

7 Un cuarto de la clase participó en el concurso. Si hay 20 estudiantes en la clase, ¿cuántos participaron en el concurso?

A 1

B 4

C 5

D 7

8 ¿Qué número mixto representa la parte sombreada de este modelo?

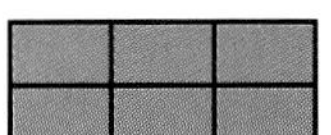
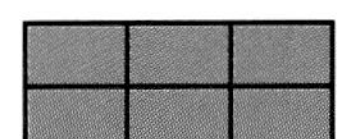
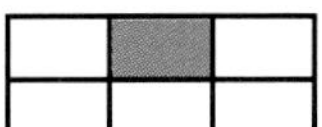

Explícalo ¿Cómo hallaste la respuesta?

Página segura

Preparación para pruebas
Visita **www.eduplace.com/kids/mhm** para más *Preparación para pruebas.*

Sumar con denominadores semejantes

Aprenderás cómo sumar fracciones y números mixtos con denominadores semejantes.

Repaso del vocabulario
mínima expresión

Apréndelo

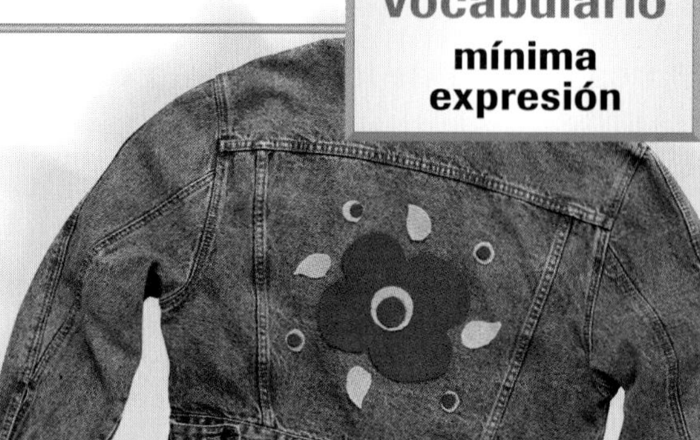

La madre de Amanda hizo un hermoso diseño en la chaqueta de Amanda. Ella usó $\frac{3}{8}$ de yarda de tela roja y $\frac{1}{8}$ de yarda de tela verde. ¿Cuál era la longitud total de la tela que usó para hacer el diseño?

Suma. $\frac{3}{8} + \frac{1}{8} = ■$

Halla $\frac{3}{8} + \frac{1}{8}$.

Paso 1 Como los denominadores son iguales, suma los numeradores.
Luego escribe la suma sobre el denominador.

$$\begin{array}{r} \frac{3}{8} \\ + \frac{1}{8} \\ \hline \frac{4}{8} \end{array}$$

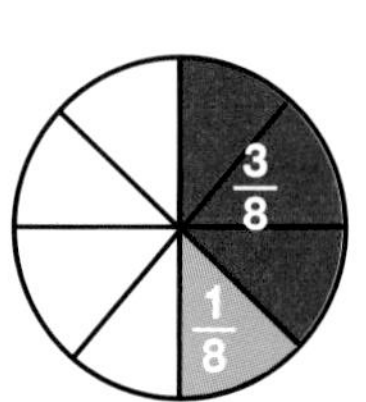

Paso 2 Escribe la suma en su **mínima expresión.**

$$\begin{array}{r} \frac{3}{8} \\ + \frac{1}{8} \\ \hline \frac{4}{8} \end{array} = \frac{4 \div 4}{8 \div 4} = \frac{1}{2}$$

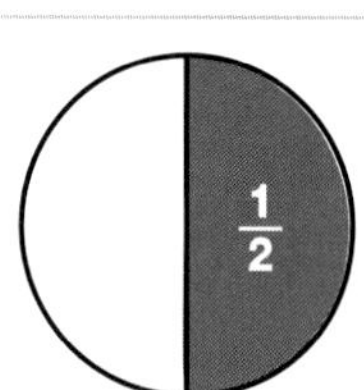

Solución: La madre de Amanda usó $\frac{1}{2}$ de yarda de tela.

Puedes usar lo que sabes acerca de sumar fracciones para sumar números mixtos.

Halla $2\frac{3}{5} + 1\frac{4}{5}$.

Paso 1 Suma las fracciones.

$$\begin{array}{r} 2\frac{3}{5} \\ + 1\frac{4}{5} \\ \hline \frac{7}{5} \end{array}$$

Piensa: $\frac{3 + 4}{5}$

Paso 2 Suma los números enteros.

$$\begin{array}{r} 2\frac{3}{5} \\ + 1\frac{4}{5} \\ \hline 3\frac{7}{5} \end{array}$$

Piensa: $2 + 1 = 3$

Paso 3 Escribe la suma en su mínima expresión.

$$\begin{array}{r} 2\frac{3}{5} \\ + 1\frac{4}{5} \\ \hline 3\frac{7}{5} \end{array} = 3 + 1\frac{2}{5} = 4\frac{2}{5}$$

Explícalo

► ¿Cómo puede usarse el diagrama a la derecha para explicar la forma de escribir $3\frac{7}{5}$ en su mínima expresión?

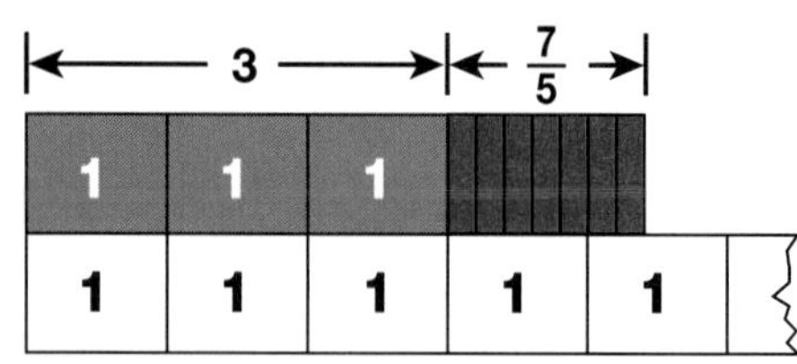

Estándares NS **2.1**, AF **1.1**

Práctica guiada

Suma. Escribe cada suma en su mínima expresión.

1. $\frac{3}{7} + \frac{1}{7}$ **2.** $\frac{7}{10} + \frac{1}{10}$ **3.** $\frac{3}{8} + \frac{5}{8}$

4. $3\frac{11}{12} + 1\frac{5}{12}$ **5.** $6\frac{3}{8} + 2\frac{3}{8}$ **6.** $7\frac{2}{5} + 1\frac{1}{5}$

Asegúrate

- ¿Está la suma en su mínima expresión? Si no es así, ¿qué debería hacer?

Práctica independiente

Suma. Escribe cada suma en su mínima expresión.

7. $\frac{2}{9} + \frac{4}{9}$ **8.** $2\frac{3}{5} + 4\frac{1}{5}$ **9.** $7\frac{4}{7} + 2\frac{2}{7}$ **10.** $\frac{2}{5} + \frac{1}{5}$ **11.** $3\frac{1}{4} + 2\frac{1}{4}$

12. $\frac{4}{12} + \frac{5}{12}$ **13.** $\frac{3}{10} + \frac{7}{10}$ **14.** $\frac{1}{6} + \frac{1}{6}$ **15.** $\frac{4}{9} + \frac{7}{9}$

16. $6\frac{3}{8} + 2\frac{1}{8}$ **17.** $2\frac{2}{5} + 4\frac{2}{5}$ **18.** $5\frac{2}{3} + 2\frac{1}{3}$ **19.** $7\frac{3}{8} + 4\frac{7}{8}$

Resolver problemas • Razonamiento

20. Justin compró $\frac{3}{8}$ de yarda de tela verde y $\frac{3}{8}$ de yarda de tela azul para hacer un diseño en su chaqueta. ¿Cuál fue la longitud total de tela que compró?

21. Un día cualquiera, la tienda vendió $6\frac{1}{4}$ yardas de tela azul. Si la tienda vendió $5\frac{1}{4}$ yardas más de tela roja que de tela azul, ¿cuántas yardas de tela roja vendió?

22. Escríbelo Luisa tiene $\frac{3}{4}$ de yarda de cinta. ¿Tiene ella suficiente cinta para poner un borde a dos bolsillos que necesitan $\frac{1}{8}$ de yarda cada uno? Explica tu razonamiento.

Estudios sociales Las mujeres indígenas kuna de Panamá hacen molas con varias capas de telas de color.

Si se usan 2 colores para hacer una mola, ¿qué combinaciones de tela de color rojo, negro y anaranjado pueden usar para hacer una mola?

Repaso mixto • Preparación para pruebas

Escribe una expresión algebraica para cada enunciado. *(páginas 78–80, 132–134)*

23. 3 mayor que p **24.** 5 por r

25. 2 menor que m **26.** n dividido entre 3

27 ¿Cuánto es la suma de $45.62 más $17.35? *(páginas 56–57)*

A $62.97 **B** $52.97 **C** $32.33 **D** $28.27

Restar con denominadores semejantes

Aprenderás cómo restar fracciones y números mixtos con denominadores semejantes.

Repaso del vocabulario
mínima expresión

Apréndelo

Carla está entrenando para la carrera Corre por los Desamparados. Todas las mañanas, ella se estira por $\frac{1}{4}$ de hora y corre por $\frac{3}{4}$ de hora. ¿Qué cantidad de tiempo más ocupa corriendo que estirándose todas las mañanas?

Resta. $\frac{3}{4} - \frac{1}{4} = \blacksquare$

Halla $\frac{3}{4} - \frac{1}{4}$.

Paso 1 Como los denominadores son iguales, resta los numeradores. Luego escribe la diferencia sobre el denominador.

$$\frac{3}{4} - \frac{1}{4} = \frac{2}{4}$$

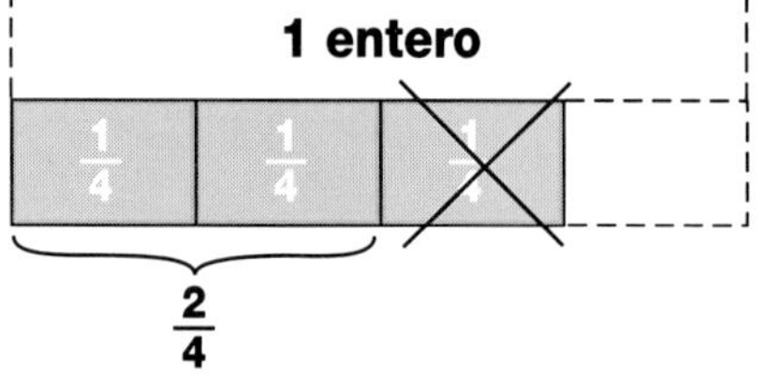

Paso 2 Escribe la diferencia en su mínima expresión.

$$\frac{3}{4} - \frac{1}{4} = \frac{2}{4} = \frac{2 \div 2}{4 \div 2} = \frac{1}{2}$$

Solución: Carla pasa $\frac{1}{2}$ de hora más corriendo que estirándose.

Puedes usar los que sabes acerca de restar fracciones para restar números mixtos.

Halla $5\frac{7}{8} - 2\frac{3}{8}$.

Paso 1 Resta las fracciones.

$$5\frac{7}{8} - 2\frac{3}{8} = \frac{4}{8}$$

Piénsalo: $\frac{7-3}{8} = \frac{4}{8}$

Paso 2 Resta los números enteros.

$$5\frac{7}{8} - 2\frac{3}{8} = 3\frac{4}{8}$$

Paso 3 Escribe la diferencia en su mínima expresión.

$$5\frac{7}{8} - 2\frac{3}{8} = 3\frac{4}{8} = 3\frac{4 \div 4}{8 \div 4} = 3\frac{1}{2}$$

Solución: $5\frac{7}{8} - 2\frac{3}{8} = 3\frac{1}{2}$

Estándares Amplía los Estándares del Grado 4.

Explícalo

► Describe dos maneras de hallar $\frac{15}{4} - \frac{9}{4}$.

Práctica guiada

Resta. Escribe cada diferencia en su mínima expresión.

1. $\frac{7}{9} - \frac{5}{9}$ **2.** $\frac{4}{7} - \frac{2}{7}$ **3.** $\frac{4}{5} - \frac{1}{5}$

4. $2\frac{3}{4} - 1\frac{1}{4}$ **5.** $6\frac{7}{8} - 4\frac{1}{8}$ **6.** $7\frac{6}{8} - 4\frac{2}{8}$

Asegúrate

- ¿Está la diferencia en su mínima expresión? Si no es así, ¿qué debería hacer?

Práctica independiente

Resta. Escribe cada diferencia en su mínima expresión.

7. $\frac{3}{5} - \frac{2}{5}$ **8.** $3\frac{5}{8} - 1\frac{1}{8}$ **9.** $6\frac{9}{10} - 4\frac{4}{10}$ **10.** $5\frac{4}{9} - 2\frac{2}{9}$ **11.** $\frac{7}{8} - \frac{4}{8}$

12. $\frac{7}{12} - \frac{4}{12}$ **13.** $\frac{6}{7} - \frac{4}{7}$ **14.** $\frac{5}{8} - \frac{5}{8}$ **15.** $\frac{7}{9} - \frac{3}{9}$

16. $2\frac{3}{4} - 1\frac{1}{4}$ **17.** $7\frac{8}{9} - 2\frac{4}{9}$ **18.** $7\frac{3}{4} - 1\frac{3}{4}$ **19.** $5\frac{7}{8} - 4\frac{5}{8}$

Resolver problemas • Razonamiento

Usar datos **Usa la tabla para los Problemas 20–21.**

Registro de entrenamiento de Carla

Día	Distancia corrida
1	1 milla
2	$1\frac{1}{4}$ millas
3	$1\frac{3}{4}$ millas
4	2 millas
5	$2\frac{3}{4}$ millas

20. ¿Cuántas millas más corrió Carla el día 5 que el día 2?

21. En total, ¿cuántas millas corrió Carla durante los tres primeros días de entrenamiento?

22. **El dinero** Doce personas se inscribieron para donar $1.25 por cada milla que Carla corra en la carrera. ¿Cuánto dinero reunirá Carla si corre 3 millas?

Repaso mixto • Preparación para pruebas

Suma o resta. *(páginas 56–62, 68–69)*

23. $23.25 − $11.78 **24.** $32.40 + $8.35 **25.** $10.00 − $3.58

26 ¿Cuál es el producto de $4.35 por 12? *(páginas 198–199)*

A $5.22 **B** $52.20 **C** $522 **D** $5,220

LECCIÓN 11

Aplicación: Usa las fracciones

Aprenderás cómo usar fracciones para resolver problemas.

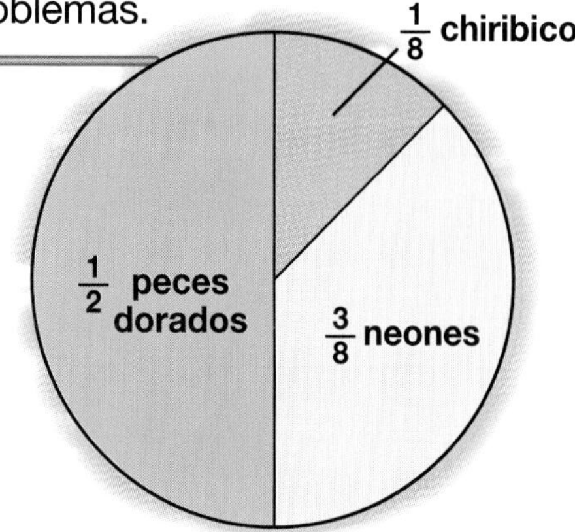

A veces puedes usar fracciones y una gráfica circular para representar una cantidad total dividida en partes.

Problema Cameron tienen 16 peces en su acuario. Él hizo una gráfica circular para representar qué fracciones son peces dorados, neones y chiribicos. ¿Cuántos peces dorados hay más que chiribicos?

Compréndelo

¿Cuál es la pregunta?

¿Cuántos peces dorados hay más que chiribicos?

¿Qué sabes?

- Cameron tiene 16 peces.
- $\frac{1}{2}$ de los peces son peces dorados.
- $\frac{3}{8}$ de los peces son neones.
- $\frac{1}{8}$ de los peces son chiribicos.

Planéalo

¿Cómo puedes hallar la respuesta?

Puedes usar las fracciones de la gráfica circular para hallar el número de peces dorados y chiribicos. Luego resta para hallar la diferencia.

Resuélvelo

Halla el número de peces dorados y chiribicos.

$\frac{1}{2}$ de $16 = 8$ ← número de peces dorados

$\frac{1}{8}$ de $16 = 2$ ← número de chiribicos

Luego resta. $8 - 2 = 6$

Hay 6 peces dorados más que chiribicos.

Verifícalo

Verifica el problema.

¿Cómo puedes usar la gráfica circular para hallar el número total de neones y chiribicos que hay en el acuario de Cameron?

Estándares SDP **1.0** MR **1.0, 1.1, 1.2, 2.0, 2,3, 3.2**

Recuerda:
- ► Compréndelo
- ► Planéalo
- ► Resuélvelo
- ► Verifícalo

Práctica guiada

Usa la gráfica circular de la página 354 para resolver cada problema.

1. El número de peces que tiene Ashley es dos más que el número de neones que tiene Cameron. ¿Cuántos peces tiene Ashley?

   Piénsalo: ¿Qué parte del círculo representa a los neones?

2. Cameron acaba de agregar 8 peces a su acuario, pero su gráfica circular sigue siendo la misma. ¿Cuántos chiribicos hay en el acuario ahora?

   Piénsalo: ¿Cuántos peces hay ahora en el acuario de Cameron?

Escoge una estrategia

Resuelve. Escoge éstas u otras estrategias.

Estrategias para resolver problemas

- **Usa el razonamiento lógico**
- **Comienza con el final**
- **Haz un dibujo**
- **Haz una tabla**

3. Timothy ayuda en la tienda de mascotas de su padre 6 horas a la semana. Todas las semanas pasa $\frac{2}{3}$ de su tiempo limpiando estanques de peces y $\frac{1}{3}$ de su tiempo alimentando peces. ¿Cuántas horas pasa Timothy realizando cada tarea?

4. Liz puso capas de piedras de color rojo, azul y verde en su acuario. Las piedras rojas no están en el fondo. Las piedras azules no están al medio. La capa superior no es roja ni azul. ¿En qué orden están las capas de piedras?

5. Después de comprar comida para peces por $3.25 y una red para peces por $2.25, a Cameron le quedan $4.50. ¿Cuánto dinero tenía Cameron antes de comprar la comida y la red?

6. Una tienda de mascotas vende neones a $3 cada uno y bagres a $2 cada uno. Si Norton compra la misma cantidad de cada tipo de pez, ¿cuál es la cantidad más grande que puede comprar con $20?

7. Un gran estanque para peces contiene 24 galones de agua. Un estanque pequeño contiene $\frac{2}{3}$ del agua del estanque grande. ¿Cuánta agua puede contener el estanque pequeño?

8. Hay 3 tipos de peces en el acuario de Trisha. Cuatro de los peces son neones, $\frac{1}{5}$ es lebistes y $\frac{2}{5}$ son mollies. ¿Cuántos peces hay en el acuario de Trisha?

Práctica adicional Consultar 7–9, página 361.

Verificación rápida

Verifica los conceptos de las Lecciones 9–11

Halla cada suma o diferencia en su mínima expresión. Si quieres, usa piezas de fracciones como ayuda.

1. $\frac{1}{5} + \frac{3}{5}$

2. $\frac{7}{10} - \frac{3}{10}$

3. $3\frac{1}{6} + 5\frac{1}{6}$

4. $6\frac{7}{12} - 2\frac{5}{12}$

5. $\frac{4}{6} + \frac{1}{6}$

6. $\frac{7}{9} + \frac{4}{9}$

7. $5\frac{7}{8} - 3\frac{3}{8}$

8. $2\frac{3}{7} + 3\frac{2}{7}$

Usa la gráfica circular para resolver cada problema.

9. Jesse tiene 24 fichas cuadradas de color. Hizo una gráfica para representar qué parte de las fichas son de color rojo, verde y azul. ¿Cuántas fichas de color verde hay más que las de color rojo?

10. Imagina que Jesse sustituye las fichas azules por fichas rojas. ¿Cuántas fichas rojas tendría entonces?

Fichas de Jesse

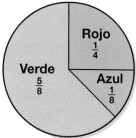

¿Cómo te fue?

Si tuviste dificultades en cualquiera de las partes de Verificación rápida, puedes usar las siguientes páginas para repasar y practicar más.

Estándares	Ejercicios	Repasar estas páginas	Hacer estos ejercicios de práctica adicional
Amplía los Estándares del Grado 4	1–8	páginas 350–353	Conjuntos F, G, página 360
Estadística, datos, probabilidad: **1.0** Razonamiento matemático: **1.1, 2.3, 2.4, 3.1, 3.2**	9–10	páginas 354–355	7–9, página 361

Preparación para pruebas • Repaso acumulativo

Mantener los estándares

Marca la letra de la respuesta correcta.

1. ¿Qué número es un número primo?

   A 7
   B 25
   C 39
   D 51

2. ¿Qué fracción de las estrellas está sombreada?

   F $\frac{1}{4}$ **H** $\frac{3}{4}$
   G $\frac{2}{3}$ **J** $\frac{4}{5}$

Usa la recta numérica para contestar las Preguntas 3–4.

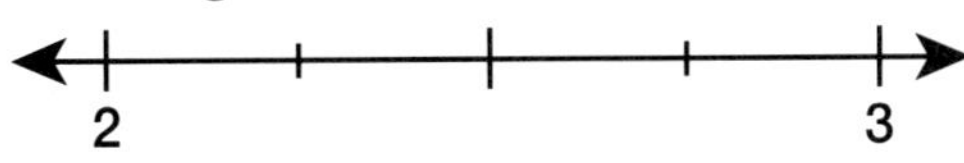

3. ¿Qué número mixto es mayor que 2 pero menor que $2\frac{1}{2}$?

   A $1\frac{1}{4}$ **C** $2\frac{1}{4}$
   B $2\frac{1}{2}$ **D** $2\frac{3}{4}$

4. ¿Qué número mixto está entre 2 y 3?

   F $2\frac{1}{4}$
   G $2\frac{1}{2}$
   H $2\frac{2}{3}$
   J $2\frac{3}{4}$

5. ¿Qué fracción representa la parte sombreada de este modelo?

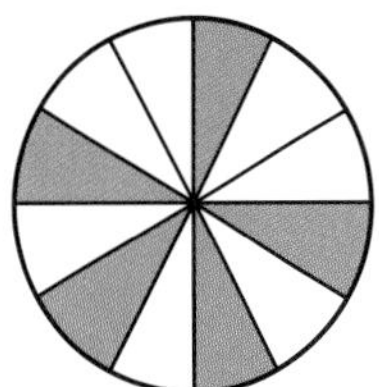

   A $\frac{1}{4}$ **C** $\frac{5}{12}$
   B $\frac{1}{3}$ **D** $\frac{5}{8}$

Usa la recta numérica para contestar las Preguntas 6–7.

Modelo A

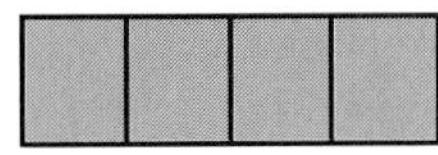

Modelo B

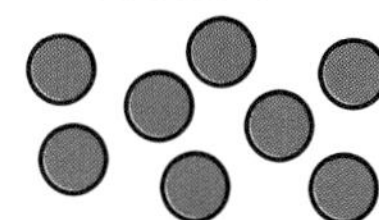

6. Si $\frac{1}{2}$ del modelo A estuviera sombreado, ¿cuántas partes estarían sombreadas?

   F 1
   G 2
   H 3
   J 4

7. Si $\frac{1}{2}$ del modelo B estuviera sombreado, ¿cuántos círculos estarían sombreados?

   A 1
   B 2
   C 3
   D 4

8. **Explícalo** ¿Cuál es la suma de $\frac{1}{2}$ y $\frac{1}{4}$? Apoya tu respuesta usando un dibujo.

Página segura

Preparación para pruebas
Visita **www.eduplace.com/kids/mhm** para más *Preparación para pruebas.*

Práctica adicional

Conjunto A *(Lección 1, páginas 324–325)*

Escribe la fracción que representa las partes sombreadas.

1.

2.

3. 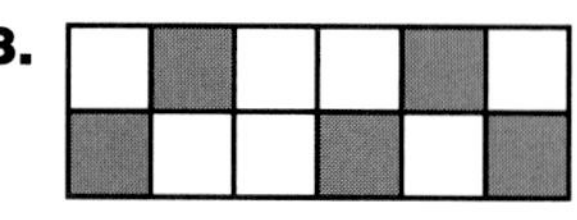

Haz un dibujo para representar cada fracción.

4. $\frac{3}{7}$ **5.** $\frac{1}{8}$ **6.** $\frac{2}{2}$ **7.** $\frac{7}{8}$ **8.** $\frac{2}{3}$ **9.** $\frac{8}{9}$

10. $\frac{6}{8}$ **11.** $\frac{4}{4}$ **12.** $\frac{1}{9}$ **13.** $\frac{9}{10}$ **14.** $\frac{3}{5}$ **15.** $\frac{4}{10}$

Conjunto B *(Lección 2, páginas 326–327)*

Halla la parte fraccionaria de cada número.

1. 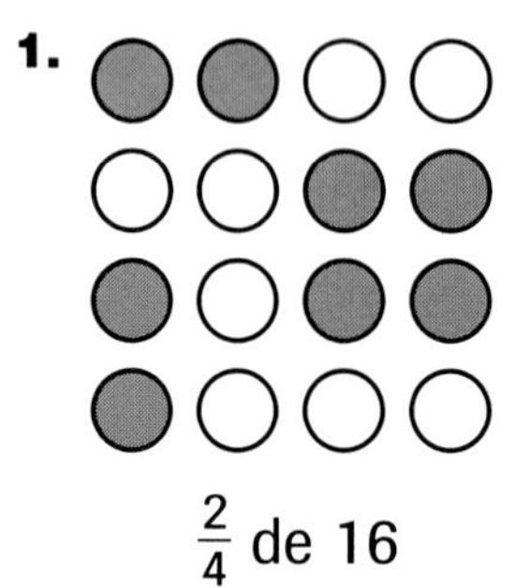

$\frac{2}{4}$ de 16

2. $\frac{2}{3}$ de 21

3. 

$\frac{3}{5}$ de 25

4. $\frac{1}{3}$ de 15 **5.** $\frac{3}{5}$ de 10 **6.** $\frac{4}{7}$ de 14 **7.** $\frac{1}{4}$ de 28

Conjunto C *(Lección 4, páginas 330–332)*

Multiplica o divide para hallar cada fracción equivalente.

1. $\frac{1}{5} = \frac{1 \times 2}{5 \times 2} = \frac{\blacksquare}{\blacksquare}$ **2.** $\frac{6}{24} = \frac{6 \div 6}{24 \div 6} = \frac{\blacksquare}{\blacksquare}$ **3.** $\frac{3}{8} = \frac{3 \times 3}{8 \times \blacksquare} = \frac{\blacksquare}{\blacksquare}$

4. $\frac{8}{14} = \frac{8 \div \blacksquare}{14 \div 2} = \frac{\blacksquare}{\blacksquare}$ **5.** $\frac{4}{10} = \frac{4 \times 2}{10 \times \blacksquare} = \frac{\blacksquare}{\blacksquare}$ **6.** $\frac{12}{16} = \frac{12 \div 4}{16 \div \blacksquare} = \frac{\blacksquare}{\blacksquare}$

Escribe cada fracción en su mínima expresión.

7. $\frac{2}{16}$ **8.** $\frac{6}{12}$ **9.** $\frac{4}{20}$ **10.** $\frac{3}{9}$ **11.** $\frac{10}{15}$

Práctica adicional

Conjunto D (*Lección 6, páginas 338–340*)

Compara. Escribe >, < o = en cada ⬬.
Si quieres, dibuja rectas numéricas como ayuda.

1. 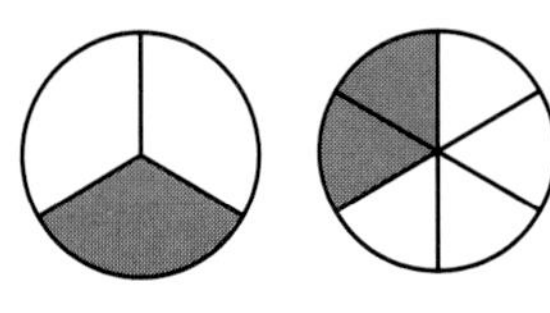

$\frac{1}{3}$ ⬬ $\frac{2}{6}$

2. 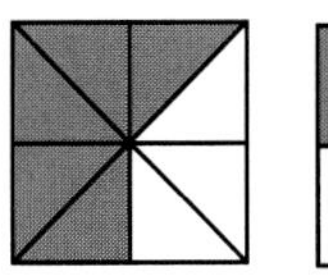

$\frac{5}{8}$ ⬬ $\frac{3}{4}$

3. 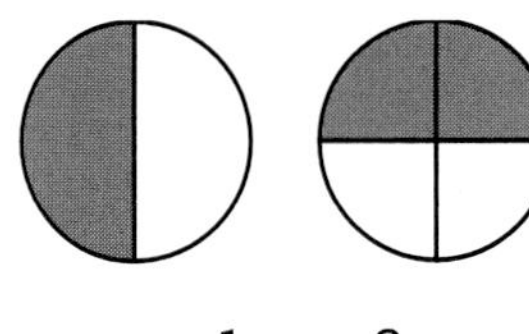

$\frac{1}{2}$ ⬬ $\frac{2}{4}$

4. $\frac{1}{2}$ ⬬ $\frac{1}{6}$ **5.** $\frac{2}{3}$ ⬬ $\frac{3}{9}$ **6.** $\frac{5}{8}$ ⬬ $\frac{1}{2}$ **7.** $\frac{2}{3}$ ⬬ $\frac{3}{4}$

8. $\frac{5}{9}$ ⬬ $\frac{7}{9}$ **9.** $\frac{2}{5}$ ⬬ $\frac{3}{15}$ **10.** $\frac{11}{12}$ ⬬ $\frac{3}{4}$ **11.** $\frac{5}{5}$ ⬬ $\frac{6}{6}$

Ordena cada grupo de fracciones de menor a mayor.

12. $\frac{4}{10}$ $\frac{7}{10}$ $\frac{9}{10}$ **13.** $\frac{6}{10}$ $\frac{1}{10}$ $\frac{1}{5}$ **14.** $\frac{1}{2}$ $\frac{1}{6}$ $\frac{4}{6}$ **15.** $\frac{3}{4}$ $\frac{2}{8}$ $\frac{2}{4}$

16. $\frac{1}{8}$ $\frac{3}{8}$ $\frac{1}{4}$ **17.** $\frac{8}{9}$ $\frac{5}{18}$ $\frac{4}{9}$ **18.** $\frac{2}{3}$ $\frac{7}{15}$ $\frac{5}{15}$ **19.** $\frac{6}{12}$ $\frac{1}{12}$ $\frac{1}{3}$

Conjunto E (*Lección 7, páginas 342–345*)

Escribe una fracción impropia y un número mixto o un número entero para cada letra de la recta numérica.

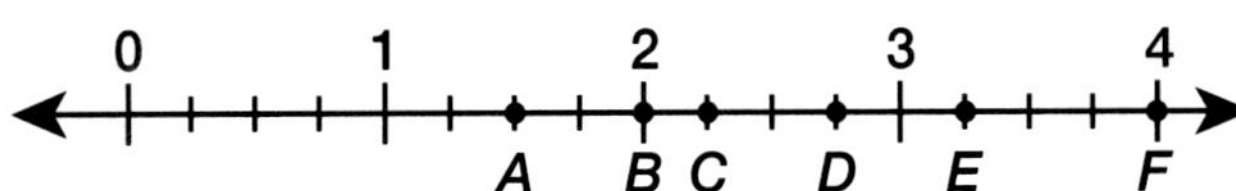

1. *B* **2.** *D* **3.** *A* **4.** *F* **5.** *C* **6.** *E*

Escribe un número mixto o un número entero para cada fracción impropia.

7. $\frac{11}{3}$ **8.** $\frac{9}{2}$ **9.** $\frac{21}{6}$ **10.** $\frac{20}{3}$ **11.** $\frac{8}{4}$ **12.** $\frac{16}{5}$

Escribe una fracción impropia para cada número mixto.

13. $3\frac{3}{4}$ **14.** $4\frac{2}{4}$ **15.** $1\frac{5}{9}$ **16.** $2\frac{3}{7}$ **17.** $5\frac{2}{5}$ **18.** $3\frac{5}{6}$

Práctica adicional

Conjunto F *(Lección 9, páginas 350–351)*

Suma. Escribe cada suma en su mínima expresión.

1. $\frac{1}{4} + \frac{2}{4}$

2. $1\frac{7}{9} + 4\frac{1}{9}$

3. $5\frac{3}{7} + 1\frac{2}{7}$

4. $4\frac{5}{8} + 2\frac{1}{8}$

5. $3\frac{1}{3} + 2\frac{1}{3}$

6. $4\frac{2}{6} + 3\frac{2}{6}$

7. $2\frac{1}{9} + 3\frac{2}{9}$

8. $8\frac{1}{4} + 1\frac{1}{4}$

9. $7\frac{3}{10} + 2\frac{2}{10}$

10. $6\frac{3}{5} + 2\frac{1}{5}$

11. $\frac{3}{5} + \frac{1}{5}$

12. $\frac{2}{9} + \frac{5}{9}$

13. $\frac{7}{12} + \frac{9}{12}$

14. $\frac{4}{10} + \frac{1}{10}$

15. $\frac{2}{6} + \frac{2}{6}$

16. $\frac{1}{8} + \frac{5}{8}$

17. $\frac{7}{9} + \frac{4}{9}$

18. $1\frac{2}{3} + 3\frac{1}{3}$

19. $2\frac{5}{8} + 1\frac{1}{8}$

20. $4\frac{2}{5} + 2\frac{2}{5}$

Conjunto G *(Lección 10, páginas 352–353)*

Resta. Escribe cada diferencia en su mínima expresión.

1. $\frac{3}{4} - \frac{2}{4}$

2. $3\frac{7}{8} - 1\frac{3}{8}$

3. $5\frac{3}{7} - 1\frac{2}{7}$

4. $4\frac{5}{12} - 3\frac{1}{12}$

5. $7\frac{5}{6} - 2\frac{1}{6}$

6. $4\frac{3}{4} - 3\frac{1}{4}$

7. $8\frac{6}{12} - 6\frac{4}{12}$

8. $7\frac{8}{10} - 5\frac{3}{10}$

9. $4\frac{8}{9} - 2\frac{6}{9}$

10. $8\frac{5}{6} - 7\frac{1}{6}$

11. $\frac{3}{5} - \frac{1}{5}$

12. $\frac{8}{9} - \frac{5}{9}$

13. $\frac{11}{12} - \frac{3}{12}$

14. $\frac{14}{16} - \frac{6}{16}$

15. $\frac{5}{6} - \frac{4}{6}$

16. $\frac{7}{8} - \frac{5}{8}$

17. $3\frac{7}{9} - 1\frac{4}{9}$

18. $5\frac{2}{3} - 3\frac{2}{3}$

19. $2\frac{5}{8} - 1\frac{1}{8}$

20. $4\frac{4}{5} - 2\frac{1}{5}$

Práctica adicional • Resolver problemas

Resuelve. Usa la estrategia de Haz un dibujo. *(Lección 5, páginas 334–335)*

1. Después de gastar $\frac{1}{2}$ de su dinero en una salchicha, $\frac{1}{6}$ en un refresco y \$1 en palomitas de maíz, a Shelly no le quedó dinero. ¿Cuánto dinero gastó Shelly en total?

2. Ted tiene una colección de estampillas. $\frac{1}{5}$ de las estampillas es de Canadá, $\frac{1}{5}$ es de España y 15 son de otros países. ¿Cuántas estampillas tiene en su colección?

3. La clase de arte de Ana trabajó en proyectos. $\frac{3}{8}$ de la clase hicieron pinturas, $\frac{1}{4}$ hizo bosquejos al carboncillo y 12 hicieron alfarería. ¿Cuántos estudiantes hay en la clase de arte de Ana?

4. Después de gastar $\frac{1}{3}$ de su dinero en un CD y $\frac{1}{6}$ en un cartel, a Ryan le quedaban \$15.00. ¿Cuánto dinero gastó Ryan en el CD y el cartel?

Resuelve. Explica por qué es razonable tu respuesta.
(Lección 8, páginas 346–347)

5. Donna tiene \$11 para comprar cuadernos. Cada cuaderno cuesta \$3. ¿Cuántos cuadernos puede comprar? ¿Cuánto dinero le quedará?

6. Jen tiene 7 sándwiches para compartir en partes iguales con 3 amigos. Si cada persona recibe la misma cantidad, ¿cuántos sándwiches recibirá cada persona?

Usa la gráfica circular a la derecha para resolver cada problema.
(Lección 11, páginas 354–355)

7. Si Carl tiene 18 monedas en su bolsillo, ¿cuántas de esas son monedas de 1¢?

8. ¿Cuántas monedas de 25¢ hay más que monedas de 10¢ en el bolsillo de Carl?

9. Carl compra un lápiz nuevo por \$1.27. ¿Cuánto dinero le queda en el bolsillo?

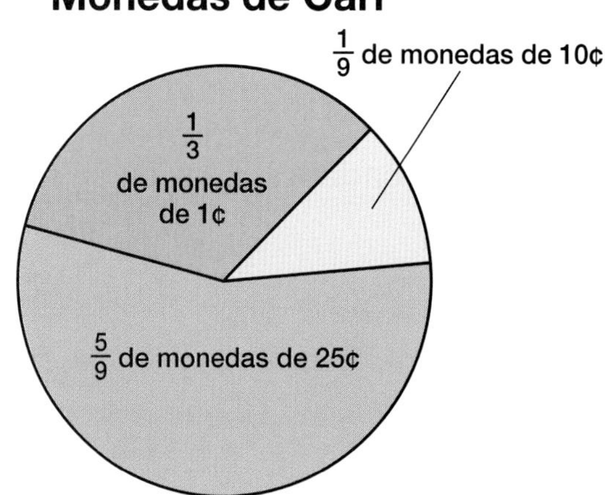

Repaso del capítulo

Repasar el vocabulario

Contesta cada pregunta.

1. Escribe una fracción que tenga un 3 en el numerador y un 7 en el denominador.
2. Escribe una fracción que sea equivalente a $\frac{3}{4}$.
3. ¿Por qué es más fácil comparar fracciones si tienen denominadores semejantes?
4. ¿Cómo usarías la división para escribir $\frac{4}{8}$ en su mínima expresión?
5. ¿Cuáles son las dos partes de todo número mixto?

Repasar conceptos y destrezas

Haz un dibujo para representar cada fracción. *(Lección 1, páginas 324–325)*

6. $\frac{3}{5}$ **7.** $\frac{6}{7}$ **8.** $\frac{8}{8}$ **9.** $\frac{0}{9}$ **10.** $\frac{1}{3}$ **11.** $\frac{3}{4}$

Halla la parte fraccionaria de cada número.
(Lección 2, páginas 326–327)

12. $\frac{3}{5}$ de 15 **13.** $\frac{1}{4}$ de 8 **14.** $\frac{1}{3}$ de 21 **15.** $\frac{3}{4}$ de 16

16. $\frac{2}{9}$ de 18 **17.** $\frac{2}{3}$ de 24 **18.** $\frac{7}{10}$ de 10 **19.** $\frac{1}{2}$ de 14

Multiplica o divide para hallar cada fracción equivalente.
(Lección 4, páginas 330–332)

20. $\frac{6}{12} = \frac{6 \div 6}{12 \div 6} = \frac{■}{■}$ **21.** $\frac{8}{9} = \frac{8 \times 2}{9 \times 2} = \frac{■}{■}$ **22.** $\frac{3}{4} = \frac{3 \times 3}{4 \times ■} = \frac{■}{■}$

23. $\frac{8}{24} = \frac{8 \div ■}{24 \div 8} = \frac{■}{■}$ **24.** $\frac{3}{4} = \frac{3 \times ■}{4 \times 4} = \frac{■}{■}$ **25.** $\frac{12}{20} = \frac{12 \div 4}{20 \div ■} = \frac{■}{■}$

Escribe cada fracción en su mínima expresión.

26. $\frac{8}{12}$ **27.** $\frac{3}{12}$ **28.** $\frac{6}{18}$ **29.** $\frac{2}{8}$ **30.** $\frac{9}{15}$

Compara. Escribe $>$, $<$ o $=$ en cada ●. *(Lección 6, páginas 338–340)*

31. $\frac{3}{10}$ ● $\frac{7}{20}$ **32.** $\frac{5}{25}$ ● $\frac{1}{5}$ **33.** $\frac{5}{8}$ ● $\frac{6}{16}$ **34.** $\frac{12}{18}$ ● $\frac{5}{9}$

Escribe una fracción impropia y un número mixto o un número entero para cada letra que está en la recta numérica.
(Lección 7, páginas 342–345)

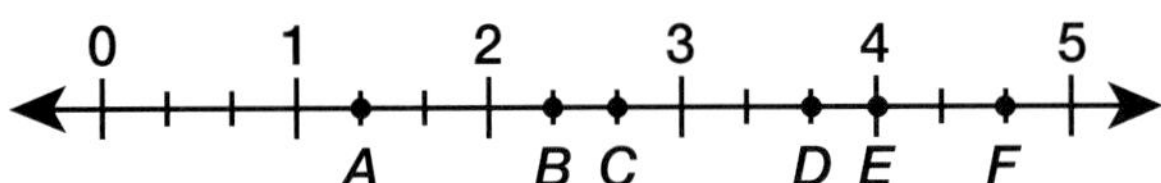

35. *E* **36.** *A* **37.** *B* **38.** *F* **39.** *D* **40.** *C*

Suma o resta. Escribe cada suma o diferencia en su mínima expresión. *(Lecciónes 9–10, páginas 350–353)*

41. $\frac{2}{7} + \frac{3}{7}$ **42.** $\frac{7}{16} + \frac{3}{16}$ **43.** $3\frac{2}{11} + 1\frac{8}{11}$ **44.** $6\frac{2}{3} + 2\frac{1}{3}$

45. $2\frac{5}{7} - 1\frac{1}{7}$ **46.** $\frac{6}{10} - \frac{1}{10}$ **47.** $7\frac{4}{5} - 5\frac{2}{5}$ **48.** $5\frac{3}{4} - 1\frac{3}{4}$

Resuelve. Usa la gráfica circular para resolver el Problema 49.

49. Ellen tiene 24 figuras de cerámica. ¿Cuántos gatos hay más que perros?

50. Después de gastar $\frac{2}{5}$ de su dinero en una jaula, $\frac{1}{5}$ en comida para conejos y $10 en un conejo, a Jan no le quedó dinero. ¿Cuánto dinero gastó en total?

51. Steve tiene $19 para comprar pintura para la clase de arte. Cada frasco de pintura cuesta $2. ¿Cuántos frascos puede comprar Steve? ¿Cuánto dinero le quedará?

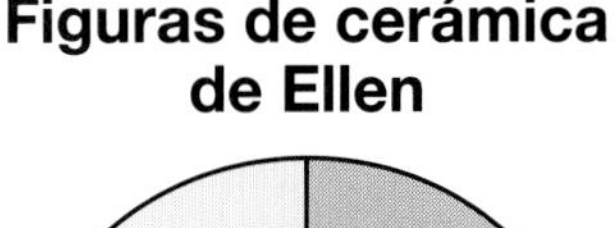

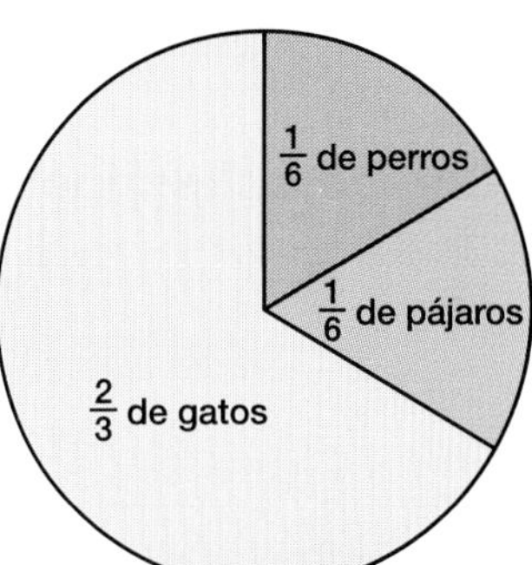

Acertijos Razonamiento matemático

¿De cuántas maneras?

Escoge entre 2, 3, 4, 6, 8 ó 9 para llenar las casillas en blanco. ¿De cuántas maneras puedes llenar las casillas para que la ecuación sea verdadera? (Si quieres, puedes usar el mismo número dos veces.) $\frac{\blacksquare}{\blacksquare} = \frac{1}{\blacksquare}$

Mitad y mitad

Escribe diez palabras o nombres en que $\frac{1}{2}$ de las letras sean vocales.

Acertijos
Visita **www.eduplace.com/kids/mhm** para más *Acertijos.*

Prueba del capítulo

Escribe la fracción que representa la parte sombreada.

1. 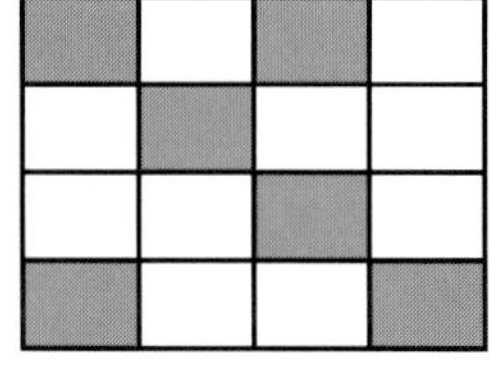

2. 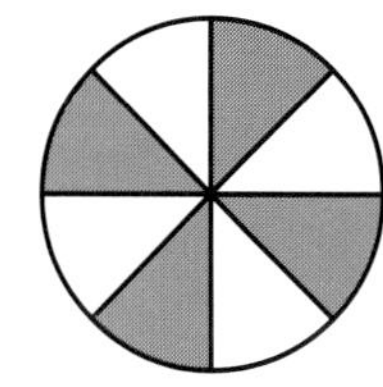

3. 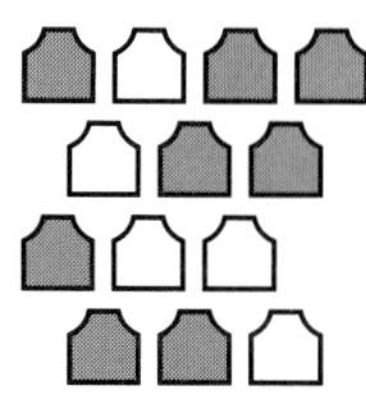

Halla la parte fraccionaria de cada número.

4. $\frac{1}{4}$ de 8 **5.** $\frac{1}{3}$ de 9 **6.** $\frac{5}{6}$ de 12 **7.** $\frac{3}{8}$ de 16

Escribe cada fracción en su mínima expresión.

8. $\frac{9}{27}$ **9.** $\frac{4}{8}$ **10.** $\frac{18}{20}$ **11.** $\frac{9}{12}$

Compara. Escribe $>$, $<$ o $=$ en cada ⬬.

12. $\frac{3}{9}$ ⬬ $\frac{2}{3}$ **13.** $\frac{5}{6}$ ⬬ $\frac{10}{12}$ **14.** $\frac{7}{10}$ ⬬ $\frac{3}{5}$ **15.** $\frac{1}{2}$ ⬬ $\frac{5}{12}$

Multiplica o divide para hallar cada fracción equivalente.

16. $\frac{3}{4} = \frac{3 \times 3}{4 \times 3} = \frac{■}{■}$ **17.** $\frac{6}{8} = \frac{6 \div ■}{8 \div 2} = \frac{■}{■}$ **18.** $\frac{3}{6} = \frac{3 \times ■}{6 \times 4} = \frac{■}{■}$

Escribe un número mixto o un número entero para cada fracción impropia.

19. $\frac{14}{2}$ **20.** $\frac{8}{5}$ **21.** $\frac{3}{1}$ **22.** $\frac{11}{3}$ **23.** $\frac{16}{4}$

Suma o resta. Escribe cada suma o diferencia en su mínima expresión.

24. $\frac{11}{2} + \frac{3}{2}$ **25.** $\frac{1}{6} + \frac{5}{6}$ **26.** $3\frac{1}{8} + 5\frac{5}{8}$ **27.** $4\frac{2}{15} + 3\frac{7}{15}$

28. $\frac{7}{16} - \frac{3}{16}$ **29.** $\frac{19}{20} - \frac{3}{20}$ **30.** $5\frac{7}{8} - 2\frac{1}{8}$ **31.** $8\frac{2}{3} - 5\frac{1}{3}$

Resuelve.

32. Cory preparó sándwiches para un picnic. $\frac{1}{6}$ era sándwiches de queso, $\frac{1}{3}$ era sándwiches de crema de cacahuate y 9 eran sándwiches de jamón. ¿Cuántos sándwiches preparó Cory en total?

33. Cinco niños van a ir al cine con la madre de Beth. Los boletos para niño cuestan $4 cada uno. Los boletos para adulto cuestan $8 cada uno. La madre de Beth tiene $30. ¿Cuánto dinero le quedará después de comprar los boletos?

Escríbelo

Resuelve cada problema. Usa el vocabulario matemático correcto para explicar tu razonamiento.

1. Alan sumó las fracciones impropias a la derecha.

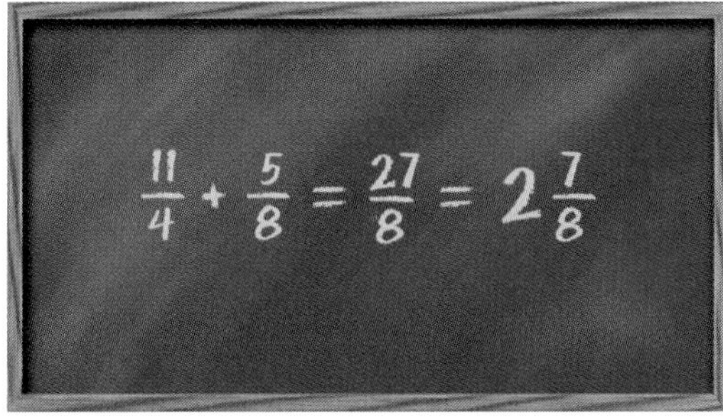

a. ¿En qué se equivocó Alan?

b. ¿Qué le dirías a Alan para que corrigiera su error?

c. Resuelve el problema en forma correcta.

2. Daniel ayuda a su padre a trabajar en el jardín un total de 12 horas semanales. Él ocupa $\frac{1}{6}$ de su tiempo barriendo hojas y $\frac{1}{3}$ de su tiempo cortando el pasto.

a. ¿Durante cuántas horas barre hojas Daniel?

b. ¿Qué parte del tiempo de Daniel queda para hacer otras tareas en el jardín después de barrer hojas y cortar el pasto? Escribe tu respuesta como fracción.

c. ¿Cuántas horas pasa Daniel todas las semanas haciendo otras tareas en el jardín con su padre?

Tareas de Daniel en el jardín

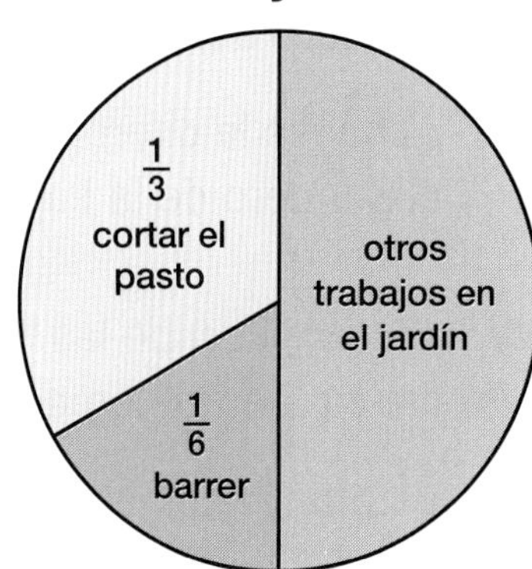

Una vez más

Usa el mapa para contestar las preguntas. El Sendero de la Laguna y el Sendero del Bosque son rutas pavimentadas para andar en bicicleta o en patines. Presenta las respuestas en su mínima expresión.

1. Una vuelta es recorrer una vez alrededor de un sendero. ¿Cuánto recorrerías si hicieras

a. 2 vueltas al Sendero de la Laguna?

b. 2 vueltas al Sendero del Bosque?

c. un "8" dando 1 vuelta al Sendero de la Laguna y 1 vuelta al Sendero del Bosque?

2. a. ¿Cuál es la diferencia en distancia que hay entre el Sendero del Bosque y el Sendero de la Laguna?

b. ¿Cuál es la diferencia en distancia que hay entre 2 vueltas al Sendero de la Laguna y 1 vuelta al Sendero del Bosque?

3. Verifícalo Escribe las longitudes de las tres respuestas al Problema 1 en orden de menor a mayor.

4. Analízalo Imagina que quieres recorrer un número entero de millas. ¿Cuál es el mínimo número de vueltas al Sendero de la Laguna que deberías hacer?

Estándares	Amplía los Estándares del Grado 4.

Ampliación

Fracciones y la división

Una fracción es una manera de representar la división. Piensa en la fracción impropia $\frac{12}{6}$ y el ejemplo de división $12 \div 6$.

- **Puedes pensar en la barra de fracción como un signo de división.**

  $\frac{12}{6}$ significa lo mismo que $12 \div 6$ y $6\overline{)12}$.

- **Puedes pensar en la división de dos números enteros como una fracción.**

  $6\overline{)12} = 12 \div 6 = \frac{12}{6} = 2$.

Ahora piensa en la fracción $\frac{6}{12}$ y en el ejemplo de división $6 \div 12$.

- **Aún puedes pensar en la barra de fracción como un signo de división.**

  $\frac{6}{12}$ significa lo mismo que $6 \div 12$ y $12\overline{)6}$.

- **Aún puedes pensar en la división de dos números enteros como una fracción, incluso si estás dividiendo un número menor entre un número mayor.**

  $12\overline{)6} = 6 \div 12 = \frac{6}{12} = \frac{1}{2}$

Ésta es la razón de que puedas escribir el resultado de una operación de división como número mixto en vez de cociente con residuo.

$\frac{15}{6} = 15 \div 6 = 6\overline{)15} = 2R3 = 2\frac{3}{6} = 2\frac{1}{2}$

Inténtalo

Escribe cada ejemplo de división como fracción.

1. $3 \div 9$ **2.** $4 \div 6$ **3.** $8 \div 16$ **4.** $5 \div 25$ **5.** $9 \div 12$

Divide. Escribe cada resultado como número mixto.

6. $7\overline{)23}$ **7.** $4\overline{)31}$ **8.** $6\overline{)40}$ **9.** $9\overline{)79}$ **10.** $8\overline{)68}$

Explícalo

Escribe $\frac{23}{7}$ como número mixto. ¿Es tu respuesta la misma que la del Ejercicio 6? Explica por qué.

Estándares	NS **1.5** MR **3.2, 3.3**

Números decimales

¿Por qué aprender acerca de los decimales?

Otra manera de escribir una fracción es como decimal. Puedes hacer cálculos con decimales tal como lo haces con números enteros. Puedes usar decimales para escribir cantidades en dólares y centavos.

Al usar la información de las etiquetas sobre el peso y el precio de los alimentos, estás usando decimales.

Estas niñas están compitiendo en una carrera. Alguien está usando un cronómetro para medir a la décima de segundo más cercana el tiempo que demora la ganadora en terminar la carrera.

Leer las matemáticas

Repasar el vocabulario

Entender el lenguaje matemático te ayudará a resolver problemas con más facilidad. Éstas son algunas palabras de vocabulario matemático que deberías saber.

redondear	Expresar un número después de desplazarlo a la decena, centena o millar más cercano, y así sucesivamente
estimar	Hallar un resultado apromixado en vez de un resultado exacto
décima	Una de las diez partes iguales de un entero
centésima	Una de las cien partes iguales de un entero
decimal	Un número de uno o más dígitos a la derecha del punto decimal
punto decimal	Símbolo que se usa para separar las unidades y las décimas de un decimal

Leer palabras y símbolos

Cuando lees matemáticas, a veces lees solamente palabras, a veces lees palabras y símbolos, y a veces lees sólo símbolos.

Puedes escribir como decimales las fracciones cuyo denominador es 10 ó 100.

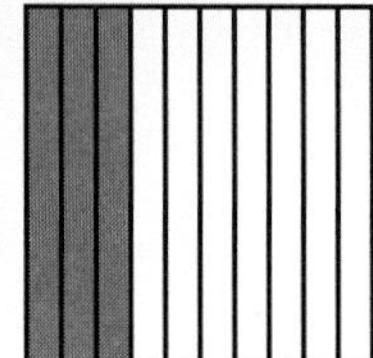

- Tres décimos del cuadrado están sombreados.
- $\frac{3}{10}$ están sombreados.
- 0.3 están sombreadas.

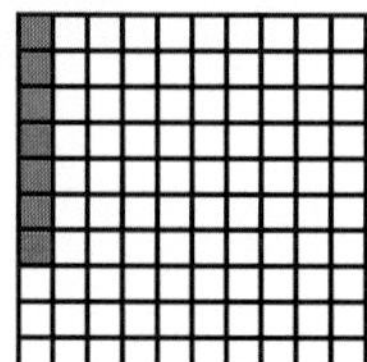

- Siete centésimos del cuadrado están sombreados.
- $\frac{7}{100}$ están sombreados.
- 0.07 están sombreadas.

Inténtalo

1. Escribe una fracción y un decimal para describir cada modelo.

a. 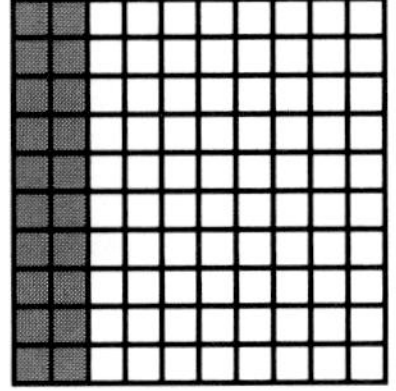

b. 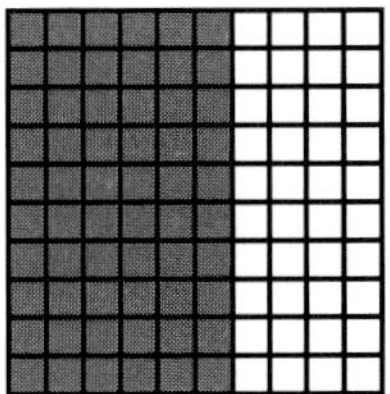

c. 

d. 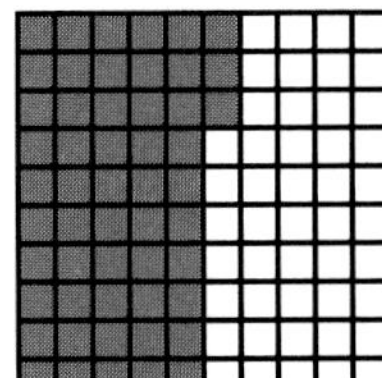

e. 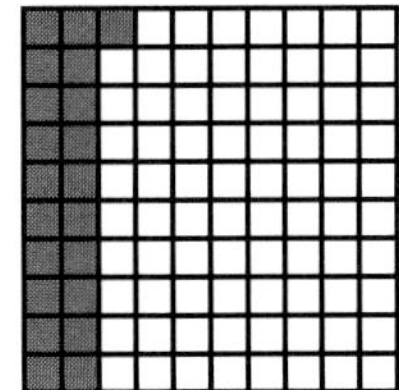

f. 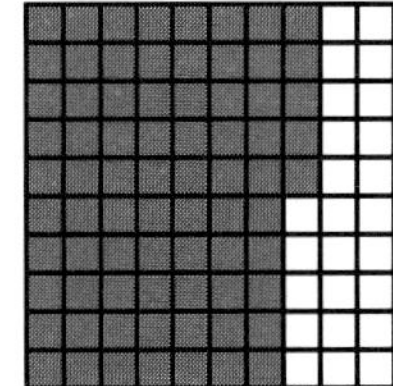

2. Escribe cada cantidad como fracción y decimal.

a. ocho décimos
b. diecisiete centésimos
c. cinco décimos
d. un décimo
e. treinta y un centésimos
f. noventa y nueve centésimos

3. Indica si el 9 está en la posición de las *unidades*, las *décimas* o las *centésimas*.

a. 0.9
b. 0.19
c. 9.24
d. 0.96
e. 0.69
f. 9.82
g. 0.95
h. 0.09

Vocabulario adicional

Escríbelo **Aquí hay otra palabra del vocabulario** que aprenderás en este capítulo. Fíjate en esta palabra. Escribe su definición en tu diario.

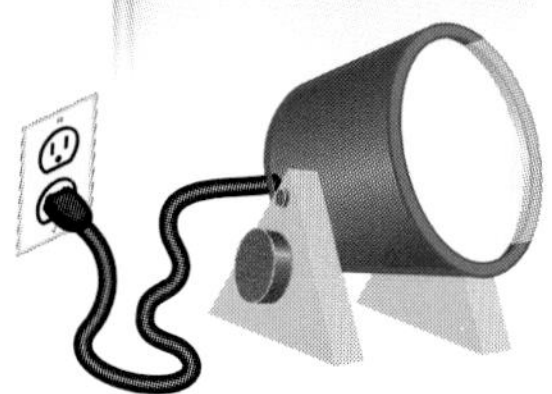

decimal equivalente

Fracciones y decimales

Aprenderás cómo pueden representarse las décimas y las centésimas de diferentes maneras.

Repaso del vocabulario
decimal
punto decimal

Apréndelo

Usa papel cuadriculado para aprender cómo se relacionan las fracciones con los decimales.

Materiales
papel cuadriculado
creyones

Matt tiene 100 tarjetas de fútbol y de fútbol americano. Él dice que $\frac{7}{10}$ son tarjetas de fútbol. Él podría también decir que $\frac{70}{100}$ son tarjetas de fútbol.

Tarjetas de fútbol $\frac{7}{10}$ ó $\frac{70}{100}$ **Tarjetas de fútbol americano**

Una fracción con denominador igual a 10 puede escribirse como **decimal** en décimas.

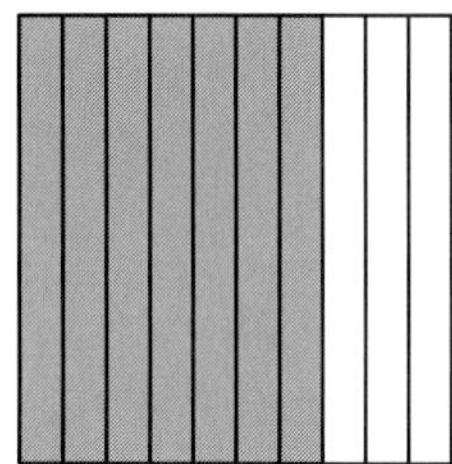

Fracción	Decimal	En palabras
$\frac{7}{10}$	0.7	siete décimas

punto decimal

Una fracción con denominador igual a 100 puede escribirse como decimal en centésimas.

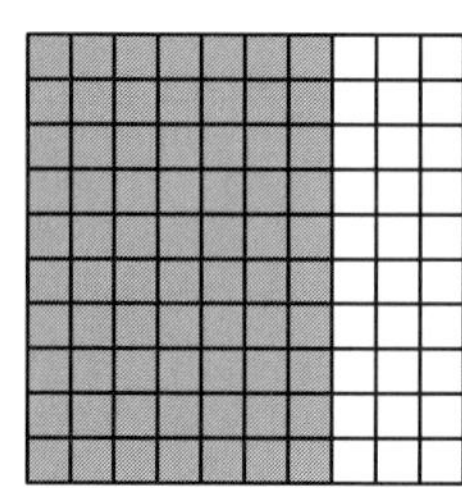

Fracción	Decimal	En palabras
$\frac{70}{100}$	0.70	setenta centésimas

Matt dice que $\frac{3}{10}$ de sus tarjetas son de fútbol americano.

Sigue estos pasos para demostrar cuántas de las tarjetas de Matt son de fútbol americano.

Paso 1 Dibuja un cuadrado de 10 × 10. Divídelo en 10 partes iguales. Colorea 3 partes para representar 0.3.

Paso 2 Dibuja otro cuadrado de 10 × 10. Divídelo en 100 partes iguales. Colorea 30 partes para representar 0.30.

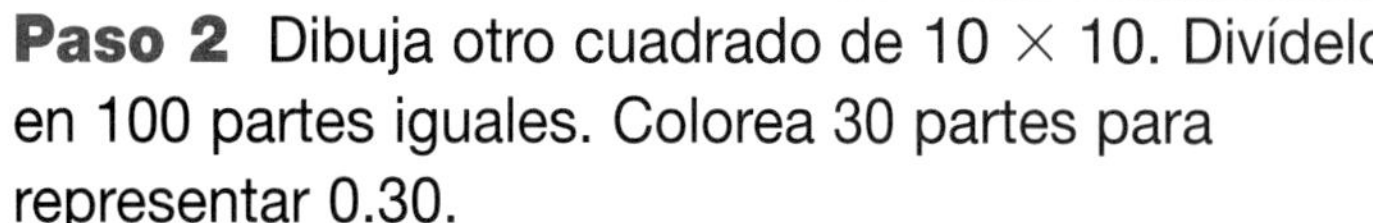

 Estándares NS **1.0, 1.6, 1.7** MR **2.3**

Paso 3 Compara los cuadrados.

- ¿Está coloreada la misma área en ambos cuadrados?
- ¿De qué manera escribes $\frac{3}{10}$ como decimal?
- ¿De qué manera escribes 0.30 como fracción?

30 de las 100 tarjetas de Matt son de fútbol americano.

Repite el Paso 2 para representar veinticinco centésimas.

- ¿De qué manera escribes $\frac{25}{100}$ como decimal?
- ¿De qué manera escribes 0.25 como fracción?

Inténtalo

Escribe una fracción y un decimal para describir cada modelo.

1. 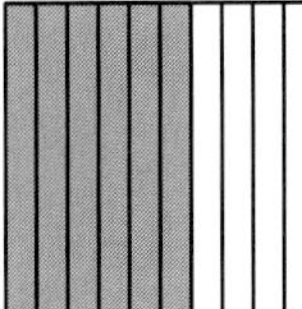

2. 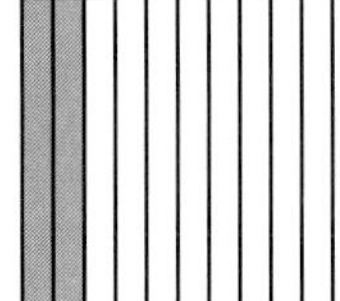

3. 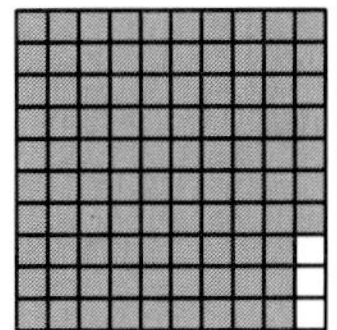

4. 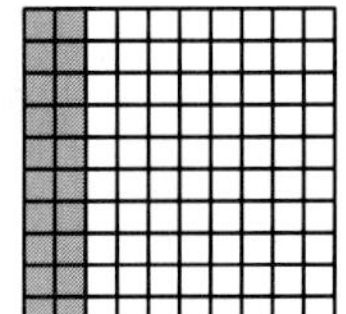

Usa papel cuadriculado. Dibuja un modelo para representar cada fracción. Luego escribe cada fracción como decimal.

5. $\frac{9}{10}$ **6.** $\frac{1}{10}$ **7.** $\frac{8}{10}$ **8.** $\frac{6}{10}$ **9.** $\frac{4}{10}$

10. $\frac{20}{100}$ **11.** $\frac{45}{100}$ **12.** $\frac{99}{100}$ **13.** $\frac{7}{100}$ **14.** $\frac{70}{100}$

Usa papel cuadriculado. Dibuja un modelo para representar cada decimal. Luego escribe cada decimal como fracción.

15. 0.3 **16.** 0.5 **17.** 0.7 **18.** 0.1 **19.** 0.8

20. 0.39 **21.** 0.83 **22.** 0.01 **23.** 0.76 **24.** 0.54

¡Escríbelo! ¡Coméntalo!

Usa lo que has aprendido para contestar estas preguntas.

25. ¿En qué se asemejan 0.9 y 0.90? ¿En qué se diferencian?

26. ¿Por qué 0.1 es mayor que 0.01?

Números mixtos y decimales

Aprenderás cómo leer, escribir y representar cantidades mayores que 1.

Apréndelo

Melanie pintó azulejos en su clase de arte. Cada azulejo tenía 10 partes iguales. ¿Qué decimal representa la cantidad de azulejos que Melanie pintó?

Hay diferentes maneras de representar la cantidad de azulejos que Melanie pintó.

Puedes usar modelos.

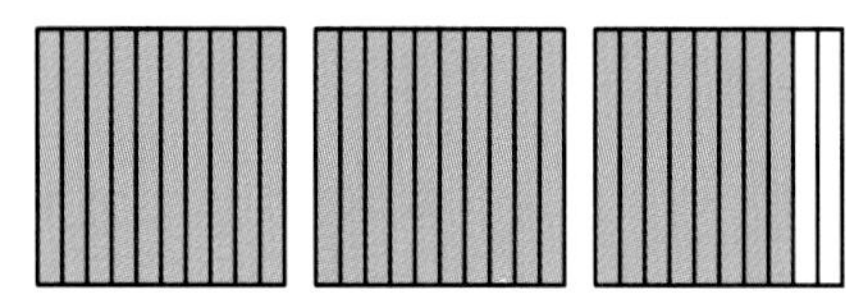

Puedes escribir un número mixto.

$2\frac{8}{10}$

Puedes escribir un decimal.

unidades	.	décimas
2	.	8

Escribe: 2.8

Lee: dos con ocho décimas

Solución: Melanie pintó 2.8 azulejos.

Melanie también pintó azulejos que tenían 100 partes iguales. Ella pintó un azulejo completo y 44 partes de otro azulejo. ¿Cuántos azulejos pintó?

Puedes usar modelos.

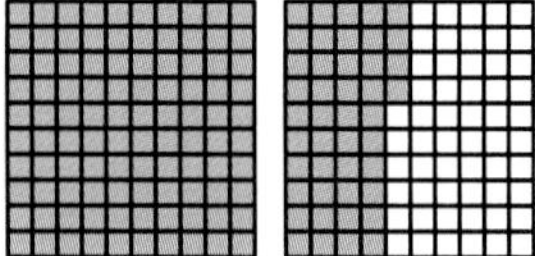

Puedes escribir un número mixto.

$1\frac{44}{100}$

Puedes escribir un decimal.

unidades	.	décimas	centésimas
1	.	4	4

Escribe: 1.44

Lee: uno con cuarenta y cuatro centésimas

Solución: Melanie pintó 1.44 azulejos.

Otro ejemplo:

Escribe $10\frac{3}{100}$ como decimal.

10.03

↑ Escribe un cero en la posición de las décimas.

Explícalo

- ¿Por qué $\frac{30}{100}$ no es un número mixto?
- ¿Por qué es diferente el valor de cada 4 en 1.44?

Estándares NS **1.0, 1.6, 1.7** MR **2.3**

Práctica guiada

Escribe un número mixto y un decimal para describir la parte sombreada de cada problema.

Asegúrate

- ¿Cuál es la parte del número entero?
- ¿Cuál sería el numerador? ¿Cuál sería el denominador?
- ¿Debería escribir el resultado en décimas o en centésimas?

1. 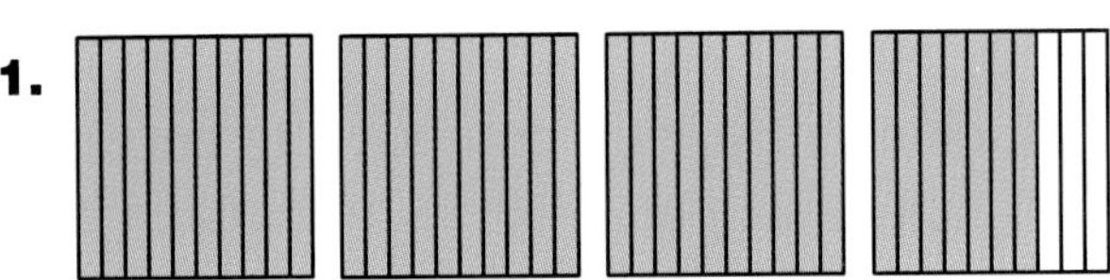

2. 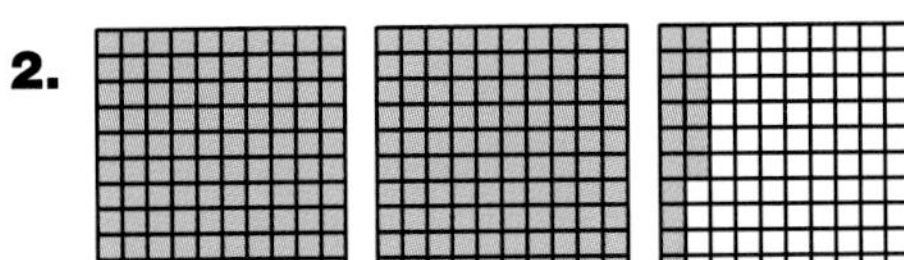

3. 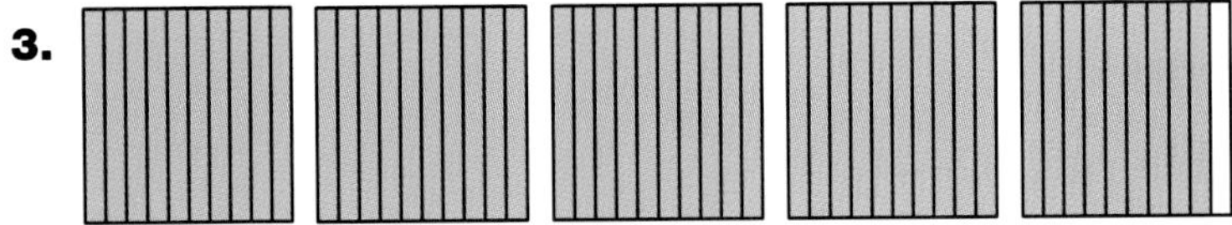

Escribe cada número mixto como decimal.

4. $5\frac{3}{10}$ **5.** $9\frac{9}{10}$ **6.** $26\frac{7}{10}$ **7.** $11\frac{1}{10}$ **8.** $15\frac{76}{100}$ **9.** $12\frac{5}{100}$

Escribe cada cantidad como decimal.

10. siete décimas **11.** veintidós centésimas **12.** uno con cinco centésimas

Práctica independiente

Escribe un número mixto y un decimal para describir la parte sombreada de cada problema.

13. 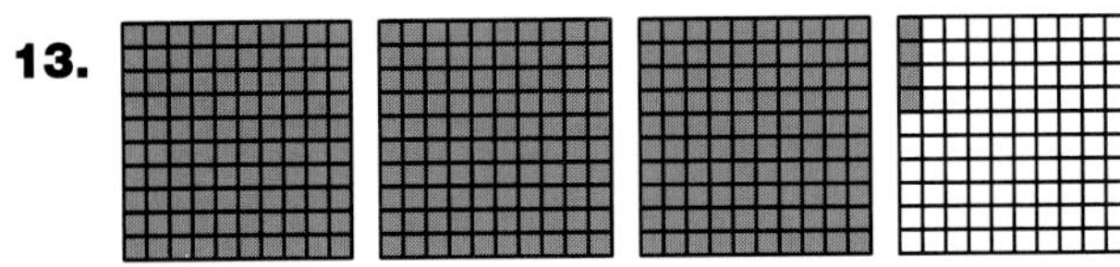

14. 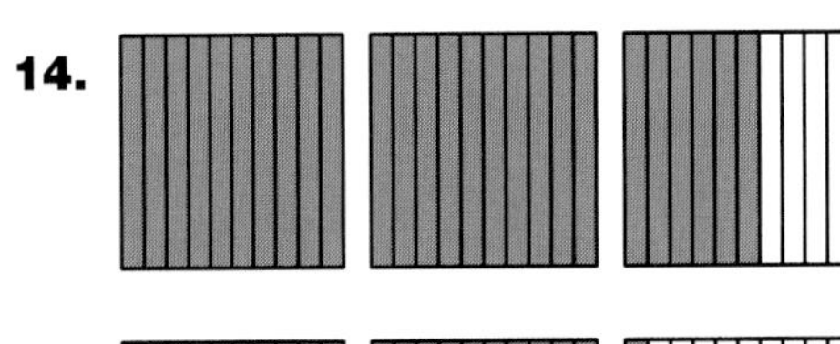

15. 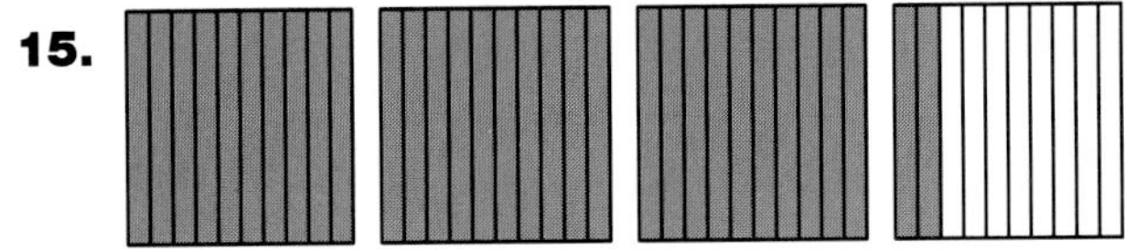

16. 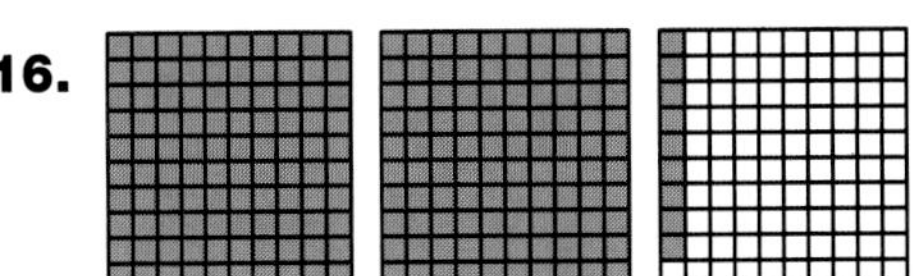

Escribe cada número mixto como decimal.

17. $1\frac{2}{10}$ **18.** $7\frac{7}{100}$ **19.** $4\frac{54}{100}$ **20.** $5\frac{36}{100}$

21. $4\frac{7}{10}$ **22.** $77\frac{77}{100}$ **23.** $99\frac{9}{100}$ **24.** $158\frac{85}{100}$

25. $34\frac{17}{100}$ **26.** $19\frac{88}{100}$ **27.** $175\frac{75}{100}$ **28.** $202\frac{2}{100}$

Escribe cada cantidad como decimal.

29. sesenta dos centésimas

30. cinco con siete décimas

31. cuarenta con cuatro centésimas

32. seis con once centésimas

33. noventa y dos con catorce centésimas

34. cincuenta y seis con ochenta centésimas

35. tres con tres décimas

36. veintidós con cuatro décimas

Escribe el valor del dígito 8 en cada número.

37. 4.86 **38.** 6.08 **39.** 28.94 **40.** 856.25 **41.** 8,015.43

Resolver problemas • Razonamiento

Usar datos Usa la tabla para los Problemas 42–44.

Nieve caída en una semana	
Día	**Pulgadas de nieve**
lunes	4.0
martes	4.5
miércoles	0.5
jueves	10.0
viernes	11.5

42. **La medición** ¿En qué día hubo menos de 1 pulgada de nieve?

43. **Analízalo** Un juego de básquetbol se canceló este día, porque el día anterior cayeron once pulgadas con cinco décimas de nieve. ¿Qué día de la semana se canceló el juego de básquetbol?

44. Mark intenta recordar cuándo llevó su pintura a casa. No había nevado mucho el día que la llevó a casa, pero ya había unas 9 pulgadas de nieve en el suelo. Hubo una gran tormenta al día siguiente. ¿Qué día llevó Mark su pintura a casa?

Repaso mixto • Preparación para pruebas

Escribe el valor que tiene el dígito 7 en cada número. *(páginas 4–5)*

45. 1,357 **46.** 37,280 **47.** 702,193 **48.** 153,276 **49.** 987,435

Escoge la letra de la respuesta correcta. *(páginas 10–11)*

50 ¿Cuánto es 15,495 redondeado al millar más cercano?

A 20,000 **C** 15,500

B 16,000 **D** 15,000

51 ¿Cuánto es 15,495 redondeado a la decena más cercana?

F 20,000 **H** 15,490

G 15,500 **J** 15,000

Práctica adicional Consultar el Conjunto A, página 402.

Juego de Práctica

¡Un dólar, un dólar!

Practica sumar cantidades de dinero para formar dólares.

Lo que necesitas

- *cronómetro o reloj*
- *Tabla decimal como la que se muestra (Recurso de enseñanza 9)*
- *dos ruedas giratorias diferentes, como las que se muestran (Recursos de enseñanza 10 y 11)*

Jugadores
4 ó 6

$0.90	$0.33	$0.85	$0.51
$0.04	$0.70	$0.22	$0.62
$0.43	$0.01	$0.66	$0.29
$0.15	$0.31	$0.87	$0.50
$0.25	$0.94	$0.19	$0.48
$0.61	$0.76	$0.30	$0.03

Lo que debes hacer

1. Juega en equipos de 2 ó 3 personas. Cada equipo escoge una rueda giratoria.
2. Un jugador del primer equipo hace girar su rueda. El jugador tiene 1 minuto para asociar la cantidad de la rueda con una cantidad de la tabla para formar $1.00.
3. Si la suma es $1.00, el equipo gana un punto.
4. Los equipos y los jugadores se turnan para repetir los pasos 1–3. El equipo que tiene la mayor cantidad de puntos gana.

Compártelo
¿Hay algo que puedas hacer durante el juego para estar listo cuando sea tu turno?

Fracciones y decimales equivalentes

Aprenderás acerca de las fracciones y los decimales que designan la misma cantidad.

Vocabulario
nuevo
decimal equivalente

Apréndelo

Carrie dice que $\frac{1}{2}$ de la cuadrícula es de color rojo. Jenny dice que $\frac{5}{10}$ son de color rojo. Rosa dice que 0.5 es de color rojo y Marla dice que 0.50 de la cuadrícula es de color rojo. ¿Están las cuatro niñas en lo correcto?

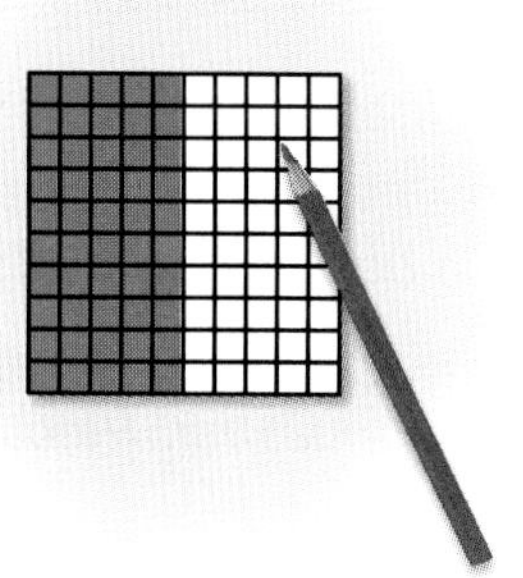

Un decimal que designa la misma cantidad que una fracción es el **decimal equivalente** de la fracción.

Para convertir una fracción a decimal, halla una fracción equivalente cuyo denominador sea 10 ó 100.

Diferentes maneras de representar cantidades equivalentes

Puedes usar modelos.

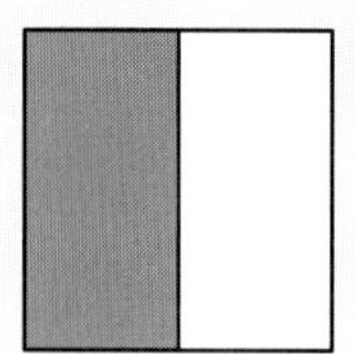

$\frac{1}{2}$

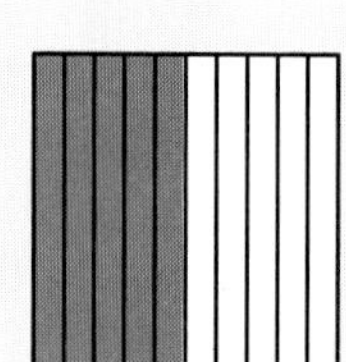

$\frac{5}{10}$ **ó 0.5**

$\frac{1}{2} = \frac{1 \times 5}{2 \times 5} = \frac{5}{10} = 0.5$

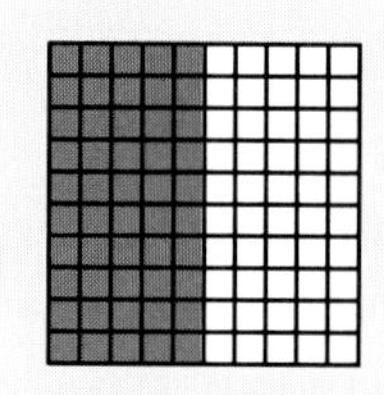

$\frac{50}{100}$ **ó 0.50**

$\frac{1}{2} = \frac{1 \times 50}{2 \times 50} = 0.50$

Puedes usar rectas numéricas.

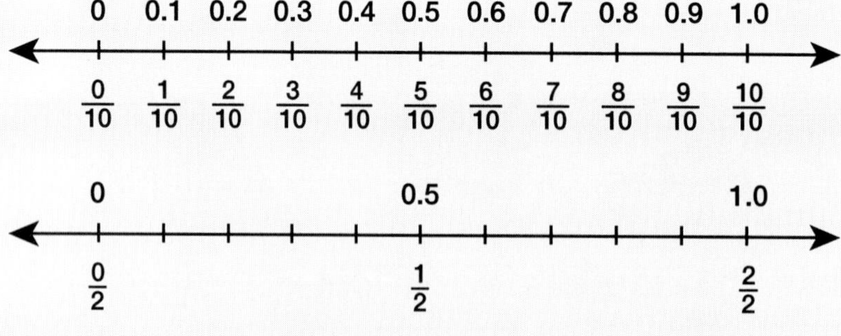

Solución: Sí, las cuatro niñas están en lo correcto.

Explícalo

- ¿Qué pasos debes seguir para expresar la fracción $\frac{1}{5}$ como decimal?
- ¿Qué relación establecen los modelos y las rectas numéricas con las fracciones y los decimales?

Estándares	NS **1.0, 1.5, 1.6, 1.7** AF **2.2**

Práctica guiada

Escribe una fracción y un decimal para describir cada parte sombreada.

1. 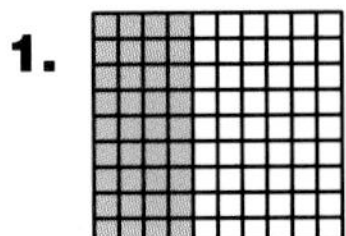

2. 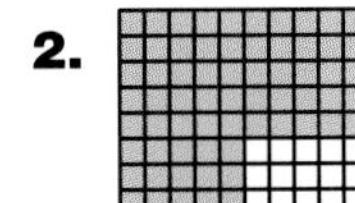

3. 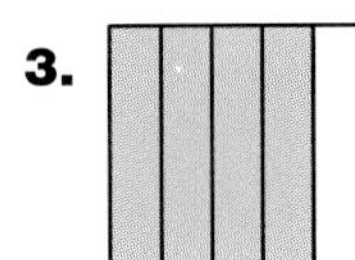

Asegúrate

- ¿Qué parte del cuadrado está sombreada?
- ¿Cómo escribo esa cantidad como fracción? ¿y como decimal?

Práctica independiente

Escribe una fracción y un decimal para describir cada parte sombreada.

4. 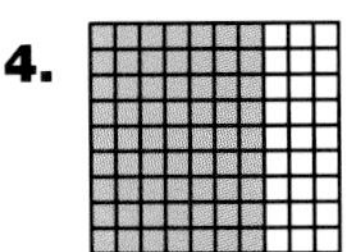

5. 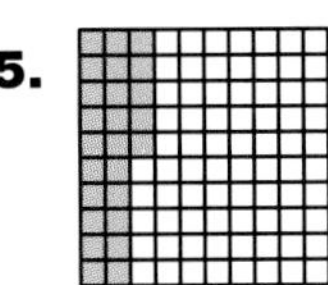

6. 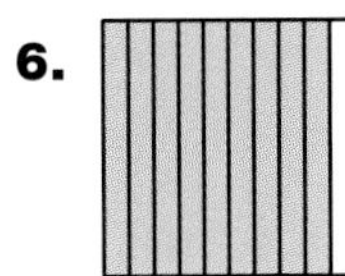

7. 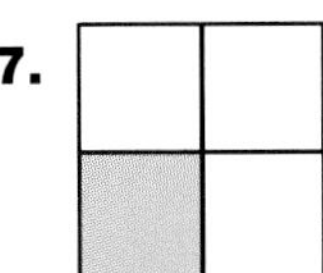

8. 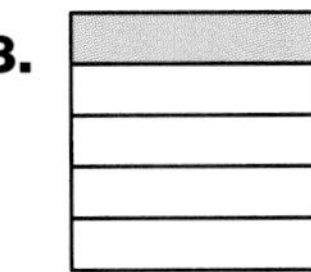

9. 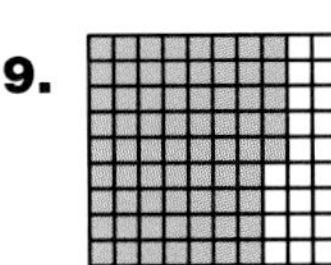

10. 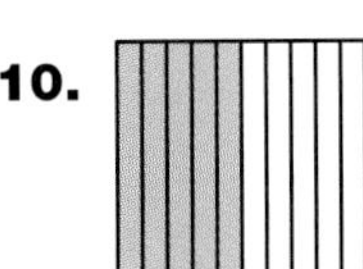

11. 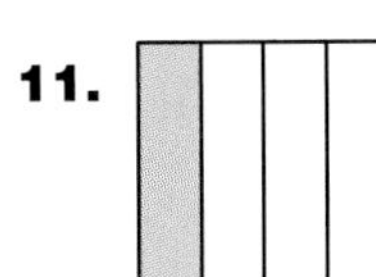

12. 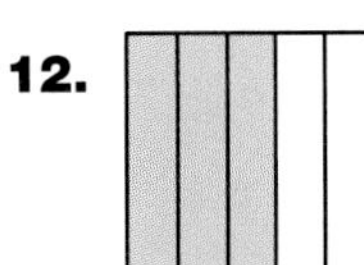

13. 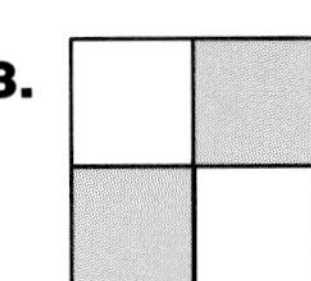

Resolver problemas • Razonamiento

Usa la foto para los Problemas 14 y 15.

14. Escribe un decimal que represente la parte del número total de gorras que es azul.

15. Escribe un decimal que represente la parte del número total de gorras que no es azul.

16. **Analízalo** Imagina que hay 100 gorras y $\frac{4}{10}$ de ellas no son de color rojo. El resto es de color rojo. ¿Cuántas gorras son de color rojo?

Repaso mixto • Preparación para pruebas

Resuelve. *(páginas 56–63)*

17. 532 + 253 **18.** 937 − 432 **19.** 7,384 − 6,103 **20.** 6,294 + 14,295

Escoge la letra de la respuesta correcta. *(páginas 56–63, 68–69)*

21 539 + 10,583

A 1,122 **C** 10,122

B 2,122 **D** 11,122

22 20,070 − 16,428

F 3,542 **H** 4,542

G 3,642 **J** 4,652

Comparar y ordenar decimales

Aprenderás cómo comparar y ordenar decimales.

Repaso del vocabulario
décimas

Apréndelo

En un evento de clavadistas, Sue obtuvo estos puntajes. ¿Cuál es su puntaje máximo y mínimo? ¿Cuál es el orden de los puntajes de menor a mayor?

Diferentes maneras de comparar y ordenar decimales

Puedes usar una tabla de valor posicional.

- Alinea los puntos decimales.
- Comienza comparando la posición de las unidades.
  3 < 4   3.9 es el mínimo.
- Continúa comparando la posición de las **décimas.**
  8 > 6 > 0   4.8 es el máximo.

unidades		décimas
4	.	6
3	.	9
4	.	8
4	.	0

4.8 > 4.6 > 4.0 > 3.9

Puedes usar una recta numérica.

- Ubica todos los puntajes sobre la recta numérica.

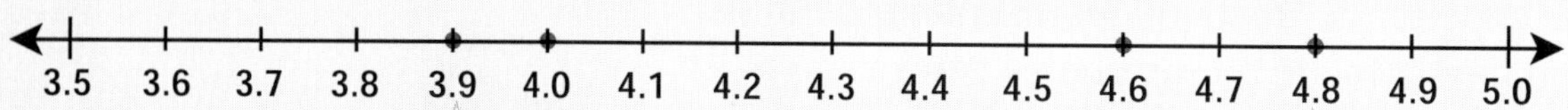

3.9 es el mínimo porque es el punto más alejado hacia la izquierda.

4.8 es el máximo porque es el punto más alejado hacia la derecha.

Solución: 4.8 es el puntaje máximo y 3.9 es el puntaje mínimo.
El orden de los resultados es 3.9, 4.0, 4.6, 4.8.

Otro ejemplo

Diferente número de valores decimales

Ordena 2.59, 2.5, 2.12 de menor a mayor.

- Alinea los puntos decimales.
- Comienza comparando la posición de las unidades.
- Continúa hasta que todos estén ordenados.

unidades		décimas	centésimas
2	.	5	9
2	.	5	0
2	.	1	2

2.5 = 2.50

↑ iguales

↑ 1 < 5, así que 2.12 es el mínimo.

↑ 0 < 9, así que 2.50 < 2.59

2.12 < 2.5 < 2.59

Explícalo

► ¿En qué se parecen el comparar decimales y comparar números enteros?

Estándares NS **1.0, 1.2, 1.9** AF **1.0**

Práctica guiada

Compara. Escribe >, < o = en cada ●.

1. 3.2 ● 3.6 **2.** 9.25 ● 8.93 **3.** 12.5 ● 12.50

Ordena los números de menor a mayor.

4. 2.9 3.5 3.2 2.3 **5.** 4.7 4.78 4.73 4.67

Asegúrate

- ¿En qué parte de una recta numérica podría estar cada decimal?
- ¿Qué debería hacer si los números no tienen la misma cantidad de valores decimales?

Práctica independiente

Compara. Escribe >, < o = en cada ●.

6. 7.8 ● 8.7 **7.** 24.6 ● 24.58 **8.** 6.9 ● 6.90 **9.** 21.03 ● 21.30

10. 4.9 ● 5.1 **11.** 86.4 ● 86.40 **12.** 17.25 ● 16.93 **13.** 13.53 ● 13.59

Ordena los números de mayor a menor.

14. 2.13 2.14 2.24 2.42 **15.** 9.8 6.9 8.29 9.85 **16.** 4.73 4.82 4.38 4.9

17. 346.9 62.38 327.86 **18.** 32.87 87.3 82 28.32 **19.** 32.98 7 7.3 36.38 23.8

Resolver problemas • Razonamiento

20. Cuatro equipos obtuvieron resultados de 49.5, 50.0, 47.6 y 47.8. ¿Cuál es el orden de los resultados de menor a mayor?

21. Analízalo Un número decimal de dos dígitos está entre 7.3 y 7.9. Es menor que 7.89 y mayor que 7.58. El dígito que está en la posición de las décimas es impar. ¿Cuál es el número?

22. Escríbelo Escribe un problema que requiera comparar u ordenar decimales. Presenta tu problema a un compañero para que lo resuelva.

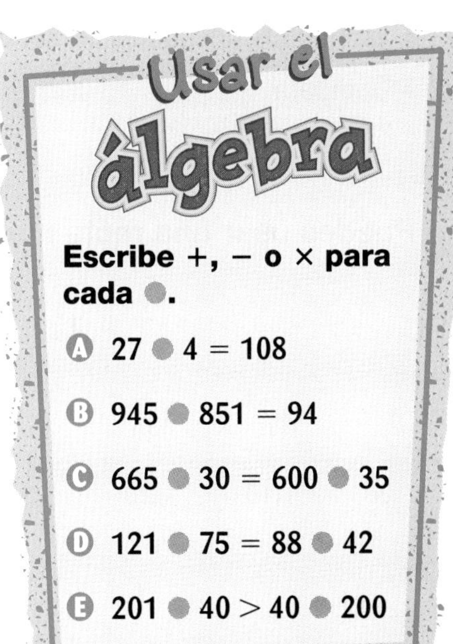

Usar el álgebra
Escribe +, − o × para cada ●.
A 27 ● 4 = 108
B 945 ● 851 = 94
C 665 ● 30 = 600 ● 35
D 121 ● 75 = 88 ● 42
E 201 ● 40 > 40 ● 200

Repaso mixto • Preparación para pruebas

Resuelve. *(páginas 82–83)*

23. $x - 4 = 9$ **24.** $x + 3 = 12$ **25.** $15 - x = 4$ **26.** $12 + x = 29$

27 **Halla *n*.** *(páginas 74–77, 82–83)*

$(5 \times 2) + (4 \times 3) = n$

A 17 **B** 22 **C** 42 **D** 120

Práctica adicional Consultar el Conjunto C, página 403.

Comparar y ordenar fracciones, números mixtos y decimales

Aprenderás cómo usar una recta numérica y los valores posicionales para comparar y ordenar fracciones, números mixtos y decimales.

Apréndelo

Kayla y su mamá están comprando queso. Hasta ahora el dependiente ha rebanado pedazos de queso suizo y de queso americano. La mamá de Kayla todavía necesita $1\frac{1}{2}$ libras de queso Muenster y $1\frac{1}{4}$ libras de queso Cheddar. ¿Cuál es el orden de todos los pesos de menor a mayor?

Diferentes maneras de comparar y ordenar decimales

Puedes usar una tabla de valor posicional.

- Convierte las fracciones en decimales.
- Escribe los decimales en centésimas.
- Compara.

	unidades		décimas	centésimas
$1\frac{1}{2}$ l	1	.	5	0
$1\frac{1}{4}$ l	1	.	2	5
1.3 l	1	.	3	0
1.60 l	1	.	6	0

Puedes usar una recta numérica.

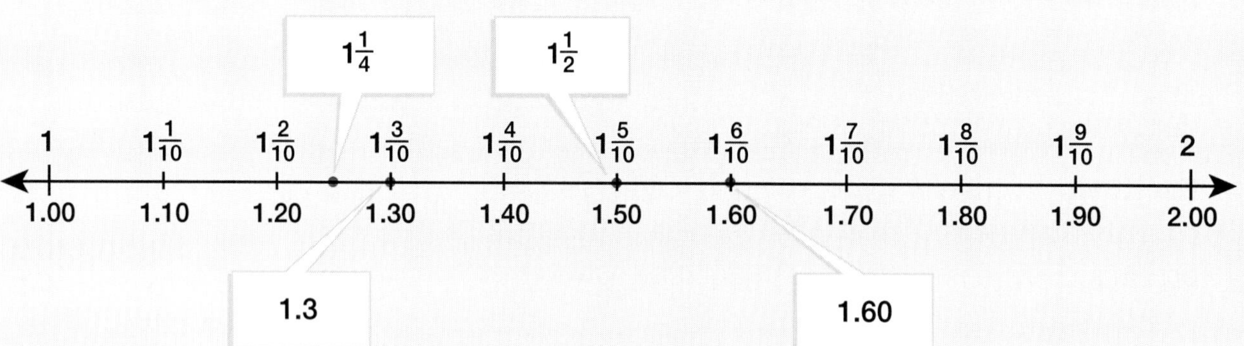

Solución: El orden de los pesos de menor a mayor es $1\frac{1}{4}$ l, 1.3 l, $1\frac{1}{2}$ l, 1.60 l.

Explícalo

▶ ¿Qué usarías para ordenar estos números, una recta numérica o el valor posicional? ¿Por qué?

83.38 18.3 83.24

$52\frac{1}{10}$ 79.67 $36\frac{14}{100}$

 Estándares NS **1.0, 1.2 , 1.9** MR **3.2**

Práctica guiada

Ordena los números de menor a mayor.

1. 1.4 $1\frac{9}{10}$ 1.05 $1\frac{15}{100}$

2. $\frac{25}{100}$ 6.1 4.26 $5\frac{8}{10}$

3. 63.43 $68\frac{1}{10}$ 60.3 $68\frac{52}{100}$

4. $\frac{2}{5}$ $\frac{25}{100}$ 1.5 $1\frac{1}{10}$

Asegúrate

- ¿Debería comenzar con el número menor o con el mayor?
- ¿Debería usar una recta numérica o el valor posicional?

Práctica independiente

Ordena los números de mayor a menor.

5. $1\frac{5}{10}$ 1.9 $1\frac{36}{100}$ 1.63

6. $15\frac{3}{100}$ 18.05 12.9 $19\frac{1}{10}$

7. 123.4 $123\frac{4}{100}$ $124\frac{3}{10}$ 123.34

8. 352.02 293.2 $352\frac{2}{10}$ $293\frac{2}{100}$

Resolver problemas • Razonamiento

Usa los dibujos para los Problemas 9–11.

A

B

C

D

9. May necesita queso para una fiesta. ¿Qué paquete tiene más queso?

10. La medición Imagina que May quiere comprar aproximadamente $3\frac{1}{2}$ libras de queso. ¿Qué paquete se aproxima más a $3\frac{1}{2}$ libras?

11. El dinero El paquete más grande cuesta $11.21 y el más pequeño cuesta $9.57. ¿Cuánto dinero menos cuesta el paquete más pequeño que el más grande?

SALUD El queso se hace de leche de vacas, cabras, ovejas y búfalos.

Un cuarto del Monterey Jack, 0.48 del Cheddar y 0.45 del Muenster es grasa. Escribe los quesos en orden del que contiene más grasa al que contiene menos.

Repaso mixto • Preparación para pruebas

Mide cada recta a la media pulgada más cercana. *(páginas 278–279)*

12. |————————|

13. |————————————————|

14 ¿Qué expresión representa al producto de una variable *n* por 9? *(páginas 78–79, 132–135)*

A $9n$ **B** $9 - n$ **C** $9 + n$ **D** $\frac{n}{9}$

Práctica adicional Consultar el Conjunto D, página 404.

Estrategia: Halla un patrón

Aprenderás que a veces los patrones pueden servirte para resolver problemas.

Sorpresas
1 paquete $0.30
2 paquetes $0.50
3 paquetes $0.70
4 paquetes $0.90
5 paquetes
6

Para hallar el número que falta en una lista, puedes hallar un patrón.

Problema El letrero a la derecha muestra los precios de las sorpresas. Nick quiere comprar 6 paquetes de sorpresas para ponerlos en una piñata. Si el patrón del precio continúa, ¿cuánto pagará Nick?

Compréndelo

¿Cuál es la pregunta?

¿Cuánto pagará Nick por 6 paquetes?

¿Qué sabes?

- 1 paquete cuesta $0.30.
- 2 paquetes cuestan $0.50.
- 3 paquetes cuestan $0.70.
- 4 paquetes cuestan $0.90.

Planéalo

¿Cómo puedes hallar la respuesta?

Halla un patrón. Úsalo para hallar el precio de 6 paquetes.

Resuélvelo

Halla el patrón.

$0.30 → + $0.20 → $0.50 → + $0.20 → $0.70 → + $0.20 → $0.90

El patrón consiste en sumar $0.20.

Ahora usa el patrón para resolver el problema.

- Primero halla el precio de 5 paquetes. Suma $0.20 al precio de 4 paquetes. $0.90 + $0.20 = $1.10
- Luego halla el precio de 6 paquetes. Suma $0.20 al precio de 5 paquetes. $1.10 + $0.20 = $1.30

Si el patrón continúa, Nick pagará $1.30 por 6 paquetes.

Verifícalo

Verifica el problema.

¿Es razonable tu respuesta? Indica por qué.

Estándares MR **1.0, 1.1, 2.3, 3.0, 3.2**

Recuerda:
- ▶ Compréndelo
- ▶ Planéalo
- ▶ Resuélvelo
- ▶ Verifícalo

Práctica guiada

Usa la estrategia de Halla un patrón para resolver cada problema.

1. Una ampliación fotográfica cuesta $3.50, dos cuestan $6.50, tres cuestan $9.50 y cuatro cuestan $12.50. Si el precio sigue un patrón, ¿cuál es el precio probable de siete ampliaciones?

   Piénsalo: ¿Cómo cambia la cantidad cada vez?

2. La dueña de una tienda derramó tinta sobre el pedido de cajas de cuentas de diferentes tamaños. Los tamaños del pedido siguen este patrón: 3.1 oz, 6.2 oz, 9.3 oz, ■ oz y 15.5 oz. ¿Qué tamaño está cubierto por la tinta?

   Piénsalo: ¿Cuál es la diferencia entre cada tamaño y el siguiente?

Práctica independiente

Resuelve. Usa éstas u otras estrategias.

Estrategias para resolver problemas

- **Comienza con el final**
- **Haz una tabla**
- **Halla un patrón**
- **Haz un dibujo**

3. Una tienda vende papel de envolver por yardas. Una yarda cuesta $1.00, 2 yardas cuestan $1.50 y 3 yardas cuestan $2.00. Si el patrón continúa, ¿cuántas yardas de papel puedes comprar con $5.00?

4. Mick necesita 10 invitaciones. A él le gustan las que puede comprar en cajas de 8 por $3.65 o a $0.75 cada una. ¿Cuál es la cantidad mínima que puede pagar Mick por 10 invitaciones?

5. Kerry compró cada gorra de fiesta por $2.00 y cada paquete de globos por $1.50. Compró un total de 7 artículos por $11.50. ¿Qué cantidad de cada artículo compró?

6. Daniel está comprando 19 paquetes de sorpresas. Cada paquete cuesta $0.98, impuesto incluido. Daniel sólo tiene $19.00. ¿Tiene dinero suficiente? Explica.

7. Hannah compró una decoración con forma de ratón. Mide 12 pulgadas de largo. La cola del ratón mide lo mismo que la cabeza y el cuerpo juntos. La cabeza del ratón mide la mitad del cuerpo. ¿Cuánto mide cada parte del ratón?

8. En enero, Josh empezó a hacer una donación a un refugio de animales. Él donó $3.00 en marzo, $3.50 en abril y $4.00 en mayo. Si sus donaciones siguieron el mismo patrón durante todo el año, ¿qué cantidad es probable que haya donado en enero?

Práctica adicional Consultar 1–4, página 405.

Verificación rápida

Verifica los conceptos de las Lecciones 1–6

Escribe una fracción o número mixto y un decimal para cada modelo.

1. 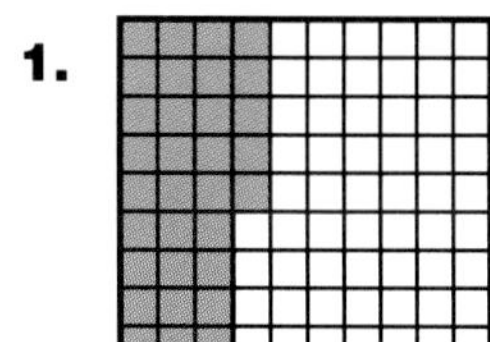

2. 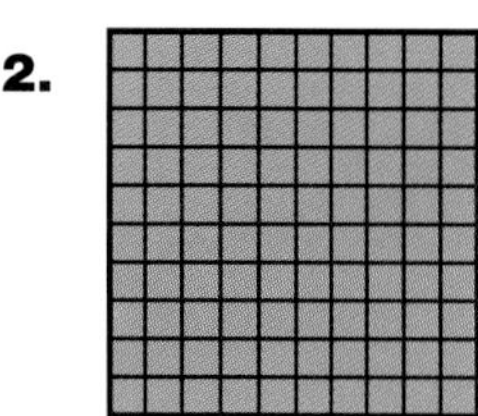 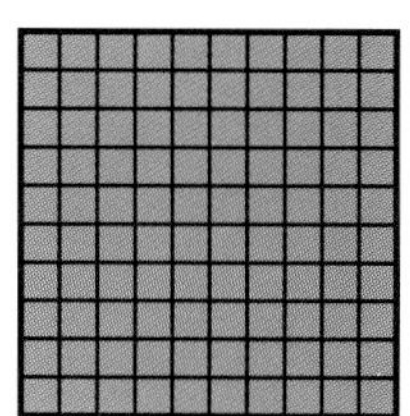 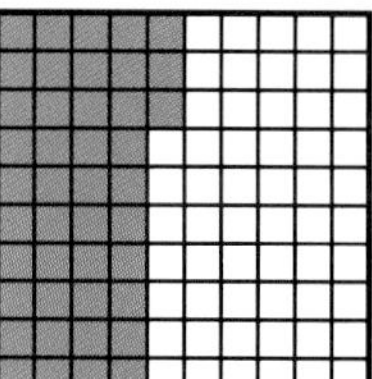

Escribe cada número mixto como decimal.

3. $55 \frac{55}{100}$ **4.** $7 \frac{8}{10}$ **5.** $162 \frac{1}{4}$

Ordena los números de menor a mayor.

6. 6.67 6.76 7.66 6.66

7. $3 \frac{5}{10}$, 3.9, $3 \frac{28}{100}$, 3.45

8. $5 \frac{4}{100}$ $4 \frac{15}{100}$ 4.6 5.07

Resuelve. Usa la estrategia de Halla un patrón.

9. Una tienda de recuerdos vende 1 tarjeta postal a $0.50, 2 postales a $0.75, 3 postales a $1.00 y 4 postales a $1.25. Si el patrón continúa, ¿cuál es el precio probable de 6 postales?

10. Teri pidió fruta seca en cajas de diferentes tamaños. Pidió una caja de 8 oz, una de 10.5 oz y una de 13 oz. Si el tamaño sigue un patrón, ¿cuál es el próximo tamaño probable del patrón?

¿Cómo te fue?

Si tuviste dificultades en cualquiera de las partes de Verificación rápida, puedes usar las siguientes páginas para repasar y practicar más.

Estándares	Ejercicios	Repasar estas páginas	Hacer estos ejercicios de práctica adicional
Sentido numérico: **1.5, 1.6**	1–2	páginas 374–376	Conjunto A, página 402
Sentido numérico: **1.6**	3–5	páginas 378–379	Conjunto C, página 403
Sentido numérico: **1.2**	6–8	páginas 380–383	Conjunto D, página 403 y 404
Razonamiento matemático: **1.1, 2.3, 3.2, 3.3**	9–10	páginas 384–385	1–4, página 405

Preparación para pruebas • Repaso acumulativo

Mantener los estándares

Marca la letra de la respuesta correcta. Si la respuesta correcta no aparece, escoge NA.

1. ¿Qué decimal representa la parte sombreada de este modelo?

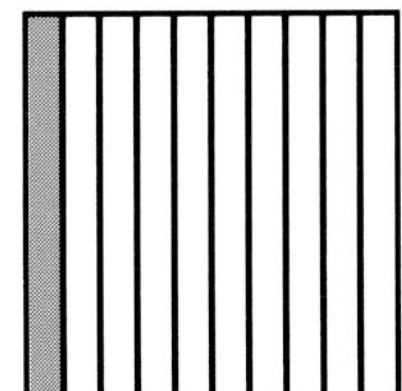

A 1.0 **C** 0.05

B 0.1 **D** 0.01

2. ¿Qué decimal está entre 1.5 y 2?

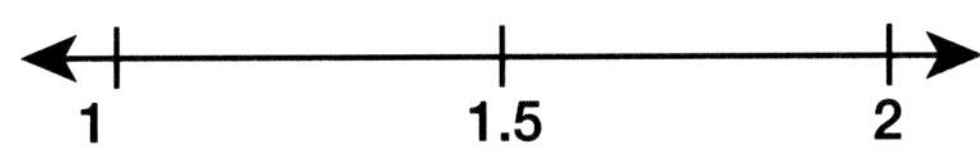

F 1.25 **H** 1.75

G 1.4 **J** 2.2

3. ¿Qué número mixto es equivalente a 1.75?

A $1\frac{1}{3}$ **C** $1\frac{5}{7}$

B $1\frac{2}{3}$ **D** $1\frac{3}{4}$

4. ¿Qué decimal es equivalente a $\frac{1}{2}$?

F 0.2 **H** 0.75

G 0.5 **J** 1.2

5. ¿Qué símbolo hace que este enunciado sea verdadero?

$\frac{1}{2}$ ● 0.3

A $>$ **C** $=$

B $<$ **D** \$

Usa el termómetro para contestar las Preguntas 6–7.

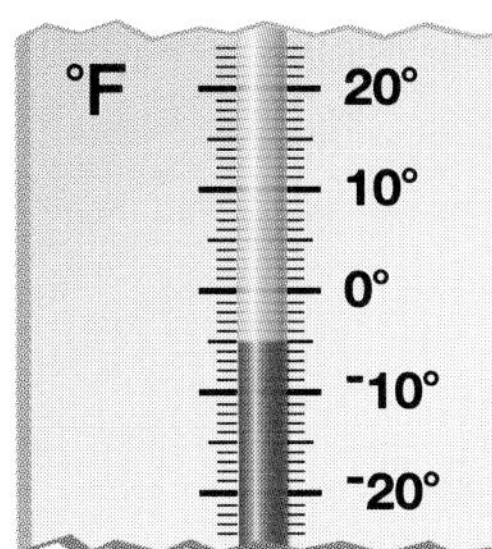

6. La temperatura es de $^{-}5$°F. Si la temperatura se eleva 10 grados, ¿qué temperatura habrá?

F 0°F

G 5°F

H 10°F

J 15°F

7. ¿Cuál es la diferencia entre 20°F y $^{-}20$°F?

A 0 grados

B 10 grados

C 20 grados

D 40 grados

8. Matt y Damon compartieron una pizza que estaba dividida en 8 trozos iguales. Matt se comió 3 trozos y Damon se comió 4 trozos. ¿Qué decimal representa la cantidad que se comió Damon?

Explícalo ¿Cómo hallaste la respuesta?

Página segura

Preparación para pruebas
Visita **www.eduplace.com/kids/mhm** para más *Preparación para pruebas.*

Sumar y restar decimales

Aprenderás que sumar y restar decimales es como sumar y restar números enteros.

Apréndelo

Sharon está preparando un postre. Ella tiene una lata de frutas de 8.25 oz y otra lata de 8.8 oz. ¿Qué cantidad de fruta tiene?

Suma. **8.25 + 8.8 = *n***

Halla 8.25 + 8.8.

Paso 1 Alinea los puntos decimales. Suma como si fueran números enteros.

$$\begin{array}{r} {}^{1} \\ 8.25 \\ +\ 8.80 \\ \hline 17\ 05 \end{array}$$

Coloca un cero en la posición de las centésimas.

Paso 2 Escribe el punto decimal en el resultado.

$$\begin{array}{r} {}^{1} \\ 8.25 \\ +\ 8.80 \\ \hline 17.05 \end{array}$$

↑ punto decimal

Paso 3 Estima para verificar. Redondea los dos números y súmalos.

$$\begin{array}{rcr} 8.25 & \longrightarrow & 8 \\ 8.80 & \longrightarrow & 9 \\ \hline & & 17 \end{array}$$

17.05 es aproximadamente 17.

Solución: Sharon tiene 17.05 onzas de fruta.

Si Sharon usa 14.5 onzas de fruta, ¿cuántas onzas le quedarán?

Resta. **17.05 − 14.5 = *n***

Halla 17.05 − 14.5.

Paso 1 Alinea los puntos decimales. Resta como si fueran números enteros.

$$\begin{array}{r} {}^{6\ 10} \\ 1\not{7}.\not{0}5 \\ -\ 14.50 \\ \hline 2\ 55 \end{array}$$

Coloca un cero en la posición de las centésimas.

Paso 2 Escribe el punto decimal en el resultado.

$$\begin{array}{r} {}^{6\ 10} \\ 1\not{7}.\not{0}5 \\ -\ 14.50 \\ \hline 2.55 \end{array}$$

↑ punto decimal

Paso 3 Suma para verificar.

$$\begin{array}{r} 14.50 \\ +\ 2.55 \\ \hline 17.05 \end{array}$$

Solución: Le quedarán 2.55 onzas de fruta.

Estándares	NS **2.0, 2.1** MR **2.3, 2.6**

Explícalo

► ¿En qué se asemejan la suma y resta de decimales a la suma y la resta de números enteros? ¿En qué se diferencian?

Práctica guiada

Suma o resta.

1. $\begin{array}{r} 8.2 \\ +\ 2.5 \\ \hline \end{array}$ **2.** $\begin{array}{r} 2.32 \\ +\ 1.71 \\ \hline \end{array}$ **3.** $\begin{array}{r} 83.35 \\ -20.67 \\ \hline \end{array}$

4. 24.3 + 2.5 **5.** 14.8 − 6.4 **6.** 9.31 − 3.45

Asegúrate

- ¿Debería sumar o restar?
- ¿Dónde coloco el punto decimal?

Práctica independiente

Suma o resta.

7. $\begin{array}{r} 2.4 \\ +\ 7.1 \\ \hline \end{array}$ **8.** $\begin{array}{r} 3.25 \\ +\ 3.49 \\ \hline \end{array}$ **9.** $\begin{array}{r} 91.42 \\ -\ 35.21 \\ \hline \end{array}$ **10.** $\begin{array}{r} 35.4 \\ -\ 34.16 \\ \hline \end{array}$ **11.** $\begin{array}{r} 5.38 \\ -\ 0.67 \\ \hline \end{array}$

12. 13.3 − 3.8 **13.** 71 + 31.6 **14.** 45.36 − 23 **15.** 35.92 + 63.29

Resolver problemas • Razonamiento

16. **Compáralo** Randy compró una caja de galletas de 8.8 oz y otra caja de 7.75 oz. Compara el número de onzas de cada caja. ¿Es la diferencia mayor o menor que 1 onza?

17. Tres trozos de cuerda miden 1.9 m, 1.6 m y 2.7 m. ¿Qué par de trozos, puestos uno junto al otro, medirían entre 3 m y 4 m? Explica.

18. **Escríbelo** Escribe un problema que requiera sumar o restar decimales. Presenta tu problema a un compañero para que lo resuelva.

Usar el vocabulario

Escribe las respuestas.

A ¿Cuál es el número más grande que sólo tiene posiciones de unidades, décimas y centésimas?

B ¿Por qué puede escribirse un número entero con o sin punto decimal?

C Cuando dices "dos con tres décimas", ¿qué palabra representa al punto decimal?

Repaso mixto • Preparación para pruebas

Multiplica o divide. *(páginas 126–127, 170–173, 234–235)*

19. 78 ÷ 8 **20.** 94 × 3 **21.** 329 ÷ 8

22 ¿Cuál es la media de 9, 6, 8, 3 y 4? *(páginas 252–253)*

A 4 **B** 5 **C** 6 **D** 30

Práctica adicional Consultar el Conjunto E, página 404.

Aplicación: Usa decimales

Aprenderás cómo usar decimales para resolver problemas.

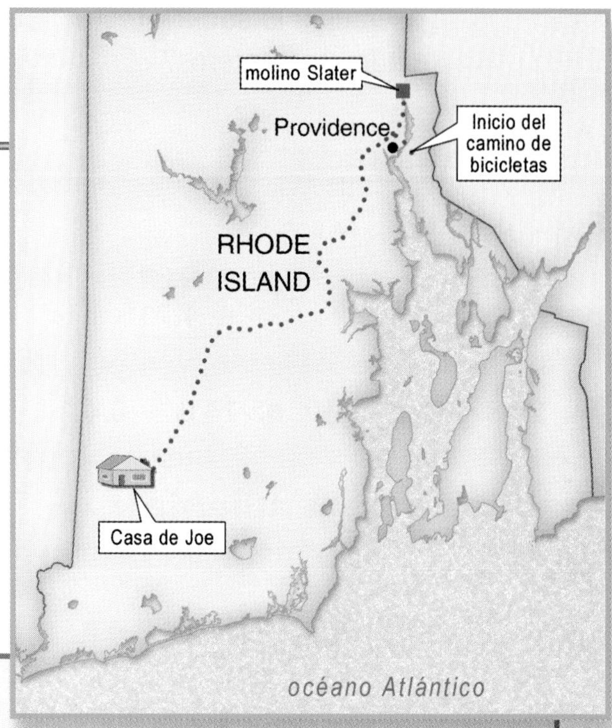

Puedes sumar o restar decimales para resolver problemas.

Problema Joe vive en Rhode Island, el estado más pequeño de los Estados Unidos. Hay 31.6 millas desde su casa hasta el molino Slater. Hay 28.7 millas desde su casa hasta el camino de bicicletas de bahía Este. Desde la casa de Joe, ¿qué diferencia hay entre la distancia hasta el molino Slater y la distancia que hay hasta el camino de bicicletas?

Compréndelo

¿Cuál es la pregunta?

Desde la casa de Joe, ¿qué diferencia hay entre la distancia hasta el molino Slater y la distancia que hay hasta el camino de bicicletas?

¿Qué sabes?

- Hay 31.6 millas desde la casa de Joe hasta el molino Slater.
- Hay 28.7 millas desde la casa de Joe hasta el camino de bicicletas.

¿Cómo puedes hallar la respuesta?

Resta el número de millas que hay hasta el camino de bicicletas del número de millas que hay hasta el molino Slater.

$$\begin{array}{r} 31.6 \\ -\ 28.7 \\ \hline 2.9 \end{array}$$

Desde la casa de Joe hay 2.9 millas más hasta el molino Slater que hasta el camino de bicicletas.

Verifícalo

Verifica el problema.

¿Es razonable tu respuesta? Explica.

 Estándares NS 2.0, 2.1 MR 1.0, 1.1, 1.2, 2.6, 3.0, 3.2

El molino Slater fue la primera fábrica de los Estados Unidos en hacer hilo de algodón con máquinas accionadas por agua.

Práctica guiada

Resuelve cada problema.

1. La familia de Joe pasó 4 horas en el molino Slater. Ellos pasaron 2.5 horas en el parque. ¿Cuánto tiempo en total pasaron en el molino Slater y en el parque?

   Piénsalo: ¿Qué operación debería usar?

2. En una laguna salada, la marea alta fue de 2.4 pies el 25 de marzo. La marea baja fue de 0.2 pies. ¿Cuál fue la diferencia entre la marea alta y la marea baja?

   Piénsalo: ¿Sumo o resto?

Práctica independiente

Resuelve. Usa éstas u otras estrategias.

Estrategias para resolver problemas

- **Represéntalo**
- **Estima y verifica**
- **Comienza con el final**
- **Halla un patrón**

3. Una fría noche de noviembre, la temperatura descendió 0.2 grados cada 15 minutos, durante 2 horas. Después la temperatura se mantuvo en 15.6°F. ¿Cuál era la temperatura cuando empezó a descender?

4. Para un viaje, a cada estudiante le cobran $10.00 y a cada adulto le cobran $18.50. Alquilar un minibús de 10 asientos cuesta $117.00. ¿Exactamente cuántos estudiantes y adultos deben inscribirse para pagar por 2 autobuses?

5. Una habitación de hotel para dos personas cuesta $57.95 la noche. Hay un recargo de $5.00 por cada persona más, hasta cuatro personas. Una habitación para cuatro personas cuesta $69.95. ¿Cuál es la habitación más económica para una familia de cuatro?

6. A Sam le gusta correr por la playa. De lunes a miércoles, él corre 1.3 millas al día. El jueves y el viernes, corre 1.8 millas al día. ¿Cuántas millas corre durante estos cinco días?

7. Estas fracciones forman un patrón. ¿Cuál crees que es el patrón? Para este patrón, ¿cuáles son las dos fracciones siguientes?

   $\frac{1}{5}$ $\frac{2}{10}$ $\frac{4}{20}$ $\frac{8}{40}$ $\frac{16}{80}$

8. Brooke está haciendo un modelo de un molino. De un pliego de cartulina de 36 pulg $\times$ 48 pulg, ella quiere cortar cuatro cuadrados de 18 pulg $\times$ 18 pulg. ¿Es posible hacerlo? Si es así, muestra cómo.

Práctica adicional Consultar 5–7, página 405.

Redondear decimales

Aprenderás cómo usar reglas o una recta numérica para redondear decimales.

Apréndelo

Sam, el gato de Lito, pesa 12.35 libras. ¿Cuánto pesa Sam, redondeado a la libra entera más cercana?

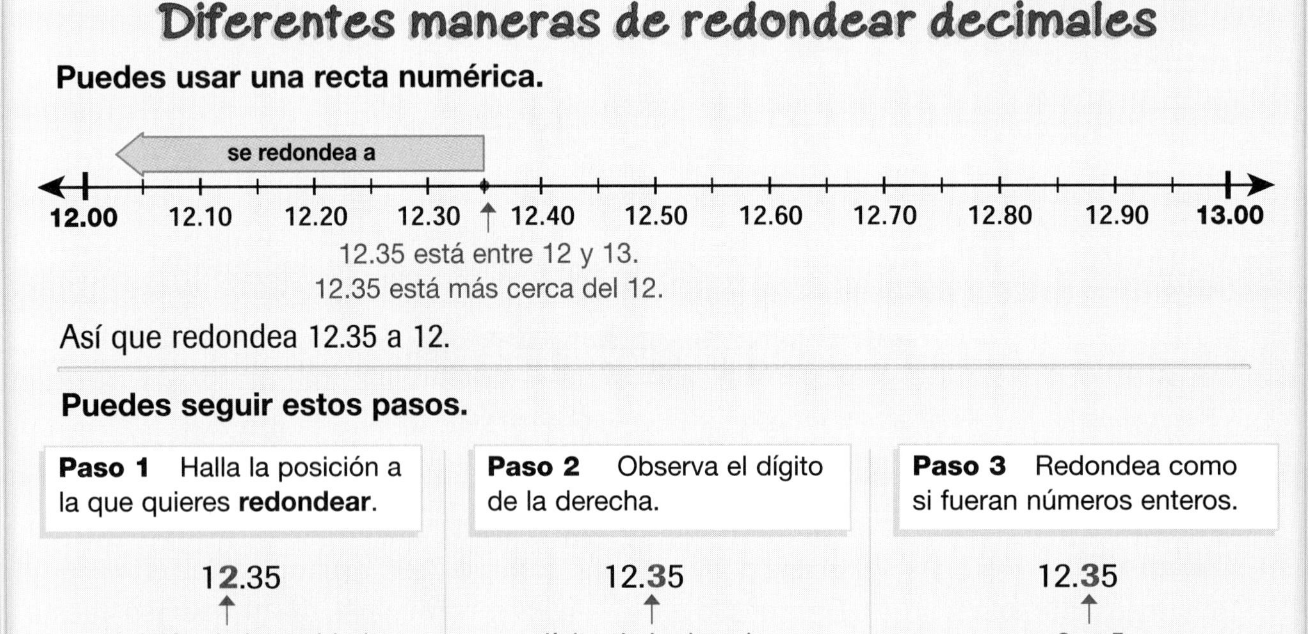

Diferentes maneras de redondear decimales

Puedes usar una recta numérica.

12.35 está entre 12 y 13.
12.35 está más cerca del 12.

Así que redondea 12.35 a 12.

Puedes seguir estos pasos.

Paso 1 Halla la posición a la que quieres **redondear**.

12.35
posición de las unidades

Paso 2 Observa el dígito de la derecha.

12.35
dígito de la derecha

Paso 3 Redondea como si fueran números enteros.

12.35
$3 < 5$
Así que no cambies el 2.
12.35 se redondea a 12.

Solución: El peso de Sam, a la libra entera más cercana, es de 12 libras.

Otros ejemplos

A. Redondear la posición de las décimas al número entero más cercano

24.7
posición de las unidades
$7 > 5$
Cambia el 4 a 5.

24.7 se redondea a 25

B. Redondear la posición de las centésimas a la décima más cercana

52.14
posición de las décimas
$4 < 5$
No cambies el 1.

52.14 se redondea a 52.1

Explícalo

▶ ¿Es razonable la solución al problema del peso de Sam? ¿Por qué?

Práctica guiada

Redondea cada decimal al número entero más cercano.

1. 38.6 **2.** 199.5 **3.** 95.05 **4.** 436.36

Redondea cada decimal a la décima más cercana.

5. 7.37 **6.** 16.19 **7.** 153.96 **8.** 501.02

Asegúrate

- ¿Qué dígito debo observar para redondear este decimal?
- ¿Debería cambiar el dígito de la posición a redondear o debería seguir siendo el mismo?

Práctica independiente

Redondea cada decimal al número entero más cercano.

9. 2.8 **10.** 9.4 **11.** 16.7 **12.** 89.9 **13.** 135.5 **14.** 118.16

15. 5.91 **16.** 8.05 **17.** 23.77 **18.** 64.36 **19.** 352.75 **20.** 680.98

Redondea cada decimal a la décima más cercana.

21. 7.86 **22.** 6.51 **23.** 73.87 **24.** 90.15 **25.** 183.59 **26.** 236.45

27. 10.01 **28.** 56.35 **29.** 118.26 **30.** 465.64 **31.** 777.77 **32.** 501.98

Resolver problemas • Razonamiento

Usar datos **Usa la tabla para los Problemas 33 y 34.**

33. ¿Qué gatos pesan menos de $10\frac{1}{2}$ libras?

34. ¿Para qué gatos la diferencia en peso es de aproximadamente 4 libras? ¿Por qué es razonable tu respuesta?

35. **Analízalo** A la 1:00 p.m. comenzará una presentación de gatos. Demora $1\frac{1}{2}$ horas armar las mesas que deben estar listas al menos 45 minutos antes de que comience la presentación. ¿A más tardar, a qué hora pueden los trabajadores comenzar a armar las mesas?

Pesos de los gatos

Gato	Peso
Murphy	10.86 l
Tiny	10.18 l
Licorice	15.04 l
Ginger	10.34 l

Repaso mixto • Preparación para pruebas

Suma o resta. *(páginas 56–63)*

36. 33,630 + 1,532 **37.** 82,603 + 64,862 **38.** 81,426 − 20,351

39 ¿Cuál es el valor de 803 × 4? *(páginas 180–181)*

A 332 **B** 2,412 **C** 3,212 **D** 32,012

Estimar sumas y restas de decimales

Aprenderás cómo redondear para estimar sumar y diferencias.

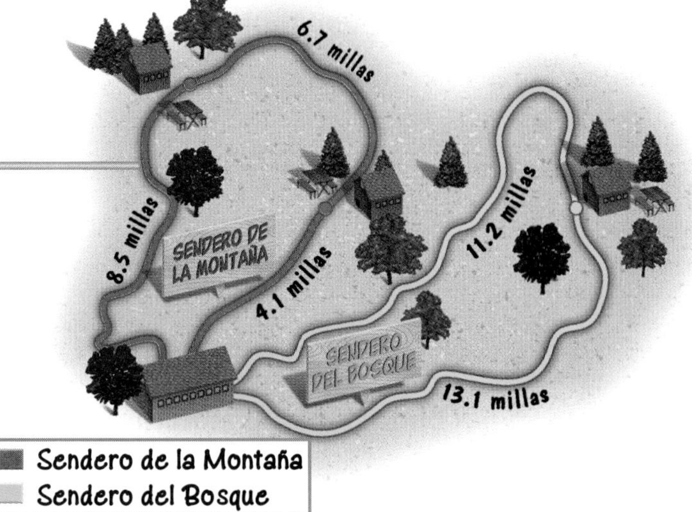

Apréndelo

Jacob quiere recorrer el sendero más corto. ¿Debería tomar el Sendero de la Montaña o el Sendero del Bosque?

Es posible que no necesites un resultado exacto. Así que intenta resolver el problema con una estimación.

Paso 1 Estima la longitud de cada sendero.

- Redondea cada decimal al número entero más cercano.
- Luego suma los números redondeados.

Sendero de la Montaña

8.5	se redondea a	9
6.7	se redondea a	7
+ 4.1	se redondea a	+ 4
		20 millas

Sendero del Bosque

11.2	se redondea a	11
+ 13.1	se redondea a	+ 13
		24 millas

Paso 2 Compara las dos estimaciones.

20 millas $<$ 24 millas
Parece ser que el Sendero de la Montaña es más corto que el Sendero del Bosque.

Solución: Según su estimación, él debería tomar el Sendero de la Montaña.

Otros ejemplos

A. Estimar diferencias

18.5	se redondea a	19
−16.9	se redondea a	−17
		2

B. Estimar dinero

\$308.17	se redondea a	\$308
− 163.82	se redondea a	− 164
		\$144

Explícalo

- ► Si redondeas para estimar la suma de 7.8 más 6.5, ¿cómo se compararía la estimación con la suma real?
- ► ¿Son razonables las estimaciones que realizó Jacob? ¿Por qué?

 Estándares NS **2.1, 2.2** MR **2.0, 2.5**

Práctica guiada

Estima cada suma o diferencia redondeando cada decimal al número entero más cercano.

Asegúrate

- ¿Cómo redondeo cada decimal al número entero más cercano?
- ¿Debería sumar o restar?

1. 4.7 + 2.5 + 3.1

2. \$44.63 + 14.35

3. 349.29 + 34.51

4. 5.1 − 1.7

5. 73.78 − 32.15

6. \$157.93 − 104.42

7. 984.38 − 506.23

8. \$21.73 − 19.95

Práctica independiente

Estima cada suma o diferencia redondeando cada decimal al número entero más cercano.

9. 8.6 + 5.2

10. 13.5 + 15.9

11. 198.1 + 238.5

12. 579.44 + 94.15

13. \$349.29 + 34.51

14. 8.2 − 3.9

15. \$23.82 − 20.49

16. 527.49 − 248.21

17. \$600.46 − 64.92

18. 902.55 − 343.72

19. 6.4 + 7.1 + 2.5

20. 4.37 + 8.40 + 2.53

21. \$67.17 + 31.25 + 8.24

22. 90.75 + 44.58 + 82.32

23. \$615.03 + 210.93 + 414.42

Resolver problemas • Razonamiento

Resuelve. Escoge un método.

Métodos de computación

- **Cálculo mental**
- **Estimación**
- **Papel y lápiz**

24. Un carpintero necesita construir una plataforma que soporte 8 caballos que pesan entre 1,500 y 2,600 libras cada uno. ¿Cuánto peso debe ser capaz de soportar la plataforma?

25. El dinero Antes de ir al sendero, Joe necesita comprar bloqueador solar a \$5.79, una gorra a \$6.80 y una botella de agua a \$4.25. Joe tiene \$20. ¿Será dinero suficiente? Explica.

26. Margaret recorrió 87.8 millas en una semana. Recorrió 77.6 millas los 6 primeros días. ¿Cuántas millas recorrió el séptimo día?

27. La medición Para dar una vuelta a la pista de entrenamiento de los caballos hay que recorrer 400 metros. ¿Cuántas vueltas deberías dar para recorrer 2 kilómetros?

Usa el mapa para los Problemas 28–30.

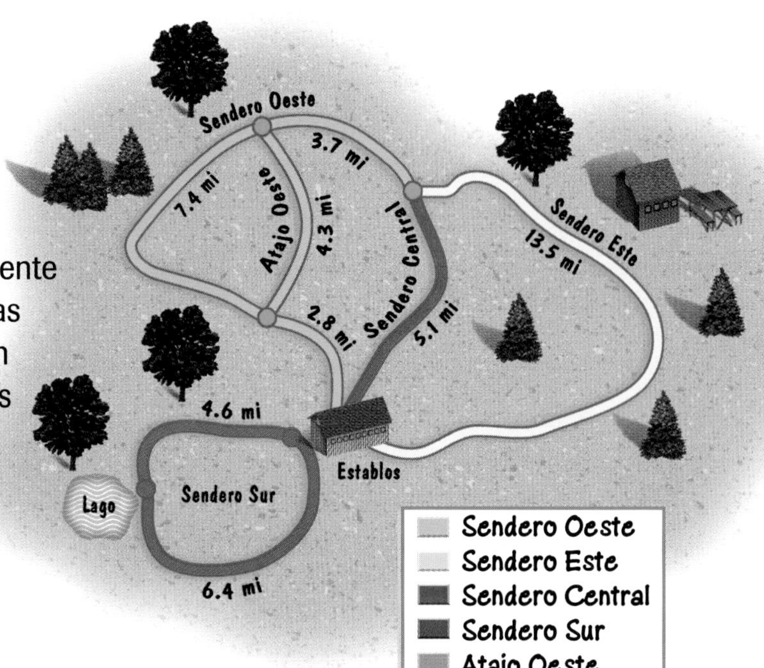

28. Ana recorrió aproximadamente 25 millas. Ella comenzó y terminó en los establos. ¿Qué senderos tomó?

29. Analízalo Mary recorrió aproximadamente 5 millas con Alex. Después recorrió unas 8 millas más y se encontró con Dave en un cruce. Ellos recorrieron unas 3 millas de regreso a los establos. ¿Qué senderos tomó Mary?

30. Escríbelo Usa el mapa para escribir un problema. Entrega el problema a un compañero para que lo resuelva.

Repaso mixto • Preparación para pruebas

Copia y compara cada tabla. *(páginas 132–135)*

31.

n	$3 \times n$
4	12
6	■
8	■

32.

n	$n + 4$
5	9
12	■
16	■

33.

n	$8n$
4	32
9	■
■	104

Escoge la letra de la respuesta correcta. *(páginas 294–295)*

34 2,000 L = ______ mL

A 2 **C** 20,000
B 20 **D** 2,000,000

35 2,000 mg = ______ g

F 2 **H** 200
G 20 **J** 20,000

Razonamiento lógico

Analogías

Observa qué relación hay entre el primer par de palabras. Escoge la letra de la palabra que establece una relación similar para el segundo par.

36. El **sumando** es a la **suma** como el **factor** es al ______.

A diferencia **C** cociente
B producto **D** divisor

37. La **onza** es al **peso** como la **pulgada** es a la ______.

F pie **H** capacidad
G libra **J** longitud

Muestra lo que sabes

Usar el vocabulario

Escribe la respuesta para cada pregunta.

1. ¿Qué estimación es buena para la diferencia entre 46.2 y 42.6?

2. ¿Qué estimación es buena para la suma de 46.2 más 42.6?

3. ¿Cuánto es 4.50 redondeado al número entero más cercano?

4. ¿Qué números mixtos diferentes son equivalentes a 4.8?

Estímalo

Estima cada suma o diferencia redondeando cada número a la mayor posición.

1. $22.3 + 46.5$

2. $199.86 - 131.42$

3. $538.41 - 113.68$

4. $8{,}466.73 + 1{,}501.08$

5. $312.09 + 404.65$

6. $9{,}247.43 - 2{,}453.42$

7. $746.6 - 746.5$

8. $28{,}677.33 + 34{,}298.78$

Redondeo decimal

Usa lo que sabes acerca del redondeo para contestar cada pregunta.

1. En centésimas, ¿cuál es el menor decimal que puede redondearse a 56?

2. En décimas, ¿cuál es el mayor decimal que puede redondearse a 83?

3. Un número redondeado a la décima más cercana es 13.4. En centésimas, ¿cuál es el número máximo y mínimo que podría haberse redondeado?

4. Al redondear 3.9 en décimas y otro decimal al número entero más cercano, su suma es 9. ¿Cuál podría ser el otro decimal?

Destreza: Escoge un método de computación

Aprenderás cómo decidir qué método usar para resolver un problema.

Antes de buscar una respuesta, debes decidir si usarás cálculo mental, estimación o papel y lápiz.

Observa las situaciones siguientes.

A veces puedes usar el cálculo mental.

La semana pasada Emma ganó \$3.25 y \$1.75 por pasear perros. ¿Cuánto ganó Emma en total?

Piénsalo: \$3.25 = \$3.00 + \$0.25
\$1.75 = \$1.00 + \$0.75
\$4.00 + \$1.00 = \$5.00

Emma ganó \$5.00 en total.

A veces sólo necesitas estimar.

Ben repartió *Noticias del vecindario* en 4 tiendas de la ciudad la semana pasada. Él recibió \$0.98 de cada tienda. ¿Ganó más dinero o menos dinero que Emma?

\$0.98 × 4 → se redondea a → \$1.00 × 4 = \$4.00

Ben ganó menos de \$4.00, así que ganó menos que Emma.

A veces usarás papel y lápiz.

Emma y Ben quieren comprar una cinta de video que cuesta \$31.45. Ella tiene \$14.68 y él tiene \$15.57. ¿Tienen dinero suficiente?

Primero suma para hallar cuánto tienen.
\$14.68 + 15.57 = \$30.25

Resta para hallar cuánto más necesitan.
\$31.45 − 30.25 = \$ 1.20

No, ellos necesitan \$1.20 más.

Verifícalo ¿Por qué se utilizó el método de papel y lápiz en el tercer ejemplo? ¿Habría servido también una estimación?

 Estándares NS **2.1** MR **1.0, 2.6, 3.0, 3.2**

Izquierda: Antes de que se entreguen los perros guía a los ciegos, ellos deben vivir con familias para aprender cómo comportarse con la gente.
Derecha: Una mujer camina con su perro guía.

Práctica guiada

Usa cálculo mental, estimación o papel y lápiz.

1. La familia de Kelly está criando un cachorro que guiará a una persona ciega. El mes pasado, la familia de Kelly gastó $24.75 en comida, $8.10 en una correa y $4.95 en una placa. ¿Cuánto gastaron aproximadamente?

   Piénsalo: ¿Basta con una estimación o se necesita un resultado exacto?

2. Jeffrey, Amanda y William ganaron $3.50, $2.25 y $3.25 sacando nieve con palas. Ellos se repartieron el dinero en partes iguales. ¿Cuánto dinero recibió cada uno?

   ¿Es fácil sumar las cantidades sin papel y lápiz?

Práctica independiente

Resuelve. Usa éstas u otras estrategias.

Estrategias para resolver problemas

- **Halla un patrón**
- **Comienza con el final**
- **Escribe una ecuación**
- **Resuelve un problema más sencillo**

3. Luisa ganó $6.45 cuidando a niños. Ganó $5.00 barriendo hojas. Ella necesita $16.75 para comprar una cinta de video. ¿Cuánto dinero más necesita ganar?

4. Sasha ganó dinero cortando el pasto. Ella usó $\frac{5}{8}$ del dinero para comprar una cinta de video. Ella ahorró $\frac{1}{8}$ del dinero. ¿Qué fracción de dinero le quedó?

5. Observa los precios siguientes. Si el patrón continúa, ¿cuál es el siguiente número probable del patrón?

   $21, $35, $49, $63, $77, ■

6. El Sr. Taylor tenía $125.00. Gastó $98.00 en un reproductor de CDs y $22.25 en CDs. ¿Le quedó dinero suficiente como para comprar un estuche de CDs a $5.00? Indica cómo hallaste la respuesta.

7. Brian ha leído muchos libros este año. Si él divide el número de libros entre 3 y luego multiplica el cociente por 2, el resultado es 148. ¿Cuántos libros ha leído este año?

8. La mamá de Mandy le dio un billete de $20 para comprar algunos comestibles. Mandy compró artículos que cuestan $2.26, $7.49, $1.98, $6.85 y $1.15. ¿Cuánto cambió recibió?

Práctica adicional Consultar 8–11, página 405.

Verificación rápida

Verifica los conceptos de las Lecciones 7–11

Redondea cada decimal a la décima más cercana.

1. 58.43 **2.** 292.47 **3.** 760.75

Estima cada suma o diferencia redondeando al número entero más cercano.

4. $\begin{array}{r} 362.57 \\ +\ 123.46 \\ \hline \end{array}$ **5.** $\begin{array}{r} 657.08 \\ -\ 324.51 \\ \hline \end{array}$

Suma o resta.

6. $\begin{array}{r} 7.43 \\ -\ 0.62 \\ \hline \end{array}$ **7.** $\begin{array}{r} 62.05 \\ +\ 43.76 \\ \hline \end{array}$ **8.** $\begin{array}{r} 48.7 \\ +\ 25.38 \\ \hline \end{array}$

Resuelve.

9. Ryan tenía \$12.38. Megan tenía \$14.15. ¿Cuánto dinero más necesitan para comprar un juego de video que cuesta \$35.85? ¿Qué método de computación usaste?

10. Los abuelos de Mike viven a 26.7 millas. Su primo vive 15.9 millas más lejos. ¿A cuántas millas vive el primo de Mike?

¿Cómo te fue?

Si tuviste dificultades en cualquiera de las partes de Verificación rápida, puedes usar las siguientes páginas para repasar y practicar más.

Estándares	Ejercicios	Repasar estas páginas	Hacer estos ejercicios de práctica adicional
Sentido numérico: **2.1**	1–3	páginas 392–393	Conjunto F, página 404
Sentido numérico: **2.2**	4–5	páginas 394–396	Conjunto G, página 404
Sentido numérico: **2.1, 2.2**	6–8	páginas 388–389	Conjunto E, página 404
Sentido numérico: **2.1** Razonamiento: **1.1, 2.2, 2.6, 3.2**	9	páginas 398–399	8–11, página 405
Sentido numérico: **2.1** Razonamiento: **1.1, 2.6, 3.2**	10	páginas 390–391	5–7, página 405

Preparación para pruebas • Repaso acumulativo

Mantener los estándares

Marca la letra de la respuesta correcta. Si la respuesta correcta no aparece, escoge NA.

1. ¿Qué decimal representa la parte sombreada de este modelo?

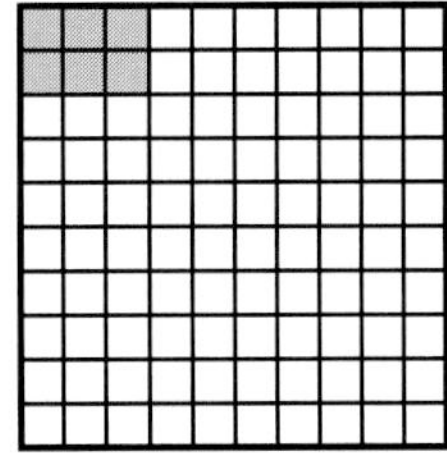

A 6.0 **C** 0.60
B 0.6 **D** 0.06

2. ¿Qué decimal está entre 0.15 y 0.2?

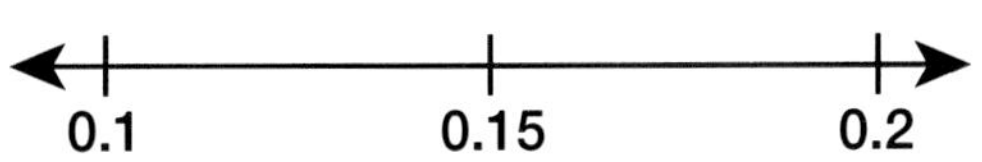

F 0.02 **H** 0.17
G 0.14 **J** 0.3

3. 6.15 − 2.79

A 3.36 **C** 4.64
B 4.46 **D** NA

4. La temperatura máxima del día lunes fue de 15°F. La temperatura mínima del día fue 15 grados más fría que la temperatura máxima. ¿Cuál fue la temperatura mínima del día?

F ⁻15°F
G ⁻5°F
H 0°F
J 5°F

5. ¿Cuánto es 7.65 redondeado a la décima más cercana?

A 6 **C** 7.6
B 7 **D** 7.7

6. La clase que se graduaba se alineó en 15 filas. Si había 20 estudiantes en cada fila, ¿cuántos estudiantes había en la clase?

A 125 **C** 250
B 200 **D** NA

Usa la tabla para contestar las Preguntas 7–8.

Venta de joyas	
Artículo	**Precio**
Aretes (par)	$17.99
Brazaletes	$25.49
Collares	$20.59

7. ¿Cuánto cuesta un brazalete redondeado al dólar más cercano?

F $24.00 **H** $25.50
G $25.00 **J** $26.00

8. Janet está estimando el precio de un par de aretes y un brazalete. Si redondea los precios al dólar más cercano, ¿cuál es el precio estimado?

Explícalo ¿Cómo hallaste la respuesta?

Preparación para pruebas
Visita **www.eduplace.com/kids/mhm** para más *Preparación para pruebas.*

Práctica adicional

Conjunto A *(Lección 2, páginas 374–377)*

Escribe un número mixto y un decimal para describir la parte sombreada de cada problema.

1. 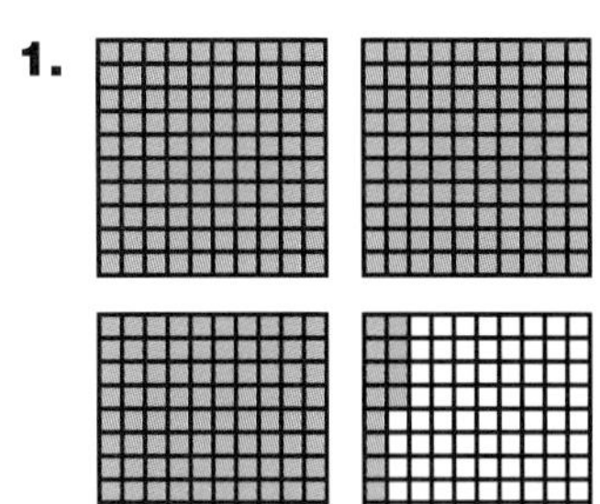

2. 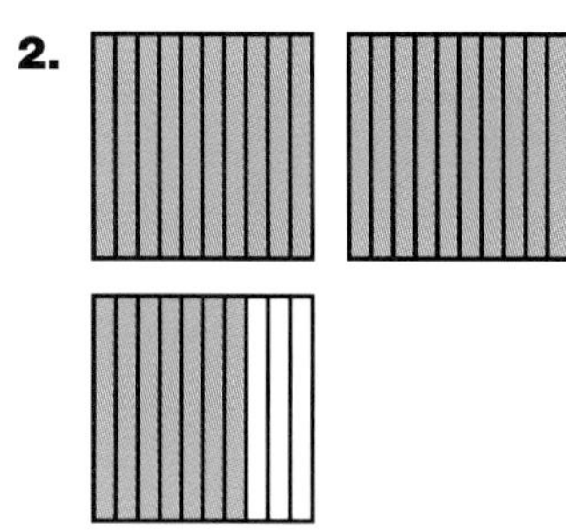

Escribe cada número mixto como decimal.

3. $5\frac{25}{100}$	**4.** $33\frac{33}{100}$	**5.** $22\frac{2}{10}$	**6.** $136\frac{63}{100}$
7. $9\frac{9}{10}$	**8.** $5\frac{5}{100}$	**9.** $42\frac{84}{100}$	**10.** $24\frac{43}{100}$
11. $25\frac{3}{100}$	**12.** $37\frac{37}{100}$	**13.** $14\frac{41}{100}$	**14.** $20\frac{2}{100}$
15. $2\frac{2}{10}$	**16.** $20\frac{2}{10}$	**17.** $45\frac{67}{100}$	**18.** $98\frac{7}{10}$

Escribe cada cantidad como decimal.

19. veintiséis centésimas

20. dos con cuatro décimas

21. treinta y uno con cuarenta y dos centésimas

22. dos con setenta y un centésimas

23. ocho con cinco décimas

24. ocho con cincuenta centésimas

25. ciento veintitrés con cuarenta y cinco centésimas

26. seiscientos nueve con noventa y seis centésimas

27. setecientos siete con siete centésimas

Práctica adicional

Conjunto B *(Lección 3, páginas 378–379)*

Escribe una fracción y un decimal para describir cada parte sombreada.

1. 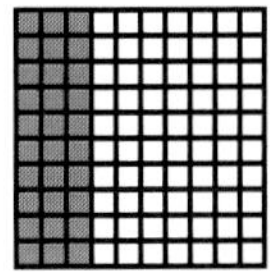

2. 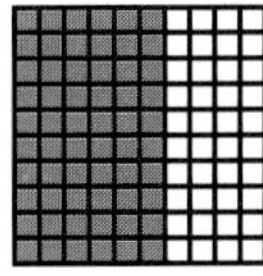

3. 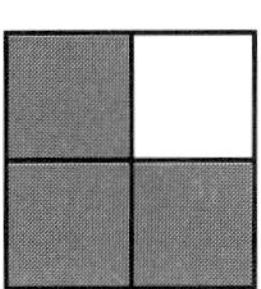

4. 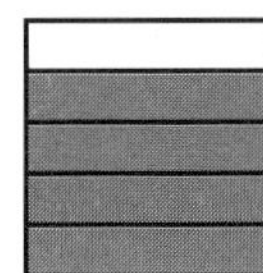

5. 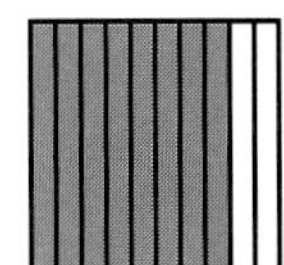

6. 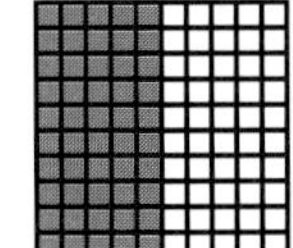

7. 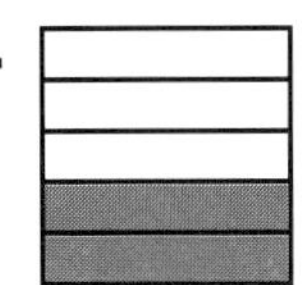

8. 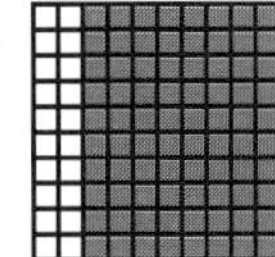

Conjunto C *(Lección 4, páginas 380–381)*

Compara. Escribe >, < o = en cada ⬭.

1. 4.3 ⬭ 3.4
2. 1.6 ⬭ 1.60
3. 8.75 ⬭ 7.23
4. 9.05 ⬭ 9.50
5. 2.4 ⬭ 2.7
6. 4.9 ⬭ 4.90
7. 8.14 ⬭ 8.41
8. 5.33 ⬭ 5.3

Ordena los números de menor a mayor.

9. 3.24 3.25 3.53 3.35
10. 14.29 9.24 14.19 19.14
11. 8.7 5.8 7.18 8.74
12. 6.04 6.40 4.6 4.4
13. 5.84 5.91 5.49 5.0
14. 32.1 3.21 2.31 2.13

Usa los precios para los Ejercicios 15–17.

15. ¿Cuál es el mayor precio?

16. ¿Cuál es el menor precio?

17. Haz una lista de los precios en orden de mayor a menor.

Práctica adicional

Conjunto D

Ordena los números de mayor a menor. *(Lección 5, páginas 382–383)*

1. $2 \quad 2.9 \quad 2\frac{44}{100} \quad 2.84$
2. $13\frac{5}{100} \quad 16.07 \quad 11.8 \quad 17\frac{2}{10}$
3. $234.11 \quad 234\frac{1}{100} \quad 234\frac{1}{10} \quad 234.21$
4. $235.03 \quad 194.3 \quad 235\frac{3}{10} \quad 194\frac{3}{100}$
5. $4\frac{6}{100} \quad 3\frac{14}{100} \quad 3.7 \quad 4.08$
6. $17.23 \quad 19\frac{3}{10} \quad 13\frac{16}{100} \quad 18.7$

Conjunto E

Suma o resta. *(Lección 7, páginas 388–389)*

1. $7.8 + 2.1$
2. $4.37 + 4.21$
3. $87.6 - 28.5$
4. $59.3 - 58.23$
5. $53.39 - 30.61$
6. $19.1 + 9.7$
7. $25 + 21.47$
8. $19.31 - 9.45$
9. $48.6 - 27.04$

Conjunto F

Redondea cada decimal al número entero más cercano. *(Lección 9, páginas 392–393)*

1. 1.9
2. 8.3
3. 5.27
4. 13.05
5. 14.5
6. 33.72
7. 40.8
8. 52.83
9. 60.2
10. 79.81
11. 127.6
12. 112.25

Redondea cada decimal a la décima más cercana.

13. 6.75
14. 5.42
15. 11.79
16. 7.28
17. 9.08
18. 14.15
19. 23.71
20. 32.19
21. 53.31
22. 61.79
23. 146.67
24. 314.04

Conjunto G

Estima cada suma o diferencia redondeando cada decimal al número entero más cercano. *(Lección 10, páginas 394–396)*

1. $6.8 + 2.5$
2. $15.3 + 13.8$
3. $189.1 + 328.5$
4. $459.32 + 83.23$
5. $653.39 + 38.41$
6. $9.1 - 3.7$
7. $25.63 - 20.37$
8. $426.38 - 247.17$
9. $700.58 - 72.99$
10. $56.13 + 28.38 + 7.96$

Práctica adicional • Resolver problemas

Usa la estrategia de Halla un patrón para resolver cada problema.
(Lección 6, páginas 384–385)

1. Nikki ahorra dinero para donarlo a una fundación por la vida salvaje. Ella donó $2.25 en marzo, $3.00 en abril y $3.75 en mayo. Si siguió el mismo patrón durante todo el año, ¿cuál es la cantidad probable que donó en noviembre?

2. La administradora de una tienda compra botellas de diferentes tamaños. Ella hizo una lista de los tamaños: 1.2 oz, 2.4 oz, ■ oz, 4.8 oz y 6.0 oz. Ella sabe que los tamaños siguen un patrón, pero se olvidó de uno. ¿Cuál es el tamaño probable?

3. Jay está ahorrando para una bicicleta nueva. Él ahorra $3.00 en enero, $5.00 en febrero y $7.00 en marzo. Si los ahorros de Jay siguen el mismo patrón durante todo el año, ¿cuánto ahorrará probablemente en mayo?

4. En la tienda de juguetes, dos tarjetas cuestan $0.75. Tres tarjetas cuestan $0.95 y cuatro tarjetas cuestan $1.15. Si los precios siguen un patrón, ¿cuál es el precio probable de siete tarjetas?

Resuelve cada problema. *(Lección 8, páginas 390–391)*

5. Tom recorrió 5.6 millas en bicicleta hasta la casa de Jim. Después, Tom y Jim recorrieron 1.2 millas hasta la casa de Nathan. ¿Cuántas millas recorrió Tom?

6. Don pasó 3 horas nadando. Él pasó 1.25 horas menos leyendo. ¿Cuánto tiempo pasó nadando y leyendo?

7. Beth lleva un registro de las horas que practica piano. ¿Cuánto tiempo deberá practicar el miércoles si quiere practicar 5.5 horas antes del jueves?

Tiempo de práctica de Beth	
Día	**Horas**
lunes	2.5
martes	1.5

Usa cálculo mental, estimación o papel y lápiz. *(Lección 11, páginas 398–399)*

8. Tasha tiene $10.50. Joel tiene $9.27. Si ellos combinan su dinero, ¿cuánto más necesitan para comprar un grupo de cintas que cuestan $29.95?

9. Tres amigos ganaron $4.00, $3.75 y $4.25. Ellos se repartieron el dinero en partes iguales. ¿Cuánto dinero recibió cada uno?

10. Sue ganó $3.25 a la semana durante 2 semanas en que cuidó mascotas. Alan ganó $0.95 por hora podando pasto durante 6 horas. ¿Quién ganó más?

11. Tina ganó $6.75 haciendo tareas domésticas y $7.00 cuidando niños. Ella gastó $10.00 del dinero que ganó. ¿Cuándo le quedó?

Repaso del capítulo

Repasar el vocabulario

Contesta cada pregunta.

1. ¿Qué tipo de números son 0.4, 0.09, 1.25 y 3.7?
2. ¿Qué se usa para separar la posición de las unidades de la posición de las décimas?

Repasar conceptos y destrezas

Escribe un número mixto y un decimal para describir la parte sombreada de cada problema. *(páginas 374–376)*

3.   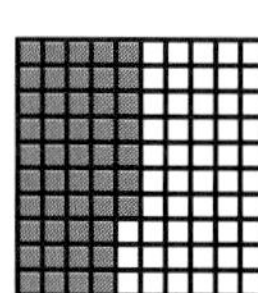

4.  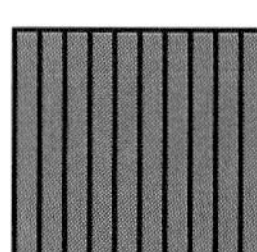 

Escribe cada número mixto como decimal. *(páginas 374–376)*

5. $4\frac{3}{10}$
6. $43\frac{96}{100}$
7. $54\frac{3}{100}$
8. $167\frac{76}{100}$

Escribe cada cantidad como decimal. *(páginas 374–376)*

9. sesenta y seis centésimas
10. tres con una décima

Escribe el valor que tiene el dígito 6 en cada número. *(páginas 374–376)*

11. 5.96
12. 7.61
13. 36.47
14. 695.32
15. 2,061.32

Escribe una fracción y un decimal para la parte sombreada. *(páginas 378–379)*

16. 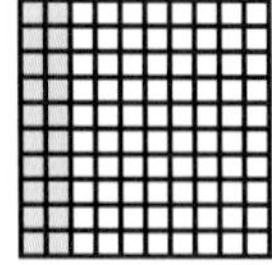

17. 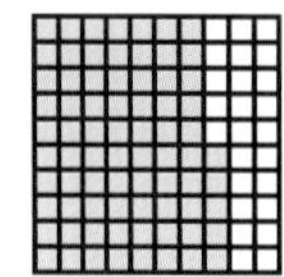

Usa los precios para los Ejercicios 18–20. *(páginas 380–381)*

18. ¿Cuál es el precio más alto?
19. ¿Cuál es el precio más bajo?
20. Haz una lista de los precios en orden de mayor a menor.

Menú de hamburguesas
Hamburguesa de lujo...... $2.25
Super hamburguesa........ $2.75
Hamburguesa................. $1.50
Hamburguesa con queso.. $1.85

Ordena los números de mayor a menor. *(páginas 382–383)*

21. $5\frac{1}{2}$ 5.9 $5\frac{24}{100}$ 5.84

22. $11\frac{52}{100}$ 12.07 12.8 $17\frac{5}{10}$

Suma o resta. *(páginas 388–389)*

23. 18.39 + 9.7 **24.** 32.84 + 21.47 **25.** 5.81 + 6.1 **26.** 29.4 − 9.55

27. 37.62 − 7.43 **28.** 45.23 − 9.62 **29.** 54.59 − 32.61 **30.** 27.4 − 22.64

Redondea cada decimal al número entero más cercano. *(páginas 392–393)*

31. 1.6 **32.** 8.1 **33.** 51.27 **34.** 49.91 **35.** 12.76 **36.** 110.65

Redondea cada decimal a la décima más cercana. *(páginas 392–393)*

37. 8.89 **38.** 4.52 **39.** 32.29 **40.** 35.78 **41.** 128.64 **42.** 31.41

Estima cada suma o diferencia redondeando cada decimal al número entero más cercano. *(páginas 394–396)*

43. $\begin{array}{r} 6.8 \\ +\ 2.5 \\ \hline \end{array}$ **44.** $\begin{array}{r} 15.3 \\ +\ 13.8 \\ \hline \end{array}$ **45.** $\begin{array}{r} 28.2 \\ -\ 15.6 \\ \hline \end{array}$ **46.** $\begin{array}{r} 87.32 \\ +\ 6.23 \\ \hline \end{array}$ **47.** $\begin{array}{r} 459.32 \\ -\ 83.23 \\ \hline \end{array}$

Resuelve. *(páginas 384–385, 390–391 y 398–399)*

48. Bea comenzó a comprar bolígrafos todos los meses. Ella compró 1 bolígrafo en agosto, 3 en septiembre y 5 en octubre. Si el patrón continúa, ¿cuál es la cantidad probable de bolígrafos que compre en diciembre?

49. Kim pagó $53.75 por dos bicicletas viejas. Ella las arregló y las vendió a $75.00 cada una. ¿Cuánto dinero ganó? ¿Usaste el cálculo mental, la estimación o papel y lápiz para hallar la respuesta? ¿Por qué?

50. Eric pasó 2.75 horas en el parque. Él pasó 0.5 horas jugando a la mancha. ¿Cuánto tiempo pasó haciendo otras cosas?

Acertijos Razonamiento matemático

SÓLO UN PEDAZO

Esto es 0.4 de una cuadrícula más grande. ¿Cuántos cuadrados pequeños hay en la cuadrícula más grande?

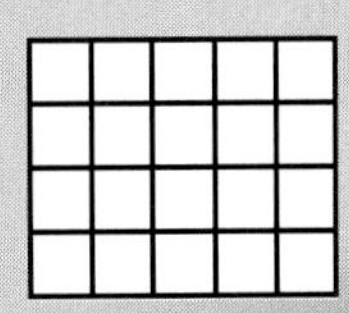

Prueba del capítulo

Escribe cada número mixto como decimal.

1. $8\frac{6}{10}$ **2.** $31\frac{41}{100}$ **3.** $29\frac{62}{100}$ **4.** $148\frac{8}{10}$

Escribe un decimal y un número mixto para cada cantidad.

5. dos con treinta y siete centésimas **6.** cuatro con tres décimas

Compara. Escribe >, < o = en cada ⬬.

7. 7.9 ⬬ 9.7 **8.** 2.5 ⬬ 2.50 **9.** 6.41 ⬬ 6.14

Ordena los números de mayor a menor.

10. 7 7.9 $7\frac{64}{100}$ 7.82 **11.** $11\frac{3}{100}$ 11.07 11.7 $11\frac{2}{10}$

Redondea cada decimal al número entero más cercano y a la décima más cercana.

12. 3.61 **13.** 8.17 **14.** 17.72 **15.** 15.27

Estima cada suma o diferencia. Redondea al número entero más cercano.

16. $\begin{array}{r} 4.8 \\ +\ 2.5 \\ \hline \end{array}$ **17.** $\begin{array}{r} 16.6 \\ -\ 14.8 \\ \hline \end{array}$ **18.** $\begin{array}{r} 147.1 \\ +\ 238.7 \\ \hline \end{array}$ **19.** $\begin{array}{r} 479.32 \\ -\ 83.23 \\ \hline \end{array}$

Suma o resta.

20. $\begin{array}{r} 8.91 \\ +\ 3.77 \\ \hline \end{array}$ **21.** $\begin{array}{r} 104.9 \\ -\ 99.8 \\ \hline \end{array}$ **22.** $\begin{array}{r} 21.08 \\ -\ 17.11 \\ \hline \end{array}$ **23.** $\begin{array}{r} 305.72 \\ +\ 193.68 \\ \hline \end{array}$

Resuelve.

24. Jamie ganó $5.75. Celia ganó $6.75 y Michael ganó $7.75 trabajando juntos el fin de semana pasado. Ellos combinaron sus ganancias y luego dividieron el dinero en partes iguales. ¿Cuánto dinero recibió cada uno? ¿Usaste el cálculo mental, la estimación o papel y lápiz para hallar el resultado? ¿Por qué?

25. Jill visita a su primo una vez al mes. En marzo, ella lo visitó durante la primera semana del mes. En abril, lo visitó durante la segunda semana. En mayo, durante la tercera semana. Si el patrón continúa, ¿durante qué semana de junio es probable que visite Jill a su primo?

Escríbelo

Resuelve cada problema. Usa el vocabulario matemático correcto para explicar tu razonamiento.

1. Elizabeth estimó el resultado de esta operación.

$5.01 + 5.29 + 5.76 + 6.98$ es aproximadamente 21.00

a. Explica qué hizo mal.

b. Demuestra cómo estimar correctamente el resultado.

2. El Sr. Gold tiene $30.00 para comprar alimentos y artículos de fiesta para 28 personas.

Alimentos y artículos de fiesta	
Helado ($\frac{1}{2}$gal)	$3.89
Limonada (gal)	$1.98 (16 porciones)
Papas fritas	$2.85
Servilletas	$2.49
Cucharas plásticas	$0.89 (paquete de 12)
Platos de cartón	$2.99 (paquete de 15)

a. ¿Tiene dinero suficiente para comprar 4 medio galones de helado, 3 bolsas de papas fritas, 1 paquete de servilletas y suficiente limonada, cucharas plásticas y platos de cartón para 28 personas?

b. Explica cómo hallaste la respuesta.

c. Si tu respuesta para *a* es *no*, explica qué debería hacer el Sr. Gold para no gastar más de $30.00.

Una vez más

El equipo de los Delfines y el de los Lobos Marinos tuvieron una competencia de natación. Ellos realizaron tres carreras. Usa la tabla siguiente para contestar las preguntas. Puedes usar lo que sabes acerca de sumar, restar y comparar decimales.

	Delfines	Lobos Marinos
Carrera 1	38.55 segundos	38.60 segundos
Carrera 2	41.07 segundos	41.20 segundos
Carrera 3	43.64 segundos	42.94 segundos

1. El equipo que gana el evento es el que tiene el menor tiempo total para las tres carreras. Halla los tiempos totales para cada equipo. ¿Qué equipo ganó la competencia?
2. Para cada carrera halla la diferencia entre los tiempos de los dos equipos.
3. **Verifícalo** ¿Qué carrera se ganó por la mayor diferencia entre ambos tiempos? ¿Qué carrera se ganó por la menor diferencia entre ambos tiempos?
4. **Analízalo** Los Delfines ganaron 2 de las 3 carreras, pero no ganaron el evento. ¿Cuál es el tiempo máximo, en centésimas de segundo, que deberían haber obtenido los Delfines en la tercera carrera para haber logrado el menor tiempo en las tres carreras?

Estándares	NS **2.0, 2.1** MR **1.1, 2.5**

Ampliación

Enunciados condicionales

Si es julio, **entonces** es verano.

A menudo escuchamos oraciones que usan las palabras "si" y "entonces". ¿Crees que estos enunciados siempre son verdaderos?

Ésta es una manera de decidir. Cada vez que la parte del "si" sea verdadera, la parte del "entonces" también debe ser verdadera para que el enunciado sea verdadero. Si la parte del "entonces" es falsa, el enunciado completo es falso.

Estos enunciados son *verdaderos*.

- Si hoy es jueves, entonces ayer fue miércoles.
- Si un número es mayor que 10, entonces es mayor que 5.
- Si una figura es un cuadrado, entonces es un cuadrilátero.

Estos enunciados son *falsos*.

- Si un número es par, entonces termina en 0.
- Si una fracción es menor que $\frac{1}{3}$, entonces es menor que 0.25.
- Si una figura es un cuadrilátero, entonces es un cuadrado.

Inténtalo

Decide si cada enunciado es *verdadero* o *falso*. Si el enunciado es falso, da un ejemplo que demuestre por qué.

1. Si hoy es 28 de febrero, entonces mañana es el 1 de marzo.

2. Si un número es impar, entonces es primo.

3. Si un número es par, entonces es compuesto.

4. Si $y = 42$ y $x = 6$, entonces $y = x + 36$.

5. Si $n = 0.06$, entonces $n + 0.3 = 0.9$.

6. Si un número es menor que 0, entonces el número es menor que 100.

7. Si un número es divisible entre 9, entonces es divisible entre 3.

8. Si un número es divisible entre 3, entonces es divisible entre 9.

9. Si el perímetro de un rectángulo mide 20 pulg, entonces sus lados miden 5 pulg cada uno.

10. Si algo mide más de un pie, entonces mide menos de una yarda.

Estándares	MR **1.1**

Estadística y probabilidad

¿Por qué aprender acerca de la estadística y la probabilidad?

Aprender acerca de la estadística y la probabilidad te sirve para reunir, organizar y usar información y decidir qué tan probable es que ocurra un suceso.

Al anotar los tiempos que obtienes en varias carreras, estás reuniendo datos. Usas la estadística al analizar los datos para aprender más acerca de cómo corres.

Este hombre está reuniendo datos en un juego de béisbol. A él le gusta llevar su propia estadística acerca de los jugadores de su equipo favorito.

A
B
C
D
E
#12
#8
#11
#3
#43
#45
#10
#22
#32
#12
#60
#46
#31
#9
#9
#20
#13
#25
#40
#17
#44
#34
#6
#6
#19

Repasar el vocabulario

Entender el lenguaje matemático te ayudará a resolver problemas con más facilidad. Éstas son algunas palabras de vocabulario matemático que deberías saber.

datos Un conjunto de números que presentan información

gráfica de barras Una gráfica que usa barras de diferentes longitudes para mostrar datos

diagrama de puntos Un diagrama que presenta los datos sobre una recta numérica

rango La diferencia entre el mayor y el menor número en un conjunto de datos

moda El número que ocurre con más frecuencia en un conjunto de datos

probabilidad La ocurrencia de que un suceso podría pasar

resultado La respuesta en un experimento de probabilidades

predecir Emitir un enunciado razonable acerca de lo que podría ocurrir en un experimento

Leer palabras y símbolos

Cuando lees matemáticas, a veces lees palabras y símbolos presentados en gráficas.

El diagrama de puntos representa la edad de los estudiantes que forman un equipo de fútbol.

- Cada X representa 1 estudiante.
- Hay once estudiantes en el equipo de fútbol.
- El rango de edades es 9 menos 6, ó 3.
- La moda de la edad es 8.

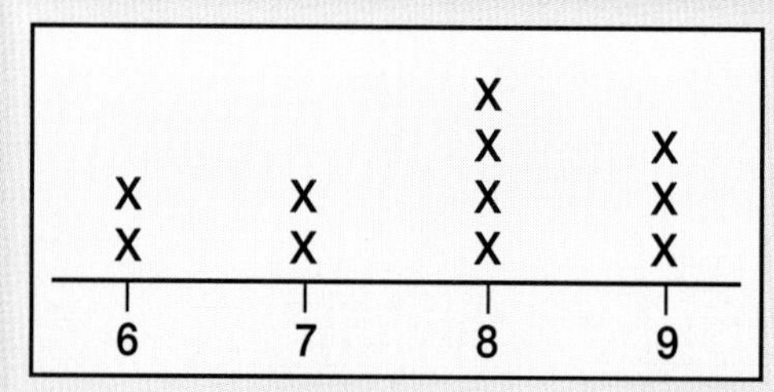

Edad de los jugadores de fútbol

Inténtalo

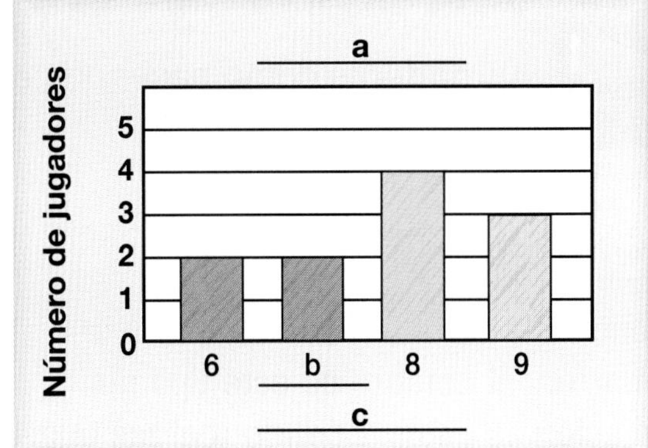

1. En la gráfica de barras a la derecha se representan los datos del diagrama de puntos de la página 414. Escribe los rótulos que faltan en la gráfica de barras.

2. Escribe *verdadero* o *falso*. Usa la bolsa de fichas a la derecha.

   a. Si tomas una ficha sin mirar, hay cuatro resultados posibles.

   b. Es más probable que tomes una ficha roja que una ficha amarilla.

   c. La probabilidad de tomar una ficha morada es imposible.

3. Usa las palabras a la derecha para completar cada oración.

   a. ____ usa imágenes para representar los datos.

   b. Las marcas como éstas 𝍸 se usan en ____.

   c. Puedes comparar los datos observando la altura de las barras en ____.

   d. ____ es una buena manera de representar la frecuencia con que algo ocurre.

Vocabulario

una tabla de conteo

un diagrama de puntos

una gráfica de barras

un pictograma

Vocabulario adicional

Escríbelo Aquí hay otras palabras del vocabulario que aprenderás en este capítulo. Fíjate en estas palabras. Escribe sus definiciones en tu diario.

mediana

valor extremo

gráfica de doble barra

gráfica lineal

diagrama en árbol

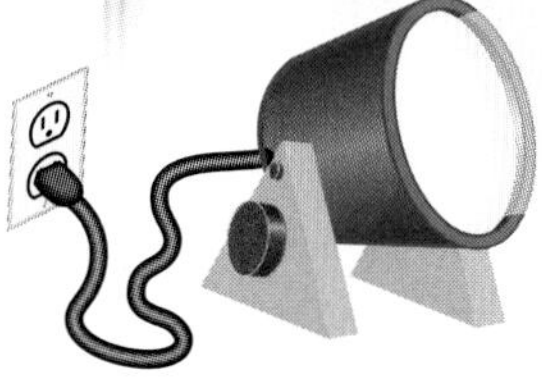

Reunir y organizar datos

Aprenderás cómo hacer una encuesta y cómo reunir y organizar la información.

Apréndelo

Una encuesta es una manera de reunir información. El nombre de este tipo de información es datos. Cuando realizas una encuesta, haces una pregunta y anotas las respuestas.

Esta pregunta formó parte de una encuesta: "¿Cuántos niños hay en tu familia?"

¿Cuántos niños hay en tu familia?

Respuesta	Conteo	Número
1	II	2
2	卌 卌 III	13
3	卌 III	8
4	II	2
Más de 4		0

Observa los resultados de la encuesta en la tabla de conteo.

- 25 personas contestaron la pregunta de la encuesta.

  $$2 + 13 + 8 + 2 + 0 = 25$$

- Las alternativas de respuesta eran 1, 2, 3, 4 y *más de* 4.
- El número 2 fue la respuesta más frecuente.

Trabaja con un compañero o compañera. Crea una encuesta y organiza los datos que reúnas.

Paso 1 Elabora una pregunta de la encuesta que tenga 3 ó 4 respuestas posibles. Luego haz una lista de las respuestas posibles en una tabla de conteo como la de la derecha.

Pregunta: ____________

Respuestas posibles	Conteo	Número

Paso 2 Encuesta a 20 personas. Permite que cada persona dé sólo una respuesta. Haz una marca de conteo por cada respuesta. Luego suma las marcas de conteo de cada respuesta.

Paso 3 Analiza los datos.

- ¿Qué respuesta fue la más frecuente?
- ¿Qué respuesta fue la menos frecuente?

Estándares	SDP **1.0, 1.1** MR **2.4**

Inténtalo

Usa la tabla de conteo para los Problemas 1–5.

1. ¿Cuál es la pregunta de la encuesta?
2. ¿Qué respuesta fue la más frecuente?
3. ¿Cuántas personas contestaron la pregunta de la encuesta?
4. ¿Cuántas personas señalaron las dos actividades más populares?
5. ¿Cuál es el orden de las actividades de la más popular a la menos popular?

¿Cuál es tu actividad de verano favorita?

Actividad	Conteo	Número
Andar en bicicleta	~~IIII~~ ~~IIII~~ II	12
Ir de campamento	III	3
Jugar juegos de video	~~IIII~~ I	6
Nadar	~~IIII~~ ~~IIII~~ ~~IIII~~ I	16
Visitar a los abuelos	IIII	4

Usa la lista a la derecha para hacer una tabla de conteo. Luego usa la tabla de conteo para los Problemas 6–9.

6. ¿Cuáles son las respuestas posibles de tu tabla de conteo?
7. ¿Cuántos estudiantes nunca traen almuerzo?
8. ¿Cuántos estudiantes a veces traen almuerzo a la escuela?
9. ¿Cuántos estudiantes siempre traen almuerzo a la escuela?

¿Con qué frecuencia traes almuerzo a la escuela?

Sandy	siempre
Gina	a veces
Wilson	nunca
Paco	a veces
Joy	a veces
Rosalie	siempre
Bob	a veces
Joanna	a veces
Will	siempre

Usa lo que has aprendido para contestar estas preguntas.

10. ¿Qué respuestas podrían dar los estudiantes al preguntarles qué tipo de libro les gusta leer?
11. ¿Puede una encuesta decirte algo acerca de las opiniones de las personas que no participaron en ella? Explica tu respuesta.

Media, mediana y moda

Aprenderás cómo usar un conjunto de datos de una variable.

Vocabulario
nuevo
mediana
valor extremo

Apréndelo

Un diagrama de puntos es una manera de representar los datos usando X. El diagrama de puntos siguiente representa el peso de 7 tejones adultos. Hay diferentes maneras de describir los datos de este diagrama de puntos.

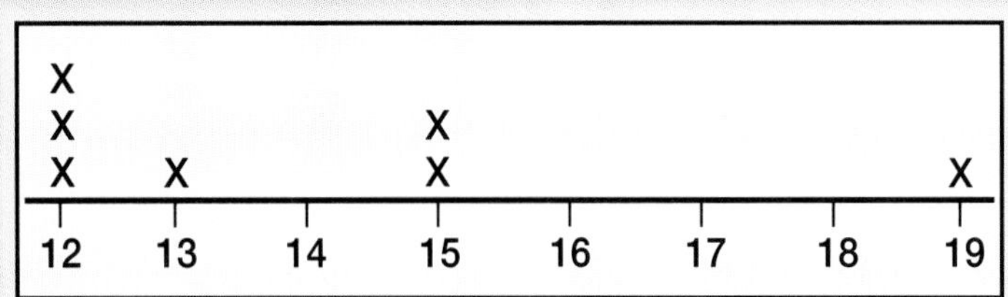

Peso de siete tejones adultos (en kg)

Diferentes maneras de describir datos

El **rango** de los datos es la diferencia entre el número mayor y el número menor.

$19 - 12 = 7$

El rango es 7 kg.

Al número que aparece más a menudo en un conjunto de datos se le llama **moda**. Algunos conjuntos de datos no tienen moda. Otros tienen una o más modas.

En el diagrama de puntos hay más X sobre el 12 que sobre cualquier otro número.

La moda es 12 kg.

Cuando se ordena un conjunto de números de menor a mayor, al número que está al medio se le llama **mediana**.

12 12 12 **13** 15 15 19

La mediana es 13 kg.

Imagina que hubiera otro tejón que pesara 15 kg. Cuando hay dos números al medio, la mediana es la media de estos dos números.

12 12 12 **13** **15** 15 15 19

$13 + 15 = 28$

$28 \div 2 = 14$

La mediana es 14 kg.

A veces a la **media** se le llama promedio. Para hallar la media:

- Halla la suma de los números: 98
- Divide la suma entre el número de sumandos: $98 \div 7 = 14$

La media es 14 kg.

Un **valor extremo** es un número que está distante de la mayoría de los otros datos. Algunos conjuntos de datos no tienen valores extremos. Otros conjuntos de datos tienen uno o más valores extremos.

La mayoría de los pesos son menores que 16 kg. Así que 19 kg es un valor extremo.

Estándares	SDP **1.0, 1.1, 1.2, 1.3** MR **1.1**

Explícalo

- ¿Pueden alguna vez ser iguales la media y la mediana de un conjunto de datos? Da un ejemplo que apoye tu respuesta.
- ¿Qué efecto crees que produce un valor extremo sobre la media?

Práctica guiada

Usa el diagrama de puntos para contestar los Problemas 1–3.

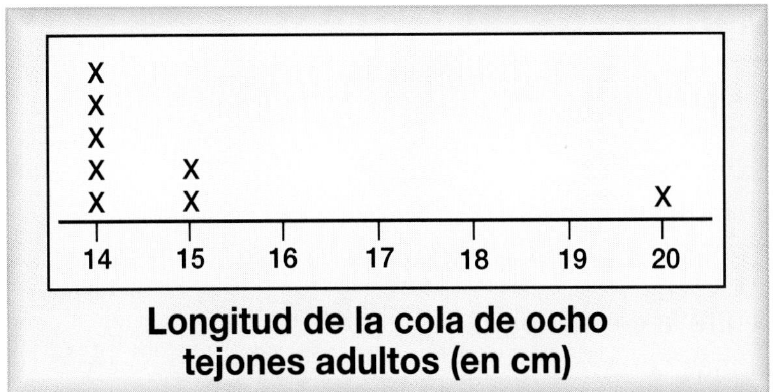

Longitud de la cola de ocho tejones adultos (en cm)

Asegúrate

- ¿He ordenado los números?
- ¿Existe algún número distante de la mayoría de los números?

1. ¿Cuál es el rango de las longitudes?
2. Halla la moda, la media y la mediana.
3. ¿Qué número o números son los valores extremos? Explica tu respuesta.
4. Imagina que se agrega una longitud de cola de 24 cm. Halla la media y la mediana.

Práctica independiente

Ordena los datos de menor a mayor. Halla el rango, la moda, la mediana y la media. Luego identifica los valores extremos.

5. 24, 49, 23, 24
6. 5, 8, 18, 6, 9, 8
7. 17, 4, 19, 17, 18

Usa el diagrama de puntos para los Problemas 8–10.

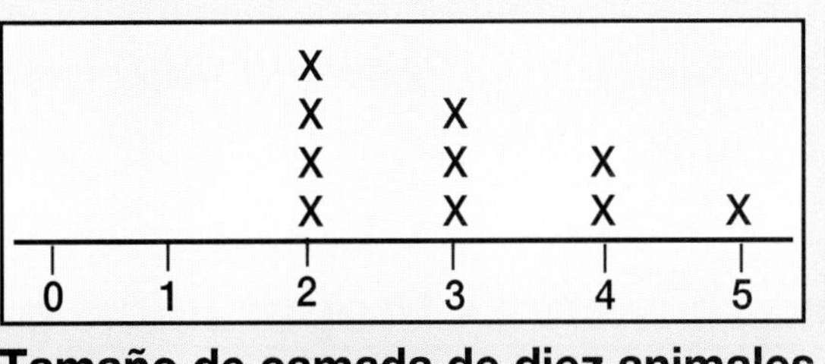

Tamaño de camada de diez animales

8. ¿Cuál es el rango del conjunto de datos?
9. ¿Cuál es la moda?
10. Halla la mediana y la media de este conjunto de datos.

Resolver problemas • Razonamiento

Usar datos **Usa el diagrama de puntos para los Problemas 11–12.**

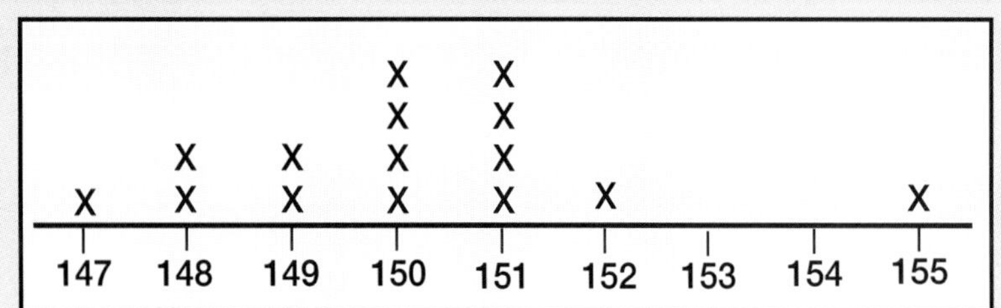

Longitud de la cola de 15 pavos reales adultos (en cm)

11. ¿Cómo cambiaría la mediana si hubiera 5 X más sobre el 152?

12. **Compáralo** ¿Cuál es la diferencia entre la cola de pavo real más larga y la cola de pavo real más corta?

13. La longitud promedio del cuerpo de 4 pavos reales mide 90 cm. El rango es 6 cm. Haz dos listas de posibles longitudes del cuerpo.

14. **Razonamiento lógico** Un científico estudió un grupo de pavos reales. En ese grupo, dieciocho pavos reales comieron maíz molido. Nueve pavos reales comieron trigo. De éstos, cinco pavos reales comieron tanto maíz molido como trigo. ¿Cuántos pavos reales estudió el científico?

15. **Analízalo** ¿Piensas que otros pavos reales puedan tener colas de 153 cm o de 154 cm?

16. **Escríbelo** Elabora una pregunta de encuesta cuya respuesta sea un número. Debería tener al menos tres o cuatro respuestas posibles. Realiza la encuesta y luego anota tus respuestas en un diagrama de puntos.

Mundo matemático
CIENCIAS La mayoría de los mapaches adultos pesan entre 5 kg y 7 kg. Algunos mapaches grandes pesan hasta 18 kg.
Imagina que 5 mapaches pesan esto en kilogramos:
6 8 10 7 18
¿Hay pesos que sean valores extremos? Explica.

Repaso mixto • Preparación para pruebas

Multiplica o divide. *(páginas 194–197, 234–235)*

17. $144 \div 2$ **18.** 17×11 **19.** $357 \div 7$ **20.** 24×23 **21.** $490 \div 5$

22 Halla el valor de t si $t = 224 \div 8$. *(páginas 234–235)*

A 28 **B** 32 **C** 36 **D** 48

Práctica adicional Consultar el Conjunto A, página 446.

Moda en conjuntos de datos

A veces puede hallarse una moda para conjuntos de cosas agrupadas en categorías.

Este conjunto de placas para perro está ordenado por tamaño. El tamaño que aparece más veces es el tamaño medio. Por lo tanto, la moda del tamaño es el tamaño medio.

Usa la imagen de las placas para perro en los Problemas 1 y 2.

1. ¿Cuál es la moda para la forma de la placa para perro: octágono, rectángulo o círculo?

2. ¿De qué otra manera pueden agruparse las placas? ¿Cuál es la moda de esa agrupación?

El conjunto siguiente de animales está agrupado por número de patas. Usa el conjunto de animales para los Problemas 3–4.

3. ¿Cuál es la moda del número de patas?

4. ¿De qué otra manera pueden agruparse estos animales? ¿Cuál es la moda de esa agrupación?

Explícalo

► ¿En qué se parece hallar la moda de un conjunto de cosas a hallar la moda de un conjunto de números? ¿En qué se diferencia?

Usar gráficas de barras

Aprenderás cómo usar gráficas para comparar datos.

Vocabulario
nuevo
gráfica de doble barra

Apréndelo

Robin tiene una gran colección de libros. La gráfica de barras representa cuántos libros de cada tipo tiene Robin. ¿Aproximadamente de qué tipos de libro tiene ella igual cantidad?

Puede usarse una gráfica de barras para comparar datos que pueden contarse. Observa las barras que tienen aproximadamente la misma altura para hallar los tipos que tienen más o menos igual número.

Robin tiene aproximadamente igual número de libros de deportes que de libros de aventura.

Una **gráfica de doble barra** compara dos conjuntos de datos. Una clave indica lo que representan las barras.

Esta gráfica de barras representa los datos acerca de las colecciones de libros de Robin y Phil.

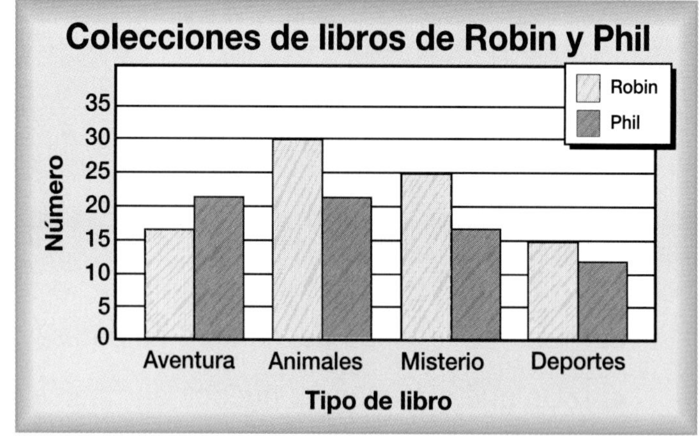

Puedes comparar las alturas de las dos barras para cada tipo de libro.

- Phil tiene más libros de aventura que Robin.

También puedes comparar ambas barras de un tipo de libro con ambas barras de otros tipos de libro.

- Tanto Robin como Phil tienen menos libros de deportes que de cualquier otro tipo.

Explícalo

► Para los mismos datos, ¿cómo cambiaría la longitud de las barras si se duplicara cada número de la escala vertical de la gráfica?

 Estándares SDP **1.0, 1.3** MR **1.1, 2.3**

Práctica guiada

Usa la gráfica de barras para los Problemas 1–4.

Caleb y su padre están pidiendo libros por Internet.

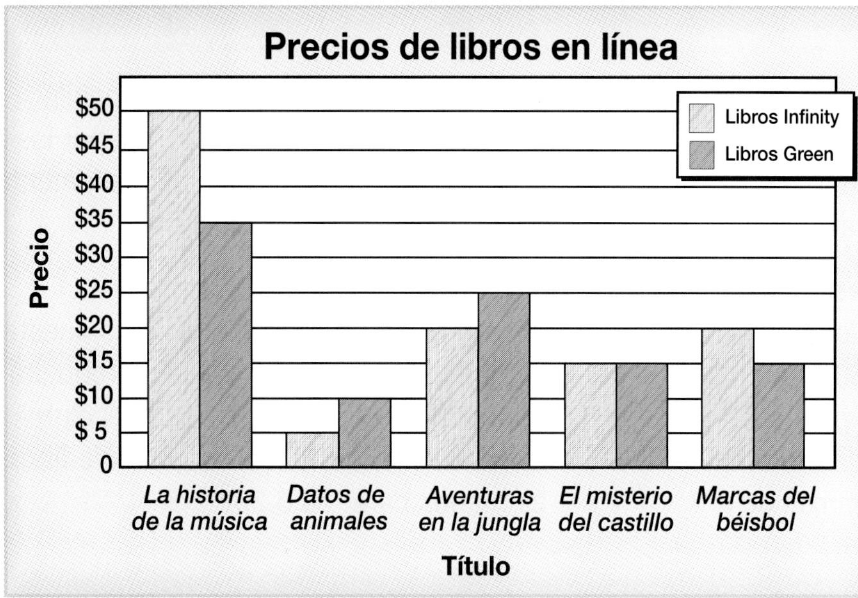

Asegúrate

- ¿Qué representan los diferentes colores de las barras?
- ¿Qué representan los rótulos de la gráfica que están al costado y abajo?

1. ¿Cuánto cuesta el libro *Datos de animales* en Libros Green?
2. ¿Qué libro cuesta lo mismo en ambos sitios?
3. ¿Cuánto cuesta *Marcas del béisbol* en Libros Infinity? ¿y en Libros Green? ¿Cuál es la diferencia de precio?
4. ¿Qué libro tiene la mayor diferencia de precio entre Libros Infinity y Libros Green?

Práctica independiente

Usa la gráfica anterior para los Problemas 5–10.

5. **Compáralo** ¿Cuál es la diferencia de precio de *Aventuras en la jungla* entre los dos sitios?
6. ¿Cuáles son la media y la mediana del precio de los cinco libros del sitio de Libros Infinity?
7. **Razonamiento lógico** El Sr. Chan gastó $75 en tres libros de Libros Infinity. ¿Qué libros piensas que compró?
8. Si compras *El misterio del castillo* y tienes que pagar $2.50 por el envío, ¿cuánto pagarías en total?
9. **Analízalo** Imagina que tienes $60 para gastar y que quieres comprar tantos libros diferentes como sea posible. Libros Infinity y Libros Green están ofreciendo envío sin costo. ¿Qué libros comprarías?
10. **Escríbelo** Si quieres comprar *Aventuras en la jungla* y *Marcas del béisbol*, ¿gastarías más si los compraras en Libros Infinity o en Libros Green? Explica tu razonamiento.

Resolver problemas • Razonamiento

Resuelve. Escoge un método.

Métodos de computación

- **Cálculo mental**
- **Estimación**
- **Papel y lápiz**

11. Ana compró 5 libros a un precio promedio de \$10. Shawn compró 3 libros a un precio promedio de \$20. ¿Quién gastó más: Ana o Shawn?

12. Ocho clientes compraron una mochila idéntica cada uno. La venta total por las 8 mochilas fue de \$392. ¿Aproximadamente cuánto costó cada mochila?

13. El Sr. Pak pidió dos programas de computación por correo. Cada uno cuesta \$159.99. El impuesto fue de \$9.60 y el costo de envío fue de \$10.95 para su pedido. ¿Cuánto fue la cantidad total que pagó el Sr. Pak por sus programas de computación?

14. Un club de lectores planea pedir 26 copias de un libro. Cada copia cuesta \$12.95. El dueño de una librería reducirá el precio de cada libro en \$2 si el club solicita 30 libros. ¿Qué cantidad de libros es menos cara: 26 ó 30?

Repaso mixto • Preparación para pruebas

Simplifica cada expresión. Sea $f = 6$. *(páginas 132–133)*

15. $f \times 3$ **16.** $42 \div f$ **17.** $f \div 3$ **18.** $12 \times f$ **19.** $f + 20$

20 Evalúa $y \div 4$ si $y = 12$. *(páginas 132–133)*

A 3 **B** 8 **C** 16 **D** 48

Práctica adicional Consultar el Conjunto B, página 446.

Juego de Práctica

¡Haz una gráfica!

Practica hallar la media haciendo una gráfica de barras.

Lo que necesitas

- *24 cuadrados de papel*
- *Un conjunto de cartas como las que se muestran (Recurso de enseñanza 13)*

Jugadores 2

5, 1, 2, 4	
2, 8, 5, 1	6, 3, 1, 2
8, 4, 5, 3	6, 5, 2, 3
1, 2, 3, 2	5, 8, 6, 5

Ejemplo:

9, 6, 4, 5

$9 + 6 + 4 + 5 = 24$

$24 \div 4 = 6$

Media $= 6$

Lo que debes hacer

1. Coloca las cartas boca abajo en un montón.
2. El Jugador 1 saca una carta y usa los cuadrados de papel para hacer una gráfica de barras para los datos.
3. Cuando el Jugador 1 termina la gráfica, ambos jugadores trabajan para hallar la media de los datos. El Jugador 1 halla la media ordenando los cuadrados en barras de igual altura. El Jugador 2 halla la media usando papel y lápiz o el cálculo mental.

   Un jugador gana un punto por cada respuesta correcta.
4. Los jugadores se turnan hasta que se usan todas las cartas. El jugador que tiene el mayor número de puntos gana.

Compártelo ¿Qué manera de hallar la media prefieres? ¿Por qué?

Destreza: Interpreta una gráfica lineal

Aprenderás cómo obtener información de una gráfica aunque no presente información exacta.

A veces puedes obtener información de una gráfica aunque no tenga números ni rótulos.

La primavera pasada, Bill, Hannah y su padre visitaron el Parque Nacional Joshua Tree en California. Bill llevó un registro de sus ascensos en roca y luego representó gráficamente los datos.

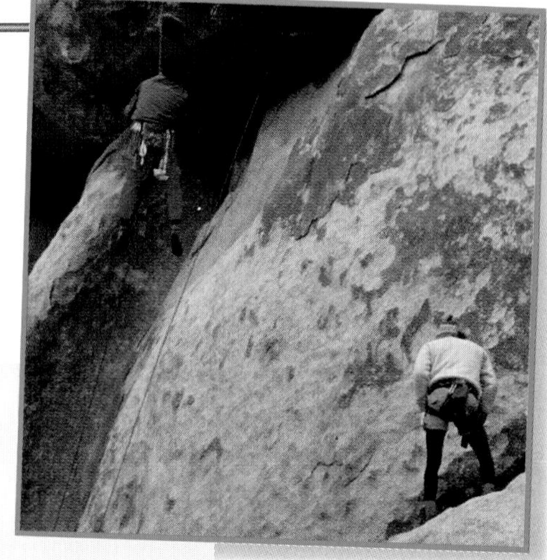

Puedes usar la gráfica para comprender lo que se está comparando.

Bill usó una gráfica lineal para describir el ascenso. Puede usarse una gráfica lineal para representar cómo cambian los datos en el tiempo.

La gráfica compara altura y tiempo. Representa las alturas que alcanzó Bill en diferentes momentos durante su ascenso.

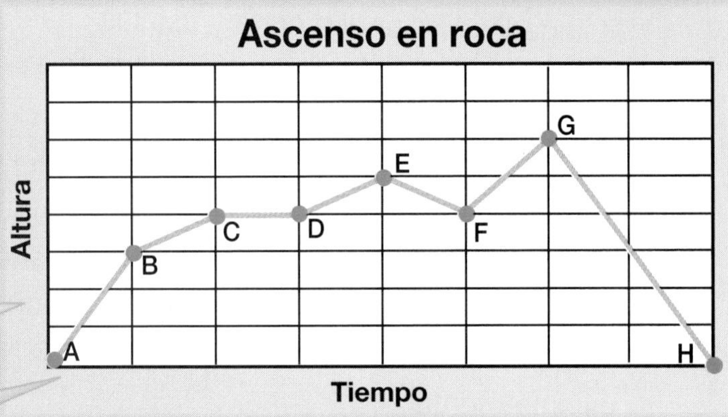

El eje vertical representa la altura del ascenso en roca.

El eje horizontal representa el tiempo que demoró el ascenso.

Puedes usar la gráfica para contestar preguntas.

¿Qué puntos representan el momento en que Bill se detuvo a almorzar?

- La línea es plana entre los puntos *C* y *D*, así que probablemente es el momento en que Bill se comió su almuerzo.

¿Pasó más tiempo entre los puntos *A* y *C* o entre los puntos *C* y *F*?

- Hay más divisiones en el eje del Tiempo entre *C* y *F* que entre *A* y *C*, así que pasó más tiempo entre *C* y *F*.

Verifícalo Explica por qué la gráfica no puede representar líneas que vayan directamente hacia arriba o abajo.

Estándares	SDP **1.0, 1.3** MR **2.0, 2.4, 3.0, 3.2**

El Parque Nacional Joshua Tree, uno de los parques nacionales más nuevos, se llama así por los árboles Joshua, que crecen en el desierto de Mojave.

Práctica guiada

Usa la gráfica de la página 426 para los Problemas 1 y 2.

1. Explica qué ocurrió entre los puntos *A* y *B*. Indica cómo lo sabes.

   Piénsalo: ¿Qué relación hay entre la altitud y el clima?

2. ¿Entre qué par de puntos escaló Bill la menor distancia?

   Piénsalo: ¿Qué parte de la gráfica representa la menor distancia escalada?

Escoge una estrategia

Resuelve. Usa éstas u otras estrategias. Usa la gráfica para los Problemas 3–5.

Estrategias para resolver problemas

- **Usa el razonamiento lógico**
- **Halla un patrón**
- **Escoge la operación**

3. ¿Hacía más frío al comenzar o al terminar el día?

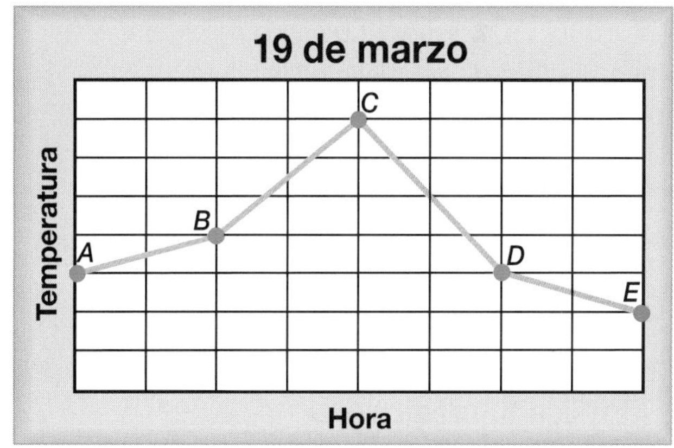

4. Estima el momento del día en que ocurrió la temperatura máxima. Explica por qué tu respuesta es sólo una estimación.

5. ¿Entre qué par de puntos consecutivos ocurrió el mayor cambio de temperatura? ¿Puedes decir cuánto cambió la temperatura durante ese tiempo? Explica.

6. Un día, la temperatura era de 50°F a las 6 a.m. La temperatura aumentó 1 grado la primera hora, 2 grados la segunda y 3 grados la tercera hora. Si este patrón de cambio en la temperatura continuó, ¿cuál era la temperatura al mediodía?

7. Los árboles Joshua pueden crecer hasta alcanzar 4 pies de ancho. Imagina que una gráfica lineal representa que la distancia alrededor de un árbol Joshua aumenta mientras el árbol crece en altura. De izquierda a derecha, ¿subiría o bajaría la dirección de la gráfica? Indica cómo lo decidiste.

Práctica adicional Consultar 1–3, página 449.

Leer y comprender gráficas lineales

Apréndelo cómo usar una gráfica lineal.

Vocabulario
nuevo
gráfica lineal

Apréndelo

Puede usarse una **gráfica lineal** para representar cómo cambian los datos a través del tiempo. Una gráfica lineal cuenta una historia. Esta gráfica lineal cuenta la historia de cuánto ha crecido un álamo. ¿Cuánto medía el árbol después de 2 años?

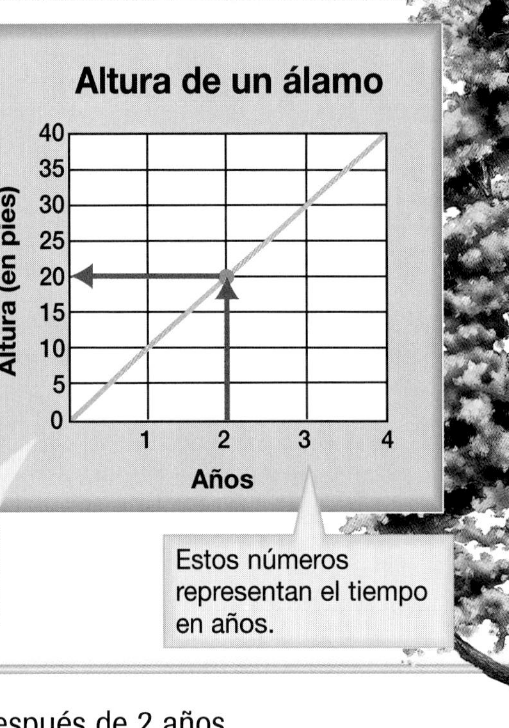

Halla la altura.

Para hallar la altura del árbol después de 2 años,

- halla el 2 en la parte inferior de la gráfica.
- sube hasta la línea de la gráfica.
- muévete hacia la izquierda y lee la altura.

Estos números representan la altura del árbol en pies.

Estos números representan el tiempo en años.

El árbol medía 20 pies de altura después de 2 años.

Explícalo

► Predice la altura del álamo después de 5 años. Explica tu predicción.

Práctica guiada

Usa la gráfica anterior para los Problemas 1–3.

1. ¿Cuánto medía el álamo después de 3 años?
2. Según la gráfica, ¿cuánto crece el árbol al año?
3. La gráfica sube de izquierda a derecha. ¿Podría cambiar esta dirección en algún momento? Explica tu razonamiento.

Asegúrate

- ¿Qué representan los números de la gráfica que están al lado y debajo?

 Estándares SDP **1.0, 1.3** MR **2.3**

Práctica independiente

La gráfica representa el número de pies que creció una enredadera entre el lunes y el viernes.

4. ¿Cuánto medía la enredadera el lunes?
5. ¿Entre qué días creció más la enredadera?
6. ¿Cuántos pies creció la enredadera entre el lunes y el viernes?

Resolver problemas • Razonamiento

La gráfica representa la temperatura máxima para cada día de la semana. Usa la gráfica para los Problemas 7–9.

7. **Analízalo** ¿Cuál fue la temperatura máxima promedio de la semana?
8. **Predícelo** ¿Esperarías que la temperatura máxima, el día siguiente al domingo, fuera de 0°F, 20°F, 50°F o 90°F? Explica tu respuesta.
9. Un estudiante anota la temperatura a la medianoche, a las 3:00 a.m., a las 6:00 a.m. y a las 9:00 a.m. Si continúa anotando la temperatura a intervalos de 3 horas, ¿a qué hora anotará su 8.ª lectura?

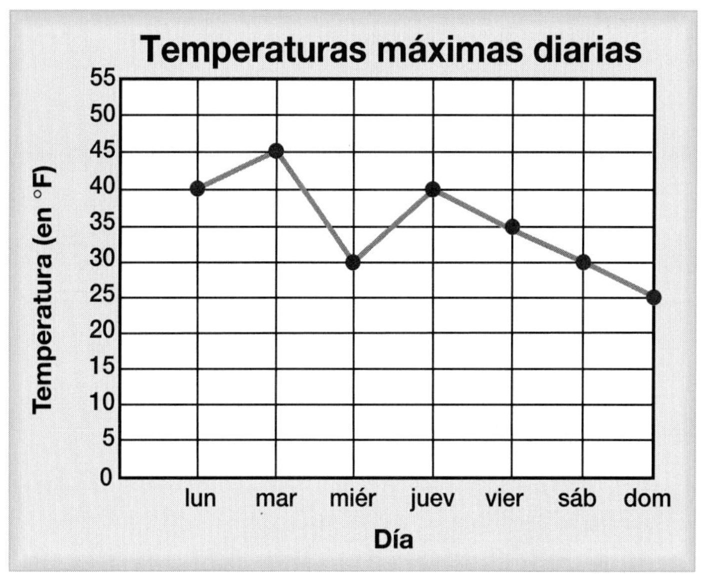

Repaso mixto • Preparación para pruebas

Halla cada valor para *n*. *(páginas 82–83, 132–134)*

10. $396 \div 3 = n$ **11.** $9 \times n = 90$ **12.** $144 \div 9 = n$ **13.** $418 - 139 = n$

Escoge la letra de la respuesta correcta. *(páginas 30–31)*

14 ¿Cuál es el precio total de una compra por $49.95 si el envío cuesta $5.50?

A $44.45 **C** $54.45
B $49.95 **D** $55.45

15 ¿Cuánto es 20.07 redondeado a la décima más cercana?

F 19.0 **H** 20.1
G 20.0 **J** 21.0

Práctica adicional Consultar el Conjunto C, página 446.

Estrategia: Escoge una estrategia

Aprenderás cómo escoger estrategias para resolver problemas.

A veces puedes resolver un problema de más de una manera.

Problema Sadie y su madre recorrieron 3 millas en bicicleta hasta el parque. Luego recorrieron en 4 senderos que tienen 2 millas de longitud cada uno. Más tarde, regresaron en bicicleta a casa. ¿Cuántas millas en total recorrieron en bicicleta Sadie y su madre?

Compréndelo

¿Cuál es la pregunta?

¿Cuántas millas recorrieron en bicicleta Sadie y su madre en total?

¿Qué sabes?

La distancia hasta el parque es 3 millas.
Ellas recorrieron en bicicleta 4 senderos de dos millas.

Planéalo

¿Cómo puedes hallar la respuesta?

Puedes hacer un dibujo o puedes escribir una ecuación.

Resuélvelo

Haz un dibujo.

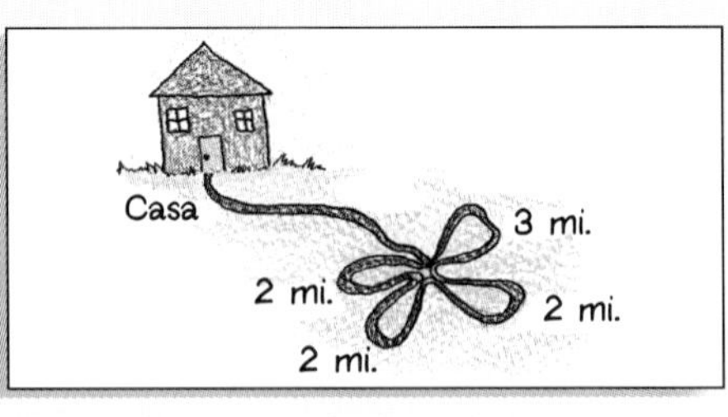

$3 + 2 + 2 + 2 + 2 + 3 = 14$

Escribe una ecuación.

Sea m = el número de millas recorridas en bicicleta.

$$3 + (4 \times 2) + 3 = m$$
$$3 + 8 + 3 = m$$
$$14 = m$$

Sadie y su madre recorrieron 14 millas en bicicleta.

Verifícalo

Verifica el problema.

¿Qué estrategia usarías? Explica por qué.

 Estándares MR **1.0, 1.1, 2.3, 3.0, 3.2**

Recuerda:
- Compréndelo
- Planéalo
- Resuélvelo
- Verifícalo

Práctica guiada

Resuelve.

1. Jon, Ray, Will y Amy viven en la misma calle. Ray vive 9 casas a la derecha de Amy. Will vive 3 casas a la derecha de Ray. Jon vive a medio camino entre Amy y Will. ¿A cuántas casas de Ray vive Jon?

   Piénsalo: ¿Qué tipo de dibujo puedo hacer?

2. La madre de Sadie corre por la playa todas las tardes. Ella puede correr 1 milla en 8 minutos. Si ella puede seguir corriendo a esa velocidad, ¿cuánto demorará la madre de Sadie en correr 6 millas por la playa?

   Piénsalo: ¿Qué ecuación me ayudaría a resolver este problema?

Escoge una estrategia

Resuelve. Usa éstas u otras estrategias.

Estrategias para resolver problemas

- **Usa el razonamiento lógico**
- **Escribe una ecuación**
- **Haz un dibujo**
- **Estima y verifica**

3. Cinco amigos están esperando en una fila para comprar boletos para la piscina. Nancy está frente a Scott, pero detrás de Matt. Scott está frente a Jared. Erin está primero. ¿En qué orden están esperando los amigos?

4. Miranda, Tanya y Stephen tienen perros que se llaman Big Red, Pepper y Daisy. El perro de Miranda no es Daisy. El perro de Tanya no es Daisy ni Pepper. ¿Quién es el dueño de cada perro?

5. Dan se comió 4 barras de granola. Después le dio 2 barras a William y 5 a Ellen. Dan se quedó con 4 barras. ¿Cuántas barras de granola tenía Dan al principio?

6. Sue, Greg y Jeff están en fila para tomarse una foto. Haz una lista de todas las maneras diferentes en que se pueden ordenar para la fotografía.

7. Los 32 corredores de una competencia compiten de a dos en cada vuelta. El ganador pasa a competir en la vuelta siguiente. ¿En cuántas vueltas habrá un campeón?

8. Hace dos años, el Sr. Esh gastó $290 en zapatos para su familia. El año pasado gastó $310 en zapatos. Durante esos años, ¿cuánto gastó en zapatos?

Práctica adicional Consultar 4–7, página 449.

Verificación rápida

Verifica los conceptos de las Lecciones 1–6

Halla el rango, la moda, la mediana y la media. Luego identifica los valores extremos.

1. 24, 21, 39, 24, 20, 22
2. 107, 122, 103, 105, 103

Usa la gráfica de barras para contestar las preguntas.

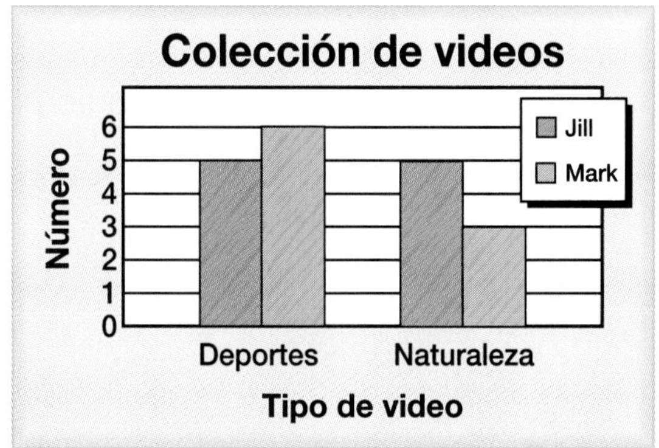

3. ¿Cuántos videos más de naturaleza tiene Jill que Mark?
4. ¿Cuántos videos de deportes tiene Jill? ¿Cuántos tiene Mark?

Usa la gráfica lineal para contestar las preguntas.

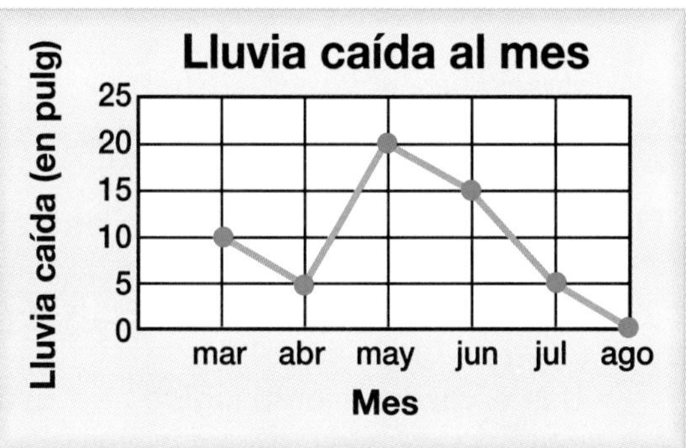

5. ¿En qué meses cayó igual cantidad de lluvia?
6. ¿Cuánta lluvia cayó en el mes más lluvioso? ¿Qué mes fue?
7. Zoe caminó media milla desde su casa hasta el parque. Ahí dio un paseo de $1\frac{1}{2}$ millas y tomó un sendero de $1\frac{1}{4}$ millas de regreso al punto de partida. Luego caminó a casa. ¿Cuántas millas caminó en total?

¿Cómo te fue?

Si tuviste dificultades en cualquiera de las partes de Verificación rápida, puedes usar las siguientes páginas para repasar y practicar más.

Estándares	Ejercicios	Repasar estas páginas	Hacer estos ejercicios de práctica adicional
Estadística, datos, probabilidad: **1.2** Razonamiento matemático: **1.1**	1–2	páginas 418–421	Conjunto A, página 446
Estadística, datos, probabilidad: **1.3** Razonamiento matemático: **1.1, 2.3**	3–4	páginas 422–424	Conjunto B, página 446
Estadística, datos, probabilidad: **1.0** Razonamiento matemático: **1.1, 2.3**	5–6	páginas 426–429	Conjunto C, páginas 446
Razonamiento matemático: **1.1, 2.5, 3.1, 3.2**	7	páginas 430–431	4–7, página 449

Preparación para pruebas • Repaso acumulativo

Mantener los estándares

Marca la letra de la respuesta correcta.

Usa la gráfica de barras para contestar las Preguntas 1–2.

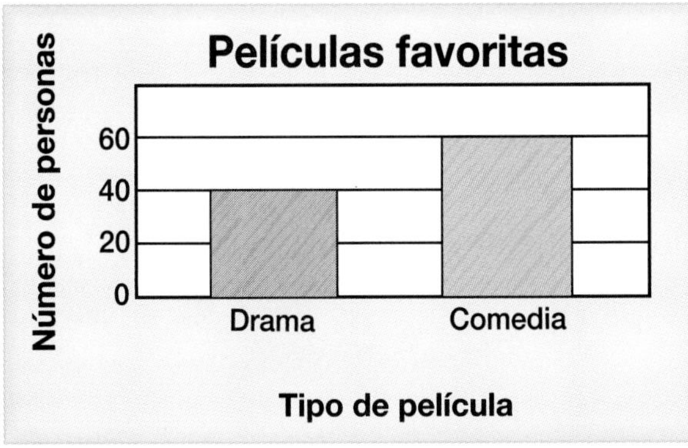

1. ¿Cuántas personas fueron encuestadas?

   A 40 **C** 80

   B 60 **D** 100

2. ¿Cuántas personas prefirieron la comedia al drama?

   F 10 **H** 30

   G 20 **J** 40

Usa la gráfica lineal para contestar las Preguntas 3–4.

3. ¿Cuánto pesaba Sally en 1998?

   A 35 l **C** 45 l

   B 40 l **D** 50 l

4. Si el patrón continúa, ¿cuánto pesará probablemente Sally en el 2002?

   F 75 l **H** 85 l

   G 80 l **J** 90 l

Usa el diagrama de puntos para contestar las Preguntas 5–7.

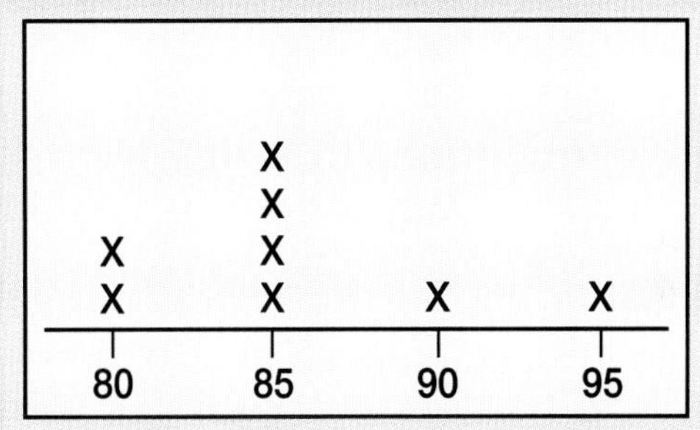

5. ¿Cuántos estudiantes hicieron la prueba?

   A 4 **C** 8

   B 6 **D** 10

6. ¿Cuál es la moda de los datos?

   F 80 **H** 90

   G 85 **J** 95

7. ¿Cuál es la mediana de los datos?

   A 80 **C** 90

   B 85 **D** 95

8. Imagina que hiciste una encuesta sobre los tipos favoritos de cereal. ¿Qué tipo de gráfica usarías para mostrar tus datos?

   Explícalo ¿Por qué escogerías ese tipo de gráfica?

Página segura

Preparación para pruebas
Visita **www.eduplace.com/kids/mhm** para más *Preparación para pruebas.*

Probabilidad y resultados

Aprenderás cómo decidir cuál es la probabilidad de que ocurra un suceso.

Repaso del vocabulario
probabilidad
caso

Apréndelo

La **probabilidad** es una manera de describir la posibilidad de que un suceso ocurra. Un **caso** es un resultado posible de un experimento de probabilidad.

Si sacas un cubo de la bolsa sin mirar, hay dos casos posibles.

- Puedes obtener un cubo anaranjado o un cubo verde.
- Es más probable que saques un cubo anaranjado, porque hay más cubos anaranjados que cubos verdes.

Resultados posibles: anaranjado o verde

Observa las imágenes siguientes.

- ¿Cuáles son los resultados posibles para cada rueda giratoria?
- ¿Qué palabras pueden usarse para describir la probabilidad de que la rueda se detenga en el color anaranjado?

Resultado posible	Anaranjado	Anaranjado, Verde	Verde, Anaranjado	Verde
Probabilidad de detenerse en el anaranjado	Seguro	Probable	Poco probable	Imposible

Otro ejemplo

Resultados igualmente probables

Cada rueda giratoria está dividida en regiones igualmente probables. El número de regiones anaranjadas es igual al número de regiones verdes. Así que es igualmente probable que la flecha se detenga en el anaranjado o en el verde.

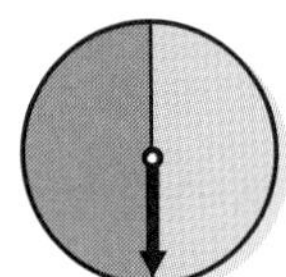 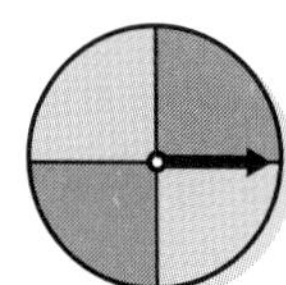 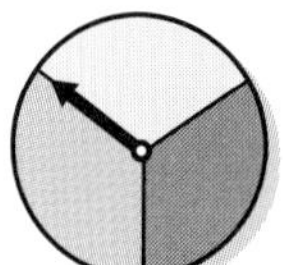 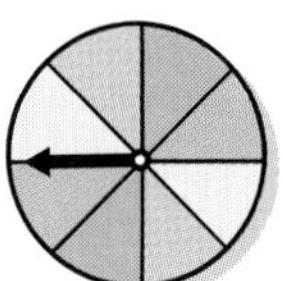

Explícalo

► ¿Cómo cambiarías cada rueda giratoria para que fuera más probable que una rueda se detuviera en el verde? ¿Por qué funcionaría tu cambio?

Práctica guiada

Observa la bolsa de canicas. Escribe *seguro, probable, poco probable* o *imposible*, para describir la probabilidad de obtener el color.

1. morado

2. anaranjado

3. color rosa

4. morado o color rosa

> **Asegúrate**
> - ¿Cuántas canicas de cada color hay?
> - ¿Hay más canicas de un color que de otro?

Práctica independiente

Escribe *seguro, probable, igualmente probable, poco probable* o *imposible*, para describir la probabilidad de que la rueda giratoria se detenga en el azul.

 **5.** 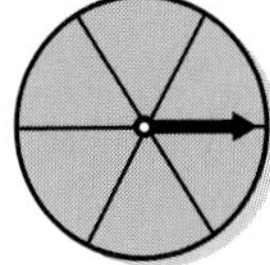 **6.** 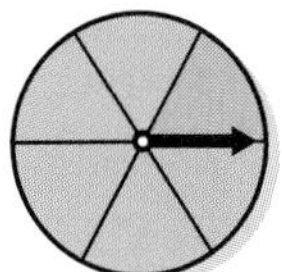 **7.** 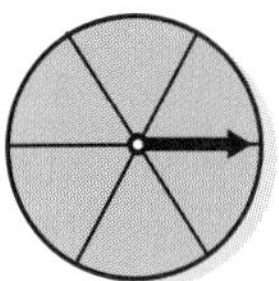 **8.** 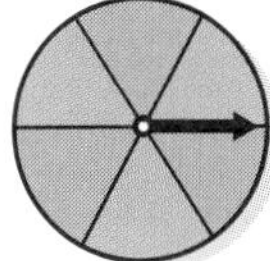

Resolver problemas • Razonamiento

Usar datos Usa la tabla para los Problemas 9–11.

9. Predícelo ¿Qué número de fichas es más probable encontrar en la bolsa: 5 amarillas, 5 anaranjadas y 5 color café o 10 amarillas, 10 anaranjadas y 5 color café?

10. Escríbelo ¿Es probable que el número de fichas anaranjadas en la bolsa sea igual al de fichas amarillas? Explica.

11. Imagina que una bolsa de fichas rojas y verdes tiene 15 fichas. Si sacas 5 fichas rojas, quedan 2 fichas verdes más que fichas rojas en la bolsa. ¿Cuántas fichas rojas y verdes había al comienzo en la bolsa?

Fichas para sacar

Caso	Conteo	Número
Color café	𝍸 I	6
Anaranjadas	𝍸 𝍸 I	11
Amarillas	𝍸 𝍸 III	13

La tabla de conteo representa los resultados al sacar fichas de una bolsa. La ficha se reemplazó después de cada extracción.

Repaso mixto • Preparación para pruebas

Halla *x*. *(páginas 136–138)*

12. $5x = 15$ **13.** $9 = 54 \div x$ **14.** $x \div 3 = 9$ **15.** $12x = 36$

16 ¿Cuánto es $\frac{6}{10}$ en su mínima expresión? *(páginas 330–332)*

A $\frac{1}{6}$ **B** $\frac{3}{5}$ **C** $\frac{4}{5}$ **D** 6

Hallar la probabilidad

Aprenderás cómo escribir la probabilidad de un suceso en palabras y como fracción.

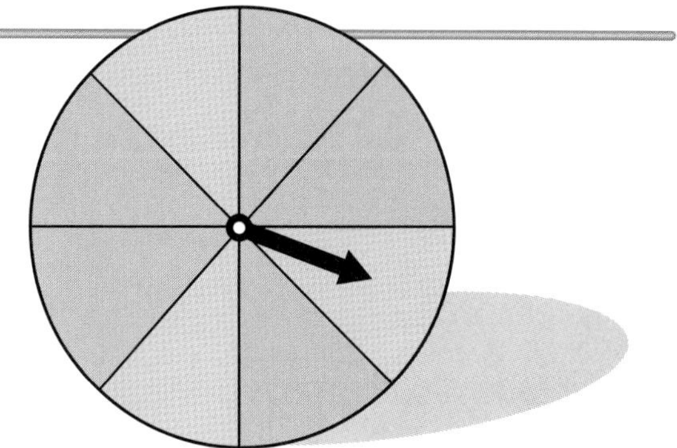

Apréndelo

Puedes usar palabras o fracciones para describir la probabilidad de un suceso.

La rueda giratoria tiene 2 resultados posibles: morado y verde.

Probabilidad de que las ruedas giratorias se detengan en cada color

Verde	La probabilidad de que una rueda se detenga en el verde es 3 de 8 ó $\frac{3}{8}$. Es **poco probable** que una rueda se detenga en el verde.
Morado	La probabilidad de que una rueda se detenga en el morado es 5 de 8 ó $\frac{5}{8}$. Es **probable** que una rueda se detenga en el morado.
Anaranjado	La probabilidad de que una rueda se detenga en el anaranjado es 0 de 8 ó $\frac{0}{8}$. Es **imposible** que una rueda se detenga en el anaranjado.
Morado o Verde	La probabilidad de que una rueda se detenga en el morado o en el verde es 8 de 8, u $\frac{8}{8}$. Es **seguro** que una rueda se detenga en el morado o en el verde.

La recta numérica indica que la probabilidad de un suceso va desde el 0, imposible, hasta el 1, seguro.

Mientras más cerca del 1 esté una fracción, más probable es que el suceso ocurra.

Puedes escribir una probabilidad en palabras, 3 de 8, o como fracción, $\frac{3}{8}$.

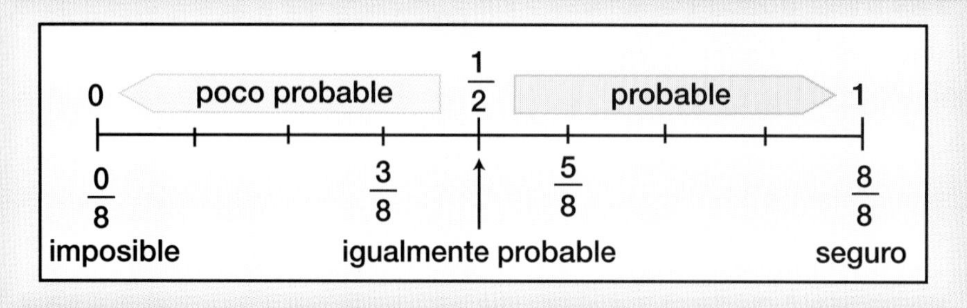

Explícalo

► La probabilidad de detenerse en el morado es $\frac{5}{8}$. ¿Significa esto que siempre te detendrás en el morado 5 de 8 veces? Explica.

 Estándares AF **1.1, 1.2** SDP **2.0, 2.2** MR **2.3**

Práctica guiada

Imagina que sacas una de las fichas siguientes sin mirar. Escribe como fracción y en palabras la probabilidad de obtener cada letra.

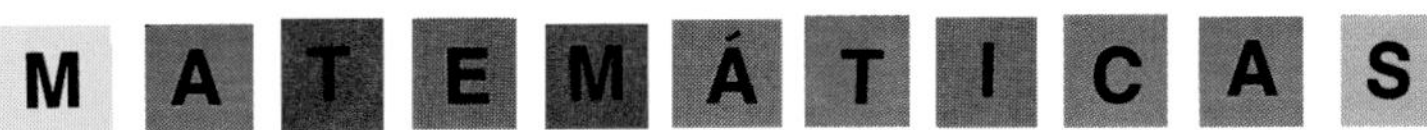

Asegúrate

- ¿Cuántas fichas hay en total?
- ¿Cuántas fichas tienen la letra o las letras que estoy buscando?

1. M **2.** A **3.** T **4.** Á **5.** E **6.** I **7.** C **8.** S

Práctica independiente

Imagina que sacas una ficha de esta bolsa, sin mirar. Usa una fracción y palabras para escribir la probabilidad de cada suceso.

9. sacar 1 **10.** sacar 3 ó 5 **11.** sacar un múltiplo de 3

12. ¿Es mayor o menor la probabilidad de obtener un número par que la probabilidad de obtener un número impar? Explica.

Resolver problemas • Razonamiento

13. En una bolsa hay 5 canicas rojas y 3 canicas azules. ¿Cuántas canicas, y de qué color, agregarías a la bolsa para que la probabilidad de obtener una canica azul sea $\frac{1}{2}$?

14. Dibuja una rueda giratoria para la cual la probabilidad de detenerse en el amarillo sea $\frac{1}{6}$ y sea más probable detenerse en el rojo que en el azul.

15. Escríbelo Escogerás una letra de una lista, sin mirar. Haz una lista de letras para la cual la probabilidad de escoger una vocal sea $\frac{2}{5}$.

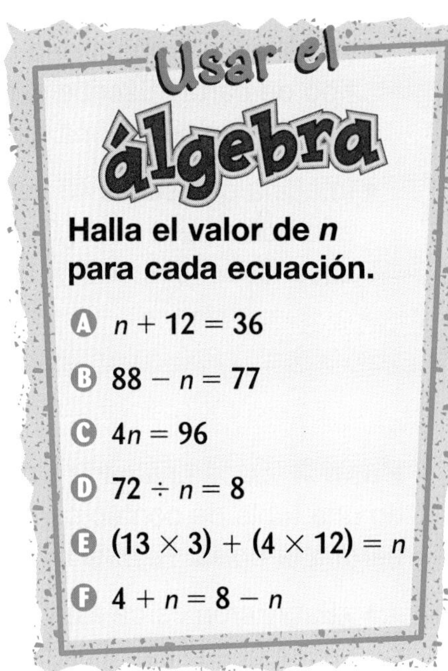

Halla el valor de *n* para cada ecuación.

- **A** $n + 12 = 36$
- **B** $88 - n = 77$
- **C** $4n = 96$
- **D** $72 \div n = 8$
- **E** $(13 \times 3) + (4 \times 12) = n$
- **F** $4 + n = 8 - n$

Repaso mixto • Preparación para pruebas

Escribe otra operación en cada familia de operaciones. *(páginas 54–55, 118–119)*

16. $8 + 4 = 12$
$12 - 4 = 8$

17. $15 - 7 = 8$
$7 + 8 = 15$

18. $6 \times 5 = 30$
$30 \div 6 = 5$

19 ¿Qué número es mayor que 987,451? *(páginas 26–27)*

A 978,456 **B** 986,457 **C** 987,450 **D** 988,450

Práctica adicional Consultar el Conjunto E, página 447.

Hacer predicciones

Aprenderás cómo predecir resultados de un experimento de probabilidad.

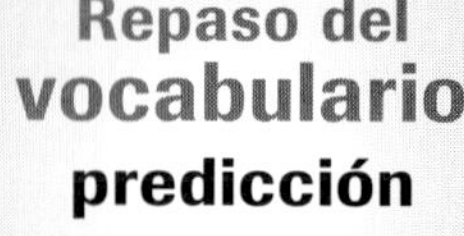

Apréndelo

En algunas situaciones puedes usar la probabilidad para hacer una **predicción** acerca de lo que es probable que ocurra.

Materiales

bolsa de papel, conjunto de cartas como las que se muestran (Recurso de enseñanza 14)

Paso 1 Haz 12 cartas como las que se muestran y ponlas en una bolsa.

Paso 2 Predice qué ocurrirá si sacas una carta de la bolsa, sin mirar.

- ¿Cuál es la probabilidad de sacar cada tipo de carta? Escribe el resultado como fracción en su mínima expresión.
- Imagina que sacas 48 veces una carta, devolviéndola a la bolsa cada vez. ¿Cuántas veces predices que sacarías un círculo? ¿y un cuadrado? ¿y un triángulo?

Paso 3 Saca una carta sin mirar. Anota el resultado en una tabla de conteo como la siguiente. Devuelve la carta a la bolsa. Repítelo 47 veces.

- ¿Estuvieron cerca tus predicciones al número de veces que sacaste cada tipo de carta?

Experimento de figuras		
Caso	**Conteo**	**Número**
Triángulo		
Cuadrado		
Círculo		

Estándares SDP **1.0, 1.1, 1.3, 2.0, 2.2** MR **2.3, 2.4**

Puedes usar los resultados de un experimento para hacer predicciones.

La cuadrícula representa los resultados de un experimento con carta.

- ¿Cuántas veces se sacó una carta azul? ¿una carta roja? ¿y una carta verde?
- Si había 12 cartas en la bolsa, ¿cuántas de cada color predecirías que había?

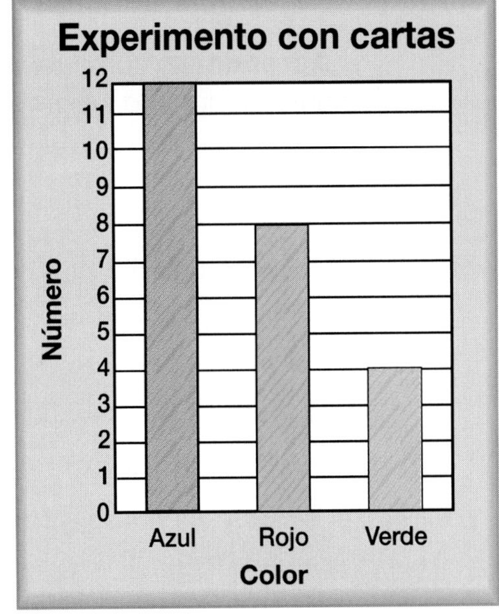

Inténtalo

1. Sigue estos pasos para hacer otra predicción.
   - Haz 6 cartas como las de la derecha. Pon las cartas en una bolsa.
   - Predice cuántas veces sacarás una *S* si sacas una carta 30 veces sin mirar y la vuelves a poner en la bolsa cada vez.
   - Saca una carta sin mirar. Anota el resultado en un diagrama de puntos como el de la derecha. Pon de vuelta la carta en la bolsa. Haz esto 29 veces más.

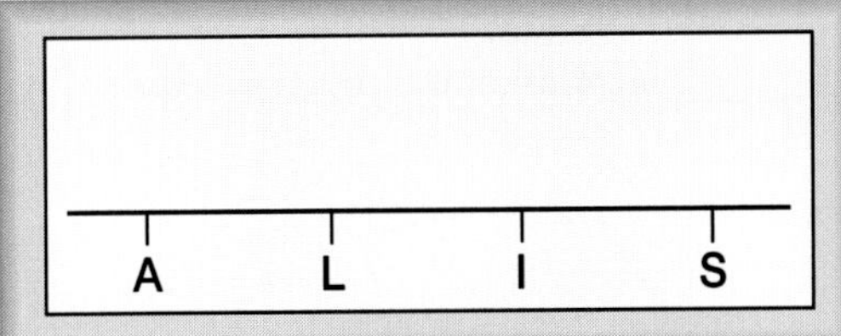

Contesta estas preguntas acerca de tu experimento.

2. Compara tu predicción con tus resultados. ¿Fue precisa tu predicción? Explica.
3. Si sacaras una carta 600 veces, ¿aproximadamente cuántas veces piensas que sacarías una carta con una *S*? Explica.
4. Observa tu diagrama de puntos. ¿Qué otra letra tiene tantas marcas como la letra *S*? Explica por qué.

Usa lo que has aprendido para contestar esta pregunta.

5. Imagina que lanzas un dado con los números 1, 2, 3, 4, 5 y 6 en sus caras. ¿Por qué predirías que un número menor que 4 podría salir más a menudo?

Representar resultados

Aprenderás cómo representar todos los resultados posibles de un experimento de probabilidad en un diagrama en árbol.

Vocabulario nuevo
diagrama en árbol
cuadrícula

Apréndelo

Se lanza dos veces una moneda. ¿Cuál es la probabilidad de que salga cara una vez y cruz una vez?

Diferentes maneras de representar resultados

Puedes usar un diagrama en árbol.

- Usa las ramas para representar los resultados del primer lanzamiento.
- Representa los resultados para el segundo lanzamiento.
- Haz una lista de los resultados para ambos lanzamientos.

Primer lanzamiento	Segundo lanzamiento	Resultado
cara	cara →	cara, cara
	cruz →	cara, cruz
cruz	cara →	cruz, cara
	cruz →	cruz, cruz

Puedes usar una cuadrícula.

- Escribe los resultados del primer lanzamiento a la izquierda.
- Escribe los resultados del segundo lanzamiento en la parte superior.
- Pon los resultados de ambos lanzamientos en cada parte de la cuadrícula.

		Segundo lanzamiento	
		cara	cruz
Primer lanzamiento	cara	cara, cara	cara, cruz
	cruz	cruz, cara	cruz, cruz

La probabilidad de que la moneda salga cara una vez y cruz una vez es 2 de 4, o $\frac{2}{4}$.

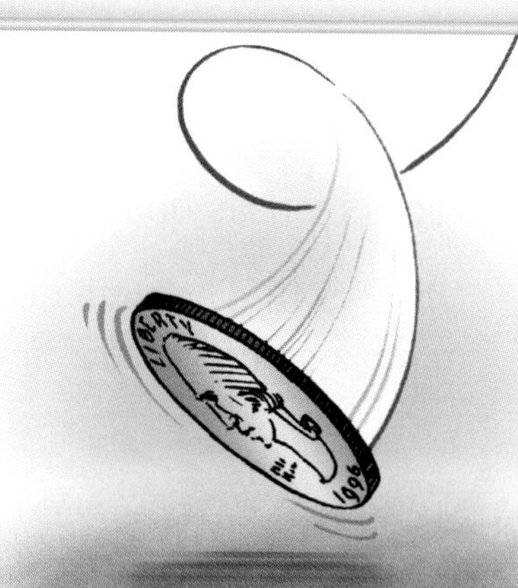

Explícalo

▶ ¿Por qué es útil usar un diagrama en árbol o una cuadrícula para organizar los resultados posibles?

Práctica guiada

En una bolsa hay dos tarjetas, una con la letra *T* y otra con la letra *U*. Se saca una carta dos veces y se vuelve a poner cada vez.

1. Haz un diagrama en árbol o una cuadrícula para representar los resultados posibles. ¿Cuántos resultados hay?
2. ¿Cuál es la probabilidad de formar la palabra TU?

Asegúrate
- ¿Cuáles son todos los resultados posibles?
- ¿Cuántas veces sale el resultado que yo quiero?

Estándares SDP **1.0, 2.0, 2.1, 2.2** MR **2.0**

Práctica independiente

El diagrama en árbol muestra los resultados posibles cuando se lanza una moneda y se gira una rueda giratoria de cuatro partes. Usa el diagrama en árbol para los Problemas 3–5.

Moneda	Rueda giratoria	Resultado
cara	azul	cara, azul
	rojo	cara, rojo
	amarillo	cara, amarillo
	verde	cara, verde
cruz	azul	cruz, azul
	rojo	cruz, rojo
	amarillo	cruz, amarillo
	verde	cruz, verde

3. Haz una cuadrícula para representar los mismos resultados.
4. ¿Cuántos resultados posibles representan cara y rojo o azul?
5. ¿Cuál es la probabilidad de sacar cara y amarillo o cara y verde al lanzar una moneda y hacer girar una rueda?

Resolver problemas • Razonamiento

Usa las ruedas giratorias para los Problemas 6 y 7.

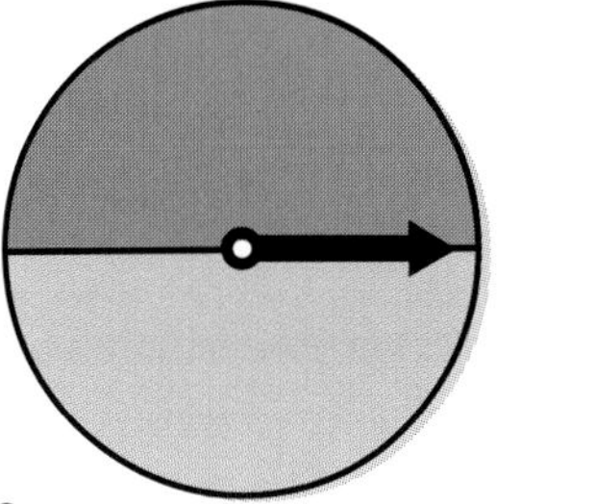
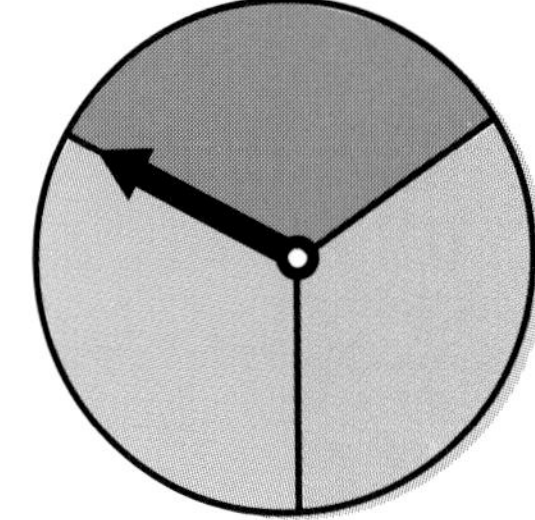

6. Haz una cuadrícula para representar todos los resultados posibles al girar ambas ruedas.
7. Halla la probabilidad de que ambas ruedas se detengan en el rojo.
8. Ed va a barnizar la parte interior de un tazón con color rojo o amarillo, la parte exterior con verde o azul y el asa con negro o blanco. ¿Cuáles son todas las maneras en que puede barnizarse el tazón? Usa un diagrama en árbol para representar tu trabajo.
9. **Analízalo** Tim escribió cada letra de su nombre en cartas y las puso en una bolsa. Sacó una carta y la devolvió a la bolsa. Lo repitió 3 veces. ¿Cuál es la probabilidad de que forme Tim su nombre con las cartas que sacó?

Repaso mixto • Preparación para pruebas

Resuelve. *(páginas 54–55, 194–195)*

10. 28×4 **11.** $684 + 397$ **12.** 42×18 **13.** $1{,}004 - 395$ **14.** 204×61

15 ¿Qué enunciado numérico es correcto? *(páginas 350–351)*

A $\frac{3}{8} + \frac{5}{8} = 1\frac{2}{8}$ **B** $\frac{1}{8} + \frac{6}{8} = \frac{6}{8}$ **C** $\frac{5}{8} + \frac{6}{8} = 1\frac{3}{8}$ **D** $\frac{2}{8} + \frac{7}{8} = 1$

Aplicación: Usa datos y probabilidad

Aprenderás cómo usar datos y probabilidad para resolver problemas.

Puedes usar los resultados de una encuesta para hacer predicciones.

Problema Imagina que una empresa de jabones pide a 100 personas que escojan una de cuatro esencias. Los resultados de la encuesta son los que se presentan. Si se hiciera la misma pregunta a 1,000 personas, ¿aproximadamente cuántas personas se espera que escojan limón?

Esencia	Número de personas
Canela	26
Limón	50
Pino	14
Vainilla	10

¿Cuál es la pregunta?

Si se hiciera la misma pregunta a 1,000 personas, ¿aproximadamente cuántas personas esperarías que escogieran limón?

¿Qué sabes?

Se encuestó a 100 personas. 26 escogieron canela, 50 escogieron limón, 14 escogieron pino y 10 escogieron vainilla.

¿Qué puedes hacer para hallar el resultado?

Halla la fracción de las 100 personas que escogió limón. Usa la fracción para predecir aproximadamente cuántas personas de 1,000 esperarías que escogieran limón.

Halla la fracción de 100 personas que escogió limón.

$$\frac{\text{Número de personas que escogió limón}}{\text{Número de personas encuestadas}} = \frac{50}{100} = \frac{1}{2}$$

Usa los datos para predecir aproximadamente cuántas personas de 1,000 se esperaría que escogieran limón.

$\frac{1}{2}$ de 1,000 = 500

Se esperaría que aproximadamente unas 500 personas escogieran limón.

Verifica la pregunta.

¿Cómo podrías comprobar que $\frac{1}{2}$ de 1,000 = 500?

Estándares	SDP **1.0, 2.0, 2.2** MR **1.0, 1.1, 2.0, 3.0, 3.2, 3.3**

Práctica guiada

Resuelve.

1. Cincuenta personas hicieron una prueba de sabor de bebidas de frutas. Éstos son los resultados.

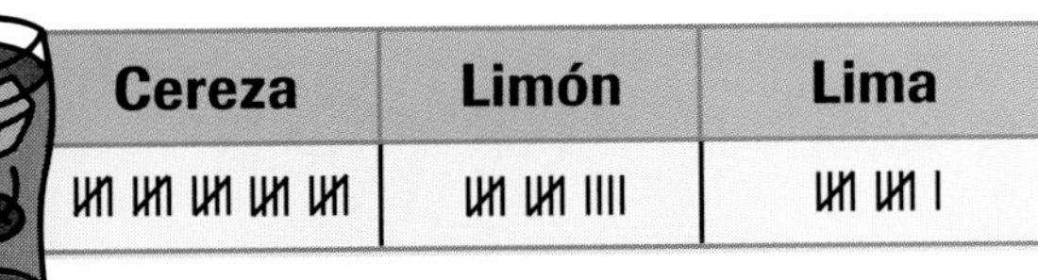

Cereza	Limón	Lima
卌 卌 卌 卌 卌	卌 卌 IIII	卌 卌 I

Imagina que 500 personas hicieran la misma prueba. ¿Aproximadamente cuántas personas esperarías que escogieran cereza?

Piénsalo: De 50 personas, ¿cuántas escogieron cereza?

2. Esta tabla representa los tipos de mascota que tienen 100 dueños de mascota.

Gato	Perro	Otra
26	54	20

Imagina que se preguntara a 400 dueños de mascota qué tipo de mascota tienen. ¿Aproximadamente cuántos esperarías que tuvieran perros?

Piénsalo: De 100 dueños de mascota, ¿cuántos tienen perros?

Escoge una estrategia

Resuelve. Usa éstas u otras estrategias.

Estrategias para resolver problemas

- **Usa el razonamiento lógico**
- **Escribe una ecuación**
- **Haz un dibujo**
- **Comienza con el final**

3. Un centro comercial abre a las 9:30 a.m. Sam demora 45 minutos en preparar una prueba de sabor que debe estar lista cuando el centro comercial abra. Si Sam demora 20 minutos en llegar al centro comercial, ¿a más tardar a qué hora puede salir de casa?

4. Jeff, León, Margie y Pamela se sentarán en una mesa cuadrada, con un asiento en cada lado. Jeff se sentará a la izquierda de Pamela y Margie no se sentará al lado de Jeff. ¿Entre qué personas se sentará Margie?

5. Una caja con 3 barras de jabón cuesta $7.95. Una caja con 6 barras del mismo tipo de jabón cuesta $15.95. ¿Cuál es la manera más barata de comprar 21 barras de jabón?

6. En una encuesta, 15 personas escogieron pintura azul, 21 escogieron color rosa y 14 escogieron verde. Si se hiciera la misma pregunta a 500 personas, ¿cuántas esperarías que escogieran verde?

7. Éstos son los resultados al hacer girar 15 veces una rueda. Si se girara nuevamente la rueda, ¿en qué color predices que se detendría la rueda? Explica tu respuesta.

Rojo	Blanco	Negro
IIII	III	卌 III

Práctica adicional Consultar 8 y 9, página 449.

Verificación rápida

Verifica los conceptos de las Lecciones 7–11

Escribe *seguro, probable, poco probable, imposible* o *igualmente probable* para describir la probabilidad de obtener rojo.

1. 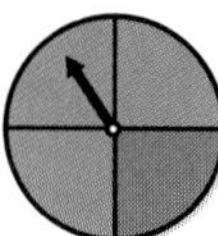

2. 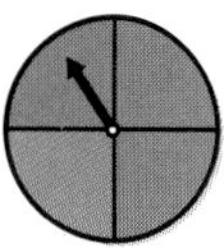

3. 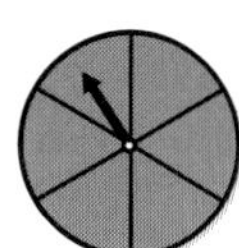

4. 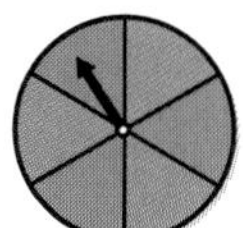

Usa palabras y una fracción para escribir la probabilidad de cada resultado.

5. sacar la ficha 5

6. sacar la ficha 7 o la 9

7. sacar un número mayor que 6

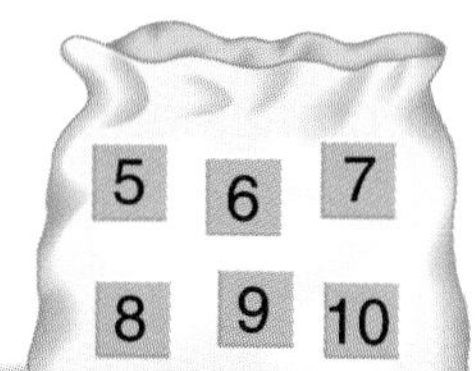

Haz un diagrama en árbol o una cuadrícula para resolver.

8. ¿Cuáles son todos los resultados posibles al lanzar 2 monedas?

Resuelve.

9. Se preguntó a 100 personas acerca de su color favorito. Los resultados se muestran en la tabla. Si se hiciera la misma pregunta a 500 personas, ¿cuántas personas piensas que probablemente escogerían rojo?

Color	Número de personas
Rojo	20
Azul	35
Amarillo	15
Verde	30

¿Cómo te fue?

Si tuviste dificultades en cualquiera de las partes de Verificación rápida, puedes usar las siguientes páginas para repasar y practicar más.

Estándares	Ejercicios	Repasar estas páginas	Hacer estos ejercicios de práctica adicional
Estadística, datos, probabilidad: **2.0** Razonamiento matemático: **1.1, 3.1**	1–4	páginas 434–435	Conjunto D, página 447
Estadística, datos, probabilidad: **2.0, 2.2** Razonamiento matemático: **1.1, 3.1**	5–7	páginas 436–437	Conjunto E, página 447
Estadística, datos, probabilidad: **1.0, 2.1** Razonamiento matemático: **1.1, 2.3, 3.1**	8	páginas 440–441	Conjunto F, página 448
Estadística, datos, probabilidad: **2.0, 2.2** Razonamiento matemático: **1.1, 2.3, 3.1**	9	páginas 442–443	8–9, página 449

Preparación para pruebas • Repaso acumulativo

Mantener los estándares

Marca la letra de la respuesta correcta.

1. ¿Qué gráfica presenta mejor los datos que representan cambios en el tiempo?
   - **A** diagrama de puntos
   - **B** gráfica de barras
   - **C** gráfica de doble barra
   - **D** gráfica lineal

2. ¿Cuántas personas prefirieron helado de vainilla?

Preferencia de helados

Vainilla	𝍸	𝍸	I
Chocolate	𝍸	𝍸	𝍸
Fresa	𝍸	II	

F 9   **H** 13
G 11   **J** 15

Usa este conjunto de datos para contestar las Preguntas 3 y 4.

15, 19, 4, 19, 16

3. ¿Cuál es la mediana?
   A 4   **C** 16
   B 15   **D** 19

4. ¿Qué número es un valor extremo?
   F 4   **H** 16
   G 15   **J** 19

5. ¿Cuál es la probabilidad de obtener 8?

A $\frac{1}{8}$ **C** $\frac{3}{4}$
B $\frac{1}{4}$ **D** $\frac{7}{8}$

Hay tres cubos en una bolsa. Usa esta información para contestar las Preguntas 6 y 7.

6. Si se saca un cubo sin mirar, ¿cuál es la probabilidad de obtener un cubo A?
   F 1 de 3   **H** 2 de 3
   G 3 de 5   **J** 3 de 3

7. Se sacó el cubo B y luego se devolvió a la bolsa. ¿Cuál es la probabilidad de obtener nuevamente el bloque B?
   A $\frac{1}{2}$ **C** $\frac{1}{6}$
   B $\frac{1}{3}$ **D** $\frac{1}{9}$

8. Se lanzan dos monedas. ¿Cuál es la probabilidad de que ambas salgan cara? **Explícalo** Dibuja un diagrama en árbol o una cuadrícula para apoyar tu respuesta.

Preparación para pruebas
Visita **www.eduplace.com/kids/mhm** para más *Preparación para pruebas.*

Práctica adicional

Conjunto A (Lección 2, páginas 418–420)

Ordena los datos de menor a mayor. Halla el rango, la moda, la mediana y la media. Luego identifica los valores extremos.

1. 2, 4, 5, 2, 6, 2, 7
2. 3, 2, 3, 9, 3
3. 10, 13, 23, 11, 14, 13
4. 13, 14, 15, 17, 16
5. 21, 20, 46, 21
6. 27, 29, 14, 27, 28
7. 25, 14, 19, 22, 20
8. 127, 122, 132, 127
9. 84, 93, 27, 88

Conjunto B (Lección 3, páginas 422–424)

Usa la gráfica para los Problemas 1–4.

1. ¿Cuál es la diferencia de resultados entre el equipo A y el equipo B para el miércoles?
2. ¿Qué resultado es la mediana de los resultados del equipo A?
3. ¿Qué día fue mayor la diferencia entre los resultados del equipo A y los del equipo B?
4. ¿Qué equipo tiene el mayor rango de resultados?

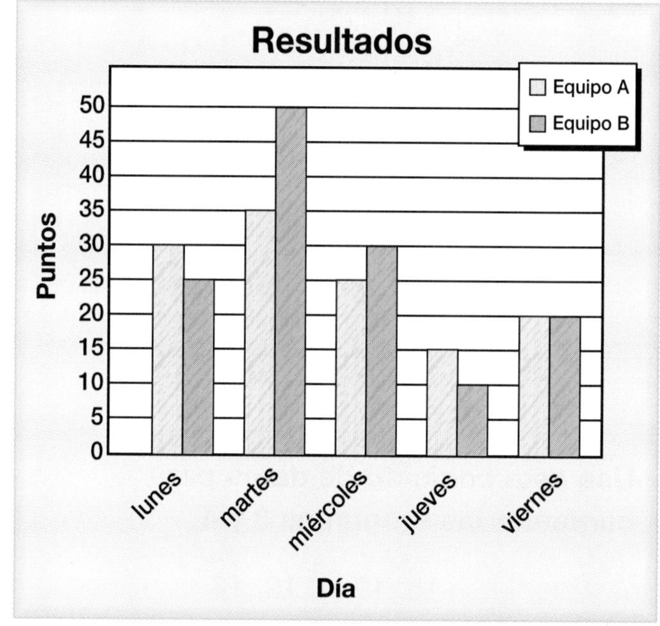

Conjunto C (Lección 5, páginas 428–429)

Usa la gráfica para los Problemas 1–3.

1. ¿Cuál fue la temperatura a las 10 a.m.? ¿a la 1:00 p.m.?
2. ¿Qué te dice la tabla acerca de lo que ocurrió con la temperatura entre las 9:00 a.m. y las 3:00 p.m.?
3. ¿Por qué crees que pasa la línea en forma recta entre las 11:00 a.m. y el mediodía?

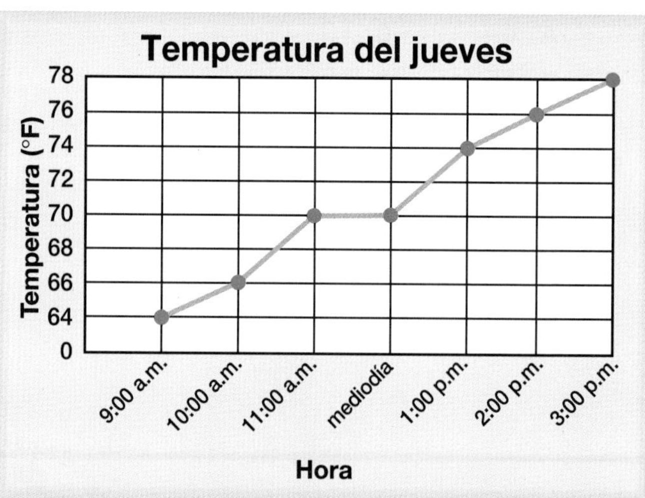

Práctica adicional

Conjunto D (Lección 7, páginas 434–435)

Observa la bolsa de fichas. Escribe *seguro, probable, igualmente probable, poco probable* o *imposible* para representar qué tan probable es cada caso.

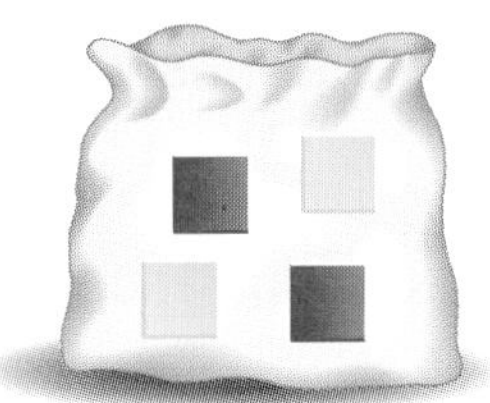

1. obtener rojo

2. obtener amarillo

3. obtener color rosa

4. obtener rojo o amarillo

Escribe *seguro, probable, igualmente probable, poco probable* o *imposible* para describir la probabilidad de que la rueda se detenga en el azul.

5. 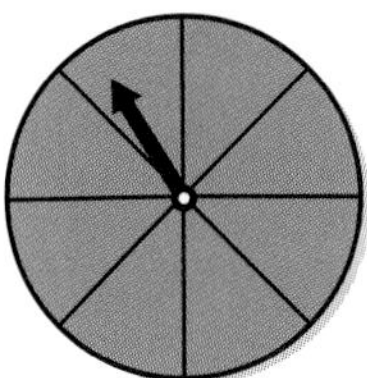

6. 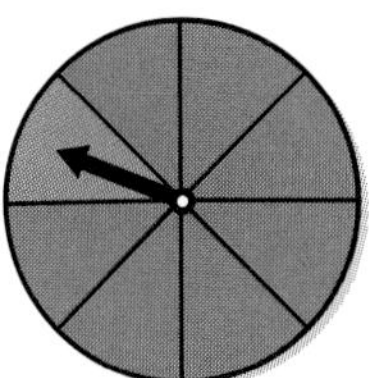

7. 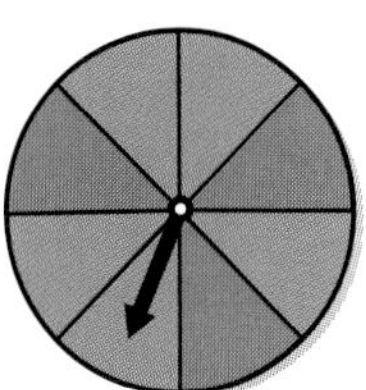

8. 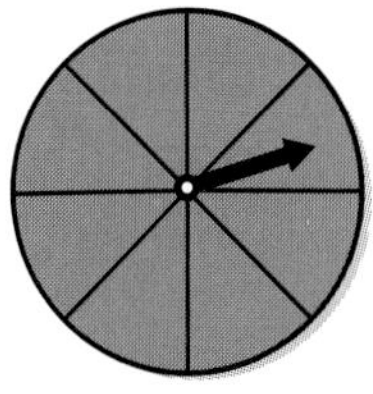

Escribe *seguro, probable, igualmente probable, poco probable* o *imposible* para describir la probabilidad de que la rueda se detenga en el rojo.

9. 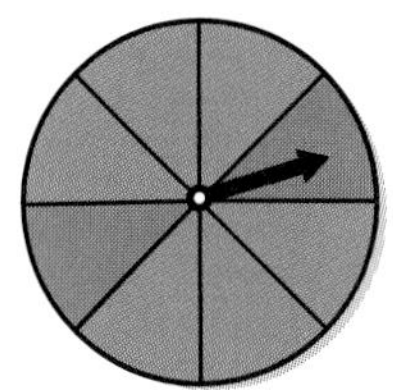

10. 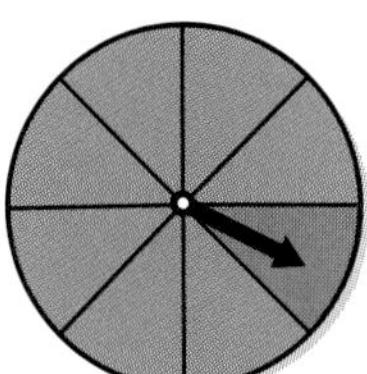

11. 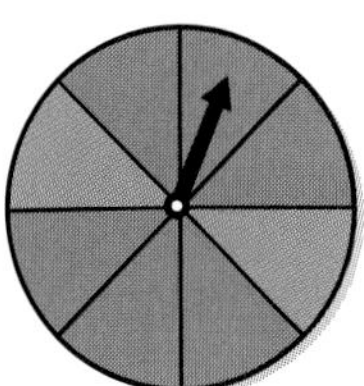

12. 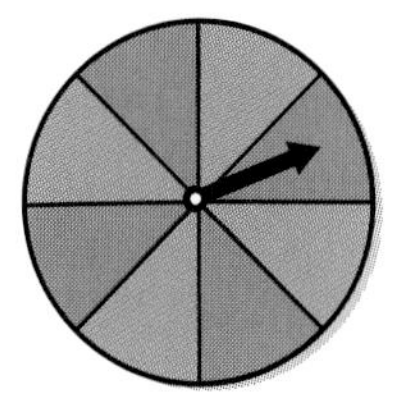

Conjunto E (Lección 8, páginas 436–437)

Observa la rueda giratoria. Escribe la probabilidad de cada resultado en palabras y como fracción.

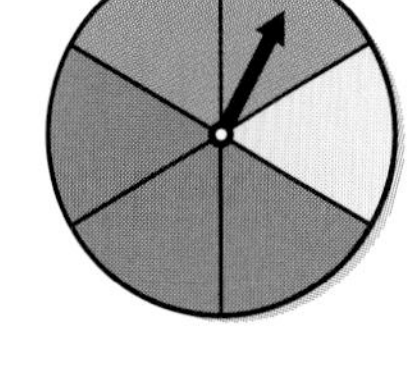

1. azul

2. rojo

3. amarillo

4. amarillo o rojo

Usa la bolsa de fichas para los Problemas 5–8. Escribe la probabilidad de cada resultado en palabras y como fracción.

5. 9

6. 11 ó 15

7. un múltiplo de 5

8. un número par

9. un número impar

10. un múltiplo de 10

Práctica adicional

Conjunto F *(Lección 10, páginas 440–441)*

Usa el diagrama en árbol para los Problemas 1–6.

1. ¿Cuántos resultados posibles hay de obtener dos veces una estrella?
2. Escribe todos los resultados posibles al sacar dos veces.
3. ¿Cuál es la probabilidad de obtener la estrella dos veces?
4. ¿Cuál es la probabilidad de obtener una estrella y un cuadrado?
5. ¿Cuál es la probabilidad de obtener primero la estrella y en segundo lugar el cuadrado?
6. ¿Cuál es la probabilidad de obtener primero el cuadrado y en segundo lugar la estrella?

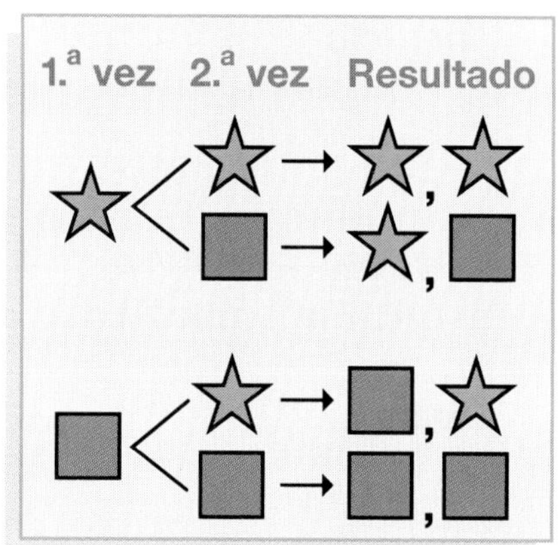

El diagrama en árbol representa los resultados al girar dos ruedas que tienen regiones igualmente probables. Usa el diagrama en árbol para las Preguntas 7–13.

7. ¿Cuáles son los resultados posibles al girar la primera rueda?
8. ¿Cuáles son los resultados posibles al girar la segunda rueda?
9. ¿Cuáles son los resultados posibles al girar ambas ruedas?
10. ¿Cuál es la probabilidad de obtener rojo en ambos giros?
11. ¿Cuál es la probabilidad de obtener rojo en el segundo giro?
12. ¿Cuál es la probabilidad de obtener azul en el primer giro?
13. ¿Cuál es la probabilidad de obtener dos colores diferentes en ambos giros?

Práctica adicional • Resolver problemas

Usa la gráfica para resolver los Problemas 1–3. *(Lección 4, páginas 426–427)*

La gráfica representa las ventas de zapatillas en la tienda del Sr. Gómez.

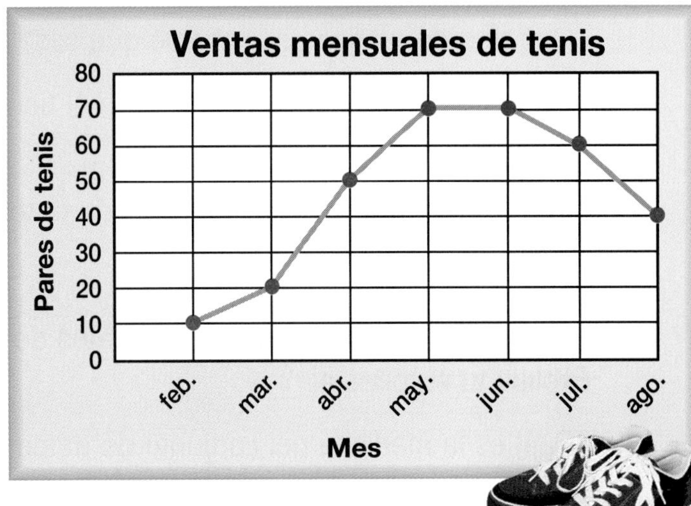

1. ¿En qué meses fueron iguales las ventas?
2. ¿En qué mes vendió el Sr. Gómez 50 pares de tenis? Explica cómo lo sabes.
3. ¿Cuántos pares más de tenis vendió el Sr. Gómez en agosto que en marzo?

Resuelve cada problema. *(Lección 6, páginas 430–431)*

4. Ike está escribiendo un informe de 5 páginas acerca de un libro. Él escribe la primera página en 8 minutos. Si continúa escribiendo 1 página cada 8 minutos, ¿cuánto demorará Ike en escribir el informe completo del libro?
5. Tasha está pegando estambre de colores alrededor de los bordes de las fotografías de un montaje. Una fotografía cuadrada tiene 4 lados que miden 12 pulgadas de largo cada uno. ¿Cuánto estambre pegó Tasha alrededor de la fotografía?
6. La Sra. Baker hace collares. Ella usa 5 cuentas plateadas en cada collar. ¿Cuántos collares puede hacer si tiene 105 cuentas plateadas?
7. Adam ahorró $35. Él ganó $28 haciendo trabajos en un patio. Usó sus ahorros y sus ganancias para comprar zapatos de fútbol que cuestan $48. ¿Cuánto dinero le quedó a Adam?

Resuelve. *(Lección 11, páginas 442–443)*

8. Se preguntó a 100 estudiantes cuál era el color que más les gustaba. Los resultados se muestran a continuación.

Rojo	Azul	Amarillo	Verde
38	30	14	18

Imagina que se pregunta a 500 estudiantes por su color favorito. ¿Cuántos escogerían probablemente el azul?

9. Se preguntó a 100 estudiantes cómo iban a la escuela. Los resultados se muestran a continuación.

Carro	Autobús	Caminando
30	49	21

Imagina que se pregunta a 400 estudiantes cómo van a la escuela. ¿Cuántos dirían que probablemente van "caminando"?

Repaso del capítulo

Repasar el vocabulario

1. Una gráfica representa cuántos peces se atraparon al día. ¿Qué tipo de gráfica es probable que sea?

2. Una gráfica representa el cambio en el tiempo. ¿Qué tipo de gráfica es probable que sea?

3. ¿Cuál es el rango de este conjunto de datos?

6, 10, 4, 5, 10

4. ¿Cuál es la moda del conjunto de datos de la Pregunta 3? Explica tu respuesta.

5. ¿Cuál es la mediana del conjunto de datos de la Pregunta 3?

6. ¿Cuál es la media del conjunto de datos de la Pregunta 3?

7. Escribe un conjunto de datos que tenga un valor extremo.

Repasar conceptos y destrezas

Ordena los datos de menor a mayor. Halla el rango, la moda, la mediana y la media. Luego identifica los valores extremos. *(páginas 424–427)*

8. 6, 10, 8, 10, 8, 6

9. 16, 41, 15, 16

10. 90, 33, 99, 94

11. 35, 25, 35, 95, 35

12. 21, 10, 15, 18, 16

13. 5, 7, 8, 12, 12, 10

Usa la gráfica siguiente para las Preguntas 14–16. *(páginas 428–431)*

14. ¿Cuál es la diferencia entre el número de cartones de leche y el número de cartones de jugo de naranja que se vendió el miércoles?

15. ¿Cuál es la mediana del número de cartones de jugo de naranja que se vendió?

16. ¿Se vendieron más cartones de leche que cartones de jugo de naranja el lunes y el martes? ¿Cuántos de cada tipo se vendieron en total en ambos días?

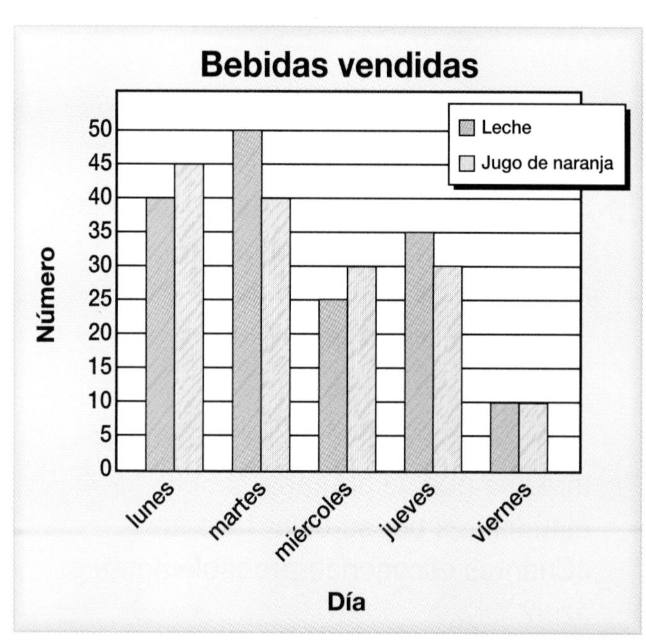

Usa el diagrama en árbol para los Problemas 17–18. *(páginas 446–447)*

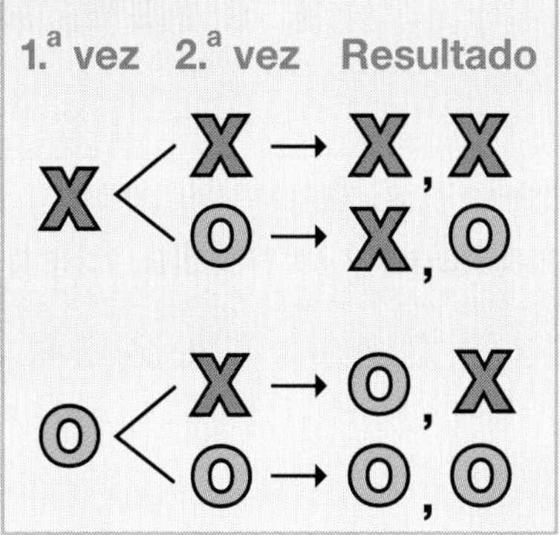

17. ¿Cuántos resultados posibles hay?

18. ¿Cuál es la probabilidad de obtener primero una "X" y luego una "O"?

Resuelve. *(páginas 434–435)*

Usa la gráfica para contestar los Problemas 19–21.

John llevó un registro de su ascenso a la montaña y luego hizo una gráfica.

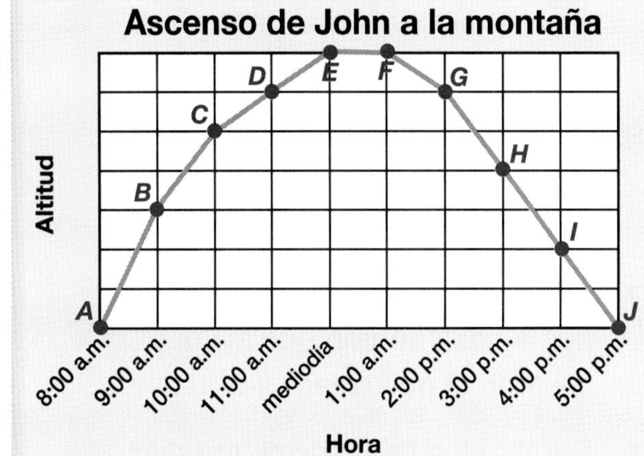

19. ¿Cuándo parece ser que John alcanzó el punto más alto del ascenso? Indica cómo lo sabes.

20. ¿Cuándo parece ser que John empezó a bajar la montaña para regresar?

21. ¿A qué hora ascendió más rápido John?

Acertijos Razonamiento matemático

DISEÑA UNA RUEDA

Diseña una rueda giratoria con 3 partes. Pon un número en cada parte, de modo que si giras la rueda dos veces y sumas los números que sacas, sea más probable que obtengas una suma par que una suma impar.

VOCALES FAVORITAS

¿Es realmente la A la vocal que más usamos? Escoge un párrafo de un periódico. Haz una tabla de conteo que represente cuántas veces se usa cada una de las vocales A, E, I, O y U. Inténtalo nuevamente con otro párrafo. ¿Es la A la vocal que se usa con más frecuencia? ¿Por qué lo piensas?

Acertijos
Visita **www.eduplace.com/kids/mhm** para más *Acertijos.*

Prueba del capítulo

Ordena los datos de menor a mayor. Halla el rango, la moda, la mediana y la media. Luego identifica los valores extremos.

1. 2, 8, 2, 4 **2.** 2, 7, 8, 5, 9, 5 **3.** 6, 5, 31, 6 **4.** 30, 35, 30, 25, 45

Usa la gráfica para los Problemas 5–8.

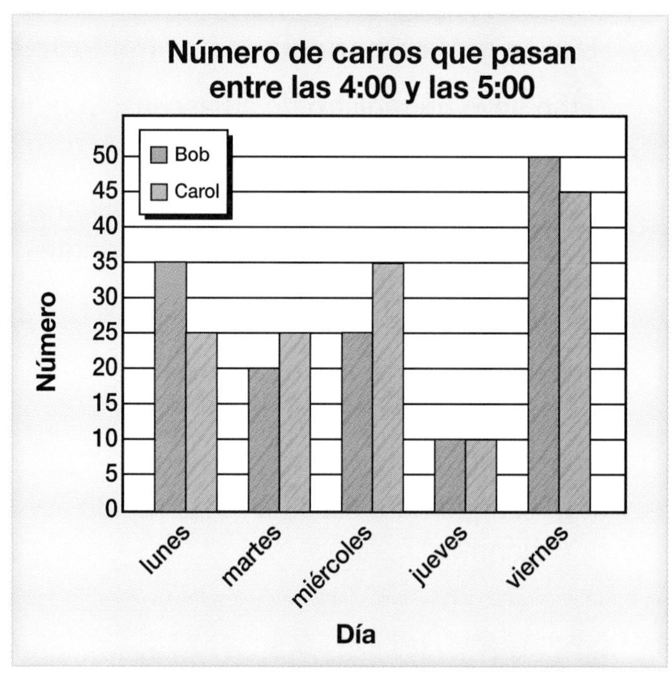

5. ¿Cuánto es la diferencia entre el número de carros que pasa por la casa de Bob y el que pasa por la casa de Carol el martes?

6. ¿Cuál es la mediana del número de carros que pasa por la casa de Bob?

7. ¿Qué día pasó el doble de carros por la casa de Bob que los que pasaron el miércoles?

8. Durante los primeros cuatro días que se muestran, ¿pasaron más carros por la casa de Bob o por la casa de Carol?

La gráfica representa el crecimiento de un árbol de lavanda durante 5 años. Usa la gráfica para resolver los Problemas 9–12.

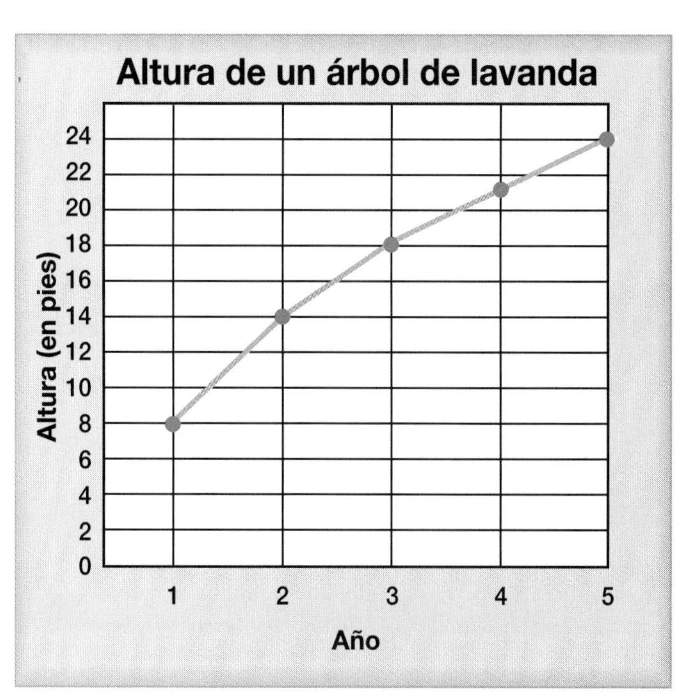

9. ¿Cuál es la altura del árbol después de 5 años?

10. ¿Cuántos años demoró el árbol en crecer hasta los 18 pies?

11. ¿En qué año creció 6 pies el árbol?

12. ¿Crece el árbol más rápido o más lento mientras envejece? Explica.

Usa el diagrama en árbol para los Problemas 13–17. *(Lección 10, páginas 442–443)*

13. ¿Cuántos resultados posibles hay cuando se gira A por primera vez?

14. ¿Cuántos resultados posibles hay en total?

15. ¿Cuál es la probabilidad de obtener "A, 2"?

16. ¿Cuál es la probabilidad de obtener el número "3"?

17. ¿Cuál es la probabilidad de obtener la letra "C"?

Primera rueda	Segunda rueda	Resultado
A	1 →	A, 1
	2 →	A, 2
	3 →	A, 3
B	1 →	B, 1
	2 →	B, 2
	3 →	B, 3

Resuelve.

18. Mark demora 35 minutos en abrir un camino con pala. ¿Cuántos minutos demoraría en abrir 4 caminos?

19. Maya cobra $5 por hora por rastrillar hojas. Si rastrilló hojas durante 36 horas el otoño pasado, ¿cuánto dinero ganó?

20. Varios niños del vecindario trabajaron un total de 105 horas. Si cada niño trabajó 7 horas, ¿cuántos niños había?

Escríbelo

Resuelve el problema. Usa el vocabulario matemático correcto para explicar tu razonamiento.

Para usar esta rueda giratoria, la haces girar dos veces y sumas los números. Henry calculó que hay tres resultados, 1 + 1, 1 + 2 y 2 + 2. Dos de éstos tienen sumas pares y uno tiene suma impar. Henry dijo que sería poco probable obtener una suma impar.

a. ¿Es correcto el razonamiento de Henry? Dibuja una cuadrícula que represente si es *seguro, probable, igualmente probable, poco probable* o *imposible* obtener una suma impar con 2 giros.

b. Dibuja un diagrama en árbol para representar los resultados al hacer girar la rueda 3 veces y sumar los números.

Una vez más

Usa la rueda giratoria para contestar las preguntas. Puedes usar lo que sabes acerca de la probabilidad.

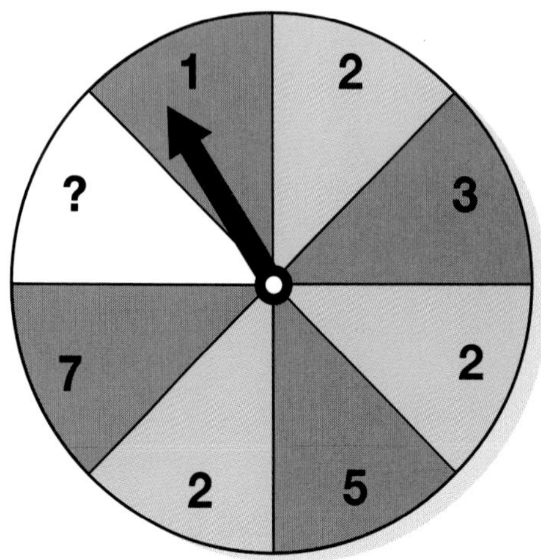

1. En la rueda falta un número. Usa estas pistas para hallar el número que falta. Es igualmente probable que salga un número par que un número impar. La suma de los números impares debería ser igual que la suma de los números pares. ¿Cuál es el número que falta? Explica tu razonamiento.

2. Haz un diagrama de puntos para organizar los datos siguientes.

   Números que salieron en la rueda en 25 giros

   10 2 1 2 10 5 2 1 7 2 3 2 5
   5 2 3 7 2 10 7 2 1 2 3 5

   ¿Cuál es la moda de los datos?

3. **Verifícalo** Imagina que sea más probable que la rueda se detenga en una parte roja que en una parte azul. ¿De qué color debería ser la parte del número que falta? ¿Por qué?

4. **Analízalo** Gary escribió estas reglas para un juego: el equipo A anota un punto si la rueda se detiene en un número 5 o menor. El equipo B anota un punto si la rueda se detiene en un número mayor que 5. ¿Es justo el juego? Explica.

Estándares	SDP **1.0, 1.2, 2.0** MR **1.1, 2.0, 2.3, 2.4, 2.6, 3.0, 3.1, 3.2**

Ampliación

Combinaciones

¿Cuántas caras diferentes puedes dibujar usando las figuras siguientes para las caras, los ojos y la boca?

Cara		Ojos		Boca	
Cuadrado	□	Triángulo	△ △	Feliz	◡
Círculo	○	Óvalos	⬭ ⬭	Triste	◠

Puedes hacer una lista organizada para hallar todas las combinaciones, o arreglos, de caras, ojos y bocas.

Lista organizada	
Cuadrado, triángulos, feliz	Círculo, triángulos, feliz
Cuadrado, triángulos, triste	Círculo, triángulos, triste
Cuadrado, óvalos, feliz	Círculo, óvalos, feliz
Cuadrado, óvalos, triste	Círculo, óvalos, triste

Hay 8 combinaciones o caras diferentes que puedes dibujar.

Haz una tabla organizada para hallar todas las combinaciones.

1. Trajes
Pantalones cortos: Negro, Rojo
Camisa: Blanca, Verde, Anaranjada

2. Pizzas con un ingrediente
Masa: Delgada, Gruesa, Rellena
Ingredientes: Champiñones, Pepperoni

3. Colores de mezclas de pinturas
1.ª opción: Rojo, Azul, Amarillo
2.ª opción: Blanco, Verde, Negro

4. Comidas
Plato principal: Carne, Pollo
Ensalada: Espinaca, Lechuga

Explícalo

Verifica el ejemplo de la parte superior de la página. Si empiezas la lista organizada con la forma de los ojos en primer lugar, en vez de la forma de la cara, ¿encontrarías igual 8 combinaciones? ¿Por qué?

Estándares	SDP **2.1**

Geometría, medición y medidas

¿Por qué aprender acerca de la geometría, la medición y las medidas?

Para describir las figuras que ves a tu alrededor usas términos geométricos. Usas la medición para describir y comparar el tamaño de estas figuras.

Cuando armas un rompecabezas o dibujas un diseño geométrico, estás usando geometría y mediciones.

Observa las figuras geométricas de estas casas y de los rascacielos que están detrás. Los arquitectos que diseñaron estos edificios usaron la geometría y las mediciones para crear sus planos.

Repasar el vocabulario

Entender el lenguaje matemático te ayudará a resolver problemas con más facilidad. Éstas son algunas palabras de vocabulario matemático que deberías saber.

recta	Un conjunto de puntos en un plano que sigue la misma dirección de manera continua hasta el infinito
segmento de recta	La parte de una recta que tiene dos extremos
polígono	Una figura plana, sencilla y cerrada, hecha de tres o más segmentos de recta
ángulo	Un ángulo está formado por dos rayos que coinciden en algún punto.
triángulo	Un polígono de tres lados
ángulo recto	Un ángulo que mide 90°
cuadrilátero	Un polígono de cuatro lados
congruente	Que tienen igual tamaño y forma

Leer palabras y símbolos

Cuando lees matemáticas, a veces lees palabras que nombran figuras geométricas.

Observa los diferentes nombres que tienen estos polígonos.

triángulo

3 lados

cuadrado

4 lados iguales

rectángulo

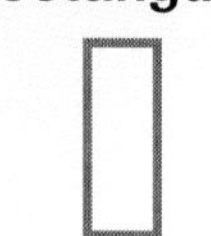

4 lados

pentágono

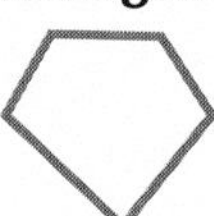

5 lados

hexágono

6 lados

octágono

8 lados

Inténtalo

1. Identifica el polígono al que se parece cada objeto.

a. 

b. 

c. 

d. 

2. Escribe *verdadero* o *falso*.

a. Un triángulo rectángulo tiene cuatro lados.

b. Un ángulo está formado por dos rayos que tienen igual extremo.

c. Las figuras congruentes tienen igual forma, pero no igual tamaño.

d. Un pentágono tiene más de 4 lados.

3. Escribe *siempre, a veces* o *nunca*.

a. Un cuadrilátero ________ tiene tres lados.

b. Los lados de un cuadrado tienen __________ igual longitud.

c. Un ángulo es __________ mayor que un ángulo recto.

d. Un segmento de recta ______ sigue la misma dirección de manera continua hasta el infinito.

Vocabulario adicional

Escríbelo **Aquí hay otras palabras del vocabulario** que aprenderás en este capítulo. Fíjate en estas palabras. Escribe sus definiciones en tu diario.

rectas paralelas
rectas secantes
rectas perpendiculares
trapecio
paralelogramo
rombo
triángulo escaleno
triángulo acutángulo
triángulo obtusángulo
centro
radio
diámetro
simetría rotacional

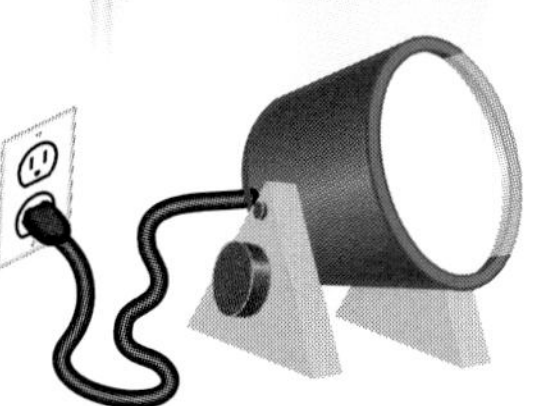

Puntos, rectas y segmentos de recta

Aprenderás acerca de las figuras geométricas que hay en el mundo que nos rodea.

Vocabulario nuevo

punto
recta
segmento de recta
extremo
rectas paralelas
rectas secantes
perpendicular

Apréndelo

Muchas cosas comunes pueden representar figuras geométricas. El signo que está al final de esta oración representa un punto. Una franja pintada al medio de un camino recto representa una recta. Un par de rieles de ferrocarril representa rectas paralelas.

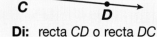

Figuras geométricas

Un **punto** es una posición en el espacio.

B

Di: punto *B*
Escribe: *B*

Una **recta** puede pasar por dos puntos cualesquiera. Una recta sigue la misma dirección de manera continua hasta el infinito.

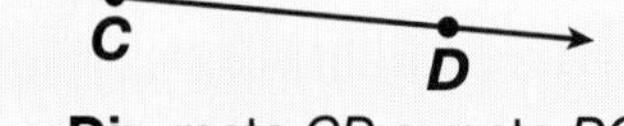

Di: recta *CD* o recta *DC*
Escribe: $\overleftrightarrow{CD}$ o $\overleftrightarrow{DC}$

Un **segmento de recta** es parte de una recta. Tiene dos **extremos.**

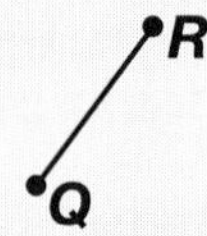

Di: segmento de recta *QR*
segmento de recta *RQ*
Escribe: $\overline{QR}$ o $\overline{RQ}$

Las rectas que están siempre a la misma distancia son rectas **paralelas.**

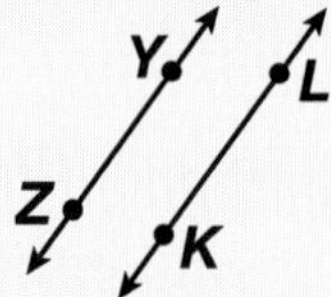

Di: La recta *ZY* es paralela a la recta *KL*.
Escribe: $\overleftrightarrow{ZY} \parallel \overleftrightarrow{KL}$

El símbolo ∥ significa "es paralela a".

Las rectas que se cruzan son **rectas secantes.**

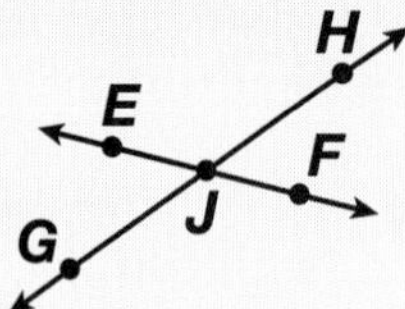

Di: La recta *EF* y recta *GH* se intersecan en el punto J.

Dos rectas que forman ángulos rectos son **perpendiculares** entre sí.

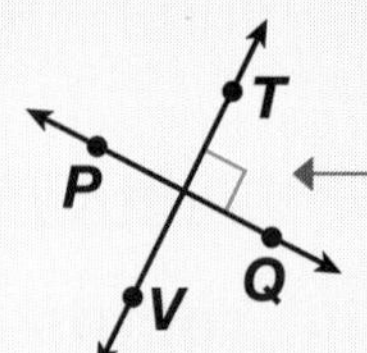

Se usa este símbolo para representar un ángulo recto.

Di: La recta *PQ* es perpendicular a la recta *TV*.
Escribe: $\overleftrightarrow{PQ} \perp \overleftrightarrow{TV}$

El símbolo ⊥ significa "es perpendicular a".

Estándares MG **3.0, 3.1** MR **2.4**

En el dibujo de la derecha, la recta horizontal es perpendicular a la recta vertical. En la intersección forman ángulos rectos.

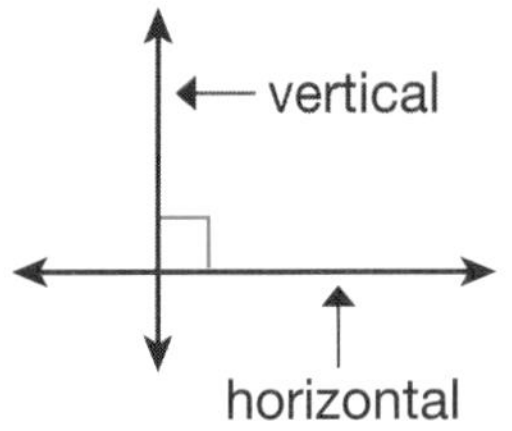

Explícalo

- ► ¿Qué tienen en común una recta y un segmento de recta? ¿En qué se diferencian?
- ► ¿Qué tienen en común las rectas secantes y las rectas perpendiculares? ¿En qué se diferencian?

Práctica guiada

Usa palabras y símbolos para identificar cada figura.

1. 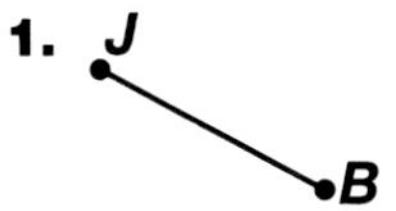

2. •S

3. 

> **Asegúrate**
>
> - ¿Qué punto escribiré primero para identificar las rectas?
> - ¿Qué símbolo representa la figura?

Escribe *paralelas, secantes* o *perpendiculares* para describir la relación que hay entre cada par de rectas.

4. 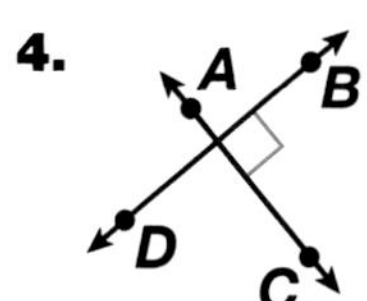

5. E F H G

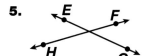

6. J K M L

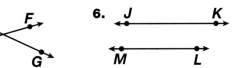

7. T S R U

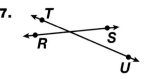

Práctica independiente

Usa palabras y símbolos para identificar cada figura.

8. 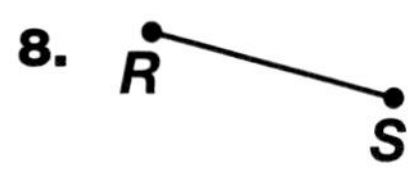

9. 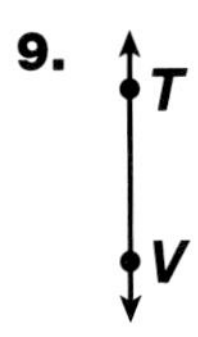

10. W Z

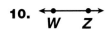

11. •Q

12. 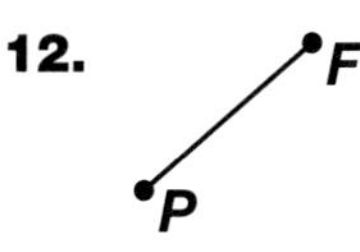

Escribe *paralelas, secantes* o *perpendiculares* para describir la relación que hay entre cada par de rectas.

13. W R J K

14. 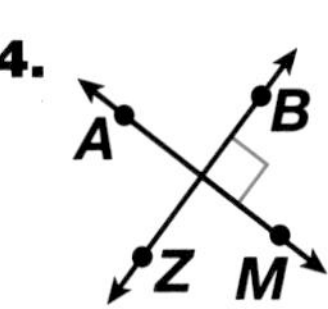

15. 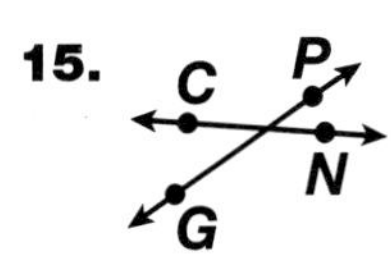

16. 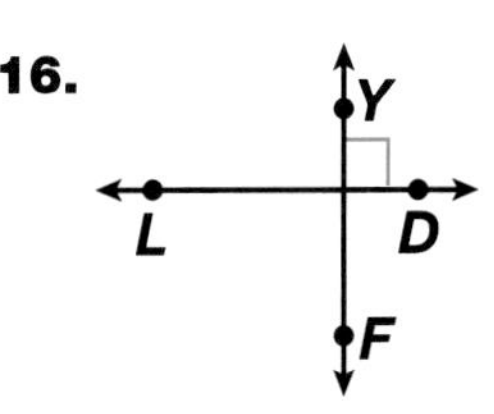

Dibuja un ejemplo de cada caso.

17. segmento de recta *JK* **18.** recta *MN* **19.** segmento de recta horizontal *WY*

20. $\overleftrightarrow{EF} \parallel \overleftrightarrow{GH}$ **21.** $\overleftrightarrow{AB} \perp \overleftrightarrow{CD}$ **22.** horizontal $\overleftrightarrow{PQ}$ y vertical $\overleftrightarrow{PR}$

Resolver problemas • Razonamiento

Usa el dibujo a la derecha para los Problemas 23–26.

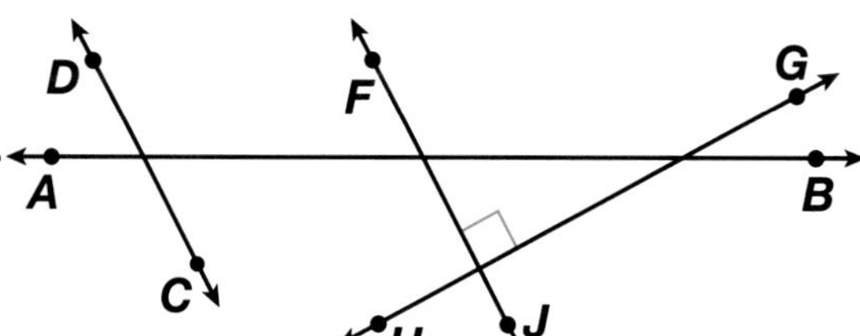

23. Identifica una recta.

24. Identifica un par de rectas perpendiculares.

25. Identifica un par de rectas paralelas.

26. **Explícalo** ¿Es $\overleftrightarrow{AB}$ perpendicular a $\overleftrightarrow{FJ}$? Explica tu respuesta.

27. **Escríbelo** Observa alrededor de tu salón de clases. Describe algo que represente un par de rectas paralelas. Luego describe algo que represente un par de rectas perpendiculares.

Repaso mixto • Preparación para pruebas

Escribe cada fracción o número mixto como decimal. *(páginas 374–376)*

28. $\frac{4}{10}$ **29.** $\frac{81}{100}$ **30.** $\frac{1}{2}$ **31.** $6\,\frac{8}{100}$ **32.** $3\,\frac{1}{4}$

Escoge la letra de la respuesta correcta. *(páginas 54–55, 110–111)*

33 Halla (23 + 15) + 85.

A 230 **C** 123

B 185 **D** 113

34 Halla (9 × 8) × 6.

F 78 **H** 422

G 102 **J** 432

Razonamiento lógico

Escribe *verdadero* o *falso* para cada enunciado.

1. Si una recta es horizontal, entonces es paralela a una recta vertical.

2. Dos rectas paralelas nunca se unen.

3. Dos rectas que se intersecan son siempre perpendiculares.

4. Dos rectas perpendiculares también son paralelas.

Concentración triple

Practica cómo reconocer e identificar figuras geométricas. Intenta juntar todas las cartas que puedas.

Lo que necesitas

- *18 cartas de juego (Recurso de enseñanza 17)*

Jugadores
2

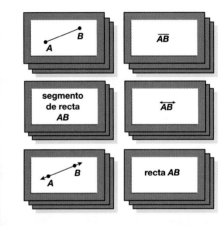

A B | $\overline{AB}$
segmento de recta *AB* | $\overleftrightarrow{AB}$
A B | recta *AB*

Lo que debes hacer

1. Baraja las cartas. Colócalas boca abajo en una matriz de 3 por 6.
2. • El primer jugador voltea tres cartas.
   • Si todas las cartas coinciden (imagen, nombre y símbolo), el jugador se queda con esas cartas.
   • Si las cartas no coinciden, el jugador vuelve a colocarlas boca abajo.
   • Le toca el turno al jugador siguiente.
3. El juego continúa hasta que se emparejen todas las cartas. El jugador que tiene más cartas gana.

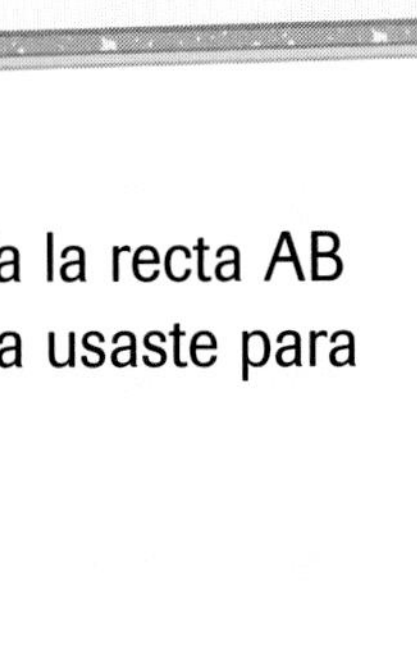

Compártelo ¿Coincidiría la recta AB con $\overline{BC}$? ¿Qué estrategia usaste para intentar ganar el juego?

Rayos y ángulos

Aprenderás cómo identificar y describir rayos y ángulos.

Vocabulario nuevo
rayo
ángulo
lados
vértice
ángulo recto
ángulo obtuso
ángulo agudo

Apréndelo

Hasta aquí has aprendido acerca de las rectas y los segmentos de recta. Los rayos y los ángulos también son figuras geométricas.

Rayos y ángulos

Un **rayo** es también parte de una recta. Un rayo tiene sólo un extremo y sigue la misma dirección de manera continua hasta el infinito.

Di: rayo *BA*

Escribe: $\overrightarrow{BA}$

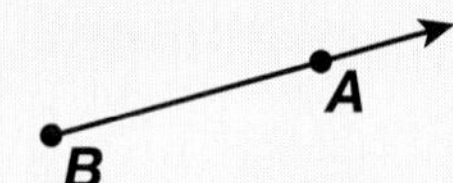

Un **ángulo** está formado por dos rayos que tienen un extremo en común. Los rayos son los **lados** del ángulo. El extremo en común es el **vértice** del ángulo.

B
lados
C
D
vértices

Di	Escribe
ángulo *C*	$\angle C$
ángulo *BCD*	$\angle BCD$
ángulo *DCB*	$\angle DCB$

← Al identificar un ángulo, el vértice es la letra del medio.

Los ángulos se clasifican según el tamaño de la abertura que hay entre los rayos.

Este ángulo forma un vértice cuadrado.

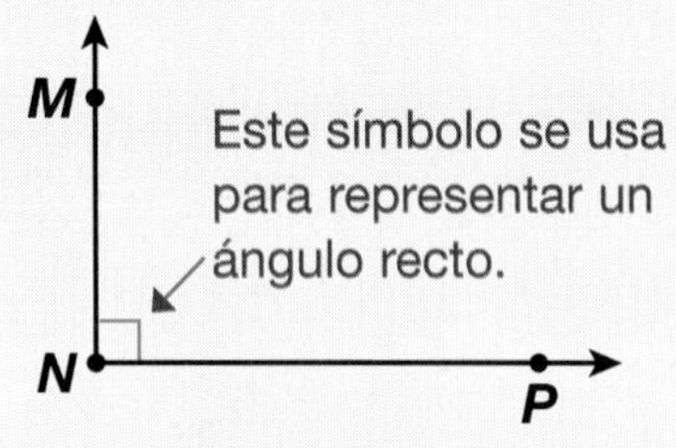

$\angle MNP$ es un **ángulo recto.**

Este ángulo es mayor que un ángulo recto.

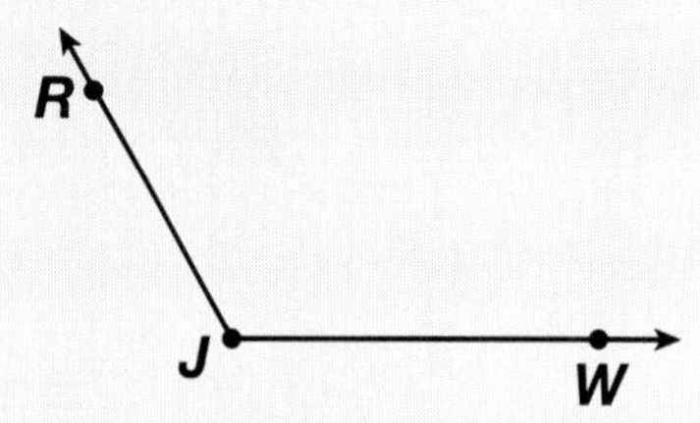

$\angle RJW$ es un **ángulo obtuso.**

Este ángulo es menor que un ángulo recto.

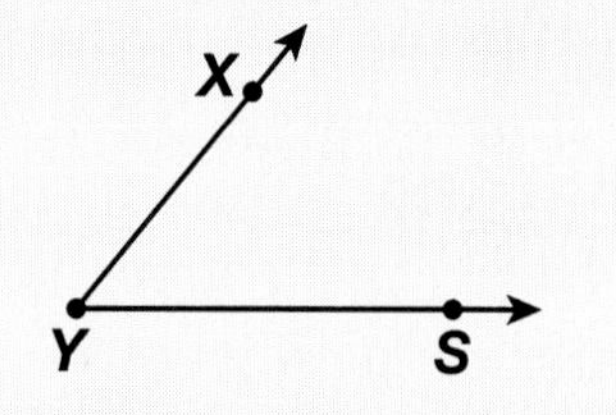

$\angle XYS$ es un **ángulo agudo.**

Explícalo

- ¿Puede identificarse también a $\angle PQR$ como $\angle PRQ$? ¿Por qué?
- ¿Forman las rectas perpendiculares ángulos rectos, obtusos o agudos?

Estándares	MG **3.0, 3.5** MR **1.1, 2.4**

Práctica guiada

Identifica cada ángulo de tres maneras. Luego clasifica el ángulo como *agudo, obtuso* o *recto*.

1. 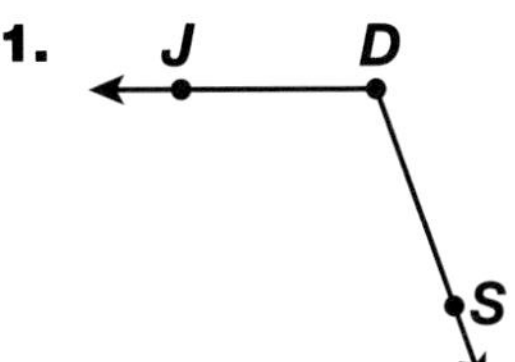

2. 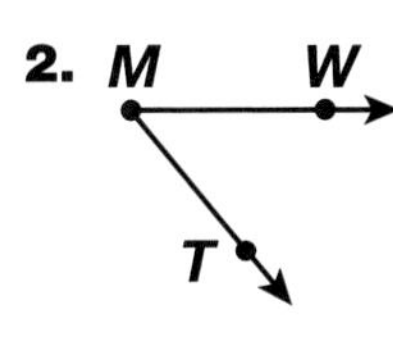

3. 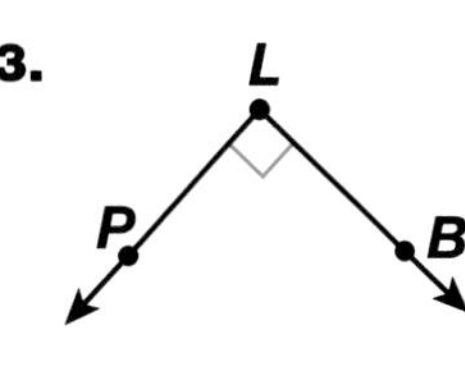

Asegúrate

- ¿Qué punto será la letra del medio en el nombre del ángulo?
- ¿Cómo se compara el tamaño del ángulo con el tamaño de un ángulo recto?

Práctica independiente

Identifica cada ángulo de tres maneras. Luego clasifica el ángulo como *agudo, obtuso* o *recto.*

4.  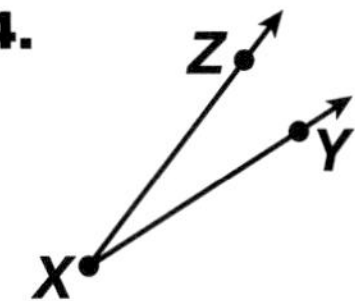

5.  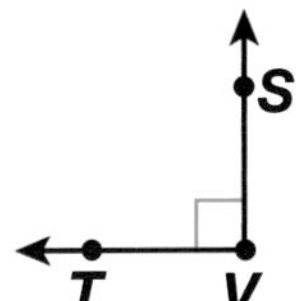

6.  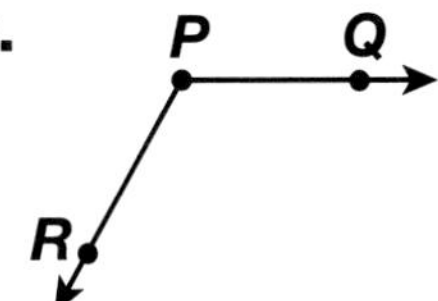

7.  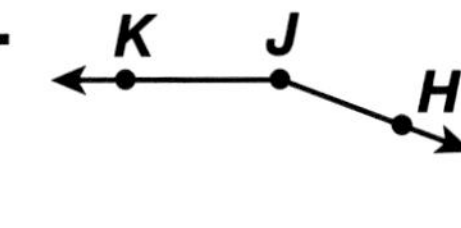

Resolver problemas • Razonamiento

8. Observa los relojes. ¿Qué hora marca el reloj cuyas manecillas forman un
- ángulo recto?
- ángulo obtuso?
- ángulo agudo?

9. **Analízalo** Dibuja un ángulo obtuso. Dobla el ángulo de modo que los dos lados se junten. El doblez debería pasar por el vértice del ángulo. ¿Cuántos ángulos más pequeños se forman? ¿Qué tipos de ángulo son?

10. **Escríbelo** Dibuja dos ángulos separados. Identifica los ángulos como $\angle MHP$ y $\angle TWZ$. Escribe un enunciado que describa cada ángulo. Usa las palabras *vértice* y *lados* en tu descripción. Clasifica los ángulos que dibujaste.

Repaso mixto • Preparación para pruebas

Estima cada suma o diferencia. *(páginas 64–65)*

11. 13.78 + 5.68 **12.** 6.94 − 3.17 **13.** 8.64 + 6.75 **14.** 10.34 − 6.95

15 ¿Qué número es primo? *(páginas 248–249)*

A 27 **C** 39
B 31 **D** 49

Polígonos y cuadriláteros

Aprenderás cómo identificar figuras geométricas según el número de lados que tienen.

Vocabulario
nuevo
polígono
lados
rectángulo
cuadrado
trapecio
paralelogramo
rombo

Apréndelo

Un **polígono** es una figura plana, cerrada y sencilla, formada por tres o más segmentos de recta llamados **lados**. Observa los polígonos siguientes.

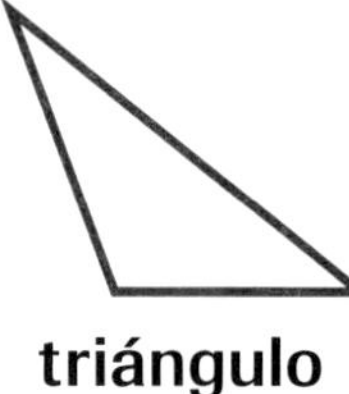

triángulo
3 lados

cuadrilátero
4 lados

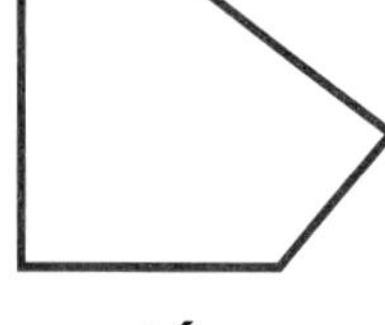

pentágono
5 lados

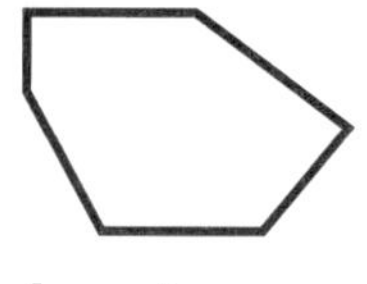

hexágono
6 lados

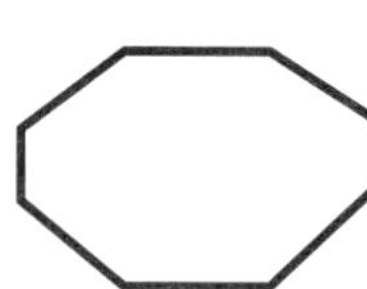

octágono
8 lados

Algunos cuadriláteros tienen nombres especiales.

Cuadriláteros que tienen nombres especiales

Un **rectángulo** tiene lados opuestos paralelos y cuatro ángulos rectos.

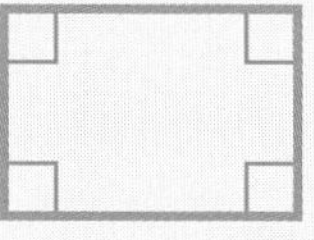

Un **cuadrado** tiene cuatro lados de igual longitud y cuatro ángulos rectos.

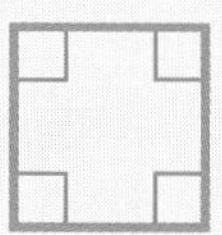

Un **trapecio** tiene sólo un par de lados paralelos.

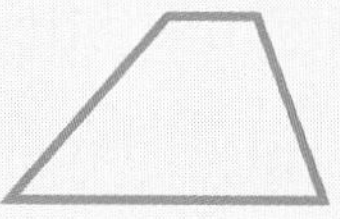

Un **paralelogramo** tiene lados opuestos paralelos y de igual longitud.

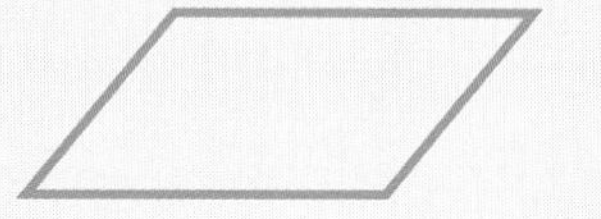

Un **rombo** tiene lados opuestos paralelos y cuatro lados de igual longitud.

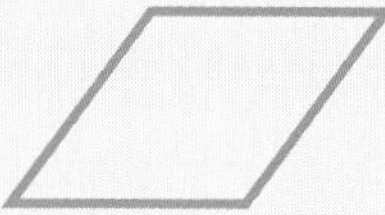

Explícalo

- ¿Por qué el círculo no es un polígono?
- ¿Por qué son paralelogramos los rectángulos, los cuadrados y los rombos?

Estándares	MG **3.0, 3.8** MR **2.4**

Práctica guiada

Identifica cada polígono. Si el polígono es un cuadrilátero, escribe todos los nombres que correspondan.

1. 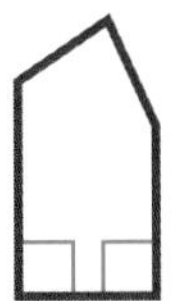

2. 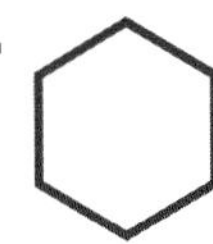

3. 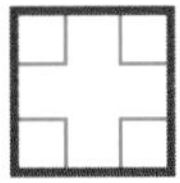

Asegúrate

- ¿Cuántos lados tiene el polígono?
- Si tiene 4 lados, ¿hay lados paralelos o ángulos rectos?

Práctica independiente

Identifica cada polígono. Si el polígono es un cuadrilátero, escribe todos los nombres que correspondan.

4. 

5. 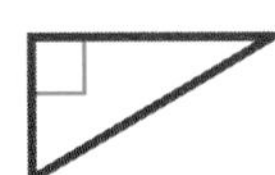

6. 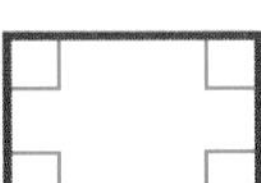

7. 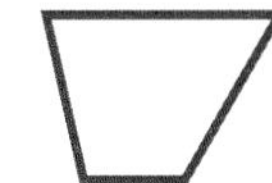

Resolver problemas • Razonamiento
Usa las siguientes señales de tránsito para los Problemas 8–10.

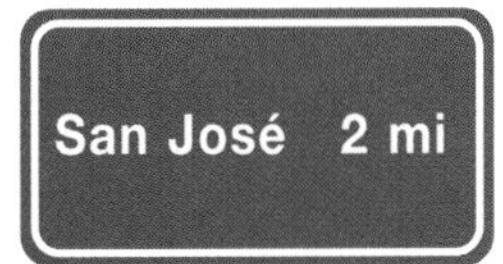

8. ¿Qué señal de tránsito tiene forma de octágono?

9. Rob vio una señal que indicaba a qué distancia estaba San José. Identifica el tipo de cuadrilátero que vio.

10. ¿Por qué no es un polígono la señal de cruce ferroviario?

11. **Analízalo** Tengo un número par de lados. Tengo más lados que un pentágono, pero menos lados que un octágono. ¿Qué tipo de polígono soy?

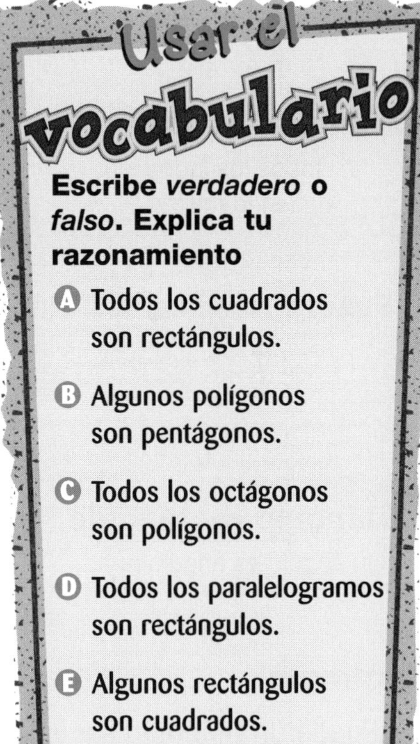

Escribe *verdadero* o *falso*. Explica tu razonamiento

- **A** Todos los cuadrados son rectángulos.
- **B** Algunos polígonos son pentágonos.
- **C** Todos los octágonos son polígonos.
- **D** Todos los paralelogramos son rectángulos.
- **E** Algunos rectángulos son cuadrados.

Repaso mixto • Preparación para pruebas

Escribe el valor del dígito subrayado. *(páginas 4–5)*

12. $7\underline{5}0$ **13.** $\underline{3},756$ **14.** $\underline{6}75,231$ **15.** $3.\underline{2}5$ **16.** $13.2\underline{5}$

17 ¿Qué hora muestra el reloj?
(páginas xvi–ix)

A 3:37 **C** 4:37
B 3:42 **D** 7:18

Clasificar triángulos

Aprenderás cómo identificar triángulos según la longitud de sus lados y el tamaño de sus ángulos.

Vocabulario nuevo

triángulo equilátero
triángulo isósceles
triángulo escaleno
triángulo rectángulo
triángulo obtusángulo
triángulo acutángulo

Apréndelo

Si observas algunos puentes, verás muchos triángulos. Los triángulos pueden clasificarse de dos maneras.

Diferentes maneras de clasificar triángulos

Puedes clasificar los triángulos según la longitud de sus lados.

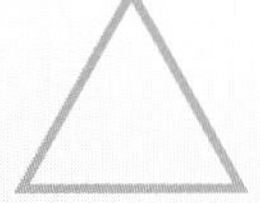

Triángulo equilátero
Todos los lados miden lo mismo.

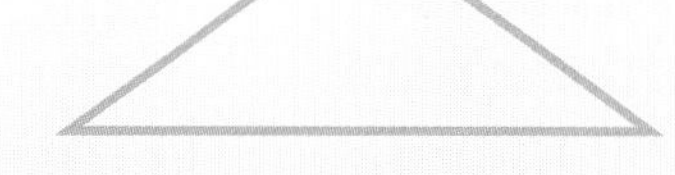

Triángulo isósceles
Al menos dos lados miden lo mismo.

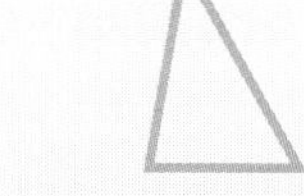

Triángulo escaleno
Ningún lado mide lo mismo.

Puedes clasificar los triángulos según la medida de sus ángulos.

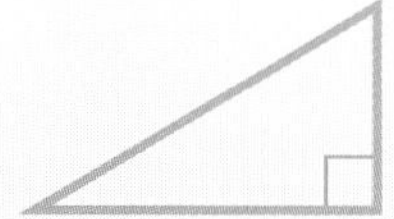

Triángulo rectángulo
Un ángulo es ángulo recto.

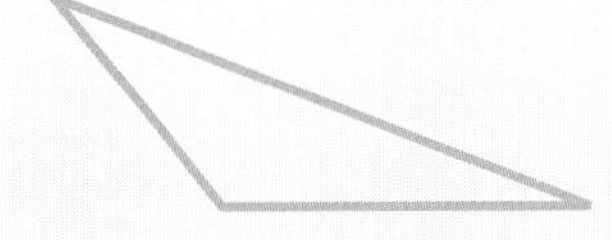

Triángulo obtusángulo
Un ángulo es un ángulo obtuso.

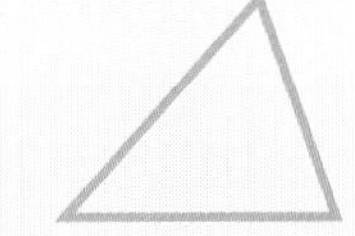

Triángulo acutángulo
Todos los ángulos son ángulos agudos.

Explícalo

► ¿Puede un triángulo ser isósceles y obtusángulo a la vez? Explica.

Práctica guiada

Clasifica cada triángulo como *equilátero, isósceles* o *escaleno* y como *rectángulo, obtusángulo* o *acutángulo*.

1. 

2. 

3. 

Asegúrate

- ¿Hay algunos lados que midan lo mismo?
- ¿Qué tipo de ángulos tiene el triángulo?

Estándares	MG **3.0, 3.7** MR **1.1, 2.4**

Práctica independiente

Clasifica cada triángulo como *equilátero, isósceles* o *escaleno* y como *rectángulo, obtusángulo* o *acutángulo.*

4. 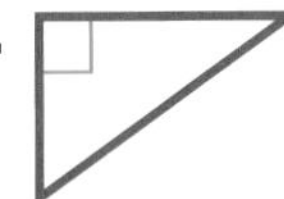

5. 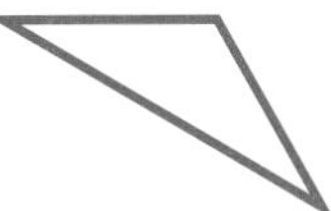

6. 

7. 

8. 

9. 

10. 

11. 

Dibuja un triángulo para cada ejercicio.

12. un triángulo equilátero que también sea triángulo acutángulo

13. un triángulo isósceles que también sea triángulo rectángulo

14. un triángulo escaleno que también sea triángulo obtusángulo

Resolver problemas • Razonamiento

15. Medición April construyó un puente a escala. Para una sección, construyó triángulos con lados que medían 4 cm, 3 cm y 5 cm. ¿Construyó triángulos equiláteros, isósceles o escalenos?

16. Analízalo April construyó un triángulo que tenía un lado de 3 cm. Los otros dos lados medían el doble que el primero. ¿Construyó un triángulo equilátero, isósceles o escaleno?

17. Escríbelo Observa la foto del puente en la página 468. Haz bosquejos de los triángulos que ves. Clasifica cada triángulo que dibujaste.

Mundo matemático

CIENCIAS El puente colgante más largo del mundo está en Japón. Mide aproximadamente 4 kilómetros de longitud. El puente se inició en 1988 y fue terminado 10 años después.

¿Aproximadamente cuántos metros de longitud mide el puente?

Repaso mixto • Preparación para pruebas

Escribe los números en orden de menor a mayor. *(páginas 6–7, 382–383)*

18. 112 111 121 211

19. 0.07 0.7 0.17 0.1

20. 5.2 5.02 2.05 2.5

21 ¿Cuánto mide el perímetro de un cuadrado que tiene lados que miden 1.2 m? *(páginas 280–281)*

A 1.28 m **B** 2.4 m **C** 4.8 m **D** 12.8 m

Círculos

Aprenderás acerca de las partes de un círculo.

Vocabulario nuevo
círculo
centro
radio
diámetro

Apréndelo

Un **círculo** está formado por todos los puntos de un plano que están a la misma distancia de un punto dado llamado **centro**. El punto *D* es el centro del siguiente círculo.

Círculos

Un **radio** es cualquier segmento de recta que une algún punto del círculo con el centro del círculo.

$\overline{DE}$ o $\overline{ED}$ es un radio de este círculo.

$\overline{DG}$ y $\overline{DF}$ también son radios de este círculo.

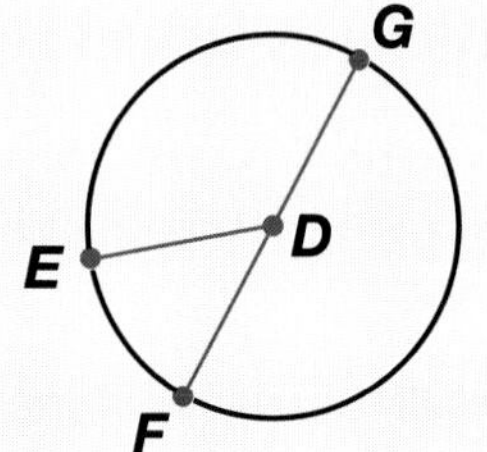

Un **diámetro** es cualquier segmento de recta que pasa por el centro de un círculo y cuyos extremos están en el círculo.

$\overline{GF}$ o $\overline{FG}$ es un diámetro de este círculo.

El número de grados de un círculo completo es 360. El símbolo para los grados es °. Puedes hacer girar un objeto alrededor del punto que es centro de un círculo.

Cada giro se mide desde su posición inicial. La posición inicial está en la marca de 0°.

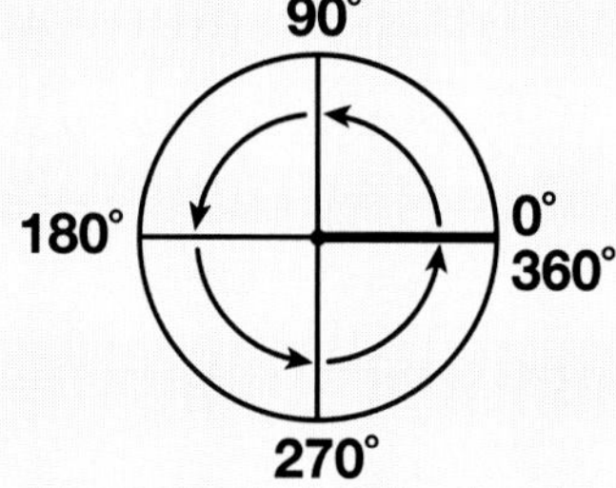

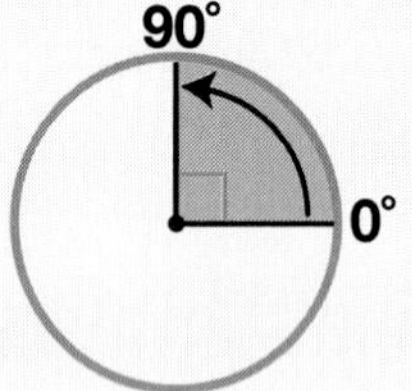

Un cuarto de giro mide 90°.

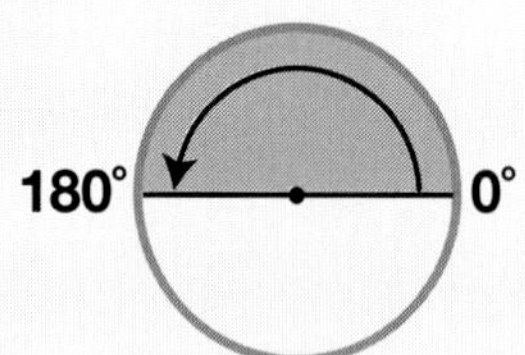

Medio giro mide 180°.

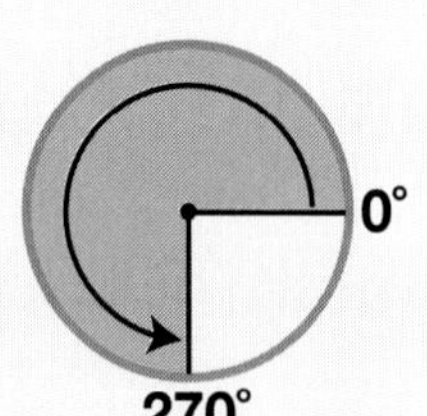

Tres cuartos de giro miden 270°.

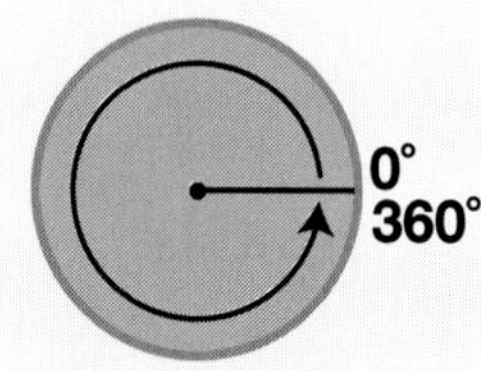

Un giro completo mide 360°.

Explícalo

- Si un círculo tiene dibujado más de un radio, ¿mediría cada radio lo mismo?
- ¿En qué se diferencia la longitud del diámetro de un círculo con la longitud del radio de ese mismo círculo?

Estándares	AF **1.4**	MG **3.0, 3.2, 3.5**	MR **2.3**

Práctica guiada

Identifica las partes del círculo. Escribe *centro, radio* o *diámetro*.

1. G
2. $\overline{FG}$
3. $\overline{FH}$

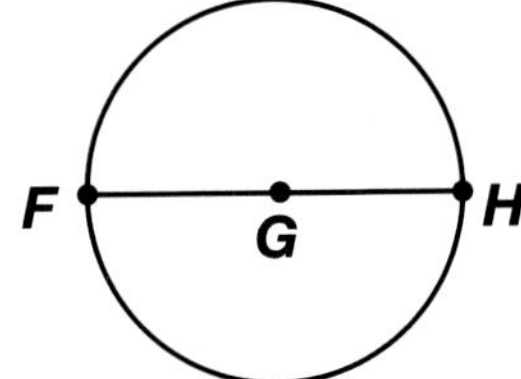

Asegúrate

- ¿Une el segmento de recta algún punto del círculo con el centro del círculo?
- ¿Pasa a través del centro del círculo?

Práctica independiente

Identifica la parte roja de cada círculo. Escribe *centro, radio, diámetro* o *ninguno de los anteriores*.

4. 

5. 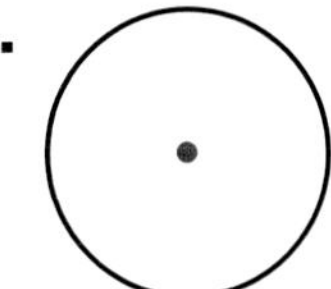

6. 

7. 

Resolver problemas • Razonamiento

8. **La medición** El radio de un círculo mide 6 pies. ¿Cuánto mide el diámetro del círculo?

9. Entre el mediodía y las 12:30, el minutero de un reloj se mueve desde el 12 hasta el 6. ¿Realizó el minutero un cuarto de giro, medio giro o tres cuartos de giro? ¿Qué hora será cuando el minutero haya realizado un giro completo?

10. **Escríbelo** Haz un trazo alrededor de un objeto circular. Rotula el centro con una C. Dibuja el radio $\overline{CS}$. Dibuja el diámetro $\overline{AB}$. Observa $\overline{BC}$. ¿Es $\overline{BC}$ un radio? Explica cómo lo sabes.

Usar el álgebra

La ecuación $d = 2r$ demuestra que el diámetro (d) es el doble del radio (r).

Copia y completa la tabla.

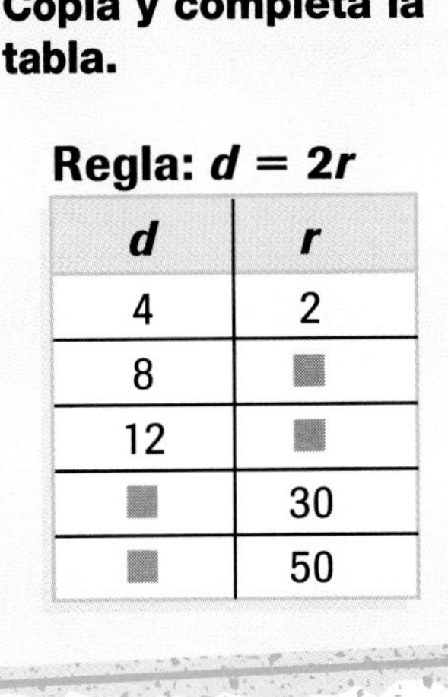

Regla: $d = 2r$

d	r
4	2
8	■
12	■
■	30
■	50

Repaso mixto • Preparación para pruebas

Halla cada suma o diferencia. *(páginas 56–58, 60–62)*

11. 6,240 − 1,378
12. 786 + 324
13. 9,086 − 6,723
14. 8,576 + 9,423

15. ¿Qué alternativa representa $2\frac{3}{4}$ como fracción impropia? *(páginas 342–343)*

A $\frac{11}{4}$ **B** $\frac{6}{4}$ **C** $\frac{10}{4}$ **D** $\frac{12}{2}$

Verificación rápida

Verifica los conceptos de las Lecciones 1–5

Escribe *paralelas* o *perpendiculares* para cada par de rectas.

1. 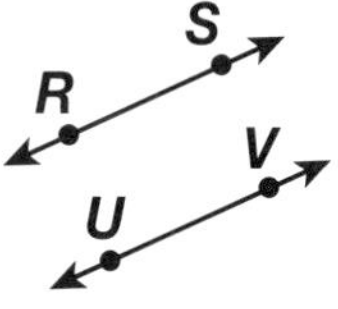

2. 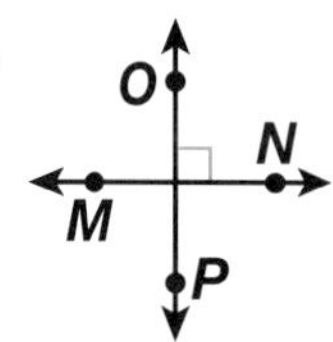

Identifica las partes del círculo

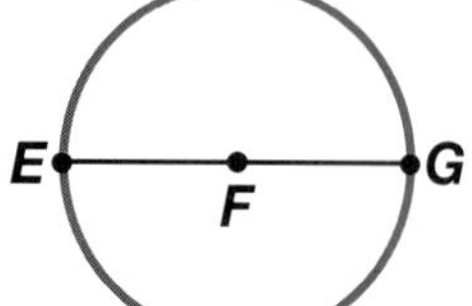

3. el centro

4. un diámetro

Identifica cada ángulo de tres maneras. Luego indica si el ángulo es *agudo, obtuso* o *recto*.

5. 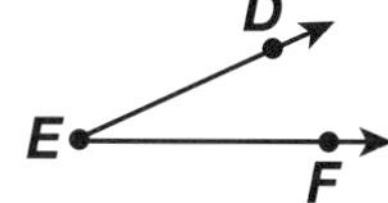

6. A C B

Identifica cada polígono. Si es un cuadrilátero, escribe todos los nombres que corresponda. Si es un triángulo, clasifícalo como *rectángulo, obtusángulo* o *acutángulo*.

7. 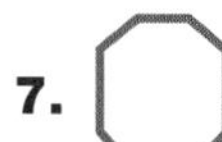

8. 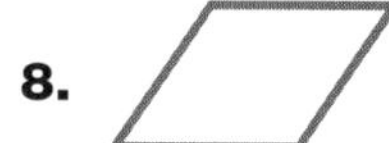

9. 

10.

¿Cómo te fue?

Si tuviste dificultades en cualquiera de las partes de Verificación rápida, puedes usar las siguientes páginas para repasar y practicar más.

Estándares	Ejercicios	Repasar estas páginas	Hacer estos ejercicios de practica adicional
Geometría: **3.1**	1–2	páginas 460–462	Conjunto A, página 510
Geometría: **3.2**	3–4	páginas 470–471	Conjunto E, página 511
Geometría: **3.5**	5–6	páginas 464–465	Conjunto B, página 510
Geometría: **3.8**	7–8	páginas 466–467	Conjunto C, página 510
Geometría: **3.7**	9–10	páginas 468–469	Conjunto D, página 510

Preparación para pruebas • Repaso acumulativo

Mantener los estándares

Marca la letra de la respuesta correcta.
Si la respuesta no aparece, marca NA.

1 ¿Qué modelo representa rectas paralelas?

A
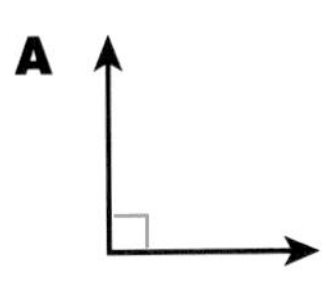

C
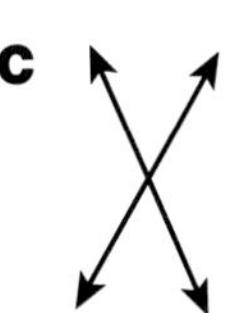

B
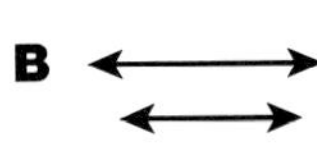

D
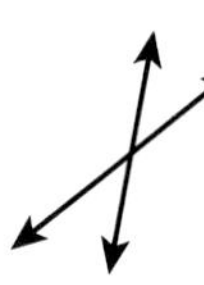

Usa el modelo para contestar las Preguntas 2–3.

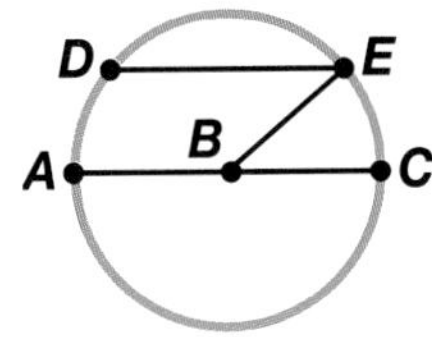

2 ¿Qué alternativa no es un radio del círculo?

F $\overline{AB}$ **H** $\overline{DE}$

G $\overline{BC}$ **J** $\overline{BE}$

3 ¿Qué alternativa es el diámetro del círculo?

A $\overline{AB}$ **C** $\overline{DE}$

B $\overline{AC}$ **D** $\overline{BC}$

4 Polly dibujó un ángulo recto. ¿Cuánto mide un ángulo recto?

F 45° **H** 180°

G 90° **J** 360°

5 Clasifica este triángulo.

A equilátero

B isósceles

C rectángulo

D escaleno

6 ¿Qué enunciado no se cumple?

F Todos los cuadrados son rectángulos.

G Algunos trapecios son paralelogramos.

H Todos los rectángulos son paralelogramos.

J Algunos paralelogramos son cuadrados.

7 ¿Qué ángulo es obtuso?

B

D

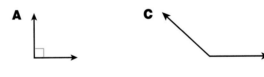

8 ¿Son rectángulos todos los cuadrados? ¿Son cuadrados todos los rectángulos?

Explícalo Haz dibujos para apoyar tus respuestas.

Página segura

Preparación para pruebas
Visita **www.eduplace.com/kids/mhm** para más *Preparación para pruebas.*

Figuras congruentes

Aprenderás acerca de las figuras que tienen igual tamaño y forma.

Vocabulario nuevo
congruente

Apréndelo

Los cartógrafos europeos hicieron los primeros rompecabezas para que los niños practicaran cómo armar mapas. Observa el mapa del rompecabezas a la derecha.

Puedes decir que esta pieza de rompecabezas pertenece al rompecabezas, porque tiene la misma forma y tamaño del espacio vacío.

Las figuras planas que tienen igual forma e igual tamaño son figuras **congruentes.** Las figuras congruentes no tienen que estar necesariamente en la misma posición.

Estas figuras son congruentes.	Estas figuras no son congruentes.	Estas figuras son congruentes.

Una manera de saber si dos figuras son congruentes es trazar una figura y luego verificar si coincide con la otra.

A veces, diferentes partes de la misma figura son congruentes. Observa la figura *ABCD.*

$\overline{BC}$ es congruente con $\overline{CD}$.

$\overline{AB}$ es congruente con $\overline{AD}$.

$\angle B$ es congruente con $\angle D$.

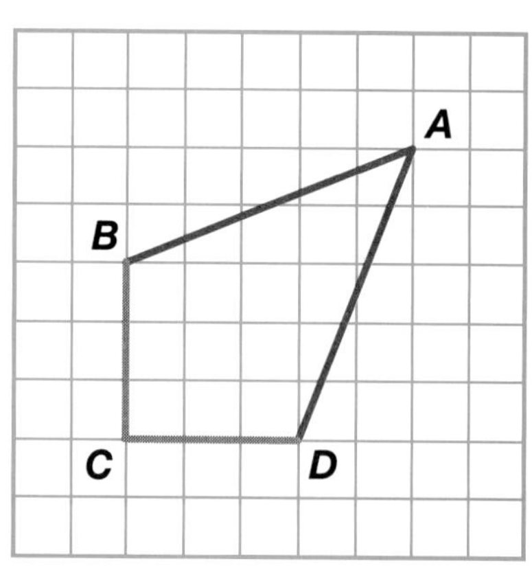

Estándares MG **3.0, 3.3, 3.8** MR **1.1, 2.3, 2.4, 3.3**

Explícalo

- ► ¿Son congruentes todos los hexágonos? ¿Por qué?
- ► ¿Son congruentes todos los círculos que tienen un radio de 4 pulgadas? ¿Por qué?

Práctica guiada

¿Parecen ser congruentes las figuras de cada par?

1. 

2. 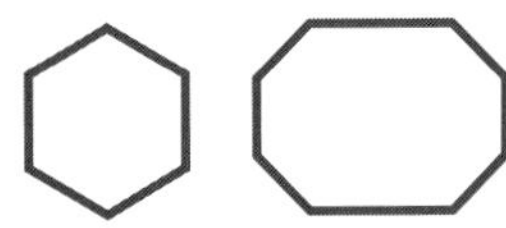

3. 

4. 

Asegúrate

- ¿Tienen igual forma las figuras?
- ¿Tienen igual tamaño las figuras?

Práctica independiente

¿Parecen ser congruentes las figuras de cada par?

5. 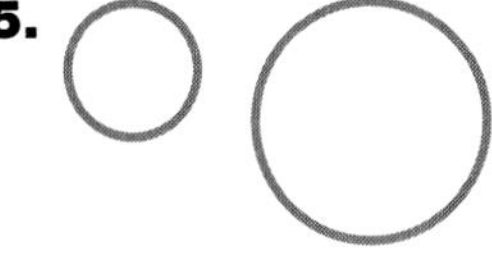

6. 

7. 

8. 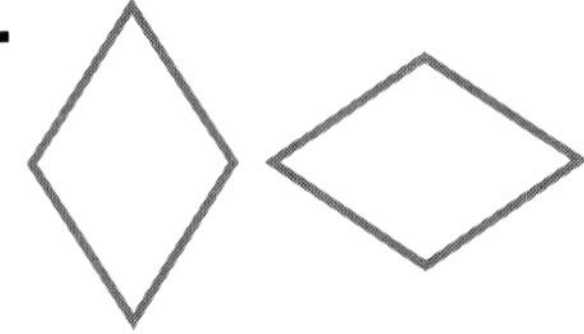

9. 

10. 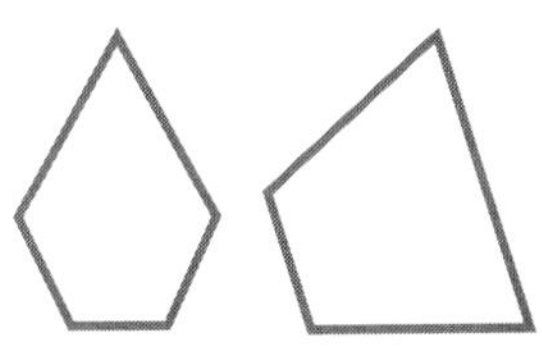

Escoge la figura que parece ser congruente con la primera figura. Escribe *a, b* o *c*.

11. 

a. 

b. 

c. 

12. 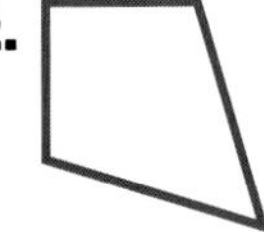

a. 

b. 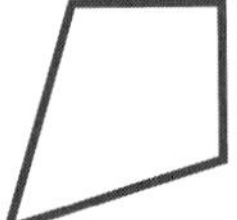

c. 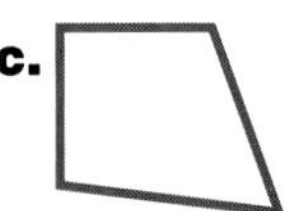

Resolver problemas • Razonamiento

Usa las figuras *A, B* y *C* para los Problemas 13 y 14.

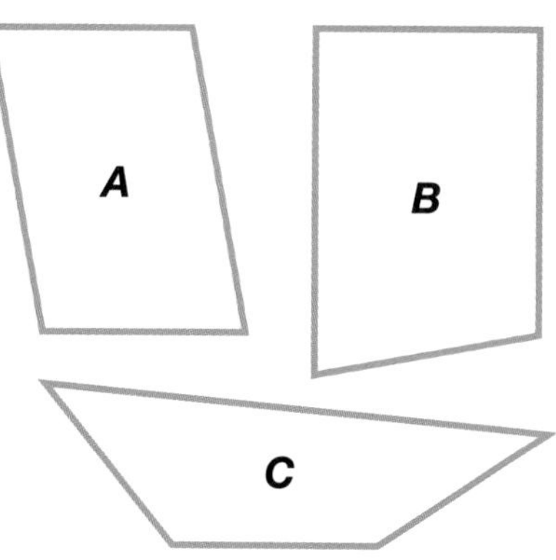

13. La medición Los paralelogramos tienen lados opuestos congruentes. Usa una regla de centímetros. ¿Qué figuras a la derecha son paralelogramos?

14. Analízalo ¿Qué figura a la derecha tiene ángulos rectos? ¿Es un rectángulo o un cuadrado? Explica.

15. Adam dibujó un cuadrado que tiene lados que miden 14 pulgadas. Nancy dibujó un cuadrado que era congruente con el cuadrado de Adam. ¿Cuánto medía el perímetro del cuadrado de Nancy?

16. Analízalo Seis triángulos equiláteros congruentes forman la figura a la derecha. ¿Qué figura es? Haz un dibujo combinando los triángulos de otra manera para hacer una figura de forma diferente.

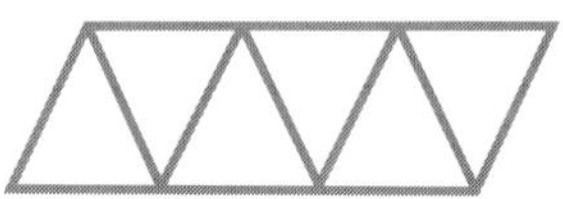

Repaso mixto • Preparación para pruebas

Resuelve. *(páginas 292–293, 294–296)*

17. 3,000 g = ■ kg **18.** 12,000 mL = ■ L **19.** 50 cm = ■ mm

20 ¿Cuál es la suma de $\frac{5}{8}$ más $\frac{1}{8}$? *(páginas 350–351)*

A $\frac{4}{8}$ **B** $\frac{6}{16}$ **C** $\frac{1}{2}$ **D** $\frac{3}{4}$

Razonamiento lógico

Observa el diagrama de Venn.

El área anaranjada contiene todos los cuadriláteros. El área roja contiene todos los paralelogramos.

Deben agregarse al diagrama *Trapecio* y *Cuadrado*. ¿Cuál va en el área verde? ¿Cuál va en el área morada?

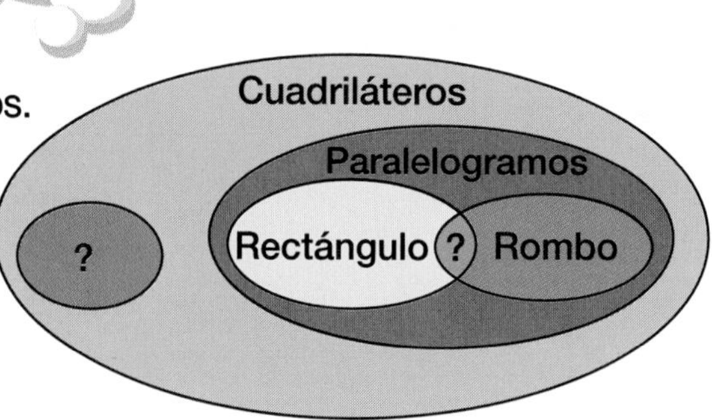

Piénsalo: ¿Qué cuadrilátero tiene un nombre especial, pero no es paralelogramo?

Piénsalo: ¿Cómo se llama un rectángulo que también es rombo?

 Consultar el Conjunto F, página 511.

Razonamiento visual

Figuras semejantes

Las figuras que tienen igual forma, pero no necesariamente igual tamaño, son figuras semejantes.

Observa las figuras siguientes.

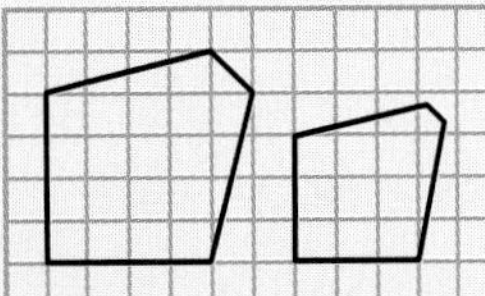

Estas figuras son semejantes.
Ellas tienen igual forma.
Ellas no tienen igual tamaño.

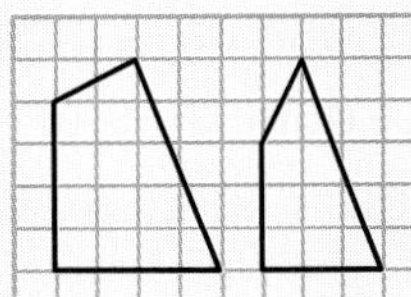

Estas figuras no son semejantes.
Ellas no tienen igual forma.

Indica si las dos figuras de cada ejercicio parecen ser semejantes. Si son semejantes, indica si parecen ser congruentes.

1. 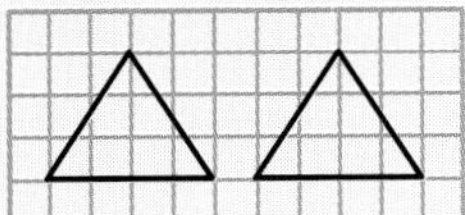

2. 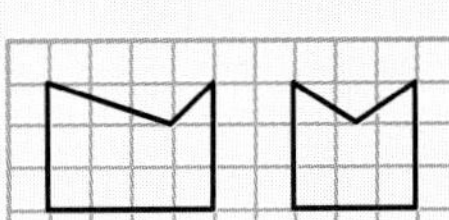

3. 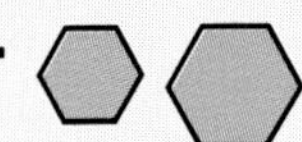

4. 

5. 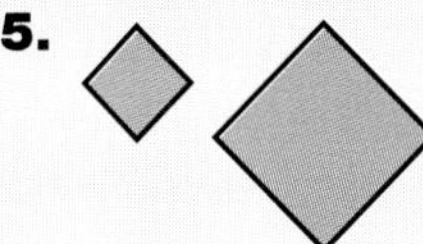

Escribe *verdadero* o *falso* para cada oración. Luego dibuja un ejemplo para apoyar tu respuesta.

6. Todos los cuadrados son semejantes.
7. Todos los hexágonos son semejantes.
8. Todos los paralelogramos son semejantes.
9. Todos los círculos son semejantes.

Explícalo

► Piensa en los triángulos rectángulos. ¿Son todos semejantes? ¿Son todos congruentes? Dibuja ejemplos para explicar tu razonamiento.

Simetría

Aprenderás cómo identificar figuras que pueden doblarse en partes que coincidan unas con otras.

Vocabulario
nuevo
simetría lineal
eje de simetría
simetría rotacional

Apréndelo

Dylan hizo un álbum de recortes de su viaje de verano a la parte norte de California. Él decoró la portada de su álbum de recortes con figuras geométricas.

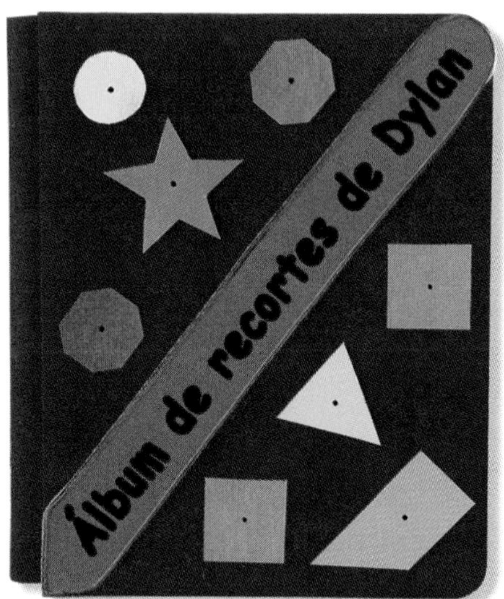

Una figura tiene **simetría lineal** si puede doblarse de modo que sus dos partes coincidan de manera exacta. La línea del doblez es un **eje de simetría.** A la simetría lineal se le llama también simetría bilateral.

Para hallar si una figura tiene eje de simetría, traza la figura. Luego intenta doblar la figura de manera que coincidan ambas partes. Si ambas partes coinciden, dibuja el eje de simetría en la línea del doblez.

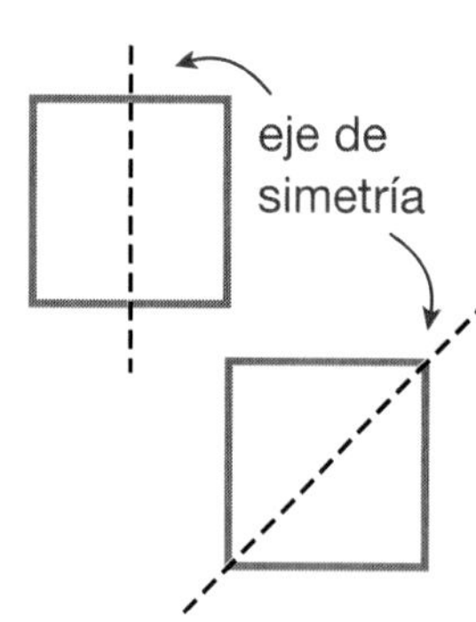

Algunas figuras no tienen eje de simetría. El cuadrilátero verde del álbum de recortes de Dylan no tiene simetría lineal.

Las figuras pueden tener uno o más ejes de simetría.

Un eje de simetría	**Dos ejes de simetría**	**Tres ejes de simetría**	**Cuatro ejes de simetría**

Estándares	MG **3.4**	MR **2.3, 2.4**

Una figura tiene **simetría rotacional** si puedes rotarla menos de un giro completo alrededor de algún punto, dejándola igual como estaba antes de la rotación.

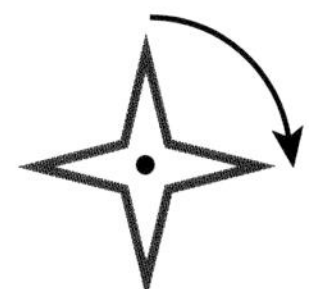

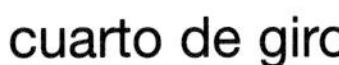

cuarto de giro

medio giro

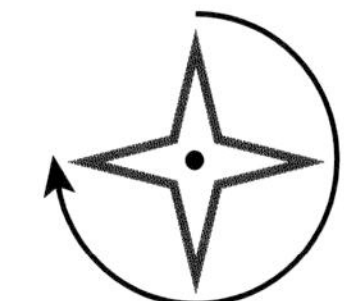

tres cuartos de giro

Explícalo

► ¿Qué figuras del álbum de recortes de Dylan tienen simetría lineal? ¿Cuáles tienen simetría rotacional?

► ¿Cómo puedes usar el trazado de una figura para averiguar si tiene simetría rotacional?

Práctica guiada

¿Es un eje de simetría la línea discontinua? Escribe *sí* o *no*.

1. 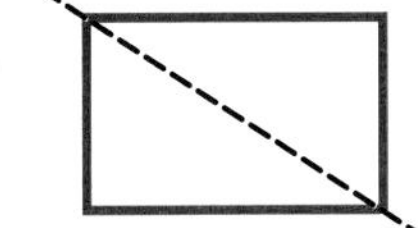

2. 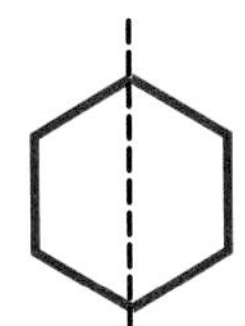

Asegúrate

- ¿Puedo doblar a lo largo de la línea discontinua de modo que las partes coincidan de manera exacta?
- ¿Puedo girar la figura menos de un giro completo y dejarla igual como estaba antes de la rotación?

¿Tiene simetría rotacional la figura? Escribe *sí* o *no*.

3. 

4. 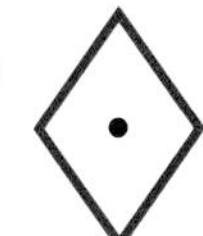

5. 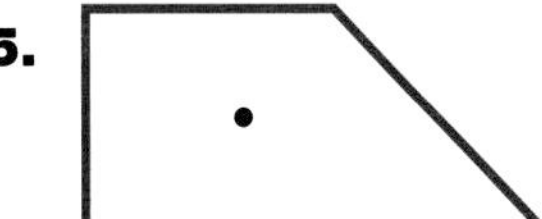

Práctica independiente

¿Es un eje de simetría la línea discontinua? Escribe *sí* o *no*.

6. 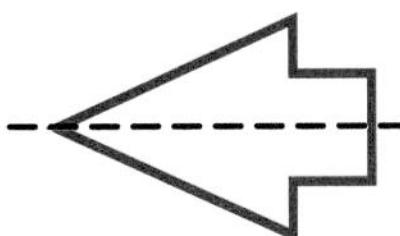

7. 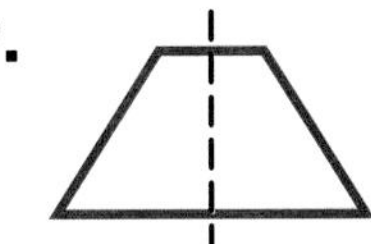

8. 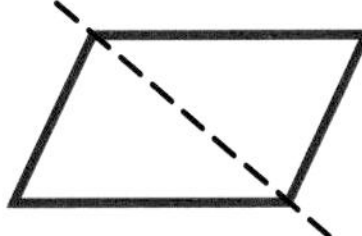

9. 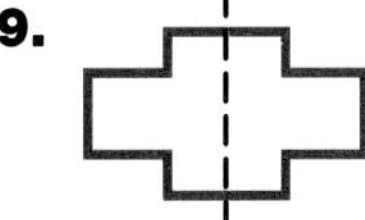

Dibuja cada figura en papel cuadriculado. Dibuja el eje de simetría. Dibuja la otra mitad de la figura en tu papel cuadriculado.

10. 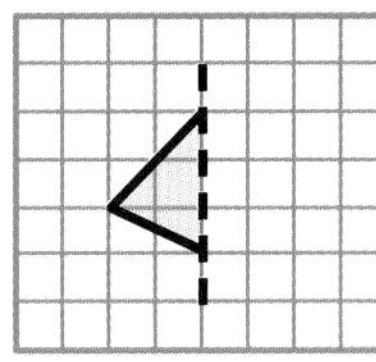

11. 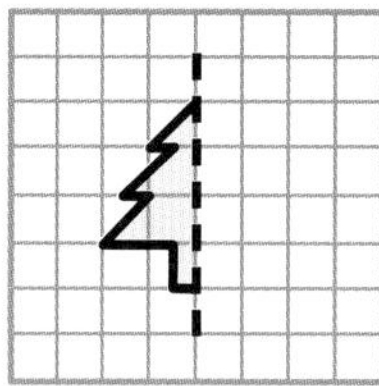

12. 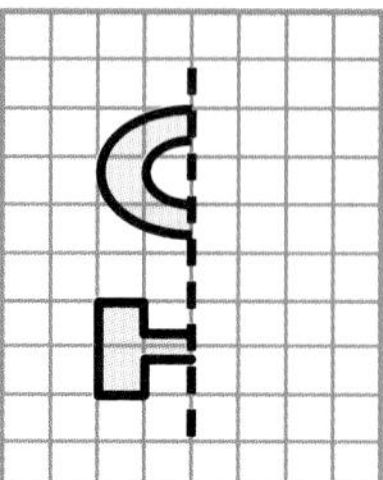

13. 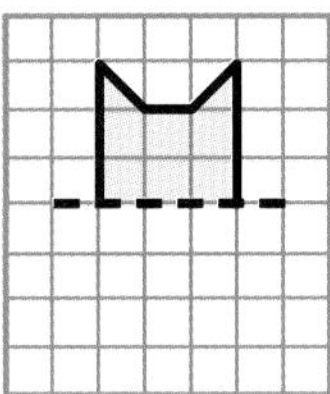

14. 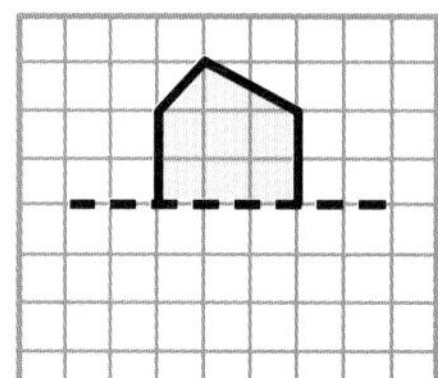

15. 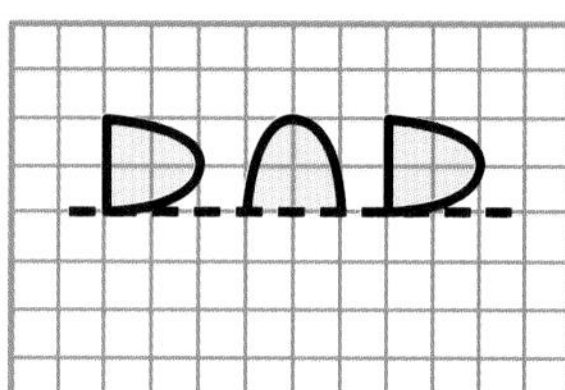

Traza cada figura. ¿Tiene simetría rotacional la figura? Escribe *sí* o *no*.

16. 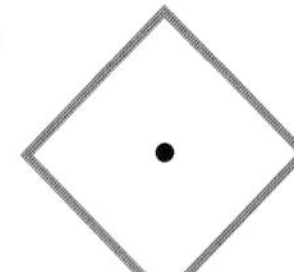

17. 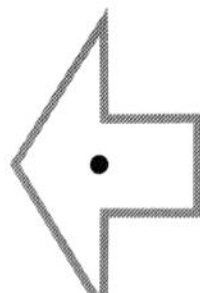

18. 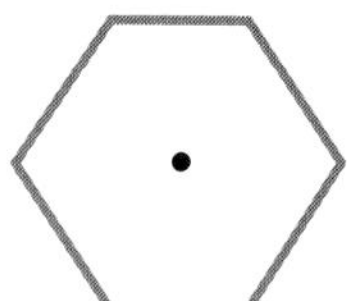

19. 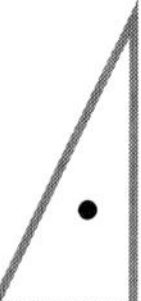

Resolver problemas • Razonamiento

20. **Analízalo** Dibuja la figura siguiente. Dale medio giro y dibújala de nuevo. ¿Tiene simetría rotacional alrededor del punto la figura? Explica.

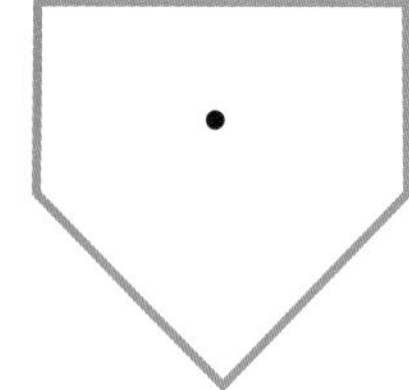

21. Dibuja el círculo siguiente. Córtalo y dóblalo por el segmento de recta *NP*. ¿Qué ocurre con los puntos *M* y *O*?

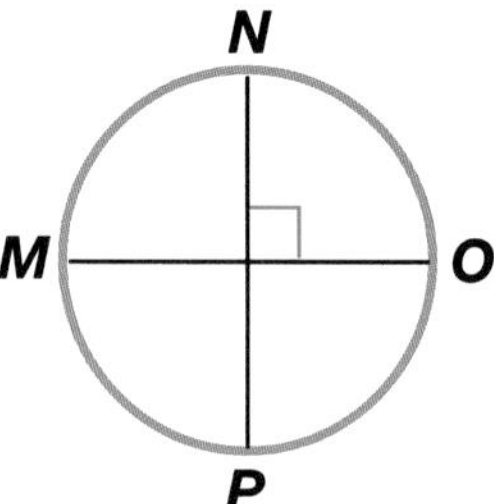

22. **Escríbelo** Dylan usó la figura a la derecha para decorar la contraportada de su álbum de recortes. ¿Cuántos triángulos rectángulos hay en la figura? Explica tu solución.

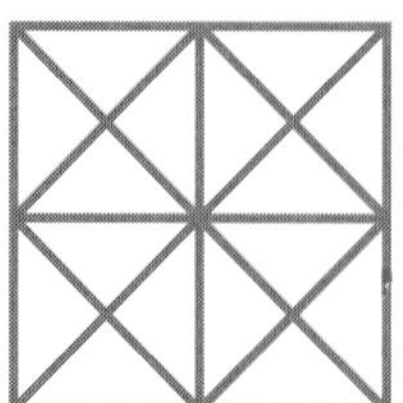

Repaso mixto • Preparación para pruebas

Usar datos Usa la gráfica para los Problemas 23–26. *(páginas 424–426)* **Cada estudiante votó por su estación preferida. Los resultados se muestran a la derecha.**

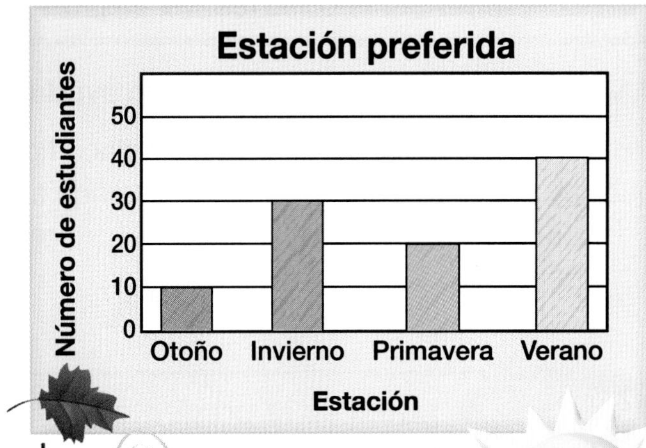

23. ¿Qué estación escogió la mayoría de los estudiantes como su estación preferida?

24. ¿Cuántos estudiantes más escogieron el verano que el invierno como su estación preferida?

25. ¿Qué estación fue escogida por el doble de estudiantes que escogieron la primavera?

26. ¿Cuántos estudiantes señalaron su estación preferida?

Escoge la letra de la respuesta correcta. *(páginas 298–299)*

27 Eli comenzó a leer un cuento corto a las 6:45 p.m. Terminó de leer el cuento a las 7:25 p.m. ¿Cuánto demoró Eli en leer el cuento?

A 20 minutos **C** 1 hora 20 minutos
B 40 minutos **D** 1 hora 40 minutos

28 Jill comenzó a leer a las 3:25 p.m. Terminó de leer 1 hora 40 minutos después. ¿A qué hora terminó de leer Jill?

F 1:45 p.m. **H** 5:05 p.m.
G 4:05 p.m. **J** 6:05 p.m.

Letras que giran

Imagina que se rota medio giro cada una de estas letras. Haz un dibujo para mostrar cómo quedaría cada letra.

1. M **2.** P **3.** O **4.** H

5. ¿Cuáles de las letras anteriores tienen simetría rotacional? ¿Cómo lo sabes?

Estrategia: Represéntalo con modelos

Aprenderás cómo resolver un problema usando un modelo.

A veces puedes usar modelos como ayuda para resolver problemas.

Problema ¿Pueden ordenarse estas cinco figuras para formar una figura que sea congruente con el cuadrado grande a la derecha?

 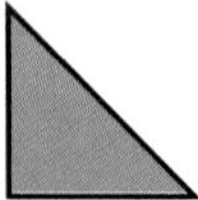 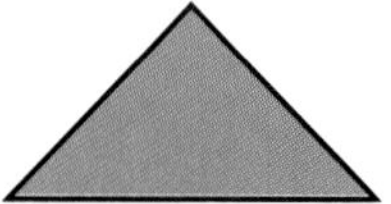 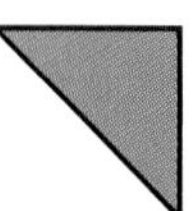 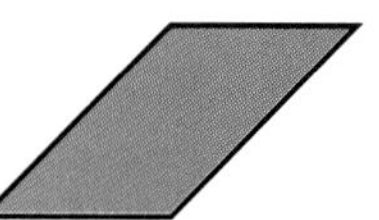

¿Cuál es la pregunta?

¿Pueden ordenarse estas cinco figuras para formar una figura que sea congruente con el cuadrado grande a la derecha?

¿Qué sabes?

Las figuras congruentes tienen igual tamaño y forma.

¿Cómo puedes hallar la respuesta?

- Primero puedes hacer modelos de las cinco figuras y del cuadrado grande sobre papel cuadriculado.
- Luego recorta cada figura y trata de ordenarlas para formar un cuadrado que sea congruente con el cuadrado grande de arriba.

Resuélvelo

Intenta ordenar las figuras de modo que quepan dentro del cuadrado grande, sin superponerse.

Las cinco figuras pueden ordenarse para formar una figura que sea congruente con el cuadrado grande.

Verifícalo

Verifica el problema.

Imagina que ordenaste las cinco figuras formando un hexágono. ¿Sería el hexágono congruente con el cuadrado grande? Explica.

Estándares	MG 3.0, 3.3, 3.8 MR 1.0, 2.0, 3.0, 3.2

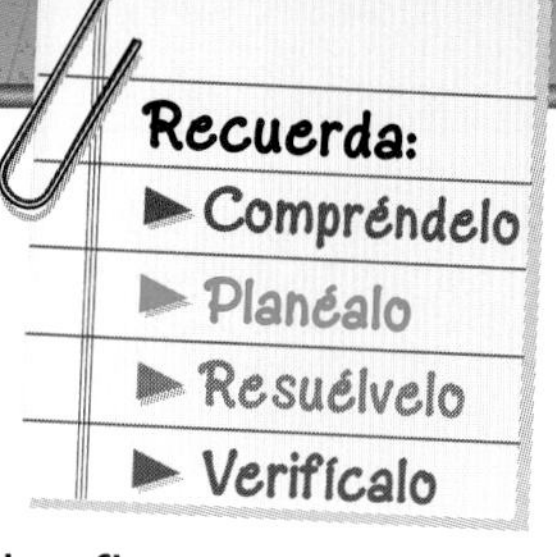

Práctica guiada

Usa las figuras de la página 482 para resolver cada problema.

1. Ordena el triángulo más grande, el paralelogramo y uno de los triángulos pequeños para formar una figura que sea congruente con el cuadrilátero siguiente. Haz un dibujo para explicar cómo lo hiciste.

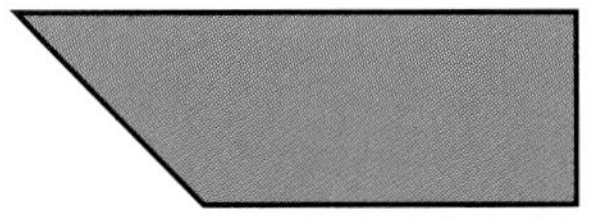

¿Dónde deben estar los ángulos rectos?

2. Ordena todas las figuras, excepto el triángulo más grande, para formar una figura congruente con el paralelogramo siguiente. Haz un dibujo para explicar cómo lo hiciste.

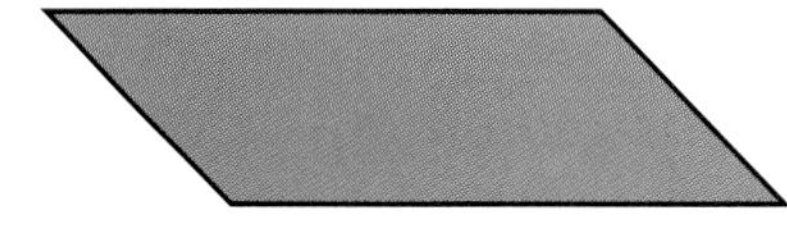

Piénsalo: ¿Cómo puedo mover o girar las piezas?

Escoge una estrategia

Usa las figuras de la página 482 para resolver los Problemas 3 y 4. Usa éstas u otras estrategias.

Estrategias para resolver problemas

- **Haz un dibujo**
- **Haz una tabla**
- **Usa un modelo**
- **Comienza con el final**

3. Usa cuatro de las figuras para formar una figura congruente con el pentágono siguiente. Haz un dibujo para explicar cómo lo hiciste.

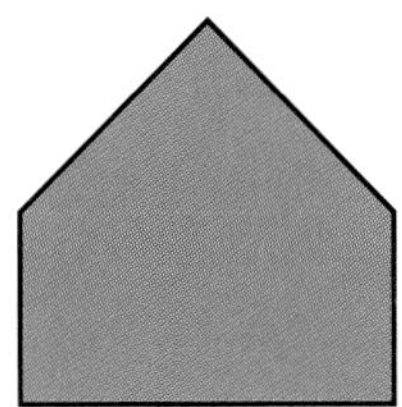

4. Usa las cinco figuras para formar una figura congruente con el triángulo siguiente. Haz un dibujo para explicar cómo lo hiciste.

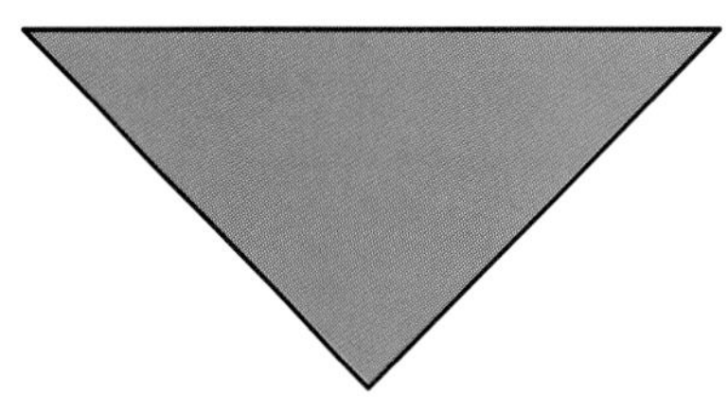

5. Alan dibuja 20 círculos en una fila. Cada círculo tiene un diámetro de 25 mm. Cada círculo toca el círculo siguiente en sólo un punto. ¿Cuánto mide la fila de círculos?

6. Amber dibuja filas de figuras congruentes. El número de figuras se duplica en cada fila. La sexta fila tiene 96 figuras. ¿Cuántas figuras hay en la primera fila?

7. ¿Pueden usarse 12 palillos de dientes para formar 4 cuadrados congruentes? De ser así, dibuja las figuras.

8. ¿Pueden usarse 9 palillos de dientes para formar 4 triángulos congruentes? De ser así, dibuja las figuras.

Práctica adicional Consultar 1–2, página 513.

Verificación rápida

Verifica los conceptos de las Lecciones 6–8

¿Son congruentes las figuras? Escribe *sí* o *no*.

1. 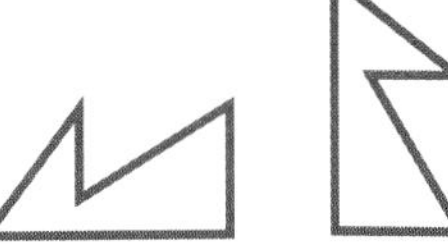

2. 

Indica si cada recta es un eje de simetría.

3. 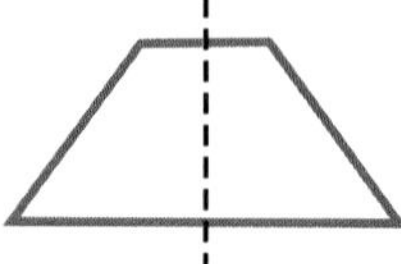

4. 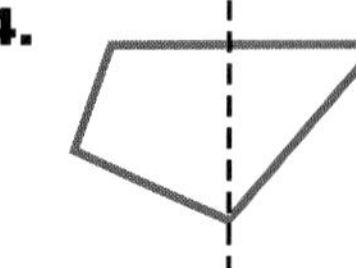

Indica si cada figura tiene simetría rotacional.

5. 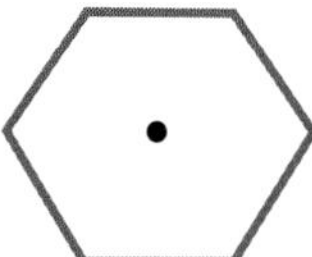

6. 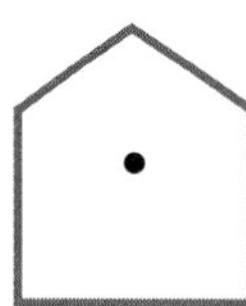

Resuelve.

7. Ordena doce palillos de dientes de esta forma para hacer 4 cuadrados. Luego quita 2 de los palillos de modo que queden sólo 2 cuadrados.

8. Haz un paralelogramo como éste. Luego haz un corte de modo que puedas unir las dos piezas formando un rectángulo.

¿Cómo te fue?

Si tuviste dificultades en cualquiera de las partes de Verificación rápida, puedes usar las siguientes páginas para repasar y practicar más.

Estándares	Ejercicios	Repasar estas páginas	Hacer estos ejercicios de Practica adicional
Geometría: **3.3**	1–2	páginas 474–476	Conjunto F, página 511
Geometría: **3.4**	3–6	páginas 478–481	Conjunto G, página 511
Razonamiento: **1.1, 2.3**	7–8	páginas 482–483	1–2, página 513

Preparación para pruebas • Repaso acumulativo

Mantener los estándares

Marca la letra de la respuesta correcta.

1. ¿Qué figura tiene un eje de simetría?

A

C

B 

D

2. ¿Qué ángulo es agudo?

F 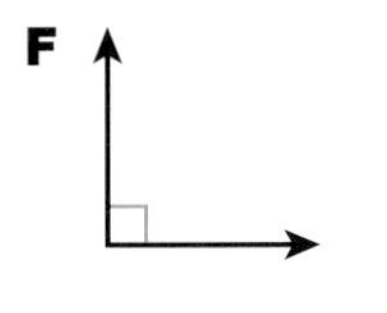

H 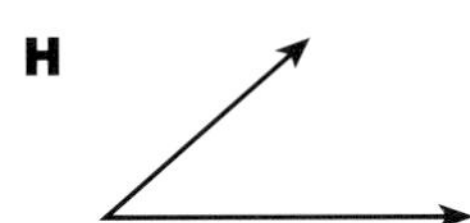

G 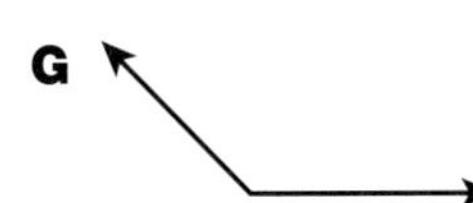

J 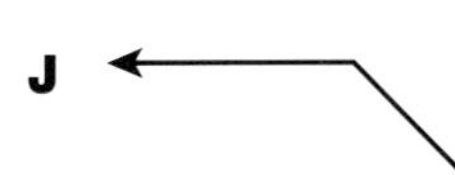

3. ¿Qué rectas son perpendiculares?

A 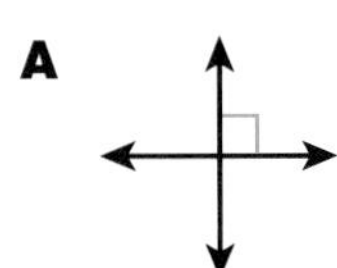

B 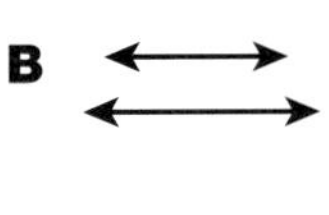

C 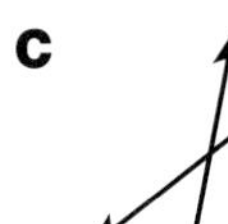

D 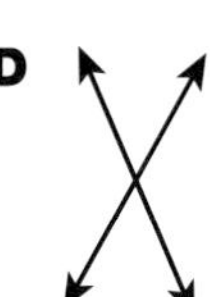

4. Si se divide un triángulo isósceles en dos partes congruentes, ¿qué figuras forman las partes?

F cuadrados

G rectángulos

H triángulos

J trapecios

5. ¿Qué enunciado no se cumple para el radio de un círculo?

A Tiene un extremo en el círculo.

B Mide $\frac{1}{2}$ de la longitud de un diámetro.

C Tiene un extremo en el centro del círculo.

D Tiene ambos extremos en el círculo.

6. ¿Qué figura tiene simetría rotacional?

F 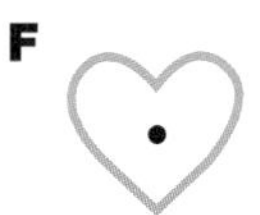

H 

G 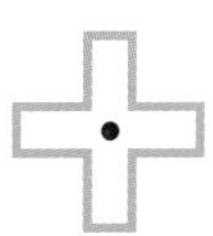

J 

7. ¿Qué par de figuras son congruentes?

A 

B  

C 

D 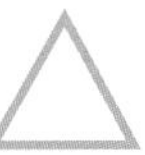

8. ¿Puede un triángulo rectángulo tener 3 lados de igual longitud?

Explícalo Apoya tu respuesta con un dibujo.

Página segura

Preparación para pruebas
Visita **www.eduplace.com/kids/mhm** para más *Preparación para pruebas.*

Representar el perímetro y el área

Aprenderás cómo hallar el perímetro y el área.

Vocabulario
nuevo
perímetro
área

Apréndelo

¿Puede el **perímetro** o la distancia alrededor de una figura, determinar el número de unidades cuadradas que se necesita para cubrirla?

Usa papel cuadriculado para hallar la respuesta.

Materiales

papel cuadriculado o Recurso de enseñanza 25

Paso 1 Observa las figuras a la derecha. Halla el perímetro de cada figura contando el número de unidades que la rodean.

Anota tus respuestas en una tabla como la siguiente.

Figura	Perímetro	Área
Cuadrado A	■ unidades	■ unidades cuadradas
Rectángulo B	■ unidades	■ unidades cuadradas

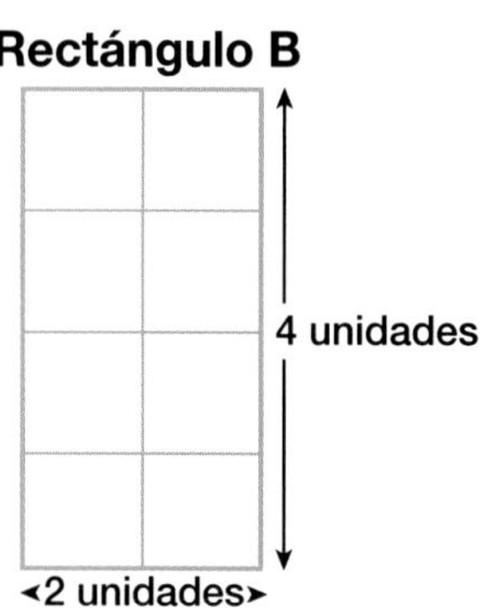

Paso 2 Halla ahora el número de unidades cuadradas que se necesita para cubrir cada una de las figuras.

Al número de unidades cuadradas que se necesita para cubrir una figura se le llama **área** de la figura.

Cuenta para hallar el área de cada figura. Anota las respuestas en tu tabla.

Paso 3 Observa tu tabla.

- ¿Puede un cuadrado tener igual perímetro que un rectángulo?
- ¿Pueden los rectángulos y los cuadrados de igual perímetro tener diferentes áreas?

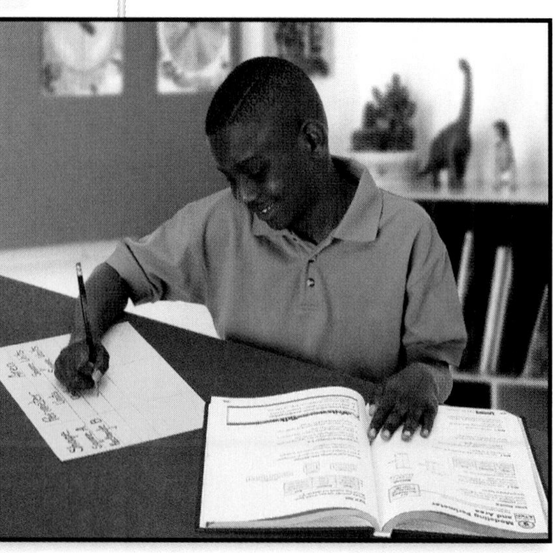

Estándares	MG **1.0, 1.2, 1.3, 3.8** SDP **1.0** MR **2.3**

Inténtalo

Halla el perímetro y el área de cada figura.
Anota tus respuestas en una tabla como la siguiente.

	Figura	Perímetro	Área
1.	Rectángulo C	■ unidades	■ unidades cuadradas
2.	Cuadrado D	■ unidades	■ unidades cuadradas
3.	Rectángulo E	■ unidades	■ unidades cuadradas

Rectángulo C

Cuadrado D

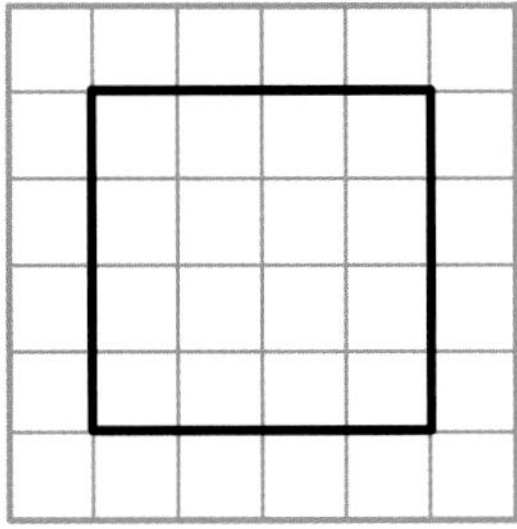

Rectángulo E

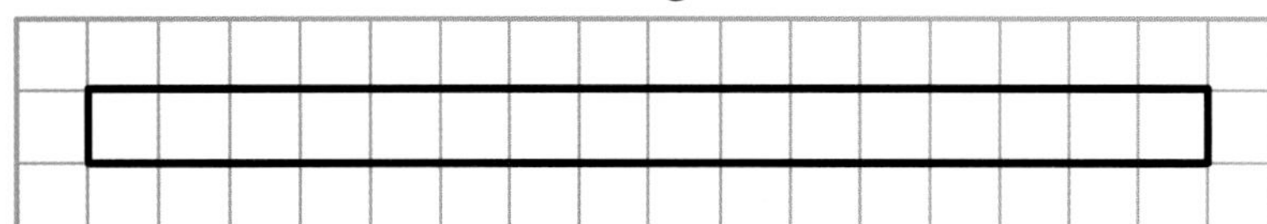

Usa tu tabla para contestar estas preguntas.

4. ¿Puede un cuadrado tener igual área que un rectángulo?

5. ¿Pueden los rectángulos y los cuadrados de igual área tener perímetros diferentes?

Usa papel cuadriculado para los Problemas 6–8.

6. Dibuja un rectángulo con un área de 20 unidades cuadradas y un perímetro mayor que 20 unidades.

7. Dibuja un rectángulo con un área de 24 unidades cuadradas y un perímetro menor que 24 unidades.

8. Dibuja un rectángulo con un área de 18 unidades cuadradas y un perímetro de 18 unidades.

¡Escríbelo! ¡Coméntalo!

Usa lo que aprendiste para contestar estas preguntas.

9. ¿En qué se diferencian el perímetro y el área?

10. Dos figuras tienen diferente forma. Si una figura tiene un perímetro mayor que la otra, ¿tiene también un área mayor? Explica.

Usar fórmulas para hallar el perímetro y el área

Aprenderás cómo usar fórmulas para hallar perímetros y áreas de polígonos.

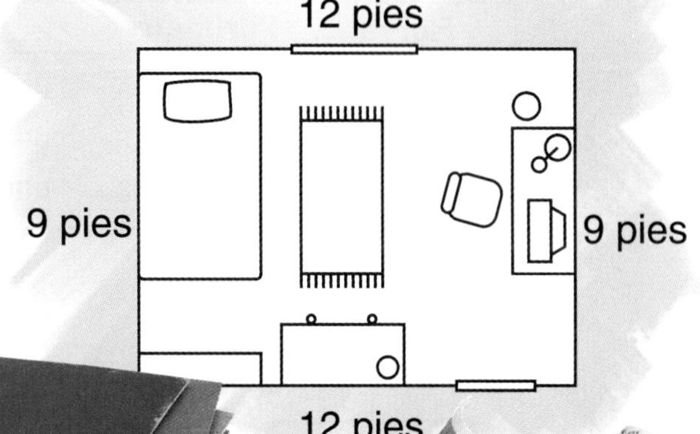

Apréndelo

El dormitorio de Sherri mide 12 pies de longitud y 8 pies de ancho. Quiere instalar una cenefa alrededor del cuarto. También necesita un nuevo piso de baldosas. ¿Cuántos pies de cenefa necesita? ¿Cuántos pies cuadrados de baldosa necesita?

Para hallar la longitud de la cenefa que necesita, halla el perímetro del dormitorio.

Diferentes maneras de hallar el perímetro

Puedes sumar las longitudes de los lados.

Perímetro $= l + a + l + a$

P = 12 pies + 9 pies + 12 pies + 9 pies

P = 42 pies

Puedes usar la fórmula para hallar el perímetro de un rectángulo.

Perímetro $= (2 \times l) + (2 \times a)$

P = (2 × 12 pies) + (2 × 9 pies)

P = 24 pies + 18 pies

P = 42 pies

Recuerda: Resuelve primero lo que está entre paréntesis.

Solución: Sherri necesita 42 pies de cenefa.

Para hallar cuánto se necesita de baldosas para el piso, halla el área del piso. También puedes hacer esto de dos maneras.

Diferentes maneras de hallar el área

Puedes dibujar un modelo y contar los cuadrados.

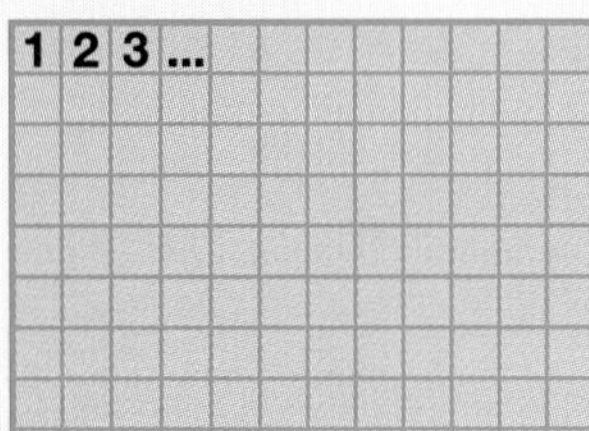

Cada cuadrado mide 1 pie cuadrado o 1 pie^2.

Puedes usar esta fórmula para hallar el área de un rectángulo.

Área = longitud × ancho

Área $= l \cdot a$

A = 12 pies • 9 pies

A = 108 pies^2

$l \cdot a$ es otra manera de escribir $l \times a$.

Solución: Sherri necesita 108 pies cuadrados de baldosas.

Estándares	AF **1.0, 1.2, 1.4** MG **1.1, 1.4** MR **2.0**

Otros ejemplos

A. Perímetro de un cuadrado

Como todos los lados (l) de un cuadrado miden lo mismo, puedes usar esta fórmula.

Perímetro = $4 \bullet l$

$P = 4 \bullet 9$ pulg

$P = 36$ pulg

El perímetro mide 36 pulgadas, o 36 pulg.

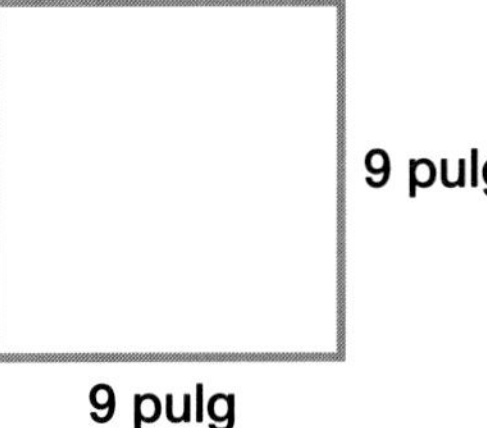

B. Área de un cuadrado

Como todos los lados (l) de un cuadrado miden lo mismo, puedes usar esta fórmula.

Área = $l \bullet l$

$A = 9$ pulg $\bullet$ 9 pulg

$A = 81$ pulg^2

El área mide 81 pulgadas cuadradas, u 81 pulg^2.

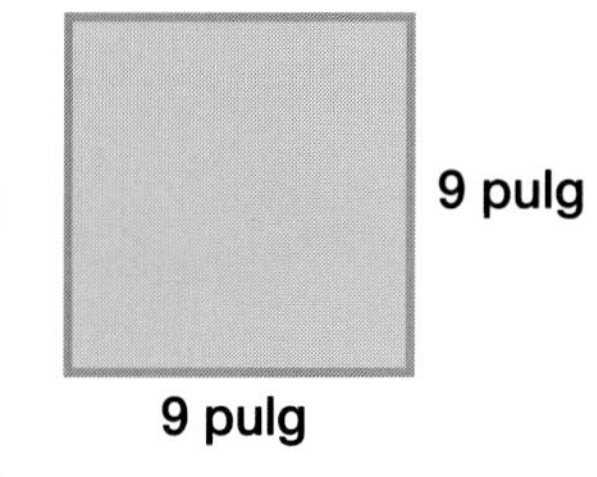

Explícalo

- ▶ Cuando usas una fórmula para hallar el perímetro de un rectángulo, ¿por qué multiplicas por 2 la longitud y el ancho?
- ▶ Cuando hallas el área, ¿por qué aparece el resultado en unidades cuadradas?

Práctica guiada

Asegúrate

- ¿Qué fórmula puedo usar para hallar el perímetro?
- ¿Qué fórmula puedo usar para hallar el área?

Halla el perímetro de cada polígono.

1.

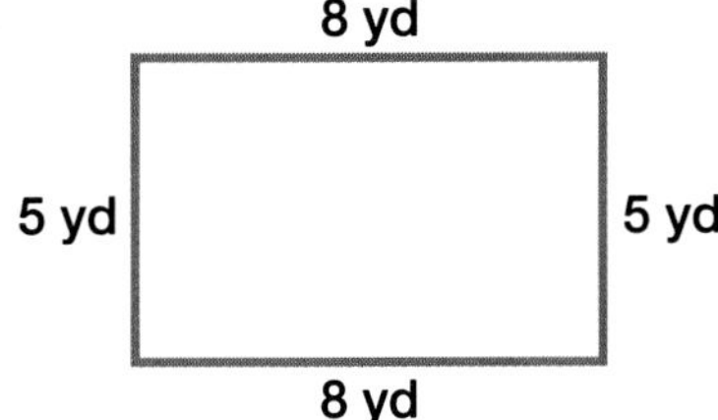

2.

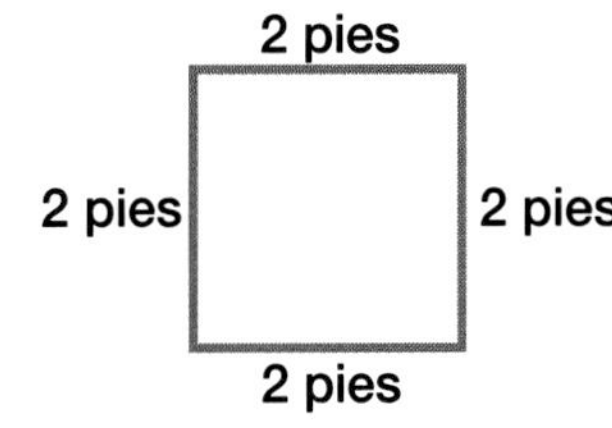

3.

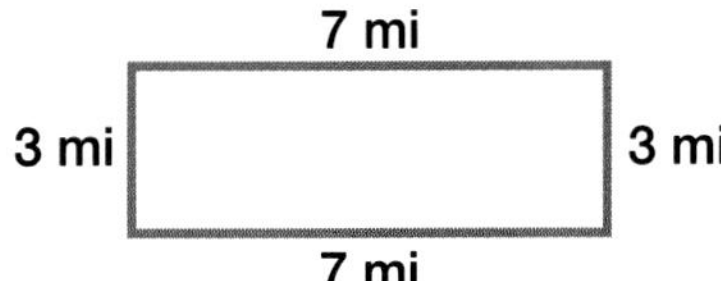

4.

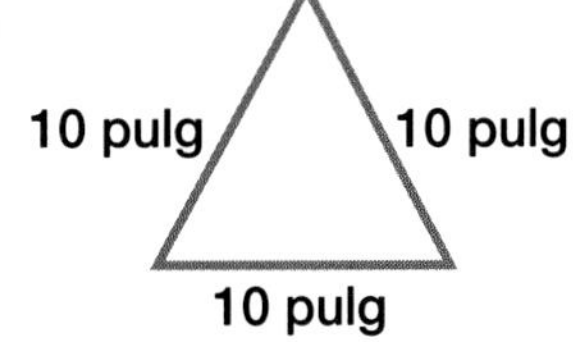

5.

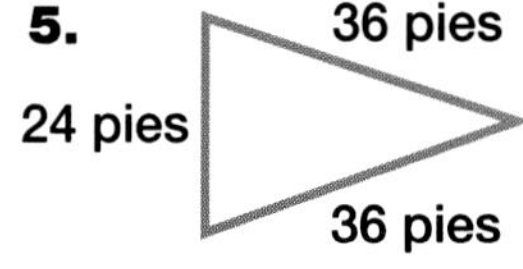

Usa una fórmula para hallar el área de cada rectángulo.

6.

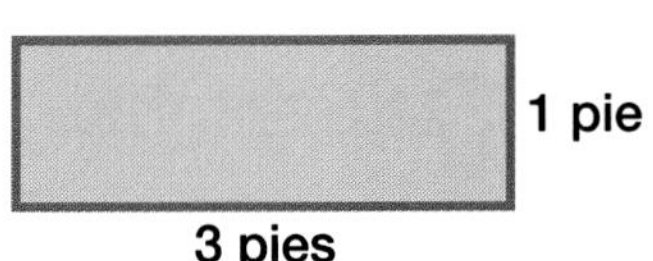

7.

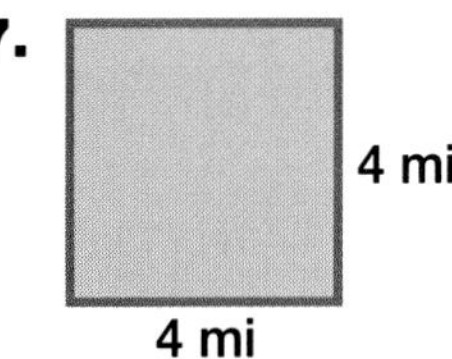

8.

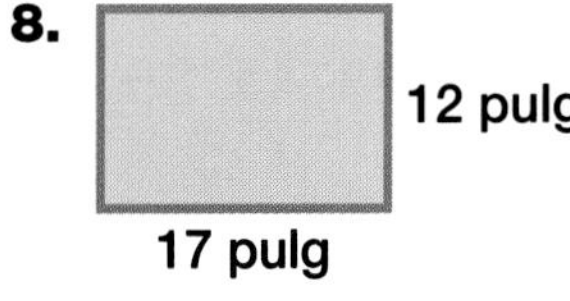

Práctica independiente

Halla el perímetro de cada polígono.

9. 10 pies, 30 pies

10. 3 mi, 3 mi

11. 30 pulg, 50 pulg, 40 pulg

Halla el área de cada rectángulo.

12. 2 mi, 3 mi

13.

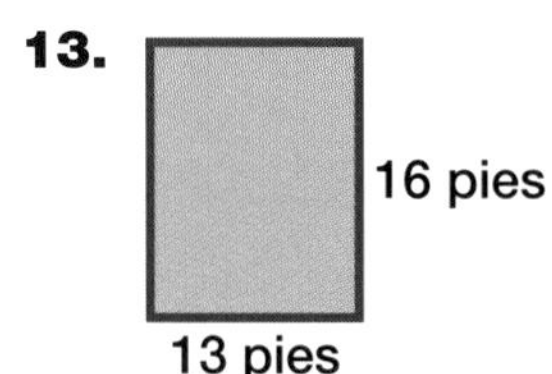

14.

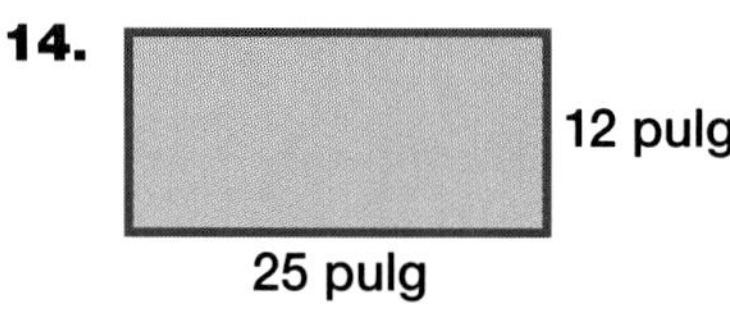

Resolver problemas • Razonamiento

Resuelve. Escoge un método. Usa la información de la página 488 para los Problemas 15–18.

Métodos de computación

- Cálculo mental
- Estimación
- Papel y lápiz

15. **La medición** Sherri quiere colocar una cinta alrededor de un espejo cuadrado. Cada lado del espejo mide 20 pulgadas. ¿Cuál es la cantidad mínima de cinta que necesitará?

16. **El dinero** Las baldosas que Sherri quiere para el piso de su dormitorio cuestan $30 la caja. Una caja de baldosas cubrirá 9 pies cuadrados. ¿Se puede embaldosar el piso por menos de $350?

17. **Compáralo** A Sherri le dieron 2 tapices cuadrados para la pared de su dormitorio. El tapiz azul tiene lados de 1 yarda cada uno. El tapiz verde tiene lados de 1 metro cada uno. ¿Qué tapiz es más grande? Explica cómo lo sabes.

18. **Analízalo** Sherri compró una alfombra rectangular para su dormitorio. La alfombra mide 2 yardas de ancho y 3 yardas de longitud. ¿Cuánto mide el área de la alfombra en pies cuadrados? ¿Qué área del piso no estará cubierta por la alfombra?

Repaso mixto • Preparación para pruebas

Halla el promedio de cada conjunto de números. *(páginas 252–253)*

19. 28, 44, 36, 20

20. 58, 66, 50

21. 121, 219, 225, 130, 170

22 ¿Cuál es el producto de 24 por 163? *(páginas 198–199)*

A 4,012 **B** 3,912 **C** 3,812 **D** 978

Práctica adicional Consultar el Conjunto H, página 511.

Sentido numérico

La longitud y el ancho

Si sabes la longitud y el ancho de un rectángulo, puedes hallar el perímetro y el área de ese rectángulo en diferentes unidades.

Unidades usuales de medida
12 pulgadas = 1 pie 3 pies = 1 yarda (yd)

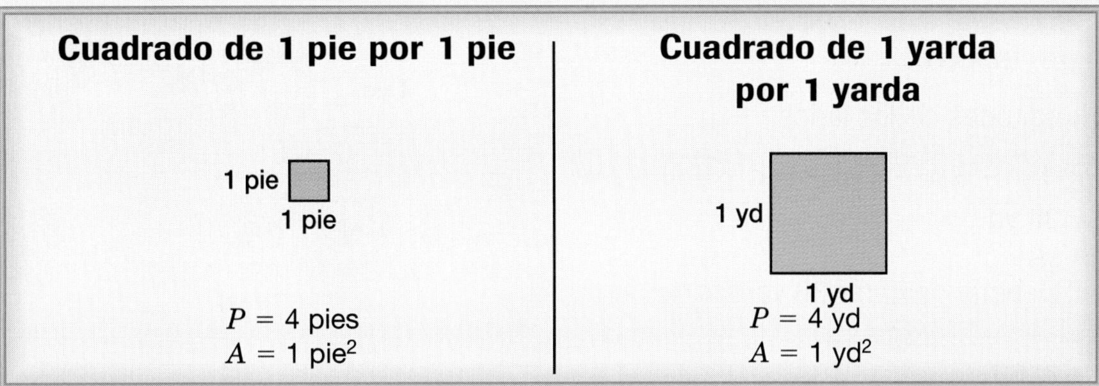

Trabajen juntos.

1. Usa una hoja grande de papel o coloca cinta adhesiva en el piso para representar un cuadrado de 1 yarda por 1 yarda.
2. Recorta doce cuadrados de 1 pie por 1 pie de hojas grandes de papel o de periódicos.
3. Usa los cuadrados de 1 pie con el cuadrado de 1 yarda para hallar cuántos pies cuadrados equivalen a 1 yarda cuadrada.
4. Imagina que quieres alfombrar un piso que mide 12 pies de ancho y 15 pies de longitud.
   - **a.** ¿Cuántos pies cuadrados de alfombra necesitas?
   - **b.** ¿Cuántas yardas cuadradas de alfombra necesitas?

Explícalo

► Explica como contestaste las preguntas del Ejercicio 4. ¿Hiciste un dibujo? ¿Usaste sumas? ¿Usaste una fórmula?

Perímetro y área de figuras complejas

Aprenderás cómo hallar el perímetro y el área de figuras que no son cuadrados ni rectángulos.

Apréndelo

Dee quiere colocar una cerca alrededor de su jardín. El espacio que puede usar se muestra a la derecha. ¿Qué cantidad de cerca debería comprar? ¿Cuánto mide el área de su jardín?

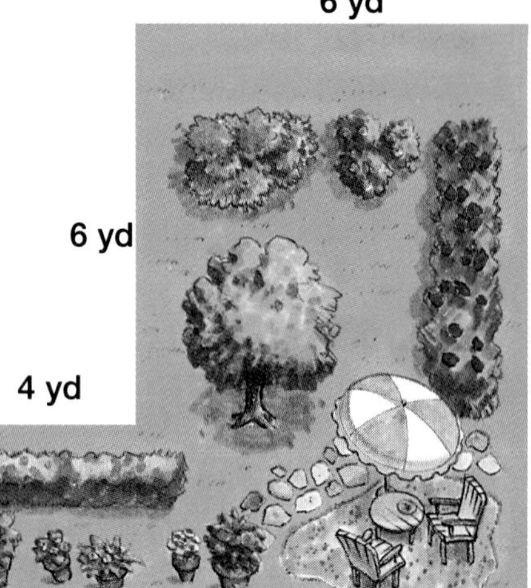

Halla el perímetro.

Suma las longitudes de los lados.

Perímetro = 10 yd + 3 yd + 4 yd + 6 yd + 6 yd + 9 yd

$P = 38$ yd

Solución: Debería comprar 38 yardas de cerca.

Halla el área.

Paso 1 Separa la figura en un rectángulo y un cuadrado

3 yd, 10 yd — **rectángulo**

6 yd, 6 yd — **cuadrado**

Paso 2 Usa una fórmula para hallar el área de cada polígono. $A = l \times a$ puede escribirse como $A = la$.

Área del rectángulo
Área $= la$
A = 10 yd × 3 yd
A = 30 yd^2

Área del cuadrado
Área $= l \times l$
A = 6 yd × 6 yd
A = 36 yd^2

Paso 3 Suma ambas áreas para hallar el área de la figura completa.

30 yd^2 + 36 yd^2 = 66 yd^2

Solución: El área del jardín de Dee mide 66 yardas cuadradas.

Explícalo

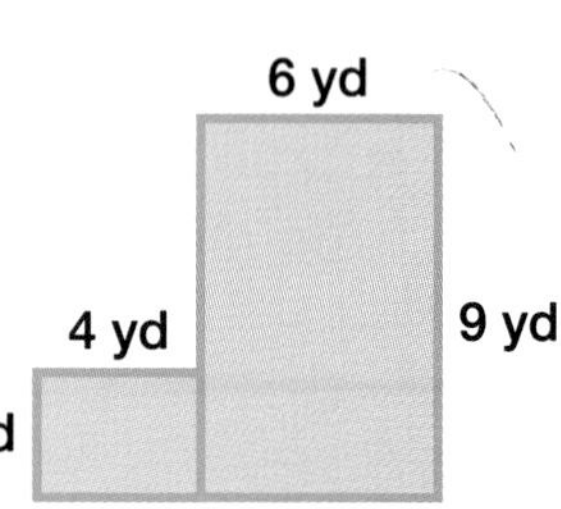

▶ Imagina que el jardín de arriba está dividido en un rectángulo de 9 yd por 6 yd y un rectángulo de 3 yd por 4 yd. ¿Será igual el perímetro del jardín? ¿Será igual el área del jardín?

Estándares	AF **1.0, 1.4**	MG **1.0, 1.1, 1.4**	MR **1.1, 1.2, 2.4**

Práctica guiada

Halla el perímetro y el área de cada figura.

1.

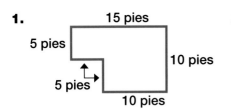

15 pies
5 pies
10 pies
5 pies
10 pies

2.

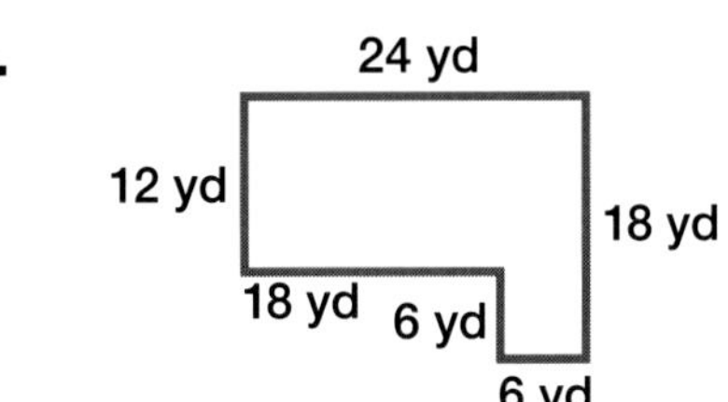

Asegúrate

- ¿Cómo puedo dividir la figura en cuadrados y rectángulos?
- ¿Cómo debería escribir mi respuesta?

Práctica independiente

Halla el perímetro y el área de cada figura.

3.

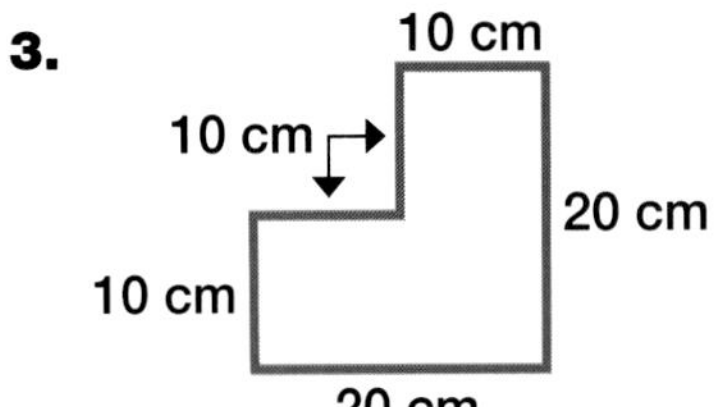

4.

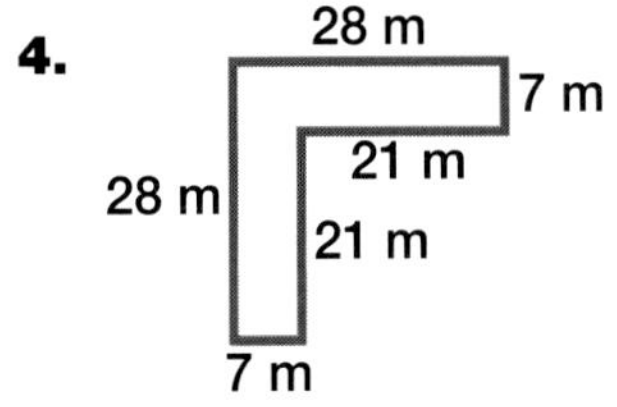

5.

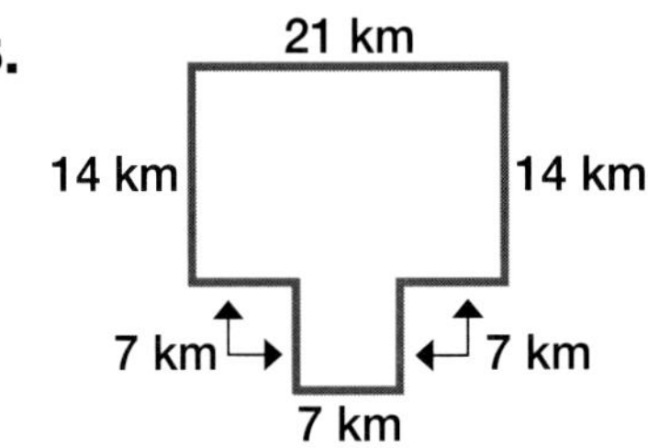

Resolver problemas • Razonamiento

Usar datos Usa el dibujo y la tabla a la derecha para los Problemas 6–8.

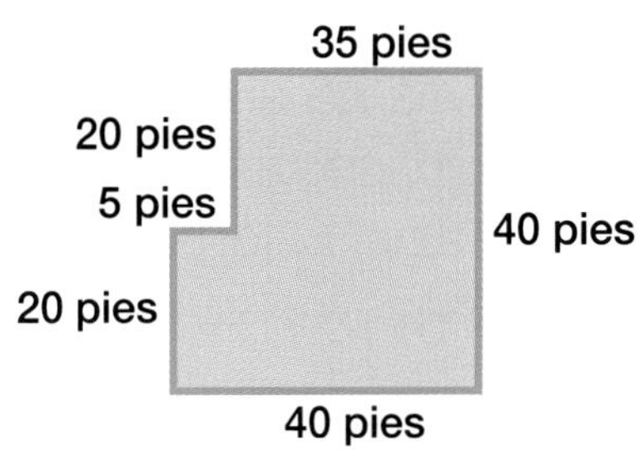

6. Patrick necesita colocar una cerca alrededor de este patio. La cerca cuesta $2 el pie. ¿Cuántos pies de cerca necesita? ¿Cuánto costarán?

7. **Analízalo** Patrick quiere plantar pasto en el patio. ¿Cuántas libras de semillas de pasto necesitará?

8. **Escríbelo** Usa los datos de la tabla para escribir un problema. Da el problema a un compañero para que lo resuelva.

Cantidad de semillas a comprar

Área (pie²)	Libras de semillas
1,000	1
1,500	2
2,000	3
2,500	4

Repaso mixto • Preparación para pruebas

Halla el producto o cociente. *(páginas 180–181, 236–237)*

9. $1.55 × 5 **10.** $7.11 ÷ 3 **11.** $6.84 × 6 **12.** $3.75 ÷ 5

13 ¿Cuántas pulgadas hay en 5 pies? *(páginas 280–281)*

A 15 pulg **B** 50 pulg **C** 60 pulg **D** 60 pies

Práctica adicional Consultar el Conjunto I, página 512.

Destreza: Analiza problemas gráficos

Aprenderás cómo resolver problemas que requieren razonamiento visual.

Algunos problemas pueden resolverse hallando patrones visuales.

Problema Sakura está usando azulejos para diseñar un mural. Si continúa con el patrón, ¿qué grupo de azulejos debería usar para la sección que está sin terminar?

Primero halla el patrón.

- Observa el color de los azulejos de arriba a abajo.
- Luego observa de izquierda a derecha.
- Luego observa las filas diagonales.

Si observas de arriba a abajo, ves una columna de rojo, verde, rojo, seguida por una columna de amarillo, azul, amarillo, azul. Este patrón se repite.

Luego decide cuál de las siguientes alternativas completa el patrón.

a. 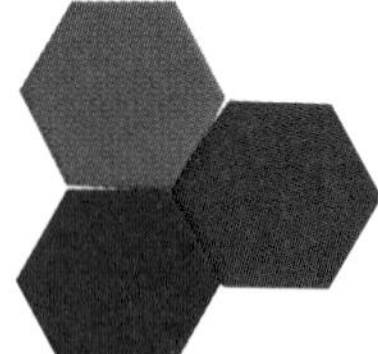

b. 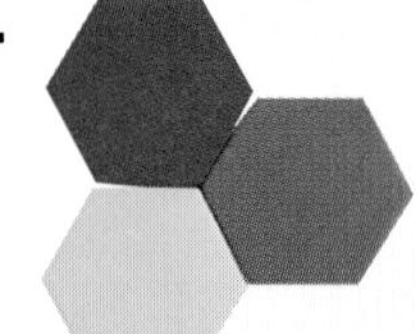

c. 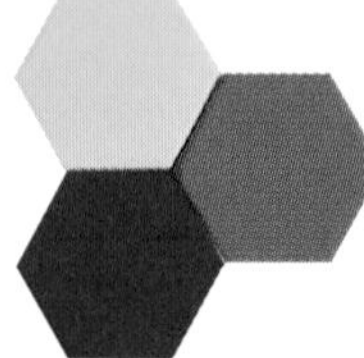

d. 

La alternativa **c** completa el patrón.

Verifícalo ¿Por qué no completarían el patrón las otras alternativas?

Estándares	MR **1.0, 1.1, 2.0, 2.3, 3.0, 3.2**

Práctica guiada

Escoge la letra que podría tener la pieza para completar el patrón.

1 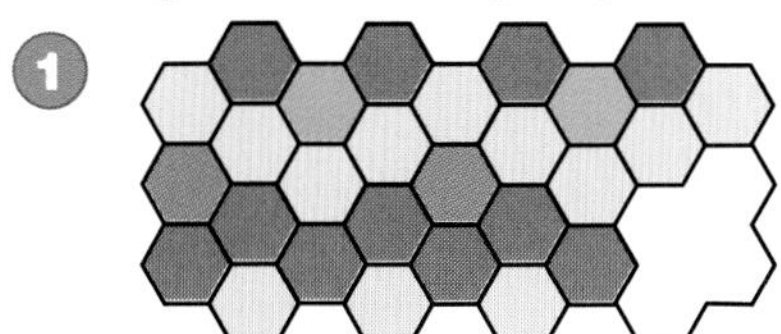

a.

b.

c.

d.

Piénsalo: Observa las filas para hallar el patrón.

2 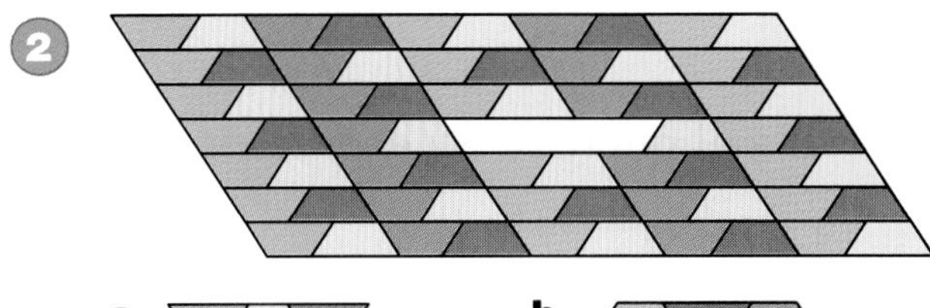

a.

b.

c.

d.

Piénsalo: Observa las columnas para hallar el patrón.

Escoge una estrategia

Resuelve. Usa éstas u otras estrategias.

Estrategias para resolver problemas

- **Usa el razonamiento lógico**
- **Halla un patrón**
- **Represéntalo**
- **Haz un dibujo**

3 Una cenefa tiene un diseño repetitivo que representa un triángulo, un círculo y un pentágono en una fila. El triángulo está justo antes del pentágono. El círculo está primero. Dibuja las primeras 8 figuras del diseño de la cenefa.

4 Sue Ellen hizo un diseño en el que 3 de cada 7 cuadriláteros eran verdes. En total, Sue Ellen pintó 56 cuadriláteros. ¿Cuántos cuadriláteros pintó de verde Sue Ellen?

Escoge la letra que podría tener la pieza para completar el patrón.

5 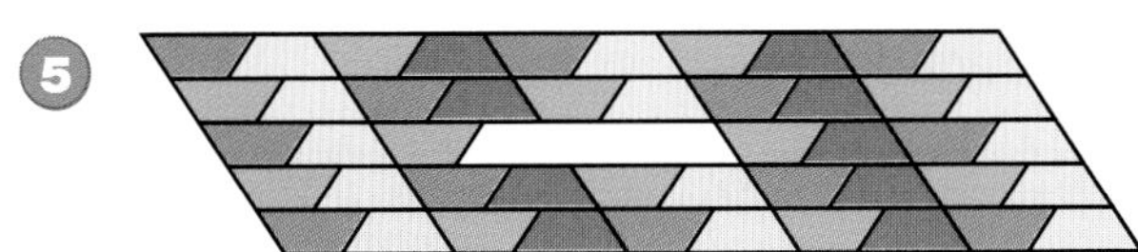

a.

b.

c.

d.

6 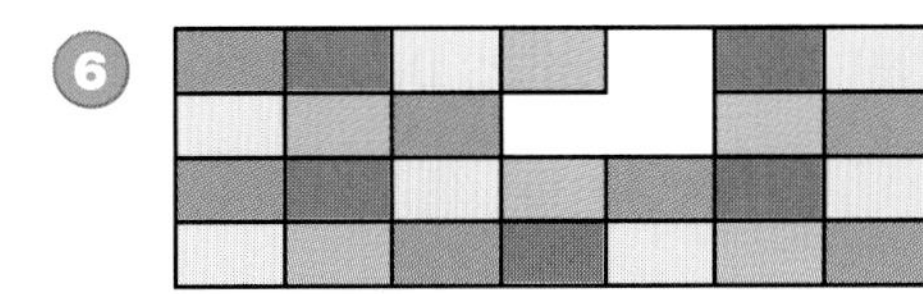

a.

b.

c.

d.

Práctica adicional Consultar 3–4, página 513.

Verificación rápida

Verifica los conceptos de las Lecciones 9–12

Halla el perímetro y el área de cada rectángulo.

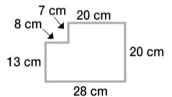

1. 7 pulg, 7 pulg

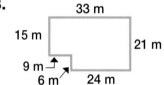

2. 7 mi, 12 mi

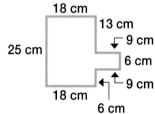

3. 10 yd, 12 yd

Halla el perímetro y el área de cada figura.

4. 7 cm, 20 cm, 8 cm, 20 cm, 13 cm, 28 cm

5. 33 m, 15 m, 21 m, 9 m, 6 m, 24 m

6. 18 cm, 13 cm, 9 cm, 25 cm, 6 cm, 9 cm, 18 cm, 6 cm

Resuelve.

7. Marsha estaba poniendo azulejos en una pared. Si continúa con el patrón, ¿cómo debería completar la sección que falta?

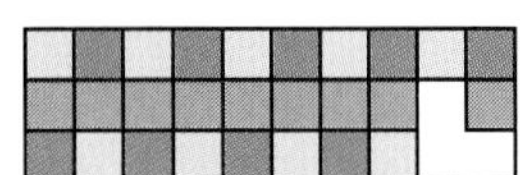

a. **b.** **c.**

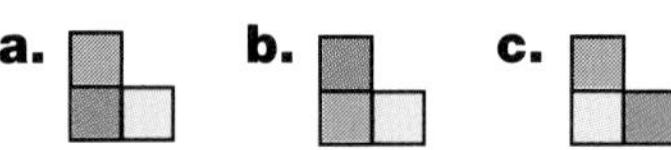

d.

8. Una cenefa tiene un triángulo, un círculo, un rectángulo y un pentágono en una fila. El círculo no está al lado de la figura que tiene un número par de lados. El pentágono está justo antes de la figura que tiene un número par de lados. El triángulo está primero. Dibuja el diseño de la cenefa.

¿Cómo te fue?

Si tuviste dificultades en cualquiera de las partes de Verificación rápida, puedes usar las siguientes páginas para repasar y practicar más.

Estándares	Ejercicios	Repasar estas páginas	Hacer estos ejercicios de Practica adicional
Geometría: **1.1, 1.4**	1–3	páginas 488–490	Conjunto H, página 511
Geometría: **1.1, 1.4**	4–6	páginas 492–493	Conjunto I, página 512
Razonamiento: **1.1, 2.3, 3.1**	7–8	páginas 494–495	3–4, página 513

Preparación para pruebas • Repaso acumulativo

Mantener los estándares

Marca la letra de la respuesta correcta.

1 ¿Cuánto mide el área de esta figura?

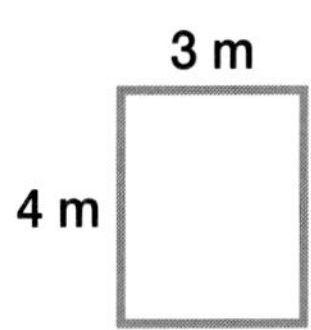

A 12 m **C** $12\ m^3$

B $12\ m^2$ **D** 14 m

2 ¿Qué figuras son congruentes?

F

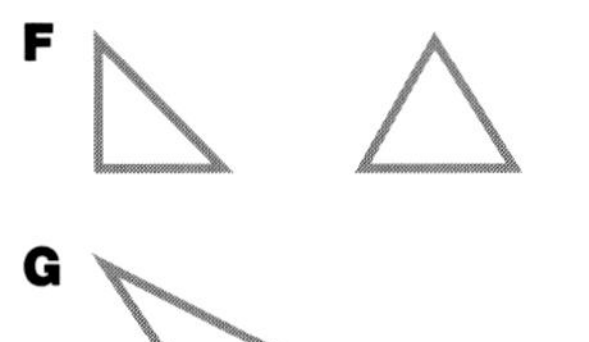

G

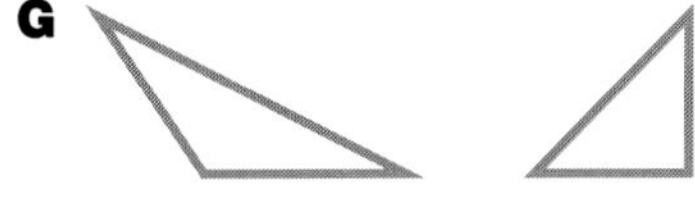

H

J

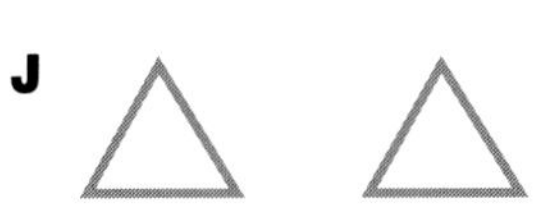

3 ¿Cuál es la mediana de este conjunto de datos?

3, 9, 5, 7, 9

A 3 **C** 7

B 5 **D** 9

4 ¿Qué figura tiene simetría rotacional?

F

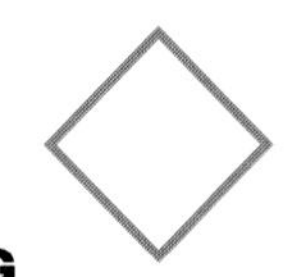

H

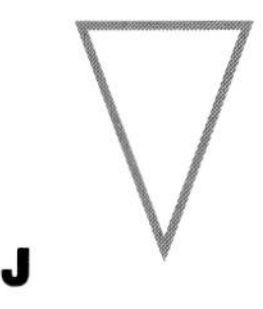

G

J

5 Hay 8 fichas en una bolsa. Cinco fichas son azules y 3 son verdes. Si sacas una ficha sin mirar, ¿cuál es la probabilidad de que sea verde?

A $\frac{3}{8}$ **C** $\frac{5}{8}$

B $\frac{1}{2}$ **D** $\frac{8}{8}$

6 El dormitorio de Kathy mide 12 pies de longitud y 9 pies de ancho. Si quiere alfombrar el piso completo, ¿qué cantidad de alfombra necesitará?

F 42 pies **H** 96 pies cuadrados

G 108 pies **J** 108 pies cuadrados

7 ¿Cuántos libros informativos tiene la biblioteca?

Libros de la biblioteca

Ficción	
Informativos	

Cada = 100 libros

A 100 **C** 250

B 200 **D** 300

8 ¿Pueden las figuras con perímetros diferentes tener igual área? **Explícalo** Da ejemplos para apoyar tu respuesta.

Página segura

Preparación para pruebas
Visita **www.eduplace.com/kids/mhm** para más *Preparación para pruebas.*

Cuerpos sólidos y redes

Aprenderás cómo identificar y hacer cuerpos sólidos.

Vocabulario
nuevo
cara
arista
vértice
red

Apréndelo

Es divertido hacer castillos de arena. Cuando construyes castillos de arena estás creando cuerpos sólidos. Los cuerpos sólidos son figuras que ocupan espacio. A este cuerpo sólido se le llama cubo.

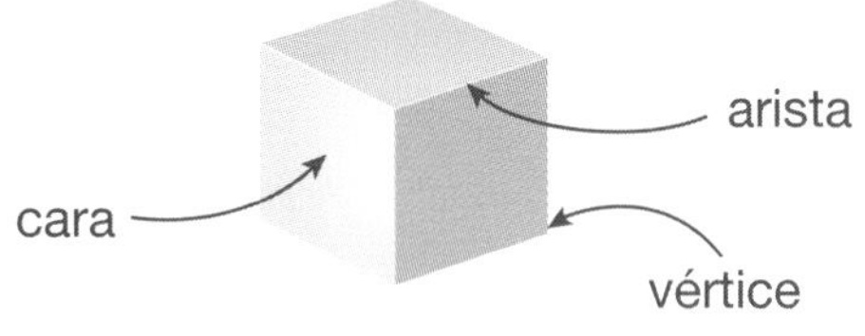

- Un cubo tiene 6 **caras**.
- Dos caras se juntan formando una **arista**.
- El punto donde se juntan tres aristas es un **vértice**.

Observa estos cuerpos sólidos.

Cuerpos sólidos

Las caras de estos cuerpos sólidos son polígonos.

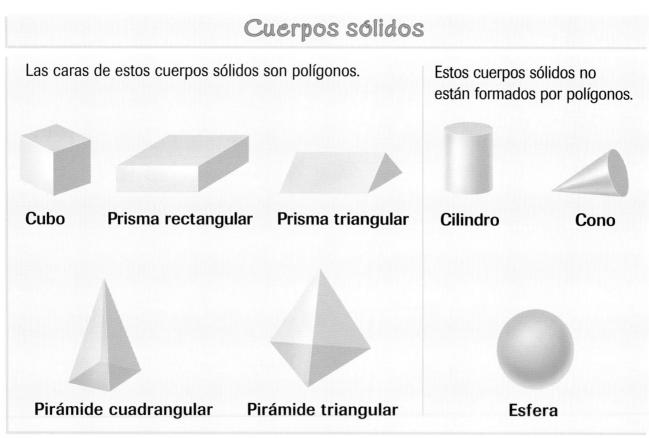

Cubo **Prisma rectangular** **Prisma triangular**

Pirámide cuadrangular **Pirámide triangular**

Estos cuerpos sólidos no están formados por polígonos.

Cilindro **Cono**

Esfera

Estos patrones son **redes**. Si recortas una red y la doblas por las líneas punteadas, puedes hacer un cuerpo sólido.

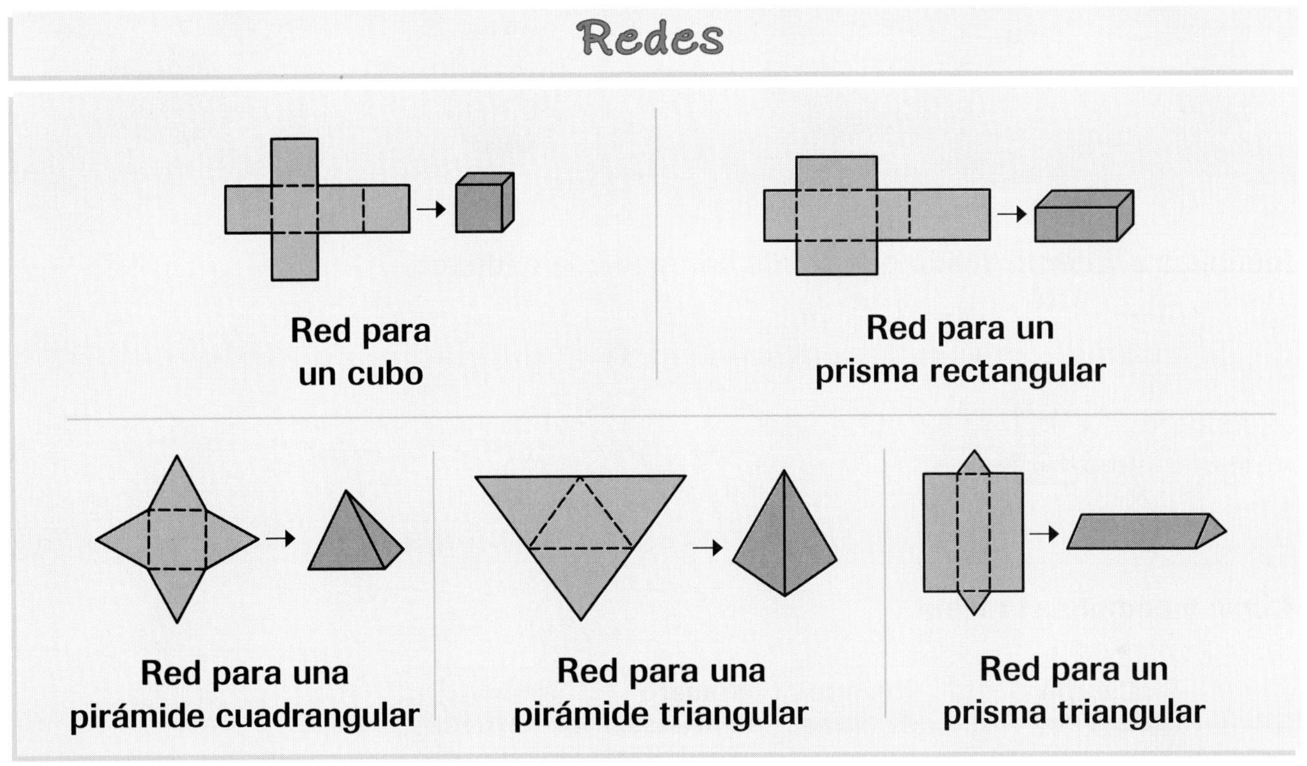

Explícalo

- ¿Qué cuerpo sólido tiene un cuadrado en todas sus caras?
- ¿Qué cuerpos sólidos puedes hallar en el castillo de arena?

Práctica guiada

Identifica cada cuerpo sólido.

1. 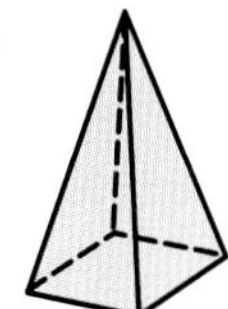

2. 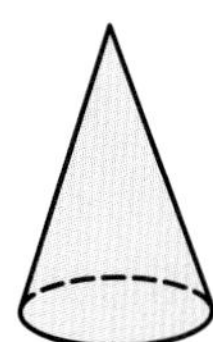

3. 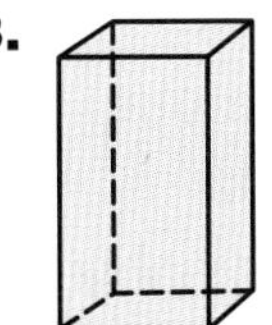

Asegúrate

- ¿Son polígonos o círculos las caras del cuerpo sólido?
- ¿Cuántas caras tendrá el cuerpo sólido al doblar la red?

4. ¿Qué red puede doblarse para formar un cubo?

a. 

b. 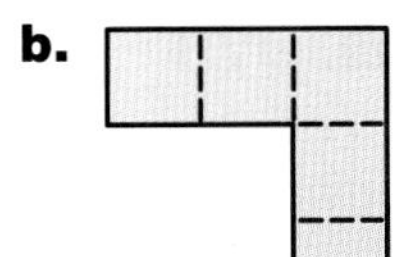

c. 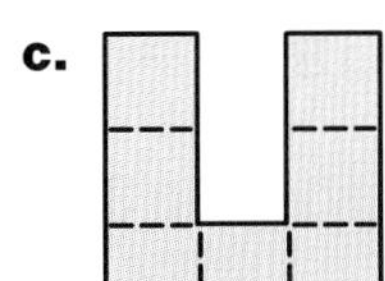

d. 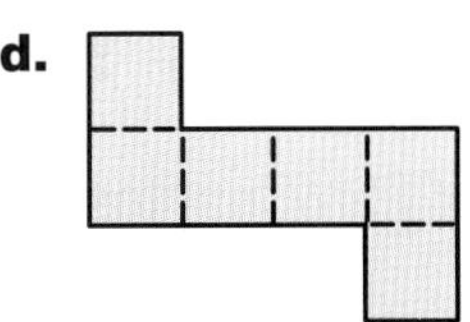

Práctica independiente

Identifica el cuerpo sólido al que se parece cada objeto.

5. 

6. 

7. 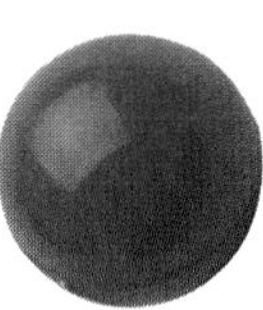

8. 

Identifica el cuerpo sólido que puede hacerse con cada red.

9. 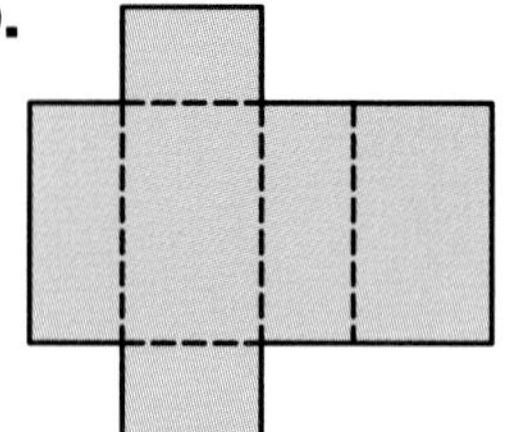

10. 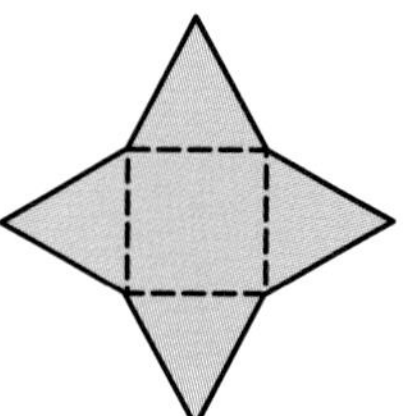

11. 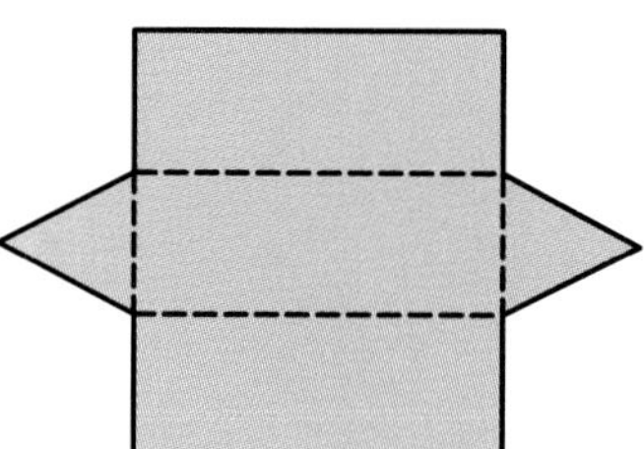

Copia y completa la tabla.

	Cuerpo sólido	Número de caras	Número de aristas	Número de vértices
12.	Cubo			
13.	Prisma triangular			
14.	Prisma rectangular			
15.	Pirámide triangular			

Resolver problemas • Razonamiento

16. ¿Qué cuerpos sólidos de la página 498 tienen superficies curvas?

17. Identifica el cuerpo sólido que tiene sólo cuatro caras. Haz un dibujo de él.

18. **Analízalo** Sarah construyó una pirámide de arena. La base de la pirámide era un cuadrado. ¿De qué forma eran las otras caras de la pirámide? ¿Cuántas caras más había?

19. **Explícalo** Jessica recibió $4.02 de cambio. Ella compró artículos que cuestan $3.25 y $2.34. El impuesto era de $0.39. ¿Cuánto dinero dio Jessica al dependiente?

Repaso mixto • Preparación para pruebas

Escribe cada suma o diferencia. *(páginas 390–391)*

20. 2.34 + 1.78 **21.** 8.73 − 2.06 **22.** 17.8 − 6.9 **23.** 25.6 + 1.9

24 ¿Cuántos grados más cálido que 3ºF es 12ºF? *(páginas 302–303)*

A 36 grados **B** 15 grados **C** 9 grados **D** 6 grados

Práctica adicional Consultar el Conjunto K, página 512.

Razonamiento visual

Hacer cuerpos sólidos

A continuación hay tres redes incompletas de cuerpos sólidos.

- Dibuja cada patrón en papel cuadriculado o papel punteado.
- Dibuja líneas para completar la red de cada cuerpo.
- Luego recorta y dobla para formar cada cuerpo sólido.
- Finalmente, escribe el nombre del cuerpo sólido e indica cuántas caras, aristas y vértices tiene cada uno.

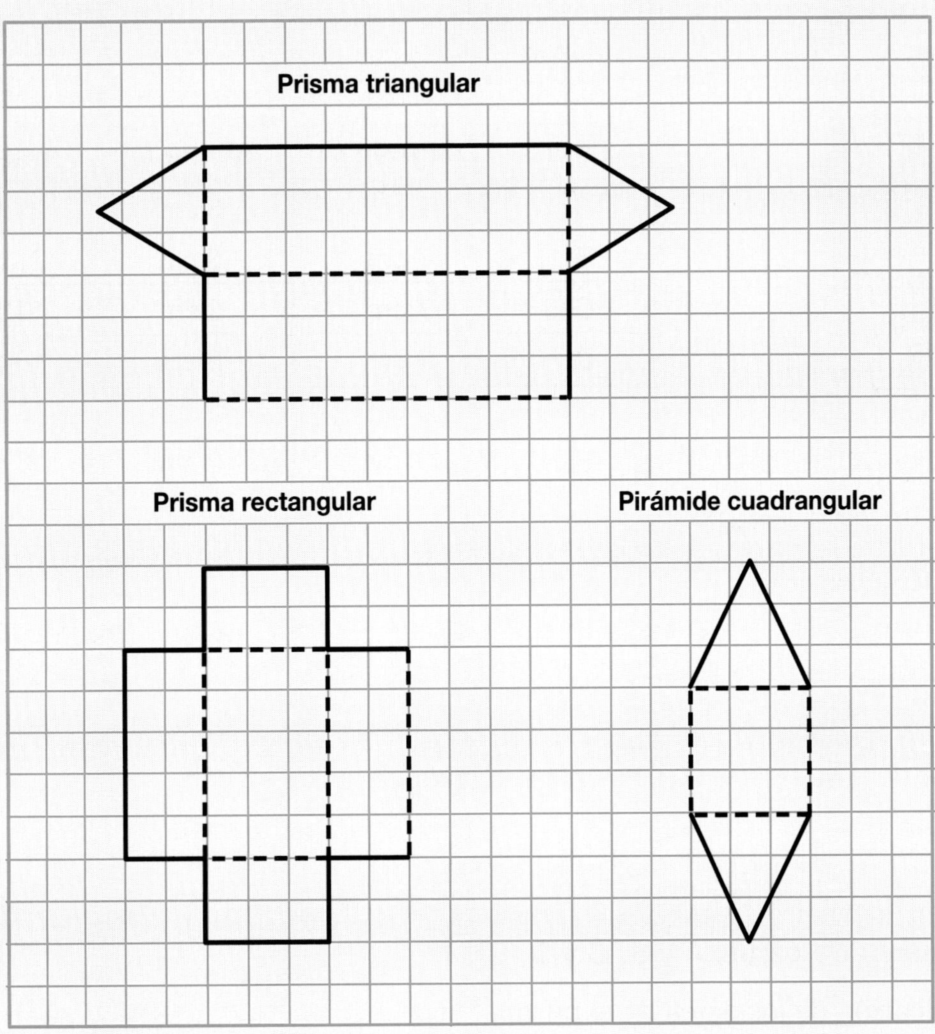

Área de la superficie

Aprenderás cómo hallar el número de unidades cuadradas necesarias para cubrir un cuerpo sólido.

Vocabulario nuevo
área de la superficie

Apréndelo

El **área de la superficie** de un cuerpo sólido es la suma de las áreas de todas las caras de la figura.

Puedes seguir estos pasos para hallar el área de la superficie del prisma rectangular a la derecha.

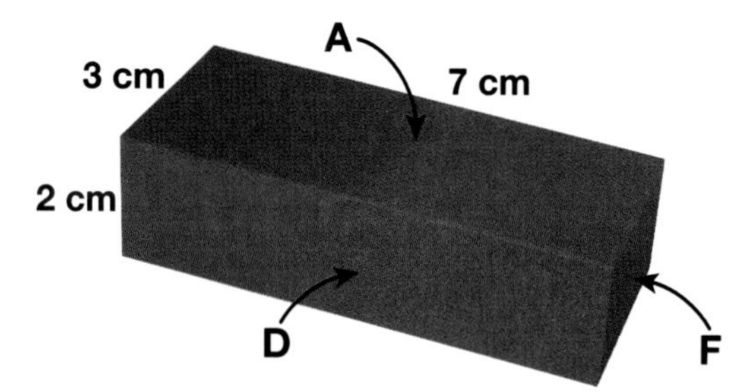

Paso 1 Haz un dibujo que represente la red de este prisma rectangular.

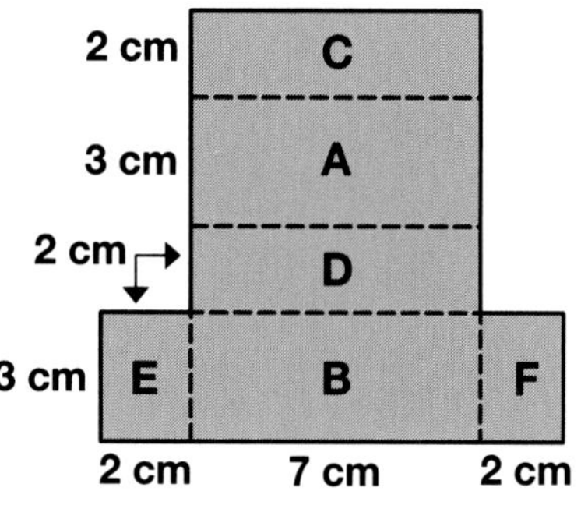

Paso 2 Halla el área de cada cara de la red usando la fórmula $A = l \times a$.

Cara	Longitud (l)	Ancho (a)	Área (A)
A	7 cm	3 cm	21 cm^2
B	7 cm	3 cm	21 cm^2
C	7 cm	2 cm	14 cm^2
D	7 cm	2 cm	14 cm^2
E	3 cm	2 cm	6 cm^2
F	3 cm	2 cm	6 cm^2

Paso 3 Suma las áreas de todas las caras.

21 cm^2 + 21 cm^2 + 14 cm^2 + 14 cm^2 + 6 cm^2 + 6 cm^2 = 82 cm^2

Solución: El área de la superficie de este prisma rectangular mide 82 cm^2.

Explícalo

Observa estos pares de caras: A y B, C y D, E y F.

- Describe la ubicación de los pares en el prisma rectangular.
- ¿Que sé cumple respecto al área de las caras de cada par? Explica.

Estándares	MG **1.1, 1.4, 3.0, 3.6**	AF **1.0, 1.4**	MR **2.3**

Práctica guiada

Usa la red para hallar el área de la superficie de este cuerpo sólido.

1. 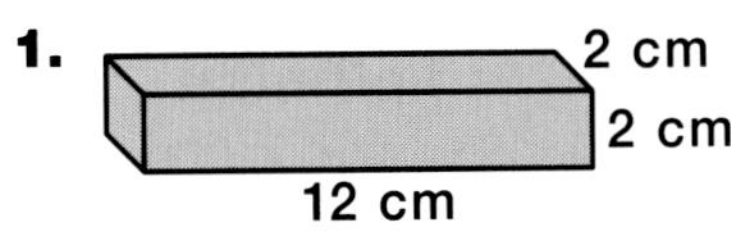

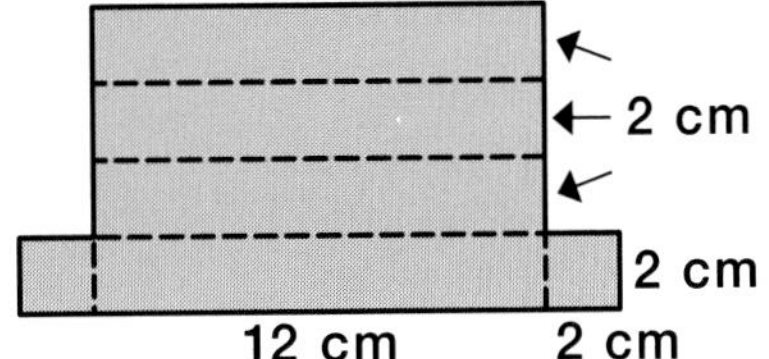

Asegúrate

- ¿Cuáles son las dimensiones de cada cara?
- ¿Qué fórmula usarás para hallar el área de cada cara?

Práctica independiente

Usa la red para hallar el área de la superficie de cada cuerpo sólido.

2. 2 cm 2 cm 2 cm

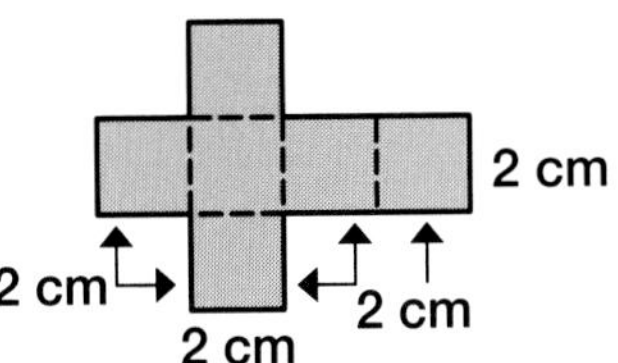

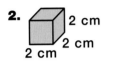

3. 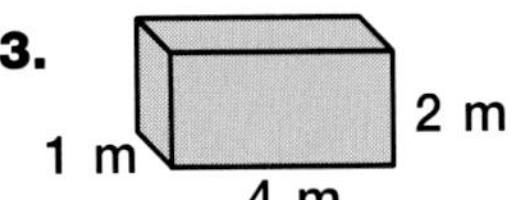

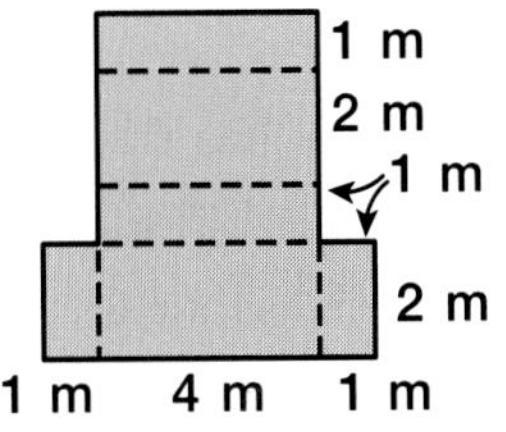

Resolver problemas • Razonamiento

4. Un cubo tiene aristas que miden 10 pulg. ¿Cuánto mide el área de la superficie del cubo?

5. **La medición** Una pirámide cuadrangular tiene una base con un área que mide 16 pulg². Cada cara triangular tiene un área que mide 6 pulg². ¿Cuánto mide el área de la superficie de esa pirámide?

6. **Analízalo** Beth está pintando el exterior de una caja rectangular. Ella debe pintar las seis caras. La caja mide 7 pies de altura, 4 pies de ancho y 2 pies de profundidad. Un galón de pintura rinde 120 pies². ¿Será suficiente 1 galón para pintar el exterior del envase?

7. **Escríbelo** En papel cuadriculado, dibuja una red para un prisma rectangular. Halla el área de la superficie de tu prisma.

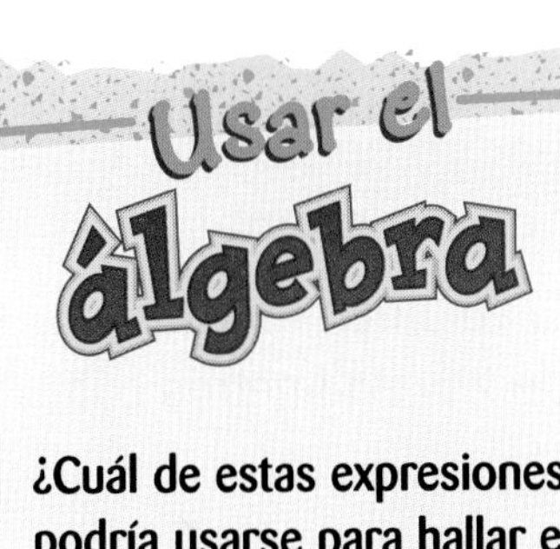

¿Cuál de estas expresiones podría usarse para hallar el área de la superficie de un cubo si la longitud de una arista del cubo mide *l*?

A $l \times l \times l$

B $6 \times l \times l$

C $6 + l + l$

D $6 + (l \times l)$

Repaso mixto • Preparación para pruebas

Halla cada producto o cociente. *(páginas 194–196, 220–221)*

8. 24×12 **9.** 36×11 **10.** $392 \div 14$ **11.** $437 \div 23$

12 ¿Cuál es la suma de 4,526 + 3,339? *(páginas 56–57)*

A 7,955 **B** 7,865 **C** 7,855 **D** 1,187

Volumen

Aprenderás cómo hallar el número de cubos necesario para llenar un cuerpo sólido.

> **Vocabulario**
> nuevo
> **volumen**
> **unidades cúbicas**
> **centímetro cúbico**

Apréndelo

Imagina que necesitas saber cuánto puede contener una caja. Necesitas hallar el volumen de la caja.

El **volumen** (V) es la cantidad de espacio que hay dentro de un cuerpo sólido. El volumen se mide en **unidades cúbicas**.

Una unidad estándar que se usa para medir volumen es un cubo cuyas aristas miden 1 centímetro de longitud. A esa unidad se le llama **centímetro cúbico**.

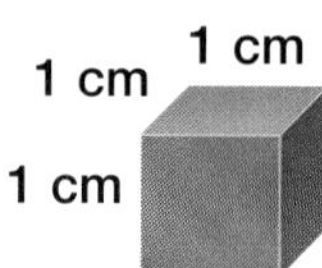

Puedes contar las unidades de cubos que necesitarías para llenar la caja.

El volumen de esta caja es de 24 centímetros cúbicos.

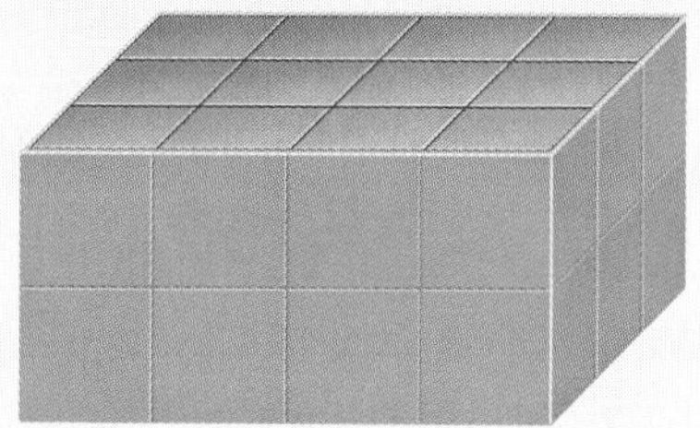

Puedes usar una fórmula para hallar el volumen de una caja.

Un prisma rectangular tiene tres dimensiones: longitud (l), ancho (a) y altura (h). Puedes hallar su volumen (V) multiplicando estas dimensiones. El resultado es lo mismo que contar el número de cubos de la caja.

El volumen de la caja es de 24 centímetros cúbicos.

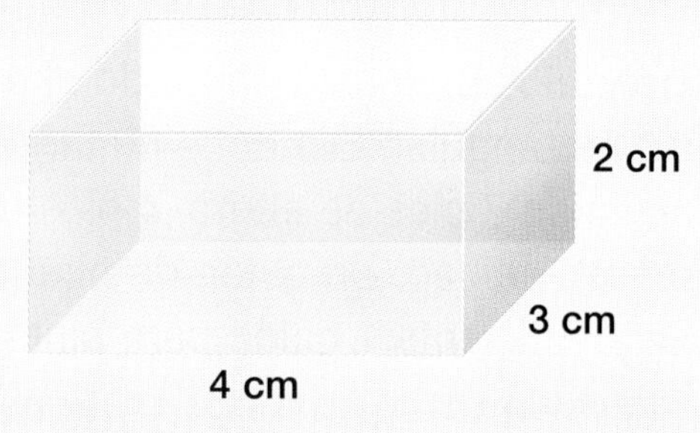

Volumen = longitud × ancho × altura

$V = l \times a \times h$

$V = 4$ cm × 3 cm × 2 cm

$V = 24$ centímetros cúbicos

Explícalo

► Si las dimensiones de un cubo están en pulgadas, ¿en qué unidades se expresaría el volumen?

Estándares	AF **1.4** MG **3.0, 3.6**

Práctica guiada

Halla el volumen de cada figura.

1.

12 pulg
12 pulg
12 pulg

2.

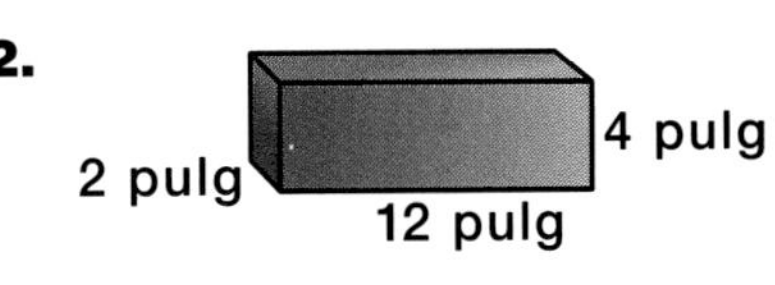

> ### Asegúrate
> - ¿Qué fórmula puedo usar para hallar el volumen?
> - ¿Qué unidades uso para escribir el resultado?

Práctica independiente

Halla el volumen de cada figura.

3. **4.** **5.** **6.**

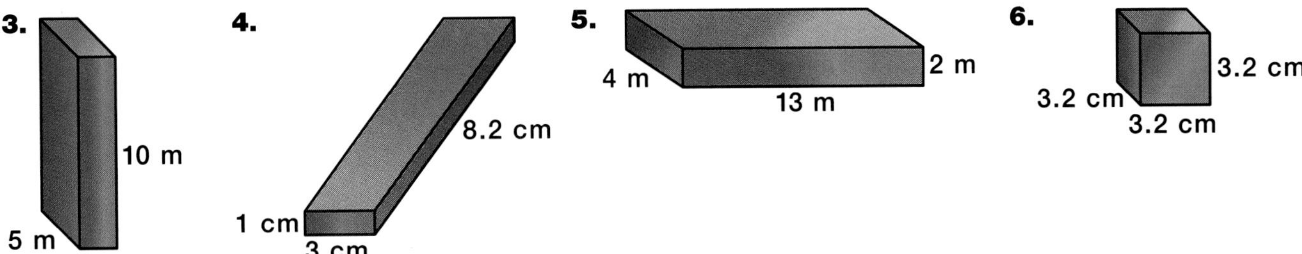

Resolver problemas • Razonamiento

7. El estanque de agua de un animal tiene dimensiones de 5 pies por 3 pies por 8 pies. Halla el volumen de ese estanque.

8. **Medición** Matt tiene una caja en forma de cubo que mide 3 pulgadas en cada arista. Penny tiene una caja en forma de cubo que mide 6 pulgadas en cada arista. ¿Cuánto mide el volumen de la caja de Matt? ¿Cuánto mide el volumen de la caja de Penny?

9. **Analízalo** Observa tus respuestas al problema 8. ¿Qué le ocurre al volumen de una caja cuando se duplica la longitud de una arista?

Copia y completa. Usa *perímetro, área* o *volumen*.

A Para saber cuánta alfombra comprar, tú hallas el _____.

B Para saber cuánta cerca comprar, tú hallas el _____.

C Para saber cuánta agua hay en un envase, tú hallas el _____.

Repaso mixto • Preparación para pruebas

Halla cada suma o diferencia. *(páginas 34–35)*

10. $7.68 + $1.44 **11.** $9.09 − $5.55

12 Usando la rueda giratoria a la derecha, ¿qué resultado es menos probable? *(páginas 436–437)*

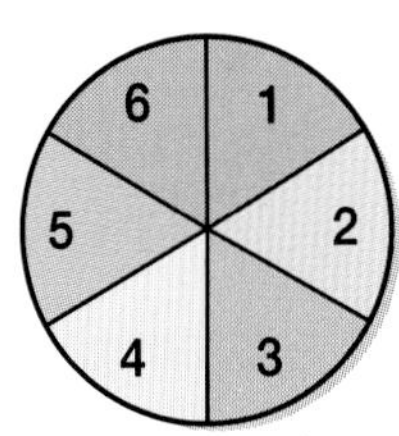

A un número menor que 5 **C** un número par

B un número mayor que 4 **D** un número impar

Aplicación: Usa fórmulas

Aprenderás cómo usar una fórmula para resolver un problema.

Puedes usar fórmulas de perímetro, área, área de la superficie y volumen para resolver problemas.

La clase del Sr. Brown está armando un terrario. El estanque para el terrario mide 12 pulgadas de longitud, 8 pulgadas de ancho y 9 pulgadas de altura. Ellos llenarán un tercio del estanque con tierra. Luego colocarán plantas en el terrario. ¿Qué cantidad de tierra necesitarán?

Compréndelo

¿Cuál es la pregunta?

¿Cuánta tierra se necesita para llenar un tercio del estanque?

¿Qué sabes?

la longitud, el ancho y la altura del estanque

Planéalo

¿Cómo puedes hallar la respuesta?

- Para hallar el volumen del estanque, usa esta fórmula:
  Volumen $(V) = l \times a \times h$
- Sustituye los valores conocidos en la ecuación y resuélvela.
- Halla un tercio de ese volumen.

Resuélvelo

Volumen $= l \times a \times h$ $\quad V = 12 \times 8 \times 9$

$V = 864$

El volumen del estanque mide 864 pulgadas cúbicas.
Divide para hallar cuánta tierra se necesita. $864 \div 3 = 288$

Ellos necesitarán 288 pulgadas cúbicas de tierra.

Verifícalo

Estima para verificar que tu solución es razonable. Redondea cada medida y estima el volumen.

$10 \times 10 \times 10 = 1{,}000$

Un tercio de 1,000 es aproximadamente 333, que está cerca de 288. La respuesta es razonable.

Estándares	AF **1.4** MG **1.0, 1.4** MR **1.0, 1.2, 2.1, 3.0, 3.2**

Recuerda:
- ► Compréndelo
- ► Planéalo
- ► Resuélvelo
- ► Verifícalo

Práctica guiada

Usa el terrario de la página 506 para los Problemas 1 y 2.

1. El terrario que está armando la clase del Sr. Brown está hecho de vidrio. El terrario tendrá una tapa de vidrio. ¿Cuántas pulgadas cuadradas de vidrio se necesitan para hacer el terrario?

   Piénsalo: ¿Cómo hallo el área de la superficie de un prisma rectangular?

2. La clase del Sr. Brown votó y decidió poner una tapa de vidrio especial de colores sobre el terrario. ¿Cuál medirá el área de la tapa?

   Piénsalo: ¿Qué forma tiene la tapa? ¿Cómo hallo el área?

Escoge una estrategia

Usa el terrario de la página 506 para resolver los Problemas 3 y 4. Usa éstas u otras estrategias.

Estrategias para resolver problemas

- **Haz un dibujo**
- **Escribe una ecuación**
- **Usa el razonamiento lógico**

3. Imagina que la clase del Sr. Brown ha decidido llenar hasta la mitad el terrario con tierra. ¿Cuánta tierra usará la clase?

4. Dibuja la red para el terrario que está armando la clase del Sr. Brown. Rotula la parte superior, la parte inferior y todos los lados.

5. Mark dibujó un cuadrado con un perímetro de 36 pulgadas. Tina dibujó un cuadrado con un perímetro de 32 pulgadas. Beth dibujó un cuadrado con un área de 64 pulgadas cuadradas. ¿Qué estudiantes dibujaron cuadrados congruentes?

6. Un terrario mide 3 pies de longitud, 2 pies de ancho y 1 pie de altura. ¿Cuánto espacio ocupará el terrario en una mesa? ¿Necesitas hallar el perímetro, el área o el volumen? ¿Cuál es la respuesta al problema?

7. La clase del Sr. Brown colocó 3 plantas pequeñas y 2 plantas grandes en el terrario. Las plantas pequeñas cuestan \$1.49 cada una. Las plantas grandes cuestan \$2.95 cada una. ¿Cuánto costaron las 5 plantas?

8. Jennifer hizo un tablero de anuncios respecto a los terrarios. El tablero de anuncios mide 5 pies de longitud y 4 pies de altura. ¿Cuánto mide el área del tablero de anuncios que hizo Jennifer?

Práctica adicional Consultar 5–6, página 513.

Verificación rápida

Verifica los conceptos de las Lecciones 13–16

Identifica cada cuerpo sólido.

1. 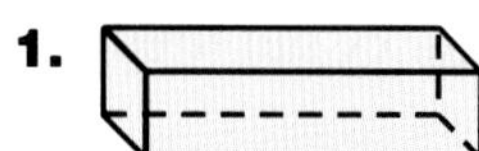

2. 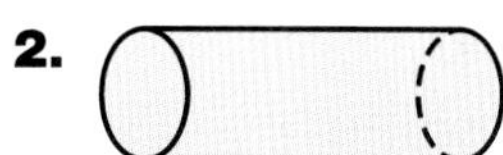

3. 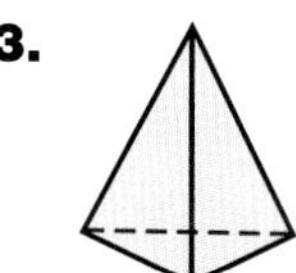

Usa el cuerpo sólido y su red para contestar los Ejercicios 4 y 5.

4. Halla el área de la superficie del cuerpo sólido de la derecha.

5. Halla el volumen del cuerpo sólido a la derecha.

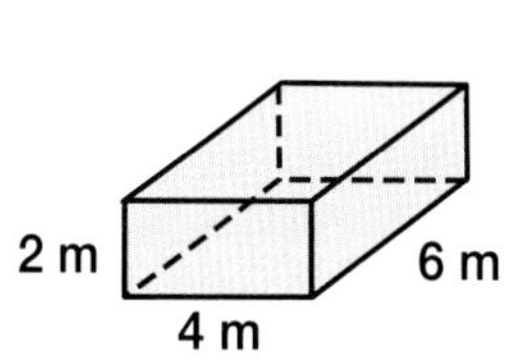

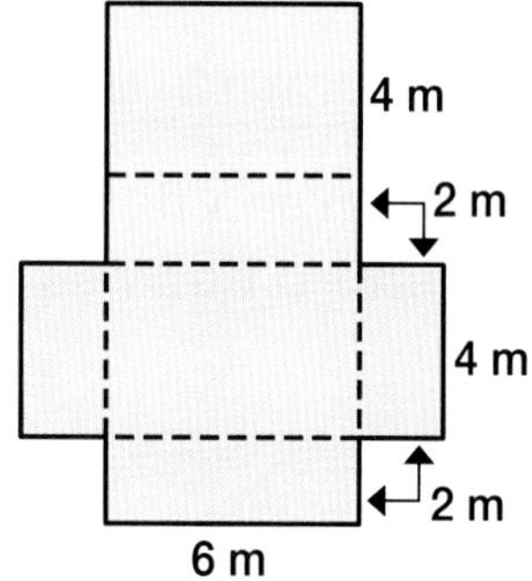

Resuelve. Usa el dibujo del terrario.

6. Mason quiere hallar el volumen de este terrario. ¿Qué fórmula puede usar? ¿Cuánto mide el volumen del terrario?

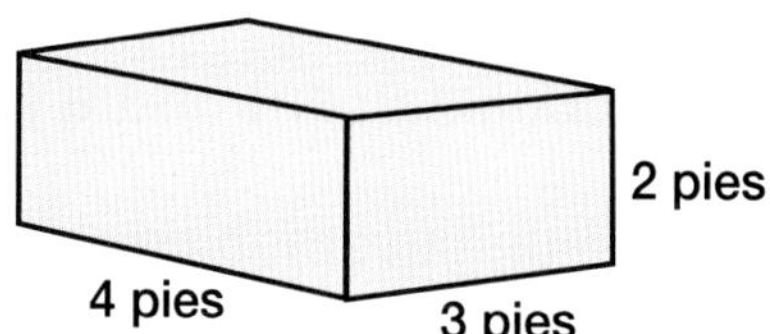

¿Cómo te fue?

Si tuviste dificultades en cualquiera de las partes de Verificación rápida, puedes usar las siguientes páginas para repasar y practicar más.

Estándares	Ejercicios	Repasar estas páginas	Hacer estos ejercicios de Practica adicional
Geometría: **3.6**	1–4	páginas 498–500	Conjunto J, página 512
Álgebra: **1.4** Geometría: **1.4, 3.6**	4	páginas 502–503	Conjunto K, página 512
Álgebra: **1.4** Geometría: **3.6**	5	páginas 504–505	Conjunto L, página 512
Álgebra: **1.4** Geometría: **3.6** Razonamiento: **1.1, 2.4**	6	páginas 506–507	5–6, página 245

Preparación para pruebas • Repaso acumulativo

Mantener los estándares

Marca la letra de la respuesta correcta.

1. ¿Qué cuerpo sólido puede construirse con esta red?

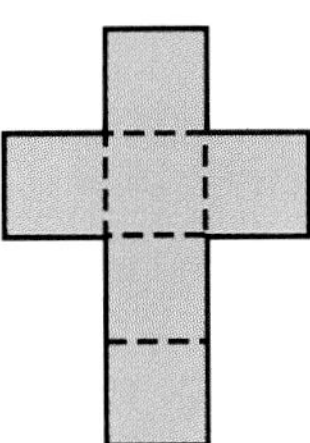

A cubo
B cilindro
C pirámide
D cono

2. ¿Qué símbolo no es un modelo de segmentos de recta perpendiculares?

F +
G L
H =
J T

3. ¿Qué figura es un triángulo equilátero?

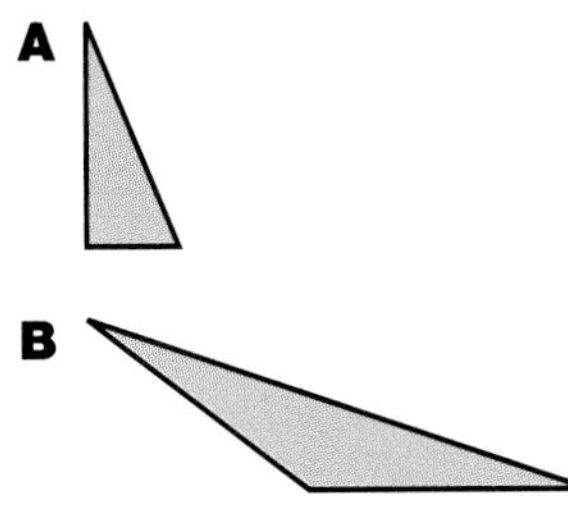

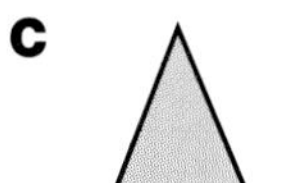

C
D

4. ¿Qué cuerpo sólido no tiene caras, aristas ni vértices?

F cono
G cilindro
H prisma rectangular
J esfera

5. ¿Cuánto mide el área de esta figura?

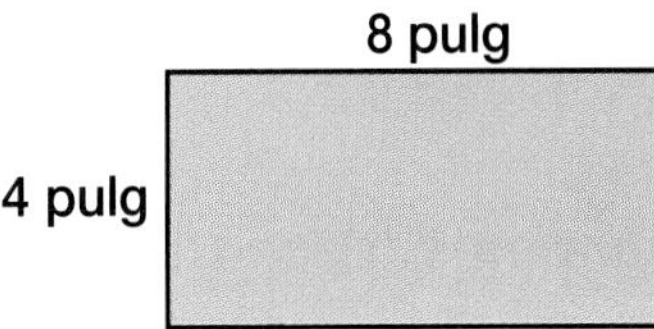

A 24 pulgadas cuadradas
B 32 pulgadas
C 32 pulgadas cuadradas
D 32 pulgadas cúbicas

6. ¿Cuál es el nombre de esta figura?

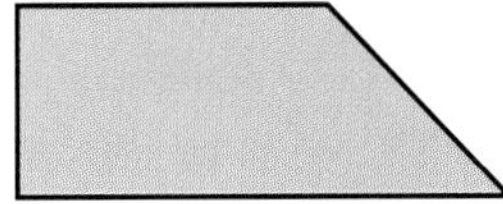

F rectángulo
G rombo
H trapecio
J paralelogramo

7. ¿Cuántos vértices tiene un cubo?

A 4
B 6
C 8
D 10

8. ¿Pueden figuras de diferentes áreas tener igual perímetro?

Explícalo Da ejemplos que apoyen tu respuesta.

Preparación para pruebas
Visita **www.eduplace.com/kids/mhm** para más *Preparación para pruebas.*

Práctica adicional

Conjunto A *(Lección 1, páginas 460–462)*

Usa palabras y símbolos para identificar cada figura.

1. K F

2. M

3. B L

Escribe *paralelas, secantes* o *perpendiculares* para describir la relación que hay entre las rectas.

4. 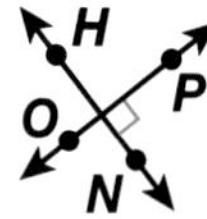

5. 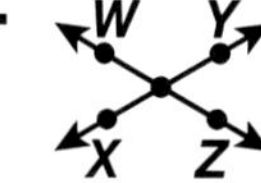

6. 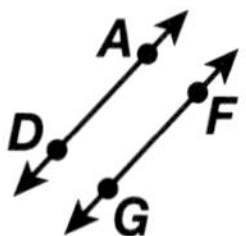

Dibuja un ejemplo de cada tipo.

7. segmento de recta LM

8. recta QR

9. segmento de recta horizontal XZ

10. $\overleftrightarrow{AB} \parallel \overleftrightarrow{CD}$

11. $\overleftrightarrow{EF} \perp \overleftrightarrow{GH}$

12. $\overleftrightarrow{JK}$ horizontal y $\overleftrightarrow{LM}$ vertical

Conjunto B *(Lección 2, páginas 464–465)*

Identifica cada ángulo de tres maneras. Luego clasifícalo *como agudo, obtuso* o *recto*.

1. 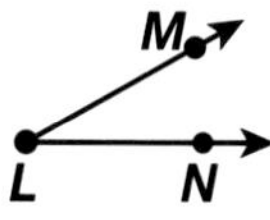

2. 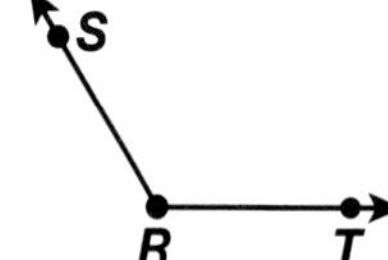

3. 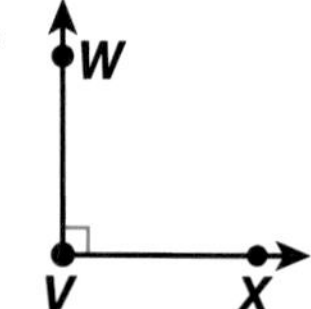

4. 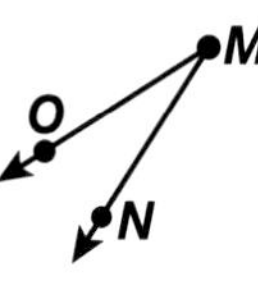

Conjunto C *(Lección 3, páginas 466–467)*

Identifica cada polígono. Si el polígono es un cuadrilátero, escribe los nombres que correspondan.

1. 

2. 

3. 

4. 

Conjunto D *(Lección 4, páginas 468–469)*

Clasifica cada triángulo como *equilátero, isósceles* o *escaleno*. Luego clasifícalo como *rectángulo, obtusángulo* o *acutángulo*.

1. 

2. 

3. 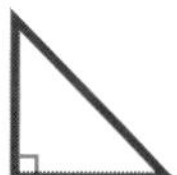

4. 

5. 

Práctica adicional

Conjunto E *(Lección 5, páginas 476–477)*

Identifica la parte del círculo coloreada. Escribe *centro, radio, diámetro* o *ninguno de los anteriores.*

1. 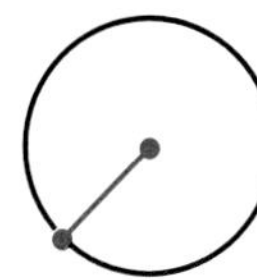

2. 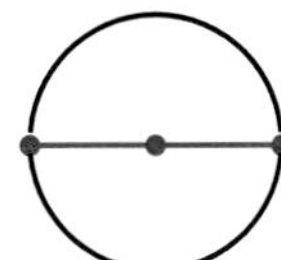

3. 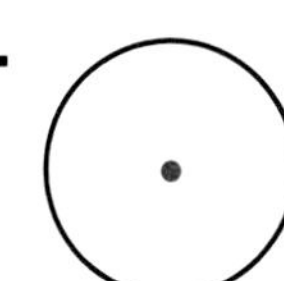

4. 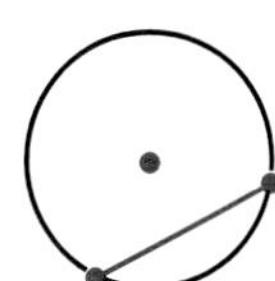

5. 

Conjunto F *(Lección 6, páginas 480–483)*

¿Son las figuras de cada par congruentes? Escribe *sí* o *no*.

1. 

2. 

3. 

Conjunto G *(Lección 7, páginas 484–487)*

¿Es la línea discontinua un eje de simetría? Escribe *sí* o *no*.

1. 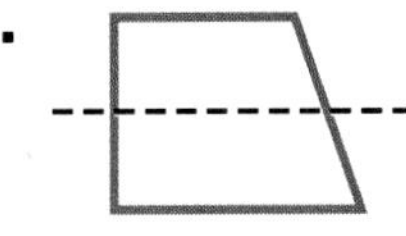

2. 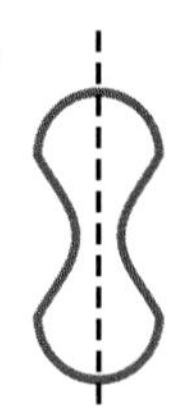

3. 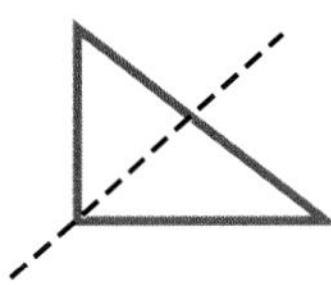

4. 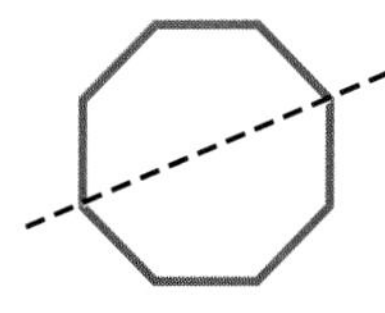

¿Tiene cada figura simetría rotacional? Escribe *sí* o *no*.

5. 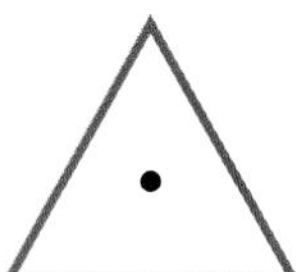

6. 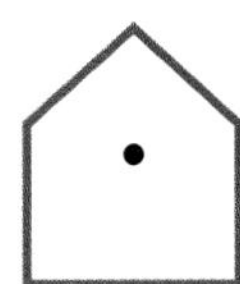

7. 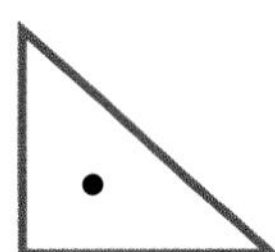

8. 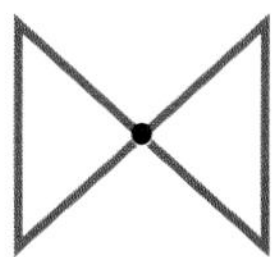

Conjunto H *(Lección 10, páginas 494–497)*

Usa una fórmula para hallar el perímetro y el área de cada polígono.

1. 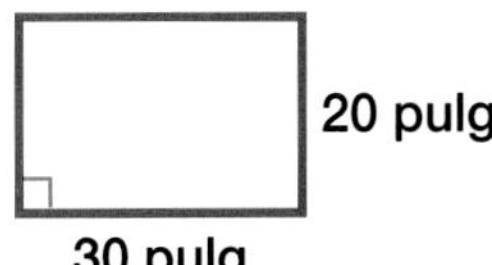

2. 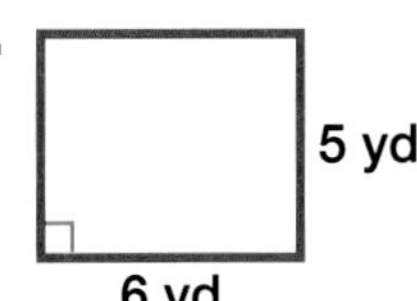

3. 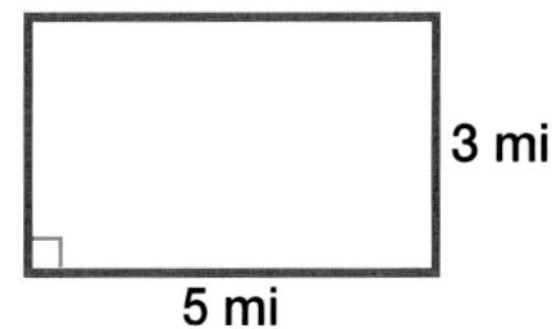

Práctica adicional

Conjunto I *(Lección 11, páginas 492–493)*

Halla el perímetro y el área de cada figura.

1. 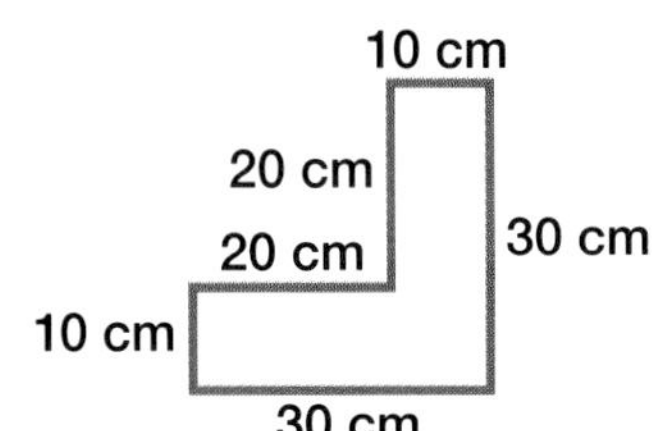

2. 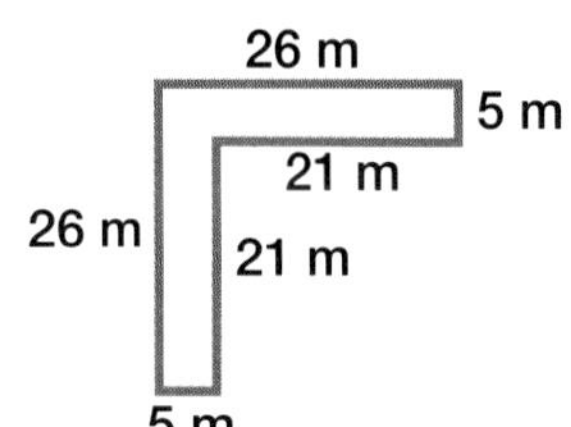

3. 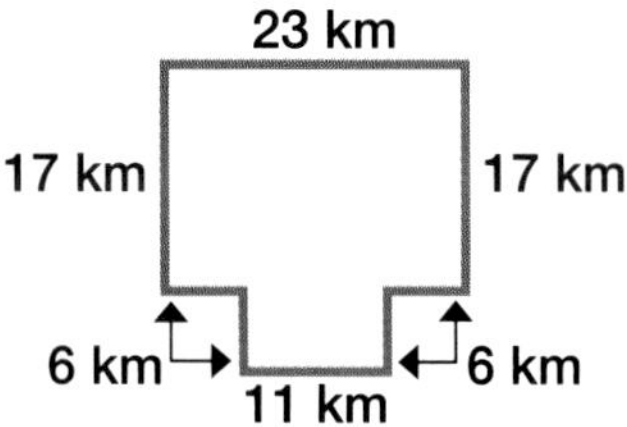

Conjunto J *(Lección 13, páginas 498–500)*

Identifica el cuerpo sólido al que se parece cada objeto.

1. 

2. 

3. 

4. 

Identifica el cuerpo sólido que puede construirse con cada red.

5. 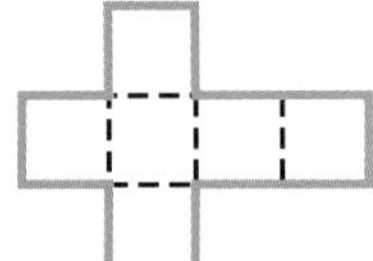

6. 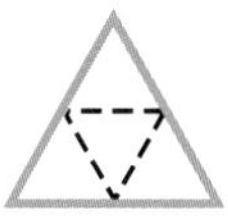

7. 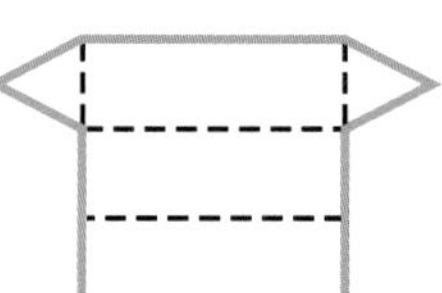

Conjunto K *(Lección 14, páginas 502–503)*

Usa la red para hallar el área de la superficie de cada figura.

1. 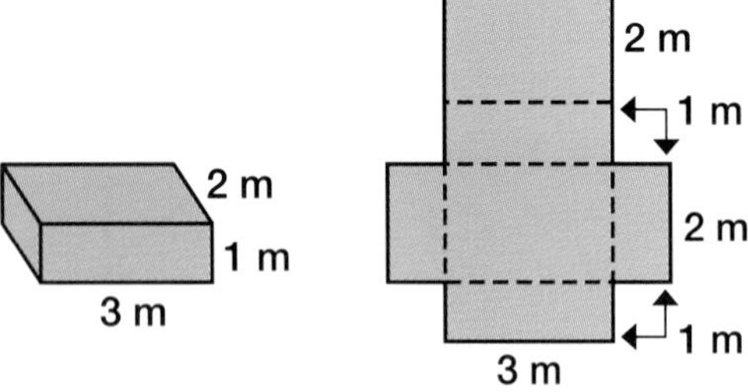

2. 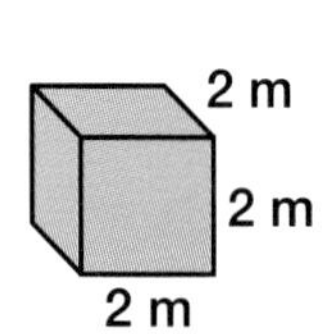

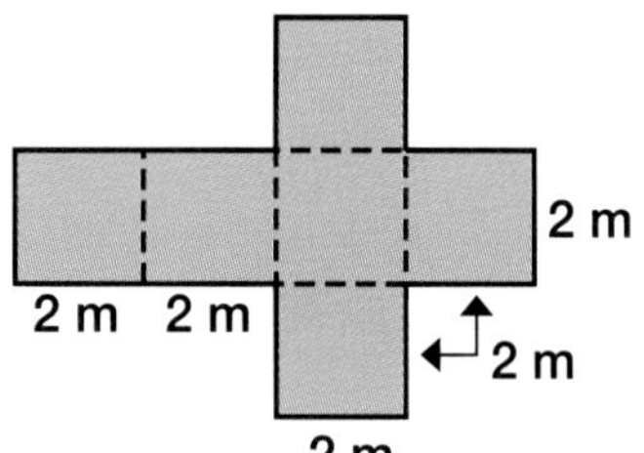

Conjunto L *(Lección 15, páginas 504–505)*

Halla el volumen de cada figura.

1. 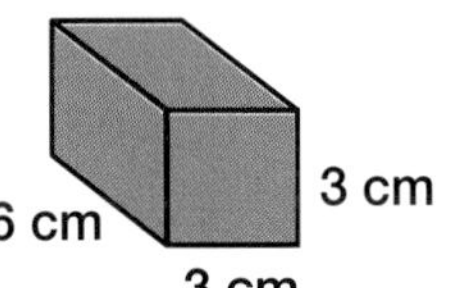

2. 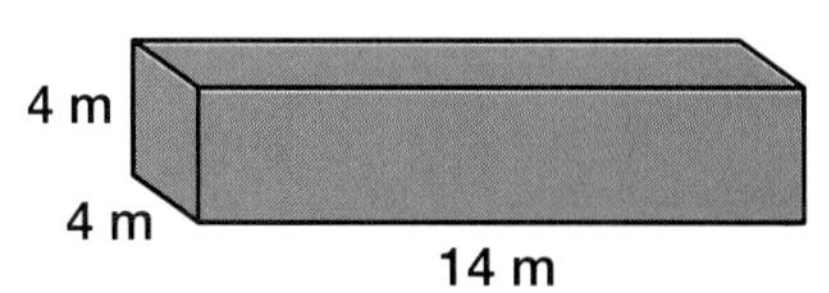

3. 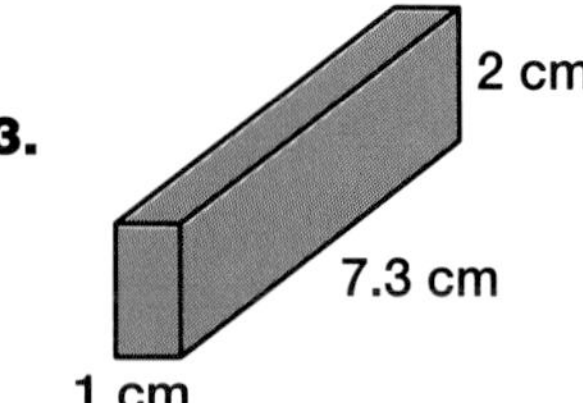

Práctica adicional • Resolver problemas

Usa las figuras siguientes para los Problemas 1–2. *(Lección 8, páginas 482–483)*

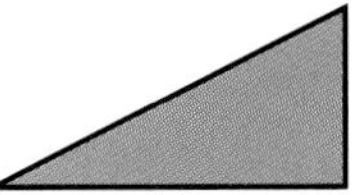 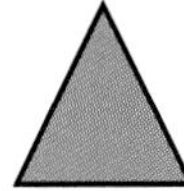 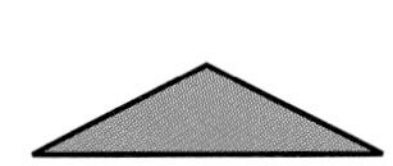  

1. Ordena los tres triángulos para formar una figura congruente con el rectángulo siguiente. Haz un dibujo para explicar cómo lo hiciste.

2. Ordena todas las figuras para formar una figura congruente con la figura siguiente. Haz un dibujo para explicar cómo lo hiciste.

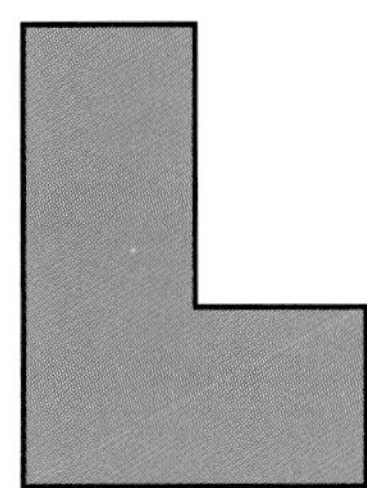

Escoge la letra correcta de la pieza que falta. *(Lección 12, páginas 494–495)*

3. 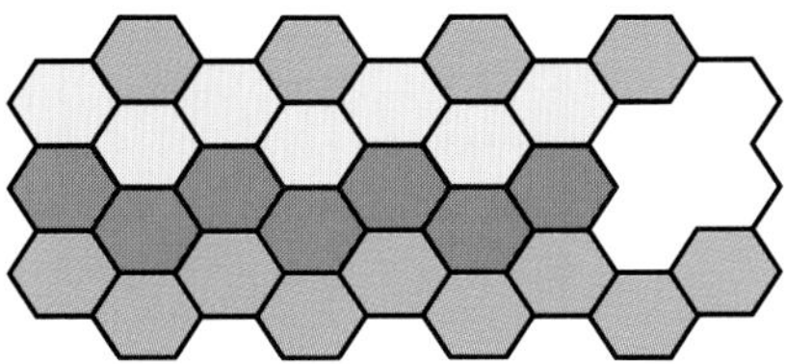

a. 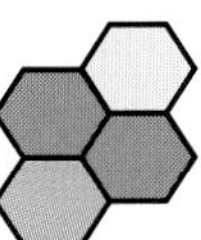

b. 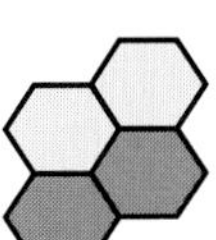

c. 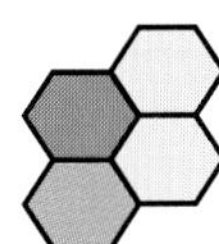

d. 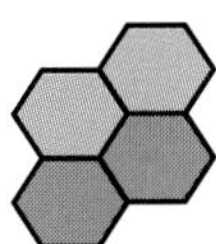

4. 

a.

b. 

c.

d.

Resuelve. Usa la imagen. *(Lección 16, páginas 506–507)*

5. Las seis caras del terrario están hechas de vidrio. ¿Cuántas pulgadas cuadradas de vidrio se necesitaron para construir el terrario?

6. ¿Cuánto mide el volumen del terrario?

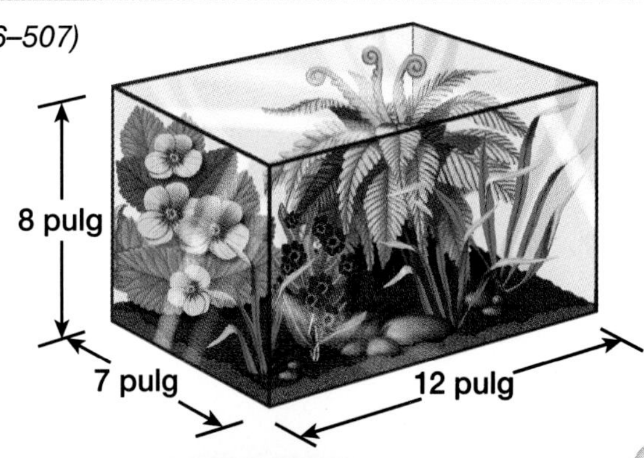

Repaso del capítulo

Repasar el vocabulario

Contesta cada pregunta.

1. ¿Cuál es el significado de cada símbolo? $\overline{AB}$ $\overleftrightarrow{AB}$
2. ¿Es un polígono el círculo? Explica por qué.
3. ¿Es un rectángulo el cuadrado? Explica.
4. ¿Qué es un diámetro?
5. ¿Cómo puedes saber si una figura tiene simetría rotacional?
6. ¿Qué tipo de cuadrilátero son las caras de un cubo?

Repasar conceptos y destrezas

Para describir la relación que hay entre cada par de rectas escribe *paralelas, secantes* o *perpendiculares*. *(páginas 460–462)*

7. 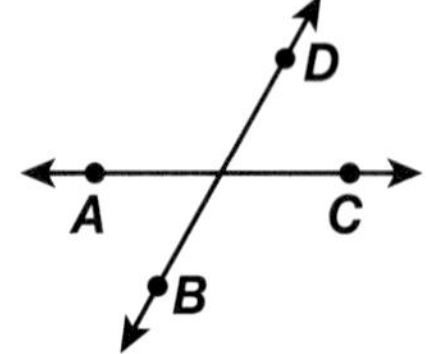

8. 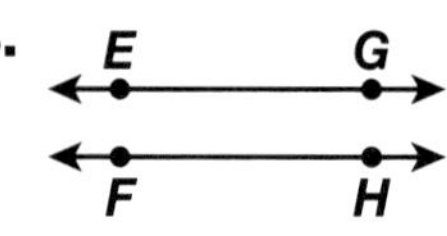

9. 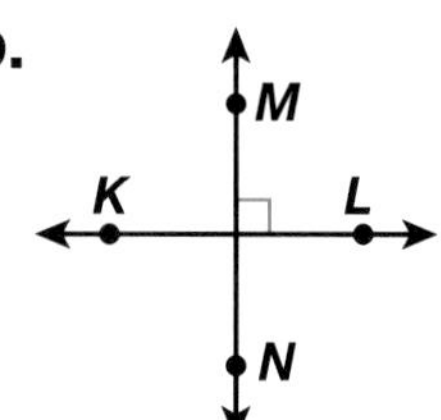

10. 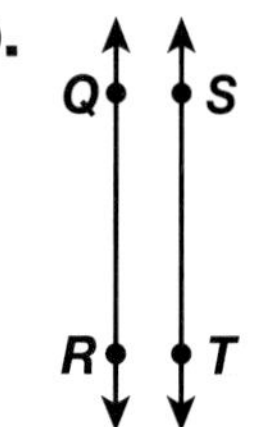

Identifica cada figura. Si la figura es un cuadrilátero, escribe todos los nombres que correspondan. *(páginas 466–467)*

11. 

12. 

13. 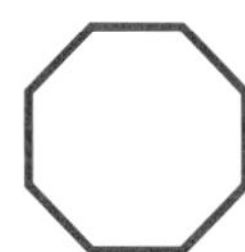

14. 

Dibuja un triángulo para cada ejercicio. *(páginas 468–469)*

15. un triángulo isósceles que también sea triángulo acutángulo
16. un triángulo escaleno que también sea triángulo obtusángulo

¿Son congruentes las figuras de cada par? *(páginas 474–476)*

17. 

18. 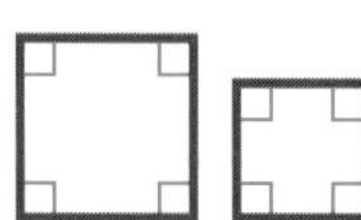

Halla el perímetro y el área de cada figura. *(páginas 488–493)*

19.

3 cm

4 cm

20.

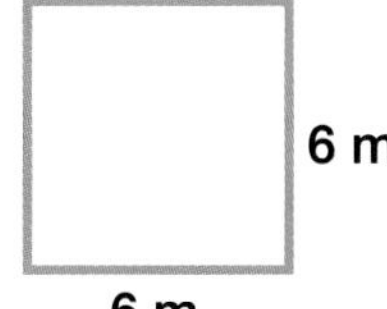

21.

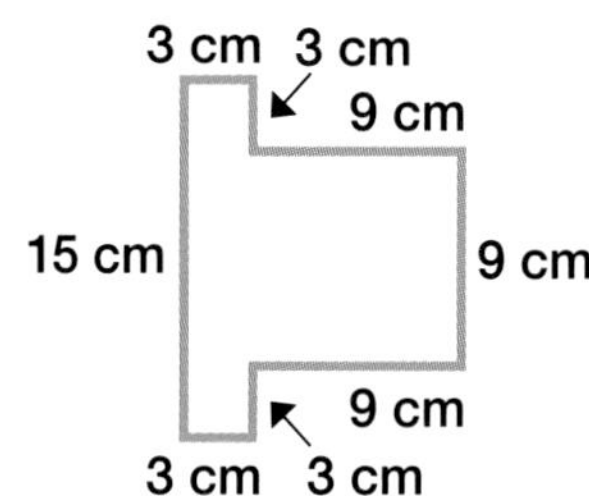

Identifica el cuerpo sólido que puede construirse con cada red.
Luego usa la red para hallar el área de la superficie de cada figura. *(páginas 498–503)*

22.

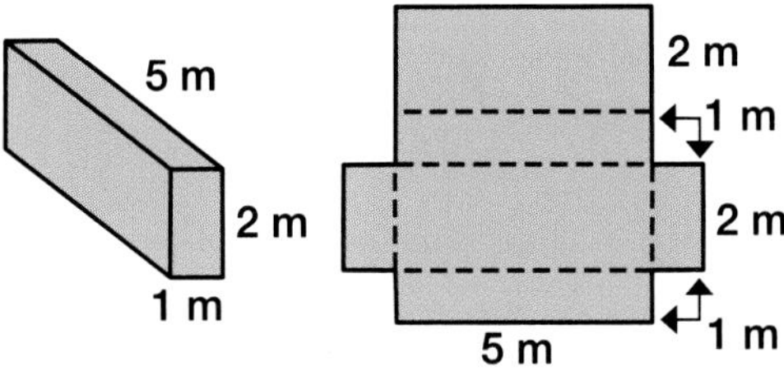

23.

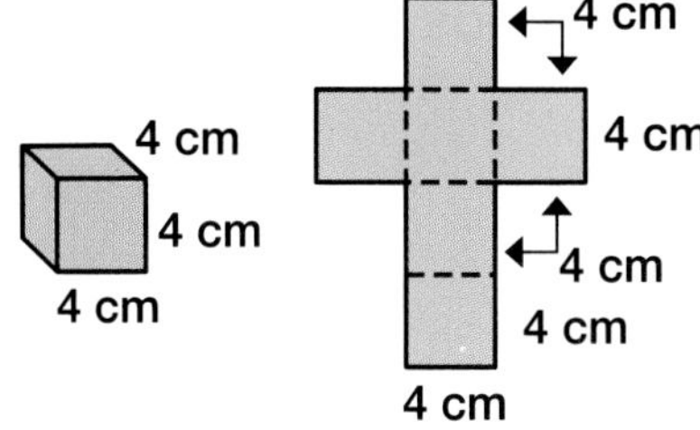

Halla el volumen de cada figura. *(páginas 504–505)*

24.

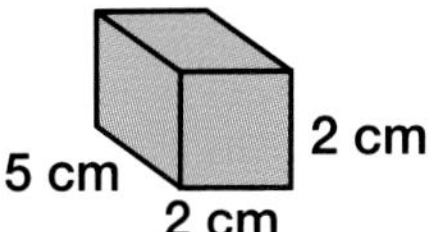

25.

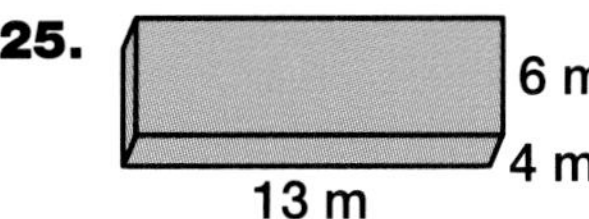

Acertijos Razonamiento matemático

Simetría

Coloca juntos 4 triángulos equiláteros de manera que formen una figura que tenga simetría. Luego ordénalos de una manera diferente, para formar una figura que no tenga simetría.

Triángulos de palillos de dientes

Keith tenía 12 palillos de dientes. ¿Cuál fue el mayor número de triángulos que pudo formar con todos los palillos de dientes?

Acertijos
Visita **www.eduplace.com/kids/mhm** para más *Acertijos.*

Prueba del capítulo

Escribe *paralelas, secantes* o *perpendiculares* para describir la relación que hay entre cada par de rectas.

1. 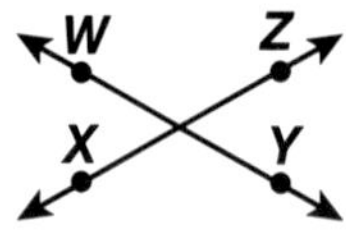

2. 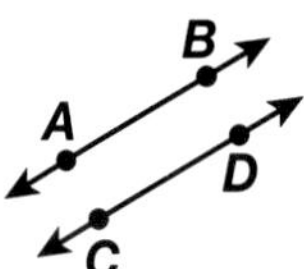

3. 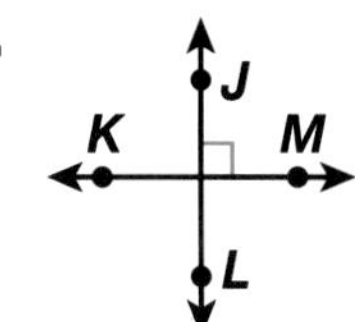

Identifica cada figura. Si la figura es un cuadrilátero, escribe todos los nombres que correspondan.

4. 

5. 

6. 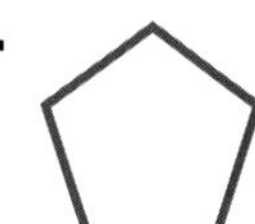

7. 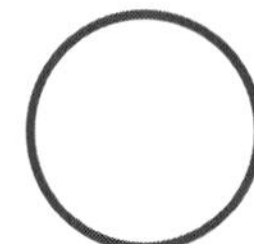

Dibuja un triángulo para cada ejercicio.

8. un triángulo isósceles que también sea triángulo rectángulo

9. un triángulo escaleno que también sea triángulo acutángulo

Halla el perímetro y el área de cada figura.

10. 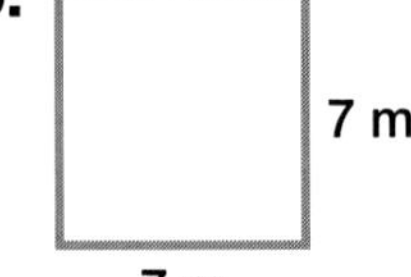

11. 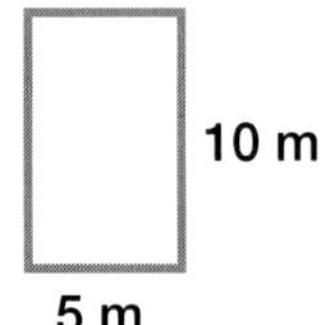

12. 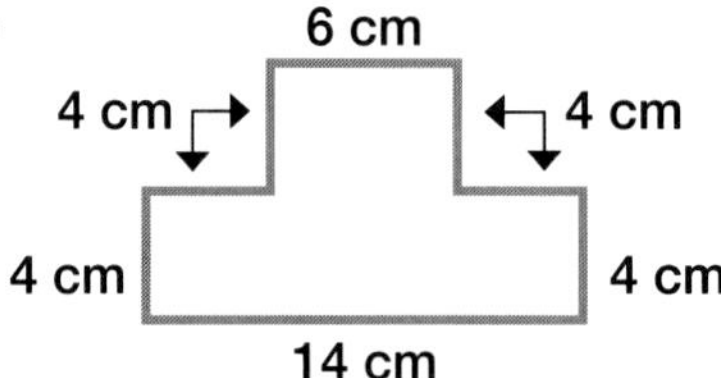

Identifica el cuerpo sólido que puede formarse con cada red.

13. 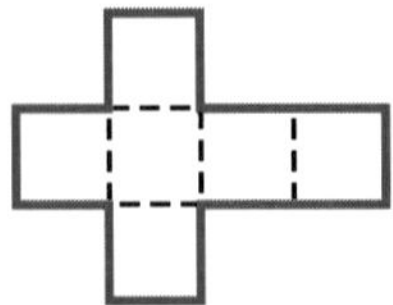

14. 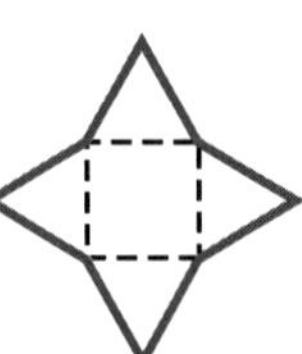

15. 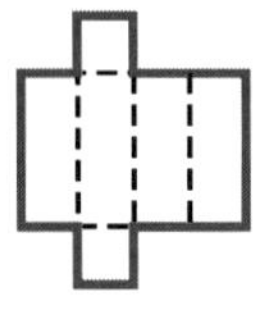

Halla el volumen de cada figura.

16. 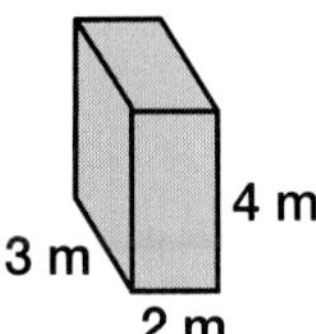

17. 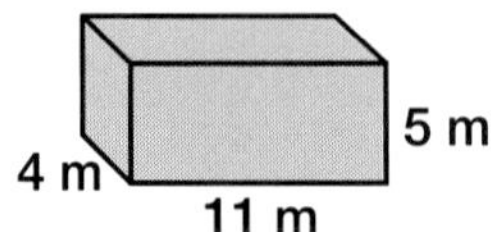

18. 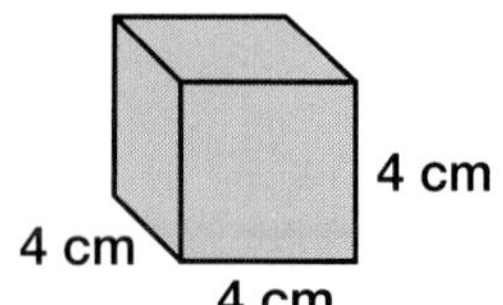

Resuelve.

19. Escoge las dos figuras que puedes usar para formar una figura congruente con la que está a continuación. Haz un dibujo para explicar cómo lo hiciste.

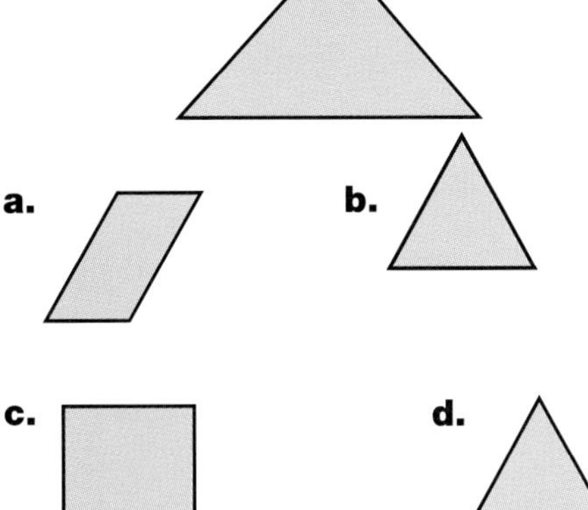

20. Escoge la letra correcta de la pieza que falta.

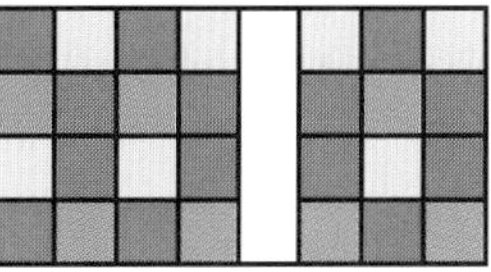

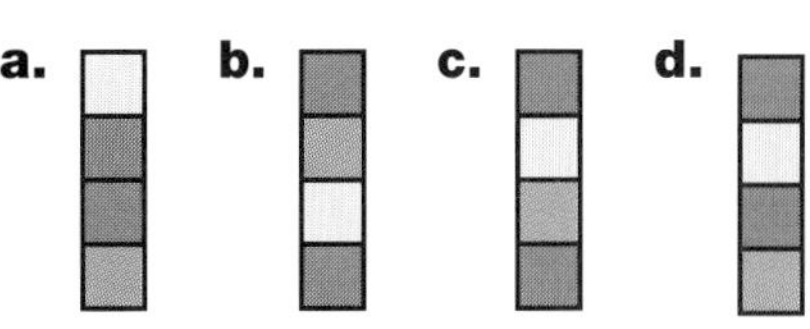

Escríbelo

Resuelve cada problema. Usa el vocabulario matemático correcto para explicar tu razonamiento.

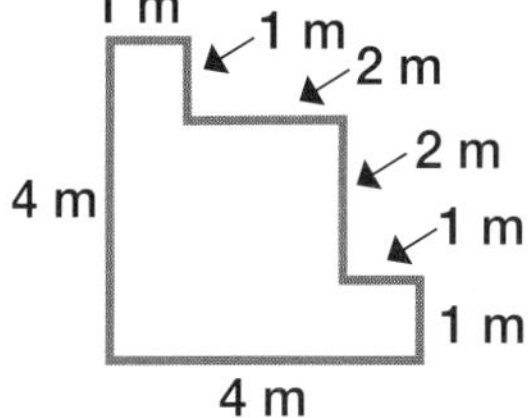

1. Copia la figura a la derecha.

   a. Divide la figura de modo que puedas hallar el área de la figura. Halla el área.

   b. ¿Existen otras maneras de dividir la figura que te sirvan para hallar su área? De ser así, representa al menos una manera de dividir la figura. ¿Obtendrás igual área usando esa manera de dividirla? Explica. Demuestra tu trabajo.

2. El pizarrón muestra cómo halló Brian el perímetro del pentágono.

   a. ¿En qué se equivocó Brian?

   b. ¿Cuánto mide el perímetro del pentágono? ¿Qué consejo darías a Brian para que no se equivocara de nuevo en lo mismo?

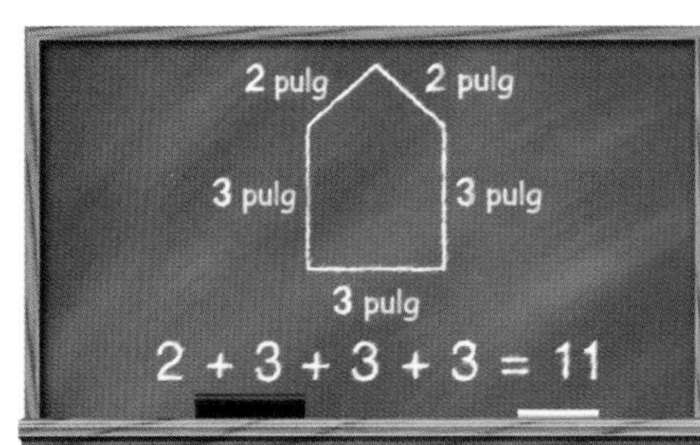

Una vez más

La red siguiente es para hacer una caja. Usa la red para contestar las preguntas. Puedes usar fórmulas como ayuda para resolver los problemas.

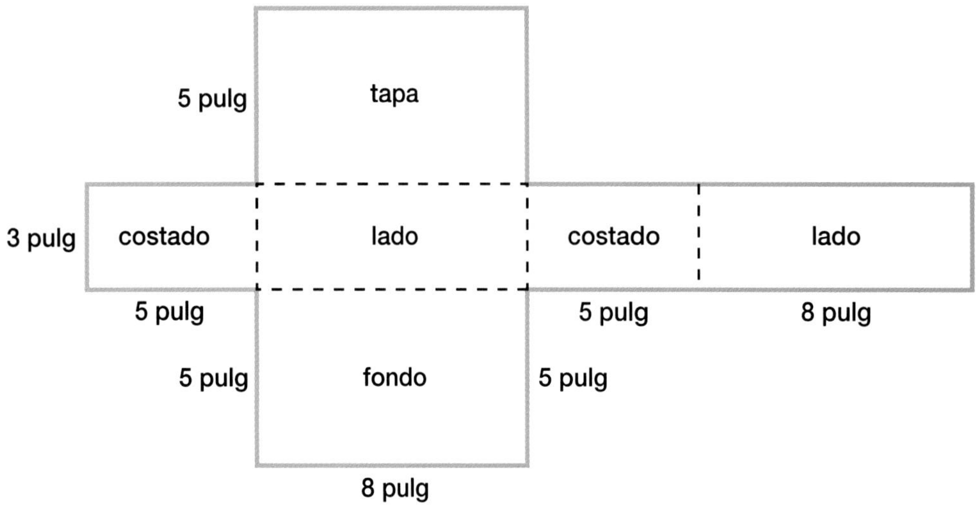

1. Halla el perímetro y el área de cada cara. Incluye las unidades adecuadas para cada caso. Haz una lista de los perímetros y de las áreas y muestra los números que usaste.
2. ¿Cuánto mide el área de la superficie de la caja?
3. Escribe una expresión de multiplicación para el volumen de la caja. ¿Cuánto medirá el volumen de la caja?
4. **Verifícalo** ¿Qué partes de la caja son congruentes? ¿Cómo puedes saberlo?
5. **Analízalo** Imagina que cada lado del fondo fuera 2 pulgadas más largo. ¿Cómo deberían cambiarse las otras dimensiones para hacer una caja? ¿Cuál sería el volumen de la nueva caja?

Estándares	AF **1.4** MG **1.0, 1.1, 1.4, 3.0, 3.3, 3.6**

Ampliación

Reflexiones

Alison está usando un esténcil para hacer patrones. Ella pinta una figura y luego invierte el esténcil y pinta la figura de nuevo.

A la segunda figura que pinta se le llama reflexión.
A la línea discontinua se le llama eje de reflexión.

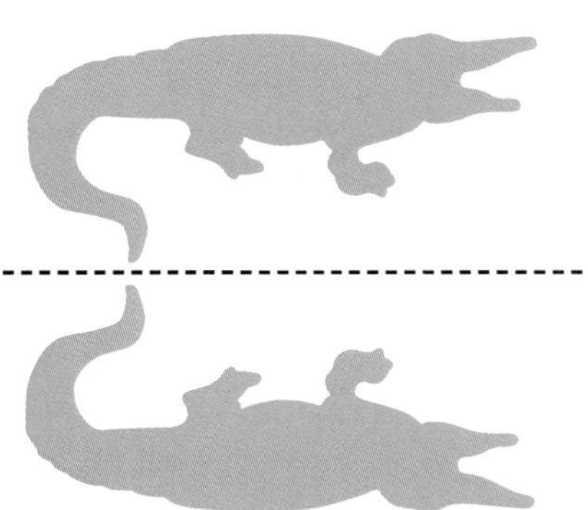

Indica si el par de figuras representa una reflexión.

1. 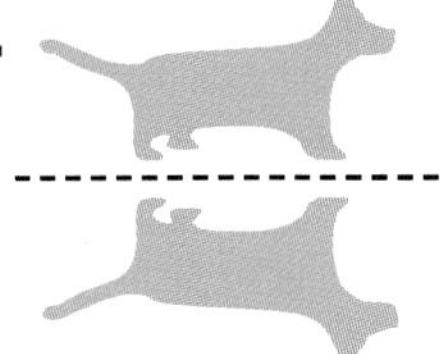

2. 

3. 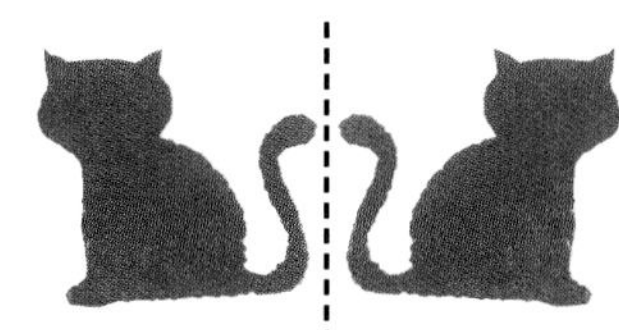

Copia cada figura y su eje de reflexión en papel cuadriculado.
Dibuja la reflexión de cada figura.

4. 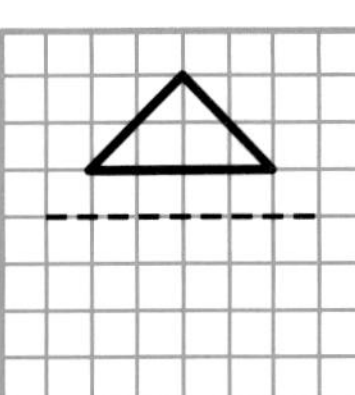

5. 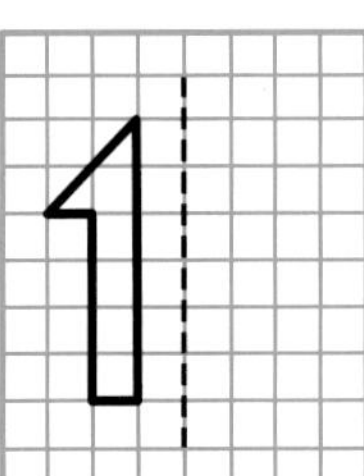

6. 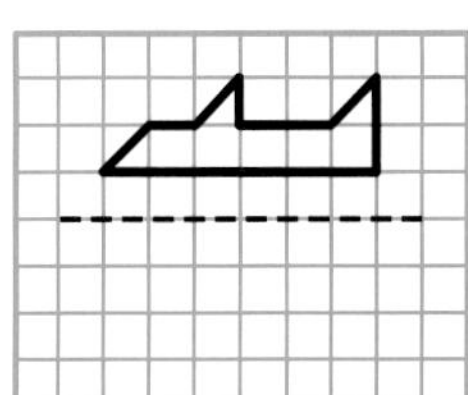

Explícalo

► ¿Qué tienen en común una reflexión y el reflejo de un espejo?

Estándares	MG **3.4**

CAPÍTULO 11

Las gráficas y el álgebra

¿Por qué aprender acerca de las gráficas y el álgebra?

Las gráficas te ayudan a organizar y representar datos de modo que la información sea fácil de analizar. El álgebra es una parte importante de las matemáticas que estás comenzando a estudiar.

Cuando marcas puntos en una gráfica, identificados por pares ordenados, comienzas a darte cuenta de la relación que hay entre las gráficas y el álgebra.

Esta mujer usa en su trabajo tanto gráficas como el álgebra para crear mapas especiales de pueblos y ciudades.

Repasar el vocabulario

Entender el lenguaje matemático te ayudará a resolver los problemas con más facilidad. Éstas son algunas palabras de vocabulario matemático que deberías saber.

par ordenado	Un par de números que se usan para ubicar un punto en una cuadrícula
números positivos	Números mayores que cero
números negativos	Número menores que cero

Leer palabras y símbolos

Cuando lees matemáticas, a veces lees solamente palabras, a veces lees palabras y símbolos, y a veces lees sólo símbolos.

Ésta es la manera de describir la ubicación de los puntos en la cuadrícula a la derecha.

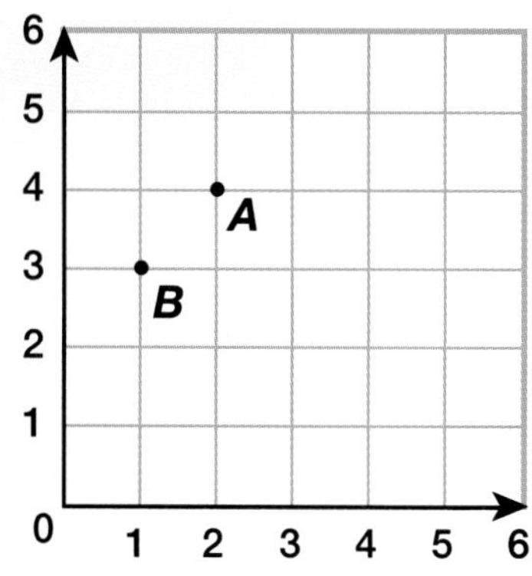

Punto A

- Comienza en el 0.
- Muévete 2 unidades hacia la derecha.
- Muévete 4 unidades hacia arriba.
- El par ordenado para el punto *A* es (2, 4).

Punto B

- Comienza en el 0.
- Muévete 1 unidad hacia la derecha.
- Muévete 3 unidades hacia arriba.
- El par ordenado para el punto *B* es (1, 3).

Inténtalo

1. Escribe *verdadero* o *falso*.

   a. El primer número de un par ordenado te dice cuánto moverte hacia la derecha.

   b. El segundo número de un par ordenado te dice cuánto moverte hacia arriba.

   c. El par ordenado (2, 3) describe la misma ubicación que el par ordenado (3, 2).

   d. El primer número de un par ordenado nunca puede ser igual que el segundo número de un par ordenado.

2. Copia y completa las instrucciones para cada ubicación.

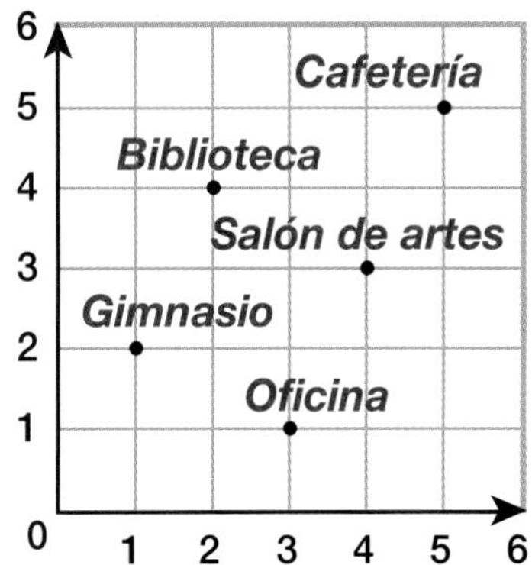

   a. **Biblioteca** Comienza en el ____.
   Muévete ____ unidades hacia la derecha.
   Muévete 4 unidades ____________.

   b. **Oficina:** __________ en el 0.
   Muévete 3 unidades hacia __________.
   Muévete ____ unidad(es) hacia arriba.

3. Escribe el par ordenado que describe cada ubicación en la cuadrícula.

   a. Gimnasio b. Cafetería c. Salón de artes

Vocabulario adicional

Escríbelo Aquí hay otras palabras del vocabulario que aprenderás en este capítulo. Fíjate en estas palabras. Escribe sus definiciones en tu diario.

coordenada
números enteros
números opuestos
origen
eje de las *x*
eje de las *y*
coordenada *x*
coordenada *y*

Ubicar puntos en la cuadrícula usando números enteros

Aprenderás cómo usar pares ordenados para identificar puntos en una cuadrícula.

Vocabulario
nuevo
coordenada

Apréndelo

Jana está observando un mapa de su pueblo. ¿Cómo puede describir Jana dónde está la escuela en el mapa?

Describe la ubicación de la escuela.

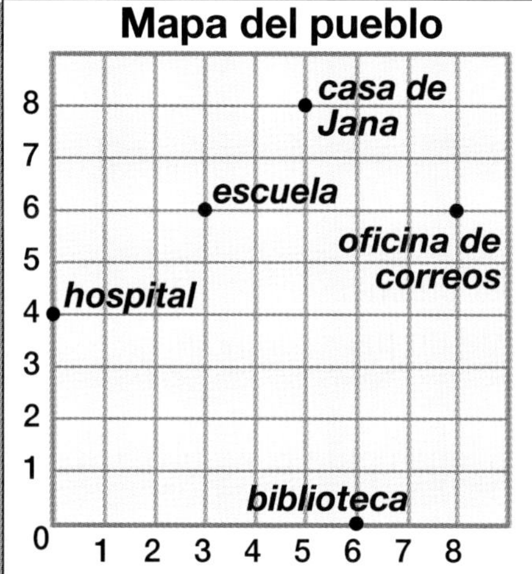

Diferentes maneras de ubicar un punto

Puedes usar instrucciones en palabras.

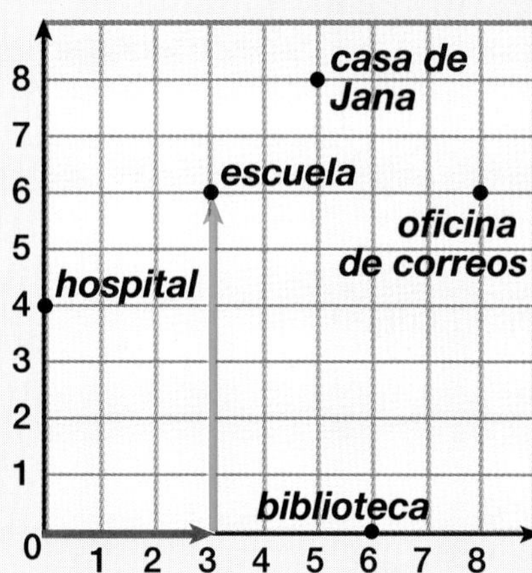

- Comienza en el 0.
- Muévete 3 unidades hacia la derecha.
- Luego muévete 6 unidades hacia arriba.

Puedes usar un par ordenado.

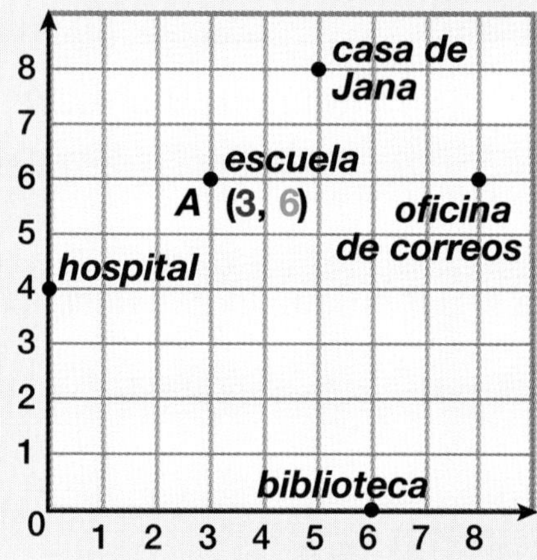

- El par ordenado para el punto A es (3, 6).
  hacia la derecha ↑ hacia arriba ↑
- A los números de un par ordenado se les llama **coordenadas.**

Solución: (3, 6) es el par ordenado que identifica la ubicación de la escuela.

Otros ejemplos

A. Cero como primera coordenada
La ubicación del hospital es (0, 4).

Comienza en el 0. Muévete 0 unidades hacia la derecha. Luego muévete 4 unidades hacia arriba.

B. Cero como segunda coordenada
La ubicación de la biblioteca es (6, 0).

Comienza en el 0. Muévete 6 unidades hacia la derecha. Luego muévete 0 unidades hacia arriba.

Estándares	MG **2.0** MR **2.4**

Explícalo

► ¿De qué te sirve saber las dos coordenadas de un par ordenado para ubicar un punto?

Práctica guiada

Asegúrate

- ¿Comencé en el cero?
- ¿Me moví primero hacia la derecha?

Usa el mapa del pueblo de la página 524 para completar cada ejercicio.

1. ¿Qué ubicación de un edificio describen las siguientes instrucciones?

- Comienza en el 0.
- Muévete 5 unidades hacia la derecha.
- Luego muévete 8 unidades hacia arriba.

2. Completa las instrucciones correspondientes a la oficina de correos.

- Comienza en ■.
- Muévete ■ unidades hacia la derecha.
- Luego muévete ■ unidades hacia arriba.

Práctica independiente

Usa la gráfica de la derecha para los Ejercicios 3–8. Escribe la letra del punto de cada par ordenado.

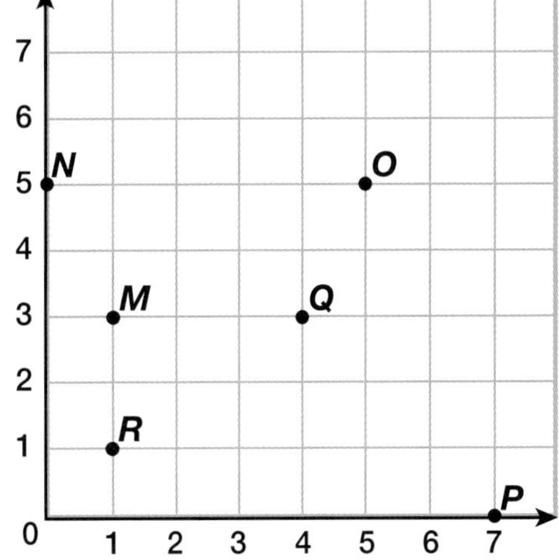

3. (1, 1) **4.** (7, 0) **5.** (5, 5)

Escribe el par ordenado de cada punto.

6. *Q* **7.** *M* **8.** *N*

Resolver problemas • Razonamiento

Usa la gráfica para los Problemas 9–12.

9. Compáralo ¿Qué coordenadas de *M* y *Q* son las mismas? ¿Cuáles son diferentes?

10. ¿Qué coordenadas de *M* y *R* son las mismas? ¿Cuáles son diferentes?

11. Identifica los pares ordenados para *N*, *O* y *P*. ¿Qué tienen en común *N* y *P*?

12. Escríbelo ¿Identifica el par ordenado (3, 4) al punto Q? Explícalo.

Repaso mixto • Preparación para pruebas

Suma o resta. *(páginas 350–353)*

13. $\frac{5}{12} + \frac{1}{12}$ **14.** $3\frac{3}{4} - 1\frac{1}{4}$ **15.** $2\frac{2}{5} + 5\frac{1}{5}$ **16.** $\frac{7}{8} - \frac{3}{8}$

Escoge la letra de la respuesta correcta. *(páginas 330–333)*

17 ¿Qué fracción no está en su mínima expresión?

A $\frac{5}{7}$ **B** $\frac{2}{3}$ **C** $\frac{6}{11}$ **D** $\frac{4}{12}$

18 ¿Qué fracción es igual a $\frac{1}{2}$?

F $\frac{2}{6}$ **G** $\frac{4}{10}$ **H** $\frac{5}{12}$ **J** $\frac{4}{8}$

Práctica adicional Consultar el Conjunto A, página 554.

Gráficas de pares ordenados

Aprenderás cómo usar pares ordenados para marcar puntos en una gráfica.

Vocabulario nuevo
marcar

Apréndelo

Dana y María están jugando al *Tiro al Blanco*. Ellas se turnan para identificar las coordenadas de un punto que piensan estará dentro del blanco.

Luego ambas **marcan** el punto sobre la cuadrícula. La primera coordenada indica la distancia hacia la derecha. La segunda coordenada indica la distancia hacia arriba.

María señala (5, 7). ¿Tiene razón?

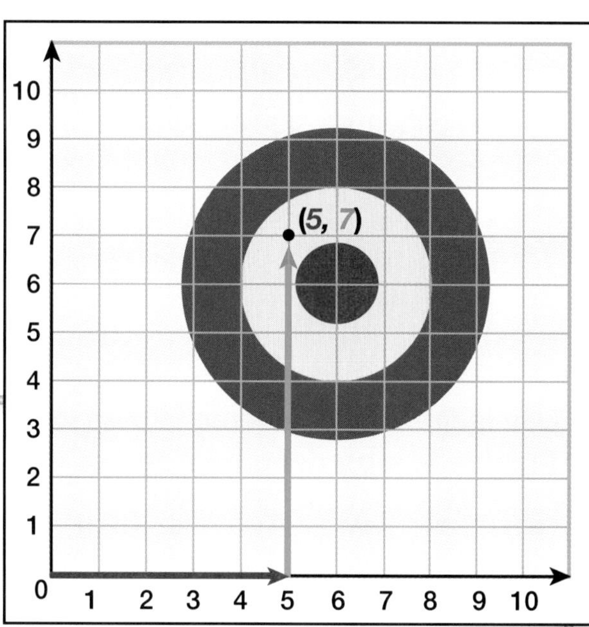

Marca el punto identificado por (5, 7).

- Comienza en el 0.
- Muévete 5 unidades hacia la derecha.
- Luego muévete 7 unidades hacia arriba.
- A continuación marca un punto en la posición.
- Rotula el punto como (5, 7).

Solución: El punto identificado como (5, 7) está en el blanco. María está en lo correcto.

Otro ejemplo: Punto fuera del blanco

¿Está identificado por (7, 2) el punto sobre el blanco?

- Comienza en el 0.
- Muévete 7 unidades hacia la derecha.
- Luego muévete 2 unidades hacia arriba.

El punto identificado por (7, 2) no está en el blanco.

Explícalo

► ¿Identifican (3, 5) y (5, 3) el mismo punto? ¿Por qué?

Práctica guiada

¿Está identificado el punto por cada par ordenado sobre el blanco?

1. (5, 2) **2.** (8, 4) **3.** (3, 6)

4. (9, 9) **5.** (3, 4) **6.** (6, 9)

Asegúrate

- ¿Me moví hacia la derecha el número correcto de unidades?
- ¿Me moví hacia arriba el número correcto de unidades?

Estándares	MG 2.0 MR 2.4

Práctica independiente

Copia la cuadrícula. Marca cada punto y rotúlalo con la letra correcta.

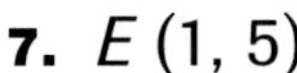

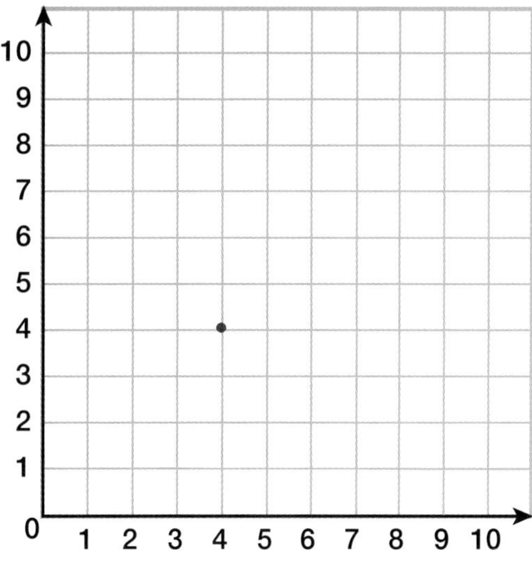

7. *E* (1, 5) **8.** *R* (3, 5)

9. *W* (0, 2) **10.** *L* (4, 4)

11. *T* (0, 5) **12.** *M* (7, 8)

13. *X* (4, 1) **14.** *S* (4, 7)

15. *Z* (5, 3) **16.** *P* (8, 7)

Resolver problemas • Razonamiento

17. Marca los puntos *A* (2, 2), *B* (2, 5), *C* (8, 5) y *D* (8, 2) sobre una cuadrícula como la anterior. Une los puntos para formar un rectángulo.

18. **Analízalo** ¿Qué puedes decir acerca de los puntos cuya primera coordenada es igual? ¿Qué puedes decir acerca de los puntos cuya segunda coordenada es igual?

19. Observa el blanco de la página 526. Identifica el par ordenado que describe su centro. María piensa que el centro del blanco está en (5, 6). Dana piensa que el centro está en (6, 7). ¿Qué punto está más cerca del centro? Explícalo.

20. **Escríbelo** Si una de las coordenadas de un punto es 0, ¿qué sabes acerca de la ubicación de ese punto?

Mundo matemático
El famoso astrónomo que descubrió el cometa Halley también era cartógrafo.
Edmund Halley hizo el primer mapa con líneas de cuadrícula en 1701. ¿Hace cuántos años ocurrió?

Repaso mixto • Preparación para pruebas

Estima cada suma o diferencia. *(páginas 64–65))*

21. \$17.25 − \$9.98 **22.** \$37.62 + \$11.03 **23.** \$299.87 − \$87.21

Escoge la letra de la respuesta correcta. *(páginas 342–343)*

24 ¿Qué número mixto es igual a $\frac{11}{5}$?

A $1\frac{2}{5}$ **C** $2\frac{2}{5}$

B $2\frac{1}{5}$ **D** $5\frac{1}{2}$

25 ¿Cuál de las fracciones siguientes es $3\frac{1}{4}$ expresado como fracción impropia?

F $\frac{7}{4}$ **H** $\frac{8}{3}$

G $\frac{7}{3}$ **J** $\frac{13}{4}$

Práctica adicional Consultar el Conjunto B, página 554.

Gráficas de funciones

Aprenderás cómo marcar los pares ordenados de una tabla de función y trazar una recta en una cuadrícula como ayuda para resolver problemas.

Josie está comprando algunos planeadores. Cada paquete contiene 2 planeadores. Ella quiere saber cuántos planeadores hay en 5 paquetes.

Paquetes de planeadores	
Ecuación: $y = 2x$	
x (Número de paquetes)	y (Número de planeadores)
1	2
2	4
3	6

Aunque Josie podría hallar la respuesta extendiendo la tabla o resolviendo la ecuación, también podría hallarla haciendo una gráfica de puntos.

Halla el número de planeadores que hay en 5 paquetes.

- **Marca** y une los puntos para representar la información de la tabla de función.
- **Extiende** el segmento de recta.
- **Observa** que los puntos parecen estar ubicados sobre una recta.
- **Halla** sobre la recta el punto para 5 paquetes.
  - Comienza en el 0.
  - Muévete 5 unidades hacia la derecha.
  - Luego muévete hacia arriba hasta llegar a la recta en (5, 10).

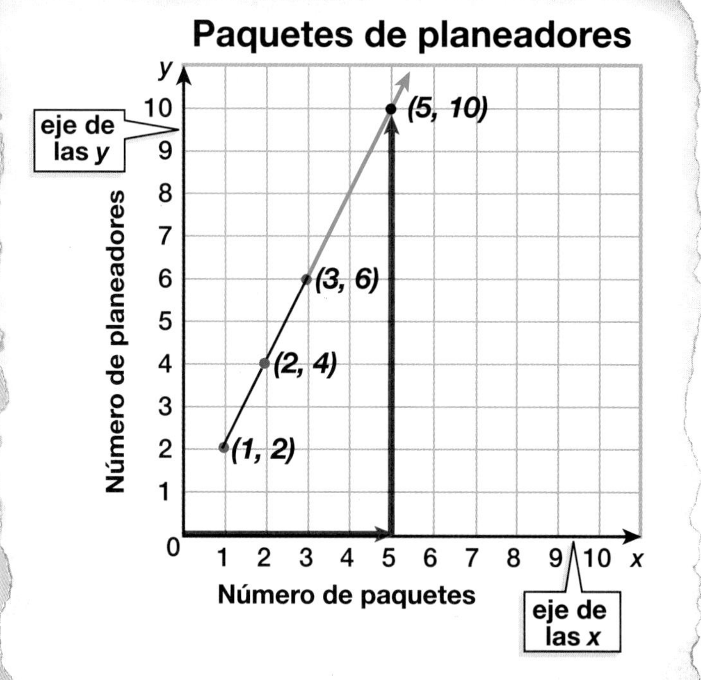

El punto identificado por (5, 10) parece estar ubicado sobre la misma recta.

Esto sugiere que al continuar con la tabla aparecerían más puntos sobre la misma recta.

Solución: Hay 10 planeadores en 5 paquetes.

Explícalo

- ¿Por qué representas 10 paquetes con 20 planeadores como (10, 20) y no como (20, 10)?
- ¿Piensas que el punto identificado por (8, 18) está sobre la recta? Explícalo.

Estándares	MG **2.0, 2.1** SDP **1.3** MR **2.3**

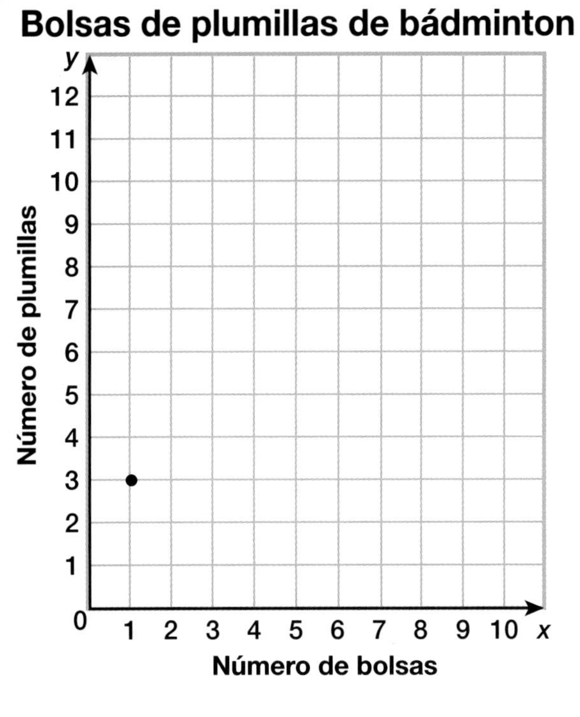

Asegúrate

- ¿Anoté los pares ordenados en el orden correcto?
- ¿Están todos los puntos sobre una recta?

Bolsas de plumillas de bádminton	
Ecuación: $y = 3x$	
x (Número de bolsas)	y (Número de plumillas)
1	3
2	6
3	9

Práctica guiada

1. Escribe los pares de datos de la tabla como pares ordenados. Usa el número de bolsas como la primera coordenada.
2. Copia la cuadrícula y el punto identificado por el primer par ordenado. Marca los otros puntos y únelos. Extiende el segmento de recta. Verifica que los puntos estén sobre una recta.
3. Usa la gráfica para decidir cuántas plumillas hallarías en 4 bolsas.

Práctica independiente

4. Copia la tabla y extiéndela hasta 10 cajas. Luego escribe los pares de datos como pares ordenados. Anota el número de cajas como primera coordenada.
5. Haz una cuadrícula. Rotula el eje de las x hasta el 15 y el eje de las y hasta el 30. Marca y une los puntos identificados por los pares ordenados. Verifica que los puntos estén sobre una recta.
6. Extiende el segmento de recta. Halla el número de discos voladores que habría en 14 cajas.

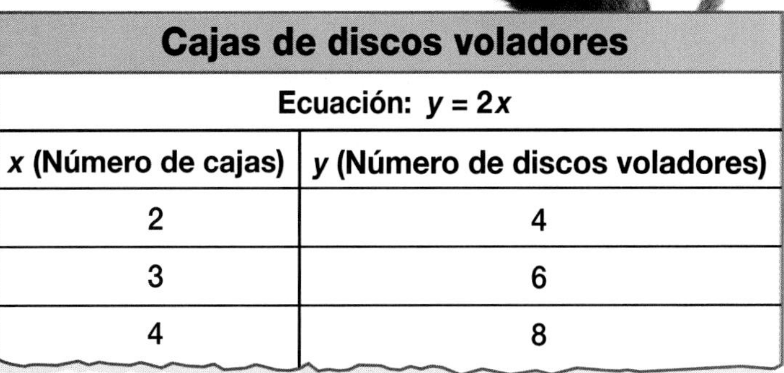

Cajas de discos voladores	
Ecuación: $y = 2x$	
x (Número de cajas)	y (Número de discos voladores)
2	4
3	6
4	8

Usa la tabla para completar los Ejercicios 7–10.

7. Hay 5 estrellas voladoras en cada caja. Copia y completa la tabla.

8. Haz una cuadrícula. Rotula el eje de las *x* hasta el 7 y el eje de las *y* hasta el 35. Marca los pares ordenados de la tabla. Usa el número de cajas como primera coordenada y el número de estrellas como segunda coordenada.

9. Verifica que los pares ordenados estén sobre la misma recta.

10. Extiende la recta. ¿Cuántas estrellas voladoras esperarías que hubiera en 6 cajas?

Cajas de estrellas voladoras	
Ecuación: $y = 5x$	
x (Número de cajas)	y (Número de estrellas)
1	5
2	
3	
4	

Resolver problemas • Razonamiento

Usar datos **Usa la gráfica para los Problemas 11–14. Asume que los puntos de la gráfica están sobre la misma recta.**

11. ¿Cuántas libélulas hay en 3 bolsas?

12. **Compáralo** ¿Cuántas libélulas más hay en 3 bolsas que en 1 bolsa?

13. ¿Cuántas bolsas contendrían 10 libélulas? ¿Cómo puedes decirlo a partir de la gráfica?

14. **Analízalo** Sea *x* el número de bolsas. Sea *y* el número de libélulas. Escribe una regla de la forma "$y =$ " para calcular el número de libélulas que hay en *x* bolsas.

Bolsas de libélulas

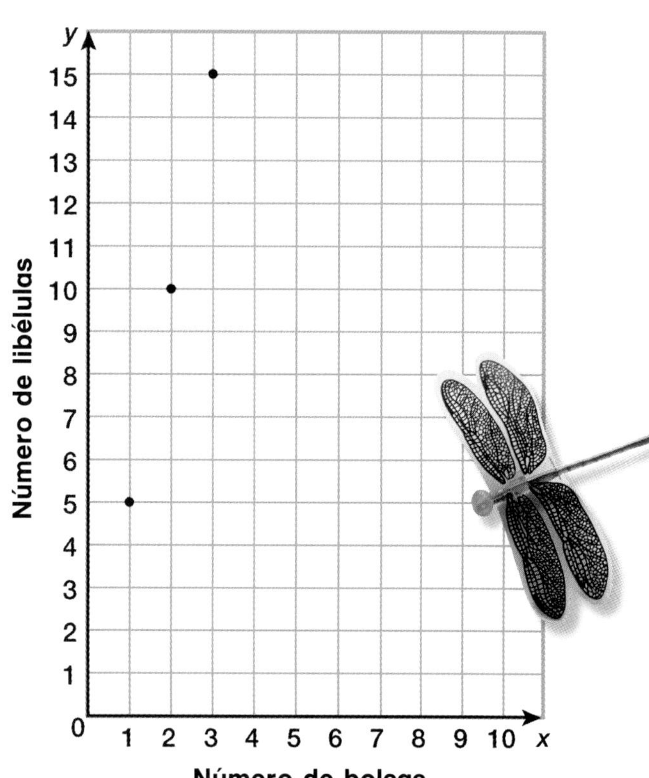

Repaso mixto • Preparación para pruebas

Halla cada producto o cociente. *(páginas 198–199, 232–233)*

15. 374×82 **16.** $987 \div 2$ **17.** 623×12 **18.** $652 \div 3$

19 ¿Qué número no es divisible entre 5? *(páginas 246–247)*

A 35 **B** 40 **C** 45 **D** 52

Práctica adicional Consultar el Conjunto C, página 554.

Muestra lo que sabes

Usar el vocabulario

Usa las pistas para hallar cada par ordenado.

1. La primera coordenada es 3 más que 6. La segunda coordenada es 8 más que 2.

2. La primera coordenada es el producto de 4 por 5. La segunda coordenada es la suma de 4 más 9.

3. La primera coordenada está exactamente a mitad de camino entre el 4 y el 8. La segunda coordenada es 3 más que la primera coordenada.

4. La primera coordenada es 4 más que la segunda coordenada. La suma de las coordenadas es el producto de 2 por 7.

¿Cuál es la regla?

Escoge la ecuación que representa la regla para cada gráfica. Sea *x* la primera coordenada e *y* la segunda coordenada.

1.

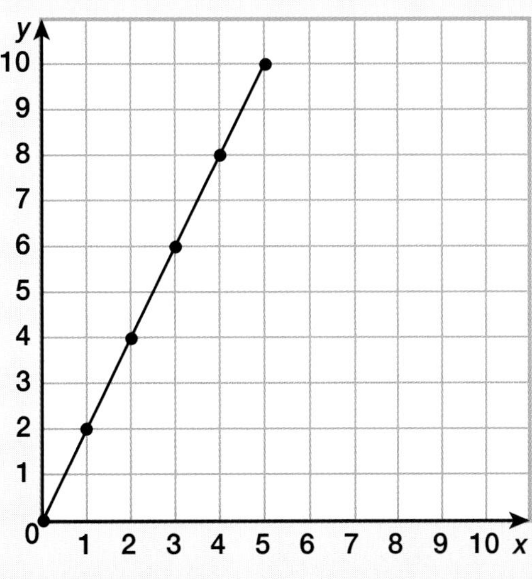

a. $y = x + 2$ **b.** $y = 2x$

2.

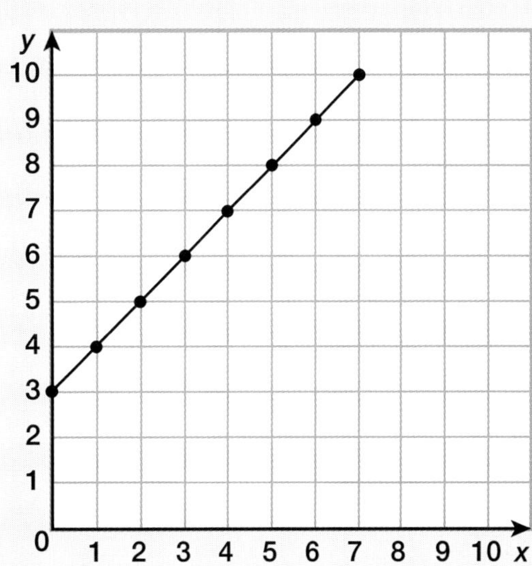

a. $y = x + 3$ **b.** $y = 3x$

Destreza: Usa una gráfica

Aprenderás cómo resolver problemas usando gráficas.

Al mirar una gráfica lineal debes pensar en el significado de los puntos que están sobre la recta.

Problema Los estudiantes y sus papás están planeando una Noche Familiar en la escuela. Ellos necesitan saber cuánto costarán las meriendas.

Observa las gráficas siguientes.

A veces sólo algunos puntos sobre la recta tienen significado.

Puedes usar esta gráfica para hallar el precio de 1 caja, 2 cajas, 3 cajas y así sucesivamente.

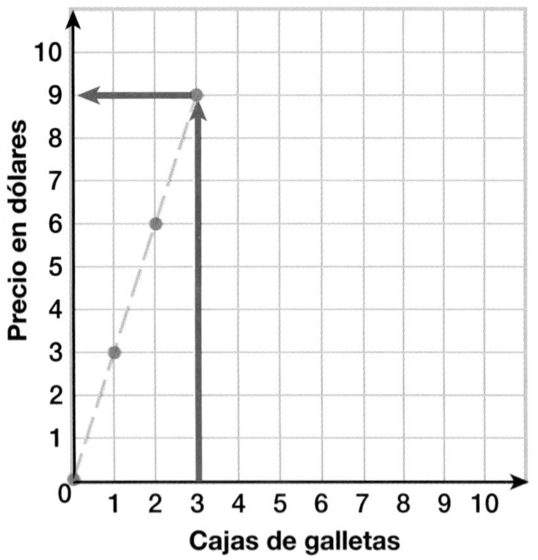

Por ejemplo, el precio de 3 cajas de galletas es $9.

A veces todos los puntos sobre la recta tienen significado.

Puedes usar esta gráfica para hallar el precio de una cantidad cualquiera de queso.

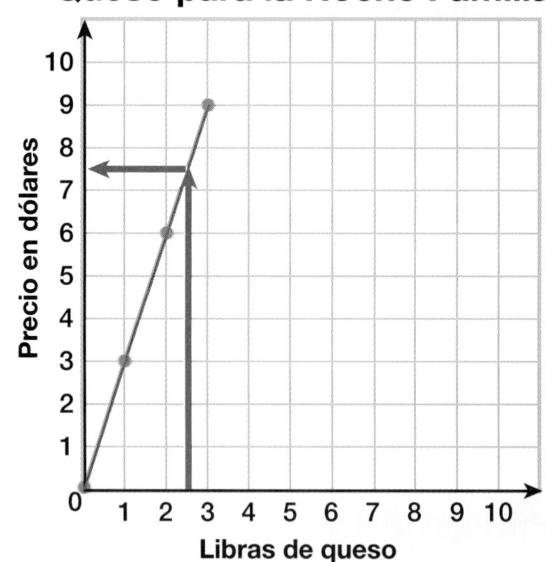

Por ejemplo, el precio de $2\frac{1}{2}$ libras de queso es $7.50.

Verifícalo ¿Por qué no tiene sentido usar la gráfica para hallar el precio de $2\frac{1}{2}$ cajas de galletas?

Estándares	SDP **1.3** MR **1.0, 2.0, 3.0, 3.2**

Práctica guiada

Resuelve. Usa la gráfica a la derecha.

1. Algunos estudiantes prepararon ponche de fruta con jugo de naranja y limonada para la Noche Familiar. Si usaron 4 cuartos de jugo de naranja, ¿cuántos cuartos de limonada usaron?

   Piénsalo: ¿Puedes usar como ayuda uno de los puntos marcados?

2. Si los estudiantes usaron $4\frac{1}{2}$ cuartos de jugo de naranja, ¿cuántos cuartos de limonada deberían usar?

   Piénsalo: ¿Hay algún punto sobre la recta que puedas marcar para usarlo?

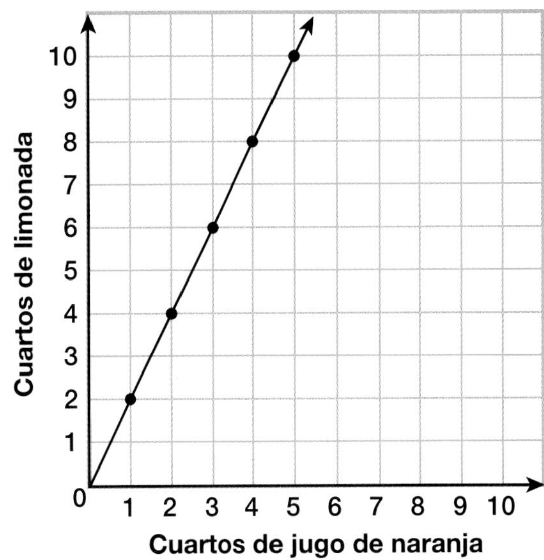

Escoge una estrategia

Resuelve. Usa la gráfica anterior para los Problemas 3–6. Usa éstas u otras estrategias.

Estrategias para resolver problemas

- Estima y verifica
- Halla un patrón
- Escribe una ecuación
- Usa el razonamiento lógico

3. La primera cantidad de ponche de fruta se preparó con 10 cuartos de limonada. ¿Cuántos cuartos de jugo de naranja se usaron?

4. La segunda cantidad de ponche de fruta se preparó con 7 cuartos de limonada. ¿Cuántos cuartos de jugo de naranja se usaron?

5. ¿Se necesitan más de 4 cuartos de jugo de naranja para preparar 3 galones de ponche de fruta? Explica tu razonamiento.

6. Sea x cuartos de jugo de naranja. Sea y cuartos de limonada. Escribe una regla que represente la relación.

7. El precio de la fruta que la escuela compró para la Noche Familiar fue el doble del precio de las nueces. Las nueces costaron el doble que las verduras. Si la escuela gastó un total de $84 en frutas, nueces y verduras, ¿cuánto gastó en frutas?

8. Los estudiantes de primer grado lanzaron 1 globo en la Noche Familiar. Los estudiantes de segundo grado lanzaron 4 globos. Los estudiantes de tercer grado lanzaron 9 globos. Si el patrón continúa, ¿cuántos globos es probable que lancen los estudiantes de cuarto grado?

Práctica adicional Consultar el Conjunto 1–2, página 557.

Verificación rápida

Verifica los conceptos de las Lecciones 1–4

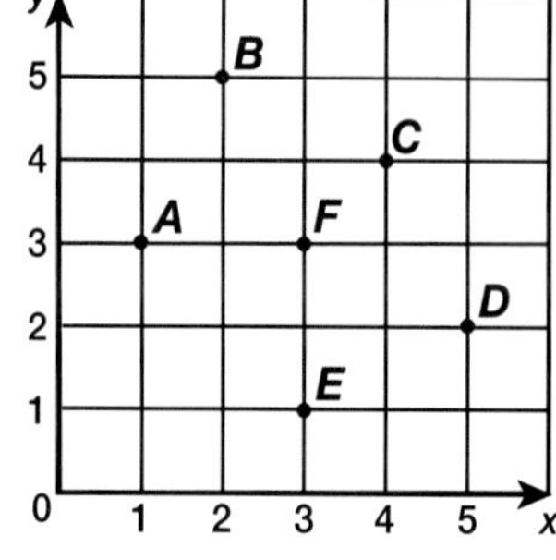

Usa la gráfica. Escribe la letra del punto para cada par ordenado.

1. (4, 4) **2.** (3, 1) **3.** (1, 3)

Marca cada punto sobre una cuadrícula. Rotula el punto con la letra.

4. *L* (1, 4) **5.** *M* (5, 2) **6.** *N* (2, 1)

Usa la tabla para los Problemas 7–9.

Cajas de cometas	
Número de cajas	**Número de cometas**
1	2
2	4
3	6

7. Escribe los pares de datos como pares ordenados. Anota el número de cajas como primera coordenada.

8. Dibuja una cuadrícula. Marca los puntos identificados por los pares ordenados. Une los puntos.

9. Extiende la recta. Halla el número de cometas que habría en 5 cajas.

Resuelve.

10. Usa la gráfica a la derecha. Halla el precio de 2 libras y el de $2\frac{1}{2}$ libras de salsa.

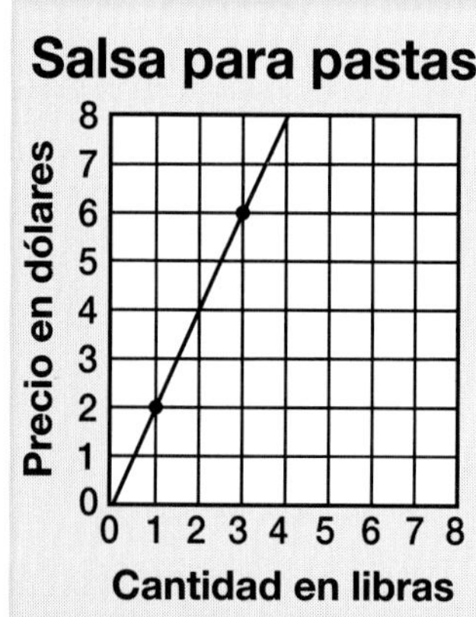

¿Cómo te fue?

Si tuviste dificultades en cualquiera de las partes de Verificación rápida, puedes usar las siguientes páginas para repasar y practicar más.

Estándares	Ejercicios	Repaser estas páginas	Hacer estos ejercicios de práctica adicional
Medición y geometría: **2.0**	1–3	páginas 524–525	Conjunto A, página 554
Medición y geometría: **2.1**	4–6	páginas 526–527	Conjunto B, página 554
Medición y geometría: **2.1**	7–9	páginas 528–530	Conjunto C, página 554
Medición y geometría: **2.0** Razonamiento matemático: **1.1, 2.3, 3.2**	10	páginas 532–534	1–2, página 557

Preparación para pruebas • Repaso acumulativo

Mantener los estándares

Marca la letra de la respuesta correcta.
Si la respuesta no aparece, marca NA.

1. El hámster de Jamie pesa 1.25 libras. ¿Cuánto es 1.25 redondeado a la décima más cercana?

   A 1 **C** 1.3
   B 1.2 **D** 1.35

2. ¿Qué alternativa representa la figura rotada en 180°?

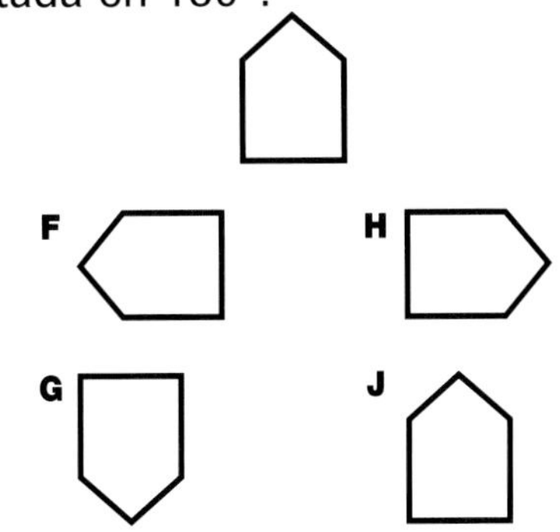

3. Dos rectas se intersecan y forman cuatro ángulos rectos. ¿Cómo se llaman estas rectas?

   A paralelas **C** perpendiculares
   B alabeadas **D** diagonales

4. ¿Cuál es un diámetro del círculo?

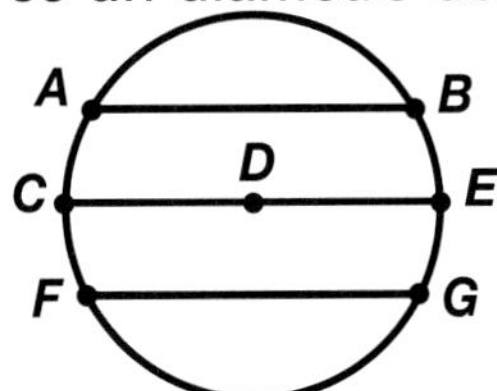

   F $\overline{AB}$ **H** $\overline{FG}$
   G $\overline{CD}$ **J** $\overline{CE}$

5. $5\overline{)137}$

   A 27 **C** 28
   B 27 R2 **D** NA

6. El Sr. Harris cercó un corral rectangular para perros en su jardín. El corral mide 50 pies de longitud y 25 pies de ancho. ¿Cuál es el área del corral para perros?

   F 150 pies **H** 1,250 pies^2
   G 150 pies^2 **J** 1,250 pies

7. ¿Qué figura tiene eje de simetría?

   A 

   B 

   C 

   D 

8. Si todos los círculos tienen igual forma, ¿son congruentes?

   Explícalo Indica por qué.

Página segura

Preparación para pruebas
Visita **www.eduplace.com/kids/mhm** para más *Preparación para pruebas.*

Los números enteros: Positivos y negativos

Aprenderás acerca de los números enteros.

Vocabulario nuevo
números enteros
números opuestos
números enteros negativos
números enteros positivos

Apréndelo

David y Sara están jugando un juego. En la primera ronda, David perdió 4 puntos y Sara ganó 5 puntos. ¿Cómo anotarán Sara y David sus resultados?

Los números $^-4$ y $^+5$ son **números enteros**, (*integers* en inglés). $^-4$ es un número entero negativo. 5 es un número entero positivo. Podemos escribir $^+5$ en vez de 5. Es igual. El opuesto del número entero negativo $^-4$ es el número entero 4. El opuesto del número entero $^+5$ es $^-5$.

Los **números opuestos** de los números enteros positivos (1, 2, 3, 4,...) son los números enteros negativos ($^-1$, $^-2$, $^-3$, $^-4$,...). Los números enteros positivos y los negativos incluyen el 0.

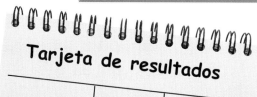

Tarjeta de resultados

	David	Sara
Ronda 1	$^-4$	$^+5$
Ronda 2		
Ronda 3		

David puede escribir $^-4$ para representar que su resultado es 4 puntos menos que 0. El número se lee "menos 4".

Sara puede escribir $^+5$ ó 5 para representar que tiene 5 puntos más que 0. El número se lee "más 5."

Los números enteros pueden representarse sobre una recta numérica.

Los números enteros negativos son menores que 0.

Los números enteros positivos son mayores que 0.

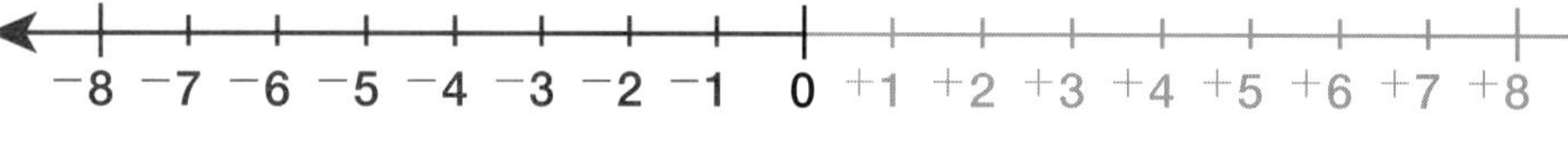

El cero no es positivo ni negativo. Es su propio opuesto.

Otros ejemplos

A. Números enteros positivos
- 17 pies sobre el nivel del mar $^+17$
- 50 grados sobre cero $^+50$
- 4 minutos luego del despegue $^+4$

B. Números enteros negativos
- 5 pies bajo el nivel del mar $^-5$
- 14 grados bajo cero $^-14$
- 3 pisos bajo el nivel de la calle $^-3$

Explícalo

► Ubica $^+3$ y $^-3$ sobre la recta numérica. ¿Por qué a estos números se les llama números opuestos?

Estándares	NS **1.8**	AF **1.0**	MR **2.3**

Práctica guiada

Escribe el número entero para cada letra que está sobre la recta numérica.

A B C D

$^{-}1$ 0 1

1. *A* **2.** *B* **3.** *C* **4.** *D*

Asegúrate

- ¿Es el número mayor que 0?
- ¿Es el número menor que 0?

Práctica independiente

Escribe el número entero para cada situación.

5. 3 minutos antes del despegue

6. 9 grados bajo cero

7. 2 pisos sobre el nivel de la calle

8. $4 de sobregiro en una cuenta

Escribe el número entero para cada letra usando la recta numérica.

9. *E* **10.** *I* **11.** *J* **12.** *L* **13.** *G* **14.** *F* **15.** *K* **16.** *H*

E F G H I J K L

$^{-}9$ $^{-}8$ $^{-}7$ $^{-}6$ $^{-}5$ $^{-}4$ $^{-}3$ $^{-}2$ $^{-}1$ 0 1 2 3 4 5 6 7 8 9 10

Resolver problemas • Razonamiento

17. Traza una recta numérica. Representa los números enteros entre $^{-}12$ y $^{+}12$.

18. El saldo de la cuenta corriente de Suzy era de $50. Hizo un cheque por $55. ¿Qué número entero representa el saldo de su cuenta corriente?

19. Escríbelo Sobre una recta numérica, Jill comenzó en el cero, se movió 4 espacios hacia la derecha y luego se movió 9 espacios hacia la izquierda. ¿En qué número terminó? Explica tu razonamiento.

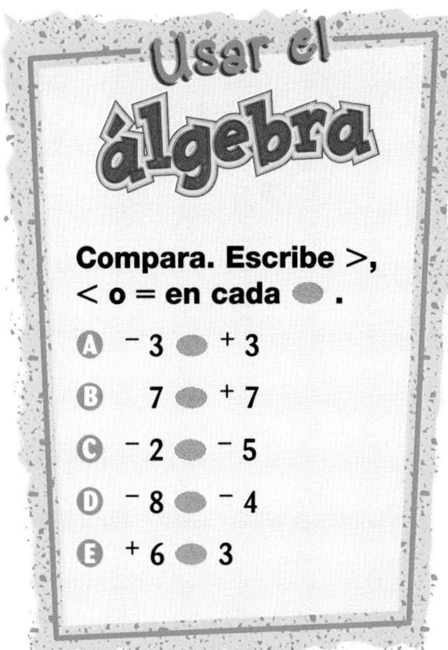

Usar el
álgebra
Compara. Escribe >, < o = en cada ●.
A $^{-}3$ ● $^{+}3$
B 7 ● $^{+}7$
C $^{-}2$ ● $^{-}5$
D $^{-}8$ ● $^{-}4$
E $^{+}6$ ● 3

Repaso mixto • Preparación para pruebas

Halla la media, la mediana y la moda de cada grupo de números. *(páginas 420–421)*

20. 6, 8, 7, 6, 3 **21.** 41, 28, 72 **22.** 14, 10, 10, 18 **23.** 31, 38, 43, 36

24 ¿Cuánto es $\frac{3}{4}$ de 12? *(páginas 326–327)*

A 3 **B** 6 **C** 9 **D** 16

LECCIÓN
6

Identificar puntos en un plano de coordenadas

Aprenderás cómo usar pares ordenados de números enteros para identificar puntos en un plano de coordenadas.

Vocabulario
nuevo
plano de coordenadas
eje de las *y*
eje de las *x*
ejes
origen
coordenada *x*
coordenada *y*

Apréndelo

Los estudiantes de la Escuela Carter usaron una cuadrícula para hacer este mapa del tesoro. El **plano de coordenadas** está formado por dos rectas numéricas perpendiculares. ¿Cuál es la ubicación del cofre del tesoro?

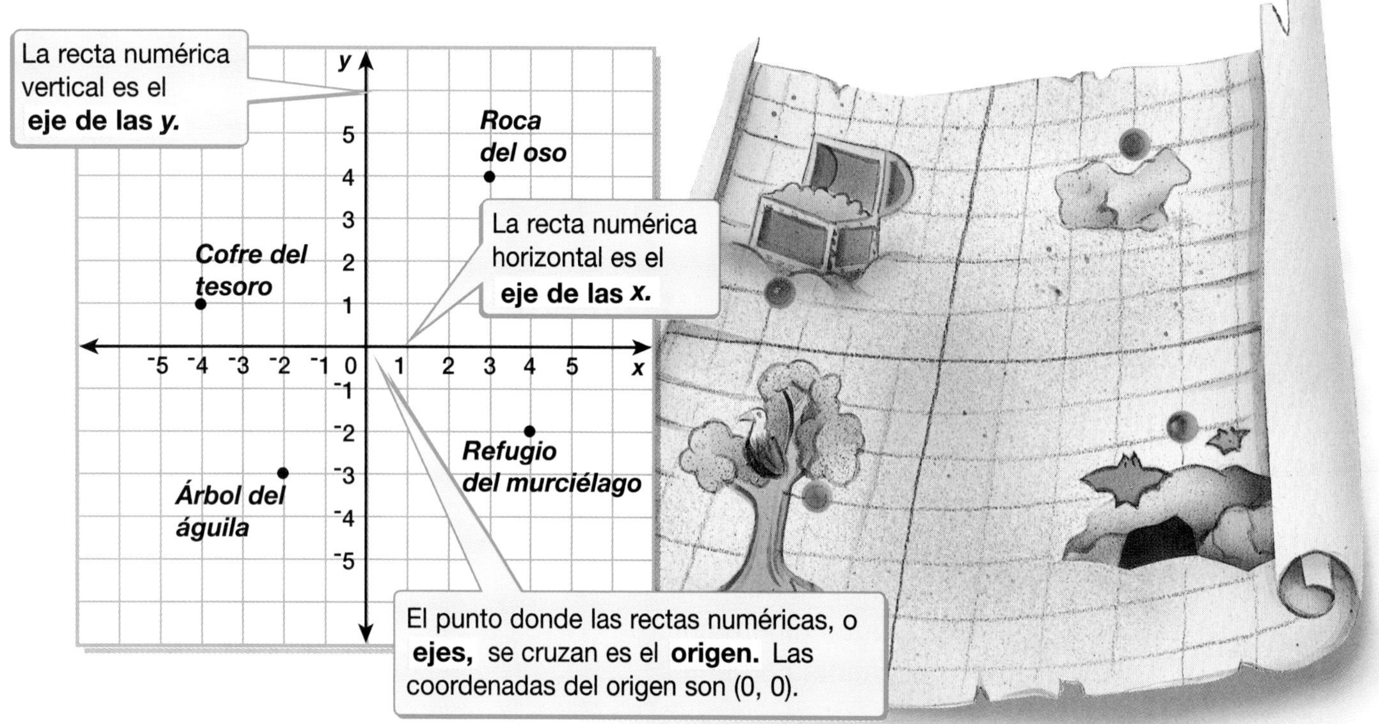
La recta numérica vertical es el **eje de las *y*.**
y
5
4
3
2
1
0
⁻1
⁻2
⁻3
⁻4
⁻5
⁻5 ⁻4 ⁻3 ⁻2 ⁻1 0 1 2 3 4 5
x
Roca del oso
Cofre del tesoro
La recta numérica horizontal es el **eje de las *x*.**
Refugio del murciélago
Árbol del águila
El punto donde las rectas numéricas, o **ejes,** se cruzan es el **origen.** Las coordenadas del origen son (0, 0).

Diferentes maneras de ubicar un punto

Puedes usar instrucciones en palabras.

Para hallar el cofre del tesoro:

- Comienza en el 0.
- Muévete 4 unidades hacia la izquierda.
- Muévete 1 unidad hacia arriba.

Puedes usar un par ordenado.

El cofre del tesoro está ubicado en ($^-4$, 1).

A la primera coordenada, $^-4$, se le llama **coordenada *x*.** Si la coordenada *x* es positiva, muévete hacia la derecha. Si es negativa, muévete hacia la izquierda.

A la segunda coordenada, 1, se le llama **coordenada *y*.** Si la coordenada *y* es positiva, muévete hacia arriba. Si es negativa, muévete hacia abajo.

Estándares	AF **1.1**	MG **2.0**	MR **2.0, 3.3**

Otros ejemplos

A. Coordenada *y* negativa

Ubica el Refugio del murciélago.

- Comienza en el origen.
- Muévete 4 unidades hacia la derecha.
- Luego muévete 2 unidades hacia abajo.

El par ordenado es $(4, {}^{-}2)$.

B. Coordenadas *x* e *y* negativas

Ubica el Árbol del águila.

- Comienza en el origen.
- Muévete 2 unidades hacia la izquierda.
- Luego muévete 3 unidades hacia abajo.

El par ordenado es $({}^{-}2, {}^{-}3)$.

Explícalo

► En el par ordenado (4, 3), ¿qué número es la coordenada *x*? ¿Qué te lo dice?

► En el par ordenado $(5, {}^{-}6)$, ¿qué número es la coordenada *y*? ¿Qué te lo dice?

► ¿Por qué necesitas dos coordenadas para identificar un punto?

Asegúrate

- ¿Es positiva o negativa la coordenada *x* al moverme hacia la derecha?
- ¿Es positiva o negativa la coordenada *y* al moverme hacia abajo?

Práctica guiada

Usa la gráfica a la derecha. Sigue las instrucciones. Escribe la letra y las coordenadas de cada punto.

1. • Comienza en el origen.
• Muévete 5 unidades hacia la derecha.
• Luego muévete 4 unidades hacia arriba.

2. • Comienza en el origen.
• Muévete 4 unidades hacia la izquierda.
• Luego muévete 2 unidades hacia arriba.

3. • Comienza en el origen.
• Muévete 5 unidades hacia la izquierda.
• Luego muévete 4 unidades hacia abajo.

4. • Comienza en el origen.
• Muévete 1 unidad hacia la izquierda.
• Luego muévete 2 unidades hacia abajo.

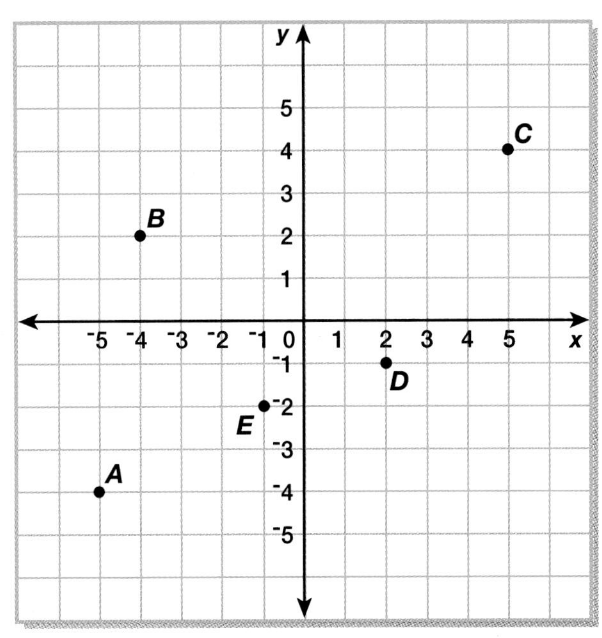

Práctica independiente

Usa la gráfica a la derecha. Sigue las instrucciones. Escribe la letra y las coordenadas de cada punto.

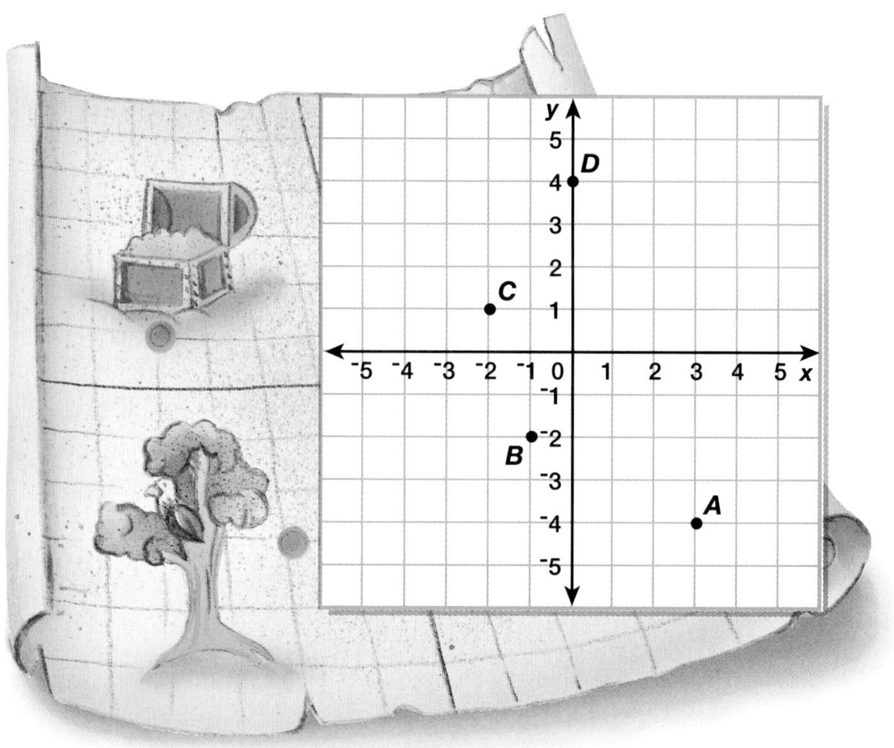

5. • Comienza en el origen.
• Muévete 3 unidades hacia la derecha.
• Luego muévete 4 unidades hacia abajo.

6. • Comienza en el origen.
• Muévete 2 unidades hacia la izquierda.
• Luego muévete 1 unidad hacia arriba.

7. • Comienza en el origen.
• Muévete 0 unidades hacia la derecha.
• Luego muévete 4 unidades hacia arriba.

8. • Comienza en el origen.
• Muévete 1 unidad hacia la izquierda.
• Luego muévete 2 unidades hacia abajo.

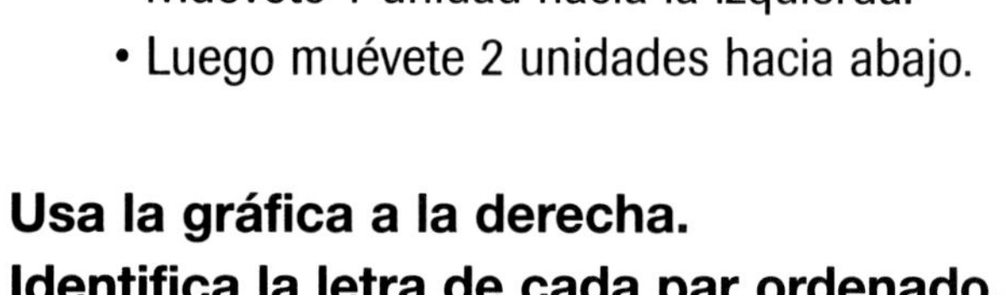

Usa la gráfica a la derecha.
Identifica la letra de cada par ordenado.

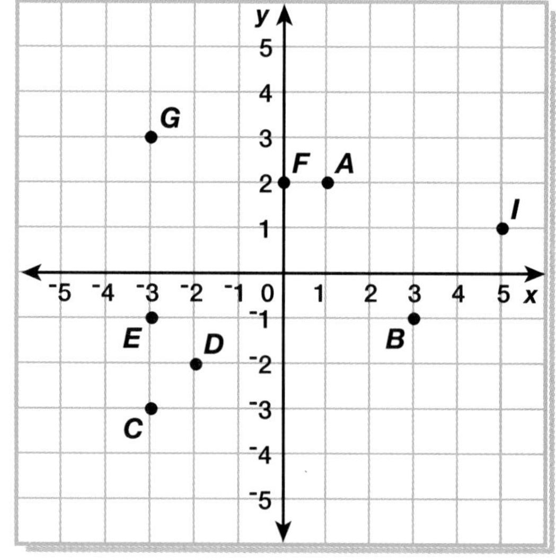

9. $(3, ^-1)$ **10.** $(1, 2)$

11. $(^-3, ^-1)$ **12.** $(^-3, 3)$

13. $(^-2, ^-2)$ **14.** $(0, 2)$

15. $(^-3, ^-3)$ **16.** $(5, 1)$

Álgebra • Expresiones Sea $n = 5$.
Escribe las coordenadas de cada par ordenado.

17. $(n, n + 4)$ **18.** $(n, n - 4)$

19. $(n, 5n)$ **20.** $(n, n + 12)$

21. $(n, 8n)$ **22.** $(n, 8n + 1)$

23. Si la coordenada x de un punto es negativa, ¿estará el punto a la izquierda o a la derecha del eje de las y?

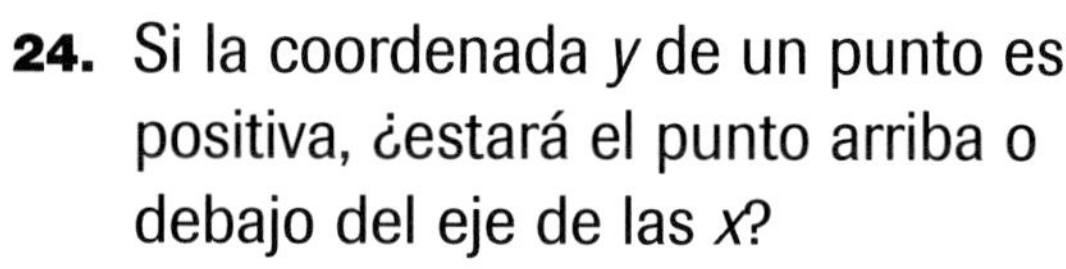

24. Si la coordenada y de un punto es positiva, ¿estará el punto arriba o debajo del eje de las x?

Resolver problemas • Razonamiento

Resuelve. Escoge un método.

Métodos de computación

- Cálculo mental
- Estimación
- Papel y lápiz

25. **Analízalo** Un punto está exactamente a 3 unidades del origen, sobre uno de los ejes. ¿Dónde puede estar?

26. En la Escuela Carter, 195 estudiantes son niños y 198 son niñas. ¿Aproximadamente cuántos estudiantes hay?

27. En un mapa del pueblo, la Escuela Carter está ubicada en (4, 0). La biblioteca está ubicada en (0, 4). La oficina de correos está en el origen. ¿Qué sabes acerca de la distancia entre la oficina de correos, la biblioteca y la escuela?

28. El número de estudiantes de cuarto grado de la Escuela Carter es 4 más que el número de estudiantes de tercer grado. En total hay 48 estudiantes de tercer y cuarto grado. ¿Cuántos estudiantes hay en cada grado?

Repaso mixto • Preparación para pruebas

Halla el área y el perímetro de cada rectángulo. *(páginas 490–493)*

29. $a = 3$ pulg
$a = 4$ pulg

30. $l = 12$ m
$l = 23$ m

31. $l = 28$ pies
$a = 16$ pies

32. $l = 11$ cm
$a = 12$ cm

Escoge la letra de la respuesta correcta. *(páginas 78–81; 132–135)*

33 ¿Qué expresión representa 4 más que *p*?

A $p - 4$
B $4 - p$
C $p + 4$
D $p \times 4$

34 ¿Qué expresión representa el producto de 3 por *a*?

F $a + 3$
G $3a$
H $a \div 3$
J $a - 3$

Escribe *verdadero* o *falso* para cada oración.

35. Un punto sobre el eje de las *x* tiene una coordenada *y* igual a 0.

36. Todo punto sobre el eje de las *y* tiene una coordenada *y* igual a 0.

37. El punto (0, 3) está sobre el eje de las *x*.

38. El origen está tanto sobre el eje de las *x* como sobre el eje de las *y*.

Gráficas de pares ordenados en el plano de coordenadas

Aprenderás cómo marcar puntos con coordenadas de números enteros.

Apréndelo

Harriet hizo una figura sobre papel cuadriculado. Le pidió su amigo Karl que hiciera la figura.

Harriet dijo: "Las cuatro esquinas de mi figura son *A*, *B*, *C* y *D*. *A* está en (5, 4). *B* está en ($^-4$, 4). *C* está en ($^-5$, $^-3$). *D* está en (4, $^-3$). Une *A* con *B*, *B* con *C*, *C* con *D* y *D* con *A* para formar la figura". ¿Qué figura hizo Harriet?

Marca y une los puntos en una cuadrícula, para formar la figura que hizo Harriet.

Paso 1 Marca *A* (5, 4).

- Comienza en el origen.
- Muévete 5 unidades hacia la derecha.
- Luego muévete 4 unidades hacia arriba.
- Marca un punto en la posición.
- Rotula el punto como *A* (5, 4).

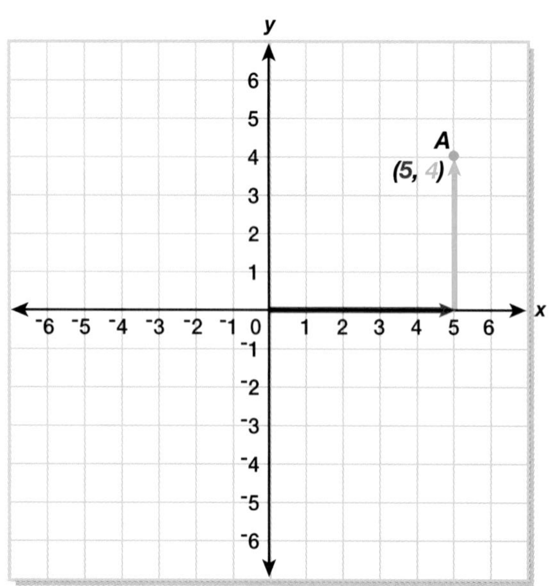

Paso 1 Marca *B* ($^-4$, 4).

- Comienza en el origen.
- Muévete 4 unidades hacia la izquierda.
- Luego muévete 4 unidades hacia arriba.
- Marca un punto en la posición.
- Rotula el punto como *B* ($^-4$, 4).

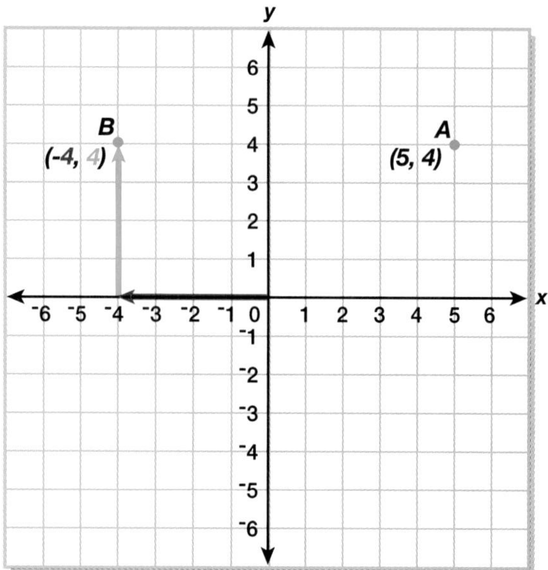

Estándares MG **2.0** MR **2.3**

Paso 3 Marca C $(^-5, ^-3)$.

- Comienza en el origen.
- Muévete 5 unidades hacia la izquierda.
- Luego muévete 3 unidades hacia abajo.
- Marca un punto en la posición.
- Rotula el punto como C $(^-5, ^-3)$.

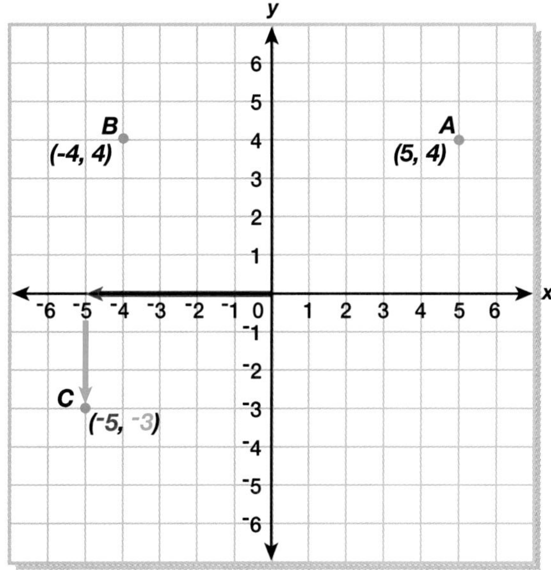

Paso 4 Marca D $(4, ^-3)$.

- Comienza en el origen.
- Muévete 4 unidades hacia la derecha.
- Luego muévete 3 unidades hacia abajo.
- Marca un punto en la posición.
- Rotula el punto como D $(4, ^-3)$.
- Une A a B, B a C, C a D y D a A.

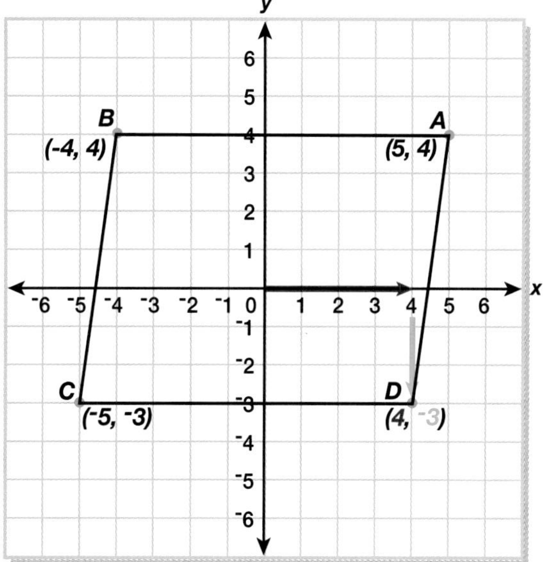

Solución: La figura que hizo Harriet es un paralelogramo.

Explícalo

- ► Si los dos números de un par ordenado son mayores que cero, ¿en qué parte del plano de coordenadas estará el punto?
- ► Si los dos números de un par ordenado son menores que cero, ¿en qué parte del plano de coordenadas estará el punto?

Práctica guiada

Completa la oración para cada punto.

a. Primero muévete ____ unidades hacia la ____.

b. Luego muévete ____ unidades hacia ____.

1. $(3, ^-4)$

2. $(^-6, 3)$

3. $(8, 5)$

4. $(^-2, ^-7)$

Asegúrate

- ¿Comencé en el origen?
- ¿Me moví primero hacia la izquierda o la derecha?
- ¿Me moví después hacia arriba o hacia abajo?

Práctica independiente

Dibuja el eje de las *x* y el eje de las *y* sobre papel cuadriculado. Rotula cada eje como se muestra en la gráfica siguiente. Halla, marca y rotula cada punto.

5. $R\ (2, {}^-4)$

6. $U\ ({}^-4, 2)$

7. $S\ ({}^-1, {}^-3)$

8. $W\ (3, 6)$

9. $T\ (4, 5)$

10. $Y\ ({}^-7, 2)$

Usa tu gráfica para contestar estas preguntas.

11. Haz una lista de todos los puntos que están sobre el eje de las *x*. Haz una lista de todos los puntos que están debajo del eje de las x.

12. Predícelo A partir de un par ordenado, ¿cómo puedes saber si un punto estará arriba o debajo del eje de las *x*?

13. ¿Qué puntos están a la izquierda del eje de las *y*? ¿Qué puntos están a la derecha del eje de las *y*?

14. A partir de un par ordenado, ¿cómo puedes saber si un punto estará a la izquierda o a la derecha del eje de las *x*?

Resolver problemas • Razonamiento

Usa la gráfica a la derecha.

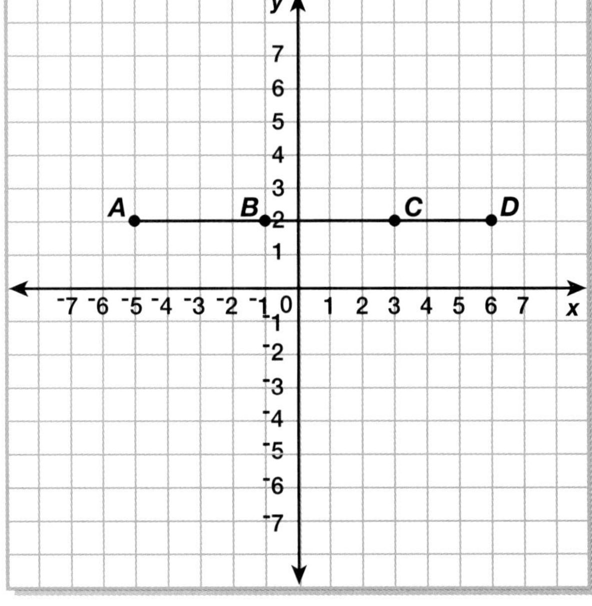

15. Escribe los pares ordenados para *A*, *B*, *C* y *D*.

16. Compáralo ¿Qué tienen en común los pares ordenados? ¿Qué observas? ¿En qué se diferencian los pares ordenados? ¿Qué observas?

17. Escríbelo Anota los pares ordenados de otros tres puntos que sabes que están en la gráfica. Indica cómo decidiste cuáles serían las coordenadas.

Repaso mixto • Preparación para pruebas

Escribe una fracción para cada decimal. Escribe un decimal para cada fracción. *(páginas 380–381)*

18. 0.1 **19.** $\frac{3}{100}$ **20.** 0.75 **21.** $\frac{8}{10}$ **22.** 0.02 **23.** $\frac{44}{100}$

24 ¿Qué número es divisible entre 2 y 5? *(páginas 246–247)*

A 12 **B** 15 **C** 20 **D** 25

Práctica adicional Consultar el Conjunto F, página 555.

Juego de Práctica

Tres en raya: Gráficas

Practica el marcar puntos jugando este juego con un compañero. Intenta marcar cuatro puntos en una recta.

Lo que necesitas

- *Tablero de juego de papel cuadriculado, con los ejes de las* x *y de las* y *como se muestra (Recurso de enseñanza 21)*

Jugadores
2

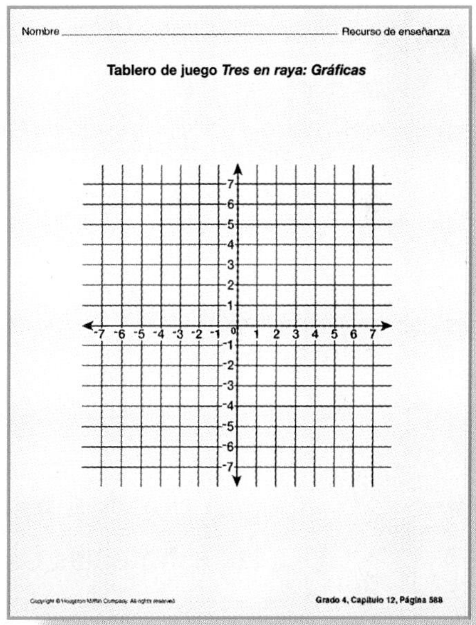

Lo que debes hacer

1. Un jugador usa *X* y el otro usa *O*.
2. Los jugadores se turnan para escoger un punto, identificando sus coordenadas y marcándolo con *X* u *O*.
3. Si el punto ya ha sido marcado, el jugador pierde un turno.
4. El ganador es el primer jugador que obtenga cuatro *X* o cuatro *O* sobre una recta, ya sea horizontal, vertical o diagonalmente.

Compártelo Explica alguna de las estrategias que usaste al jugar el juego.

Estrategia: Escoge una estrategia

Aprenderás cómo escoger una estrategia para resolver un problema.

Al resolver un problema debes decidir qué estrategia usar.

Problema La hermana de Andrés es su "banquera familiar". La cuenta de Andrés era de $^{-}7$ porque le debía $7. Ella acordó otorgarle un crédito de $5 a cambio del bastón usado de hockey de Andrés. ¿Qué número entero representa ahora el saldo de la cuenta de Andrés?

¿Cuál es la pregunta?

¿Qué número entero representa el saldo de la cuenta de Andrés?

¿Qué sabes?

- El saldo de Andrés era de $^{-}7$.
- Su hermana le dio un crédito de $5.

¿Cómo puedes resolver este problema?

Usa las estrategias Usa un modelo o Haz un dibujo.

Resuélvelo

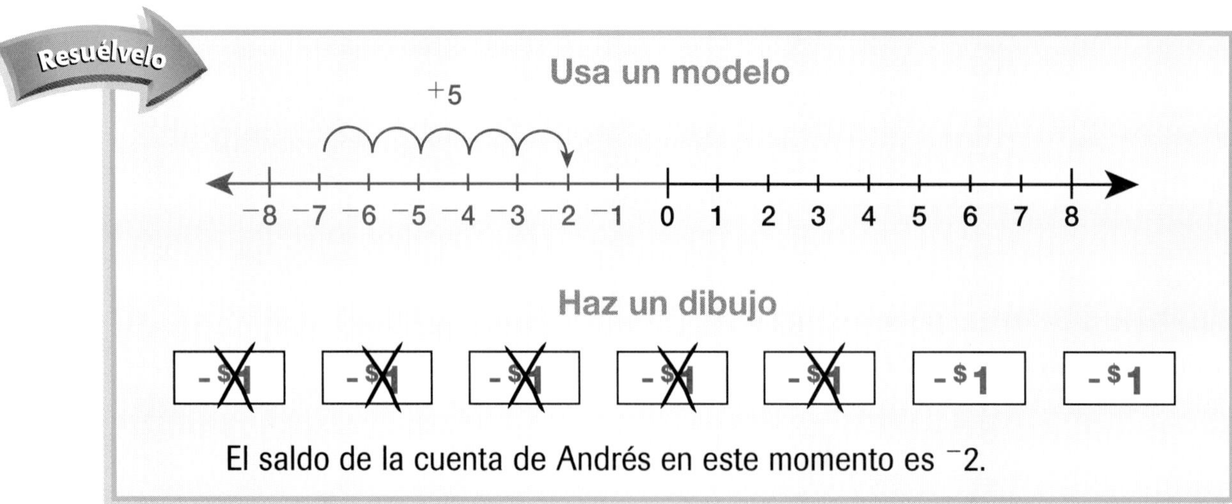

El saldo de la cuenta de Andrés en este momento es $^{-}2$.

Verifica el problema.

¿Qué estrategia usarías? Explica por qué.

Estándares	NS **1.8** MR **1.0, 2.0, 2.3, 3.0, 3.2**

Práctica guiada

Usa una estrategia para resolver cada problema.

1. La cuenta de Ed con su mamá estaba en $^{-}5$. Él le pidió prestado $10 más para comprar rodilleras. ¿Qué número entero representa ahora la cuenta de Ed con su mamá?

   Piénsalo: ¿Puedo usar un modelo para resolver este problema?

2. La cuenta de Beth con su papá estaba en $^{-}8$. Después ella ganó $8 que se los dio a su papá para agregarlos a su cuenta. ¿Qué número entero representa ahora la cuenta de Beth?

   Piénsalo: ¿Puedo hacer un dibujo para resolver este problema?

Escoge una estrategia

Resuelve. Usa éstas u otras estrategias.

Estrategias para resolver problemas

- **Haz una tabla**
- **Estima y verifica**
- **Haz un dibujo**
- **Usa el razonamiento lógico**

3. El equipo Azul y el equipo Rojo jugaron un juego. Se anotaron catorce goles en total. El equipo Rojo anotó 2 goles menos que el equipo Azul. ¿Cuántos goles anotó el equipo Azul?

4. La mamá de Megan llevó suficientes naranjas a la práctica de hockey para que cada uno de los 12 jugadores del equipo pudiera comer 3 cuartos de naranja. ¿Cuántas naranjas llevó?

5. El saldo de la cuenta de Tim con su hermana Rita quedó en 0 cuando él le pagó $10. ¿Cuál era el saldo antes de devolver los $10?

6. Elena le debe $5 a su primo. Ella ganó $8 por cuidar niños durante 2 horas. ¿Cuánto dinero le quedará luego de pagar lo que debe?

7. El equipo Azul pidió 4 pizzas después del juego. Cada pizza cuesta $6 y el precio de entrega es $5. El gerente le pasó un billete de $50 al repartidor. ¿Cuánto cambió recibió?

8. Durante la temporada, el equipo Rojo ganó dos juegos menos que el equipo Azul. El equipo Verde ganó 5 juegos más que el equipo Azul. ¿Cuántos juegos más ganó el equipo Verde que el equipo Rojo?

Práctica adicional Consultar 3–6, página 557.

Hallar longitudes en el plano de coordenadas

Aprenderás cómo usar las coordenadas para hallar la longitud de segmentos de recta.

Apréndelo

Diane marcó los puntos *A* (1, 2) y *B* (7, 2). Luego ella dibujó un segmento de recta horizontal para unir los puntos. Carla marcó los puntos *C* (9, 3) y *D* (9, 8). Ella unió estos puntos con un segmento de recta vertical. ¿Cuántas unidades de longitud mide cada segmento?

Para hallar la longitud, puedes contar unidades. Otra manera es hallar la diferencia entre las coordenadas.

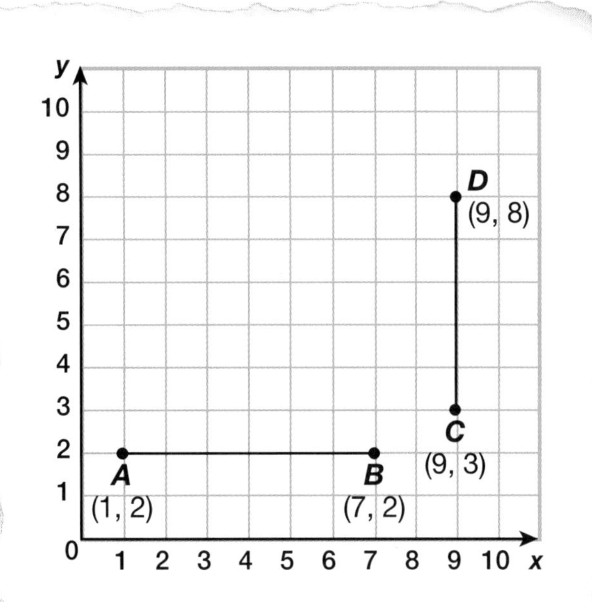

Para hallar la longitud de un segmento de recta horizontal, halla la diferencia entre las coordenadas *x*.

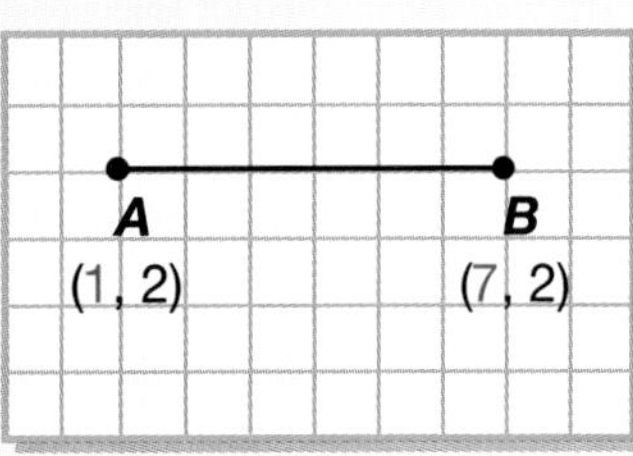

$7 - 1 = 6$

Para hallar la longitud de un segmento de recta vertical, halla la diferencia entre las coordenadas *y*.

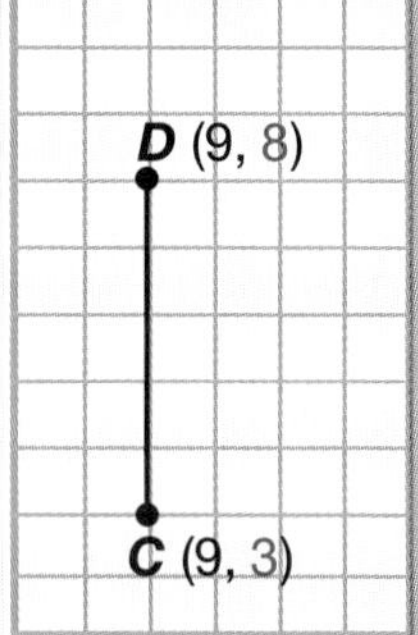

$8 - 3 = 5$

Solución: La distancia de *A* a *B* es 6 unidades. La distancia de *C* a *D* es 5 unidades.

Explícalo

- Si unes los puntos identificados por (2, 3) y (2, 8) con un segmento de recta, ¿será el segmento de recta horizontal o vertical? ¿Cómo puedes saberlo sin marcar los puntos?

Estándares	MG **2.2, 2.3** MR **2.3**

Práctica guiada

Halla la longitud de cada segmento de recta.

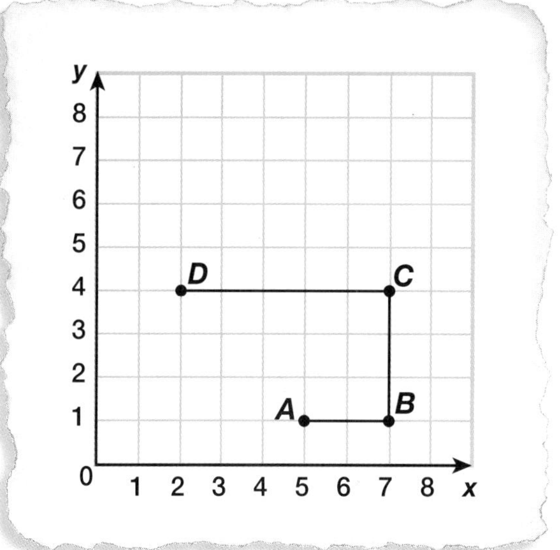

1. $\overline{AB}$ 2. $\overline{BC}$ 3. $\overline{CD}$

4. ¿Cuántas unidades de longitud mide el segmento de recta que une los puntos cuyos pares ordenados son (7, 2) y (7, 5)?

Práctica independiente

Haz una gráfica de cada par de puntos. Halla la longitud del segmento que une cada par de puntos.

5. (2, 4) (2, 9) 6. (3, $^-5$) (10, $^-5$) 7. (4, 0) (4, 2) 8. (4, 6) (8, 6)

Halla la longitud del segmento de recta que une cada par de puntos.

9. (6, 0) (9, 0) 10. ($^-2$, 1) ($^-2$, 7) 11. (6, $^-1$) (1, $^-1$) 12. ($^-8$, 4) ($^-8$, 13)

Resolver problemas • Razonamiento

13. **Analízalo** La longitud del segmento *XY* es 5 unidades. Si *X* está identificado por (3, 6) e *Y* está identificado por (3, ■), entonces ¿cuáles son los valores posibles para ■?

14. **Razonamiento lógico** Un rectángulo mide 6 unidades de longitud por 4 unidades de ancho. Dos de los vértices del rectángulo son los puntos identificados por (10, 7) y (6, 7). Haz una gráfica que represente los pares ordenados de las otras dos vértices.

15. Marca los puntos *A* (1, 6), *B* (8, 6), *C* (8, 1) y *D* (1, 1). Une los puntos para formar un rectángulo. ¿Cuál es la longitud y el ancho del rectángulo?

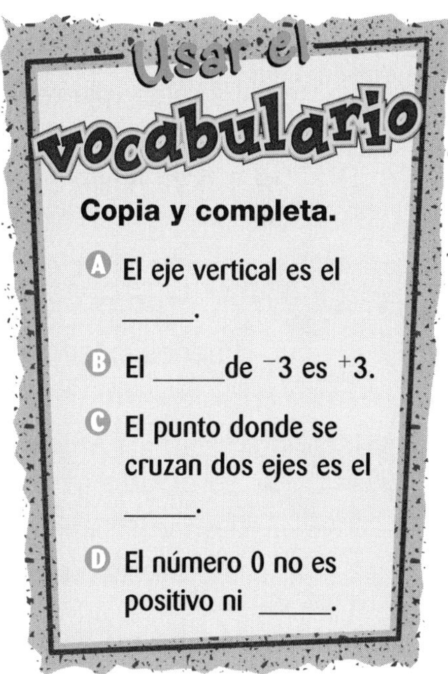

Usar el vocabulario
Copia y completa.
A El eje vertical es el _____.
B El _____de $^-3$ es $^+3$.
C El punto donde se cruzan dos ejes es el _____.
D El número 0 no es positivo ni _____.

Repaso mixto • Preparación para pruebas

Halla cada suma o diferencia. *(páginas 56–63)*

16. 3,010 − 1,893 17. 78,123 + 5,675 18. \$22.34 − \$11.99

19. ¿Qué alternativa es equivalente a 0.06? *(páginas 380–381)*

A $\frac{6}{10}$ **B** $\frac{1}{6}$ **C** $\frac{6}{100}$ **D** $\frac{1}{60}$

Aplicación: Usa una gráfica

Aprenderás cómo resolver un problema extendiendo una gráfica lineal.

Cuando los datos pueden representarse por puntos que están sobre una recta, a veces puedes resolver un problema extendiendo la recta.

Problema La tienda Deportes Ace alquila bicicletas. La tabla muestra algunos precios por hora de alquiler de bicicleta. La gráfica representa la relación que hay entre la cantidad de tiempo y el precio. ¿Cuánto cuesta alquilar una bicicleta durante 4 horas?

Bicicletas Ace Tarifa de alquiler

Tiempo	Precio
1 h	$ 7
2 h	$ 9
3 h	$ 11

Compréndelo

¿Cuál es la pregunta?

¿Cuánto cuesta alquilar una bicicleta durante 4 horas?

¿Qué representa la gráfica?

La recta roja representa el precio de alquilar una bicicleta en períodos de tiempo desde 1 hora hasta 3 horas.

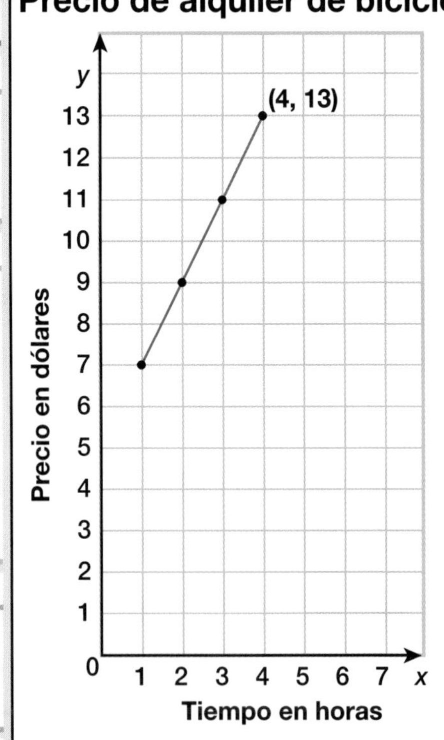

¿Cómo puedes hallar la respuesta?

Puedes extender la recta.

Extiende la recta de la gráfica.

Usa una regla para extender la recta. El punto identificado por (4, 13) está en la gráfica.

Así que si continúa el patrón el alquilar una bicicleta durante 4 horas debería costar $1.

Verifícalo

Verifica el problema.

¿Cómo se relaciona la gráfica con la tabla?

Estándares	MG **2.1** SDP **1.1, 1.3** MR **1.0, 2.0, 3.0, 3.1, 3.2**

Recuerda:
- ▶ Compréndelo
- ▶ Planéalo
- ▶ Resuélvelo
- ▶ Verifícalo

Estos ciclistas de Austin (Texas) participan en una carrera para recaudar fondos para la investigación del cáncer.

Práctica guiada

Resuelve. Usa la gráfica a la derecha.

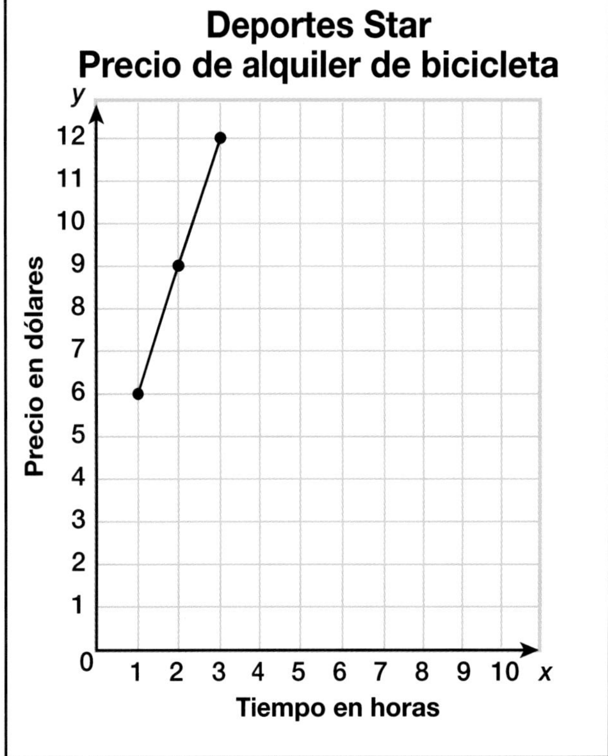

1. ¿Cuánto costará alquilar una bicicleta durante 2 horas en Deportes Star?

   Piénsalo: ¿Está representada en la gráfica la información que necesitas?

2. ¿Cuánto costará alquilar una bicicleta durante 5 horas en Deportes Star?

   Piénsalo: ¿Puede servirte para hallar la respuesta extender la recta?

Escoge una estrategia

Usa la gráfica anterior para los Problemas 3–5 y 7–8. Usa éstas u otras estrategias.

Estrategias para resolver problemas

- **Haz un dibujo**
- **Halla un patrón**
- **Escribe una ecuación**
- **Usa el razonamiento lógico**

3. Si extiendes la recta hacia abajo, la gráfica incluirá el punto (0, 3). ¿Tiene ese punto algún sentido en esta gráfica? Explícalo.

5. Usa la regla del Problema 4. ¿Cuánto costará alquilar una bicicleta durante 12 horas en Deportes Star? ¿y durante 15 horas?

7. ¿Cuánto costará alquilar una bicicleta durante 6 horas en Deportes Star?

4. Sea x el número de horas. Sea y el precio de alquiler de la bicicleta. Escribe una regla que represente la relación.

6. La bicicleta usada de Alan cuesta $3 más que la de Joy. La bicicleta de Ed cuesta $2 menos que la de Joy. Si la bicicleta de Ed cuesta $24, ¿cuánto costó la bicicleta de Alan?

8. Si extiendes la recta, ¿estará el punto (7, 29) sobre ella?

Práctica adicional Consultar 7–8, página 557.

Verificación rápida

Verifica los conceptos de las Lecciones 5–10

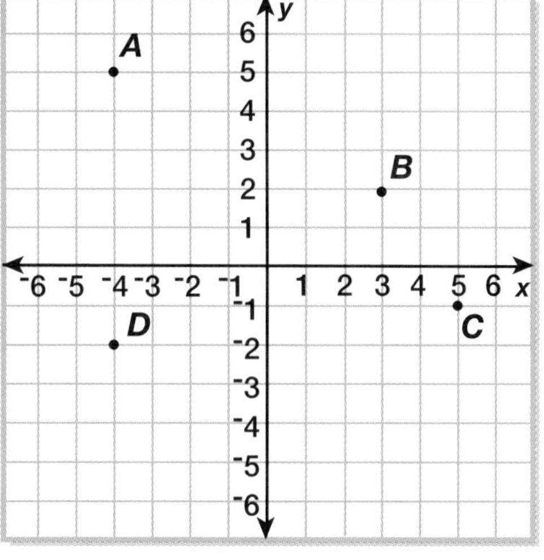

Usa la gráfica a la derecha. Identifica la letra de cada par ordenado.

1. (3, 2) **2.** $(^-4, ^-2)$ **3.** $(5, ^-1)$

Dibuja una gráfica como la de la derecha. Luego ubica, marca y rotula cada punto.

4. $P\ (3, ^-5)$ **5.** $Q\ (2, 6)$ **6.** $R\ (^-2, ^-4)$

Halla la longitud del segmento de recta que une cada par de puntos.

7. $F\ (3, 0)$ y $G\ (3, 4)$ **8.** $J\ (2, ^-3)$ y $K\ (7, ^-3)$

Resuelve. Usa la gráfica para el Problema 9.

9. Paco y su papá quieren alquilar un bote. ¿Cuánto costará alquilar el bote durante 5 horas en Alquiler de Botes Walter?

10. Ellen quiere comprar unos tenis que cuestan \$39. Tiene \$15 y puede ahorrar \$4 más cada semana. ¿En cuántas semanas tendrá dinero suficiente para comprar los tenis?

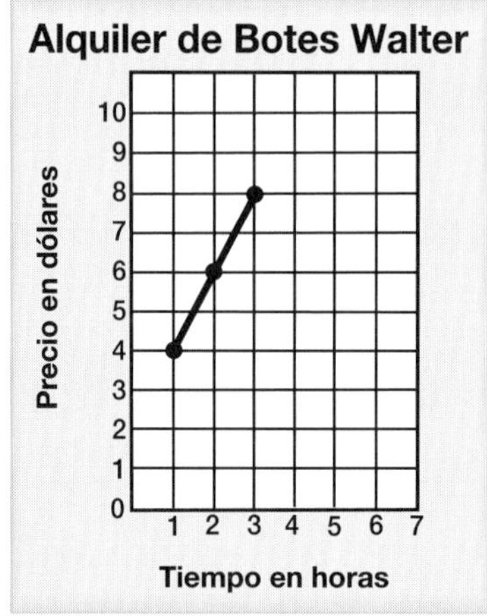

¿Cómo te fue?

Si tuviste dificultades en cualquiera de las partes de Verificación rápida, puedes usar las siguientes páginas para repasar y practicar más.

Estándares	Ejercicios	Repasar estas páginas	Hacer estos ejercicios de práctica adicional
Sentido numérico: **1.8** Geometría: **2.0**	1–3	páginas 538–541	Conjunto E, página 555
Sentido numérico: **1.8** Geometría: **2.1**	4–6	páginas 542–544	Conjunto F, página 555
Sentido numérico: **1.8** Geometría: **2.2, 2.3**	7–8	páginas 548–549	Conjunto G, página 556
Geometría: **2.1** Razonamiento: **1.1, 2.3**	9	páginas 550–551	7-8, página 557
Razonamiento: **1.1, 2.3**	10	páginas 546–547	3-6, página 557

Preparación para pruebas • Repaso acumulativo

Mantener los estándares

Marca la letra de la respuesta correcta.
Si la respuesta no aparece, marca NA.

1. Doscientos sesenta y cuatro estudiantes fueron asignados a 8 clases de igual tamaño. ¿Cuántos estudiantes hay en cada clase?

   A 32 R2 **C** 38
   B 33 **D** NA

2. ¿Qué triángulo es escaleno?

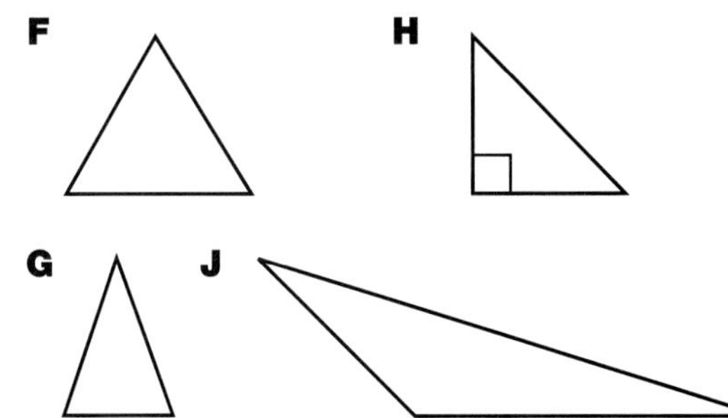

3. ¿Cuántos vértices tiene un cilindro?

   A 0 **C** 4
   B 1 **D** 7

4. ¿Qué ecuación representa la relación que hay entre el diámetro (d) y el radio (r) de un círculo?

   F $d = 2r$
   G $d = \frac{1}{2}r$
   H $d = 3r$
   J $d = r \cdot r$

5. ¿Qué enunciado no se cumple?

   A Todos los rectángulos son paralelogramos.
   B Algunos rectángulos son cuadrados.
   C Ningún cuadrado es paralelogramo.
   D Ningún trapezoide es paralelogramo.

6. ¿Cuál es la suma estimada de 16.7 más 13.39, si ambos sumandos se redondean al número entero más cercano?

   F 29 **H** 30.1
   G 30 **J** 30.09

7. Dos rectas están en el mismo plano, pero nunca se intersecan. ¿Cómo se les llama a estas rectas?

   A perpendiculares
   B paralelas
   C alabeadas
   D diagonales

8. Se ponen cuadrados de alfombra en el piso de un armario que mide 4 pies de longitud por 3 pies de ancho. Si los cuadrados de alfombra miden 1 pie por cada lado, ¿cuántos cuadrados de alfombra se necesita?

   Explícalo ¿Cómo hallaste tu respuesta?

Página segura

Preparación para pruebas
Visita **www.eduplace.com/kids/mhm** para más *Preparación para pruebas.*

Práctica adicional

Conjunto A *(Lección 1, páginas 524–525)*

Usa la cuadrícula a la derecha para los Ejercicios 1-6. Escribe la letra del punto para cada par ordenado.

1. (2, 2) **2.** (7, 5) **3.** (6, 3)

Escribe el par ordenado para cada punto.

4. *E* **5.** *F* **6.** *D*

Conjunto B *(Lección 2, páginas 526–527)*

Copia la cuadrícula. Marca cada punto. Rotula el punto con la letra.

1. *A* (2, 3) **2.** *C* (1, 4) **3.** *E* (5, 2)

4. *D* (3, 0) **5.** *F* (3, 3) **6.** *B* (2, 5)

7. *H* (0, 4) **8.** *J* (5, 1) **9.** *I* (3, 4)

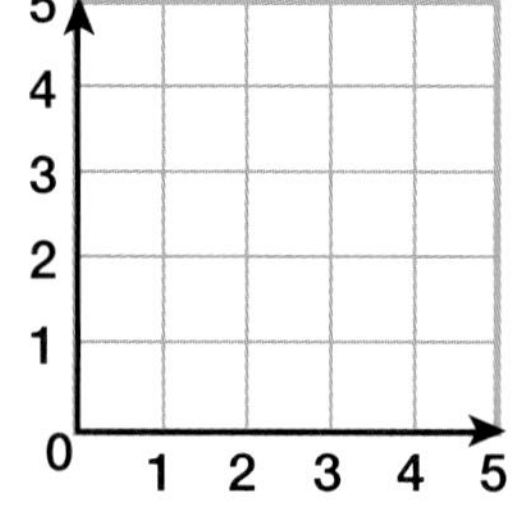

Conjunto C *(Lección 3, páginas 528–530)*

1. Escribe los pares de datos de la tabla como pares ordenados. Usa el número de paquetes como primera coordenada.

Paquetes de tomates					
Número de paquetes	1	2	3	4	5
Número de tomates	3	6	9	12	15

2. Copia la cuadrícula y marca los puntos identificados por los pares ordenados. Une los puntos.

3. Usa tu gráfica para predecir cuántos tomates habría en

a. 6 paquetes.

b. 8 paquetes.

Paquetes de tomates

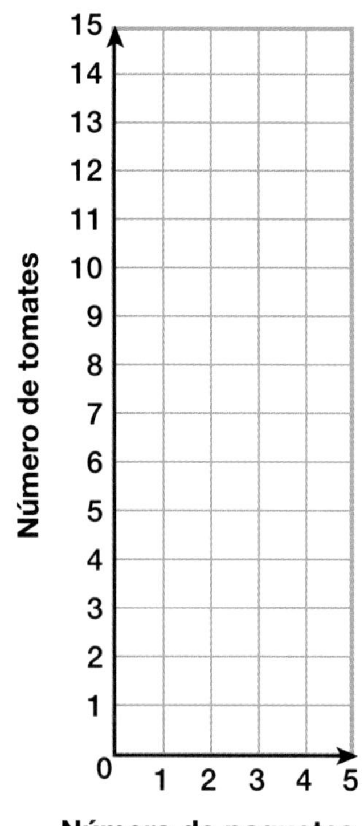

Práctica adicional

Conjunto D (Lección 5, páginas 536–537)

Escribe el número entero para cada situación.

1. 4 minutos antes del despegue
2. 7 grados bajo cero
3. resultado luego de ganar 3 puntos
4. un saldo de $4 en una cuenta

Escribe el número entero para cada letra a partir de la recta numérica.

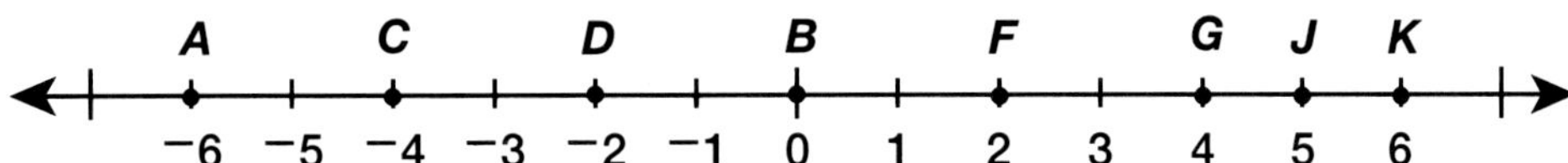

1. A
2. D
3. B
4. F
5. K
6. C
7. J
8. G
9. Dibuja una recta numérica. Representa los números enteros del $^{-}15$ al $^{+}15$.

Conjunto E (Lección 6, páginas 538–541)

Usa la gráfica a la derecha. Sigue las instrucciones. Escribe la letra y las coordenadas de cada punto.

1. • Comienza en el origen.
   • Muévete 2 unidades hacia la derecha.
   • Luego muévete 3 unidades hacia abajo.
2. • Comienza en el origen.
   • Muévete 4 unidades hacia la izquierda.
   • Luego muévete 2 unidades hacia arriba.
3. • Comienza en el origen.
   • Muévete 0 unidades.
   • Luego muévete 3 unidades hacia abajo.

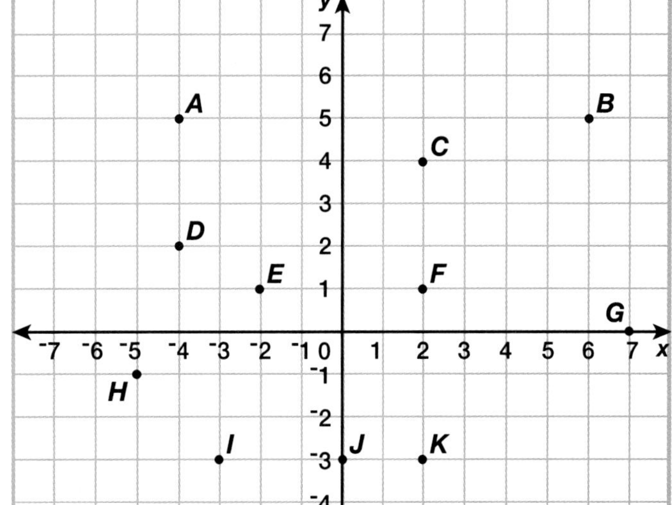

Usa la gráfica anterior. Identifica la letra de cada par ordenado.

4. (6, 5)
5. (2, 4)
6. ($^{-}$4, 5)
7. (-2,1)
8. ($^{-}$5, $^{-}$1)
9. (7, 0)

Práctica adicional

Conjunto F *(Lección 7, páginas 542–544)*

Dibuja el eje de las *x* y el eje de las *y* sobre papel cuadriculado. Rotula cada eje como se muestra a la derecha. Halla, marca y rotula cada punto.

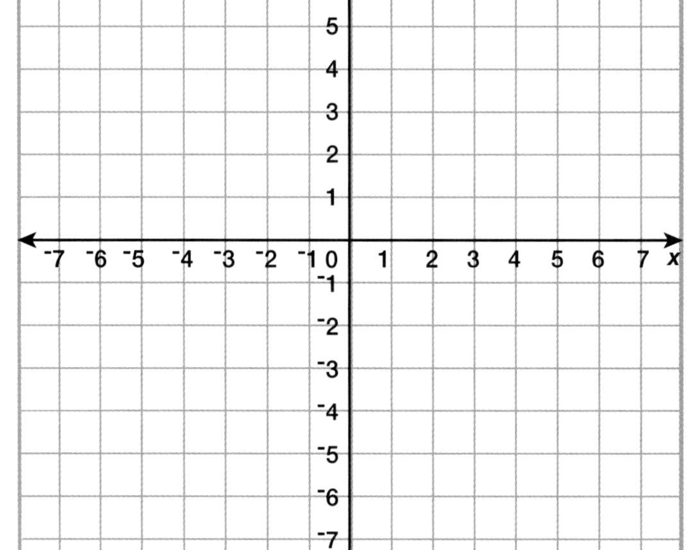

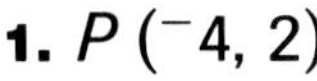

1. P $(^-4, 2)$
2. Q $(3, ^-1)$
3. R $(5, 4)$
4. S $(^-2, ^-4)$
5. T $(6, 3)$

Usa tu gráfica para contestar estas preguntas.

6. ¿Qué puntos están sobre el eje de las *x*?
7. ¿Qué puntos están a la derecha del eje de las *y*?

Conjunto G *(Lección 9, páginas 548–549)*

Haz una cuadrícula como la anterior. Representa gráficamente cada par de puntos. Halla la longitud del segmento de recta que une cada par de puntos.

1. (1, 3) y (1, 8)
2. $(3, ^-2)$ y $(8, ^-2)$
3. $(^-5, 0)$ y $(^-5, 4)$
4. (2, 1) y (7, 1)
5. $(^-4, ^-5)$ y $(^-4, ^-8)$
6. (0, 0) y (0, 8)

Haz una cuadrícula como la anterior. Representa gráficamente cada par de puntos. Halla la longitud del segmento de recta que une cada par de puntos.

7. (4, 8) y (13, 8)
8. $(^-7, 6)$ y $(^-7, 12)$
9. (0, 0) y (5, 0)

Práctica adicional • Resolver problemas

Resuelve. Usa la gráfica a la derecha. *(Lección 4, páginas 532–533)*

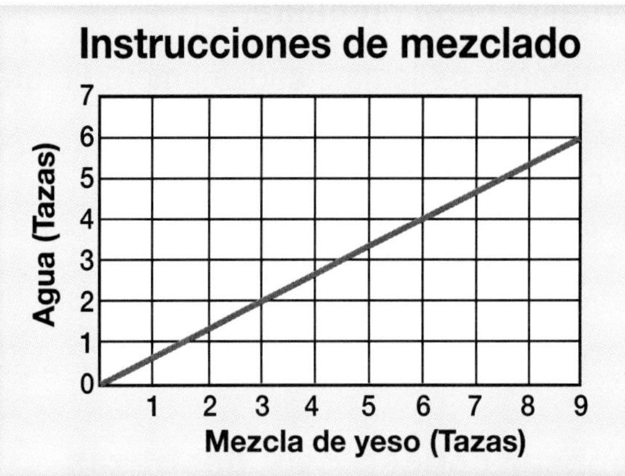

1. Supongamos que estás a cargo de mezclar el yeso para la clase de arte. Las instrucciones de mezclado a la derecha indican la cantidad de agua para mezclar con el yeso. Si usas 6 tazas de mezcla de yeso, ¿qué cantidad de agua deberías usar?

2. Si quieres usar 2 tazas de agua, ¿cuántas tazas de mezcla de yeso deberías usar?

Usa una estrategia para resolver cada problema. *(Lección 8, páginas 546–547)*

3. Kevin colecciona tarjetas de béisbol. Tiene un álbum con capacidad para 64 tarjetas. Ahora tiene 23 tarjetas en el álbum. Si reúne 6 tarjetas a la semana, ¿cuántas semanas demorará en completar el álbum?

4. Sue quiere comprar un abrigo nuevo que cuesta $54. Sue reparte periódicos para ganar dinero. Gana $9 a la semana. Ahora tiene $15 ahorrados. A partir de ahora, ¿cuántas semanas demorará en tener $54?

5. Cada cuaderno cuesta $1. Por la compra de 2 cuadernos, te regalan un cuaderno gratis. ¿Cuánto costarán 6 cuadernos?

6. El papá de Ned está comprando camisas. Cada camisa cuesta $15. Por la compra de 3 camisas, te regalan dos. ¿Cuánto costarán 5 camisas?

Resuelve. Usa la gráfica a la derecha. *(Lección 10, páginas 550–551)*

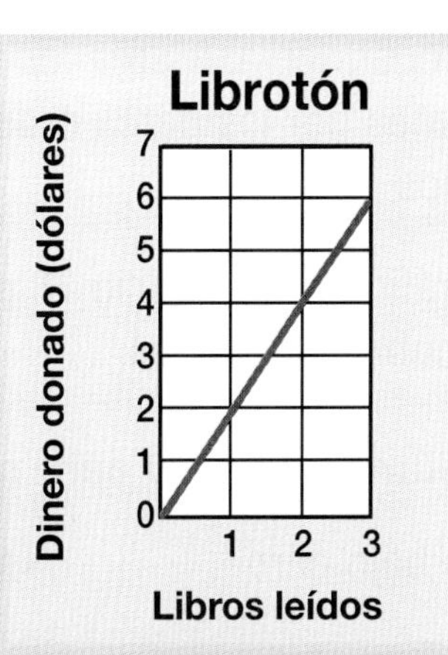

7. Amy está colaborando con la Librotón. Cada vez que Amy lee un libro, se dona dinero a la biblioteca. ¿Cuánto dinero se donará a la biblioteca si Amy lee 3 libros?

8. Escribe una regla que represente cuánto dinero se dona por cada libro leído.

Repaso del capítulo

Repasar el vocabulario

Contesta cada pregunta.

1. ¿Cómo se llama a cada número de un par ordenado?
2. En tus propias palabras explica qué son los números enteros.
3. ¿Qué tipo de número se escribe con signo $^{+}$?
4. ¿Qué número es el número opuesto de $^{-}8$?
5. En tus propias palabras explica qué es un número negativo.

Repasar conceptos y destrezas

Escribe la letra del par ordenado para cada punto. *(páginas 524–525)*

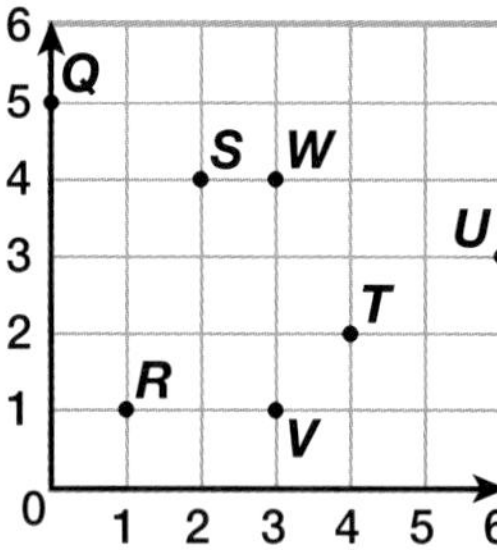

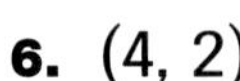

6. (4, 2) **7.** (0, 5) **8.** (6, 3)

9. *V* **10.** *R* **11.** *W*

Marca cada punto en una cuadrícula. Rotula el punto con la letra. *(páginas 526–527)*

12. *A* (5, 2) **13.** *M* (0, 3) **14.** *C* (3, 5)

Resuelve.

15. Escribe los datos de la tabla como pares ordenados. Usa el número de latas como primera coordenada.

Latas de pelotas de tenis			
Número de latas	1	2	3
Número de pelotas	3	6	9

16. Copia la cuadrícula. Marca los tres primeros puntos identificados por los pares ordenados del Ejercicio 15. Une los puntos.

17. Usa la gráfica del Ejercicio 16 para predecir cuántas pelotas habría en 5 latas.

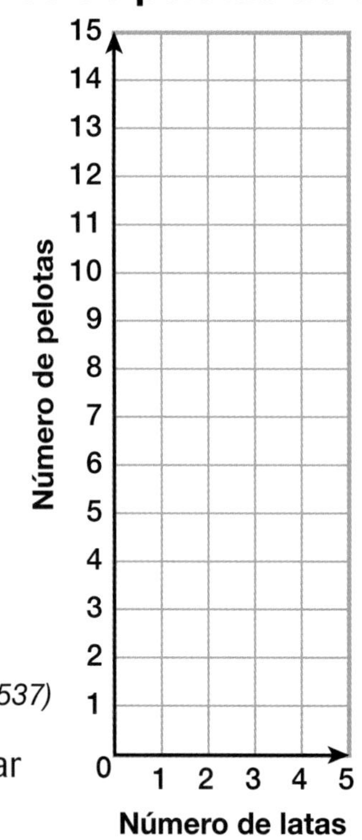

Escribe el número entero para cada situación. *(páginas 536–537)*

18. 3 grados bajo cero **19.** 3 pies sobre el nivel del mar

Sea n = 3. Escribe las coordenadas para cada par ordenado. *(páginas 548–551)*

20. $(n, n + 2)$ **21.** $(n, n - 3)$ **22.** $(n, 4n)$ **23.** $(n, 6n + 1)$

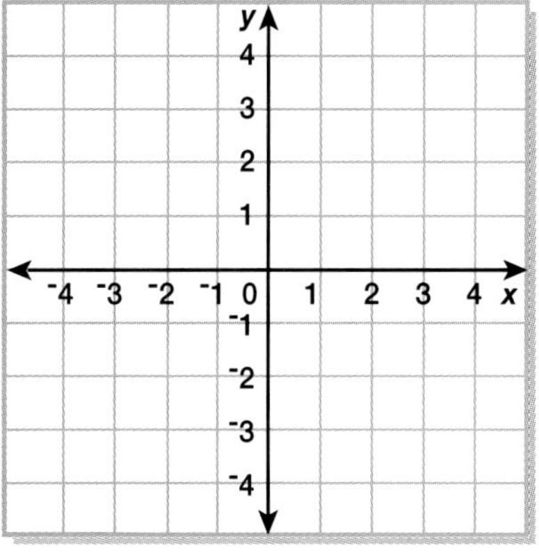

Usa los dígitos 1, 2 y 3 para formar todos los números posibles de 3 dígitos en los que cada dígito se use sólo una vez. ¿Cuál es el promedio de estos números?

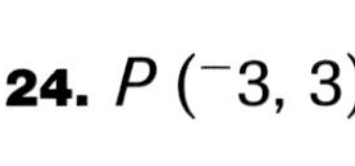

24. P ($^-3$, 3) **25.** L ($^-3$, $^-1$)

26. M (4, $^-1$) **27.** T (4, 3)

Halla la longitud del segmento de recta que une cada par de puntos. *(páginas 554–555)*

28. (3, 7) y (12, 7) **29.** ($^-7$, 1) y ($^-7$, 7) **30.** (0, 0) y (6, 0)

Resuelve. Usa la gráfica para los Problemas 31–32.
(páginas 538–539, 552–555, 556–557)

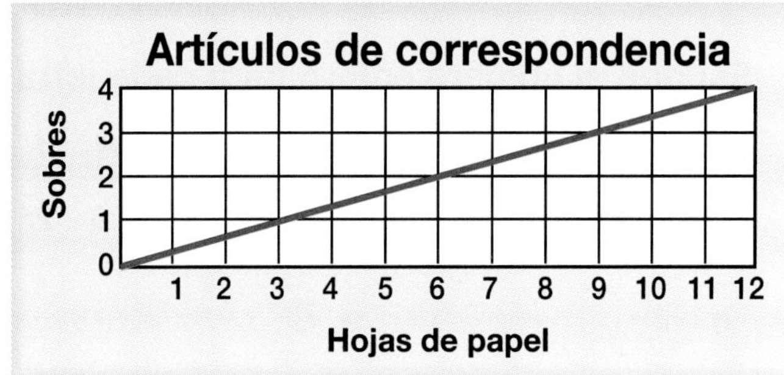

31. Se usan 3 sobres. ¿Cuántas hojas de papel se usan?

32. ¿Cuántos sobres se usan al ocupar 6 hojas de papel?

33. Una camisa cuesta \$12. Greg tiene \$5. Él ahorra \$2 a la semana. ¿En cuántas semanas tendrá dinero suficiente para comprar la camisa?

Acertijos Razonamiento matemático

Trío engañoso

La suma de 3 números es igual al producto de los 3 números. ¿Qué números son?

3, 2, 1

Usa los dígitos 1, 2 y 3 para formar todos los números posibles de 3 dígitos en los que cada dígito se use sólo una vez. ¿Cuál es el promedio de estos números?

Acertijos
Visita **www.eduplace.com/kids/mhm** para más *Acertijos.*

Prueba del capítulo

Escribe la letra del punto identificado por cada par ordenado.

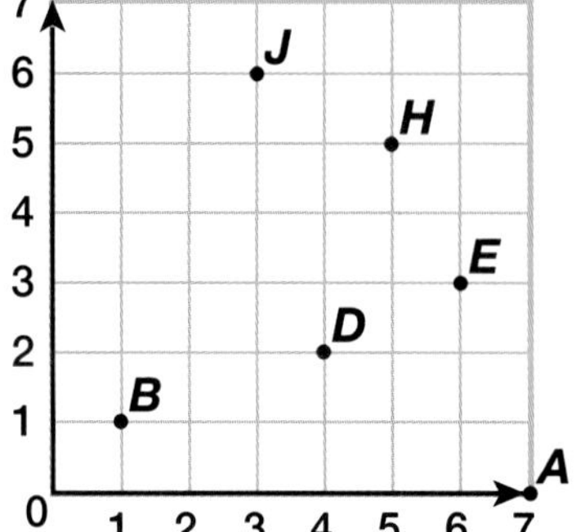

1. (1, 1) **2.** (7, 0) **3.** (3, 6)

Haz una cuadrícula. Marca cada punto. Rotula cada punto con la letra.

4. *Q* (2, 5) **5.** *R* (3, 7) **6.** *S* (4, 4)

7. Escribe los pares de datos de la tabla como pares ordenados. Usa el número de paquetes como primera coordenada.

Paquetes de tarjetas			
Número de paquetes	3	4	5
Número de tarjetas	15	20	25

Escribe el número entero para cada letra a partir de la recta numérica.

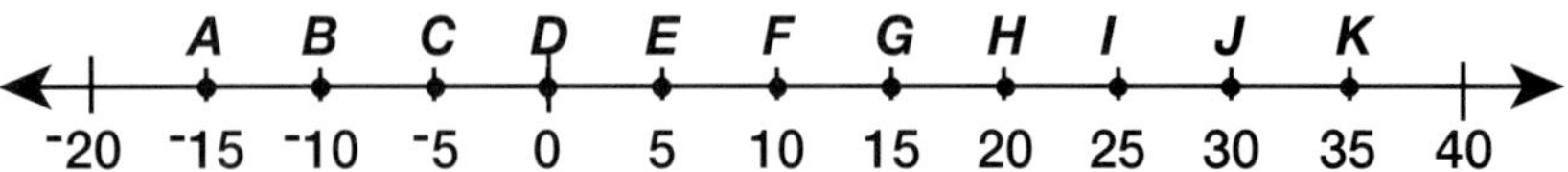

8. B **9.** E **10.** C **11.** H

Sea *n* = 4. Escribe las coordenadas para cada par ordenado.

12. $(n, n + 3)$ **13.** $(n, n - 3)$ **14.** $(n, 2n)$ **15.** $(n, n + 5)$

Dibuja el eje de las *x* y el eje de las *y* sobre papel cuadriculado. Rotula cada eje como se muestra a la derecha. Halla, marca y rotula cada punto.

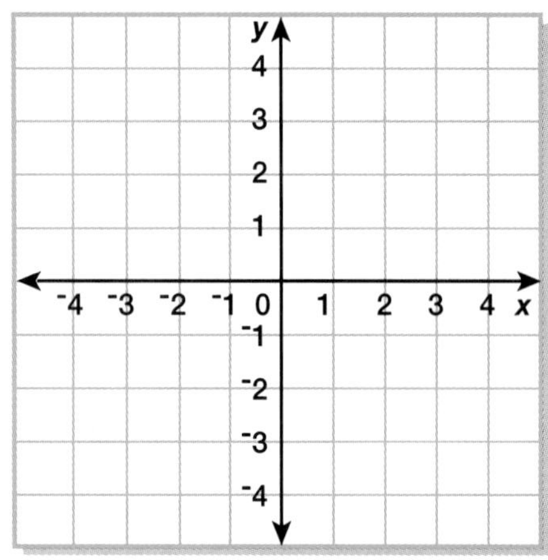

16. Punto *P* (3, 3)

17. Punto *L* (0, ⁻2)

18. Punto *O* (⁻2, ⁻1)

19. Punto *T* (⁻3, 3)

Halla la longitud del segmento de recta que une cada par de puntos.

20. (1, 1) y (1, 5) **21.** ($^-3$, 3) y ($^-3$, 8)

22. (4, 3) y (10, 3) **23.** ($^-2$, 1) y ($^-2$, 7)

Resuelve. Usa la gráfica para el Problema 24.

24. ¿Qué cantidad de agua saldrá por la tubería después de 3 minutos?

25. Los boletos para el museo de ciencias cuestan $4. Los lunes cada tercera persona ingresa gratis. ¿Cuánto les costará a 12 personas ir el lunes al museo de ciencias?

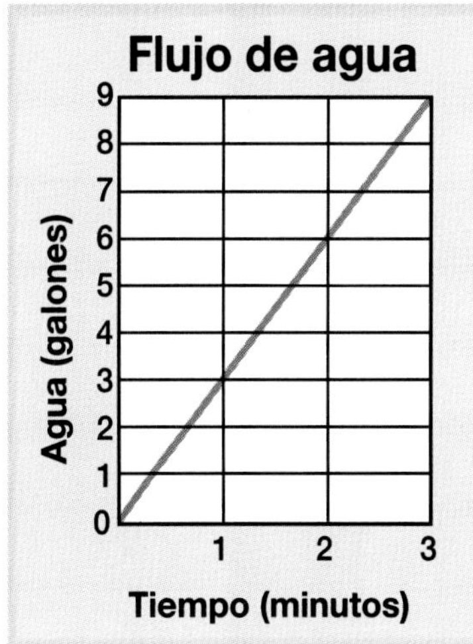

Escríbelo

Resuelve el problema. Usa el vocabulario matemático correcto para explicar tu razonamiento.

1. Julie trabaja en el jardín de los vecinos. Ella gana $4 por hora.

a. Haz una tabla que represente las horas de trabajo de Julie y el pago que recibe por 1–6 horas.

b. Escribe los datos como pares ordenados. Usa las horas trabajadas como el primer número de cada par ordenado.

c. Haz una cuadrícula. Marca los pares ordenados sobre papel cuadriculado. Usa las horas trabajadas para el eje de las *x*.

d. Describe cómo usar la gráfica para predecir lo que Julie puede ganar en 8 horas.

Una vez más

Usa la gráfica para resolver los problemas. Cada cuadrícula representa una milla cuadrada.

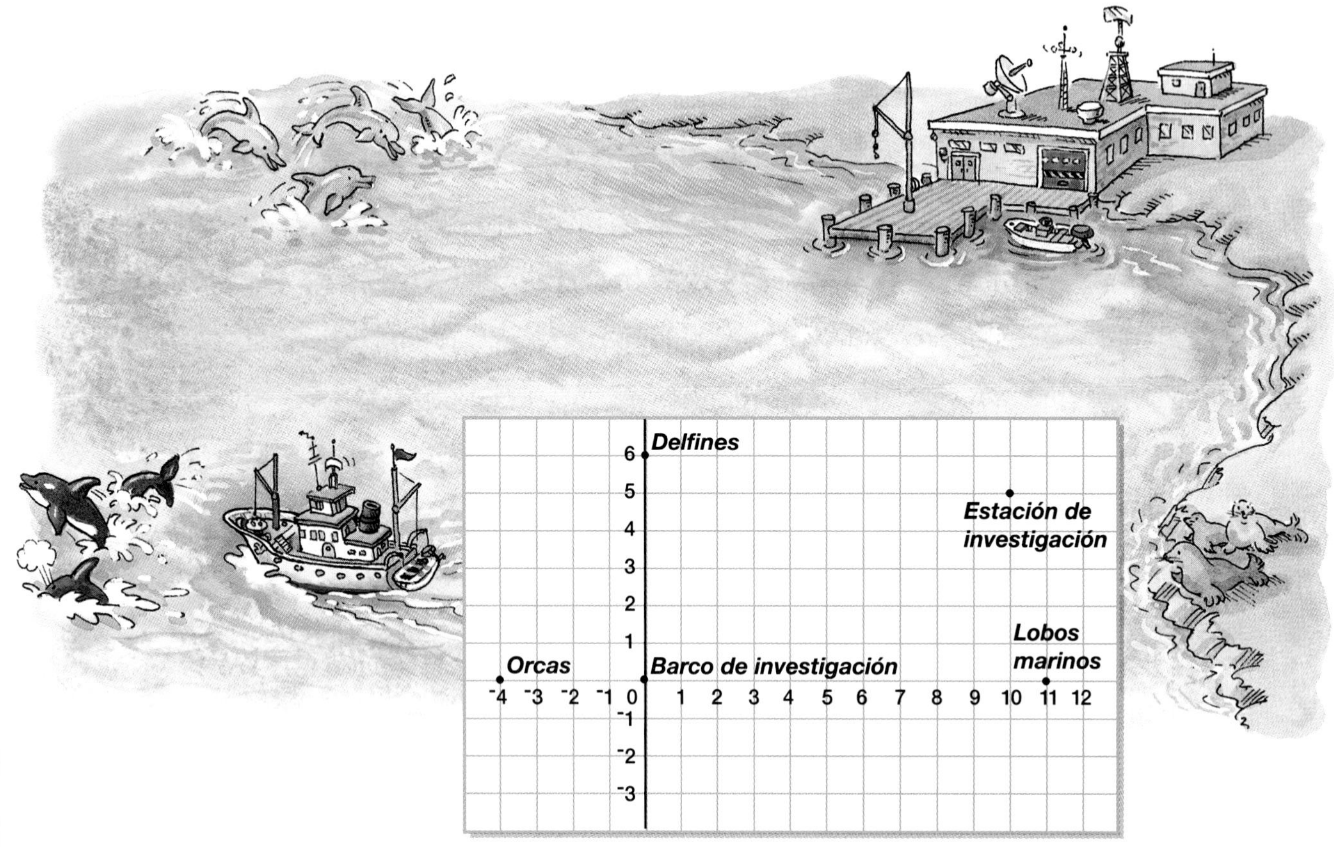

1. Escribe las coordenadas de cada punto que ubican algo en la gráfica.

2. Halla la distancia entre el barco de investigación y cada uno de los animales marinos.

3. **Verifícalo** ¿Cómo podrías usar las respuestas del Problema 2 para hallar la distancia entre las orcas y los lobos marinos? Explica por qué funciona esto.

4. **Analízalo** Escribe los pares ordenados cuyos puntos están sobre un segmento en línea recta que une el barco con la Estación de investigación.

Estándares	MG **2.2, 2.3**

Ampliación

Traslaciones

Una **traslación** mueve una figura hacia arriba, hacia abajo o a lo largo de una recta. Cuando trasladas una figura, su tamaño y su forma no cambian.

Vocabulario nuevo
traslación

Observa lo que sucede cuando se traslada la figura original *ABC* 5 unidades a la derecha.

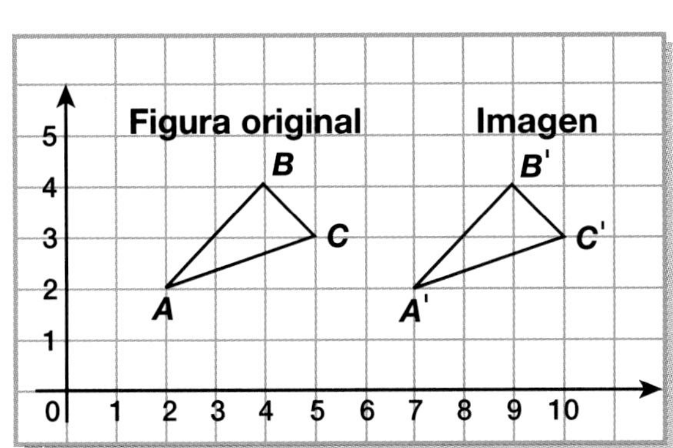

	Pares ordenados
Figura original	*A*(2, 2) *B*(4, 4) *C*(5, 3)
Imagen	*A*'(7, 2) *B*'(9, 4) *C*'(10, 3)

Observa que después de la traslación:

- *A* pasa a ser *A*', *B* pasa a ser *B*' y *C* pasa a ser *C*'.
- la primera coordenada de cada punto aumenta en 5.
- la segunda coordenada de cada punto no cambia.

Supongamos que tienes que trasladar la figura *ABC* en el número de unidades dadas en los ejercicios siguientes. Escribe los pares ordenados de los puntos *A*', *B*', *C*' de la imagen después de la traslación.

1. 1 unidad hacia la izquierda

2. 2 unidades hacia abajo

3. unidades hacia arriba

4. 4 unidades hacia la derecha

Explícalo

¿Qué coordenada del punto cambió al mover la figura hacia la izquierda o hacia la derecha? ¿Qué coordenada del punto cambió al mover la figura hacia arriba o hacia abajo?

Estándares	MG **2.0**

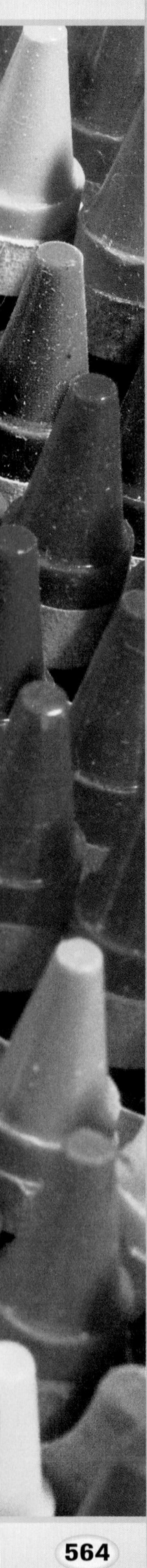

La división con divisores de dos dígitos

¿Por qué aprender acerca de la división con divisores de dos dígitos?

La división con divisores de dos dígitos es una destreza muy importante. Calcular promedios de bateo y hallar el número de millas que puede recorrer un carro por galón de gasolina son sólo dos maneras de usar la división.

Cuando los miembros de tu equipo de sóftbol venden cosas para recaudar dinero y comprar equipo nuevo, puedes usar la división para calcular la cantidad promedio que vendió cada miembro.

Observa estos creyones. Están en la fábrica, listos para que los pongan en sus cajas. La gente que los empaca usa la división para determinar cuántas cajas de creyones se necesitarán.

Leer las matemáticas

Repasar el vocabulario

Entender el lenguaje matemático te ayudará a resolver problemas con más facilidad. Éstas son algunas palabras de vocabulario matemático que deberías saber.

dividendo	El número que se divide
divisor	El número entre el cual se divide el dividendo
cociente	El resultado de un problema de división
residuo	El número que queda después de hacer la división
divisible	Cuando un número es divisible entre otro y el residuo es igual a cero

Leer palabras y símbolos

Cuando lees matemáticas, a veces lees solamente palabras, a veces lees palabras y símbolos, y a veces lees sólo símbolos.

Éstos son ejemplos de división con y sin residuo.

$$\begin{array}{r} 21 \\ 4\overline{)84} \\ -\underline{8} \\ 04 \\ \underline{-4} \\ 0 \end{array} \qquad \begin{array}{r} 16\text{ R4} \\ 5\overline{)84} \\ -\underline{5} \\ 34 \\ \underline{-30} \\ 4 \end{array}$$

- Al dividir 84 entre 4 no hay residuo.
- Al dividir 84 entre 5 hay residuo.

Inténtalo

1. Indica si cada oración describe una división. Escribe *sí* o *no*.

   a. Hay treinta y dos canicas en dos bolsas. Hay dieciséis canicas en cada bolsa.

   b. Erin compartió diecinueve pegatinas con cuatro amigos. Cada amigo obtuvo cuatro pegatinas. Erin se quedó con tres pegatinas.

   c. Ryan gastó $27 en la tienda de artículos deportivos. Pagó $10 por una gorra de béisbol y $17 por una camiseta.

   d. Veinticuatro estudiantes son miembros del Club de lectores. Trece miembros son niños. Once miembros son niñas.

2. Escribe un ejemplo de división para cada situación.

   a. El cociente tiene un dígito.
   El dividendo tiene dos dígitos.
   El divisor tiene un dígito.
   Hay residuo.

   b. El divisor tiene un dígito.
   El cociente tiene dos dígitos.
   El dividendo tiene dos dígitos.
   No hay residuo.

   c. El cociente tiene un dígito.
   El dividendo tiene dos dígitos.
   El divisor tiene un dígito.
   No hay residuo.

   d. El divisor tiene un dígito.
   El cociente tiene dos dígitos.
   El dividendo tiene dos dígitos.
   Hay residuo.

   e. El cociente tiene dos dígitos.
   El dividendo tiene tres dígitos.
   El divisor tiene un dígito.
   Hay residuo.

   f. El divisor tiene un dígito.
   El cociente tiene tres dígitos.
   El dividendo tiene tres dígitos.
   No hay residuo.

   g. El cociente tiene dos dígitos.
   El dividendo tiene tres dígitos.
   El divisor tiene un dígito.
   No hay residuo.

   h. El divisor tiene un dígito.
   El cociente tiene tres dígitos.
   El dividendo tiene tres dígitos.
   Hay residuo.

Cálculo mental: Dividir entre múltiplos de 10

Aprenderás cómo usar las operaciones de división como ayuda para dividir entre múltiplos de 10.

Apréndelo

Un grupo de estudiantes nadó un total de 80 piscinas en una nadatón. Si cada estudiante nadó 20 piscinas, ¿cuántos estudiantes había en el grupo?

Divide. **80 ÷ 20 = ■**

Halla 80 ÷ 20.

Puedes usar operaciones básicas como ayuda para dividir.

8 ÷ 2 = 4 ⟵ operación básica

80 ÷ 20 = **4** ⟵ **Piénsalo:** 8 decenas ÷ 2 decenas = 4

80 ÷ 20 = **4** porque 4 × 20 = 80

Solución: Había 4 estudiantes en cada grupo.

Otros ejemplos

A. Usar la operación básica 21 ÷ 7 = 3

210 ÷ 70 = 3
2,100 ÷ 70 = 30
21,000 ÷ 70 = 300

B. Usar la operación básica 20 ÷ 4 = 5

200 ÷ 40 = 5
2,000 ÷ 40 = 50
20,000 ÷ 40 = 500

Explícalo

► En los ejemplos *A* y *B*, ¿cómo se compara el número de ceros del cociente con el número de ceros de los dividendos? ¿Por qué no es el patrón de ceros el mismo en los dos ejemplos?

Práctica guiada

Usa operaciones básicas como ayuda para dividir.

1. 72 ÷ 8
720 ÷ 80
7,200 ÷ 80
72,000 ÷ 80

2. 56 ÷ 7
560 ÷ 70
5,600 ÷ 70
56,000 ÷ 70

3. 40 ÷ 8
400 ÷ 80
4,000 ÷ 80
40,000 ÷ 80

Asegúrate

- ¿Cuántos dígitos tendrá el cociente?

Estándares	NS **3.0**	AF **1.1**	MR **1.1, 2.3**

Práctica independiente

Usa operaciones básicas como ayuda para dividir.

4. $25 \div 5$ $250 \div 50$	**5.** $14 \div 2$ $140 \div 20$	**6.** $50 \div 5$ $500 \div 50$	**7.** $6 \div 2$ $600 \div 20$
8. $10 \div 5$ $1{,}000 \div 50$	**9.** $81 \div 9$ $8{,}100 \div 90$	**10.** $54 \div 6$ $5{,}400 \div 60$	**11.** $12 \div 4$ $12{,}000 \div 40$
12. $80\overline{)640}$	**13.** $10\overline{)900}$	**14.** $70\overline{)490}$	**15.** $30\overline{)1{,}500}$
16. $60\overline{)4{,}200}$	**17.** $30\overline{)9{,}000}$	**18.** $50\overline{)40{,}000}$	**19.** $90\overline{)63{,}000}$

Álgebra • Expresiones **Halla cada valor de *n*.**

20. $2{,}800 \div n = 70$ **21.** $5{,}400 \div n = 60$ **22.** $n \div 80 = 50$

23. $n \div 60 = 600$ **24.** $16{,}000 \div n = 800$ **25.** $n \div 70 = 700$

Resolver problemas • Razonamiento

26. Marty nada todos los días 10 piscinas de 50 metros. ¿Cuántos metros nada en 6 días?

27. Veinte escuelas enviaron a 180 nadadores a competir en un evento de natación. Si cada escuela envió igual número de nadadores, ¿cuántos nadadores envió cada escuela?

28. **Analízalo** Durante una nadatón, Ana nada 1,800 metros en 1 hora. A esa velocidad, ¿cuántos metros nada en 1 minuto?

29. **Razonamiento lógico** Cuatro equipos compitieron en una carrera de relevos. El equipo *D* terminó antes que el equipo *A*, pero después que el equipo *B*. El equipo *C* terminó antes que el equipo *B*. ¿Qué equipo ganó?

Usar el
vocabulario
Escribe un ejemplo de cada caso siguiente.
A un número divisible entre 3
B un enunciado de división con 45 como dividendo
C un enunciado de división con 4 como divisor
D un enunciado de división con cociente 6 y residuo 2

Repaso mixto • Preparación para pruebas

Redondea cada decimal a la décima más cercana. *(páginas 392–393)*

30. 1.23 **31.** 12.49 **32.** 1.01 **33.** 4.99 **34.** 6.84 **35.** 5.75

36 ¿Cuánto es el producto de 122 por 46? *(páginas 198–199)*

A 168 **B** 1,220 **C** 5,512 **D** 5,612

Práctica adicional Consultar el Conjunto A, página 594.

Cocientes de un dígito

Aprenderás cómo dividir entre un divisor de dos dígitos.

Apréndelo

La clase de arte de Isabel está trabajando con papel de seda. El maestro de arte tiene 235 hojas de papel de seda. Si 28 estudiantes comparten el papel en partes iguales, ¿cuántas hojas puede usar cada estudiante? ¿Cuántas hojas quedarán?

Divide. **235 ÷ 28 = ■ 28)235**

Halla 235 ÷ 28.

Paso 1 Decide dónde colocar el primer dígito del cociente.

28)235	28 > 2	no hay suficientes centenas
28)235	28 > 23	no hay suficientes decenas
28)235	28 < 235	Hay suficientes unidades

El residuo debería ser siempre menor que el divisor.

Paso 2 Divide las unidades.

```
    8 R11
28)235      Multiplica. 8 × 28
 − 224      Resta. 235 − 224
    11      Compara. 11 < 28
```

Verifica tu resultado.

Multiplica, luego suma.

(28 × 8) + 11= 235

La suma es igual al dividendo.

Solución: Cada estudiante puede usar 8 hojas de papel de seda. Quedarán 11 hojas.

Otro ejemplo

Dividendo de dos dígitos

Halla 43 ÷ 19.

Decide dónde colocar el primer dígito.

19)43 → 19 > 4

no hay suficientes decenas

Así que 43 ÷ 19 = 2 R5.

Divide las unidades.

```
    2 R5
19)43
  −38
    5
```

Verifica tu resultado.

```
  19
×  2
  38
+  5
  43
```

Explícalo

- ¿Cómo sabes que 7 no es el cociente correcto para el ejemplo a la derecha?
- ¿Qué significa que el residuo sea mayor o igual que el divisor?

```
     7
28)176
 − 196
```


Estándares	NS **3.0**	AF **1.0**	MR **2.0**

Práctica guiada

Copia y completa cada operación de división.

1.
```
        7 R9
   19)142
     −1■■
      ———
        9
```

2.
```
        6 R■
   41)249
     −2■6
      ———
        ■
```

3.
```
        3 R1■
   76)239
     −■■8
      ———
       1■
```

> **Asegúrate**
> - ¿Cómo puedo estimar el cociente?
> - ¿Cómo verifico mi resultado?

Divide. Al dividir, el residuo debe ser siempre menor que el divisor.

4. 17)62 **5.** 23)59 **6.** 37)124

7. 92 ÷ 27 **8.** 147 ÷ 28 **9.** 353 ÷ 48

Práctica independiente

Divide. Verifica tu resultado.

10. 42)88 **11.** 32)99 **12.** 21)91 **13.** 46)55

14. 19)146 **15.** 27)177 **16.** 61)250 **17.** 89)725

18. 54)335 **19.** 76)512 **20.** 48)234 **21.** 57)553

22. 73 ÷ 22 **23.** 81 ÷ 19 **24.** 34 ÷ 11 **25.** 74 ÷ 34

26. 89 ÷ 36 **27.** 197 ÷ 36 **28.** 422 ÷ 83 **29.** 413 ÷ 62

30. 429 ÷ 71 **31.** 826 ÷ 89 **32.** 481 ÷ 59 **33.** 522 ÷ 85

n Álgebra • Expresiones Compara.
Usa >, < o = en cada ●.

34. 305 ÷ 48 ● 300 ÷ 48 **35.** 795 ÷ 37 ● 785 ÷ 37

36. 400 ÷ 80 ● 200 ÷ 40 **37.** 800 ÷ 20 ● 80 ÷ 2

38. 614 ÷ 18 ● 614 ÷ 12 **39.** 516 ÷ 19 ● 517 ÷ 19

Escribe la operación de división que corresponde a cada una de las verificaciones siguientes.

40.
```
   44
 ×  3
 ————
  132
 +  8
 ————
  140
```

41.
```
   34
 ×  7
 ————
  238
 + 16
 ————
  254
```

42.
```
   17
 ×  5
 ————
   85
 +  3
 ————
   88
```

43.
```
   29
 ×  2
 ————
   58
 + 24
 ————
   82
```

Resolver problemas • Razonamiento

Resuelve. Escoge un método.

Métodos de computación

• Cálculo mental • Estimación • Papel y lápiz

44. **La medición** Dieciocho estudiantes querían decorar con estambre su trabajo en papel de seda. Si los estudiantes compartieron 42 yardas de estambre en partes iguales, ¿cuántos pies de estambre recibió cada estudiante?

45. **Analízalo** Ramón necesita 40 hojas de papel de seda y una botella de pegamento para un montaje. Un paquete de 25 hojas de papel de seda cuesta $3.95. El pegamento cuesta $2.95. Si Ramón tiene $10, ¿puede comprar todo lo que necesita? Explícalo.

46. Todos los trabajos en papel de seda se colgaron en el salón de la clase de arte. Si se colgaron los 28 dibujos en filas iguales y había 7 dibujos en diagonal, ¿cuántas filas de dibujos había?

47. **La medición** Un montaje de flores de papel de seda se pega sobre un tablero cuadrado. Cada lado del tablero mide 2 pies de longitud. ¿Cuál es el perímetro del tablero?

48. **El dinero** La clase de arte vendió 28 dibujos en la feria de artesanía de la escuela. Cada dibujo costaba $4. ¿Aproximadamente cuánto dinero recaudó la clase?

49. Había 8 dibujos con 6 flores cada uno y 11 dibujos con 7 flores cada uno. Halla el número total de flores de todos los dibujos.

Repaso mixto • Preparación para pruebas

Usa el diagrama de puntos de la derecha para los Ejercicios 50–54. *(páginas 418–420)*

50. ¿Cuál es el rango?

51. ¿Cuál es la moda?

52. ¿Cuál es la mediana?

53. ¿Cuál es la media?

54. ¿Hay algún valor extremo? De ser así, ¿cuál es?

Flores de seda en cada dibujo

3	4	5	6	7	8	9	10	11	12	13
				X						
			X	X	X					
	X	X	X	X	X				X	

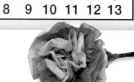

Escoge la letra de la respuesta correcta. *(páginas 194–199)*

55 ¿Cuál es la mejor estimación para 28×53?

A 80 **C** 1,000

B 150 **D** 1,500

56 ¿Cuál es la mejor estimación para 73×384?

F 470 **H** 2,800

G 500 **J** 28,000

Práctica adicional Consultar el Conjunto B, página 595.

Diferentes maneras de dividir

Puedes usar diferentes estrategias para hallar el resultado de una operación de división. Una estrategia es usar la resta repetida.

Halla 224 ÷ 56.

Piénsalo: ¿Cuántos grupos de 56 hay en 224?

Comienza con 224. Resta 56 repetidamente.

Cuenta cuántas veces restaste 56.

$$\begin{array}{rl} 224 & \\ -\ 56 & ❶ \\ \hline 168 & \\ -\ 56 & ❷ \\ \hline 112 & \\ -\ 56 & ❸ \\ \hline 56 & \\ -\ 56 & ❹ \\ \hline 0 & \end{array}$$

Restaste 56 cuatro veces, así que hay 4 grupos de 56 en 224.

$56 + 56 + 56 + 56 = 224$
$4 \times 56 = 224$
y $224 \div 56 = 4$

Halla 296 ÷ 98.

Piénsalo: ¿Cuántos grupos de 98 hay en 296?

Comienza con 296. Resta 98 repetidamente.

Cuenta cuántas veces restaste 98.

$$\begin{array}{rl} 296 & \\ -\ 98 & ❶ \\ \hline 198 & \\ -\ 98 & ❷ \\ \hline 100 & \\ -\ 98 & ❸ \\ \hline 2 & \end{array}$$

Restaste 98 tres veces, así que hay 3 grupos de 56 en 296. El residuo es 2.

$98 + 98 + 98 + 2 = 296$
$3 \times 98 + 2 = 296$
y $296 \div 98 = 3$ R2

Inténtalo

Usa la resta repetida o cualquier otro método para hallar el cociente.

1. 328 ÷ 82 **2.** 350 ÷ 70 **3.** 204 ÷ 54

4. 125 ÷ 25 **5.** 450 ÷ 50 **6.** 188 ÷ 60

Explícalo

► ¿Por qué funciona la resta repetida?

► ¿Qué ventajas tiene el usar la resta repetida para hallar el cociente? ¿Qué desventajas tiene?

LECCIÓN 3

Estimar el cociente

Aprenderás cómo estimar cocientes.

Repaso del Vocabulario
dividendo
divisor
cociente

Apréndelo

La familia de Sarah volvió a realizar el viaje de los pioneros a través de la ruta de Oregon. Demoraron 19 días en recorrer 184 millas. ¿Aproximadamente cuántas millas recorrieron al día?

Puedes estimar para hallar cuántas millas recorrieron al día. Una manera de estimar 184 ÷ 19 es usar operaciones básicas y múltiplos de 10. Piensa en otro **dividendo** y en otro **divisor** que se aproximen a 184 y 19, y que se dividan sin residuo.

A principios de 1842, los pioneros viajaron hacia el oeste por la ruta de Oregon desde Independence (Missouri) hasta Oregon City (Oregon).

Estima $19\overline{)184}$.

10 para hallar un dividendo nuevo y un divisor nuevo.

$19\overline{)184}$
↓ ↓
$20\overline{)180}$

La operación básica **18 ÷ 2 = 9** te sirve para hallar los números.

Paso 2 Divide.

$$\begin{array}{r} 9 \\ 20\overline{)180} \end{array}$$

Así que $19\overline{)184}$ es aproximadamente 9.

Solución: La familia de Sarah recorrió aproximadamente 9 millas al día.

Otro ejemplo

Dividendo de dos dígitos

63 ÷ 29.

63 ÷ 29
↓ ↓
60 ÷ 30 = 2

La operación básica **6 ÷ 3 = 2** te sirve para hallar los números.

63 ÷ 29 es aproximadamente 2.

Explícalo

- ¿De qué te sirve una estimación para decidir dónde colocar el primer dígito del cociente?
- ¿De qué te sirve una estimación para decidir si un resultado es razonable?

Práctica guiada

Copia y completa cada ejercicio. Usa un dividendo nuevo y un divisor nuevo para estimar.

1. 82 ÷ 18 → 80 ÷ ■ = ■

2. 62 ÷ 27 → ■ ÷ 30 = ■

3. 52 ÷ 49 → ■ ÷ ■ = ■

4. 488 ÷ 67 → 490 ÷ ■ = ■

5. 158 ÷ 42 → ■ ÷ 40 = ■

6. 318 ÷ 63 → ■ ÷ ■ = ■

Asegúrate

- ¿Qué operación básica puedo usar?
- ¿Cuánto es el cociente del dividendo nuevo y del divisor nuevo?

Práctica independiente

Estima cada cociente.

7. 98 ÷ 52 **8.** 42 ÷ 18 **9.** 562 ÷ 81 **10.** 308 ÷ 52

11. $48\overline{)96}$ **12.** $19\overline{)83}$ **13.** $63\overline{)379}$ **14.** $71\overline{)223}$

15. $89\overline{)448}$ **16.** $68\overline{)559}$ **17.** $78\overline{)637}$ **18.** $18\overline{)138}$

Resolver problemas • Razonamiento

Usar datos Usa el mapa de la página 574 y la tabla a la derecha para los Problemas 19 y 20.

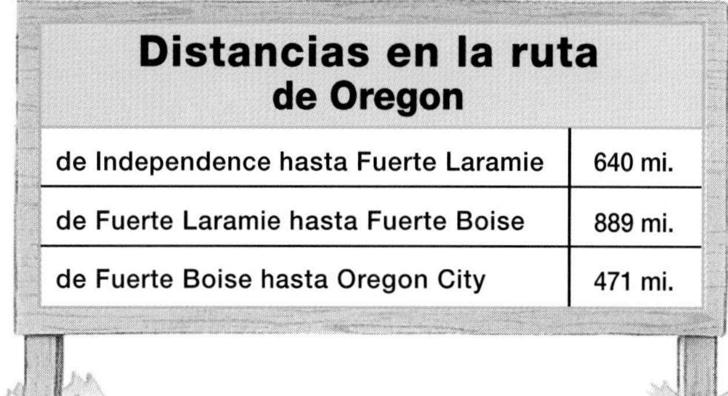

Distancias en la ruta de Oregon

de Independence hasta Fuerte Laramie	640 mi.
de Fuerte Laramie hasta Fuerte Boise	889 mi.
de Fuerte Boise hasta Oregon City	471 mi.

19. Una familia de pioneros viajó de Fuerte Boise hasta Oregon City en 59 días. Si recorrieron la misma distancia cada día, ¿aproximadamente cuántas millas recorrieron al día?

20. **La medición** La distancia de Fuerte Laramie hasta Fuerte Hall mide 297 millas más que la distancia de Fuerte Hall hasta Fuerte Boise. ¿Cuánto mide la distancia entre cada uno de los fuertes?

21. **Analízalo** En un carro de tren hay 88 personas y 11 carros. Cada carro transporta igual cantidad de personas. Sarah dice que el número es 6. ¿Tiene razón? Explícalo.

Repaso mixto • Preparación para pruebas

Resuelve cada ecuación si $y = 8$. *(páginas 82–83, 136–137)*

22. $y + 5 = x$ **23.** $x = 19 - y$ **24.** $y \times 7 = x$ **25.** $48 \div y = x$

26 ¿Cuánto es el valor de la expresión $s + 15$ si $s = 12$? *(páginas 78–79)*

A 180 **B** 30 **C** 27 **D** 3

Práctica adicional Consultar el Conjunto C, página 595.

Destreza: Problemas de varios pasos

Aprenderás cómo resolver problemas que tienen más de un paso.

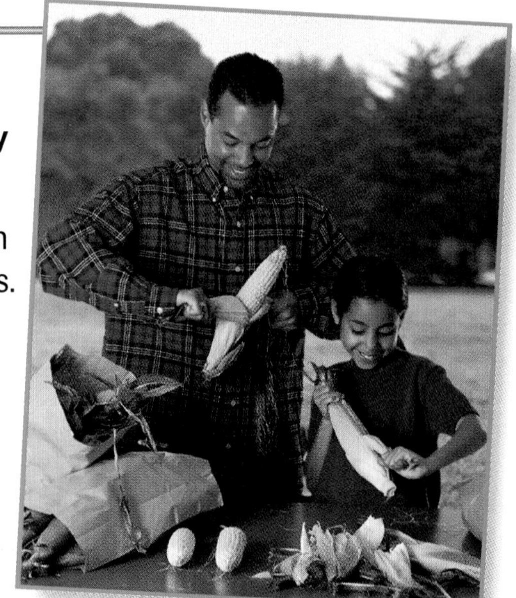

A veces se necesita más de un paso para resolver un problema. Debes decidir cuáles son los pasos y en qué orden realizarlos.

Problema Todos los años, Lucía y su padre se ofrecen de voluntarios para cocinar en la Cena de los Bomberos. Este año, están a cargo de preparar las mazorcas de maíz. Hay 3 bolsas de maíz. Cada bolsa contiene 32 mazorcas. Si en una olla caben 16 mazorcas, ¿cuál es el número mínimo de ollas necesarias para cocinar todo el maíz al mismo tiempo?

Decide cuáles son los pasos y en qué orden realizarlos.

Sabes que caben 16 mazorcas de maíz en cada olla.

- Primero halla cuántas mazorcas de maíz hay en total.
- Luego halla cuántas ollas se necesitan.

Realiza cada paso en orden.

Paso 1 Primero halla el número total de mazorcas de maíz.

$3 \times 32 = 96$ ← número total de mazorcas de maíz

↑ número de bolsas (3)
↑ cantidad en cada bolsa (32)

Hay 96 mazorcas de maíz en total.

Paso 2 Halla el número de ollas que se necesitan para todas las mazorcas de maíz.

$96 \div 16 = 6$ ← número total de ollas necesarias

↑ número de mazorcas de maíz (96)
↑ número de mazorcas de maíz en cada olla (16)

Se necesitan seis ollas.

Se necesitan seis ollas para cocer todo el maíz al mismo tiempo.

'erifícalo ¿Podrías haber realizado los pasos en diferente 'den? Explica por qué.

Estándares	MR **1.0, 1.1, 1.2, 2.0, 3.0, 3.2**

Izquierda: En una visita a la estación de bomberos, puedes hallar cómo funcionan los equipos para combatir el fuego.
Derecha: El oso Smokey enseña a un grupo de niños cómo prevenir incendios.

Práctica guiada

Resuelve.

1. El padre de Lucía compró 10 docenas de tomates para la cena. Los tomates estaban repartidos en partes iguales en 20 bolsas. ¿Cuántos tomates había en cada bolsa?

   Piénsalo: ¿Cuántos tomates compró el padre de Lucía?

2. En la despensa de la estación de bomberos hay 144 latas de verdura y 220 latas de sopa. Cada estante de la despensa contiene hasta 52 latas. ¿Cuántos estantes se necesitan para guardar todas las latas?

   Piénsalo: ¿Cuántas latas hay en total?

Escoge una estrategia

Resuelve. Usa éstas u otras estrategias.

Estrategias para resolver problemas

- **Haz un dibujo**
- **Haz una tabla**
- **Estima y verifica**
- **Escribe una ecuación**

3. Cada mesa para la Cena de los Bomberos mide el doble de longitud que de ancho. Si cada mesa mide 12 pies de longitud, ¿cuánto mide el área de una mesa en yardas cuadradas?

4. El Sr. Ruiz comenzó a hornear tartas a las 3 p.m. Las tartas demoran 75 minutos en hornearse. Si pueden hornearse 2 tartas al mismo tiempo, ¿cuántas tartas alcanza a hornear el Sr. Ruiz hasta las 6 p.m.?

5. El boleto de la cena para un niño cuesta \$3 menos que el boleto para adulto. Una familia de 2 adultos y 2 niños pagó \$26 por los boletos. ¿Cuánto cuesta un boleto para niño?

6. Hay 45 personas más que quieren albóndigas con sus espaguetis que las que no quieren. Si hay 125 porciones de espaguetis en total, ¿cuántas deben incluir albóndigas?

7. Greg, Eric, Kay y Dave se sientan en fila en la cena. Eric está al lado de Greg. Kay no está al lado de Eric ni de Greg. Greg está en el extremo derecho. ¿En qué orden están sentados los cuatro amigos?

8. Después de la cena, Shana reunió 92 latas y 48 botellas para reciclarlas. Si recibió 5¢ por cada lata o botella, ¿aproximadamente cuánto dinero recibió Shana?

Práctica adicional Consultar 1–4, página 597.

Verificación rápida

Verifica los conceptos de las Lecciones 1–4

Usa operaciones básicas para hallar cada cociente.

1. $60\overline{)420}$ **2.** $40\overline{)2,400}$ **3.** $70\overline{)56,000}$

Divide.

4. $26\overline{)87}$ **5.** $49\overline{)447}$ **6.** $86\overline{)716}$

Estima cada cociente.

7. $23\overline{)84}$ **8.** $77\overline{)722}$ **9.** $59\overline{)489}$

Resuelve.

10. Yoko trabaja como voluntaria en una despensa local de alimentos. Hoy debe repartir todas las naranjas en partes iguales en 18 bolsas. Si hay 4 cajones con 36 naranjas cada una, ¿cuántas naranjas habrá en cada bolsa?

¿Cómo te fue?

Si tuviste dificultades en cualquiera de las partes de Verificación rápida, puedes usar las siguientes páginas para repasar y practicar más.

Estándares	Ejercicios	Repasar estas páginas	Hacer estos ejercicios de práctica adicional
Sentido numérico: **3.0** Razonamiento matemático: **1.1**	1–3	páginas 568–569	Conjunto A, página 594
Sentido numérico: **3.0**	4–6	páginas 570–572	Conjunto B, página 595
Sentido numérico: **3.0**	7-9	páginas 574–575	Conjunto C, página 595
Razonamiento matemático: **1.1, 1.2**	10	páginas 576–577	1–4, página 597

Preparación para pruebas • Repaso acumulativo

Mantener los estándares

Marca la letra de la respuesta correcta.

1. ¿Qué punto está sobre la recta?

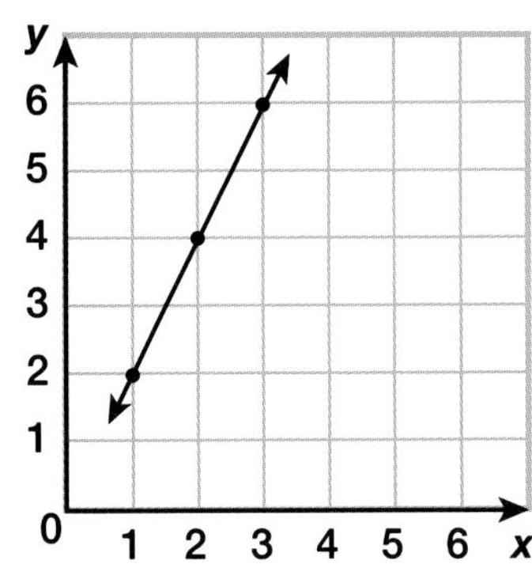

A (1, 3) **C** (2, 4)
B (2, 2) **D** (4, 2)

Usa la gráfica para contestar las Preguntas 2–3.

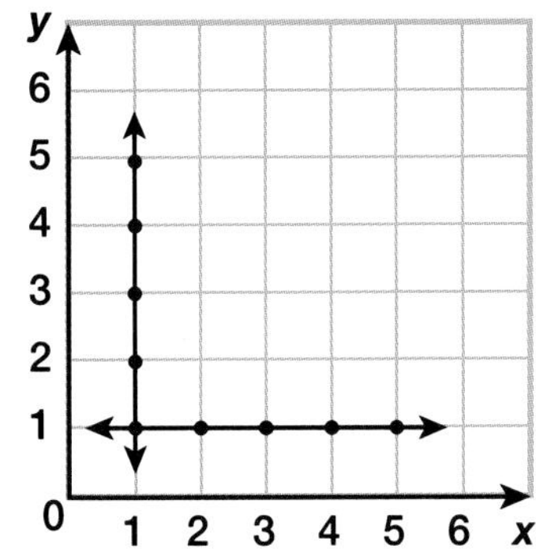

2. ¿Cuánto mide la longitud del segmento de recta que une el punto (1, 1) con el punto (5, 1)?

F 0 unidades **H** 4 unidades
G 2 unidades **J** 6 unidades

3. ¿Cuánto mide la longitud del segmento de recta que une el punto (1, 1) con el punto (1, 5)?

A 1 unidad **C** 3 unidades
B 2 unidades **D** 4 unidades

4. ¿Qué punto está sobre la recta?

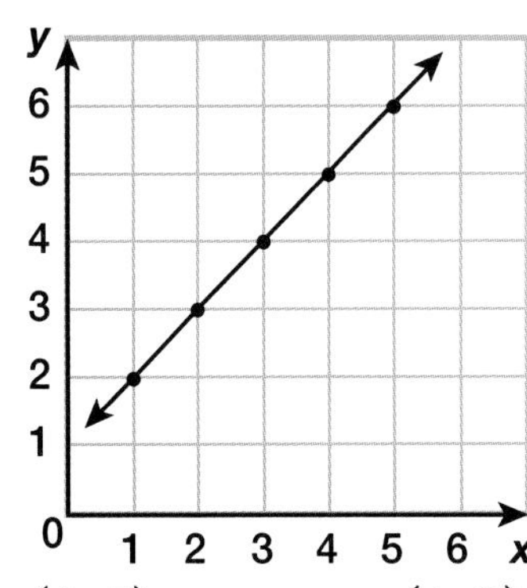

A (4, 5) **C** (4, 3)
B (4, 4) **D** (4, 2)

Usa la gráfica para contestar las Preguntas 5–6.

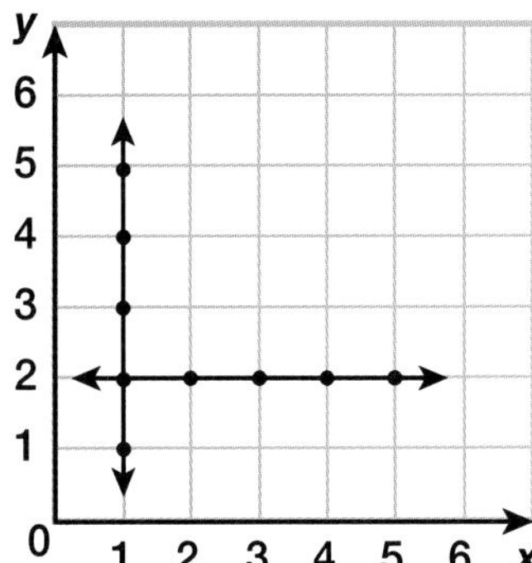

5. ¿Cuánto mide la longitud del segmento de recta que une el punto (2, 2) con el punto (5, 2)?

F 0 unidades **H** 3 unidades
G 2 unidades **J** 4 unidades

6. ¿Cuánto mide la longitud del segmento de recta que une el punto (1, 3) con el punto (1, 5)?

Explícalo ¿Cómo obtuviste la respuesta?

Cocientes de dos dígitos

Aprenderás acerca de la división cuando el cociente tiene dos dígitos.

Apréndelo

Los estudiantes de la Escuela Riverside han creado 1,230 crucigramas. Los crucigramas se convertirán en 27 libros y se usarán en una competencia de crucigramas. Si cada libro tendrá igual número de crucigramas, ¿cuántos crucigramas tendrá cada libro? ¿Sobrará algún crucigrama?

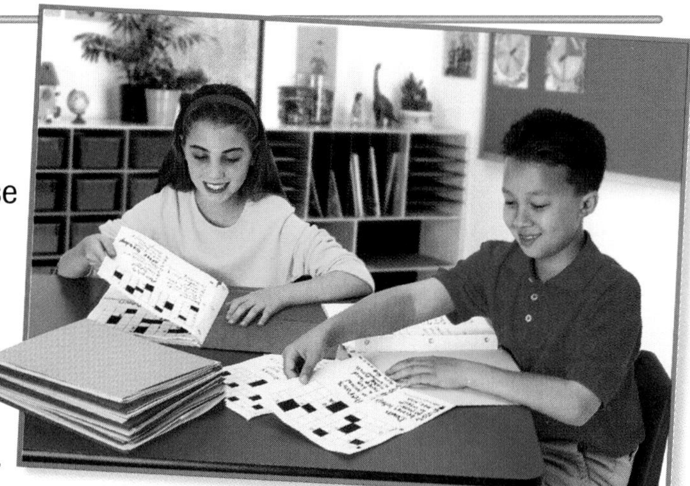

Divide. **1,230 ÷ 27 = ■** **27)1,230**

Halla 27)1,230.

Paso 1 Estima para decidir dónde colocar el primer dígito del cociente.

27)1,230 → **30)1,200** (cociente **40**)

Paso 2 Intenta con la estimación. Divide.

```
     4
27)1,230
  -1 08  ← Multiplica. 4 × 27
     15    Resta. 123 − 108
           Compara. 15 < 27
```

Piénsalo: 30)120 decenas → 4 decenas

Paso 3 Baja las unidades. Estima. Divide.

```
     45 R15
27)1,230
  -1 08↓
     150
    -135 ← Multiplica. 5 × 27
      15   Resta. 150 − 135
           Compara. 15 < 27
```

Piénsalo: 30)150 → 5

Paso 4 Verifica tu resultado. Multiplica. Luego suma.

```
    45
×   27
   315
+  900
 1,215
+   15
 1,230  ← La suma es igual al
          dividendo, así que el
          cociente está correcto.
```

Solución: Habrá 45 crucigramas en cada libro. Sobrarán 15 crucigramas.

Puedes usar los mismos pasos para dividir un dividendo de tres dígitos.

Divide. **437 ÷ 19 = ■ $19\overline{)437}$**

Halla $19\overline{)437}$.

Paso 1 Estima para decidir dónde colocar el primer dígito del cociente.

$19\overline{)437} \rightarrow \begin{array}{r} 20 \\ 20\overline{)400} \end{array}$

Paso 2 Intenta con la estimación. Divide.

$$\begin{array}{r} 2 \\ 19\overline{)437} \\ -38 \\ \hline 5 \end{array}$$

Piénsalo: $\begin{array}{r} 2 \text{ decenas} \\ 20\overline{)40} \text{ decenas} \end{array}$

← Multiplica. 2 × 19
Resta. 43 − 38
Compara. 5 < 19

Paso 3 Baja las unidades. Estima. Divide.

$$\begin{array}{r} 23 \\ 19\overline{)437} \\ -38\downarrow \\ \hline 57 \\ -57 \\ \hline 0 \end{array}$$

Piénsalo: $\begin{array}{r} 3 \\ 20\overline{)60} \end{array}$

← Multiplica. 3 × 19
Resta. 57 − 57
Compara. 0 < 19

Paso 4 Verifica tu resultado.

$$\begin{array}{r} 23 \\ \times\ 19 \\ \hline 207 \\ +230 \\ \hline 437 \end{array}$$

← El producto es igual al dividendo, así que el cociente está correcto.

Solución: 437 ÷ 19 = 23

Explícalo

- ▶ Explica por qué es útil saber el número de dígitos de un cociente antes de dividir.
- ▶ Explica por qué puedes usar la multiplicación para verificar el resultado de una operación de división. ¿Por qué debes sumar cuando el resultado tiene residuo?

Práctica guiada

Divide.

1. $28\overline{)647}$ **2.** $42\overline{)886}$ **3.** $19\overline{)603}$

4. $26\overline{)562}$ **5.** $41\overline{)911}$ **6.** $36\overline{)423}$

7. $47\overline{)2,589}$ **8.** $55\overline{)4,769}$ **9.** $81\overline{)6,643}$

10. $61\overline{)4,377}$ **11.** $38\overline{)2,128}$ **12.** $94\overline{)7,654}$

Asegúrate

- ¿Cuántos dígitos tendrá el cociente?
- ¿Dónde coloco el primer dígito del cociente?

Práctica independiente

Divide. Luego verifica tu resultado.

13. $18\overline{)582}$ **14.** $33\overline{)769}$ **15.** $28\overline{)915}$ **16.** $45\overline{)547}$

17. $38\overline{)3,459}$ **18.** $69\overline{)2,218}$ **19.** $77\overline{)6,319}$ **20.** $86\overline{)8,123}$

21. $657 \div 21$ **22.** $966 \div 31$ **23.** $296 \div 19$ **24.** $672 \div 48$

25. $3,526 \div 68$ **26.** $1,527 \div 28$ **27.** $4,797 \div 52$ **28.** $4,596 \div 89$

Resolver problemas • Razonamiento

Usar datos **Usa la gráfica de barras a la derecha para los Problemas 29 y 30.**

29. En una competencia de crucigramas se repartieron crucigramas de animales y de historia a 52 equipos de estudiantes. Si cada equipo recibió igual número de crucigramas, ¿cuántos crucigramas recibió cada equipo?

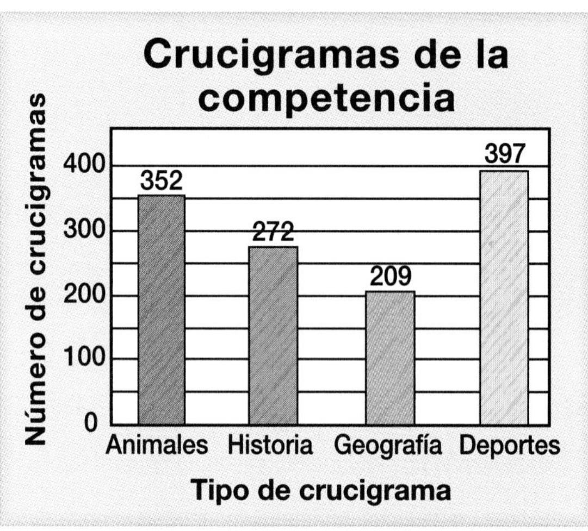

30. **Estímalo** ¿Cuántos crucigramas más de deporte que de geografía hay, redondeados a la centena más cercana?

31. El primer crucigrama que se publicó apareció en un periódico de Nueva York, el 21 de diciembre de 1913. ¿Qué año se celebrará el 100.º aniversario de la primera publicación de un crucigrama?

32. **Escríbelo** Generalmente, un crucigrama es simétrico. ¿Es simétrico el crucigrama a la derecha? Explica por qué.

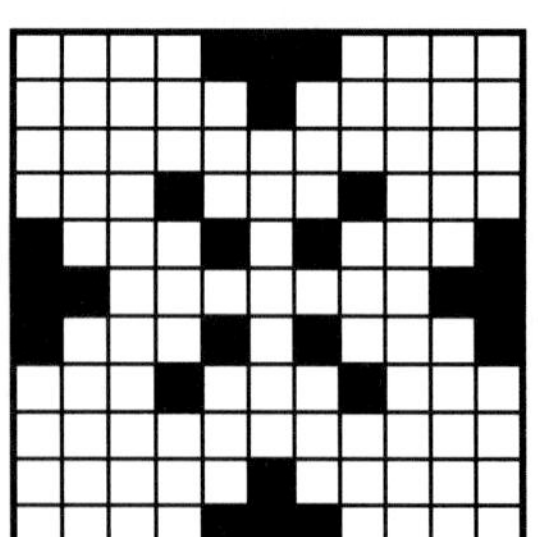

Repaso mixto • Preparación para pruebas

Evalúa cada expresión. *(páginas 144–146)*

33. $(9 \div 3) + 6$ **34.** $15 - (36 \div 6) + 0$ **35.** $(12 \times 2) \div 6$

36. $64 \div (4 \times 2)$ **37.** $(72 \div 9) + 9$ **38.** $(10 \times 5) \div (2 + 8)$

39 ¿Cuánto es la suma de $3\frac{3}{8}$ más $1\frac{5}{8}$? *(páginas 350–351)*

A 4 **B** $4\frac{3}{8}$ **C** $4\frac{5}{8}$ **D** 5

 Práctica adicional Consultar el Conjunto D, página 596.

Juego de Práctica

Empareja los dígitos

Practica la división jugando este juego con un compañero.
Intenta obtener el mayor número de parejas correctas.

Lo que necesitas

Para cada par de estudiantes:

- *36 cartas (o Recurso de enseñanza 22)*
- *cronómetro*
- *papel y lápiz*

Jugadores
2

Lo que debes hacer

1. Cada jugador crea nueve operaciones de división de 3 dígitos entre 2 dígitos y las escribe en las cartas. Cada jugador escribe también los resultados de cada una de las nueve operaciones en otras cartas.
2. Los jugadores intercambian ambos grupos de cartas. Cada jugador coloca las cartas de resultados boca arriba, en una o dos filas.
3. Cada jugador intenta emparejar las cartas de las operaciones de división con las cartas de los resultados correctos. El jugador que tenga el mayor número de combinaciones correctas después de 3 minutos gana.

Compártelo ¿Qué estrategia usaste para hallar las combinaciones correctas? ¿Qué estrategia sería la mejor: estimación o cálculo con papel y lápiz?

Corregir el cociente

Aprenderás cómo corregir tu estimación del cociente a medida que divides.

Apréndelo

A veces tu primera estimación del cociente será muy grande o muy pequeña. Así que deberás corregir tu estimación.

Estimación demasiado grande

Halla $23\overline{)368}$.

Primero estima. $23\overline{)368} \rightarrow \overset{20}{20\overline{)400}}$

Paso 1 Coloca el primer dígito del cociente.

$$\begin{array}{r} 2 \\ 23\overline{)368} \\ -\,46 \end{array}$$

46 > 36
2 es demasiado grande.

Paso 2 Corrige la estimación. Intenta con 1.

$$\begin{array}{r} 1 \\ 23\overline{)368} \\ -\,23 \\ \hline 13 \end{array}$$

13 < 23
1 está correcto.

Paso 3 Baja el dígito siguiente. Intenta con 7.

$$\begin{array}{r} 17 \\ 23\overline{)368} \\ -\,23\downarrow \\ \hline 138 \\ -\,161 \end{array}$$

161 > 138
7 es demasiado grande.

Paso 4 Intenta con 6.

$$\begin{array}{r} 16 \\ 23\overline{)368} \\ -23\downarrow \\ \hline 138 \\ -138 \\ \hline 0 \end{array}$$

0 < 23
6 está correcto.

Solución: $368 \div 23 = 16$

Estimación demasiado pequeña

Halla $16\overline{)849}$.

Primero estima. $16\overline{)849} \rightarrow \overset{40}{20\overline{)800}}$

Paso 1 Coloca el primer dígito del cociente.

$$\begin{array}{r} 4 \\ 16\overline{)849} \\ -64 \\ \hline 20 \end{array}$$

20 > 16
4 es demasiado pequeño.

Paso 2 Corrige el cociente. Intenta con 5.

$$\begin{array}{r} 5 \\ 16\overline{)849} \\ -80 \\ \hline 4 \end{array}$$

4 < 16
5 está correcto.

Paso 3 Baja el dígito siguiente. Intenta con 2.

$$\begin{array}{r} 52 \\ 16\overline{)849} \\ -\,80\downarrow \\ \hline 49 \\ -\,32 \\ \hline 17 \end{array}$$

17 > 16
2 es demasiado pequeño.

Paso 4 Intenta con 3.

$$\begin{array}{r} 53 \text{ R1} \\ 16\overline{)849} \\ -\,80\downarrow \\ \hline 49 \\ -\,48 \\ \hline 1 \end{array}$$

1 < 16
3 está correcto.

Solución: $849 \div 16 = 53$ R1

Explícalo

► ¿Qué deberías hacer si tu estimación es demasiado grande? ¿Qué deberías hacer si es demasiado pequeña?

Estándares	NS **3.0**

Práctica guiada

Escribe *demasiado grande* o *demasiado pequeño* para la primera estimación de cada cociente. Luego halla el resultado correcto.

1. $12\overline{)150}$ (13) **2.** $17\overline{)916}$ (49) **3.** $26\overline{)543}$ (22) **4.** $35\overline{)736}$ (19)

> **Asegúrate**
> - ¿Cuántos dígitos tendrá el cociente?
> - ¿Debo corregir mi estimación?

Práctica independiente

Estima. Luego divide. Indica si debes corregir las estimaciones.

5. $18\overline{)619}$ **6.** $84\overline{)943}$ **7.** $19\overline{)422}$ **8.** $31\overline{)392}$ **9.** $25\overline{)672}$

10. $42\overline{)994}$ **11.** $28\overline{)731}$ **12.** $26\overline{)626}$ **13.** $48\overline{)577}$ **14.** $19\overline{)564}$

15. 880 ÷ 24 **16.** 611 ÷ 36 **17.** 456 ÷ 13 **18.** 671 ÷ 44

Resolver problemas • Razonamiento

Usar datos **Usa la lista para los Problemas 19–22.**

Artículos de la cápsula del tiempo
- un video de 360 minutos
- 5 monedas nuevas
- 13 ensayos de los estudiantes
- dos casetes de 120 minutos

19. 14 estudiantes grabaron mensajes en casetes de audio para una cápsula del tiempo. ¿Cuánto dura cada mensaje, si cada mensaje tiene igual duración?

20. En conjunto, las monedas valen 91¢. Si cada moneda tiene un valor diferente, ¿qué monedas son?

21. **Analízalo** Los ensayos forman un diario de 41 páginas. Todos los ensayos tienen igual número de páginas, a excepción de un ensayo que tiene 2 páginas más que los demás. ¿De cuántas páginas son los demás ensayos?

22. **Escríbelo** Escribe una operación de división con la información de la lista. Pasa tu problema a un compañero para que lo resuelva.

Repaso mixto • Preparación para pruebas

Multiplica o divide. *(páginas 180–181, 234–235)*

23. 102 × 6 **24.** 205 ÷ 5 **25.** 420 × 7 **26.** 650 ÷ 8 **27.** 501 × 4

28 ¿Cuál es la mejor estimación para 723 dividido entre 6? *(páginas 254–255)*

A 120 **B** 90 **C** 12 **D** 9

Estrategia: Resuelve un problema más sencillo

Aprenderás cómo usar un problema más sencillo para resolver otro.

A veces puedes resolver un problema pensando primero en un problema más sencillo.

Problema Hay 8 equipos en una carrera de relevos. Cada equipo debe correr una vez contra cada uno de los otros equipos. ¿Cuántas carreras se necesitan?

¿Cuál es la pregunta?

¿Cuántas carreras se necesitan?

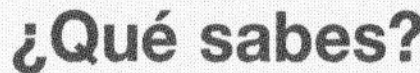

¿Qué sabes?

- Hay 8 equipos.
- Cada equipo debe correr contra cada uno de los otros equipos.

¿Cómo puedes hallar el resultado?

Resuelve un problema más sencillo. Busca un patrón a usar.

Resuelve el problema para menos equipos.

2 Equipos

A ⟷ B

1 carrera

3 Equipos

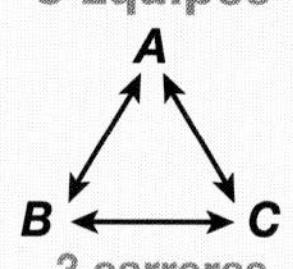

3 carreras

4 Equipos

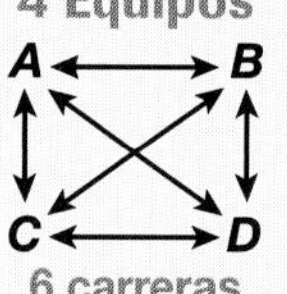

6 carreras

5 Equipos

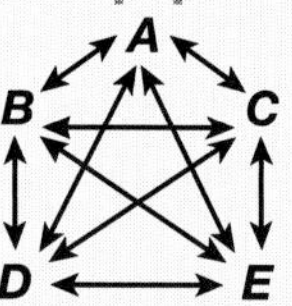

10 carreras

Observa el patrón que puedes usar.

Número de equipos:	2	3	4	5	6	7	8
Número de equipos:	1	3	6	10	15	21	28
		+2	+3	+4	+5	+6	+7

- Las diferencias aumentan en 1 cada vez.
- Continúa con el patrón.

Se necesitan 28 carreras para 8 equipos.

Verifica el problema.

¿De qué te sirve resolver el problema para menos equipos?

Estándares MR **1.0, 1.1, 1.2, 2.0, 2.2, 2.4, 3.0, 3.2**

Recuerda:
- ▶ Compréndelo
- ▶ Planéalo
- ▶ Resuélvelo
- ▶ Verifícalo

Práctica guiada

Resuelve estos problemas usando la estrategia de Resuelve un problema más sencillo.

1. En una carrera de bicicletas, hay jueces ubicados al comienzo y al final de cada milla. Si la carrera es de 20 millas, ¿cuántos jueces se necesitan?

   Piénsalo: ¿Cuántos jueces se necesitarían si la carrera fuera de 2 millas? ¿y 3 millas?

2. Las cajas de cascos para ciclista están rotuladas en la parte superior y en la parte delantera. ¿Cuántos rótulos pueden verse si hay 5 hileras de 4 cajas?

   Piénsalo: ¿Cuántos rótulos podrían verse si hubiera 1 fila de 4 cajas? ¿si hubiera 2 filas de 4 cajas?

Escoge una estrategia

Resuelve. Usa éstas u otras estrategias.

Estrategias para resolver problemas

- **Haz un dibujo**
- **Escribe una ecuación**
- **Resuelve un problema más sencillo**
- **Estima y verifica**

3. Una piscina contiene 2,640 pies cúbicos de agua. La piscina mide 12 pies de ancho y 55 pies de longitud. ¿Cuánto mide la profundidad de la piscina?

4. En una fiesta, seis amigos se dan la mano. ¿Cuántos apretones de mano son? (Consejo: Intenta resolver el problema con menos personas).

5. Los ciclistas almorzaron en una gran mesa compuesta de 14 mesas pequeñas ubicadas una al lado de la otra. En una mesa pequeña se puede sentar 1 persona a cada lado. ¿Cuántas personas pueden sentarse en la mesa grande?

6. Skip usó 13 rollos fotográficos durante un viaje en bicicleta a Florida. Tres de los rollos fotográficos tenían 24 fotos cada uno. Diez de los rollos fotográficos tenían 12 fotos cada uno. ¿Cuántas fotos tomó en total?

7. Tara y su abuela compraron artículos para bicicleta. Ellas compraron 4 almohadillas para bicicleta por $1.85 cada una y 2 botellas de agua por $1.19 cada una. ¿Cuánto dinero gastaron Tara y su abuela, redondeado al dólar más cercano?

8. Jim demoró 54 minutos en dar 3 vueltas alrededor de un sendero para bicicletas. Él realizó la primera vuelta en igual cantidad de tiempo que la segunda. Demoró 6 minutos menos en la tercera vuelta. ¿Cuánto tiempo demoró Jim en cada vuelta?

Práctica adicional Consultar 5–7, página 597.

Ceros en los cocientes de dos dígitos

Aprenderás la importancia de colocar ceros en el cociente.

Apréndelo

Los Tigres Voladores ganaron la competencia de saltar la cuerda. Ellos completaron 2,816 saltos en 40 minutos. Si saltaron más o menos igual número de veces por minuto, ¿aproximadamente cuántos saltos por minuto dieron los Tigres Voladores?

Divide. **2,816 ÷ 40 = ■** **40)2,816**

Halla 40)2,816.

Paso 1 Estima para decidir dónde colocar el primer dígito del cociente.

```
40)2,816 ──→   70
             40)2,800
```

Paso 2 Intenta la estimación. Divide.

```
                          7 decenas
     7        Piénsalo: 40)280 decenas
  40)2,816    Multiplica. 7 × 40
   −2 80      Resta. 281 − 280
       1  ←── Compara. 1 < 40
```

Paso 3 Baja las unidades. Estima. Divide.

```
     7
  40)2,816    16 < 40
   −2 80↓     No hay suficientes
      16      unidades para dividir.
```

Paso 4 Escribe un 0 en la posición de las unidades. Escribe el residuo.

```
     70 R16
  40)2,816
   −2 80
      16
```

Verifica tu resultado.

Multiplica. Luego suma.
$(70 \times 40) + 16 = 2{,}816$
La suma es igual al dividendo.

Solución: Los Tigres Voladores dieron aproximadamente 70 saltos por minuto.

Otro ejemplo

Dividendo de tres dígitos

Halla 23)935.

```
    40 R15
 23)935        Verifica:    23
  − 92↓                   × 40
     15                    920
    − 0                   + 15
     15                    935
```

Explícalo

- ¿Cómo sabes dónde escribir el cero en el cociente?
- Observa el ejemplo a la izquierda. ¿Por qué hay un cero en la posición de las unidades?

Estándares	NS **3.0**	MG **2.2, 2.3**	MR **2.3**

Práctica guiada

Divide.

1. $19\overline{)390}$ **2.** $34\overline{)700}$ **3.** $36\overline{)1,459}$ **4.** $51\overline{)4,598}$

5. $691 \div 34$ **6.** $577 \div 28$ **7.** $3,382 \div 42$

Asegúrate

- ¿Dónde coloco el primer dígito del cociente?
- ¿Puedo dividir las decenas?
- ¿Puedo dividir las unidades?

Práctica independiente

Divide.

8. $22\overline{)451}$ **9.** $12\overline{)730}$ **10.** $21\overline{)849}$ **11.** $56\overline{)601}$

12. $44\overline{)2,222}$ **13.** $63\overline{)1,278}$ **14.** $28\overline{)2,537}$ **15.** $73\overline{)2,217}$

16. $258 \div 24$ **17.** $778 \div 19$ **18.** $765 \div 25$ **19.** $740 \div 36$

20. $4,160 \div 52$ **21.** $3,164 \div 35$ **22.** $4,932 \div 61$ **23.** $4,518 \div 89$

Resolver problemas • Razonamiento

24. En la competencia de saltar la cuerda, 680 estudiantes compitieron en 17 rondas. Si en cada ronda compitió un número igual de estudiantes, ¿cuántos estudiantes compitieron en cada ronda?

25. **Analízalo** En la competencia de saltar la cuerda, participaron equipos de 36 escuelas. Había 1,078 estudiantes en total. Un equipo tenía 2 estudiantes menos que el resto de los equipos. ¿Cuántos estudiantes había en cada uno de los otros equipos?

26. **La medición** El récord mundial para el salto rápido es de 425 saltos en un minuto. ¿Aproximadamente a cuántos saltos por segundo es igual esa cantidad?

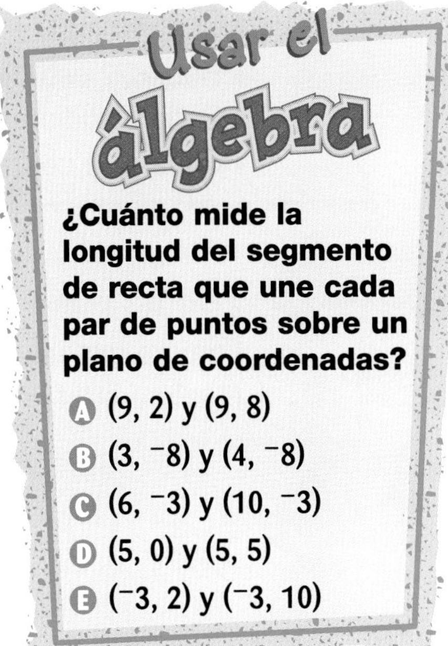

Usar el álgebra
¿Cuánto mide la longitud del segmento de recta que une cada par de puntos sobre un plano de coordenadas?
A (9, 2) y (9, 8)
B (3, ⁻8) y (4, ⁻8)
C (6, ⁻3) y (10, ⁻3)
D (5, 0) y (5, 5)
E (⁻3, 2) y (⁻3, 10)

Repaso mixto • Preparación para pruebas

Escribe el número de lados que tiene cada polígono. *(páginas 466–467)*

27. cuadrilátero **28.** triángulo **29.** hexágono **30.** octágono **31.** pentágono

32 ¿Cuántos centímetros hay en 50 metros? *(páginas 292–293)*

A 5 cm **B** 500 cm **C** 5,000 cm **D** 50,000 cm

Práctica adicional Consultar el Conjunto F, página 596.

Aplicación: Usa operaciones

Aprenderás cómo resolver problemas usando la suma, la resta, la multiplicación y la división.

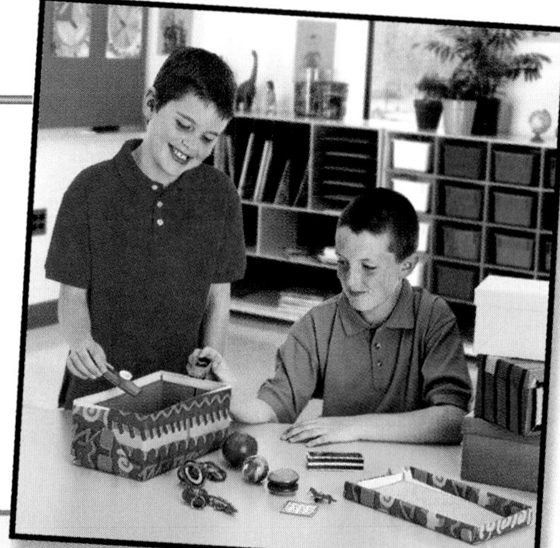

Debes decidir qué operaciones usar para resolver problemas.

Problema Los estudiantes de la Escuela Falcon reunieron juguetes para hacer cajas de amistad para niños de hospitales locales. Cada uno de los 72 estudiantes llevó 3 juguetes. Si cada caja contenía 12 juguetes, ¿cuántas cajas se hicieron?

Compréndelo

¿Qué debes hallar?

Debes hallar cuántas cajas de la amistad se hicieron.

¿Qué sabes?

- Había 72 estudiantes.
- Cada estudiante llevó 3 juguetes.
- Cada caja contenía 12 juguetes.

Planéalo

¿Cómo puedes hallar el resultado?

Primero multiplica para hallar el número total de juguetes. Luego divide el número total de juguetes entre el número que hay en cada caja.

Resuélvelo

Paso 1

$$\begin{array}{r} 72 \\ \times 3 \\ \hline 216 \end{array}$$

Paso 2

$$\begin{array}{r} 18 \\ 12\overline{)216} \\ -12 \\ \hline 96 \\ -96 \\ \hline 0 \end{array}$$

Los estudiantes hicieron 18 cajas de amistad.

Verifícalo

Verifica el problema.

¿Podrías haber resuelto el problema dividiendo primero y multiplicando después? Explícalo.

Estándares	MR 1.0, 1.1, 1.2, 2.0, 3.0, 3.2

Los niños de la escuela reúnen juguetes para los niños necesitados.

Recuerda:
- ► Compréndelo
- ► Planéalo
- ► Resuélvelo
- ► Verifícalo

Práctica guiada

Resuelve. Usa la información de la página 590 como ayuda.

1. Los estudiantes decidieron incluir 5 animales de peluche en cada caja. Cada estudiante trajo un animal de peluche. ¿Cuántos animales de peluche más se necesitaron?

   Piénsalo: ¿Qué operación debería realizar primero? ¿Qué operación debería realizar a continuación?

2. Una librería dona 2 libros por cada caja hecha por los estudiantes. El precio de cada libro es $1.19. ¿Cuál es el valor total de los libros donados?

   Piénsalo: ¿Qué operación u operaciones debo realizar para resolver este problema?

Escoge una estrategia

Resuelve. Usa éstas u otras estrategias.

Estrategias para resolver problemas

- **Resuelve un problema más sencillo**
- **Estima y verifica**
- **Haz un dibujo**
- **Escribe una ecuación**

3. La clase de la Sra. Kantrell quiere recaudar $250 para donarlos a la caridad local. Hasta ahora, la clase ha recaudado $17, $18, $25 y $24. ¿Cuánto dinero más necesita recaudar la clase?

4. El año pasado, estudiantes de 32 escuelas hicieron 1,472 cajas de amistad. Si cada escuela hizo igual cantidad de cajas, ¿aproximadamente cuántas cajas hizo cada escuela?

5. Cada uno de los 26 estudiantes de la clase de Mindy trajo 3 latas de comida para regalar a 2 instituciones locales de caridad. Si cada institución de caridad recibirá igual cantidad de latas de comida, ¿cuántas latas se regalarán a cada institución?

6. Una clase de tercer grado donó 19 prendas de ropa para una campaña de recolección de ropa. Una clase de cuarto grado donó 26 prendas y una clase de quinto grado, 18 prendas. ¿Cuál es el número promedio de prendas que donó cada clase?

7. Hay una cerca alrededor del área de donaciones de la escuela local. La cerca es un rectángulo que mide 12 yardas de longitud y 6 yardas de ancho. Hay postes cada 3 yardas a lo largo de la cerca y en cada esquina. ¿Cuántos postes hay?

8. Dos escuelas primarias recolectaron un total de 80 juguetes para una institución infantil de caridad. Una de las escuelas recolectó una cantidad de juguetes 4 veces más que la otra escuela. ¿Cuántos juguetes recolectó cada escuela?

Práctica adicional Consultar 8–9, página 597.

Verificación rápida

Verifica los conceptos de las Lecciones 5–9

Divide.

1. $16\overline{)392}$ **2.** $38\overline{)659}$ **3.** $73\overline{)2,635}$ **4.** $54\overline{)3,374}$

5. $31\overline{)637}$ **6.** $82\overline{)3,298}$ **7.** $56\overline{)3,387}$ **8.** $47\overline{)2,372}$

Resuelve.

9. En un collar, una cuenta es blanca y la otra no. Todas las otras cuentas son azules. La primera y la última cuenta son azules. Si el collar tiene 25 cuentas en total, ¿cuántas cuentas son azules?

10. Carmen coloca 4 manzanas en cada una de las 22 cestas de frutas. Tiene 6 cajas de 12 manzanas cada una. ¿Cuántas manzanas más necesita?

11. El Sr. Tyler compra 2 pares de calcetines y una camisa. Cada par de calcetines cuesta $5.25 y la camisa cuesta $24.95. ¿Cuánto cambio debería recibir el Sr. Tyler si pasa $50 al dependiente?

¿Cómo te fue?

Si tuviste dificultades en cualquiera de las partes de Verificación rápida, puedes usar las siguientes páginas para repasar y practicar más.

Estándares	Ejercicios	Repasar estas páginas	Hacer estos ejercicios de práctica adicional
Sentido numérico: **3.0**	1–4	páginas 580–585	Conjuntos D–E, página 596
Sentido numérico: **3.0**	5–8	páginas 588–589	Conjunto F, página 596
Razonamiento matemático: **1.1, 1.2, 2.2**	9	páginas 586–587	5–7, página 597
Razonamiento matemático: **1.1, 1.2**	10-11	páginas 590–591	8–9, página 597

Preparación para pruebas • Repaso acumulativo

Mantener los estándares

Marca la letra de la respuesta correcta.

Usa la gráfica para contestar las Preguntas 1–2.

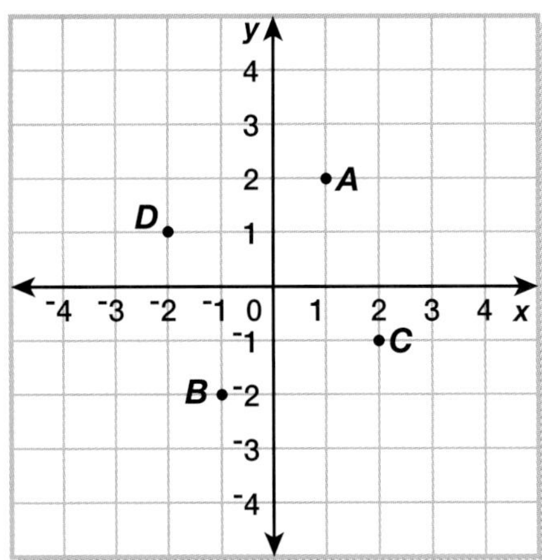

1 ¿Qué punto está en $(^-2, 1)$?

A *A** **C** *C*

B *B* **D** *D*

2 ¿Cuáles son las coordenadas del punto *B*?

F $(^-2, ^-1)$

G $(^-1, ^-2)$

H $(^-1, 2)$

J $(1, ^-2)$

3 ¿Cuánto mide la longitud del segmento de recta que une el punto $(6, ^-4)$ con el punto $(21, ^-4)$?

A 0 unidades **C** 15 unidades

B 6 unidades **D** 21 unidades

4 ¿Cuánto mide la longitud del segmento de recta que une el punto (7, 4) con el punto (7, 10)?

F 0 unidades **H** 6 unidades

G 4 unidades **J** 10 unidades

Usa la gráfica para contestar las Preguntas 5–7.

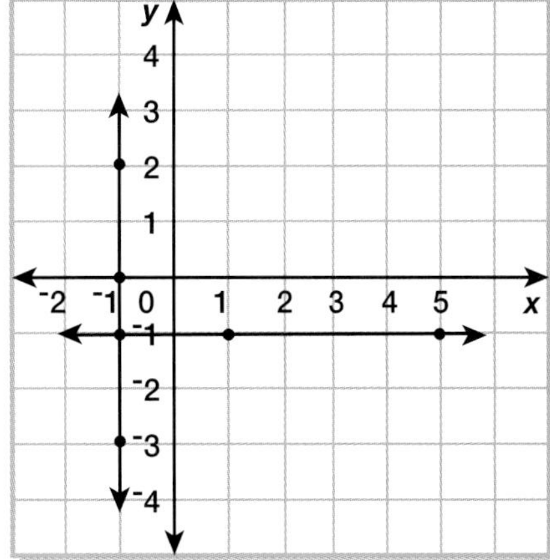

5 ¿Cuánto mide la longitud del segmento de recta que une el punto $(1, ^-1)$ con el punto $(5, ^-1)$?

A 2 unidades

B 4 unidades

C 6 unidades

D 8 unidades

6 ¿Cuánto mide la longitud del segmento de recta que une el punto $(^-1, 2)$ con el punto $(^-1, ^-3)$?

F 1 unidades

G 3 unidades

H 5 unidades

J 7 unidades

7 ¿Están sobre una recta los puntos (1, 1), (3, 1) y (5, 1)?

Explícalo Indica por qué.

Página segura

Preparación para pruebas
Visita **www.eduplace.com/kids/mhm** para más *Preparación para pruebas.*

Práctica adicional

Conjunto A *(Lección 1, páginas 568–569)*

Usa operaciones básicas para hallar cada cociente.

1. $30 \div 6$; $300 \div 60$

2. $18 \div 3$; $180 \div 30$

3. $36 \div 4$; $360 \div 40$

4. $40 \div 5$; $400 \div 50$

5. $63 \div 9$; $6{,}300 \div 90$

6. $12 \div 2$; $1{,}200 \div 20$

7. $32 \div 8$; $3{,}200 \div 80$

8. $56 \div 7$; $5{,}600 \div 70$

9. $81 \div 9$; $8{,}100 \div 90$

10. $27 \div 3$; $2{,}700 \div 30$

11. $28 \div 4$; $2{,}800 \div 40$

12. $48 \div 8$; $4{,}800 \div 80$

13. $45 \div 9$; $450 \div 90$; $4{,}500 \div 90$; $45{,}000 \div 90$

14. $35 \div 5$; $350 \div 50$; $3{,}500 \div 50$; $35{,}000 \div 50$

15. $42 \div 7$; $420 \div 70$; $4{,}200 \div 70$; $42{,}000 \div 70$

16. $64 \div 8$; $640 \div 80$; $6{,}400 \div 80$; $64{,}000 \div 80$

17. $49 \div 7$; $490 \div 70$; $4{,}900 \div 70$; $49{,}000 \div 70$

18. $54 \div 6$; $540 \div 60$; $5{,}400 \div 60$; $54{,}000 \div 60$

19. $70\overline{)420}$ **20.** $20\overline{)160}$ **21.** $50\overline{)250}$ **22.** $80\overline{)720}$

23. $40\overline{)2{,}400}$ **24.** $60\overline{)4{,}200}$ **25.** $30\overline{)27{,}000}$ **26.** $90\overline{)54{,}000}$

27. $30\overline{)24{,}000}$ **28.** $70\overline{)35{,}000}$ **29.** $20\overline{)18{,}000}$ **30.** $80\overline{)48{,}000}$

31. $40\overline{)12{,}000}$ **32.** $50\overline{)45{,}000}$ **33.** $30\overline{)15{,}000}$ **34.** $20\overline{)60{,}000}$

35. $90\overline{)72{,}000}$ **36.** $60\overline{)48{,}000}$ **37.** $80\overline{)80{,}000}$ **38.** $70\overline{)63{,}000}$

39. $20\overline{)16{,}000}$ **40.** $70\overline{)14{,}000}$ **41.** $40\overline{)20{,}000}$ **42.** $60\overline{)36{,}000}$

43. $70\overline{)28{,}000}$ **44.** $30\overline{)90{,}000}$ **45.** $60\overline{)12{,}000}$ **46.** $20\overline{)80{,}000}$

Práctica adicional

Conjunto B *(Lección 2, páginas 570–572)*

Divide. Verifica tu resultado.

1. $26\overline{)69}$ **2.** $34\overline{)71}$ **3.** $67\overline{)488}$ **4.** $89\overline{)597}$

5. $91\overline{)637}$ **6.** $27\overline{)214}$ **7.** $51\overline{)318}$ **8.** $45\overline{)398}$

9. 424 ÷ 52 **10.** 163 ÷ 32 **11.** 295 ÷ 72 **12.** 448 ÷ 87

13. 838 ÷ 92 **14.** 359 ÷ 59 **15.** 497 ÷ 61 **16.** 353 ÷ 49

17. 142 ÷ 19 **18.** 164 ÷ 82 **19.** 211 ÷ 68 **20.** 274 ÷ 88

21. 219 ÷ 43 **22.** 483 ÷ 69 **23.** 239 ÷ 76 **24.** 372 ÷ 62

Conjunto C *(Lección 3, páginas 574–575)*

Copia y completa cada ejercicio. Usa un dividendo nuevo y un divisor nuevo.

1. 39 ÷ 18 ↓ ↓ 40 ÷ ■ = ■

2. 88 ÷ 26 ↓ ↓ ■ ÷ 30 = ■

3. 36 ÷ 11 ↓ ↓ ■ ÷ 10 = ■

4. 49 ÷ 11 ↓ ↓ ■ ÷ 10 = ■

5. 638 ÷ 81 ↓ ↓ 640 ÷ ■ = ■

6. 139 ÷ 24 ↓ ↓ ■ ÷ 20 = ■

7. 268 ÷ 31 ↓ ↓ 270 ÷ ■ = ■

8. 563 ÷ 72 ↓ ↓ ■ ÷ ■ = ■

9. 283 ÷ 42 ↓ ↓ ■ ÷ ■ = ■

10. 398 ÷ 52 ↓ ↓ ■ ÷ ■ = ■

11. 723 ÷ 88 ↓ ↓ ■ ÷ ■ = ■

12. 243 ÷ 62 ↓ ↓ ■ ÷ ■ = ■

Estima cada cociente.

13. $59\overline{)543}$ **14.** $39\overline{)361}$ **15.** $62\overline{)482}$ **16.** $87\overline{)808}$

17. $82\overline{)643}$ **18.** $28\overline{)118}$ **19.** $53\overline{)254}$ **20.** $41\overline{)284}$

21. $58\overline{)112}$ **22.** $74\overline{)351}$ **23.** $22\overline{)179}$ **24.** $82\overline{)478}$

25. $31\overline{)269}$ **26.** $47\overline{)303}$ **27.** $71\overline{)486}$ **28.** $28\overline{)178}$

Práctica adicional

Conjunto D *(Lección 5, páginas 580–582)*

Divide. Verifica tu resultado.

1. $22\overline{)532}$ **2.** $35\overline{)819}$ **3.** $71\overline{)934}$ **4.** $62\overline{)868}$

5. $87\overline{)4,454}$ **6.** $51\overline{)3,639}$ **7.** $39\overline{)3,728}$ **8.** $93\overline{)8,483}$

9. $2,453 \div 30$ **10.** $7,367 \div 85$ **11.** $4,299 \div 68$ **12.** $5,211 \div 67$

13. $6,814 \div 92$ **14.** $2,719 \div 76$ **15.** $3,697 \div 51$ **16.** $1,353 \div 49$

17. $1,987 \div 81$ **18.** $3,908 \div 63$ **19.** $2,695 \div 35$ **20.** $3,822 \div 42$

Conjunto E *(Lección 6, páginas 584–585)*

Estima. Luego divide. Indica si debiste corregir alguna estimación.

1. $19\overline{)813}$ **2.** $34\overline{)784}$ **3.** $29\overline{)568}$ **4.** $41\overline{)798}$

5. $32\overline{)911}$ **6.** $54\overline{)847}$ **7.** $82\overline{)989}$ **8.** $73\overline{)869}$

9. $645 \div 34$ **10.** $924 \div 28$ **11.** $948 \div 53$ **12.** $851 \div 45$

13. $983 \div 41$ **14.** $988 \div 76$ **15.** $703 \div 26$ **16.** $713 \div 42$

17. $694 \div 31$ **18.** $557 \div 43$ **19.** $481 \div 25$ **20.** $768 \div 35$

21. $455 \div 12$ **22.** $618 \div 28$ **23.** $546 \div 23$ **24.** $837 \div 28$

Conjunto F *(Lección 8, páginas 588–589)*

Divide.

1. $29\overline{)584}$ **2.** $37\overline{)748}$ **3.** $19\overline{)580}$ **4.** $31\overline{)935}$

5. $71\overline{)4,269}$ **6.** $35\overline{)2,470}$ **7.** $82\overline{)3,291}$ **8.** $93\overline{)3,737}$

9. $360 \div 34$ **10.** $973 \div 96$ **11.** $984 \div 49$ **12.** $916 \div 45$

13. $3,806 \div 93$ **14.** $4,344 \div 72$ **15.** $5,593 \div 62$ **16.** $2,355 \div 47$

17. $6,871 \div 85$ **18.** $3,351 \div 67$ **19.** $3,745 \div 53$ **20.** $6,080 \div 76$

Práctica adicional • Resolver problemas

Resuelve. *(Lección 4, páginas 576–577)*

1. Bob ayuda en el puesto de la granja de su tío. Está distribuyendo en partes iguales 24 docenas de duraznos en 36 cestas. ¿Cuántos duraznos debería colocar Bob en cada cesta?

2. Una tienda pidió 15 cartones de lápices. Había 50 cajas de lápices en cada cartón. Había 20 lápices en cada caja. ¿Cuántos lápices pidió la tienda?

3. Cincuenta y cinco estudiantes de tercer grado y 65 estudiantes de cuarto grado de la Escuela Hilltop van de paseo al planetario. Si cada autobús puede llevar a 24 estudiantes, ¿cuál es el número mínimo de autobuses necesarios?

4. De los 735 libros que compró una biblioteca, 335 eran libros infantiles. El resto de los libros era de ficción. Si los libros de ficción se repartieron en partes iguales en 20 estantes, ¿cuántos libros había en cada estante?

Resuelve estos problemas usando la estrategia de Resuelve un problema más sencillo *(Lección 7, páginas 586–587)*

5. Siete equipos están compitiendo en un torneo de matemáticas. Cada equipo debe competir una vez contra cada uno de los otros equipos. ¿Cuántas rondas de competencia se necesitan?

6. Una tienda de deportes tiene una liquidación de balones de fútbol. Si compras dos balones, obtienes un tercer balón gratis. Un balón cuesta $9.75. El Sr. Jones compra balones de fútbol para el equipo de la escuela. ¿Cuántos balones puede obtener por $100?

7. Observa el tablero cuadrado de 5×5 a la derecha. ¿Cuántos cuadrados puedes ver?

Resuelve. *(Lección 9, páginas 590–591)*

8. Sesenta y ocho estudiantes trajeron latas para una campaña de recolección de comida. Cada estudiante trajo 6 latas. Se empacarán 16 latas por caja. ¿Cuál es el número mínimo de cajas necesarias para empacar todas las latas?

9. En un parque de diversiones, una tienda de regalos vende cada tazón por $4.95 y cada sombrero por $8.95. En un fin de semana se vendieron 18 tazones y 23 sombreros. ¿Cuánto es el valor total de los tazones y los sombreros vendidos?

Repaso del capítulo

Repasar el vocabulario

1. ¿Cómo se llama el resultado al dividir?
2. Escribe un enunciado de división y rodea con un círculo el divisor.
3. ¿Cómo verificas una operación de división?
4. Representa un ejemplo de división usando estimaciones.

Repasar conceptos y destrezas

Usa operaciones básicas como ayuda para dividir. *(páginas 568–569)*

5. $40 \div 5$; $400 \div 50$ **6.** $16 \div 4$; $160 \div 40$ **7.** $36 \div 9$; $360 \div 90$

8. $70\overline{)490}$ **9.** $20\overline{)120}$ **10.** $40\overline{)2,400}$ **11.** $30\overline{)24,000}$

Divide. Verifica tu resultado. *(páginas 570–572)*

12. $29\overline{)178}$ **13.** $31\overline{)281}$ **14.** $65\overline{)492}$ **15.** $88\overline{)537}$

Estima cada cociente. *(páginas 574–575)*

16. $57\overline{)298}$ **17.** $38\overline{)357}$ **18.** $64\overline{)479}$ **19.** $92\overline{)812}$

Divide. Verifica tu resultado. *(páginas 580–582)*

20. $21\overline{)526}$ **21.** $33\overline{)828}$ **22.** $68\overline{)936}$ **23.** $72\overline{)893}$

24. $1,243 \div 28$ **25.** $7,268 \div 79$ **26.** $4,299 \div 68$ **27.** $5,341 \div 57$

Estima. Luego divide. *(páginas 584–585)*

28. $21\overline{)822}$ **29.** $32\overline{)778}$ **30.** $31\overline{)573}$ **31.** $33\overline{)797}$

32. $358 \div 18$ **33.** $941 \div 73$ **34.** $948 \div 48$ **35.** $765 \div 45$

Divide. *(páginas 588–589)*

36. $38\overline{)391}$ **37.** $44\overline{)897}$ **38.** $16\overline{)492}$ **39.** $18\overline{)549}$

40. $73\overline{)4,399}$ **41.** $65\overline{)2,642}$ **42.** $82\overline{)6,578}$ **43.** $95\overline{)4,769}$

44. $6,798 \div 97$ **45.** $1,253 \div 62$ **46.** $3,160 \div 63$ **47.** $1,356 \div 27$

Resuelve. *(páginas 576–577, 586–587, 590–591)*

48. Hay 9 cajas de libros en una librería. Cada caja contiene 2 docenas de libros. ¿Cuántos libros contienen las cajas en total?

49. Deben repartirse en partes iguales diez libras de arroz en frascos. Si cada frasco puede contener 20 libras de arroz, ¿cuántos frascos se necesitan?

50. El año pasado, cada uno de los 52 estudiantes donó 25 monedas de un centavo a una institución de caridad. Este año se donaron $11 más. ¿Cuánto dinero se donó en total el año pasado y este año?

51. En un supermercado están a la venta 15 bolsas de 1 libra y 23 bolsas de 2 libras de peras. Si hay 6 peras en una libra, ¿cuál es el número total de peras de todas las bolsas?

52. Cuarenta y cinco niños exploradores recolectaron periódicos viejos para reciclarlos. Cada niño explorador recolectó 14 libras de papel. Los papeles se atarán en paquetes de 35 libras. ¿Cuántos paquetes habrá?

53. La Srta. Green solicitó 3 docenas de cajas de cuadernos para la escuela. Cada caja contenía 1 docena de cuadernos. Si 72 maestros se repartieron en partes iguales los cuadernos, ¿cuántos cuadernos recibió cada maestro?

54. Hay 10 jugadores en un torneo de damas. Cada jugador juega una partida contra cada uno de los otros jugadores. ¿Cuántas partidas se jugarán en el torneo?

55. La alarma de un reloj suena cada hora, a la hora exacta. Si la alarma se puso a las 7:30 a.m. de un lunes, ¿cuántas veces habrá sonado hasta las 7:45 p.m. del miércoles siguiente?

Acertijos Razonamiento matemático

ESTIMA Y VERIFICA

Coloca uno o más pares de paréntesis para que la ecuación se cumpla.

$70 \div 2 \times 93 + 7 = 3{,}500$

$15 \times 3 - 15 \div 3 = 40$

COMPLÉTALAS

Coloca los dígitos 1, 2, 3, 4 y 5 en las casillas, para que el enunciado de división sea verdadero.

$$\begin{array}{r} 2\ 5\ \text{R9} \\ \blacksquare\blacksquare\overline{)\blacksquare\blacksquare\blacksquare} \end{array}$$

Acertijos
Visita **www.eduplace.com/kids/mhm** para más *Acertijos.*

Prueba del capítulo

Usa operaciones básicas como ayuda para dividir.

1. $80\overline{)320}$ **2.** $30\overline{)120}$ **3.** $50\overline{)450}$ **4.** $60\overline{)480}$

5. $50\overline{)25{,}000}$ **6.** $40\overline{)3{,}600}$ **7.** $30\overline{)27{,}000}$ **8.** $90\overline{)63{,}000}$

Divide. Verifica tu resultado.

9. $22\overline{)49}$ **10.** $31\overline{)83}$ **11.** $19\overline{)74}$ **12.** $42\overline{)92}$

13. $88\overline{)626}$ **14.** $28\overline{)118}$ **15.** $39\overline{)356}$ **16.** $46\overline{)153}$

17. $181 \div 43$ **18.** $341 \div 62$ **19.** $691 \div 74$ **20.** $684 \div 87$

21. $512 \div 95$ **22.** $235 \div 29$ **23.** $510 \div 65$ **24.** $496 \div 54$

Divide.

25. $83\overline{)917}$ **26.** $48\overline{)768}$ **27.** $37\overline{)584}$ **28.** $33\overline{)799}$

29. $54\overline{)2{,}470}$ **30.** $53\overline{)2{,}675}$ **31.** $84\overline{)2{,}557}$ **32.** $67\overline{)5{,}963}$

33. $78\overline{)4{,}299}$ **34.** $54\overline{)3{,}132}$ **35.** $74\overline{)5{,}933}$ **36.** $35\overline{)1{,}412}$

37. $3{,}206 \div 35$ **38.** $4{,}276 \div 71$ **39.** $2{,}948 \div 44$ **40.** $1{,}688 \div 56$

41. $246 \div 22$ **42.** $973 \div 86$ **43.** $602 \div 15$ **44.** $641 \div 38$

45. $4{,}866 \div 76$ **46.** $3{,}827 \div 76$ **47.** $3{,}546 \div 88$ **48.** $3{,}697 \div 63$

Resuelve.

49. El Sr. Wilson horneó 24 docenas de panecillos dulces para venderlos en su tienda. Puso todos los panecillos en bandejas. Si en cada bandeja caben 18 panecillos, ¿cuál es el número mínimo de bandejas que necesitará el Sr. Wilson?

50. En la biblioteca de la escuela hay 173 libros de naturaleza, 218 libros de historia, 92 libros de referencia y 487 libros infantiles. Si cada estante puede contener 25 libros, ¿cuál es el número mínimo de estantes necesarios para contener todos los libros?

Escríbelo

Resuelve cada problema. Usa el vocabulario matemático correcto para explicar tu razonamiento.

1. Alberta completó la división que se muestra en el pizarrón.

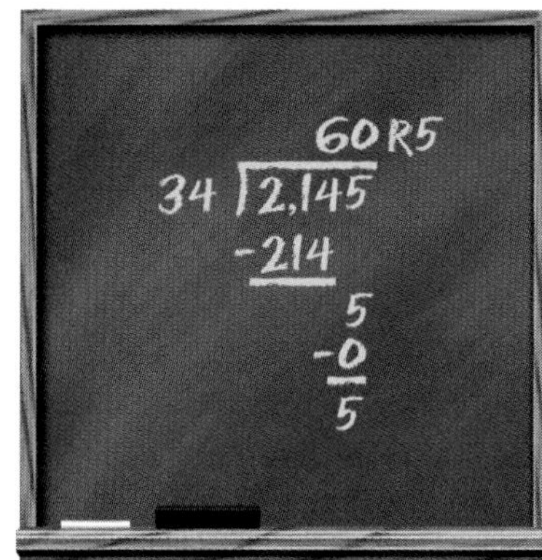

a. Explica qué hizo mal.

b. Demuestra cómo hallar el resultado correcto.

c. Explica cómo podría haber sabido Alberta que su resultado era incorrecto.

2. La cafetería de la escuela usa 416 galones de leche a la semana. Un galón de leche equivale a 16 tazas. Cada taza equivale a 8 onzas líquidas.

a. La mitad de la leche se usa para cocinar. Los estudiantes se beben el resto. ¿Cuántas tazas de leche beben los estudiantes a la semana?

b. ¿Qué paso realizarías a continuación si quisieran hallar cuántas onzas de leche beben los estudiantes a la semana?

c. Explica cómo te puede servir tu resultado de la alternativa *b*, para hallar el total de cuántas onzas de leche usa la cafetería a la semana.

Una vez más

El Sr. Jacobs planta bulbos de tulipán en sus canteros de flores. Usa la ilustración para resolver los problemas.

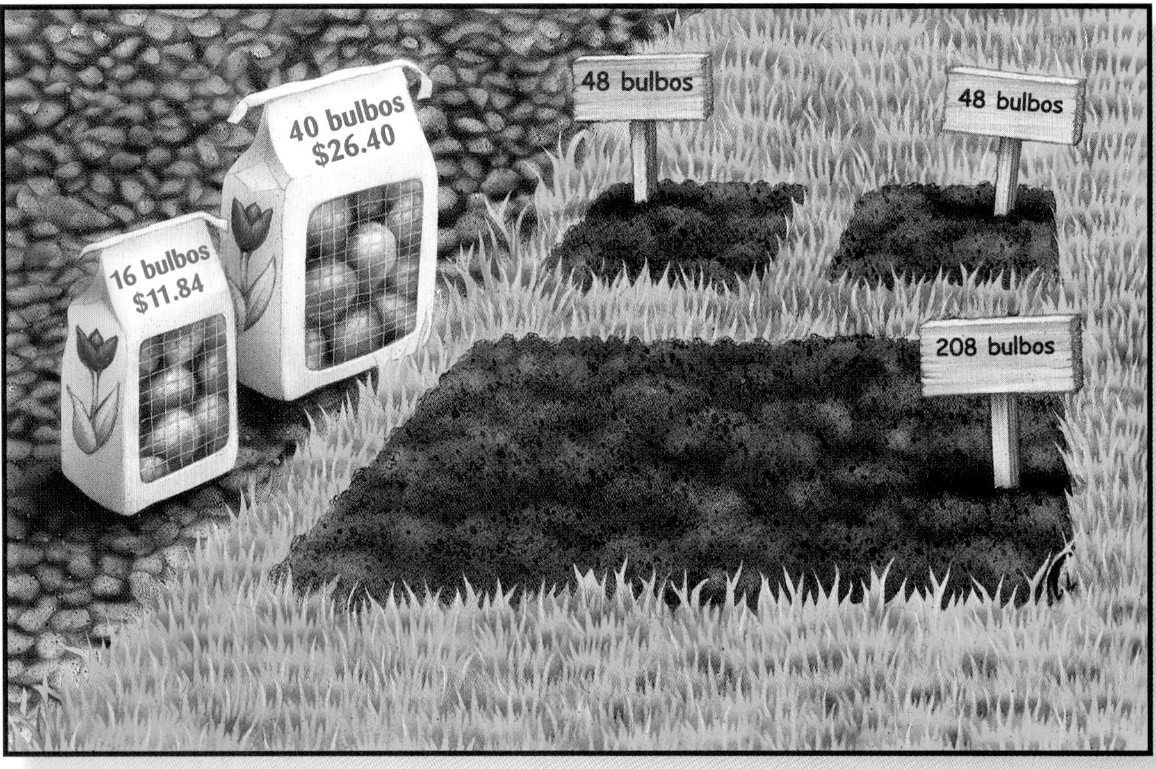

1. Halla el precio de un bulbo de tulipán para las bolsas de cada tamaño.
2. El Sr. Jacobs quiere llenar sus canteros con tulipanes. ¿Cuántos bulbos necesitará? ¿Cuántas bolsas pequeñas se necesitarían para llenar los canteros? ¿Cuántas bolsas grandes se necesitarían para llenar los canteros?
3. **Verifícalo** ¿Cómo puedes usar la multiplicación para verificar las respuestas de los Problemas 1 y 2?
4. **Analízalo** El Sr. Jacobs quiere comprar los bulbos de tulipán que necesita para llenar sus canteros al menor costo posible, de manera que no sobren bulbos. ¿Cuántas bolsas grandes y cuántas bolsas pequeñas debería comprar?

Estándares	NS **3.0** MR **2.4**

Ampliación

El orden de las operaciones

Muchas expresiones tienen más de una operación. Los matemáticos tienen reglas para simplificar esas expresiones. Las reglas te indican en qué orden debes realizar las operaciones.

Orden de las operaciones
1. Realiza las operaciones que están dentro de los paréntesis.
2. Realiza la multiplicación y la división en orden de izquierda a derecha.
3. Realiza la suma y la resta en orden de izquierda a derecha.

Simplifica $16 - (8 \div 2) \times 2 + 1$.

Paso 1 Realiza primero las operaciones que están dentro de los paréntesis.

$16 - (8 \div 2) \times 2 + 1$

Paso 2 Luego comienza desde la izquierda. Realiza la multiplicación y la división en orden.

$16 - 4 \times 2 + 1$

Paso 3 Comienza desde la izquierda de nuevo. Realiza la suma y la resta en orden.

$16 - 8 + 1$

$8 + 1$

9

Solución: $16 - (8 \div 2) \times 2 + 1 = 9$.

Simplifica cada expresión.

1. $(16 - 10) \times (8 - 3) - 1$

2. $20 - (8 + 2) \div 2$

3. $5 \times 3 - 18 \div 3 + 4 \times 3$

4. $4 + 3 \times 5 - 16 \div 4 + 2$

Evalúa cada expresión si $m = 6$.

5. $2 + 3m$

6. $4m - 1$

7. $3m + 9m$

Explícalo

Jamie simplificó $15 - 3 + 9$ y obtuvo 3. ¿Qué error cometió? ¿Cuál es el resultado correcto??

Estándares	AF **1.2**

Tabla de medidas

Unidades de medida usuales

Longitud

1 pie = 12 pulgadas (pulg)

1 yarda (yd) = 36 pulgadas

1 yarda = 3 pies

1 milla (mi) = 5,280 pies

Capacidad

1 pinta (pt) = 2 tazas

1 cuarto (ct) = 2 pintas

1 cuarto (ct) = 4 tazas

1 galón (gal) = 4 cuartos

1 galón (gal) = 8 pintas

1 galón (gal) = 16 tazas

Peso

1 libra (l) = 16 onzas (oz)

1 tonelada (T) = 2,000 libras (l)

Unidades de medida métricas

Longitud

1 metro (m) = 100 centímetros (cm)

1 metro (m) = 10 decímetro (dm)

1 decímetro (dm) = 10 centímetros

1 kilómetro (km) = 1,000 metros

1 centímetro (cm) = 10 milímetros

Capacidad

1 litro (L) = 1,000 mililitros (mL)

Masa

1 kilogramo (kg) = 1,000 gramos (g)

Unidades de tiempo

1 minuto (min) = 60 segundos (s)

1 hora (h) = 60 minutos

1 día (d) = 24 horas

1 semana (sem) = 7 días

1 año = 12 meses (mes)

1 año = 52 semanas

1 año = 365 días

1 año bisiesto = 366 días

1 década = 10 años

1 siglo = 100 años

1 milenio = 1,000 años

Glosario

ángulo Un ángulo está formado por dos rayos que coinciden en un punto.

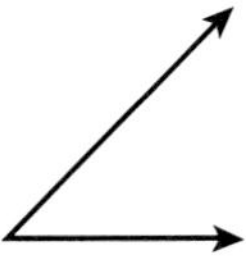

ángulo agudo Un ángulo cuya medida es menor que la de un ángulo recto.

ángulo obtuso Un ángulo con una medida mayor que la de un ángulo recto pero menor que 180°.

ángulo recto Un ángulo que mide 90°.

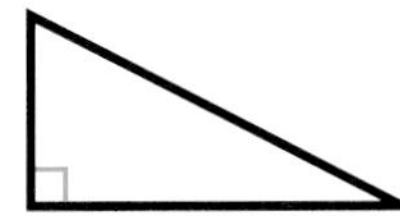

área El número de unidades cuadradas en una región.

área de la superficie El área total de la superficie de un cuerpo sólido.

arista El segmento de recta donde se unen dos caras de un cuerpo sólido.

capacidad La cantidad que puede caber en un envase o recipiente.

cara Una superficie plana de cualquier cuerpo sólido.

Celsio La escala métrica de temperatura. También se le llama *centígrados*.

centímetro (cm) Una unidad métrica que se usa para medir la longitud. 100 centímetros = 1 metro

centímetro cúbico Una unidad métrica que se usa para medir el volumen. Equivale al volumen de un cubo cuyas aristas miden 1 centímetro.

cilindro Un cuerpo con dos caras en forma de círculos que son congruentes o iguales y una superficie cilíndrica que conecta las dos caras.

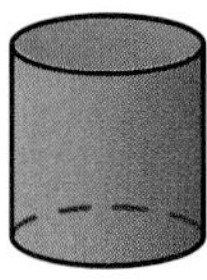

círculo Una figura cerrada en la cual cada punto se encuentra a la misma distancia de un punto dado, llamado centro del círculo.

cociente El resultado de un problema de división.

cono Un cuerpo sólido que tiene una base circular y una superficie desde el borde de la base hasta el vértice.

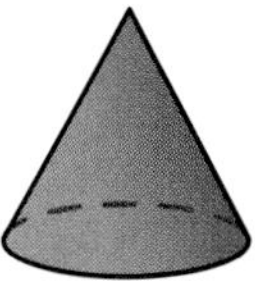

Glosario

coordenada *x* El primer número en un par ordenado de números que ubica un punto en un sistema de coordenadas.

coordenada *y* El segundo número en un par ordenado de números que ubica un punto en un sistema de coordenadas.

coordenadas Un par de números ordenados para ubicar un punto en el plano de coordenadas haciendo referencia a los ejes de las *y* y las *x*.

cuadrado Un polígono con cuatro ángulos rectos y cuatro lados congruentes.

cuadrilátero Un polígono de cuatro lados.

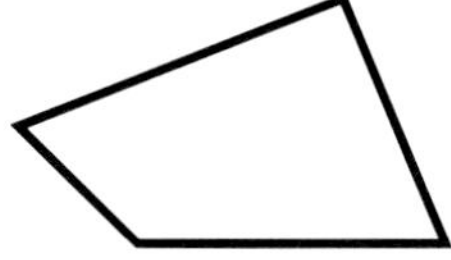

cubo Un cuerpo sólido de seis caras que son cuadrados iguales.

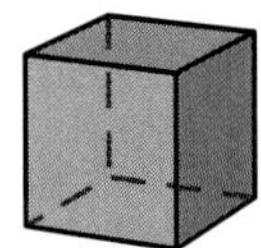

decimal Un número de uno o más dígitos a la derecha del punto decimal.

denominador El número que va debajo de la barra en una fracción.

denominadores semejantes Denominadores que son iguales en dos o más fracciones.

desigualdad Un enunciado que contiene el símbolo $>$ (es mayor que) o $<$ (es menor que). *Ejemplos*: $8 > 2$, $5 < 6$

diagrama de puntos Un diagrama que presenta los datos en una recta numérica.

diagrama en árbol Un diagrama que muestra combinaciones de los resultados de un suceso.

diámetro de un círculo Un segmento de recta que conecta dos puntos del círculo pasando por su centro.

dividendo El número que se divide en un problema de división.

divisible Un número es divisible entre otro si el cociente es un número entero y el residuo es igual a cero. Por ejemplo, 10 es divisible entre 2, porque $10 \div 2 = 5$ R0.

divisor El número entre el cual se está dividiendo un número. En $6 \div 3 = 2$, el divisor es 3.

ecuación Un enunciado matemático con un signo de igual.

Ejemplos: $3 + 1 = 4$ y $2x + 5 = 9$ son ecuaciones.

ecuación de dos variables Una ecuación que tiene dos variables diferentes.

eje de las *x* La recta numérica horizontal en un sistema de coordenadas.

eje de las *y* La recta numérica vertical en un sistema de coordenadas.

eje de simetría La recta por la cual se puede doblar una figura de manera que ambos lados coincidan exactamente.

eje horizontal el eje de las *x* en un sistema de coordenadas. Es la recta numérica que ubica puntos hacia la izquierda o hacia la derecha del punto de origen.

eje vertical El eje de las *y* en un sistema de coordenadas. Es la recta numérica que ubica puntos hacia arriba o abajo del punto de origen.

esfera Un cuerpo sólido que tiene la forma de una pelota.

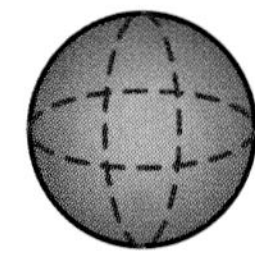

estimación Un número cercano a una cantidad exacta. Una estimación nos dice más o menos cuánto o cuántos.

evaluar una expresión Sustituir los valores dados de las variables y realizar las operaciones para hallar el valor de la expresión.

expresión algebraica Una expresión que consiste de una o más variables. Puede contener algunas constantes y operaciones.

Ejemplo: $2x + 3y + 6$

extremo El punto inicial o final en un segmento de recta. El punto inicial de un rayo.

F

factor Uno de dos o más números que se multiplican para hallar un producto.

factor de un número Un número que divide exactamente a otro.

Fahrenheit Una escala usual de temperatura.

familia de operaciones Operaciones que están relacionadas al usar los mismos números.

Ejemplos: $1 + 4 = 5$; $4 + 1 = 5$; $6 - 4 = 2$; $6 - 2 = 4$; $3 \times 5 = 15$; $5 \times 3 = 15$; $15 \div 3 = 5$; $15 \div 5 = 3$

figura simétrica Una figura que tiene simetría.

figuras congruentes Figuras que tienen el mismo tamaño y forma.

Glosario

figuras semejantes Figuras que tienen la misma forma pero no necesariamente el mismo tamaño.

fracción Un número que nombra una parte de un total, una parte de una colección o una parte de una región.
Ejemplos: $\frac{1}{2}$, $\frac{3}{4}$ y $\frac{2}{3}$.

fracción impropia Una fracción que es mayor o igual que 1. El numerador en la fracción impropia es mayor o igual que el denominador.

fracciones equivalentes Fracciones que muestran números diferentes con el mismo valor.
Ejemplo: $\frac{1}{2}$ y $\frac{4}{8}$ son fracciones equivalentes.

gráfica de barras Una gráfica donde se muestra información por medio de barras rectangulares.

gráfica de doble barra Una gráfica donde se comparan los datos por medio de pares de barras rectangulares cercanas entre sí.

gráfica lineal Una gráfica que usa una línea discontinua para mostrar cambios en los datos.

lado de un polígono Uno de los segmentos de recta que forman un polígono.

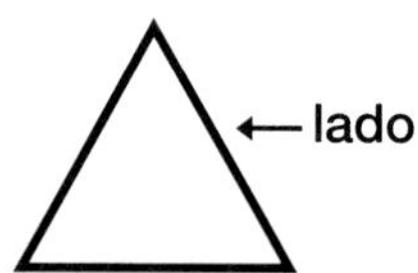

matriz Objetos, dibujos o números arreglados en columnas y filas.

media La media aritmética, llamada también el *promedio*. Es el número que se halla dividiendo la suma de un grupo de números entre el número de sumandos.

mediana El número del medio, cuando se ordena un conjunto de números de menor a mayor.
Ejemplos: La mediana de 2, 5, 7, 9 y 10 es 7. Para un número par de números, es el promedio de los dos números del medio. La mediana de 2, 5, 7 y 12 es $\frac{(5 + 7)}{2}$, ó 6.

mililitro (mL) Una unidad métrica que se usa para medir la capacidad.
1,000 mililitros = 1 litro

mínima expresión de una expresión algebraica Una expresión algebraica se encuentra en su mínima expresión cuando no tiene términos que se pueden combinar.

mínima expresión de una fracción Una fracción cuyo numerador y denominador tienen el número 1 como único factor común.

moda El número o números que ocurren con más frecuencia en un conjunto de datos.

numerador El número arriba de la barra en una fracción.

número compuesto Un número entero que tiene más de dos factores.

número impar Un número entero que no es múltiplo de 2. Los dígitos en la posición de las unidades de los números impares son 1, 3, 5, 7 ó 9. Los números 67 y 493 son ejemplos de números impares.

número mixto El número que resulta de la suma de un número entero y una fracción.

número negativo Un número menor que 0.
Ejemplos: $^{-}2$, $^{-}5$ y $^{-}26$ son números negativos.

número par Un número entero que es múltiplo de 2. Los dígitos en la posición de las unidades de los números pares son 0, 2, 4, 6 u 8. Los números 56 y 48 son ejemplos de números pares.

número primo Un número entero mayor que 1 que tiene exactamente dos factores.

números enteros El conjunto de números positivos, sus opuestos (números negativos) y 0. En inglés se dice *integers*.
$\ldots, {}^{-}3, {}^{-}2, {}^{-}1, 0, {}^{+}1, {}^{+}2, {}^{+}3, \ldots$

números positivos Números mayores que cero.

opuesto de un número El mismo número pero de signo opuesto. $^{-}2$ y $^{+}2$, $^{-}7$ y $^{+}7$, $^{-}12$ y $^{+}12$ son ejemplos de números opuestos. Al opuesto de un número también se le llama sumando inverso.

origen Un punto asignado al cero en la recta numérica o el punto donde el eje de las *x* y el eje de las *y* se intersectan en un sistema de coordenadas.

par ordenado Un par de números en el cual uno se considera el primer número y el otro, el segundo.

paralelogramo Un cuadrilátero en el cual ambos lados opuestos son paralelos.

Glosario

perímetro La distancia alrededor de una figura.

perpendiculares Dos líneas rectas o segmentos de recta que se cruzan o se unen para formar ángulos rectos.

peso La medida de lo pesado que es un objeto.

pirámide Un cuerpo sólido cuya base puede ser cualquier polígono y cuyas caras son triángulos.

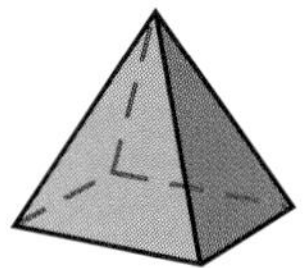

pirámide rectangular Una pirámide cuya base es un rectángulo y cuyas caras son triángulos.

pirámide triangular Una pirámide cuya base es un triángulo.

polígono Una figura plana, sencilla y cerrada hecha de tres o más segmentos de recta.

prisma rectangular Un cuerpo sólido con seis rectángulos como caras.

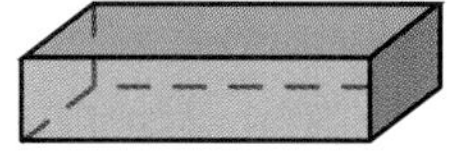

prisma triangular Un prisma cuyas bases son triángulos.

probabilidad La posibilidad de que ocurra un suceso. La probabilidad puede ser cualquier número entre 0 y 1.

producto El resultado de un problema de multiplicación.

promedio El número que se halla dividiendo la suma de un grupo de números entre el número de sumandos.

Propiedad asociativa de la multiplicación La propiedad que establece que el orden en que se agrupan los factores no cambia el producto. También se le llama *Propiedad de agrupación en la multiplicación.*

Propiedad asociativa de la suma La propiedad que establece que el orden en que los sumandos son agrupados no cambia la suma. También se le llama *Propiedad de agrupación en la suma.*

Propiedad conmutativa de la multiplicación La propiedad que establece que el orden de los factores no altera el producto. También se le llama la *Propiedad de orden en la multiplicación.*

Propiedad conmutativa de la suma La propiedad que establece que el orden de los sumandos no altera la suma. También se le llama la *Propiedad de orden en la suma.*

Propiedad del cero en la suma La propiedad que establece que la suma de cualquier número y 0 es igual a ese número.

Propiedad del uno en la multiplicación La propiedad que establece que el producto de cualquier número por 1 es igual a ese número.

Propiedad multiplicativa del cero La propiedad que establece que el producto de cualquier número multiplicado por 0 es igual a 0.

pulgada (pulg) Una unidad usual que se usa para medir la longitud.

12 pulgadas = 1 pie

punto Una ubicación exacta en el espacio representada por la intersección de dos rectas.

radio Un segmento que conecta el centro del círculo con cualquier punto del círculo.

rango La diferencia entre el número mayor y menor en un conjunto de datos.

rayo La parte de una recta que comienza en un extremo y continúa indefinidamente en una dirección.

recta Un conjunto recto que continúa indefinidamente en dos direcciones opuestas.

rectángulo Un polígono con lados paralelos opuestos y cuatro ángulos rectos.

rectas paralelas Rectas que están en el mismo plano y que no se intersectan. En todas partes están separadas por la misma distancia.

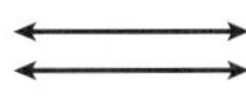

rectas secantes Las rectas que se unen o se cruzan en un punto común.

red Un modelo plano que se puede doblar para hacer una figura tridimensional.

redondear Expresar un número después de hacerlo llegar a la decena, centena o millar más cercano y así sucesivamente.

residuo El número que queda después de que un número entero se divide entre otro.

resultado Lo que se obtiene en un experimento de probabilidad.

rombo Un paralelogramo con los cuatro lados de la misma longitud.

segmento de recta Parte de una recta. Un segmento de recta que tiene dos extremos.

Glosario

simetría rotacional Un cuerpo tiene simetría rotacional si el cuerpo que se rota alrededor de un punto sigue siendo el mismo antes de rotar.

solución de una ecuación Un número o números que, cuando se sustituyen por la variable o las variables en una ecuación, dan una expresión verdadera.

suceso En la probabilidad, una colección de posibles resultados de un experimento.

sumando Un número para sumarse en una expresión de suma. En 7 + 4 + 8, los números 7, 4 y 8 son sumandos.

trapecio Un cuadrilátero con exactamente un par de lados paralelos.

triángulo acutángulo Un triángulo en el que cada uno de sus tres ángulos es agudo.

triángulo equilátero Un triángulo que tiene tres lados congruentes.

triángulo escaleno Un triángulo con todos sus lados de diferentes tamaños.

triángulo isósceles Un triángulo que tiene dos lados congruentes.

triángulo obtuso Un triángulo que tiene un ángulo obtuso.

triángulo rectángulo Un triángulo que tiene un ángulo recto.

valor extremo Un número o números que están a uno u otro extremo de un conjunto de datos ordenados, donde hay un espacio entre los números del final y el resto de los datos.

variable Una letra o símbolo que representa un número en una expresión algebraica.

vértice de un ángulo Un punto común para los dos lados de un ángulo.

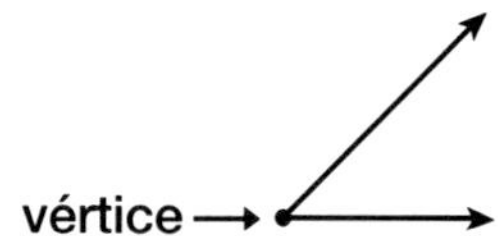

vértice de un polígono Un punto común para dos lados de un polígono.

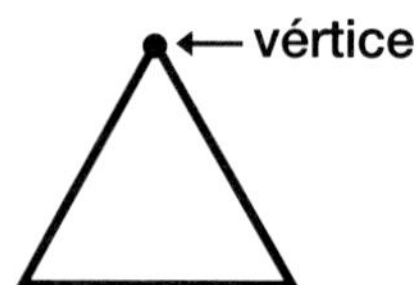

vértice de un prisma Un punto común para tres aristas de un prisma.

volumen El número de unidades cúbicas que conforman un cuerpo sólido.

Índice

Índice

Índice

G

Índice

Índice

Índice

Créditos

Excerpts from MATHEMATICS CONTENT STANDARDS FOR CALIFORNIA PUBLIC SCHOOLS, copyright © December 1997 are reprinted by permission of the California Department of Education.

PHOTOGRAPHY

All photographs by Houghton Mifflin Company (HMCo.) unless otherwise noted.

Coin photography by Mike Tesi for HMCo. xii: Martin Fox for HMCo. xxi: James L. Amos/Corbis. 1: Index Stock Imagery. 4: University of Michigan Athletic Department. 5: Parker/Boon Productions for HMCo. 8: Carl Roessler/FPG International. 11: *t.* Michele Burgess/Stock Boston; *b.* E.R. Degginger/Bruce Coleman Inc. 12: Associated Press Keystone. 13: Philippe Desmazes/AFP Photo. 17: Richard Hutchings for HMCo. 21: *t.* Dusty Perin/Dembinsky Photo Associates; *b.* Gary A. Conner/Index Stock Imagery. 24: David Young-Wolff/PhotoEdit. 27: Mike Tesi for HMCo. 50–51: Richard Hutchings/Stock Boston. 55: PhotoDisc, Inc. 56–57: Kevin Fleming/Corbis. 60: Quarto, Inc./Artville Stock Images. 62: *t.l.* Ron Kimball Photography; *t.r.* Ron Kimball Photography; *b.l.* Ralph Reinhold/Index Stock Imagery; *b.r.* Ron Kimball Photography. 66: *bkgd.* Bill Horsman/Stock Boston/Picture Quest Network International/PNI. 69: PhotoDisc, Inc. 70: Ric Ergenbright/Corbis. 71: Neil Gilchrist/Panoramic Images. 78: American Images Inc./FPG International. 88: Frans Lanting/Minden Pictures. 112: Richard Hutchings for HMCo. 113: Lawrence Migdale/Pix. 119: *t.* Royal Mint; *b.* Uniphoto Pictor. 128: Lawrence Migdale/Stock Boston. 129: *l.* David Young-Wolff/PhotoEdit; *m.l.* Kevin R. Morris/Corbis; *m.r.* Ulf Sjostedt /FPG International; *r.* Patrick Ward/Stock Boston. 140: *b.* Ed Bock/The Stock Market. 141: Martin Fox for HMCo. 144: *r.* PhotoDisc, Inc. 145: John Paul Endress for HMCo. 148: *t.* Barry Lewis/Corbis; *b.* Michael Gaffney for HMCo. 162–163: Richard Hutchings Photography. 166: Zefa/Index Stock Imagery. 167: Bob Daemmrich/Stock Boston. 174: Jose Carrillo/PhotoEdit. 180: Tony Freeman/PhotoEdit. 182: Peter Menzel/Stock Boston. 188: *t.* Tony Freeman/PhotoEdit; *b.* Steven Frame/Stock Boston. 189: *l.* Photomondo/FPG International; *r.* J.R. Holland/Stock Boston. 192: *l.* Lynn M. Stone/Bruce Coleman Inc.; *r.* PhotoDisc, Inc. 193: H. Reinhard/Bruce Coleman Inc. 194: James L. Fly/Unicorn Stock Photos. 196: *l.* Marianne Haas/Corbis; *m.* PhotoDisc, Inc.; *r.* Benjamin Rondel/The Stock Market. 198: *l.* Bob Daemmrich/Stock Boston/Picture Quest Network International/PNI. 201: *l.* Adam Jones/Dembinsky Photo Associates; *m.l.* Hubert Klein/Peter Arnold, Inc.; *m.* Robert Maier/Animals Animals/Earth Scenes; *m.r.* Robert Maier/Animals Animals/Earth Scenes; *r.* Andrew Odum/Peter Arnold, Inc. 223: Frank Siteman/PhotoEdit. 227: *l.* Richard Nowitz Photography; *r.* Lawrence Migdale/Pix. 234: *l.* Brian Kenney/Natural Selection Stock Photography, Inc.; *r.* Art Wolfe. 235: © 1998 Bob London/The Stock Market. 240: Mark Bolster/International Stock Photography Ltd. 242: Michael Newman/PhotoEdit. 256: *t.* Joseph Sohm/ChromoSohm/Corbis; *b.* Courtesy, National Park Service. 258: Jerry Jacka Photography. 260: Pasadena Tournament of Roses. 261: Edison International. 274–275: Kim Westerkov/Tony Stone Images. 277: *l.* Corbis. 282: Richard Hutchings for HMCo. 283: PhotoDisc, Inc. 286: Index Stock Imagery. 287: Arvind Garg/Corbis. 295: *t.m.* PhotoDisc, Inc.; *b.l.* Richard Hutchings for HMCo. 296: *t.l.* Mike Tesi for HMCo.; *b.r.* Cyril Ruoso/BIOS/Peter Arnold, Inc. 298: Helga Lade/Peter Arnold, Inc. 299: Superstock. 303: Dembinsky Photo Associates. 305: Peter Baumann/Animals Animals/Earth Scenes. 306: Dembinsky Photo Associates. 307: Robert Fried/Stock Boston. 311: *m.* Quarto, Inc./Artville Stock Images; *m.r.* Gary Meszaros/Dembinsky Photo Associates; *b.m.* PhotoDisc, Inc.; *b.r.* PhotoDisc, Inc. 314: *l.* Mike Tesi for HMCo. 315: *r.* PhotoDisc, Inc. 320–321: Richard Kasmier/Index Stock Imagery. 324: Michael Gaffney for HMCo. 332: Michael Gaffney for HMCo. 334: Charles Gupton/The Stock Market. 338: Phillip Roullard/Roullard Photography. 339: Jeannie Couch Photographic Arts. 343: Michael Gaffney for HMCo. 346: © Michael Newman/PhotoEdit. 347: *l.* Jeff Greenberg/The Image Works Inc.; *r.* © Ralph Reinhold/Animals Animals/Earth Scenes. 349: *r.* Ken Karp for HMCo. 351: Elizabeth Zuckerman/PhotoEdit. 352: Richard Hutchings for HMCo. 353: Mike Tesi for HMCo. 355: Michael Gaffney for HMCo. 368–369: Bob Daemmrich Photography. 380: Duomo Photography. 383: George Bernard/Animals Animals/Earth Scenes. 384: PhotoDisc, Inc. 385: Bob Daemmrich/Stock Boston. 391: Leonard Harris/Stock Boston. 392: Mark Burnett/Stock Boston. 393: Norman Owen Tomalin/Bruce Coleman Inc. 394: Bob Daemmrich/The Image Works Inc. 398: Paul Barton/The Stock Market. 399: *l.* Lawrence Migdale/Pix; *r.* Stephen McBrady/PhotoEdit/Picture Quest Network International/PNI. 410: © Syracuse Newspapers/Tim Reese/The Image Works Inc. 412–413: John A. Coletti/Stock Boston. 416: *t.l.* SW Productions/PhotoDisc, Inc.; *t.m.* Laurens Roth. 418: Yann Arthus-Bertrand/Corbis. 419: *l.* Schafer & Hill/Tony Stone Images; *m.* Jim Brandenburg/Minden Pictures; *r.* Johan Elzenga/Tony Stone Images. 420: *t.* CMCD/PhotoDisc, Inc.; *b.* Seide Press/PhotoDisc, Inc. 423: Jose L. Pelaez/The Stock Market. 426: Neil Rabinowitz/Corbis. 427: Terry Donnelly/Dembinsky Photo Associates. 430: Index Stock Imagery. 438: *m.* Richard Hutchings for HMCo.; *b.* Richard Hutchings for HMCo. 456–457: Greg Gawlowski/Dembinsky Photo Associates. 460: J. Gleiter/H. Armstrong Roberts, Inc. 467: *l.* PhotoDisc, Inc.; *m.* PhotoDisc, Inc.; *r.* Corbis. 468: Tim Page/Corbis. 469: Honshu-Shikoku Bridge Authority. 474: PhotoDisc, Inc. 500: *m.r.* PhotoDisc, Inc. 512: *m.l.* Mike Tesi for HMCo. 520–521: Bob Daemmrich/Stock Boston. 527: *bkgd.* The Granger Collection; *inset* The Granger Collection. 529: *t.* Mike Tesi for HMCo.; *b.* © Norbert Wu. 530: Mike Tesi for HMCo. 532: Richard Hutchings for HMCo. 546: Michael Gaffney for HMCo. 550: Michael Newman/PhotoEdit. 551: Bob Daemmrich Photography. 564–565: Richard Nowitz Photography. 568: David Madison Photography. 574: James L. Amos/Corbis. 576: Richard Hutchings Photography for HMCo. 577: *l.* Bob Daemmrich Photography; *r.* Unicorn Stock Photos. 586: Scott S. Warren Photography. 588: © Aaron Haupt/Photo Researchers, Inc. 591: Myrleen Ferguson Cate/PhotoEdit/Picture Quest Network International/PNI.

Créditos

ILLUSTRATIONS

vi-viii: Chuck Primeau. x: Art Thompson. xi: Doug Horne. xvii: Joe Heiner. xviii: Scott Fray. xix: Patrick Gnan. xx: Janet Skiles. 6–7: Terri and Joe Chickos. 9: Shelton Leong. 10: Trevor Keen. 18–19 Terri and Joe Chickos. 20: Gary Antonetti. 22: Saul Rosenbaum. 26: Dale Gustafson. 36–37: Rob Schuster. 39: Joseph Taylor. 47: *t.* Patrick Gnan; *b.* Art Thompson. 48: Gary Antonetti. 65: Doug Horne. 70: Gary Antonetti. 78: Doug Horne. 89: Tim Blough. 100: Doug Horne. 108: Rob Schuster. 114: Rob Schuster. 115: Stephen Schudlich. 142: Joseph Taylor. 144: Rob Schuster. 149: Shelton Leong. 159: Joseph Taylor. 160: Garry Colby. 177: Doug Horne. 180: Tim Blough. 180: Joe Heiner. 181: Tim Blough. 182: Gary Torrisi. 184: Gary Antonetti. 188: Chi Chung. 194: Gary Torrisi. 196: Wayne Watford. 200: Kenneth Batelman. 201: Doug Horne. 212: Jim Kopp. 230: Garry Colby. 235: Mapquest. 236: Bob Brugger. 237: Brian Dugan. 243: Shelton Leong. 253: Robert Roper. 261: John Ceballos. 272: Brian Dugan. 283: Scott McDougall. 285: Scott McDougall. 292: Scott McDougall. 302–316: Ken Batelman. 318: Patrick Gnan. 332: Doug Horne. 365: Patrick Gnan. 366: Karen Minot. 372: Doug Horne. 376: Sally Vitsky. 380: Joe Heiner. 382–383: Joe Heiner. 384: Robert Schuster. 390: Gary Antonetti. 394: Robert Schuster. 396: Robert Schuster. 403: Joseph Taylor. 406: Joseph Taylor. 410: Joe Heiner. 415: Ken Batelman. 421: Walter Stuart. 428: Lori Anzalone. 431: Tom Barrett. 434–437: Ken Batelman. 440: Scott Fray. 443: Stephen Schudlich. 444–447 Ken Batelman. 481: Chris Lensch. 488: Ken Batelman. 492: Shelton Leong. 498: *t.* Walter Stuart; *b.* Patrick Gnan. 504: Patrick Gnan. 513:Walter Stuart. 517: Patrick Gnan. 524: Andrew Shiff. 538–540: Janet Skiles. 547: Trevor Keen. 562: Andrew Shiff. 574: Gary Antonetti. 575: David Preiss. 588: Doug Horne. 601: Patrick Gnan. 602: Lori Anzalone.